EINE RUNDBLICK-HEIMATKUNDE

Von Dorf zu Dorf

Land und Leute heute –
in Geschichten, Lexika, Bildern und Karten

Band 2
Die Dörfer im Muldentalkreis westlich der Mulde

von Manfred Müller

SAX-VERLAG BEUCHA

Mit freundlicher Unterstützung der Sparkasse Muldental

Die Deutsche Bibliothek – CIP-Einheitsaufnahme
Von Dorf zu Dorf: eine Rundblick-Heimatkunde;
Land und Leute heute – in Geschichten, Lexika, Bildern und Karten.
Beucha: Sax-Verl.
Bd. 2: Die Dörfer im Muldentalkreis westlich der Mulde
von Manfred Müller. – 1. Aufl. – 2004
ISBN 3-934544-64-9

Herausgeber und Redaktion:
Manfred Müller, Am Lossatal 30, 04808 Hohburg
Tel./Fax 034263 41261

1. Auflage 2004
Redaktionsschluß 1. Juli 2004

Herstellung: Druckerei Bode GmbH Grimma/Wurzen
Printed in Germany

AUTOREN UND MITARBEITER

TEXTE
Beate Bahnert (B.B.), Großbothen, Wolfgang Ebert (W.E.), Wurzen; Karlheinz Herfurth (KH.H.), Großbuch; Hartmut Kopsch (H.K.), Falkenhain; Jens Müller (J.M.), Brandis; Matthias Müller (Ms.M.), Hohburg; Wilfried Römling (W.R.), Wurzen.
Alle nicht gekennzeichnete Texte verfaßte Manfred Müller.

REDAKTIONELLE MITARBEIT
Lutz Heydick, Beucha; Werner Hubrig, Wurzen.

ILLUSTRATIONEN
Astrid Baumgart, Gerichshain (Bildkarten); Prof. Dr. Manfred Wagner, Dresden (Zeichnungen, um 1985). Fotos: Manfred Müller (vorwiegend in den Jahren 2002–2004); Frank Schmidt S. 243; Archiv und privat (6).

DATEN UND FAKTEN ZU EINZELNEN ORTEN
Petra Anders, Wilmar Arnold, Rainer Aurich, Gerhard Beyer, Gunda Böhme, Werner Breil, Wilfried Bürger, Andreas Dathe, Klaus Eilenberg, Barbara Frommherz, Günther Geißler, Peter Georgi, Michael Günz, Erika Gurtschke, Thomas Hagenow, Armin Hänsel, Uwe Herrmann, Renate Hertel, Rita Hollerbaum, Herbert Höhle, Prof. Dr. Günter Janke, Barbara Jedlicka, Gudrun Kebsch, Friedrich Killisch, Andreas Klöthe, Sigrid Könze, Jürgen Kretschel, Edgar Kreusch, Helmut Kupke, Frank Lange, Harald Lange, Walter Lange, Sigrid Leine, Konrad Lindner, Dr. Gunter Möbius, Klaus Morche, Sieglinde Naumann, Eleonore Nicklisch, Gerhard Otto, Marianne Paschke, Erika Proschwitz, Matthias Rasch, Detlev Rädeke, Jan Stange, Doris Richter, Jürgen Rückert, Karl Scheibe, Sigrid Schlegel, Hans Schiller, Frank Schimpke, Annett Schöne, Heinz Schreiber, Peter Schröck, Marion Tenner, Margot Titzmann, Klaus Ungewiß, Klaus Ulbricht, Klaus Wandel, Dieter Wenzel, Kerstin Wilhelm, Gerd Winkler, Ingrid Wolf, Rosmarie Zwicker,
Prof. Dr. Horst Naumann (Namensgebung und urkundliche Ersterwähnung) sowie alle die im Buch genannten Gesprächspartner.

Die DATEN zu den Einwohnerzahlen, Personen und zur Wirtschaft wurden 2003/2004 erhoben. Für die Bereitstellung danken wir den Gemeinde- und Stadtverwaltungen.

QUELLEN
Veröffentlichungen des „Rundblick" zwischen 1954 und 1999.
Publikationen des Sax-Verlages. - Horst Naumann: Die Orts- und Flurnamen der Kreise Grimma und Wurzen. 1962. Akademie-Verlag. - Heimatbuch zur Geschichte der Dörfer Bennewitz mit Schmölen, Deuben, Grubnitz und Nepperwitz. Gustav Schellhorn. 1937. Verlag Gustav Jacob, Wurzen.

TITELBILD
Lutz Eilenberg an der alten Mühle bei Püchau – Ernte 2004

RÜCKSEITE:
Das Fachwerkhäuschen in Polenz

INHALTSVERZEICHNIS

Die Dörfer westlich der Mulde

ABKÜRZUNGEN

(neben den allgemein üblichen):
Die abgekürzten Jahreszahlen, z. B. 50er Jahre, beziehen sich sämtlich auf das 20. Jahrhundert, also den Zeitraum von 1901 bis 2000.
Die Abkürzungen für die landwirtschaftlichen Namen und Begriffe sind ab Seite 472 erläutert.
gegr. – gegründet; Einw. – Einwohnerzahl; OT – Ortsteil; Jh. – Jahrhundert; dt. – deutsch; slaw. – slawisch; i. R. – im Ruhestand; Vors. – Vorsitzende(r); ü. NN – über Normal Null (Meerespiegelhöhe)

ORTSÜBERSICHT

(Orte in Klammern sind mit dem Hauptort eng verschmolzen.)

Unser Buch der Dörfer - Band 2

Der vorliegende 2. Band des Dorfbuches enthält die Dörfer westlich der Mulde. Mit den Orten östlich der Mulde, die im Band 1 beschrieben sind, haben wir alle 196 Dörfer des Muldentalkreises erfaßt. Dazu zählen auch die „neuen“ Dörfer im Süden und Nordwesten, die seit einigen Jahren zum Territorium des Muldentalkreises gehören. Wir konnten mit Freude feststellen, daß der „Rundblick“ da und dort nicht völlig unbekannt war. Bei den Recherchen in diesen Gebieten begegneten wir aufgeschlossenen Leuten, die uns bei der Erkundung der Terra incognita in jeder Weise unterstützten. Es würde uns freuen, wenn wir mit diesem Buch dazu beitragen könnten, daß die neuen Bewohner engere Beziehungen zum Muldentalkreis eingehen, daß wir sie neugierig machen auf das hiesige Geschehen. Noch haben sie diesen Schritt nicht getan. Mit pauschalen Gesetzen und Anordnungen wird das auch nicht gelingen.

Das Konzept zum Buch wurde nicht geändert, weil es dafür keinen Grund gab. Es sollte den Einheimischen deutlich machen, was sie Wichtiges von ihrem Heimatdorf und umliegenden Ortschaften wissen müßten. Dem „Fremden“ vermittelt es Anreize, die ihn vielleicht bewegen, seine Schritte in die hiesigen Regionen zu lenken.

Wenn Sie nun fragen, welches denn das schönste Dorf sei, dann ist diese Frage gar nicht so einfach zu beantworten. Das Wort „schön“ kann so viel aussagen, weil es ziemlich unterschiedlich sein kann, worauf es sich bezieht. Klar gibt es Favoriten, doch letztlich hat jedes Dorf etwas an sich, daß es ganz vorn mit eingereiht werden könnte. So wollen wir diese Frage unbeantwortet lassen und sie an die Leser zurückgeben. Jeder wird sein schönstes Dorf irgendwann und irgendwo entdecken – wenn nicht von vornherein das Dorf allen anderen den Rang abläuft, in dem er geboren und aufgewachsen ist. Es ist eben die Heimat.

Im Mittelpunkt unserer Betrachtung standen einfache Menschen mit ihrer Freude und in ihrem Leid, die mit ihrem Fleiß und mit ihrem Wirken in der Familie, im Beruf und im Dorf ein Stück Ortsgeschichte beeinflußten und prägten. So oder so ähnlich haben es andere auch erlebt. Vielleicht regen unsere Texte die Leser an, ihre eigenen Erlebnisse aufzuschreiben. Die Kinder, Enkel und Urenkel erhalten damit eine ganz persönliche Chronik. Sie werden erkennen, daß die Vergangenheit oftmals schwere Stunden dem Leben bescherte, daß nur harte Arbeit zu einem bescheidenen Wohlstand führte.

Wir grenzten den Zeitraum unserer Betrachtungen im wesentlichen auf die letzten fünf Jahrzehnte ein. Diese Zeit haben die älteren Leser noch selbst erlebt. Mit den Ereignissen können sie sich identifizieren. Klar gibt es da und dort andere Vorstellungen. Es ist kein Nachteil, wenn gegenteilige Ansichten auftreten. Sie fördern die Meinungsbildung und bringen vielleicht neue Erkenntnisse.

Wir bemühten uns, und unsere Gesprächspartner taten es uns gleich, die Geschehnisse möglichst objektiv darzustellen. Sofern das überhaupt geht. Jeder Berichterstatter läßt mehr oder weniger seine subjektiven Gedanken einfließen. Deshalb müssen wir es noch einmal verdeutlichen: Die Wahrheit des einen muß nicht die Wahrheit des anderen sein!

Einige Regionen unseres Heimatkreises wurden im August 2002 von einem schlimmen Naturereignis betroffen. Gewaltige Wassermassen überfluteten die Dörfer in den Niederungen der Mulde. In den vergangenen zwei Jahren hatten wir mehrmals Gelegenheit, mit Menschen zu sprechen, die unter diesem Ereignis gelitten haben. Einige ihrer Geschichten haben wir aufgeschrieben. Wir bewundern ihre Leidenschaft, mit der sie aus der Verwüstung ihres persönlichen Lebens neuen Mut gefunden haben und mit der Solidarität vieler Helfer einen neuen Grundstein legen konnten. Dadurch wurden die Schäden im hohen Maße beseitigt. Die materielle Hilfe tat gut, doch es wird noch einige Zeit dauern, bis auch die seelischen Ängste verblassen.

Ein aktuelles Geschichtsbuch erhält seinen vollen Wert wohl erst nach Jahrzehnten, wenn die Nachfahren danach fragen, wie denn die Generationen zuvor gelebt haben. Wir sind deshalb all den Erzählern dankbar, die auch ganz private Erlebnisse offenlegten, die von ihrem Schmerz und ihrer Freude erzählten, von einem schönen, herben und abwechslungsreichen Leben berichteten.

Ich möchte mich bei all denen bedanken, die in welcher Weise auch immer zur Buchgestaltung beigetragen haben. Das war nicht immer einfach, denn unsere schnellebige Zeit unterliegt einem steten Wandel. Was gestern noch gültig war, konnte anderntags in Frage gestellt werden. Das machte sich besonders besonders in wirtschaftlicher Hinsicht bemerkbar. Da mußte ein Handwerker Insolvenz anmelden, dort ein Gastwirt seine Gaststätte schließen. Andererseits versuchte ein Mutiger, mit hohem Risiko einen neuen Betrieb zu gründen. Das alles ließ sich nicht immer berücksichtigen.

Eine unverhoffte Wertschätzung erfuhr das Dorfbuch mit der Auszeichnung des Gellertpreises für Literatur 2003. Der Landkreis Delitzsch, der Muldentalkreis und die Sparkassen Muldental und Delitzsch-Eilenburg würdigten Autor und Dorfbuch mit einem Anerkennungspreis. Diese Ehrung dient allgemein zur Förderung von Kultur und Kunst und wird einmal jährlich nacheinander in den Sparten bildende Kunst, Literatur und Musik vergeben.

Die Freude über die Auszeichnung steht gleichwertig neben der Anerkennung, die das Buch bei Tausenden im Muldentalkreis und darüber hinaus gefunden hat. Band 1 war in wenigen Wochen vergriffen. Deshalb hat sich der Verlag entschlossen, einen unveränderten Nachdruck folgen zu lassen. Dank großzügiger Unterstützung der Sparkasse Muldental kann er noch in diesem Jahr in den Handel kommen.

Ich lege das Buch vertrauensvoll in die Hände der Leser. Und wenn sie erkennen, daß es sich lohnt, hier im Muldentalkreis mit seinen reizvollen Regionen und seinen interessanten Menschen zu leben, dann hat unsere Arbeit ihren Sinn gehabt.

Hohburg, im Juli 2004 *Manfred Müller*

Hohburg mit dem Kleinen Berg

In der Muldenaue

Südöstlich von Bennewitz tritt die Mulde aus dem Porphyrhügelland heraus. Während ihr Tal bisher eine mehr oder weniger enge Flußlandschaft darstellte, weitet sich jetzt der Talboden über Kilometer hinweg zu einer breiten Aue.

Der Fluß verliert unterhalb der Wurzener Brücken stark an Gefälle und Fließgeschwindigkeit und damit an Transportkraft. Er sedimentiert (Geröll, Kiese, Sande, Auelehm) und mäandriert, d.h., er schlägt große Schlingen um seine Ablagerungen in der Aue. Heute zeigt sich diese als eine sanft eingesenkte flache Landschaft mit Wiesen und Baumgruppen und alten, längst von der Mulde abgeschnittenen Flußschlingen.

Die Mulde besaß lange Zeit kein eindeutiges Strombett wie heute, sondern hatte ein Fließengefüge entwickelt, das sich zwischen einzelnen Hegern (Anlandungen) und Werdern (umflossenen Ablagerungen) seinen Weg suchte. Manche Werder wurden zu richtigen Inseln, deren geringe Erhebungen aus der Aue ausreichten für die einigermaßen sichere Anlage von Dörfern. Am besten ist diese Situation heute noch bei Dögnitz wahrzunehmen.

Im Laufe der letzten drei Jahrhunderte ist der Fluß allerdings in ein einziges, dazu noch eingedämmtes Strombett gezwungen worden. Die Aue ist weitgehend trockengelegt und in weiten Teilen überbaut worden. Deiche und Dämme zogen sich um 1900 noch ausschließlich am Westufer zum Schutz der Auendörfer entlang, und auch nicht durchgängig, um ein rasches Abfließen des Wassers zu gewährleisten.

Als am Vormittag des 13. August 2002 die Wassermassen von Süden heranfluteten, konnten sie das nur in einem durch Dämme und Deiche sehr eingeengten Raum tun. Der Bahndamm und der im vorigen Jahrhundert ständig verkleinerte Durchlaß der Eisenbahnbrücke wirkten wie ein Staudamm. Das alte Flußbett des Schwarzen Wassers (wie viele Bennewitzer kennen es noch?) bot keine Ausweichmöglichkeit mehr; in der Ortslage Bennewitz ist es auf dem Meßtischblatt von 1997 nicht mehr erkennbar wegen der Überbauungen. Die Deiche bei Schmölen und Bennewitz erwiesen sich als zu niedrig und zu schwach. Sie brachen an mehreren Stellen, und das Wasser breitete sich bis zum Bahnhof in Bennewitz aus und ergoß sich sogar vom Roßwinkel bis zur Elmichenwiese nördlich des Reiterhofes Altenbach (fast 2 km von der Mulde entfernt!). In kurzer Zeit standen alle Auendörfer unter Wasser. Hohe Überflutungen der Aue sind zwar selten, aber nichts Unnatürliches; an beiden Ufern der Mulde wurde das Ausmaß der Katastrophe vom August 2002 vom Menschen bewirkt. *W.E.*

Biber und Fischotter in der Muldenaue

Für die Muldenaue ist der Fluß natürlich nicht nur das namengebende, sondern auch immer wieder aufs Neue das landschaftsgestaltende Element. Es gibt für den Naturfreund kaum etwas Erhebenderes als eine Wanderung in der Aue von Deuben in Richtung Eilenburg. Sie ist zu jeder Jahreszeit ein Erlebnis und hält meist auch nicht alltägliche Beobachtungen bereit.

Zuerst erreicht man das winzige Dorf Grubnitz. Gleich am Ortseingang fällt das fast jährlich bezogene Storchennest auf einer Esse eines ehemaligen LPG-Stützpunktes auf. Ein Abstecher zur nahe vorbeifließenden Mulde auf die Grubnitzer Brücke lohnt sich immer. Schaut man von hier oben flußabwärts, sieht man die sogenannte Grubnitzer Insel, auf der sich inzwischen Biber und Mink, wahrscheinlich auch der Waschbär, angesiedelt haben. Sie verraten ihre Anwesenheit durch Fraß- und Fußspuren. Ebenso der Fischotter, der aber hauptsächlich im Winter auf leicht verschneitem Randeis Spuren hinterläßt.

Wegen der Verengung und der Steine im Flußbett kommt es an der Insel zu einer sichtbaren Beschleunigung des Wassers. Das wiederum erhöht den Sauerstoffeintrag und den Nahrungsreichtum für Fische, Muscheln u.a. Daher konzentrieren sich an dieser Stelle Gäste aus der Vogelwelt. Im Sommer sind es vor allem Graureiher und Kormorane, im Winterhalbjahr Schellenten, Gänsesäger, manchmal auch Zwergtaucher. Der kiesige Rand der Insel und erst recht die flußabwärts gelegenen Kiesheger sind Brutplätz einer nur sperlingsgroßen, wieselflinken Vogelart, des Flußregenpfeifers. An warmen, windstillen Abenden finden sich Fledermäuse, Große Abendsegler und Wasserfledermäuse in der Muldenaue ein, weil es hier reichlich Insektennahrung, vor allem Mücken, gibt.

Die Wanderung geht weiter vorbei an Dögnitz. Der westliche Urstromhang ist bis auf wenige Lücken durchgehend bewaldet und erreicht auf Püchauer Flur immerhin 25 m

Höhe. Von Dögnitz aus bis zum Bobritzer Damm, auch Kollauer Wehr genannt, wirkt das abwechslungsreiche Landschaftsbild der Aue mit ihren Gebüschen, Baumgruppen, kleinen Gehölzen sowie den Altwässern, Gräben und Bächen durch ihre Weite und in Stille besonders stimmungsvoll auf uns ein. Immer mal wieder richtet der Wanderer seinen Blick hinüber zur Mulde und entdeckt viele Uferschwalben. Sie haben im lehmigen Prallhang einiger Flußschlingen ihre Brutröhren gegraben, so bei Canitz und Wasewitz.

Kurz nach dem ehemaligen Kraftwerk bei Canitz spannt sich ein altes Ziegelbauwerk über die Mulde. Es ist die Wasserwerksbrücke, über die das wertvolle Trinkwassser in Rohren bis nach Leipzig gepumpt wird. Man gelangt auf diese Brücke über eine eiserne Treppe und hat von oben einen guten Ausblick nach allen Seiten. Ganz in der Nähe befinden sich der *Schusterbusch* und das *Tote Männchen*, wohl die zwei bekanntesten Altwässer. Sie sind eingebettet in eine weite Wiesen- und Weideflur. Die Gewässer sind nicht nur ein Eldorado der Libellen, Kröten und Frösche, sondern hier gedeihen auch die leuchtend gelben Wasserschwertlilien und die eleganten rosafarbenen Schwanenblumen. *H.K.*

Am Dögnitzer Wasser

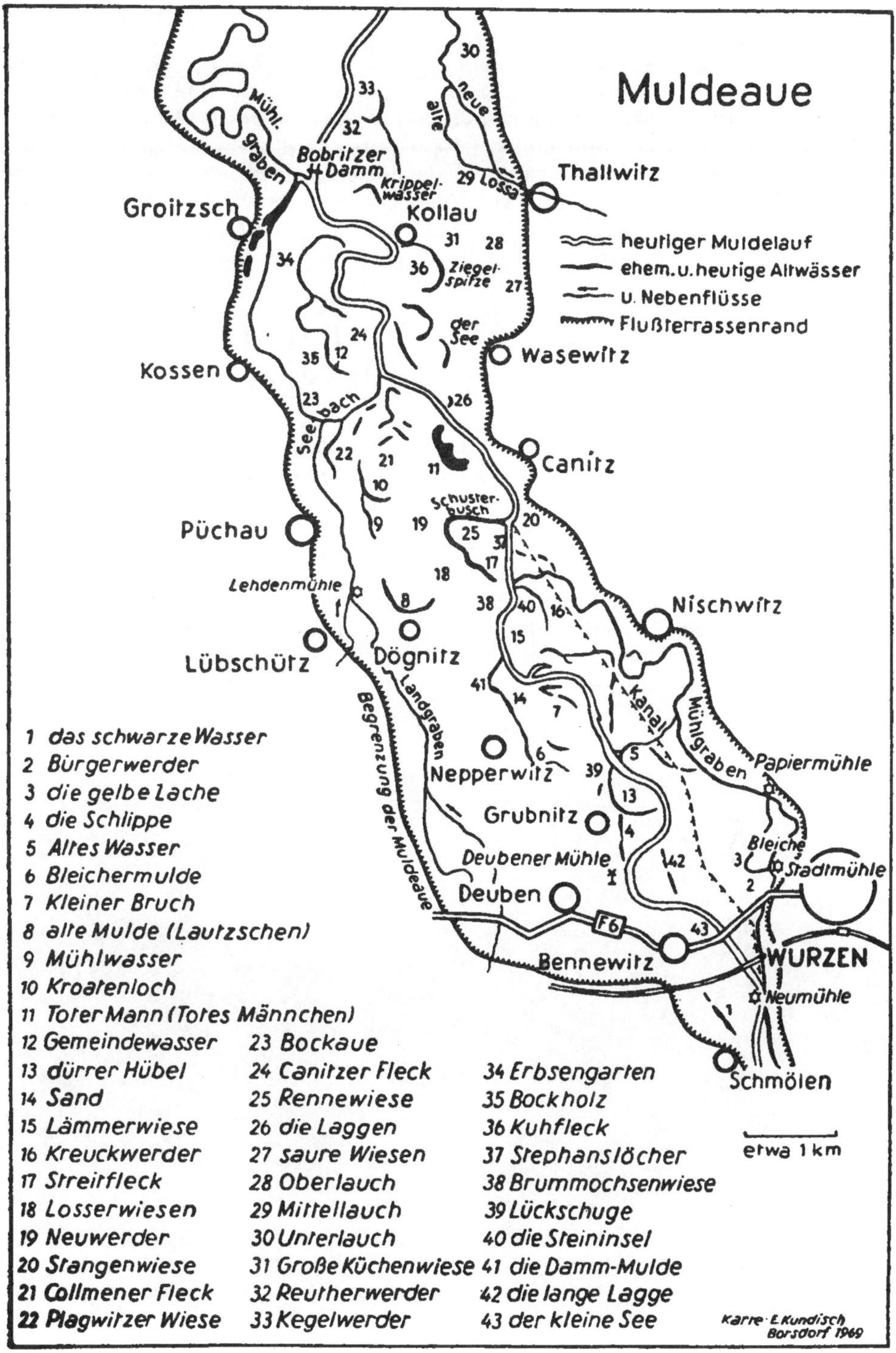
Muldeaue
Thallwitz
Groitzsch
Kollau
Kossen
Wasewitz
Canitz
Püchau
Lehdenmühle
Nischwitz
Lübschütz
Dögnitz
Nepperwitz
Grubnitz
Deubener Mühle
Deuben
Bennewitz
WURZEN
Neumühle
Schmölen
Papiermühle
Bleiche
Stadtmühle
Mühlgraben
Bobritzer Damm
Krippelwasser
neue
alte
Lossa
Ziegelspitze
der See
Seebach
Schusterbusch
Kanal
Landgraben
Begrenzung der Muldeaue
F6
heutiger Muldelauf
ehem. u. heutige Altwässer
u. Nebenflüsse
Flußterrassenrand
etwa 1 km
1 das schwarze Wasser
2 Bürgerwerder
3 die gelbe Lache
4 die Schlippe
5 Altes Wasser
6 Bleichermulde
7 Kleiner Bruch
8 alte Mulde (Lautzschen)
9 Mühlwasser
10 Kroatenloch
11 Toter Mann (Totes Männchen)
12 Gemeindewasser
13 dürrer Hübel
14 Sand
15 Lämmerwiese
16 Kreuckwerder
17 Streitfleck
18 Losserwiesen
19 Neuwerder
20 Stangenwiese
21 Collmener Fleck
22 Plagwitzer Wiese
23 Bockaue
24 Canitzer Fleck
25 Rennewiese
26 die Laggen
27 saure Wiesen
28 Oberlauch
29 Mittellauch
30 Unterlauch
31 Große Küchenwiese
32 Reutherwerder
33 Kegelwerder
34 Erbsengarten
35 Bockholz
36 Kuhfleck
37 Stephanslöcher
38 Brummochsenwiese
39 Lückschuge
40 die Steininsel
41 die Damm-Mulde
42 die lange Lagge
43 der kleine See
Karte E. Kundisch Borsdorf 1969

Egal von welcher Seite man auch kommen mag, die Dorfansicht wird geprägt durch die Türme von Schloß und Kirche. Höchst beeindruckend wirkt dieses Bild auf der Hochterrasse von der Muldenaue aus. Bemerkenswert ist zudem ein geschichtlicher Fakt: Mit Püchau verbindet sich die Jahreszahl 924. Kein weiterer Ort Sachsens hat ein so frühes Datum aufzuweisen, und daraus ergibt sich die Botschaft: Püchau ist der erstgenannte Ort in Sachsen. Ganz exakt ist das wiederum nicht, denn das Jahr 924 steht in keiner Urkunde, sondern wird von den Historikern so angenommen. Richtig beurkundet ist die Burg für 1040.

Auf Spurensuche in Püchau, dem erstgenannten Ort in Sachsen

Und wenn wir uns auf den Weg zu Püchaus Anfängen begeben, was finden wir? Nichts! Das mag den Besucher ziemlich enttäuschen. Oder hat er tatsächlich erwartet, daß aus der Zeit um 1000 herum irgendwelche baulichen Überreste vorhanden wären? Die Spur führt vielmehr zu einem einzigartigen geschichtlichen Dokument, das der Bischof *Thietmar von Merseburg* (975–1018) mit seiner Chronik zu den Ereignissen der damaligen Zeit geschrieben hat. Darin erzählt er vom Kampf *Heinrichs I.* gegen die in die deutschen Lande hereinbrechenden Ungarn. Dabei erlitt der König eine Niederlage und flüchtete vor seinen Feinden in die *'urbs Bichni'*. Für den Schutz machte er den Püchauern Geschenke und gewährte ihnen im späteren Burgward einige Privilegien. Worum es sich da handelte, kam allerdings nie ans Tageslicht. Mit Versprechungen der Mächtigen ist das eben immer so eine Sache. Thietmar erwähnte in seinem Bericht keine Jahreszahl, doch die Recherchen der Wissenschaftler lassen auf das Jahr 924 schließen.

Luftbild von Püchau

Von der damaligen Burg finden sich keine Reste. Es ist möglich, daß unter dem viel späteren Schloßbau solche noch ruhen, aber es ist eher aussichtslos, dort einmal ranzukommen. Es ist auch anzunehmen, daß unmittelbar am Fuße der Terrasse der Muldestrom dahinfloß. Daran erinnern heute die Dögnitzer Mulde und weitere zum Teil verlandete Altwasser. Die Burg diente sicher zum Schutz der Furt. Später nutzten die Fuhrleute den Übergang bei Wurzen, denn dort führte der Weg unbeschwerlicher als durch die versumpfte Aue. Davon profitierte in hohem Maße die Wurzener Siedlung, und Wurzen entwickelte sich zur Stadt, Püchau blieb ein Dorf. Wieder mal läßt sich spekulieren: Was wäre geworden, wenn ...?

Wenn schon die Püchauer kaum mit diesem Pfunde der Ersterwähnung wuchern, so bieten Schloß und Park gute Ansätze, Touristen und Wanderer anzulocken. Im 16. Jh. ist es zu einem massiven Schloßbau gekommen, der ab 1838 durch die *Grafen von Hohenthal* zu mehrmaligen Umbauten führte. Dabei entstand die heutige neogotische Gestalt, die mit ihren Zinnen, Türmen und Wehrgängen einen wehrhaften Charakter vortäuscht. Im Innenhof erinnern seit 1849 eine Sandsteintafel mit dem *Thietmar*-Zitat und eine Statue an *Heinrich I.* Im Marmorsaal hing ein übergroßes Bild eines Historienmalers, auf dem er den Einzug Heinrichs I. in die Burg Bichni romantisch-deutsch phantasievoll dargestellt hat.

Mit der Bodenreform verloren die Hohenthals ihren Besitz. Plünderungen und Zerstörungen führten im Schloß zu einem üblen Zustand der Räume und Einrichtungen, ehe es dem Rat des Kreises Grimma übereignet wurde. Das Schloß diente dann von 1947 bis 1996 als Alters- und Pflegeheim für bis zu 200 ältere Menschen. Da kaum größere Reparaturen durchgeführt werden konnten, verschlechterte sich der bauliche Zustand von Jahr zu Jahr. 1998 erwarb die Leipziger Gastronomenfamilie *Goldhahn* die gesamte Anlage. Seitdem sind Bemühungen im Gange, den Verfall aufzuhalten. Ein Schloßrestaurant sowie gelegentliche Veranstaltungen und Schloßführungen lassen auf eine bessere Zukunft hoffen.

Die Spuren der Vergangenheit zu finden und zu entschlüsseln hat sich der hier in einem Dreiseithof im Unterdorf geborene *Klaus Ungewiß*, Jg. 45, zu seiner Lebensaufgabe gemacht. Seit Jahren durchfilzt er Archive, Magazine und Bibliotheken auf der Suche nach Daten, Personen und Ereignissen aus der Geschichte Püchaus und der umliegenden Dörfer. Akribisch erfaßt er diese Fakten in seinem Computer und erweitert die Mappen der umfangreichen Chronik. Vermutlich ist kein weiterer Ort im Muldentalkreis so gründlich in seiner Historie erschlossen wie das 1000jährige Püchau. Dabei hat ihm, seinem Haus, das er mit seiner Schwester bewohnt, und seinen Büchern und Gerätschaften das Hochwasser des Jahres 2002 arg mitgespielt. Ein Meter dreißig hoch standen die Schlammfluten in den Räumen. Monatelang mußte er sich mit Reinigen und Trocknen der Dinge befassen, um zu retten, was noch zu retten war. Manchen Text mußte er zum

Das Püchauer Schloß vom Schloßhof aus

zweiten Male in den Computer hämmern. Die Früchte seiner Arbeit spiegeln sich wieder in der eigenen Freude und in zwei Heimatbüchern. Für den *Rundblick* und die Tageszeitung veröffentlichte er zahlreiche Beiträge. Es ist ein Segen für ein Dorf, in dem ein solch Geschichtsbesessener lebt und arbeitet. Eine gute Anerkennung erhielt er mit der Verleihung des Heimatpreises für Geschichte.

*

Ganz andere Spuren hinterließ der Fleischer und Laienmusiker Walter Schmidt, Jg. 42:

Saxophon und Hausmacherwurst – man muß es zwischen den Fingern haben

Schlachten und Musikmachen! Diese beide Tätigkeiten bestimmten mein Leben, ohne sie ginge es nicht. Das ist zwar arg übertrieben gesagt, aber ein bißchen Wahrheit liegt schon drin. Nach meiner Schulzeit wetzte ich die Fleischermesser bei *Kohlbachs* in Thallwitz. Später wechselte ich nach Beucha zur Fleischerei *Reiche* und schließlich nach Nischwitz in die Fleischerei *Kresse*. Dort arbeite ich heute noch.

Ich habe fast täglich mit Tieren zu tun. Meist sind sie schon tot. Seit Jahren erhalten die Fleischereien fertig ausgeschlachtete Tiere aus den Kühlhäusern. Man muß kein hartes Herz haben, wenn man den Tieren den Todesstoß versetzt. Die Menschen müssen jeden Tag essen. Fleisch und Wurst gehören mit auf den Tisch. Ich mag meine Wurst am liebsten. Natürlich koste ich mal diese und mal jene. Man will ja schließlich wissen, was die Konkurrenz so zusammen rührt.

Jede Wurst hat ihren typischen Geschmack. Es sind die Zutaten, die Gewürze, die der Meister zufügt. Und da hat jeder seine kleinen Geheimnisse. Nicht zu Unrecht entstand das geflügelte Wort: Der Fleischer muß es unter den Fingernägeln haben. Natürlich

Ständchen von Walter Schmidt für Klaus Ungewiß

müssen die sauber sein! Nebenbei bin ich seit langem als Hausschlächter tätig. Dafür habe ich ein Zertifikat erhalten und bin damit staatlich anerkannt.

Ein Fleischer muß kräftig zupacken können. Ich wundere mich heute, wie ich das damals ausgehalten habe. Nach der Tanzmusik spät nachts ins Bett und frühmorgens wieder raus zum Hausschlachten. Doch ich brauchte das Geld. Ich war von jeher sehr sparsam. Mein Sparbuch aus der Lehrlingszeit habe ich zur Erinnerung noch im Schubkasten liegen. Jede Woche zahlte ich 25 Mark ein. 1960 hatte ich 3330 Mark zusammen, und ich kaufte mir eine 250er ES. Das war ein Festtag. Immer wieder strich ich behutsam über den Sattel und vergewisserte mich, daß es kein Traum war. Und dann die ersten Touren. Es war ein nicht zu beschreibendes Glücksgefühl.

1954 kaufte ich mir die erste Klarinette. Vater war 1947 verstorben, und mein großer Bruder vertrat seine Stelle. Er legte einige Mark zu. Ein Wurzener Musiklehrer brachte mir bei, wie das Instrument zu beherrschen sei. 1957 durfte ich mich in das *FFP-Sextett, die Püchauer Feuerwehrkapelle,* einreihen. Wir musizierten bei Feuerwehrbällen, Kostümfesten, Nachbarbieren, LPG-Vergnügen und zu anderen Anlässen. Wenn die Gäste partout nicht nach Hause gingen, dann legten wir erst um 3 Uhr in der Früh die Instrumente in die Kisten.

Dann kamen die Jahre der Blaulichtschauen. Auf weißen Bettlaken malten wir träumerische Bilder von der Südsee und anderen Ecken der weiten Welt. Damit tapezierten wir auf einer Leine die Bühnenwände. Das Licht ging aus, unsere Speziallampe leuchtete, die Bilder und manches andere mehr fluoreszierte. Gefühlvoll interpretierten wir eine Schlagerschnulze, und die Paare nutzten eng umschlungen die Minuten des Dämmerlichtes. Jeder Partner hatte rechtzeitig seine Tänzerin ausgespäht. Das war Romantik pur, und wehe, wenn wir unsere Tücher vergessen hatten.

Doch alles hat seine Zeit. In den 60er und 70er Jahren hatten wir unseren Höhenflug. Ich war ständig unterwegs, doch meine Frau fand dafür viel Verständnis. Dann saßen neue Kapellen auf der Bühne, und neue Musik faszinierte die Leute. Wir hielten uns schon lange nicht mehr an die Vorgabe: 60% DDR-Titel, der Rest durfte Westmusik sein. Für die AWA mußten wir jeden gespielten Titel in eine Liste eintragen. Das war jene Anstalt, die für die Aufführungsrechte abkassierte, so wie heute die GEMA. Nur daß sich jetzt die Preise verzehnfacht haben. Doch Papier ist geduldig. Hätten wir die staatlichen Vorgaben erfüllt, die Gäste wären uns davon gerannt. Einige von uns wollten den neuen Trend nicht so richtig wahrhaben. Ich spürte, wie zwischen uns und dem Publikum Dissonanzen auftraten. Auch innerhalb unserer Truppe verschärften sich die Gegensätze. Mitte der 80er Jahre kam das Ende. Am 1. Mai spielten wir ein letztes Mal. Tags drauf teilten wir die Gelder und die Technik und gingen schweren Herzens auseinander. Eine Gemeinschaft, die jahrzehntelang in Harmonie und mit Begeisterung musiziert hatte, war zerbrochen.

Ich konnte das Spielen nicht lassen. Meinem Bruder *Rudi* erging es ebenso. Wir beschlossen, zu zweit weiterzumachen. Als *Schmidt-Duo* reisten wir zu den kleinen und größeren Muggen. Bei runden Geburtstagen, Silberhochzeiten und anderen Familienfesten zeigten wir unser Können. Dann, 1990, das bittere Ende: Mein Bruder verstarb an einer unheilbaren Krankheit. Ich verlor meinen besten Freund, dem ich so viel zu verdanken hatte.

Nur zögerlich holte ich später mein Instrument wieder hervor. Ich suchte einen neuen Partner. Mit dem Akkordeon- und Keyboardspieler *Gerhard Krebs* aus Böhlitz spiele ich nun bei Familienfesten hin und wieder ein Ständchen. Das ist ein wunderbares Gefühl, vor den Leuten zu stehen und loszuspielen. Ich brauche dazu keine Noten. Ich höre mir ein Musikstück einige Male an, und dann habe ich es im Blut.

Vor einigen Monaten habe ich mir ein funkelnagelneues Saxophon gekauft. Es steht in meiner kleinen Bauernstube, die ich mit Erinnerungsstücken aus meiner Schlachter-

und Musikspielzeit eingerichtet habe. Und wenn ich mein goldenes Instrument behutsam einpacke, weil irgendwo eine kleine Mugge auf dem Programm steht, dann leuchten meine Augen, dann schlägt das Herz schneller. Damit ich nicht mißverstanden werde: Es ist ein goldfarbenes Instrument!

WEITERE NOTIZEN aus Püchau

Ein bemerkenswertes Baudenkmal ist die **Backsteinbrücke** von 1564. Sie überbrückt in fünf Bögen die Hohle zwischen Kirch- und Schloßberg, zuletzt 1991 saniert. Eingemauert die Wappen derer von Ende und Ziegler. - Seit 1653 gibt es weiter aufwärts die einbogige Hohlebrücke.

Die **Heinrichsburg** steht am äußeren Schloßhof. Sie ist ein kleines Renaissance-Herrenhaus aus dem 16. Jh. mit Balkendecke und Kreuzgewölbe. Das Gebäude befindet sich in einem bedenklichen Zustand.

Die **Kirche** auf dem Kirchberg erhielt 1732 ihre jetzige Form im oberen Turmbereich, 1869 nach Abbruch des alten Gebäudes neu gebaut. In der Sakristei vier Buntglasfenster. Eine von Orgelbaumeister *Gottfried Silbermann* 1729 gebaute Orgel wurde leider wegen Holzwurmbefall und anderer Schäden 1922 abgerissen und noch brauchbare Teile für Ersatzzwecke an andere Kirchen veräußert. Danach erhielt die Kirchgemeinde eine *Jehmlich-Orgel*. - Das Pfarrhaus aus dem Jahre 1595, ein Renaissancebau mit Sitznischenportal, hat im Innern Kreuzgewölbe und eine Balkendecke. - Der Friedhof befindet sich am westlichen Dorfrand, 1860 Bau der Walburga-Kapelle als Begräbnisstätte der *Grafen von Hohenthal*, jetzt als Feierhalle genutzt.

Die **Lehdenmühle** zwischen Püchau und Dögnitz, eine vom Wasser des Seebachs angetriebene Getreidemühle, wird seit langem für Wohnwecke genutzt.

In **Ober- und Unterdorf** gliedert sich die Dorfanlage, getrennt durch eine 12 m hohe Terrasse. Den Steilabfall überwinden mehrere Straßen, Wege und Stege, so die Hohle, Arnds-,

Buschs Eiche in Püchau, einer der ältesten Bäume im Muldentalkreis

Sau- und Schmiedeberg mit z. T. alten Stützmauern an den Hängen.

Eine **Giftmörderin** wurde 1734 mit dem Schwert hingerichtet *(siehe Rundblick-Lesebuch)*. Der Heimatverein inszenierte daraus ein Schauspiel, das unter dem Titel *„Die Rattenfee oder Ein Weibermord in Püchau"* nach 2001 mehrmals aufgeführt wurde.

Die **Windmühle**, ein Holländer-Steinbau von 1888, steht weit außerhalb des Ortes an der Straße nach Gotha und wurde bis 1968 betrieben, später zu Wohnzwecken umgebaut. Seit den 90er Jahren Einrichtung eines Swinger-Clubs, was immer das heißen mag.

Ein **Wirbelsturm** im Jahre 1912 verursachte an Wohnhäusern, Scheunen und den Schloßgebäuden beträchtliche Schäden.

Der **Schloßpark** wurde als englischer Landschaftsgarten in der Mitte des 19. Jh. auf 12 Hektar angelegt und befindet sich in gutem Zustand.

Personalien: *Walter Spitzer* (1896–1976), Lehrer, Organist und Heimatfreund.
Max Kupke (1905–1999), Heimleiter des Alters- und Pflegeheimes von 1947 bis 1965, das er unter immensen Schwierigkeiten aufbaute. Bemühte sich außerordentlich um die kulturellen Belange des Heimes und des Ortes. Heimattexter.

Vereine und Einrichtungen: Sport: SV Sachsen Püchau, mit Fußball und Popgymnastikgruppe. - Hundesportverein. - Volkssolidarität. Heimatverein gegr. 1999, Vors. Klaus Ungewiß. - Freiwillige Feuerwehr Püchau-Plagwitz, gegr. 1862, Wehrleiter Peter Becker.

Landwirtschaft: Das Rittergut wurde 1570 erstmals genannt und besaß riesige Ländereien einschließlich mehrerer Dörfer, Vorwerke in Plagwitz und Lübschütz mit Brennerei und Schäfereien. Die Wirtschaftsgebäude befanden sich auf dem Schloßberg. Letzter Besitzer bis zur Bodenreform die Grafen von Hohenthal. 1948 Abriß zahlreicher Gebäude zur Gewinnung von Baumaterial für Neubauernhäuser. Die etwa 20 Neu- und 12 Altbauern bildeten die LPG „Frischer Mut". Heute ist die Landwirtschaft erloschen. Rinderställe gehören der Machern Landwirtschaft GmbH.

Handel & Gewerbe: Fenster und Türenbau von Eckard Leutbecher. - Denkmalpflege von Joachim Bock. - Reifen-Service von Gebhardt Lauer. - Transporte von Sven Sauer. - Eishandel Birgitt Berger. - Elektrowerkstatt Ralf Weiße. - Elektro-Spezial-Technik GmbH. - Galapagos Terrarienbörse von H. Fahrig. - Bäckerei-Verkaufsstelle. - Gärtnerei von Wolfgang Wemme. Schloßdruckerei von Bianca Müller.

GASTRONOMIE: Der alte Gasthof im Unterdorf wurde 1988 aus unerklärlichen Gründen abgerissen. - Seit 1999 Schloßrestaurant, Betreiber Fam. Goldhahn.

LITERATUR: Püchauer Heimatbuch. Die Geschichte des zuerst erwähnten Ortes in Sachsen. Von Klaus Ungewiß. 2. Auflage 1999.

Kirche und Schloß in Püchau von der Auenstraße aus

Plagwitz, 1449 Plachticz, 'Leute auf dem abgerissenen Landstück' (slaw.), seit 1959 OT von Püchau, seit 1994 von Machern, 122 Einw.

Ein Dorf in Randlage. Wo sich von Westen her die flachen Hügelketten aus dem Tauchaer Land in den Muldentalkreis herüberschwingen, am Rande einer buckligen Welt, an der historischen Grenze zwischen Sachsen und Preußen, da liegt die Bauernsiedlung. Für motorisierte Zeitgenossen ist hier das Ende der Welt. Nur noch steinige Feldwege führen weiter übers Land. Und trotzdem: Der Blick von hier bietet an klaren Tagen einen ungeahnten Ausblick über das Wurzener Land, und die Wege sind für den Wanderer und Radfahrer von so einprägsamer Schlichtheit, daß sie unvergessen bleiben.

Die Rote Armee schützte 1945 die Plagwitzer vor bewaffneten Banditen

Es war in den späten Junitagen des Jahres 1945. Der Krieg war zu Ende, die amerikanischen Truppen hatten den Platz geräumt für die Soldaten der Roten Armee. Die Kriegswirren hatten das Dorf verschont. Lediglich ein wohl zufälliger Bombenabwurf 1943 setzte eine Scheune und einen Speicher vom Vorwerk in Brand. Mit einer Handdruckspritze, mehr besaß die Feuerwehr damals nicht, löschten die Kameraden das Feuer. Das Vorwerk des Püchauer Schloßherren hatten die Russen beschlagnahmt und dort ein Versorgungslager mit lebendem Vieh eingerichtet. Das Leben stabilisierte sich allmählich im Dorf, die Bauern sorgten sich um die Feldbestellung und um das Vieh in ihren Ställen.

Eines Morgens fand ein Bauer den Stall aufgebrochen, und einige Schafe fehlten. Das wiederholte sich. Die herbeieilenden Bauern wurden mit gezielten Schüssen verjagt. Einer starb und zwei wurden verletzt. Die Überfälle wurden immer dreister, die Einwoh-

Dorfbild aus Plagwitz

ner lebten in Angst und Bange. Des Nachts häuften sich die Schießereien zwischen den russischen Wachsoldaten und den Banditen. Selbst vor Großvieh machte die Bande keinen Halt. Ein gestohlener Mastochse hing mit aufgeschnittener Kehle an einem Baum in der Gänsetränke.

Ein verdächtiger Motorradfahrer, der vermutlich die Lage erkundete, mißachtete eines Tages den Befehl zum Anhalten. Mit einer Salve aus dem Maschinengewehr jagte ihn ein Posten davon. Man fand ihn tags drauf in den Feldern verblutet neben seiner gestürzten Maschine. Es war ein freigelassener Ausländer. Die russische Besatzung verstärkte daraufhin die Bewachung des Dorfes mit mehreren Posten, und die Überfälle hörten auf. Die Dorfbevölkerung atmete auf, als endlich Ruhe eingekehrt war.

Ein Plagwitzer, der das damals als Kind miterlebte und der sich noch heute an dies dramatische Ereignis erinnern kann, ist der Bauer, Forstarbeiter und Hausmeister HORST NAUNDORF, Jg. 36:

Junge mach' die Augen auf, eine Heirat ist kein Pferdekauf!

Mein Vater gab mir diesen Ratschlag, den ich auch beherzigte. Ich fand tatsächlich die Frau meines Lebens, die zu mir paßte, die in der Bauernwirtschaft emsig gearbeitet hat, die eine herzensgute Mutter ihrer Kinder war und mit der ich nun unseren gemeinsamen Lebensabend verbringen werde. In wenigen Jahren wird erst mal die goldene Hochzeit gefeiert. Da platzt das Naundorfsche Gut aus seinen Nähten.

Mein Arbeitsleben gliedert sich in drei große Abschnitte. Jeder dauerte ein gutes Dutzend Jahre, und jeder brachte für mich arbeitsame, aber auch beglückende Stunden. Es begann als Jungbauer in der Genossenschaft. Natürlich habe ich einen ordentlichen Facharbeiter-Abschluß gemacht. Vater war in die LPG gezwungen worden. In der Typ I hatte er ja noch eine gewisse Selbständigkeit. Er übertrug mir damals die Bauernwirtschaft mit ihren 23 Hektar Feldfläche und vier bis fünf Pferden. Vom Onkel kaufte ich einen Lanzbulldog. Die unverwüstliche Maschine ließ mich über die Jahrzehnte hinweg

Horst Naundorf auf seinem Lanz vor der Gartenmauer mit Findlingen

niemals im Stich. Äußerlich macht er ja nicht viel her, und bei den Lanzparaden soll er nicht glänzen. Er verrichtet nämlich nach wie vor seine Dienste beim Ackern und Säen.

Die Umgestaltung der Typ I in die Typ III sah ich mit Widerwillen, aber mir blieb nichts anderes übrig. Am meisten belastete mich die persönliche Einschränkung. Mein fachlicher Rat blieb oft ohne jede Resonanz. Die Landwirtschaft wurde kaum nach wirtschaftlichen, sondern eher nach politischen Gesichtspunkten geführt.

Da kam es mir zupasse, daß unsere Genossenschaft im Tresenwald tätig wurde. Das war für mich eine neue und interessante Aufgabe. Nebenbei machte ich in Grimma den nächsten Facharbeiter für die Forstwirtschaft. Die Tätigkeit im Forst war trotz der Schwere überaus erholsam: Die frische reine Luft, die Schönheit in den vier Jahreszeiten und eine gewisse Selbständigkeit. Meine Gedanken fielen auf fruchtbaren Boden. So forderte ich mit Nachdruck eine Verbesserung der Grabensysteme im Waldgelände. Das wurde auch durchgeführt. Stauende Nässe ist ein Übel für alle Pflanzen, auch für Bäume. In den 80er Jahren gelang es mir, für die Kirche in Püchau die notwendigen Kubikmeter Holz zu organisieren. Der Kirchturm war in bedenkliche Schieflage gekommen. Die staatlichen Stellen hatten jahrelang eine Belieferung abgelehnt.

Dann begann ich meine dritte Arbeitsetappe, nämlich im Feierabendheim Püchau. Dort wurde ein Hausmeister gesucht, der auch den Park mit zu betreuen hatte. Das konnte ich mir gut vorstellen. Ein bißchen handwerkliches Geschick hat jeder Bauer, und was noch fehlte, habe ich mir im Laufe der Jahre angeeignet. Ich wollte vor allem den alten Menschen eine wirksame Hilfe sein. Natürlich war es nicht einfach, die Leute mit ihrem unterschiedlichen Charakter zufrieden zu stellen. Man muß letztlich die Menschen so nehmen, wie sie der Herrgott geschaffen hat. Im Schloß gab's immer Arbeit, und stets fehlte das nötige Geld. Trotzdem gelang uns vieles, und für DDR-Verhältnisse fand unser Püchauer Heim guten Anklang. Mit der Wende ging die Belegung zurück. Auch für mich war mit dem Rentenalter das Arbeitsende gekommen. Ich nahm es dankbar an.

Natürlich sitze ich nicht den ganzen lieben langen Tag vor dem Fernseher. Im großen Bauernhof, der jetzt meiner Tochter und ihrem Mann gehört, gibt es fortlaufend was zu tun. Und dann habe ich meine Tiere. Nicht erst jetzt, sondern schon immer. Im Stall stehen zwei Rinder. Einige Schweine werden gefüttert, und im Garten scharren Hühner und schnattern Enten. Mit dem Lanz bestelle ich meine kleinen Feldflächen. In mir fließt Bauernblut, und das fordert seine Rechte.

Völlig zufrieden schaue ich in die Runde, wenn sich alle 14 Tage meine drei Töchter und deren Familien um den großen Tisch versammeln. Da gibt's immer was zu besprechen, Erfreuliches und auch Nachdenkliches. Und wenn wir dann den Termin des nächsten Schlachtfestes festlegen, dann schnalzen alle schon mit der Zunge. Nur die Enkel, die wollen davon nicht viel wissen. Die haben den echten dörflichen Geschmacksnerv längst verloren. Mit den Zeiten ändern sich eben die Menschen. Wir bleiben die Alten, doch unsere arbeitswütige Generation wird bald aussterben.

Lübschütz, 1004 Liubizici, 'Leute eines Lubisch' (slaw.), OT vom Machern seit 1994, vorher von Püchau, 231 Einw.

Welches Dorf kann schon seine 1000-Jahr-Feier begehen? Und das urkundlich belegt! Es gehört eben ein bißchen Glück dazu, so früh in der Geschichtsschreibung genannt zu sein. Die Dorfgemeinschaft hat das seltene Ereignis beim Schopfe gepackt, und für September 2004 ein kleines, aber feines Fest inszeniert. Überhaupt möbeln einige junge lebenslustige Familien in unterschiedlichen Abständen das Dorfgeschehen immer wieder mal auf. Dann treffen sie sich in gemütlicher Runde und erinnern sich der Ereignisse, die das Leben im kleinen Ort so spannend gemacht haben. Dazu gehörte auch das Müllerhandwerk.

Die Geheimnisse vom Lübschützer Mühlengebäude

Der Müller gehörte in früheren Jahrhunderten zum Dorf wie der Deckel zum Topf. Ob als Wind- oder Wassermüller, er hatte zu tun. Die Bauern schleppten ihr Getreide herbei und holten dann das Mehl zum Brotbacken und den Schrot für die Tiere. Genau so vollzog sich das in Lübschütz.

In den Kirchbüchern wird um 1600 ein Müller genannt. Das Mühlengut war ein Kätnerhof mit einer Wassermühle. Der Antrieb erfolgte mit dem Wasser aus dem angestauten Mühlteich. Daneben betrieb der Müller eine Bockwindmühle, die in unmittelbarer Nähe auf einer kleinen Anhöhe stand. Bei Windflaute nutzte er die Wasserkraft, und bei Wind schonte er die Wasservorräte im Teich. Das Wasserrad drehte sich bis um 1900. Dann wurde es still und die Einrichtung ausgebaut. Die Windmühle nutzte er noch bis 1926. Dann war auch hier Schluß.

Der alte Dorfgasthof in Lübschütz

Das Jahr 1926 wurde überhaupt zu einem Schicksalsjahr in der Geschichte des Mühlengebäudes. Ein Wolkenbruch brachte den Mühlteich zum Überlauf, der Damm brach, und die Wassermassen beschädigten ziemlich stark das Mühlengebäude *(siehe Rundblick-Lesebuch)*. Die Bewohner des Hauses konnten sich retten und errichteten es später in einer unverwechselbaren sechseckigen Form. Der Eigentümer betrieb eine kleine Bauernwirtschaft, die er um 1990 verkaufte.

Jetzt gaben sich die Handwerker die Klinke in die Hand und verzauberten mit viel Phantasie das Gebäude in einen betulichen Dorfgasthof mit angeschlossener Pension. Als „Alte Wassermühle" lockte er nach Abschluß der Restaurierung 1993 die Gäste an. Doch das gelang nicht. Nach Lübschütz verirrte sich kaum jemand, und die Einwohner blieben ihrer alteingesessenen Dorfgaststätte verbunden. Nach einem Jahr ergebnisloser Bemühungen warf der Besitzer das Handtuch.

Trotzdem blieb das Gebäude fortan im Gespräch der Dorfbewohner. Neugierig schauten sie immer wieder hinunter zur „Wassermühle", wo sich für ein Dorf seltsame und ungewohnte Vorgänge abspielten. Sie fanden ein Jahr später ein abruptes Ende, weil sich die Staatsgewalt für das Anwesen interessierte. Und auch die Presse griff das Thema begierig auf. Mit den entsprechenden Schlagwörtern raschelte es zwischen den Seiten: Einbruch, schwere Körperverletzung, Hausverbot, Diebstahl, Nervenzusammenbruch, Sauna-Club. Dort soll neben prickelnden Wasser- und französischen Spielen fast alles möglich gewesen sein. Allerdings mußte man da schon 300 Mark für eine einstündige Behandlung auf den Tisch blättern. Die dubiose Episode endete im August 1997 mit einer polizeilichen Untersuchung, und der illegale Laden wurde wegen Verdachts der Prostitution und des Menschenhandels dicht gemacht. Nach einem Jahr Leerstand mußte die Feuerwehr anrücken, das Gebäude stand in hellen Flammen. Es konnte in seiner Substanz gerettet werden.

Ein neuer Käufer trat auf und reinigte das Gebäude so gründlich, daß nichts mehr von der vergangenen Epoche übrig blieb. Nach Um- und Ausbau entstand nun eine ordent-

Heinz Fuhrmann am geschlossenen Tor der Ziegelwerke

liche Wohnung, in der eine glückliche Familie ihr Zuhause gefunden hat. Nur noch in der Chronik von *Klaus Ungewiß* bleibt die Vergangenheit erhalten, in diesem Buch und der Erinnerung der Leute, wie des einstigen Neubauern und Tonwerkers i.R. Heinz Fuhrmann, Jg. 31:

Die gelben Biberschwänze waren das Markenzeichen unseres Betriebes

In dem sechseckigen Haus, wo sich vor hundert Jahren das Wasserrad drehte, wurde ich geboren. Das weiß ich natürlich nur aus den Erzählungen der Alten. Zu meiner Zeit wohnte mein Großvater in dem Haus, aber da war es schon keine Mühle mehr. Er hatte das Gebäude nach dem Wolkenbruch von 1926 wieder aufgebaut. Die Familie lebte von einer kleinen Bauernwirtschaft, in der ich tüchtig mithelfen mußte. Das verlief so: Aus der Schule nach Hause, Ranzen in die Ecke und hinaus aufs Feld. Mit zwölf Jahren führte ich das Pferd über den Acker und haute mit der Sense das Futter ab. Wenn ich mich davonstehlen konnte, dann traf ich mich mit meinen Kameraden auf der Dorfstraße. Die war unser Spielplatz. Meist mußte ich dann die Gänse mitnehmen, die am Straßenrand ihr Futter suchten.

Mit der Bodenreform entschied sich Mutter für eine Neubauernstelle, obwohl Vater noch gar nicht aus dem Kriege zurückgekehrt war und als Vermißter irgendwo in den Weiten Rußlands lebte. Das hofften wir, und das bestätigte sich dann auch zu unserer Freude. 1947 kehrte er krank in die Heimat zurück. Im Haus lebten nun drei Familien. Die Badewanne stand auf der Tenne, zum Trockenklo liefen wir übern Hof, und das Wasser holten wir draußen an der Schwengelpumpe. Wir beschlossen, einen Neubauernhof zu bauen.

Mit Spaten und Hacke gruben wir den Keller aus. Wenn wir wieder mal Baustoffe bekamen oder organisiert hatten, ging's am Bau weiter. Im Tresenwald fällten wir Bäume und schafften sie ins hiesige Sägewerk. So kamen wir zu den Balken und Brettern. Früh, noch in der weichenden Nacht, holte ich mit dem Jauchefaß das Wasser aus dem Schwemmteich. Danach kümmerte ich mich um die Tiere und die Felder. Der Arbeitstag nahm kein Ende.

Inzwischen hatte ich in Plagwitz ein nettes Mädel gefunden. Doch es mußte abends manchmal ziemlich lange warten, bis ich auf dem Fahrrad heranpreschte. 1953 haben wir geheiratet, und ich konnte mit meiner kleinen Familie ins neue Elternhaus einziehen. Die Neubauernstelle mit ihren 7 Hektar warf allerdings zu wenig ab. Ich konnte 1954 in den Tonwerken eine Stelle antreten als Fahrer einer Zugmaschine. Die Fähigkeiten hatte ich mir vorher als Traktorist in der MTS Machern angeeignet. Die Tonwerke blieben mein Arbeitsplatz bis zur Abschiebung in den Vorruhestand 1991.

Ich wurde im Werk überall dort eingesetzt, wo Not am Mann war. Vorwiegend bediente ich den Autokran, denn es gab immer was zu laden. Die Kohle mußten wir am Bennewitzer Bahnhof holen, und dort wurden auch die Ziegel nach Leipzig verladen. Als 1959 das neue Werk eingeweiht wurde, stand ich mit in der riesigen Werkhalle. Wir waren alle ein bißchen stolz. Vor allem freuten wir uns, daß die Arbeiten in verschiedenen Bereichen etwas leichter wurden. Ich bewundere noch heute die Frauen, die die Ziegel zwischen Trocknen, Brennen und Verladen mehrmals in die Hand nehmen mußten. Das war eine ganz schöne Schinderei.

Der Bedarf an Dachziegeln war riesengroß. Wir konnten gar nicht genug davon produzieren. Das ging allerdings oft auf Kosten der Qualität. Neuerervorschläge führten nicht selten zu kuriosen oder absurden Ergebnissen.

Der Lübschützer Ton brachte nach dem Brand eine gelbe Farbe, und die gelben Biberschwänze waren dann auch das Markenzeichen unseres Betriebes. Bei Dachschaden gab's keine anderen, auch wenn dunkel gefärbte Dächer ausgebessert werden mußten. So entstanden die bizarren und häßlichen Muster in den Dörfern, die sich hin und wieder bis heute erhalten haben. Die Kollegen bemühten sich, dunkelrote und braune Dachsteine zu produzieren. Das kostete viel Geld, der Preis durfte aber nicht erhöht werden. Und mit der Haltbarkeit der Farbe gab es auch Probleme. Also stellte ein Neuerer fest, daß die gelben Dachziegel eigentlich nicht schlecht aussehen, und die Kosten wären geringer. Er schlug vor, gelbe zu produzieren. Dafür erhielt er eine Prämie.

Wir 120 Beschäftigte waren ein tolles Kollektiv. Einer half dem anderen, und Neid störte kaum die Zusammengehörigkeit. Natürlich mußten auch mal deutliche Worte gesagt werden, wenn ein Querulant zu faul oder zu nachlässig seine Aufgaben erfüllte.

Es war bitter, als unser Betrieb 1991 liquidiert wurde. Ich mußte in den Vorruhestand eintreten. Das war für mich zu früh, wenn auch mein Leben Mühe und Arbeit gewesen war. Und trotzdem war's schön. Essen war immer da, auch wenn wir selbst kräftig zupacken mußten. Die 60 Obstbäume im Garten zeigten im Frühjahr mit ihrer Blüte ein herrliches Bild. Schädlingsbekämpfung und Ernte forderten Zeit und Kraft, brachten aber auch einiges Geld aufs Konto. Wenn genügend da war, habe ich am Hause weiter gebaut. Bei Neuanschaffungen war es nicht anders. Wie haben wir uns gefreut, als eines Tages, das war noch in den 60er Jahren, der ABV zu uns kam und mitteilte, daß wir im Macherner Konsum die bestellte Waschmaschine abholen könnten. Er gehörte zu den wenigen Leuten im Dorf, die einen Telefonanschluß hatten.

Mauerwerk eines Stallgebäudes am Terrassenhang in Lübschütz

WEITERE NOTIZEN aus Lübschütz

Der Tod des Merseburger **Grafen Esiko** im Jahre 1004 in Lübschütz war der Anlaß, daß der Merseburger Bischof Thietmar den Ort in seiner Chronik erwähnte.

Freiwillige Feuerwehr, eine tolle Truppe, die mit den Mitgliedern des Kulturkreises im Jahreslauf mehrere Veranstaltungen organisiert. Besonders erfreulich, daß sich dabei zahlreiche Jugendliche beteiligen. Wehrleiter *Jochen Scheufler*, von 1962 bis 2003 war es *Heinz Fuhrmann*.

Die **Lübschützer Teiche** wurden im 16. Jh. durch die Püchauer Grundherrschaft zur Fischzucht angelegt. Von West nach Ost folgen aufeinander Sahlweidenteich, Galgenteich, Quellteich, Stachelnußteich, Schwemmteich, Mühlteich, Dorfteich. Oberhalb des Sahlweidenteiches wurde 1979 der Iristeich mit einer Vogelschutzinsel angelegt. Der Badebetrieb begann 1924, in den 60er Jahren die Ausgestaltung um Sahlweiden- und Galgenteich zu einem Naherholungsgebiet mit Zeltplatz, Kino, Sportanlagen, Gaststätte und Bungalows. Schon in den 30er Jahren entstand südlich der Teiche eine Laubensiedldung, die sich im Laufe der Jahre immer weiter ausdehnte. Zur Saison leben in den etwa 1000 Bungalows 6000 Menschen. Nach 1945 wurde die Siedlung nach dem Leipziger Maler Alfred Frank benannt und ihm zu Ehren ein Denkmal gesetzt. Die Faschisten hatten ihn 1945 im Konzentrationslager ermordet. Dann ließ die Staatssicherheit der DDR streng geheim einen unterirdischen Bunker erbauen, der nach der Wende geöffnet und seitdem als museale Einrichtung besichtigt werden kann. Das Gebiet trägt jetzt den Namen *„Waldgartensiedlung Lübschützer Teiche“*.

Das Dorf **Poppitz** wurde 1508 erstmals erwähnt, ist aber seit langem mit Lübschütz zu einer Einheit verschmolzen. Trotzdem hat sich der Name bis heute erhalten und lebt auch weiter im Poppitzer Born, der sich am Fuß der Terrasse befindet.

Mitte des 19. Jh. bis Anfang des 20. Jh.wurde im **Braunkohlenwerk** *Belohnung* südlich von Lübschütz untertage der Brennstoff abgebaut. In seiner Nähe kam es 1872 zur Gründung der Lübschützer Tonwerke, die vor allem Baustoffe produzierten. Nach dem II. Weltkrieg wurde der Besitzer enteignet, und die Maschinen gingen als Reparationsleistung in die Sowjetunion. 1951 begann im nunmehrigen *VEB Tonwerke Lübschütz* die Neuproduktion von Baustoffen, 1959 wurde ein neues Dachziegelwerk eingeweiht. Ab 1974 erfolgte zusätzlich die Herstellung von Gipsplatten. Mit der Wende wurde 1990 die Produktion eingestellt, das Heizwerk abgeschaltet, die Brennöfen stillgelegt. Ein Jahr später erfolgte die Übernahme durch die Firma *Schiedel* aus München, die Schornsteinbauteile herstellte, aber schon bald danach die Produktion wieder an einen anderen Ort verlagerte. Das Betriebsgelände ist leergefegt, es herrscht beängstigende Stille.

Handel & Gewerbe: Zweirad Bernhard. - Auto-Center Lübschütz, vorwiegend Wartburg und Trabant. - Transportunternehmen Klaus Zaspel. - NIK Arbeitsbühnen. - Mobiler Pflegedienst von Sabine Weihmann. - Tierpension Axel Weihmann.

GASTRONOMIE: Der Lübschützer Gasthof wurde 1656 als Fachwerkhaus errichtet und war eine Bauernwirtschaft, in der ab 1835 eine Gaststätte eingerichtet wurde. Sie existiert heute noch und wird von Jutta Hofmann betrieben. - Gaststätte Lübschützer Teiche im Naherholungsgebiet, Betreiber Andrea Meding. - Gaststätte Waldeck, Betreiber Irmgard Schmiedel, in der Waldgartensiedlung.

LITERATUR: Festschrift 1000 Jahre Lübschütz. Klaus Ungewiß. Festkomitee und Kulturkreis Lübschütz. 2004.

Dögnitz, 1313 Thechenicz, 'Leute eines Techon' (slaw.), seit 1994 OT von Machern, vorher von Püchau, 51 Einw.

Kein Kirchturm zieht die Blicke an, wenn man nach Dögnitz fährt. Schüchtern blicken nur Mauern oder Dächer aus dem Ensemble der Bäume und des Buschwerks in der Aue. Jedes Jahr dasselbe Ereignis: Im Juni hat die Natur den Ort wieder vollständig in ihre Arme genommen.

Die Dögnitzer lassen sich nicht vom Hochwasser vertreiben

Die Chroniken listen es in jedem Jahrhundert einige Male auf: Die Hochwasserfluten der Mulde überschwemmten das kleine Dorf fast regelmäßig, zuletzt in den Augusttagen des Jahres 2002 mit seinen verheerenden Folgen. Oft fehlten nur wenige Zentimeter bis zur Deichkrone. War es das letzte? Die Frage werden erst kommende Generationen beantworten. Vielleicht bringen die geplanten Schutzmaßnahmen nun eine gewisse Sicherheit ins Dorf. Es ist eigentlich erstaunlich, daß es den Ort noch gibt. Einige von den Auendörfen sind den siedlungsfeindlichen Elementen längst zum Opfer gefallen.

Große Not hatte auch *Klaus Moche*, Jg. 40, in seinem Grundstück, auf dem sich jede Menge Tiere tummeln. Enten, Gänse, schottische Wildschafe, Zwergziegen, Nutrias, Pfaue und Stachelschweine vereinen sich zu einem kleinen Zoo. Gäste sind da immer willkommen. Das Hochwasser kam ohne Vorwarnung und hinterließ 231 tote Tiere. Allmählich hat er die Verluste überwunden und vor allem seine Wachtelzucht wieder aufgebaut. Diese kleinen Tiere mag er besonders gern, und an die 200 scharren wieder in den Volieren. Die winzigen Eier verkauft er nicht nur als Delikatesse, sondern vor allem

Am Dorfplatz in Dögnitz

für Heilkuren. Die Heilpraktiker schwören auf die gesunden Eigenschaften der Eier und verschreiben dafür ganze Kuren. Erfolgreiche Beweise liegen vor. Und hilft's bei Klaus Moche? Er trinkt jeden Tag sechs Eierchen mit einem Schuß Rotwein. Er fühlt sich wohl, und freut sich, daß er damit anderen Menschen helfen kann. Die Wachteln legen zwar sehr fleißig, so bis zu 260 Eier im Jahr und fangen schon 7 Wochen nach der Geburt damit an. Dann ist ihre Leistung erschöpft, und sie wandern in den Kochtopf. Wenn der Hahn vier Uhr in der Frühe seinen Wachtelschlag hinausschmettert, dann wissen der Hausherr und die Nachbarn, daß sie bald aufstehen müssen, denn die Sonne ist über der Muldenaue aufgegangen.

Dögnitz gehört zu den kleinsten Orten im Wurzener Land. Es drängeln sich nur 16 bewohnte Grundstücke, davon sind sieben als Bauerngüter zu erkennnen, zu einem Rundweiler zusammen. Nur eine Straße führt in den Ort zum runden Dorfplatz. Eine Eiche beschattet an ihrem Fuß das Kriegerdenkmal zur Erinnerung an die Toten des 1. Weltkrieges. Auch der kleinste Ort mußte seinen Blutzoll zahlen.

*

Vorn an der tangierenden Hauptstraße steht seit 1900 ein gelber Klinkerbau. Es ist der Gasthof, in dem noch heute der Gast bewirtet wird. Seit 1951 hat er einen kleinen Lebensmittelladen. Dort bedient nun schon seit Jahrzehnten hinterm Ladentisch und am Tresen die Inhaberin Johanna Barten, Jg. 39:

Ich stehe mit Herz und Seele in meinem Tante-Emma-Laden

In mir fließt pommersches Blut. Allerdings weiß ich auch nicht, was da anders sein soll als bei sächsischem. Innerhalb von zwei Stunden mußten wir damals unsere Heimat verlassen. Als 8jähriges Kind sind mir Einzelheiten nicht mehr in Erinnerung. Deutlich hat sich jedoch ein schreckliches Ereignis in meinem Gedächtnis verankert: Der Krieg war zu Ende, die russischen Truppen weitergezogen. Dann kamen polnische Soldaten. Einer von ihnen richtete die Maschinenpistole auf meinen Großvater. Daneben stand der polnische Landarbeiter, der auf unserem kleinen Bauernhof gedient hatte. Er mußte erzählen, wie es ihm ergangen war. Er fand nur gute Worte. Das war unser Glück, Großvater blieb am Leben. Bauern in der Nachbarschaft überlebten diese „Säuberung“ nicht.

In Kossen bei Püchau fand die Odyssee unserer Familie auf Bahnstrecken und in Lagern nach vier Wochen endlich ein Ende. Vater blieb in den Weiten Rußlands für immer verschollen. Ein Bauer mußte uns widerwillig aufnehmen. Lange Zeit waren wir für ihn 'die Polen'. An die Schulzeit erinnere ich mich gern. Besonders den alten Lehrer *Walter Spitzer* hatte ich ins Herz geschlossen. Von ihm lernte ich viel Wissenswertes über die neue Heimat. Die Jugend vergißt schnell erlittene Leidensstunden.

In Eilenburg begann ich meine berufliche Ausbildung bei der Eisenbahn. Viel schöner waren natürlich die häufigen Tanzbesuche. An den Wochenenden ließen wir keinen Ball aus. Wenn im Ort nichts los war, radelten wir in die Umgebung. *Saupe, die Ungarnkapelle, Knorr Max und seine Nixen* und natürlich die *Püchauer Feuerwehrkapelle* spielten bis Mitternacht zum Tanz auf. Unbeschwert und fröhlich vergingen da die Stunden. Heimwärts ging's immer im geschlossenen Trupp, und es wurde aufgepaßt, daß niemand verloren ging. Auf dem Tanzboden im alten Püchauer Gasthof lernte ich meinen Mann kennen und lieben. Und dann konnten wir es gar nicht mehr erwarten zu heiraten. Das Fest fand 1961 statt, und ich zog mit zu seinen Eltern in den auffällig gelben Klinkerbau am Rande von Dögnitz mit dem Gasthof und dem kleinen Laden. Es begann ein völlig neues Leben, das über vier Jahrzehnte mit allem Auf und Ab mein Dasein erfreute und manchmal auch wolkenverhangen erschwert hat.

Ich habe den HO-Laden meiner Schwiegermutter 1960 übernommen. Sonst war ja der Konsum auf dem Lande präsent, aber es gab auch Ausnahmen. Klar gibt es da Unterschiede in meiner Arbeit zwischen damals und im selbständigen Laden von heute. Jetzt kannst du haben, was du willst, damals mußten wir oft auf die Zuteilung warten. Doch wie freuten wir uns, wenn wir was erstanden hatten – auch im wortgetreuen Sinne. Heute? Da freut sich niemand mehr. Im Gegenteil. Die Leute sind nur noch unzufrieden und jammern herum. Na ja, alle sind nicht so, aber die Mehrzahl doch.

Ich habe es in meinem Laden nicht einfach. Ein Glück, daß wir einen hiesigen Steuerberater erwischt haben. Der berät uns auf jede Frage, ohne daß er für die Antwort gleich eine Rechnung mitschickt. Und dann die peniblen Gesetze, die alles, aber auch alles regeln wollen! Bis zur Wende kamen an jedem Vormittag 50 bis 60 Leute in die Gaststube frühstücken. Heute ist das verboten. Nicht mal eine Bockwurst dürfen wir warm machen, weil nicht alles gefliest ist. Komischerweise ist seinerzeit nie jemand erkrankt. Und wir leben auch noch. Zu einem Umbau haben wir jetzt keine Lust mehr.

Es ist eine Gratwanderung, die meinen Laden am Leben erhält. Eigentlich brauche ich ihn auch nicht mehr, denn als Rentner hätte ich mein Auskommen. Aber ich hänge nun mal dran. Und auch meine Kunden sind mir lieb und teuer. Es sind zwar bei weitem nicht mehr so viele wie zu HO-Zeiten, aber für die treuen Seelen biete ich alles an, was so tagtäglich im Haushalt gebraucht wird. Der Bäcker bringt Brot und Brötchen, Fleisch und Wurst holt mein Mann herbei und auch die anderen Dinge. Dem unbarmherzigen Preiskampf der großen Ketten bin ich auf Gedeih und Verderb ausgeliefert. Und immer der Verlierer. Die kaufen riesige Mengen und erhalten dann den Rabatt. Ich mit meinen winzigen Stückzahlen gehe da leer aus. Aber Steuern und Abgaben muß ich jede Menge aufbringen. Und so wurschtle ich mich mit meinem Laden durch die Zeit.

Ich freue mich, wenn die Kunden was erzählen oder was wissen wollen. Der Austausch von Neuigkeiten, und seien es auch nur die kleinen Dorfquerelen oder die frohen Ereignisse der Nachbarn, der bringt den alten Leuten ein bißchen Stimmung ins Gemüt. Manchmal wundere ich mich überhaupt, daß noch Leute kommen. Im winzigen Dorf

Das „große gelbe" Gebäude am Dorfrand von Dögnitz

rollen die Woche über die Verkaufsfahrzeuge vom Bäcker und Fleischer, der mit dem Frostauto, der Fischzug und der Geflügelmensch ins Dorf. Und jeder will was los werden. Ich natürlich auch. Wie lange ich das noch mache? Solange ich gesund bleibe.

In der kleinen Gaststube mit ihren drei Tischen ist der Gewinn mager. Dort führt vor allem mein Mann das Regime. Es gibt ein Dutzend, manchmal mehr oder weniger Leute, die beim sonntäglichen Frühschoppen ihre Nachrichten an den Mann bringen wollen. Was das Kleinvieh so macht, wie die Heuernte ausgefallen ist, was die Autoreparatur wieder mal gekostet hat und der Wichtigkeiten und Nichtigkeiten mehr. Dazu das Bier, preiswert, wie es sich für einen Dorfgasthof gehört. Aber wehe, wenn die große Politik ins Spiel kommt. Dann fliegen die Fetzen, aber nicht lange, denn dann schreitet mein Gastwirt ganz energisch ein. Und sie lassen sich dann auch ziemlich schnell besänftigen, die Alten und Jüngeren, die Klugen und noch Klügeren.

Als wir im Jahre 2000 den 100. Geburtstag unserer Dögnitzer Gaststätte feierten, drüben auf dem Parkplatz in einem großen Zelt und gar mit einer Erotikshow für die alten Genießer gewürzt, da spürten wir, welche Bindung die Leute hier zu uns haben. 49 Flaschen Sekt holten wir aus dem Keller, und jeder Gast bekam ein Glas voll umsonst. Auch die Dorfbevölkerung rückte geschlossen an und wickelte zu unserer Überraschung eine Girlande um die Haustür. Und das Haus stand voller Blumen. Kann es eigentlich eine schönere Anerkennung geben?

Familie Barten im kleinen Laden

Nepperwitz, 1421 Nipperwicz, 'Leute eines Nipor' (slaw.), OT von Bennewitz, 138 Einw.

Es könnte sein, daß der Ort ziemlich bekannt wird. Er liegt nämlich seit kurzem an einem langen, sehr langen Fußweg. Der war jahrhundertelang verschollen. Erst in den letzten Jahren tauchte er aus den Geschichtsbüchern wieder auf. Vielleicht findet er nach und nach eine Renaissance.

In Nepperwitz hat die alte Pfarre eine neue Verwendung gefunden

Der Wanderweg folgt im wesentlichen der alten *Via Regia*, jenem Wirtschaftsweg, der schon 1252 erwähnt wurde. Als europäische Fernstraße verband er die Messeplätze von Frankfurt und Leipzig mit Polen und Flandern. Nahezu identisch soll dazu im Mittelalter der *Jacobspilgerweg* verlaufen sein, heute oft nur in Feldwegen gerade noch sichtbar oder von jungen Studenten nach Gutdünken festgelegt. Zur heutigen Orientierung dient jetzt eine gelbe Muschel auf blauem Grund. Die *Jacobsmuschel* weist den Weg durch Europa bis nach Santiago de Compostela in Nordspanien. Im Osten Deutschlands verläuft er als Ökumenischer Pilgerweg zwischen Görlitz und Vacha bei Eisenach. Den Muldentalkreis erreicht er am Stolpener Mühlteich und führt von Wurzen und Grubnitz kommend durch Nepperwitz weiter nach Machern und Leipzig. In Nepperwitz findet der Wanderer im Ev. Jugendbegegnungshaus eine einfache Übernachtung. Der Pilgerweg soll auch nicht als kilometerfressende Eilstrecke genutzt werden, sondern der Wanderer soll Begegnung nutzen und mit all seinen Sinnen Landschaft, Geschichte, Kultur und Brauchtum der jeweiligen Region aufnehmen.

Vielleicht macht der Wanderer einen Abstecher in die kleine Kirche mit dem achteckigen Dachreiter. Das Portal aus Rochlitzer Porphyr führt in den gotischen Chor aus dem Ende des 15. Jh. Zur schlichten Innenausstattung gehört heute nicht mehr der „Tod von Nepperwitz“, ein 'altes grausenerregendes Bild von kernfestem Holze in Mannsgröße, schwarz in Farbe, mit großem Barte und großen fürchterlichen Augen'. Es wurde Anfang des 18. Jh. aus der Sakristei entfernt und später vom Pfarrer verbrannt *(siehe Rundblick-Lesebuch)*. In absehbarer Zeit wird ein neuer Altar viel Augenmerk finden, den der hiesige Tischlermeister *Rainer Saupe* gefertigt hat. Der bekannte Leipziger Künstler *Michael Fischer-Art* stiftete das Werk der Gemeinde wegen der Hoch-

Kirche in Nepperwitz

wasserschäden. Sicher wird die modern-poppige Bemalung eine heftige Diskussion verursachen.

Das Nepperwitzer Jugendbegegnungshaus entstand aus dem alten Pfarrhaus neben der Kirche. Der aus Limbach-Oberfrona stammende Diakon *Gerd Pettrich*, Jg. 62, wohnt mit seiner Familie seit 1996 hier im Ort und betreut als Jugendwart die evangelischen Jugendgruppen im nördlichen Teil des Muldentalkreises. Das Jugendzentrum ist offen für alle jungen Menschen und will dazu beitragen, den Jugendlichen Platz und Raum zu geben, wo sie sich treffen, kommunizieren über Gott und die Welt, wo sie ihren Bewegungsdrang in sportlichen Bahnen ausleben können. Das Gebäude und das Gelände im Kirchhof bieten dafür gute Voraussetzungen.

*

Das einstige Schulgebäude ist noch heute gegenwärtig. Nicht nur im Gedächtnis der Einwohner, sondern auch in seiner baulichen Substanz. Und das, obwohl es schon 1926 seine Pforten schloß und die Schulkinder fortan nach Deuben pilgerten. Verbunden damit ist auch die Erinnerung an den einstigen Schullehrer und Kantor *Gustav Schellhorn* (1863–1943), der hier im Obergeschoß wohnte und eine Etage tiefer die Schüler malträtierte. Der Mann mit seinem hervorragenden heimatkundlichen Wissen führte in unnachahmlicher Strenge mit dem Rohrstock ein hartes Regime.

Seit dem Auszug der Schule bewohnten unterschiedliche Mieter das gemeindeeigene Haus. Anfang der 90er Jahre kam das Haus zurück in das Eigentum der Kirchgemeinde Nepperwitz. Die Mieter zogen aus, und es stand leer. Dann kam es wieder in feste Hände, nämlich in die des Landwirts und Geschäftsführers der Machern Landwirtschafts GmbH & Co. KG Lutz Eilenberg, Jg. 60:

Wo einst über tausend Genossenschaftsbauern wirtschafteten, arbeiten jetzt 80 Leute

Ich war als junger Absolvent 1988 in die LPG Pflanzenproduktion „W.I.Lenin“ gekommen und organisierte als stellvertretender Produktionsleiter einen Riesenbetrieb mit über 5000 ha Feldfläche und 410 Beschäftigten. Ich hatte gerade einigermaßen Fuß gefaßt, da vollzog sich der politische und wirtschaftliche Umbruch. Wie nun weiter mit unserer Genossenschaft?

Es rumorte unter den Mitgliedern. Sie forderten einen neuen Vorsitzenden, um der politischen Umbruchsituation zu entsprechen. Auf einer Vollversammlung erfolgte die geheime Abstimmung. Ich war gedrängt worden, als Gegenkandidat zum bisherigen Vorsitzenden anzutreten. Ein anderer war dazu nicht bereit. Ich war regelrecht erschrokken, als knapp 90 % für mich jungen Dachs stimmten. Was blieb mir anderes übrig, als den schwierigen Posten anzunehmen.

Ich mußte und wollte nun der LPG eine Perspektive geben. Aber da waren ja noch die drei Genossenschaften der Tierproduktion mit ihren über 600 Beschäftigten. Der Vorschlag, jedem Dorf wieder seine eigene Genossenschaft zu geben, war nach langen Diskussionen vom Tisch. Einige Bauern wollten auch alleine wirtschaften, doch 95 % der Bodeneigentümer hatten damit nichts im Sinn.

So verging ein weiteres langes Jahr mit vielem Hin und Her. Inzwischen hatte eine Vermögens-GmbH das Eigentum jedes einzelnen Mitgliedes aufgelistet. Das auszuzahlen ging allerdings nicht, denn dazu fehlte das Bargeld. Nach einem Rundbrief an die tausend Mitglieder stand fest: Alle Anteilsnehmer bekennen sich zu einer GmbH & Co. KG, und die schüttet dann einen Zinsertrag aus, sofern ein Gewinn erwirtschaftet war. Mitglied wurde auch der westdeutsche Landwirt *Freiherr von Rümker*. Er hatte in der LPG-Vergangenheit die Muster-LPG der *Frieda Sternberg* beschnuppert und war jetzt gekommen, um uns zu beraten.

Von vornherein war klar gewesen, daß die Zahl der Beschäftigten verringert werden mußte. Mit Essenfahren aufs Feld und einer aufwendigen Nebenproduktion wie Gemüseanbau und Vermarktung von Feinfrostmöhren war nichts zu gewinnen. Auch die sogenannten Reparaturbrigaden wurden drastisch reduziert. Seinerzeit gehörte zu jeder Erntemaschine ein Werkstattwagen mit entsprechender Besatzung. Es ging ja ständig etwas kaputt. Unsere damaligen Landmaschinenbauer hatten wohl eine gute Technik gebaut, aber es haperte an der Qualität der eingesetzten Werkstoffe und an der Ersatzteilversorgung.

Die Arbeiten auf den Feldern verliefen erfolgreich, die Tierproduktion bekamen wir nicht in den Griff. Die Preise für Schweine und Bullen gingen zudem inden Keller. Weil wir gute Ernten einfuhren, ließen sich diese Fehlsummen einigermaßen ausgleichen. Das geht jedoch nicht auf Dauer. Wir hätten viel Geld in die Viehzucht investieren müssen. Dann blieb nichts mehr für die Zinsen. Im Gegenteil: Notwendige Kredite wären aufzunehmen. Wie hätten sich die tausend Kommanditisten verhalten?

Mein Entschluß: Wir zahlen die Gesellschaftsanteile der Machern Vermögensverwaltung an unserem Betrieb zurück und übernehmen ihn in eigene Regie. Zweierlei mußte ich nun tun: Die fünf bis sechs Leute gewinnen, die mitmachen und mit ihrem Hab und Gut für die immensen Kredite haften und Verantwortung übernehmen. Jetzt setzte die große Diskussion ein. Auch diese Worte hörte ich: Die wollen uns doch nur betrügen! Der zähe und lange Kampf führte zum Ergebnis: Sechs Gesellschafter, dazu gehörte auch *Freiherr von Rümker*, würden den Betrieb übernehmen, und die über tausend Kommanditisten der Vermögensverwaltung akzeptierten das Angebot zur Auszahlung.

Doch ganz so schnell schießen die Preußen nicht. Eine neutrale Bank bewertete das Vermögen auf 8,5 Mill DM. Nun denn, meinten einige, machen wir bundesweit eine Ausschreibung. Der Meistbietende soll Gebäude und Tiere bekommen, und dem verpachten wir dann unsere Felder. Die Interessenten gaben sich die Klinke in die Hand. Sie reisten von weither an. Wir rechneten hin und her und boten 10 Mill., aber letztlich ohne viel Hoffnung. Nach einem langen Jahr endlich die Eröffnung der Gebote. Ein Holländer und ein Bayer boten eine und zwei Millionen DM mehr. Das war unser Aus! Doch dann die

Lutz Eilenberg auf Inspektion bei Püchau

Überraschung: In der Abstimmung der tausend Anteilseigner stimmten 85 % für unser Angebot, obwohl es nur das dritthöchste war. Wir atmeten auf. Wir besaßen also das Vertrauen der Leute. Sie kannten uns und unsere Arbeit. Ein Hiesiger war ihnen doch sicherer. Dem konnten sie auf die Pelle rücken, wenn der nicht zahlte. Einen Wessi müßten sie vielleicht in der Südsee suchen.

Und nun der nächste Schritt: Das Geld besorgen. Wir rannten von einer Bank zur anderen. Alle winkten höflich ab. Von wegen uns Ossis eine Chance geben. Eine Hamburger vertröstete uns auf ein Gespräch in einigen Wochen. Da schickten wir „unseren Wessi" vor. Der Titel „Freiherr" führte zu einem 24-Stunden-Termin und zum Erfolg. Früher öffnete Frieda die Tore, heute ein Freiherr. Das muß ich mal deutlich sagen: Ohne ihn hätten wir es nicht geschafft! Er hatte sich inzwischen als aktives Mitglied in unserem Betrieb etabliert. Leider ist er vor zwei Jahren verstorben. Wir trauerten um einen guten Partner.

Bis 2002 schafften wir es, die Kaufsumme an die Kommanditisten der Vermögensverwaltung auszuzahlen. Mit dem letzten Schein fiel uns ein Stein vom Herzen, wir waren richtig glücklich. Nun bleibt noch der Bankkredit für die neuen Ställe in Bach und Püchau mit den 700 Milchkühen und die neue Technik für die Feldarbeiten. Er wird uns noch 15 Jahre belasten. Hoffentlich bleiben künftig Hochwasser (wie 2002) und Dürre (ein Jahr später) 2003 fern.

Wir schaffen unsere Erträge mit 80 Beschäftigten, und wir bemühen uns, diese Zahl unter allen Umständen zu halten. Zwar müssen wir einige den Winter über in die Arbeitslosigkeit schicken, doch wir holen sie im Frühjahr zurück. Das größte Problem für uns heute ist die ungewisse Planungssicherheit. Es vergeht kein Jahr, in dem die politischen Strategen in Brüssel und Berlin nicht irgendwelche neue Beschlüsse fassen. Widersinnige sind dabei, und nicht selten stellen sie das Vorjährige auf den Kopf. Sicher, wir erhalten auch Fördermittel. Da mußt du wie ein Höllenhund aufpassen, damit du nichts verpaßt. Und eigentlich ist es doch irrsinnig: 50 % unserer Erträge erwirtschaften wir auf dem Feld und im Stall, die anderen 50 % am Schreibtisch mit Anträgen, Tabellen, Statistiken, Gutachten.

Ich habe mich mit meiner Familie in Nepperwitz eingerichtet. Es ist ein Katzensprung bis nach Grubnitz ins Büro unseres Agrarbetriebes. Die Felder liegen im weiten Umkreis zwischen Mulde und Parthe im ehemaligen Kreis Wurzen. Gar zu gern fahre ich durch die Fluren, doch die Schreibtischarbeit frißt viele Stunden, manchmal zu viel. Ursprünglich wollte ich ein Eigenheim bauen, entschied mich aber dann für die alte Nepperwitzer Schule. Als der Innenausbau so gut wie fertig war, kam die Flut. Das Erdgeschoß mußte danach total saniert werden. Nun leben wir recht zufrieden in dem historischen Bau. Und damit die Gäste schon von weither sehen, daß hier ein Bauer seine Wohnung hat, setzte ich oben auf dem Dachfirst eine Wetterfahne mit einem pflügenden Bauern. Eigentlich ein Bild der Vergangenheit, denn mit Pferden pflügt heutzutage kaum noch jemand. Wenn überhaupt noch jemand pflügt. Doch das ist schon wieder eine andere Geschichte.

Der Muldendamm windet sich unmittelbar an der Siedlung vorbei. Die Durchfahrt zur Grubnitzer Muldenbrücke wird bei Hochwasser mit dicken Bohlen geschlossen. Das schützte trotzdem nicht vor den Fluten vom Jahre 2002. Einige hundert Meter nach Bennewitz zu war der Damm an zwei Stellen gebrochen. Die Wassermassen ergossen sich ungehindert ins Dorf hinein. Diesmal so hoch, daß der auf einem flachen Hügel angelegte Friedhof überschwemmt war. In früheren Jahrhunderten war er bei den Hochwassern die letzte Zuflucht für die Kühe gewesen.

Auf dem Grubnitzer Friedhof hat von altersher jeder seinen bestimmten Platz

Für den Fremden mag es nicht nachvollziehbar sein, daß sich das winzige Dorf in ein Unter- und Oberdorf teilt. Und doch gehen die Anfänge auf zwei winzige slawische Rundlinge zurück. Im Unterdorf lagen um den Anger herum ganze vier Bauernhöfe, im Oberdorf waren es ihrer sieben. Zwischen beiden stand die Kirche mit dem Friedhof. Der Kirchweg führte über den Friedhof und trennte ihn in zwei Teile. Das läßt sich noch heute durch zwei unterschiedliche Flurbuchnummern nachweisen. Die Leute vom Unterdorf fanden ihre letzte Ruhe auf dem östlichen, die vom Oberdorf auf dem westlichen Abschnitt. Schließlich hatte jeder Bauernhof seine bestimmte Fläche, auf der die Verstorbenen bestattet wurden. Wer einen Bauernhof kaufte, bekam mit ihm seinen Platz auf dem Friedhof zugewiesen. Daran wurde jahrhundertelang nicht gerüttelt. Auch heute nicht. Wo er seinen letzten Platz mal finden wird, das weiß der Altbauer WERNER GÖDICKE, Jg. 32:

Unser Bauernleben hat sich total verändert

Wir sind ein altes Bauerngeschlecht, und die Akten mit unserer Namensnennung gehen bis aufs Jahr 1626 zurück. Damals zog einer meiner Urahnen von Bennewitz nach Grubnitz. Er hatte es satt, dauernd Gespanndienste für die durchziehenden Armeen des 30jährigen Krieges zu leisten. Einige Male hatte er dabei auch seine Pferde verloren. Grubnitz lag etwas abseits der alten Chaussee, und da wurde er nicht so sehr belästigt.

1874 kaufte der Urgroßvater den großen Dreiseithof Nr. 3 mit eineinhalb Hufen. Die 30 Hektar Feld und Wiese waren für die damaligen Verhältnisse ziemlich viel. Mit unserem Land gingen wir durch dick und dünn, durch Mißernten und Hochwasser wie durch fette Jahre. Jetzt sind die großen Hofgrundstücke eher eine Last. Mein Vater hat als junger Bauer noch mit dem Flegel gedroschen und im Alter den Mähdrescher kennen gelernt. Die Umwälzungen des letzten Jahrhunderts haben unser Bauernleben total verändert. Jetzt ist dieser Prozeß erstmal zur Ruhe gekommen.

„Grums“, so nennen wir unser Dorf, hat sich bei diesem Wechsel tüchtig verändert. Man merkt es sogar den Tieren an. Früher schnatterten vor St. Martin 400 Gänse im Dorf. Auch auf den Feldern sind Hamster und Wildkaninchen weitgehend verschwunden. Diese Tiere brauchen kleine Flächen, wie auch das Wild, Schutzränder, wo sie sich verstecken können.

Mit den großen Flächen verschwand ihr Lebensraum. Vor dem Kriege hatte das Dorf 120 Einwohner, bis heute hat sich diese Zahl halbiert. Etliche Güter sind verwaist. Die Hälfte der Äcker und Wiesen ist verlassen und verpachtet, seit *Sternbergs Frieda* und die *LPG Ernst Thälmann* nicht mehr die Grubnitzer Geschicke bestimmen.

Einer meiner beiden Söhne hat sich als Landwirt in den heutigen Zuständen eingerichtet, als Milchproduzent. Er bewirtschaftet 200 Hektar Land und 170 Rinder vom Kalb bis zur Kuh. Er übernahm einen der Ställe von der LPG und modernisierte ihn. Ein neuer Melkstand wurde angeschafft. Bei der vorgegebenen Milchquote rentiert sich ein Betrieb unter 300 000 Liter pro Jahr nicht. Wir müssen viel beachten, was die Vorfahren nicht kannten. Für die Tiere wird kaum noch was angebaut. Ich kann es nicht verkraften, daß der Sohn Kartoffeln für seine Wirtschaft kauft, und nicht, wie er es von Geburt an kennt, vom Acker holt. Die Milch wird in den Allgäu transportiert und dort zu Champignon-Käse verarbeitet. Auch die bewährte Fruchtfolge wird außer Kraft gesetzt. Ich kann es nicht verstehen, daß zehn Prozent Stillegungsflächen sein müssen. Darauf wächst nun Nawaro-Raps für die Industrie.

Wir haben jetzt zwei mißliche Jahre hinter uns. Erst kam das Hochwasser, das jede Familie im Dorf getroffen hat. Wir im Oberdorf hatten da noch etwas Glück. Bauer Fleischhammers Kühe im Unterdorf standen bis zum Bauch im Wasser. Abends trieb er sein Vieh in unseren Stall, damit die Tiere wenigstens gemolken werden konnten. Aber die Milch holte niemand ab. Wir ließen sie in das Muldewasser laufen. Das Jahr nach dem Hochwasser wurde ein Dürrejahr.

Ich kann nicht mehr so arbeiten, wie ich möchte, die Beine machen nicht mehr mit. Doch wo es möglich ist, gehe ich der jungen Familie zur Hand. Ich koche für alle das Essen, und gemeinsam sitzen wir dann am Tisch. Meine Frau starb in jungen Jahren, und die beiden Söhne habe ich allein aufgezogen. Die Familie ist meine Welt.

Ich bin früher viel gereist und habe alle Ostblock-Länder kennen gelernt. Auch wenn Grubnitz nicht viel Abwechselung bietet, am liebsten bin ich doch 'heeme'. Nach *Grums* kommt nur noch der Bäcker. Eingekauft wird in Bennewitz. Wer alt ist und Niemanden hat, ist aufgeschmissen. Grubnitz wird es weiter geben, auch wenn hier weniger Menschen leben. Früher hat die Fläche, die wir bewirtschafteten, zehn Betriebe mit je vier Leuten ernährt. Das machen heute ihrer viere. Vollkommen ist nichts auf dieser Welt. Alles hat einen Haken und ein Gitter, und das ist bitter.

Werner Gödicke an der Grubnitzer Dorfkirche

WEITERE NOTIZEN
aus Grubnitz und Nepperwitz

Die Grubnitzer **Muldenbrücke** wurde 1911 gebaut und diente vor allem den Grubnitzer Bauern, die jenseits des Muldelaufes Felder und Wiesen bewirtschafteten. Seit 1822 bestand eine einfach Bock-brücke, die die Fähre ablöste, allerdings mehrmals von Hochwasser weggespült wurde. Nach der Sprengung 1945 erfolgte 1957 ein Wiederaufbau.

Die winzige **Kirche** in Grubnitz erhebt sich kaum über die Dächer und Bäume des Dorfes. Bemerkenswert zwei romanische Giebelkreuze aus Rochlitzer Porphyr auf den Dachenden, die den Steinkreuzen ähneln. Neue Wetterfahne mit der Jahreszahl 1992. Seit 1530 unter dem Patronat des Püchauer Schloßherren und auch des dortigen Pfarrers. Im Inneren schlichte Ausstattung. Ein Harmonium stifteten 1995 zwei Wurznerinnen.

Landwirtschaft: In beiden Dörfern gab es kein Rittergut. Von den elf Grubnitzer Altbauern bildeten einige eine LPG, andere verließen ihre Heimat. Während der LPG-Zeit entstanden Hochsilos (die einstigen Wahrzeichen des Ortes sind inzwischen abgerissen) und riesige Stall- und Bergeraumanlagen. Die Mehrzahl davon steht heute leer. Im einstigen Büro-Gelände hat nach 1991 die Machern Landwirtschaft GmbH ihren kaufmännischen Sitz gefunden. Einen Neuanfang als Landwirt begannen Hartmut Gödicke mit 200 ha Feld- und Wiesenflächen und über 80 Kühen zur Milchproduktion sowie Jürgen und Lutz Fleischhammer mit über 100 Melkkühen.

Handel & Gewerbe: Hat es zu keiner Zeit in Grubnitz gegeben. Im ehem. Schweinekombinat der LPG entstanden die Firmen Machern Landtechnik von Jürgen Schlittchen, auf einem kleineren Gewerbegebiet organisierte das Bauplanungsbüro von Kerstin Jaqueline Müller weitere Firmensitze: Kober Metallbau; Bert-

Durchlaß am Deich in Grubnitz

rams Büro- und PC-Service; CTS-Computer; Landschaftsbau Schubert. Nepperwitz: Möbeltischlerei und Restaurierungen von Rainer Saupe. - Präsente-Uhlig, Pokal-Gravierungen für Vereine. - Deko-Gardinen-Service von I. Möbius und J. Stephan. - Werkstatt von Markisen-Günther.

Die Grubnitzer **Windmühle** trägt nur im Volksmund diesen Namen, und so wird es auch bleiben. Sie steht eigentlich auf Neu-Deubener Flur. Seit 1952 befindet sie sich im Besitz von Georg Naundorf, der bis 1980 im anschließenden Mühlengebäude eine Bäckerei betrieben hat. Gemahlen wurde in der Holländermühle bis 1970, ein Balken verzeichnet die Jahreszahl 1868. Den Mühlenturm kaufte ein Leipziger, der ihn zu Wohnzwecken ausbaute.

GASTRONOMIE: Der Gasthof Grubnitz, 1847 von der Altgemeinde gebaut, erhielt den Namen *„Zur Muldenaue"* und wurde von verschiedenen Pächtern bewirtschaftet. 1912 Umbau und Erweitung mit einem Saal als gutbesuchte Ausflugsgaststätte für die Wurzener, Umbenennung in *Neue Welt*. Unmittelbar nach 1945 Enteignung und seitdem allmählicher Verfall. - 2004 Einrichtung einer „Rollenden Küche" in der Jagdhütte von Bernd Frank.

Bauernhof mit Torbogen in Grubnitz

Die Grubnitzer Windmühle vom Goretzko-Stein auf dem Muldedamm aus gesehen

Die Dorfstraße gabelt sich in der Mitte und umschließt einen fast idealen Anger. Dort stehen Kirche, Schule, Gerätehaus der FFW und das Kriegerdenkmal. Eigentlich fehlt nur der Dorfteich. Davon gab es mal fünf Stück, doch die wurden nach und nach verfüllt. Der Anger trug noch vor Jahren jede Menge Pflaumenbäume, die dem Dorfbild einen besonderen Reiz gaben und der Gemeinde eine nicht zu verachtende jährliche Einnahme einbrachten, leicht dezimiert durch Bubenhände.

In der Deubener Teichkurve lauern die Gefahren

Der Ort verursacht bei der Verkehrspolizei immer wieder Ängste. Die Teichkurve in der B 6 hat es in sich! Zwar verdeutlichen großformatige Warntafeln und diverse Verkehrszeichen die Gefahrenstelle, doch im Jahreslauf müssen Verkehrspolizei und Krankenwagen mehrmals anrücken. Eine fast rechtwinklige Kurve hat natürlich ihre Schwierigkeiten. Das weiß jeder vernünftige Kraftfahrer und stellt sich darauf ein. Für den unvernünftigen, der möglichst schnell von A nach B kommen will, gilt das leider nicht.

Die B 6 schängelt sich hier zwischen Deuben und Altenbach durch eine Teichlandschaft, vorwiegend rechteckige und teilweise stark verschilfte Tümpel. Es sind die seit langem aufgegebenen Lehmausstiche der ehem. Hülsmannschen Tonwarenfabrik. Längst hat die Natur davon wieder Besitz genommen und ein kleines Paradies für Fische und Lurche geschaffen. In ihnen werden die Sukzessionsvorgänge so gut sichtbar, wie sie kein Lehrbuch besser darstellen kann. Und so haben sich die Deubener Teiche zu besonders wertvollen Biotopen entwickelt, die heute für unsere bedrohte Tier- und

Steinkreuz auf dem Dorfanger in Deuben

Pflanzenwelt zu wichtigen ökologischen Nischen geworden sind. Die 54 Tümpel sind in der Mehrzahl im Besitz von Leuten, die sich hier abgegrenzte Wochenendparadiese geschaffen haben. Nur ganz wenige werden von der Macherner Teichwirtschaft und von Anglern befischt. Einer wird von Naturfreunden als Laichgewässer der Frösche und Lurche sorgsam gepflegt und geschützt.

*

Wohlweislich hatte der Gastwirt schon 1835 an der viel befahrenen Leipziger Landstraße seine gastliche Stätte errichtet. Nur ging das damals mit den Pferdefuhrwerken betulicher zu. Die Deubener Fuhrmannsgaststätte war jedenfalls ein beliebter Haltepunkt vor der letzten Etappe nach Leipzig. Nach dem Bau der Eisenbahnstrecke Leipzig–Dresden im gleichen Jahr rollten allerdings immer weniger Fahrzeuge über die Straße. Arg in Bedrängnis sind die unterschiedlichen Wirtsleute nicht gekommen, das gastliche Haus war stets voller Gäste. Auch dann, als *„Friedas LPG"* die Einrichtung in Besitz genommen hatte und *„Frau (von) Stein"* als geschäftstüchtige Gastwirtin den Laden schmiß, nutzten viele Gäste das gute Angebot. Der Saal vom Gasthof war mit Konferenzen, Feiern, Tanzabenden und anderen Treffen oft ausgebucht. Auch die legendäre *Rundblick-PS-Veteranen-Ralley* 1986 endete hier mit einem vergnüglichen Abend.

Mit der Wende übernahmen *Gudrun Stein* und Tochter *Cornelia Zur* die Gaststätte und setzten die Bewirtschaftung erfolgreich fort. Auch das Hochwasser von 2002, das die Einrichtung stark beschädigte, bremste nur kurzfristig den wirtschaftlichen Fortgang. Inzwischen sind alle Schäden beseitigt, und der Dorfgasthof ist schöner denn je aus den Fluten hervorgegangen.

*

Von den Pferdegespannen profitierte auch der Schmied, der gleich neben dem Gasthof seine Werkstatt eingerichtet hatte. Sie macht mit einem handgeschmiedeten Aushänger darauf aufmerksam, daß sie geöffnet hat. Allerdings vermerkt das eiserne Schild auch,

Einsatzfahrt von Siegfried Ackermann im August 2002

daß hier einer der letzten seiner Zunft den verdienten Feierabend verbringt, der Schmiedemeister i. R. Siegfried Dögnitz, Jg. 30:

Am liebsten arbeitete ich als Hufschmied

Seit ich den Betrieb meinen beiden Jungs vor ein paar Jahren übergab, habe ich mich aus der Schmiede zurückgezogen. Natürlich fiel es mir schon ein bißchen schwer, da nicht mehr reinzureden. Doch ich habe es geschafft. Wenn sie mich fragen, dann gebe ich natürlich Antwort, wenn sie Fehler machen, dann lernen sie draus.Trotzdem kann ich's noch nicht lassen, ich muß jeden Tag mal vorbeikommen, mache ein bißchen Ordnung und greife mit zu, wenn eine Hand gebraucht wird. Das tut wohl und bringt die nötige Abwechslung in den Alltag.

Ich bin mit Leidenschaft mein Leben lang ein Schmied gewesen. In Deuben ging ich zur Schule. Der Vater hatte die Schmiede 1932 gepachtet, und es war klar, daß ich das Gewerbe fortsetze. Beim Burkartshainer Schmiedemeister Eichler ging ich in die Lehre. Das war unmittelbar nach dem Ende des Krieges. Ich mußte dann sehr bald den Vater ersetzen, der schwer erkrankte und 1953 verstarb. Und ich war noch so jung und die gepachtete Schmiede am Zusammenfallen. Ich wollte unbedingt selbständig bleiben. Also kaufte ich Haus und Grundstück für 4000 Mark. 2000 borgte ich bei einem Bauern, und 2000 gab Mutter aus ihrem Sparstrumpf. Bei einem durchschnittlichen Jahresumsatz von 12000 Mark blieb nicht viel übrig. Es waren harte Jahre, bis ich die Schulden getilgt hatte.

Meine liebste Tätigkeit war das Beschlagen der Pferde. Die Hufbeschlagsprüfung machte ich in der Leipziger Tierklinik. Die Monate dort gehörten zu den schönsten in meinem Leben. Die verständigen Lehrmeister und Kollegen stachelten mich zu einer hohen Leistung an. In einem harmonischen Umfeld lernte ich alle Arbeiten eines Hufschmiedes kennen. Ich kurvte mit einem Fahrrad durch ganz Leipzig. Am Lenker hing ein großen Korb mit dem Werkzeug. Ich radelte zu den Pferden auf der Rennbahn, der Brauerei oder in den

Deubener Schmiedezunft (v.l.n.r.): Harald, Siegfried und Andreas Dögnitz

Zoo. Auch bei der Fußbehandlung eines Elefanten half ich mit und bei der Klauenpflege der Ziegen. Die Prüfung bestand ich mit Auszeichnung, und der Meister wollte mich unbedingt in Leipzig behalten. Doch der Ruf ins heimatliche Deuben war stärker, ich wollte selbständig sein.

Die Veränderungen in der Landwirtschaft beobachtete ich mit viel Aufmerksamkeit. Hufbeschlag und Landmaschinenreparaturen waren meine wichtigsten Erwerbsquellen. Mit der LPG-Bildung wurde das immer weniger, denn die Genossenschaft organisierte eigene Reparaturbrigaden. In der Instandsetzung von Hängern sah ich eine Chance. Immer mehr Betriebe brachten ihre Fahrzeuge in meine Werkstatt, der Kraftverkehr von Wurzen und Eilenburg, der Großhandel und die privaten Fuhrunternehmer. Die Fahrzeuge mußten allerdings vor der Werkstatt stehen, denn drinnen war dafür kein Platz. Wir arbeiteten also unter freiem Himmel. Das störte mich nicht.1968 erwarb ich vom Gasthof ein Stück Land und konnte dort eine Halle anbauen.

Dann kam die Wende. Wie nun weiter? Die beiden Jungs machten ihre Sache als gestandene Schmiedemeister recht gut. Und die Hänger wurden immer größer. Wir müssen uns erweitern! Also meldete ich mich beim Bürgermeister *Werner Moser* an. Wir wurden sehr schnell handelseinig. Die ehemalige Deponie am Dorfeingang im alten Lehmloch von Hülsmann konnte ich preiswert bekommen. Wir mußten allerdings eine 1,5 m dicke Abfallschicht entsorgen. Dann stand zum Glück Muldenkies an. Die Bank gewährte den Kredit, und in kurzer Zeit wuchs die Halle für 1,2 Mill. Mark empor.

Wir müssen uns nun sputen, daß wir die Schulden von Jahr zu Jahr verringern. Die Aufträge müssen dasein, und die Kunden müssen sie bezahlen. Einigen zehntausend Mark rennen wir machtlos hinterher. Ja, wenn man immer vorher wüßte, ob der treuherzige Kunde einen hinters Licht führen wird. Und suche mal Recht vor einem deutschen Gericht! Da bleibt nichts weiter übrig als eine Sauwut. Trotzdem: Kapituliert wird nicht! Die Jungs wissen, wie schwer es früher bei mir war, und wie ich die Schwierigkeiten gemeistert habe. Das ist ihnen ein gutes Vorbild.

Ein bißchen traurig bin ich, weil das alte echte Schmiedehandwerk ausstirbt. Das ist nun mal das älteste Handwerk, und trotzdem heute kein Lehrberuf mehr. Dafür gibt's den Metallbauer. Aber kann der ein Herzblatt schmieden?

WEITERE NOTIZEN aus Deuben

Eine besondere **Anerkennung** erhielt das Dorf 1936 beim Wettbewerb für das schönste und bestgepflegteste Dorf der Amtshauptmannschaft Grimma. Das verpflichtet, denn auch heute noch werden solche Wettbewerbe geführt.

Jahrzehntelang hat der **Alleinunterhalter** *Hans Dögnitz* mit seinem Akkordeon die Leute bei goldenen und silbernen Hochzeiten, bei nächtlichen Lampionumzügen, auf Dorffesten und anderswo unterhalten. Erst nun im hohen Alter von 80 Jahren mußte er krankheitsbedingt das Instrument aus den Händen legen.

Neu-Deuben nennt sich ein ganzes Stück vom östlichen Dorfrand entfernt an der B 6 die nach 1880 dort gebaute Siedlung, die inzwischen eng mit Bennewitz verflochten ist. Die vorwiegend mehrstöckigen Häuser wurden vor allem von ehem. Fabrikarbeitern bewohnt.

Die **Kirche** ist wohl eine gotische Anlage aus dem 15. Jh. Das Schiff stammt aus dem 17. Jh., die Sakristei wurde 1835 angebaut. Taufstein aus Sandstein um 1600 angefertigt. Die Kirchgemeinde wird vom Püchauer Pfarrer betreut.

Das **Schulgebäude** auf dem Anger wurde 1888 gebaut und 1907 erweitert,1928 Bau einer Schulbaracke, die im Augusthochwasser total zerstört und abgerissen werden mußte. Mit vielen Spendengeldern erfolgte ein Neuaufbau. Heute nur noch Grundschule, Schulleiterin *Manuela Wünscher,* nachdem die Mittelschule schon vor Jahren ausgegliedert worden war. Vermutlich wird auch die Grundschule in den nächsten Jahren nach Bennewitz verlegt.

Die Bezeichnung **Siedlung** ist noch sehr geläufig. Sie entstand nach 1925 auf dem Gelände der ehemaligen Ziegelei von *Hülsmann* nördlich des alten Dorfes. Die Häuser wie auch alle anderen standen beim Hochwasser 2002 einen Meter unter Wasser.

Ein **Steinkreuz** steht auf einer Wiese vorm Haus in der Püchauer Straße. In dem Braunkohlenquarzit befinden sich keine Schriftzeichen, weshalb weder eine Datierung noch der Anlaß der Setzung zu erfahren sind, vermutlich geschah das im ausgehenden Mittelalter. Fingerbreite Rillen sollen nach *Kurt Bergt* von einem alten Deubener Dorfbrauch herrühren, weil sich junge Witwen in der Geisterstunde ganz allein und ohne ein Wort zu sprechen einen Talismann am Kreuze abschabten, um sich vor weiterem Unheil zu schützen. Allerdings müssen berechtigte Zweifel angemahnt werden, denn wer traute sich schon zur mitternächtlichen Stunde auf den Anger? - Ursprünglich hat es noch zwei weitere Kreuze gegeben, die aber längst verschwunden sind, vermutlich in den Grundmauern eines Hauses.

Vereine und Einrichtungen: Freiwillige Feuerwehr, gegr. 1912, Wehrleiter Reinhard Hoffmann. - Ponyhof Nitzschke. - Med. Praxis Dipl.-Med. Rosemarie Giering.

Landwirtschaft: Rechts und links vom Anger standen 17 Bauernhöfe, die heute z. T. saniert anderen Zwecken dienen. - Deubener Geflügelhof GmbH mit sechs Hallen in Deuben und vier in Altenbach. Pro Jahr erzeugen 100.000 Braune Leghorn über 35 Mill. Eier für den Konsum. Die Eier von über 30 000 Weißen Leghorn werden an das Serumwerk in Dresden zur Herstellung von Grippeimpfstoff geliefert. Über 25 Betriebe haben sich in der Erzeugergemeinschaft Mitteldeutsches Bauernhof Ei zusammengeschlossen.

Handel & Gewerbe: Der VEB Kraftverkehr mit seinen Bussen hatte sich in den 60er Jahren in der ehemaligen Ziegelei eingerichtet. 2002 wurden die letzten alten Gebäude weggerissen und eine moderne Anlage gebaut, jetzt Muldental-Personennahverkehrsgesellschaft (PVN). - Mechanische Werkstätten, in der Nachkriegszeit gegründet mit zeitweise 100 Mitarbeitern, seit 1993 in Privateigentum von Godomar Zur. Herstellung von gasbetriebenen Schweiß- und Schneidgeräten. - Elektrowerkstatt von Holger Zur. - Busies Bau von Olaf Busies. - Nutzfahrzeugservice und Metallbau Dögnitz & Söhne. - Wartungsservice Geißler. - Schmierstoffe und Reparaturen Ralf Neustadt. - Taxi Siegfried Mutzke. - Neubert Dach- und Fassade GmbH. - Gartenbautechnik von Dieter Rauschenbach. - Getränkemarkt von Renate Hänsch. - Der Landgasthof Deuben *(s. Einleitung).*

Kirche in Deuben

Der Ort hat viele Straßen und Ecken, denn er erstreckt sich weitläufig von der Muldenaue bis hinauf zur Mark Ottendorf im Planitzwald. Der Fremde, der geschäftig auf der B 6 durch die Siedlung eilt, sieht nicht allzuviel davon. In den letzten Jahren sind noch mehr Häuser gebaut worden, gut und stabil, schön und ganz nach dem persönlichen Geschmack. Fast alle Gebäude, alte und neue, standen während der Jahrhundertflut im August 2002 ein bis zwei Meter unter Wasser. Es war nicht das erste Unheil gewesen, mit dem sich die Bewohner beschäftigen mußten. Wenn man einem alten Kinderreim glauben sollte, dann geschah in grauer Vorzeit schon mal ein anderes Übel, dem sich die Bennewitzer auf ganz eigenartige Weise widersetzten:

„In Bennewitz, da hat's geblitzt, da sind die Bauern ausgeflitzt . . .

Im alten Dorf erkennt man noch heute den slawischen Rundling. Acht Bauerngüter scharen sich um die Kirche. Da und dort wächst noch ein mächtiger Hofbaum im vollen Saft. In der Nr. 3 steht ein Taubenhaus, in alter Bauerntradition restauriert. Dieser Ortskern ist ein fast verborgenes Kleinod im Dorf. Allerdings ließen sich städtische Modernisierungen nicht vermeiden. Hochaufragende Linden und Eichen säumen die kleine Kirche und bedecken mit ihrem Schatten den alten Friedhof. Eine niedrige Feldsteinmauer umgrenzt das besinnliche Geviert. Die Pforte lädt zum Besuch ein.

Da stehen und liegen uralte Grabsteine, teilweise von Efeu überwuchert. Die Inschriften sind kaum oder überhaupt nicht zu entziffern. Da helfen nur noch die Aufzeichnungen vom ehemaligen Kantor *Schellhorn*. Hier befinden sich die Grabstätten der Besitzer

Kirche mit altem Friedhof in Bennewitz

der Tonwarenfabrik *Eugen Hülsmann*, verstorben1866, und seiner Frau *Hertha geb. Nathusius* von 1885, Tochter eines Wurzener Gerichtsamtmannes. Wir finden das Grabmal von Oberförster *Schmidt* vom Forsthaus Niederschmölen, der seinerzeit den Planitz beaufsichtigte, sowie die Grabstellen einiger Gutsbesitzer. An der Kirchenwand hängt die Grabplatte von *William Kunnaird Jenkins*. Der englische Kaufmann starb 1850 anläßlich eines Besuches auf dem Rittergut in Schmölen. Das riesige Kriegerdenkmal zur Erinnerung an die Toten des 1. Weltkrieges aus rotem Porphyrtuff ist samt Namen stark verwittert. Vor hundert Jahren wurde der historische Gottesacker letztmalig belegt, dann der neue am Rand des Dorfes zur Aue hin eingerichtet.

Gegenüber der Kirche entstand auf dem Gelände eines einstigen Bauerngutes der Fam. *Lichtenstein* ein moderner Neubau im ländlichen Stil. Zwei junge Bennewitzer, *Nils* und *Björn Adam*, verfaßten ihre Diplomarbeiten zu Themen der Haus- und Gartenarchitektur. Diese theoretischen Arbeiten verschwanden nicht in der Schublade, sondern wurden hier vorteilhaft fürs Dorf umgesetzt. So erhielt die Feuerwehr ein Gerätehaus mit allen Nebeneinrichtungen und die junge Generation ein Jugend- und Freizeithaus mit feinen Schikanen. Dazu gehört aber auch, daß solche Leute, die gegen die Ordnung verstoßen, schon mal Hausverbot erhalten. Großzügige Außenanlagen runden das Dorfbild auf ansprechende Weise ab.

*

Nur wenige hundert Meter über die vielbefahrene B 6 hinweg und an der „Kolonie“ und der Schule vorbei führt der Weg ins neue Bennewitz. Dort ließ sich die Gemeinde 1994 ihr neues Rathaus bauen, ein angenehmer Funktionalbau im Halbrund. Im Erdgeschoß bieten Dienstleister ihre Hilfe an. Friseur, Blumenladen und Bankfiliale lasssen den Eindruck eines Nur-Amtsgebäudes gar nicht erst entstehen.

Oben sitzt die Gemeindeverwaltung mit Bürgermeister *Werner Moser*, Jg. 38, an der Spitze. Den umtriebigen Mann trifft man allerdings kaum hinter seinem Schreibtisch an. Meist ist er unterwegs irgendwo in einem seiner 12 Ortsteile, oder Bürokratie und Politik

Jugend- und Freizeithaus und Feuerwehr in Bennewitz

als PDS-Kreisrat fordern in einer Amtsstube oder einem Versammlungssaal ihren Tribut. Sein schlohweißer Lockenkopf ist nicht zu übersehen. Der niemals alternde Mann rennt sich nun seit 30 Jahren die Hacken ab für die Menschen in seinen Dörfern. Wer das Attribut „Dienstältester Bürgermeister in Sachsen“ trägt, dem muß man nicht bescheinigen, daß ihm seine Mitbürger Respekt zollen und seine Tätigkeit akzeptieren. Der Volksmund prägte für die Ortsteile eine treffliche Bezeichnung, er nennt sie respektvoll die *„Moser-Dörfer“*.

Rathaus und Vorplatz sowie die anliegende neue Wohnsiedlung mit ihren über 400 Seelen bis zur Tankstelle an der B 6 bilden mit dem pusteblumigen Springbrunnen einen zweiten Ortskern von Bennewitz.

*

Unter der Bahnlinie mit der ältesten Eisenbahnbrücke Deutschlands, vorbei am Haltepunkt, geht es hinauf auf den Berg. Berg? Die amtliche Bezeichnung lautet auf alle Fälle *Bennewitz Berg,* wenn es auch nur ganze zehn Meter Höhenunterschied vom alten Dorf bis hierher sind. Erfreulicherweise wurde vor kurzem ein winziger neuer Straßenabschnitt mit flankierenden Neubauten als Ottendorfer Weg ausgeschildert. So bleibt für Fremde und Junge ein historischer Name erhalten.

Die liebestollen Täuberiche in der Mark Ottendorf

Hier liegt ein weiteres Siedelgebiet. Die Wege im Flecken sind schmal und mit Betonpflaster ausgelegt. Zwei Autos können sich gerade noch begegnen. Die Häuser atmen einen „gehobenen“ Standard. Dazwischen stehen hohe Bäume und liegen saubere Gartenflächen. Ein Aufruf zur Dorfverschönerung wäre völlig überflüssig, alles ist aufs beste hergerichtet.

Das erste Wohnhaus entstand Anfang der 20er Jahre auf der freien Feldfläche, die dem Planitzwald vorgelagert war. Dem Haus Am Kirschberg 1 sieht man äußerlich nicht an,

Gerhard Beyer mit seinen Tauben

daß hier ein Deutscher Meister seinen Wohnsitz hat. Auch nicht, womit er seinen Titel errungen hat. Die flattern nämlich hinterm Haus in einem drahtigen Verschlag, die Rheinischen Ringschläger des Lehrers i. R. Gerhard Beyer, Jg. 38.

1965 zog er mit seiner Frau hier ein. Die Leidenschaft für Geflügel und Tauben hatte ihn schon in seiner Kindheit befallen. Seitdem konzentriert sich seine Zuchtleidenschaft auf eine ganz bestimmte Taubenrasse, nämlich die Rheinischen Ringschläger, die älteste Rassetaube Europas. Ihn faszinierte ein eigenartiges Balzverhalten des Täubers. Um seiner Auserwählten zu imponieren und sie zur Hochzeit zu animieren, fliegt er mit einigen klatschenden Flügelschlägen über den Kopf der Dame und dort einen regelrechten Kreis. Dabei behält er sie ständig im Blick, um zu erspähen, ob sie ihn auch gehörig bewundert und erhört. Die Meisterschaft des Halters (oder der Taube?) besteht nun darin, die Zahl der gedrehten Ringschläge auf ein Maximum zu bringen. Und hierbei gelangen Gerhard Beyer durch systematische Auslese bei der Züchtung schon mehrmals Meisterleistungen. Die Spitze liegt jetzt bei sechs Ringen. Diejenigen, die dabei versagen, wandern ganz prosaisch in den Kochtopf. Natürlich gehört dazu auch eine Beurteilung der allgemeinen Rassemerkmale wie Farbe, Körperform, Kopf und Gefieder. In den zurückliegenden Jahren hat er 12 DDR-Ehrenschleifen (DDR-Meister) und sechs gesamtdeutsche (Deutscher Meister) geholt. Also ein Meister seines Faches. Als in den 90er Jahren im vereinten Deutschland die ersten gemeinsamen Wettkämpfe stattfanden, blieben den westdeutschen Züchtern ob der hervorragenden Leistungen der ostdeutschen Täuberiche (oder der Züchter?) vor Staunen die Münder offen.

*

Die Bennewitzer in der Mark Ottendorf konnte das Hochwasser nicht erreichen. Doch alle anderen unten im Dorf werden die schlimme Nacht vom 12. zum 13. August niemals vergessen. Dazu gehören auch die Bewohner der Albert-Kuntz-Straße. Alle Häuser standen in den Fluten vom August 2002, und alle sind inzwischen wunderbar saniert. Von dem einstigen Unheil ist äußerlich nichts mehr zu sehen.

In der Nr. 14 wohnt seit über 50 Jahren die 92jährige, ihr Lebtag lang arbeitsame und immer noch rüstige Erna Heinrich, Jg. 12:

Dürrgemüse, Himbeerwasser und gurgelnde Muldenfluten

Was für mich „die gute alte Zeit“ war? Wenn ich da heute zurückblicke nach neun Jahrzehnten meines langen Lebens, dann läßt sich das eigentlich schwer einordnen. Es gab mal gute und mal schwierige Zeiten, je nachdem, wie es die äußeren Umstände zuließen. Ganze schwach in der Erinnerung tauchen da die Bilder meiner frühesten Kindheit auf. Die Eltern schickten mich in den Jahren des 1. Weltkrieges im Vorschulalter in die „Anstalt“. So nannten wir den damaligen Kindergarten. Auf einem Gruppenbild aus dieser Zeit blicken mich da über 30 Kinder an und zwei Erzieherinnen. Wie es aussieht, bin ich die Kleinste. Sie alle sind gestorben, ich bin die letzte, die heute noch lebt.

Die Schulzeit rückte heran. Wir wohnten damals in Neudeuben und gingen nach Deuben in die Schule, später nach Nepperwitz. Im Sommer barfuß, in der kälteren Zeit in Holzpantoffeln. Zu Hause mußte ich tüchtig im Haushalt helfen, bei der Tante in Deuben Kindermädchen machen und die Stuben auswischen. Eine Bemme gab's als Lohn und gute Worte. Der Vater war einigermaßen gesund aus dem Krieg zurückgekehrt, aber das Geld blieb knapp. Mal hatte er Arbeit, mal nicht. So konnte ich auch keinen Beruf erlernen und ging in Wurzen „in Stellung“. Als Hausmädchen mußte ich alles im Haushalt erledigen. Das begann früh 7 Uhr. 19 Uhr tippelte ich wieder nach Hause. Für 12 Mark Monatslohn!

Es gab auch schöne Stunden. Abends trafen wir uns oft in der Turnhalle. Der Holzbau stand neben dem ehemaligen „Reichskanzler“. Und dort gönnten wir uns auch ein Glas „Quatsch mit Strohhalm“, ein wohlschmeckendes Himbeerwasser. Turnen und Gymnastik sind meine Leidenschaften geblieben. Ich wurde sogar Vorturner. Manchmal tummelten sich 70 Sportler in der Halle. Als 1933 die Nazis die Turnhalle besetzten, habe ich mich so geärgert, daß ich nicht mehr hingegangen bin. Mit diesen Leuten wollte ich nichts zu tun haben.

Ostern 1935 habe ich geheiratet. Ich verdiente noch ein bißchen was dazu, so daß wir uns eine einfache Wohnung einrichten konnten. In der Kartonage der Firma Breitner in der Altstadt klebte ich Pralinenschachteln. Dann ging die Firma in Konkurs. Das Arbeitsamt vermittelte mich nach Lübschütz in die Tonwerke. Da kam ich jedesmal wie eine graue Maus nach Hause, denn der Staub setzte sich am ganzen Körper fest. Waschen und Duschen gab's nicht im Betrieb.

Nach dem Krieg suchte ich wieder Arbeit. Ich bekam sie in einem Kindererholungsheim in Schmölen. Im umgebauten Gasthof fanden 24 Kinder eine neue Heimat. Ich übernahm die Küche, anfangs mit viel Bammel, denn für solche Mengen hatte ich ja noch nie gekocht.

Mitte der 50er Jahre erlebte ich drei unvergeßliche Jahre in Polen. Mein Mann und ich bekamen den Auftrag, in der deutschen Botschaft in Warschau für Ordnung zu sorgen und sonstige Dienste zu verrichten. So schön die Stunden in Warschau auch waren, die Sehnsucht nach der Heimat war stärker. Meinem Mann erging es ebenso, also nahmen wir Abschied und reisten wieder ins heimische Bennewitz. Leider verstarb er 1966. Nie vergesse ich die Singestunden im Chor mit *Albrecht Wagner*. Wir verehrten ihn, den Meister des Chorgesangs, weil er auch unsere Herzen mit seiner ruhigen und einfühlsamen Art berührte.

1979 beendete ich im Alter von 67 Jahren meine Tätigkeit. Fortan pflegte ich meine Schwester und meinen Bruder, die durch böse Krankheiten auf Hilfe angewiesen waren. Ich habe die Kohleeimer und Aschekästen nicht gezählt, die ich geschleppt habe. Wozu auch? Für mich war diese Hilfe ganz normal, denn ich stand noch gut auf den Beinen, und das Herz machte auch keine Sperenzchen.

Erna Heinrich am Brunnen vor dem Rathaus

Ein erregender Moment in meinem Leben war die Muldenüberschwemmung von 2002. Oft stand ich bei früheren Hochwassern auf dem Damm und habe in die gurgelnden Fluten geguckt. Daß sie mich aber mal hautnah belästigen, das hätte ich doch nie gedacht. Es war jener Vormittag am 13. August. Ich stand auf der Straße und wunderte mich, daß alles so ruhig war. Keine Leute eilten geschäftig hin und her, kein Auto raste durch die Straße. Dann traute ich meinen Augen nicht: Auf der Straße rollte plötzlich Wasser heran, in kleinen Wellen erst, dann immer stärker. Flugs eilte ich ins Haus und schreckte die beiden alten Damen, die im Erdgeschoß wohnen, mit den Worten auf: „Los, sucht eure Papiere und sonstige wichtige Dinge zusammen und dann hoch zu mir in die Wohnung". Die dachten, ich mache Spaß. Doch als sie neugierig die Haustür öffneten und die Bescherung sahen, da folgten sie meinem Rat. Später drückte das Wasser durch die Tür ins Haus. Ich markierte anfangs die steigende Brühe auf den Stufen, hörte später damit auf. Vom Fenster aus sahen wir, wie mit einem Kahn aus dem Nachbarhaus Leute evakuiert wurden. „Wir holen euch später!" Wir warteten vergeblich. Das Wasser rauschte mit ziemlicher Wucht durch die Gärten und Straßen. Das konnte die Boote zum Kentern bringen.

Spät legten wir uns schlafen. Ich hatte Sofa und Sessel hergerichtet. Am Morgen bemerkten wir, daß das Wasser nicht mehr stieg. Kaffee zu kochen blieb beim Vorhaben. Kein Strom und kein Wasser. Wir teilten uns in eine Flasche Selterwasser und ein halbes Brot. Butter war noch im Kühlschrank.

Dann sahen wir auf dem nahen Bahndamm Hunderte von Leuten stehen, die zu uns herüber starrten. Dazwischen bewegte sich ein weißhaariger Schopf. Unser Bürgermeister! „Hallo, holt uns doch hier raus, Albert-Kuntz-Straße 14", riefen wir hinüber. „Ja, wir kommen"!, schallte es zurück. Wenig später rollte ein Traktor an, kräftige Männerfäuste hoben uns aus dem Fenster und verluden uns aufs Gefährt.

Meine Verwandten hatten mich schon überall gesucht. Komisch, richtige Angst hatte ich eigentlich niemals gehabt. Ich habe immer darauf vertraut, daß mir geholfen wird. Und so war es ja auch. Bald wußten es alle meine Bekannten: Die Erna ist gerettet!

Muldehochwasser 2002 in Bennewitz, Deuben und Grubnitz

WEITERE NOTIZEN
aus Bennewitz

Die **Gemeindeverwaltung** hat heute ihren Sitz im 1994 gebauten Rathaus. Nach 1950 war der Ort zeitweilig nach Wurzen eingemeindet, seit 1974 wieder selbständig. Von hier werden 12 Ortsteile verwaltet. Bürgermeister seit 1974 Werner Moser.

Der **Bahnhof** hat 2004 wieder seine alte Bezeichnung Bennewitz erhalten, vorher seit 1950 Wurzen-West. Seit Ende der 90er Jahre erfolgte der Ausbau der Strecke für den Intercity-Verkehr. Dabei wurden Zugangstunnel und Bahnsteige aufwendig erneuert, das Bahnhofsgebäude für den Publikumsverkehr geschlossen.

Ein **Gedenkstein** auf dem Muldendamm nahe der Grubnitzer Windmühle (beide stehen auf Deubener Flur, siehe Foto Seite 37) erinnert seit 1933 an den Wurzener Kesselschmied *Carl Goretzko* (1886–1923), der hier bei einem erneuten Rettungsversuch mit in die Tiefe gerissen wurde und ertrank. Er hatte bis dahin als guter Schwimmer 33 Menschen vor dem Tode des Ertrinkens bewahrt.

Die kleine **Dorfkirche** gehört zu den ältesten Wehrkirchen im Wurzener Land und ist spätromanischen Ursprungs. Bei Renovierungen Anfang der 60er Jahre kamen im Innern barocke Freskenmalereien zum Vorschein. Eine neue Orgel wurden 1992 geweiht.

Als **Kolonie** wird ein Siedlungsgebiet bezeichnet (heute noch geläufig), das um 1900 zwischen dem Gasthof und der Eisenbahnstrekke entstand. Hans Hülsmann hatte 1892 das Land gekauft, drei Straßen angelegt und dort Einfamilienhäuser bauen lassen, die dann zum Selbstkostenpreis an die Fabrikarbeiter verkauft wurden.

Die **Mark Ottendorf** wurde erstmals urkundlich 1451 als kleine Siedlung am Rand des Planitz erwähnt, hundert Jahre später nur noch als „wüstes Dorff". Die Bewohner hatten ihre Siedlung verlassen, weil der teils zu nasse, teils zu trockene magerne Boden keinen ausreichenden Lebensunterhalt erbrachte. Beim Bau der Leipzig-Dresdener Eisenbahn stießen die Arbeiter auf Kaolin und Ton, was den Leipziger Kaufmann *Harkort* veranlaßte, 1845 den Grundstein für die *Tonwarenfabrik Altenbach, Eugen Hülsmann* zu legen. Gegenüber den Fabrikanlagen entstanden nach und nach Wohnhäuser für die Familien, darunter auch die *„Waldschänke"*, in der erst Mitte der 50er Jahre der Gaststättenbetrieb eingestellt wurde, jetzt Wohnhaus für drei Familien. Eine intensive Besiedlung „auf dem Berg" erfolgte in den 30-er, Lückenbebauung in den 90er Jahren.

Eine **Ortsumgehung** mit der B 6 erhält das Dorf bis 2006. Sie verläßt dann die alte Straße zwischen Deuben und Bennewitz, führt an der Mulde entlang (zugleich Hochwasserschutzdamm) und überquert mit einer neuen Brücke den Fluß nach Wurzen.

Ein königl.-sächs. **Poststein** aus dem Jahre 1840, der neben Orts- und Kilometer-Angaben eine gußeiserne Königskrone enthält, steht seit den 90er Jahren restauriert an der Kreuzung von B 6 und B 107.

Ein **Schullandheim** befindet sich am Rande des Planitzwaldes in der Mark Ottendorf. 34 Betten stehen für mehrtägige Lehrgänge, Projekte und Exkursionen bereit, die vor allem von Schulklassen gern genutzt werden.

Die **Schule** wurde 1902 in der „Kolonie" gebaut, 1927 erweitert, in der DDR „Hans-Beimler-Oberschule" bis zur 10. Klasse, nach 1991 nur noch Mittelschule. Das Hochwasser zerstörte Gebäude und Einrichtungen im unteren Bereich. Es erfolgte eine aufwendige Wiederherstellung, doch wegen Schülermangel muß die Mittelschule voraussichtlich 2006 geschlossen werden.

Der Straßenname **An der Teeplantage** erinnert an einen Betrieb, in dem bis Ende der 60er Jahre auf einer Streuobstwiese Pfefferminze, Ringelblumen und andere Kräuter angebaut wurden.

Das legendäre **Waidmannsheil** im Planitzwald ging aus dem Wohnhaus eines Waldwärters hervor (1856). Es wurde nach 1880 zu einer beliebten Einkehrstätte für die Wurzener. An den *„grünen Donnerstagen"* trafen sich damals Förster und Jäger zu frohen Zechgelagen, an den *„roten Freitagen"* die aus Leipzig verbannten Sozialdemokraten *August Bebel* und *Wilhelm Liebknecht* mit den Spitzen der Wurzener Genossen. Sie war noch bis in die 50er Jahre das Ziel vieler Wanderer, seitdem allmählicher Zerfall.

Personalien: Die Fabrikantenfamilie *Hülsmann* war Besitzer der Altenbacher Tonwerke und mehrerer Ziegeleien: *Eugen Hülsmann* (1831–1866); *Hans Hülsmann sen.* (1862 – 1932); *Hans Hülsmann jun.* (1894–1961), wurde besonders bekannt durch seine ornithologische Tätigkeit, besaß eine umfangreiche Vogelsammlung, später im Museum Wurzen, seit 1980 im Naturwissenschaftlichen Museum Leipzig. Er wurde 1946 enteignet.

Manfred Körner, Jg. 38, erhielt für seine 50jährige Zugehörigkeit zur Freiwillligen Feuerwehr, wo er in leitenden Stellen wirkte, für seinen stets selbstlosen und unermüdlichen Einsatz den Ehrenamtspreis des Landkreises.

Albert Kuntz, 1896–1945, hier in der „Kolonie"

geboren, kämpfte als kommunistischer Führer für die Rechte der Arbeiter. Von den Faschisten ins Konzentrationslager geworfen und dort kurz vor Kriegsende ermordet.
Richard Lipinski, 1867–1936, wirkte als sozialdemokratischer Verleger und Schriftsteller in Leipzig, hatte seinen Wohnsitz hier im Dorf.
Walter Schäfer, Jg. 13, wurde in der Sächsischen Schweiz geboren, studierte in Dresden und wirkte danach in Wurzen und Bennewitz als Maler und Grafiker. Ihn inspirierte vor allem die Muldenlandschaft und die Darstellung des einfachen Menschen. Zahlreiche Ausstellungen. War lange Zeit Vorsitzender der Arbeitsgemeinschaft Bildender Künstler Grimma/Wurzen.
Hans Thust, 1904–1981, war als Maler und Grafiker Mitglied des Verbandes Bildender Künstler. Als Gebrauchsgrafiker arbeitete er für Werbefirmen vor allem bei Messegeschäften und gestaltete die Werbung für die 1000-Jahr-Feier in Wurzen.
Hans Teichmann, Jg. 20, aktives Mitglied bei den Ornithologen, wird der „Storchenvater" genannt, weil er sich jahrzehntelang um den Fortbestand der Störche rund um Wurzen bemühte. Dafür erhielt er 1994 den Heimatpreis für Natur.

Vereine und Einrichtungen: Sport: Sportverein Blau-Weiß, Vors. Bernd Ganßauge. Abteilungen Fußball, Volleyball, Tischtennis, Leichtathletik, Gymnastik. Jährl. Dieter-Lehmann-Gedächtnisturnier, ehem. Wirt und Sportorganisator. - Bennewitzer Sportverein KSV 51 (Kegeln), zeitweilig Mitglied der Bundesliga, Kegelbahn nach Brand 1998 Neubau im Gewerbegebiet an der B 107, überschwemmt beim Hochwasser 2002, erneuter Neubau mit Gaststätte „Neun Eichen". Im Behindertenkegeln holte die Mannschaft die Deutsche Meisterschaft 2003. - Freiwillige Feuerwehr, gegr. 1928, Wehrleiter Ekkehard Neutsch. Neues Gerätehaus 2003. Osterfeuer. - Kindertagesstätte „Zwergenland". - Gartenvereine Amselgrund, An der Schule, Hahnewiese. - Arztpraxis Dr. Kay Kampfmeier, FA für Allgemeinmedizin. - Zahnarzt Dr. Albrecht Möller. Zahnarztpraxis Thieme. - Tierarzt Dr. Gerd Elflein. - Physiotherapie Sonntag/Seifert. - Physiotherapie Bennewitz. - Kyffhäuser Bildungswerk, Berufsförderungszentrum. - Bibliothek. - Volkssolidarität. - Neues Jugend- und Freizeithaus 2003.

Landwirtschaft: Bis zur Bildung der LPG gab es acht bäuerliche Wirtschaften. In der LPG *Ernst Thälmann* wurden 1952 mehrere LPG zusammen geschlossen, die Leitung von *Frieda Sternberg*, Jg. 20, übernommen. Als Mitglied des Zentralkomitees der SED konnte sie manchen Vorteil erwirken. Mit ihrer konsequenten, ehrlichen und kritischen Arbeitsweise erreichten die LPG-Mitglieder gute Leistungen und einen weithin bekannten Namen, die *„Frieda-LPG"*. - Mit der Wende machte sich der Geflügelhof Deuben/Altenbach selbständig, die Felder pachtete vor allem die Machern Landwirtschafts GmbH. - Selbständiger Landwirt Manfred Bunk, Milchviehanlage in Pausitz.

Handel & Gewerbe: Industrie: Tonwarenfabrik von Hülsmann, nach 45 VEB Schamottewerk, seit 1992 im Besitz der Steirischen Magnesit-Industrie AG, Umbau und neue Technik, jetzt Rath GmbH mit der Produktion von Feuerleichtsteinen. -
Im *Gewerbegebiet* an der B 107: Bauma Hagebaumarkt. - Autohaus Scholz. - Plus-Markt. -
Handwerk: Schumacher Eberhard Klein. - Fleischerei Jochen Kretzschmar. - Bäckerei und Konditorei Gunter Schwarze. - Schornsteinfeger Wolfram Böttger. - Friseurhandwerk Angela Beil; Evelin Bergmann; Friseur Chic. - Maler Steffen Fäller. - Tischlerei Carsten Gey; Günter Wünsch. - Schlosserei Siegmar Müller. - Elektroinstallation Ganßauge; Heinze & Co. - Tempotherm Heizung und Sanitär. - Glasmotive Gert Wendt. - Grabmale Frank Lager.
Bau/Metall: Reglerbau Klaus Fischer GmbH. - AGIL Mike Köhler. - A & S Bohren, Sägen, Gunter Sellmann. - Trockenbau Heiko Höppner; Ray Müller; Lars Sellmann. - Gerüstbau Christian Klaus. -Straßenbau Holger Karich. - Bau-Dienstleistung Jörg Kania. - R & R Bau, Ronny Richter und Carl Alfred Rößler. - Baugeschäft Toralf Zimmermann. - Steuerungselektronik Thomas Wegner.
Weiteres: ADS-PARCO Schädlingsbekämpfung Mathias Brunner. - Agip-Tankstelle Reinhard Böttcher. - envia Mitteldeutsche Energie AG. - Taxi Dieter Kreisel. - Güternahverkehr Manfred Schrodt. - Spedition Matthias Schlamminger. - Kopie und Werbung Ullrich Willuhn.
Handel: EDEKA - Lebensmittel u.a. Werner Dölz. - Penny-Markt. - Drogeriemarkt Schlecker. - Holzfachmarkt Udo Wagner. - Getränke-Mayler. - VFD Verpflegungsdienst Herbert Günther. Obst, Gemüse u.a. Ramona Fritzsche. - Blumen Marita Kretzschmar; Eberhard Lägel. Beilfuß. - Textilien usw. Angela Nennstiel. - Schreibwaren und Postfiliale Silvia Müller.
GASTRONOMIE: Das heutige Gasthaus mit dem großen Saal wurde 1875 gebaut, in der DDR Kulturhaus, jetzt mit Bowlingbahn und Übernachtung. - Eckels Pizzeria. - Gaststätte „Amselgrund" in der gleichnamigen Gartensparte. - Keglerheim *Neun Eichen*. - Imbiß-Döner Knut Franke. - Imbiß- und Partyservice RAI-PET von Peter Kranz.

Am Ostrand des Tauchaer Hügellandes

Nördlich von Borsdorf, Gerichshain und Machern weist der Muldentalkreis Oberflächenformen auf, die sonst im Landkreis nicht mehr vorkommen, eher an noch nördlicher gelegene Gebiete erinnern. Von der neuen B 6 aus kann man die „bucklige Welt" gut wahrnehmen. Sie beginnt mit dem markanten Kirchberg von Panitzsch und reicht bis über den Pehritzschberg und Sorgenberg bei Machern hinaus nach Osten, bei Püchau erreicht sie die Muldenaue.

Es sind Hügelketten, die sich zu einer abwechslungsreichen Kleinlandschaft verbinden; Endmoränenreste vom Ende der Saalekaltzeit. Die Endmoränenbuckel bestehen heute aus sandig-kiesigen Ablagerungen, in denen zahlreiche Gesteinsblöcke eingelagert sind. Diese stammen zumeist aus Nordeuropa und sind durch das Inlandeis hierher verfrachtet worden. Als „felsige Ernte" von den Feldern kann man diese interessanten Geschiebe (Findlinge) oft an den Orts- und Ackergrenzen aufgetürmt finden oder in den Fundamenten und Umfassungsmauern von Kirchen und alten Bauernhöfen.

Aus den Endmoränenflächen sind die feinen Bodenbestandteile meist ausgewaschen worden, deshalb sind sie heute trockener und weniger ergiebig als die sich südlich anschließenden lehmig-mergligen Grundmoränenflächen zwischen Zweenfurth, Brandis und Machern. Trotzdem werden auch sie heute intensiv landwirtschaftlich genutzt, und der urspünglich verbreitete Wald ist bis auf zwei Reste, Tresenwald und am Sorgenberg bei Machern, verschwunden.

Die westöstlich verlaufenden Hügelreihen müssen bereits den Menschen früherer Zeiten eine wichtige Orientierungshilfe gewesen sein. Hier, auf dem erhöhten und trockenen Gelände, läßt sich noch heute eine Altstraße ausmachen: die *Hohe Straße* oder die *Via regia*, auf der auch die ersten deutschen Könige oder ihre Abgesandten von Merseburg über Taucha zur Muldenfurt bei Püchau zogen. Nicht zufällig ist Püchau auch

Endmoränen bei Panitzsch/Cunnersdorf

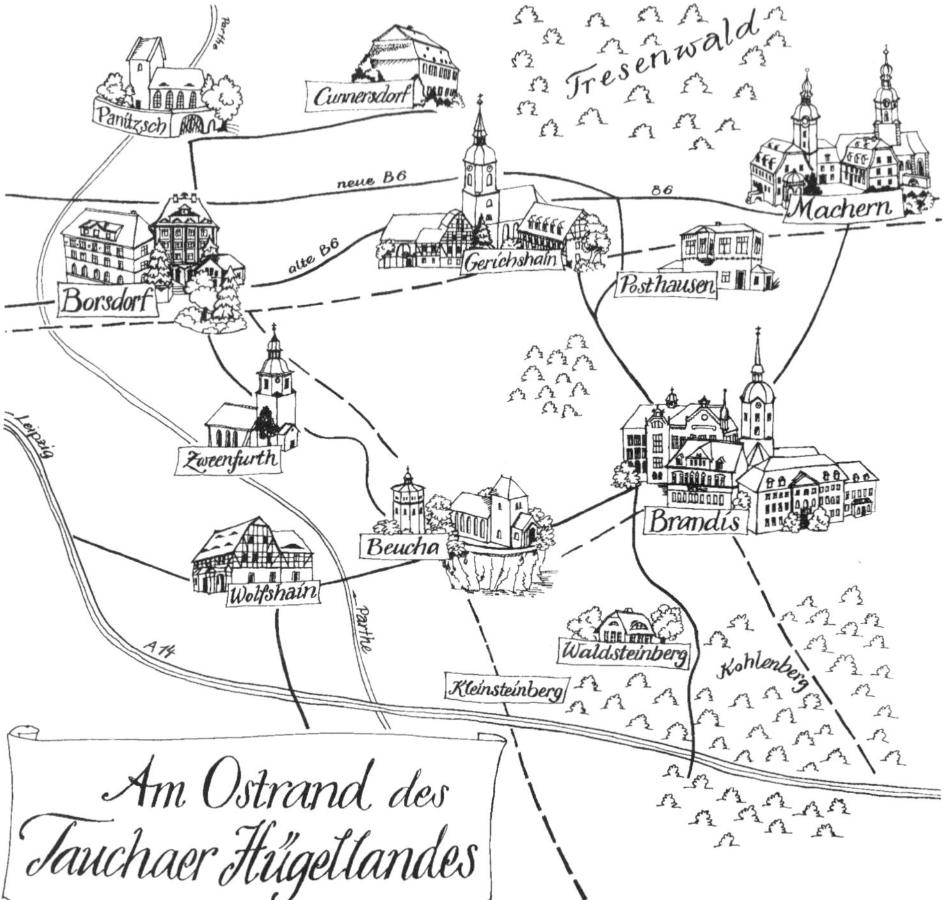

der frühest erwähnte Ort des heutigen Sachsen. Die alte Trasse ist eine Vorgängerin der modernen B 6.

Frühzeitig hat der wirtschaftende Mensch hier schon die entwässernden Bäche aufgestaut. Eine besondere Bedeutung haben die Teiche nördlich von Machern gewonnen (Lübschützer Teiche), an denen sich seit den 20er Jahren ein ausgedehntes Naherholungsgebiet entwickeln konnte.

Im Süden dieses Landschaftsraumes zeigen weithin sichtbar der Kirchberg in Beucha und der Kohlenberg bei Brandis die Landschaftsgrenze zum Pophyrhügelland an. Beide Erhebungen bestehen aus Pyroxengranitporphyr, einem vulkanischen Gestein, das im Gegensatz zu seinem chemisch verwandten Pyroxenquarzporphyr einige Besonderheiten, z. B. große Feldspateinsprenglinge, grobbankige Ablagerungen, aufweist und deshalb als Baustein Bedeutung erlangt hat. Das eindrucksvollste Beispiel dafür ist das Völkerschlachtdenkmal in Leipzig, dessen Material in Beucha gebrochen wurde. – *W.E.*

Eine Bereicherung: Hecken in der Flur

Quer durch die Endmoränenplatte führt eine sehr alte, geschichtlich sicher einmal bedeutende und heute noch nicht asphaltierte Straße von Taucha-Dewitz über das kleine, abgeschiedene Dorf Plagwitz bis nach Püchau. Sie wird kilometerweit von einer schönen Feldhecke gesäumt, die aus überalterten Pflaumenbäumen hervorgegangen sein muß. Überall dort, wo einmal ein solcher Baum gestanden hat, schlugen Wildlinge wieder aus und bilden heute ein mehr oder weniger lichtdurchlässiges, heckenartiges Gebüsch entlang des Weges.

Flurhecken wie hier oder auch anderswo sowie Flurgebüsche aus Schlehdorn, Brombeeren, Holunder, Hundsrosen (Heckenrosen) und niedrigen Einzelbäumen sind ganz wichtige, letzte Refugien für Goldammern, Grünfinken, Stieglitze, Hänflinge und Feldsperlinge. Nur hier können sie ihre Nester bauen, Futter finden und Junge großziehen.

Auf gar keinen Fall dürfen künftig Feldhecken, Flurwege, Gräben oder Gebüsche im Zuge der Flurneuordnung beseitigt werden. Im Gegenteil! Es müßten *Benjeshecken* angelegt werden. Diese kosten nichts, sind aber ökologisch sehr wertvoll. Sie entstehen dadurch, daß z. B. Reisig oder Baumverschnitt einfach frei auf dem Feld in einer Reihe abgelegt wird. Die Vögel und andere Tiere der Feldflur nehmen diese Verstecke sofort als Ruhe- und Schlafplätze an. Aus ihrem Darm scheiden sie täglich keimfähigen Samen aus und sorgen so unbewußt dafür, daß neue Feldhecken entstehen.

Ebenso könnte mit einfachen Mitteln vielen Tieren geholfen werden, wenn Feldsteine, die mancherorts immer noch jedes Jahr abgelesen werden, nicht in irgendeiner „Ausfülle", Bodensenke oder in einer Grundmauer verschwinden, sondern an einer Wegekreuzung, am Waldrand oder einer anderen weniger wertvollen Stelle wieder liegen gelassen werden. – *H.K.*

Feldweg bei Plagwitz, im Hintergrund die Hohburgr Berge

Borsdorf, 1267 Borsdorph, 'Dorf eines Bor(es), (slaw./dt.), 3939 Einw.

Borsdorf ist weder Fisch noch Fleisch, längst kein Dorf mehr, auch keine Stadt geworden. Eben einer jener großen Leipziger Vororte wie Mölkau, Engelsdorf u.a., eine Trabantensiedlung, ein „Landhausvorort". Geteilt durch die Eisenbahnstrecke, wiegen im Südteil Villen und Einfamilienhäuser vor, während der Nordteil eine Mischung von Wohnblökken, Miethäusern, Einfamilienhäusern und Industriebauten darstellt.

Der „Borsdorfer Apfel" wurde nicht in Borsdorf gezüchtet

Aus einem viele Jahrhunderte währenden Dornröschenschlaf, in dem Borsdorf jemals kaum mehr als hundert Einwohner hatte, weckte es der Siegeszug des industriellen Zeitalters. 1838 erstmalig mit der Welt durch die Eisenbahnlinie Leipzig–Dresden verbunden, wuchs es nach der Eröffnung der Bahnstrecke Borsdorf–Grimma–Meißen in stürmischem Tempo. Die Einwohnerzahl verdreißigfachte sich in wenigen Jahrzehnten.

Die dörflichen Zeiten sind also längst vorüber, und nur einige mühsam restaurierte Reste künden von der ländlichen Vergangenheit. Die örtliche Wirtschaft bietet den Borsdorfern nur noch wenige Arbeitsplätze, also suchen sie ihren Broterwerb in Leipzig und Umgebung, leicht zu erreichen durch die günstigen Bahn- und Straßenverbindungen.

Bekannt wurde Borsdorf in ganz Deutschland durch den „Borsdorfer Apfel", der jedoch erwiesenermaßen nicht aus diesem Ort stammt, sondern vermutlich aus dem Kloster Porta bei Naumburg (Schulpforta) oder aus Porstendorf bei Tharandt. Es gibt dazu noch andere Meinungen. Die Borsdorfer gingen trotzdem mit „ihrem" Apfel hausieren und fügten den Apfelbaum als Symbol in das Ortswappen ein.

Marianne Lehmann am ehem. „Kaffeebaum"

Eine weitere Bekanntheit des Ortes verbindet sich mit den Arbeiterführern *August Bebel* und *Wilhelm Liebknecht*. Hier in der Villa „Ehrentraut" fanden beide Unterschlupf, als sie auf Grund des *Bismarckschen Sozialistengesetzes* Anfang 1881 aus Leipzig ausgewiesen worden waren. Hier lebten sie mit ihren Familien von 1881 bis 1890, ehe sie in andere Städte übersiedelten. Am Haus Leipziger Straße 1 wurde 1930 eine Gedenktafel angebracht. Bei der Einweihung hörten 12000 Menschen die Gedenkrede von Richard Lipinski, einem der führenden Sozialdemokraten. Nach 1933 wurde die Tafel im Kohlenkeller des Rathauses verborgen gehalten und 1946 an alter Stelle wieder angebracht. Zur Zeit befindet sich das „Bebel-Liebknecht-Haus" in einem sanierungsbedürftigen Zustand.

Nicht weit vom ehem. *Kaffeebaum* steht das *Hirtenhaus*, dank aufwendiger Renovierung in der Nachwendezeit das älteste erhaltene Borsdorfer Wohngebäude. Hier befindet sich jetzt das Heimatmuseum, eine Fundgrube für jeden wißbegierigen Heimatfreund. Geschaffen und ausgestaltet haben es vor allem *Christoph Eckelt* und *Gerhard Otto* mit weiteren Mitglieder vom Heimatverein. Es zeigt eine umfangreiche Ansichtskartensammlung von Borsdorf und seiner Umgebung, Landkarten mit den zehn Bauernhöfen vor dem Baubeginn der Eisenbahnstrecke und das Lebenswerk bekannter und unbekannter Borsdorfer. Von Zeit zu Zeit sollen kleine Sonderausstellungen mehr Besucher ins Haus locken.

Täglich kommen bis zu 700 Lehrlinge – in der Sprache der Bürokratie sind das heute Azubi (Auszubildende) – nach Borsdorf. Sie haben ein gemeinsames Ziel: in einer der modernsten Ausbildungsstätten Deutschlands zu lernen. Im Herbst 1990 übernahm die Leipziger Handwerkskammer das Gelände der ehemaligen Betriebsberufsschule vom *VEB Elektroschaltgerätewerk Grimma* und baute es total um. Es entstand ein *Bildungs- und Technologiezentrum (BTZ)*, in dem die Jugendlichen in über 30 Berufen ausgebildet werden können.

*

Als gängiges Markenzeichen von Borsdorf kann eine Broschüre genannt werden, die über ein gutes Jahrzehnt hinweg alle zwei Monate kostenfrei den Haushaltungen der Großgemeinde ins Haus flattert. Es ist das Borsdorfer Heimatmagazin VOR ORT, das vor allem Beiträge zur Heimatgeschichte bietet. Integriert sind das Borsdorfer Amtsblatt und die Kirchennachrichten. Die Redaktion übernahm der Journalist und Werbefachmann Harro Gehse, Jg. 27:

Als ich auf den Bäumen die Affen suchte

Hin und wieder heftete man mir eigentlich unverdient das Etikett Borsdorfer „Urgestein" an. Ich wurde nämlich in einem Dorfe bei Meißen als Sohn eines Landarztes geboren, und als ich vier Jahre alt war, zogen meine Eltern nach Borsdorf. Zunächst hatte ich nur Augen für die vielen Bäume: Ich suchte auf ihnen Affen. Meine Mutter hatte nämlich zu einer List gegriffen, weil ich das Paradiesgärtlein meiner ersten Kinderjahre um keinen Preis verlassen wollte. Sie redete mir ein, in Borsdorf gäbe es auf den Bäumen viele Affen, große und kleine. Und nun war ich maßlos enttäuscht, weil ich auch hier nur Affen auf zwei Beinen zu sehen bekam.

Die ausgedehnte Praxis meines Vaters reichte von Kleinpösna bis Machern. Er nahm mich oft auf seine Praxisfahrten mit, so daß ich schon früh meinen neuen Heimatort und die nähere Umgebung kennen und lieben lernte. Natürlich wurde ich als „Doktorsjunge" bald ortsbekannt, auch dank meines Temperamentes, meiner Rauf- und Unternehmungslust.

In Borsdorf habe ich mich immer wohl gefühlt, obwohl nach Meinung meiner Freunde hier „nischt" los war. Und weil die Gegenwart so wenig Sensationelles zu bieten hatte, habe ich mich von früh auf für die Ortsgeschichte interessiert. Schon im Knabenalter las ich mit großem Interesse, was der Heimatforscher *Karl Hoffmann* in seinen Beiträgen im örtlichen Blatt veröffentlicht hatte.

Von klein auf war mein Berufswunsch, als Kapitän auf große Fahrt zu gehen. Meinen Eltern ging dies gegen den Strich. Sie redeten mir ein Medizinstudium ein, und mit dem Kompromiß „Schiffsarzt" ging ich allen weiteren Konflikten aus dem Weg. Nur, als die Idee Wirklichkeit werden sollte, hatte Deutschland keine Schiffe mehr. Meine literarischen und kulturgeschichtlichen Interessen wiesen mir einen neuen Weg, und ich studierte ab 1947 an der Universität Leipzig und an der Freien Universität Berlin Anglistik und Romanistik.

Nach dem Studium arbeitete ich freischaffend auf den Gebieten der Journalistik und Werbung und war bis 1990 bei der DEWAG in Leipzig als Autor und Regisseur für Werbung und Messen angestellt. Nebenbei suchte ich mir eine Nischenexistenz, in der ich mich frei von behördlicher Bevormundung verwirklichen konnte. Diese fand ich in der schriftstellerischen Arbeit für einen westdeutschen Verlag, vorbei an den staatlichen Genehmigungsbehörden. Gegen bescheidenes Honorar (in klingenden Westmünzen) schuf ich eine Reihe von Analysen und Interpretationen über alle Epochen der deutschen Literaturgeschichte, vom Nibelungenlied bis zu Heinrich Böll.

So bin ich in Borsdorf bekannt wie ein „bunter Hund". Das war schon früher so, als ich der „Dogdersschunge" war. Sehr viel später fiel ich besonders auf, weil ich ständig in voluminösen Opel-Kapitän-Limousinen umherkutschierte. Ansonsten lebte ich eher zurückgezogen, dafür sorgten meine fünf Kinderchen für einen hohen Bekanntheitsgrad der Familie *Gehse*. Und nachdem ich jahrelang alle zwei Monate 3900 Exemplare VOR ORT unter das Volks streute, konnte es nicht ausbleiben, daß mich jedermann kannte. Ende 2003 habe ich aus Altersgründen die Redaktionstätigkeit in andere Hände gelegt.

Auf uns Älteren lastet eine Verantwortung. In vielen Gesprächen wurde mir klar, wie wenig die meisten Mitbürger über die Vergangenheit ihres Dorfes wissen. Und was wird aus unserem Wissen und unseren Erinnerungen, wenn wir nicht mehr sind? Und damit

Harro Gehse

Sarah Klier

es nicht unwiederbringlich verloren ist, beherzige ich die Forderung von *Egon Erwin Kisch*: „Schreib das auf, Gehse!“

*

Es ist die Nacht vom 2. zum 3. Oktober 1990. In der Städtischen Frauenklinik in Leipzig liegt *Evelin Klier* aus Borsdorf und wartet auf die Geburt ihres Kindes. Es erblickt 23.58 Uhr das Licht dieser Welt, die sich in einem gesellschaftlichen Umbruch befindet. Die DDR existiert noch 2 Minuten, dann ist sie Geschichte. Für den Winzling an diesem Tag beginnt gerade das Leben. SARAH KLIER ist das letzte DDR-Kind:

Wieso bin ich berühmt?

Manchmal frage ich mich: Was ist jetzt los? Wieso bin ich berühmt? Ich habe doch noch überhaupt nichts geleistet. Nur wegen dieser 2 Minuten, mit denen das Schicksal mit mir gespielt hat. Wen interessiert das überhaupt? Na ja, es sind wohl die Medien auf ihrer ständigen Suche nach Kuriositäten.

Kurios finde ich es schon, wenn sie mich nach der DDR befragen. Ich bin in Deutschland aufgewachsen, lebe hier und kenne nichts anderes. Von der DDR habe ich bisher kaum was gehört. Mutti erzählt zwar hin und wieder etwas von damals und stellt Vergleiche an. Damit kann ich wenig anfangen. Und um ehrlich zu sein, ich will davon auch wenig wissen.

Also, dieser ganze Zirkus berührt mich eigentlich wenig. Jetzt sitze ich viele Stunden im Engelsdorfer Gymnasium, und da habe ich verdammt viel zu tun.Trotzdem gehe ich gern dorthin. Am liebsten mache ich Sport. Die Lehrer sind in Ordnung.

Eine Welt ohne Computer und ohne Handy könnte ich mir gar nicht mehr vorstellen. Vor dem Bildschirm hocke ich eigentlich nicht allzuviel. Dann lieber an meiner kleinen Elektroorgel. Wenn ich nachmittags aus der Schule komme, klimpere ich erst mal ein paar Lieder herunter. Der Schulstreß relativiert sich dann ziemlich schnell. Wenn's mich ankommt, singe ich so laut, daß Mutti ermahnt, es sei nun genug.

Eine Stunde ohne Handy? Dann würde mir was fehlen. Es ist doch herrlich zu wissen, was die Freundin gerade macht. Ich passe auf, daß ich mein Limit nicht überziehe. Auch sonst knausere ich mit dem Taschengeld. Ich rauche nicht. Die Kerlchen, die da an der Ecke stehen und eine nach der anderen qualmen, wollen „cool“ sein, aber im Grunde genommen sind die armen Bürschchen richtig blöd. Geld weg und Gesundheit angeknackst. Aber sage das denen mal.

Was ich mal werden will? Da mache ich mir vorläufig keinen Kopf. Für vier Jahre drücke ich noch die Schulbank. Vielleicht Mitglied einer Reiterstaffel bei der Polizei? Das Springreiten verpasse ich nie im Fernsehen. Es ist ein herrliches Gefühl, auf dem Rücken eines Pferdes zu sitzen. Aus Zeit- und Geldmangel muß ich das vorläufig hinten anstellen.

Vorbilder? Nun, meine Klassenlehrerin ist eine tolle Frau. So sollten alle Lehrer handeln, erziehen und lehren. Doch vorne an steht die Popsängerin *Christina Aguilera* aus den USA. Eine einzigartige Frau, die immer ihr Ding durchzieht und sich nicht darum kümmert, was die Medien gerade mal schreiben und sagen. Ob ich mich auch mal so energisch durchsetzen kann?

WEITERE NOTIZEN aus Borsdorf

Zur **Gemeinde** Borsdorf gehören die Dörfer Zweenfurth (seit 1973), Panitzsch und Cunnersdorf (seit 1999). Die Gemeindeverwaltung hat ihren Sitz im repräsentativen Rathaus (gebaut 1929), Bürgermeister Ludwig Martin. - Der Ort gehörte ab 1875 zur Amtshauptmannschaft Grimma, ab 1952 zum Landkreis Leipzig und seit 1999 zum Muldentalkreis.

Das noch erhaltene **Chausseehaus** wurde 1824 erbaut. Dort kassierte der staatliche Einnehmer Brückenzollgebühren für das Passieren der Parthebrücke am anderen Ende des Dorfes. Hier wurde 1832 *Franz Pfalz* geboren, der später in dem Buch „Ein Knabenleben vor 60 Jahren“ *(siehe Rundblick-Lesebuch)* seine Kinderjahre im damaligen Borsdorf schilderte.

Das **Diakonissenhaus** (auch Frauenheim genannt) der Inneren Mission Leipzig wurde 1894 eingeweiht. Bis 1952 Hilfe für sozial gefährdete Frauen und Mädchen, danach Dienst an geistig behinderten Frauen und Kindern. Seit1995 umfangreiche Umbau- und Neubaumaßnahmen.

Die **Eisenbahnstrecke** Leipzig-Dresden wurde 1839 voll in Betrieb genommen. Es begann eine stürmische Entwicklung zur Industriegemeinde. Weiter gefördert wurde das ab 1866 mit dem Bau der Strecke nach Meißen, damit entstand ein Eisenbahnknotenpunkt. 1894 Bau des heutigen Bahnhofsgebäudes. Seit 2000 Ausbau für den ICE-Verkehr mit neuen Bahnsteigen und sichtbehindernden Schallschutzwänden auf beiden Seiten der Ortsdurchfahrt.

Ein **Jugendzentrum** entstand 1996 nach der Rekonstruktion in einer dreiseitigen Hofanlage aus dem 18. Jh. in der Leipziger Straße. Im gleichen Grundstück befindet sich das neue Gerätehaus der Freiwilligen Feuerwehr.

Der **Kaffeebaum**, ein legendärer Straßengasthof von 1724, aus der Zeit, bevor die Hohe Straße, die bis dahin von Gerichshain über Panitzsch führte, zwecks Streckenverkürzung über Borsdorf geleitet wurde. Bis Mitte der 50er Jahre war er ein beliebtes Tanzlokal. Zu DDR-Zeiten funktionierte man den Saal zu einem Konsum-Landwarenhaus um, in die Gaststätte zog eine Kindertagesstätte ein. Das historische Gasthaus wurde 1980 abgerissen. Vor dem desolaten Ballsaal erhebt sich ein unansehnlicher Flachbau.

Die **Kirche** ist ein schlichter Neubau von 1967. Bis 1943 fanden die Gottesdienste im Betsaal der Schule statt, danach im Vorgängerbau der heutigen Kirche. Borsdorf wurde erst ab 1906 selbständige Kirchgemeinde.

1739 gründeten die Borsdorfer ihre erste **Schule**. Der Unterricht fand reihum bei den Einwohnern statt. Das Schulhaus wurde 1910 mit dem Anbau des Westflügels fertiggestellt.

Das Rathaus in Borsdorf

Seit 1992 gibt es eine Grundschule und eine Mittelschule.

Der **Wasserturm** wurde 1913 zwischen Borsdorf und Gerichshain errichtet, dazu ein verzweigtes Brunnennetz. Seit 1997 ist das 36 m hohe Bauwerk außer Funktion, die Wasserversorgung erfolgt durch das mitteldeutsche Verbundsystem. Seit Anfang des 20. Jh. befand sich neben dem Wasserwerk die Gasanstalt. Über zwei Gasometer (zwischenzeitlich abgebaut) erhielten die Haushalte und die Straßenbeleuchtung das Gas, jetzt stillgelegt.

Personalien: *Hans Blüthgen* (1885–1966), Baurat und Maler, Hochschullehrer und Redakteur.
Erich Franke, Jg. 44, Maler und Grafiker, zeichnete u.a. Borsdorfer Ansichten und aus dem Muldentalkreis.
Albrecht Gehse, Jg. 55, Maler in Berlin, schuf u.a. ein Bild von Helmut Kohl, das Aufnahme fand in die Reihe der Kanzlerportraits im Berliner Bundeskanzleramt.
Ottmar Gerster (1897–1969), Komponist und Hochschullehrer, wohnte ab 1955 in Borsdorf, Gedenktafel am Haus in der Heinrich-Heine-Str. 33, heute Kindertagesstätte. Schuf Opern, erhielt mehrere Preise.
Johannes Göldel (1891–1952), Bildhauer, schuf u.a. das Kriegerdenkmal am Bahnhof und die Reliefs an der Schule (Turnhalleneingang).
Prof. Dr. Edith Hoffmann, Jg. 29, Hochschullehrerin am Lehrstuhl für Ur- und Frühgeschichte an der KMU Leipzig bis zur Rente 1989. Zahlreiche Aktivitäten im Borsdorfer Heimatverein, bes. in der Arbeitsgruppe Bebelhaus. Mit über tausend Stimmen älteste Gemeinderätin im Muldentalkreis.
Christoph Höhne, Jg. 41, Werkzeugmacher, Olympiasieger 1968 in Mexiko im 50-km-Gehen, mehrf. Europameister und Weltrekordhalter.
Erhart Kundisch (1920–1997), Lehrer, Lektor für Reiseliteratur im Brockhaus-Verlag, Mitarbeiter beim „Rundblick“.
Herbert Lindner (1907–1984), Buchhalter, Forscher und Sammler auf dem Gebiet der Ornithologie. Große Verdienste um den Vogelschutz. Seine Sammlung befindet sich im Bestand des Naturkundemuseums Leipzig. Sonderausstellung im Heimatmuseum.
Hugo Oehmichen (1843–1932), geb. im Borsdorfer „Spittel“, war als Maler in Düsseldorf tätig, Themen aus dem Volksleben und Porträts.
Willi Pietsch (1907–1997), Profiboxer bis 1950, in den 30er Jahren Deutscher Meister im Halbschwergewicht.
Gerhard Richter (1915–1973), Lithograph, Maler und Grafiker. Borsdorfer Landschaftsbilder.
Heinz Weber (1919–1993), Borsdorfer Heimatdichter und Zeichner.

Bahnhof in Borsdorf

Vereine und Einrichtungen: Heimatverein für Borsdorf und Zweenfurth, Vors. Gerhard Otto. - Sportverein Borsdorf 1990, Vors. Burkhard Morawe. - Deutscher Alpenverein, Kinderwandergruppe Borsdorf, Vors. Alexander Pfützner. - Gospelchor „MoSchuKeKeBaBa“, Leitung Rosemarie Lohse. - Kulturtreff Borsdorf, Vors. Dr. Gottfried Schille. - Förderverein der August-Bebel-Schule, Vors. Joachim Bachhaus. - Schrebervereine „Alte Kolonie“, Vors. Heinz Schuster; „Hans Otto“, Vors. Annerose Gerlach; „Naherholung“, Vors. Fritz Noack. - Freiwillige Feuerwehr, gegr. 1894, Wehrleiter Wolfgang Mönch. Neues Gerätehaus. - Museum im Hirtenhaus, Heimatverein. - Bibliothek. - Kindertagesstätte „Villa Löwenzahn“ Kolping-Leben GmbH. - Kindertagesstätte „Apfelkörbchen“, Volkssolidarität. - Kinderhort „Villa lustige Kobolde“. - MEDIZIN: Apotheke. - Ärzte: DM Anette Altner; Dr. Katrin Fach; Dr. Uta Neumann. - Zahnärzte: Dr. Brigitte Franz; Dr. Uta Leff; Dipl.-Stom. Heike Wallis. - Hebamme: Helga Wadewitz. - Häusliche Krankenpflege: Renate Schlegel. - Logopädische Praxis: Brit Schluckner. - Physiotherapien: Anette Lahl; Dipl.päed. Therese Sallat. - Tierarztpraxis Cornelia Schulz und Kristina Dreimann.

Handel & Gewerbe: Feinbäckerei Dietrich. - Fleischerei Schönfeld & Wahlbuhl. - Haarstudio Eule. - Kosemtik Salon „Christine“. - Blumenhandel Karl. - Uhren und Schmuck Haesecke. - Zweirad Fisch. - Sanitär Schlesinger. - Elektro May. - Metall- und Fensterbau Dietz. - Sächsische Druckguß- und Elektroerzeugnis GmbH. - Schaltanlagen und Steuerungsbau. - Waschbeton Reichert. - Fußboden, Deko Wolf. - Auto Center. - Autopark.

GASTRONOMIE: Gaststätte „Stadt Leipzig“, Jutta Lange. - Chinesisches Restaurant, Tuyet Langkabel. - Asiatische Imbißstube, Tan Dang Thi. - Spartenheim „Reichsbahn“, Hagen Güttler. - Spartenheim „Naherholung“, Karin Treder.

Zweenfurth, 1264 Zwenuordin, 'zu den zwei Furten' (dt.), seit 1973 OT von Borsdorf, 1061 Einw.

Dort, wo die kleine Threne völlig unspektakulär in die etwas größere Parthe mündet, siedelten vor acht/neun Jahrhunderten einige Bauersleute mit ihren Familien. Die beiden Bäche waren kein Hindernis, denn an flachen Uferzonen gab es Furten zur gefahrlosen Durchquerung. Was lag also näher, als ihre Siedlung „zu den zwei Furthen" zu nennen. Klingt das nicht sympathisch?

Vom alten Bauerndorf ist bis heute wenig übrig geblieben. In mehreren Etappen vergrößerte sich das Dorf. Besonders zu Beginn der 90er Jahre setzte eine rege Bautätigkeit ein. Die historischen Bauernhöfe bekamen einen neuen Inhalt, Baulücken füllten sich mit Wohnhäusern, und am Rande des Ortes entstanden moderne Wohnparks „Zum Grünen Winkel" und „Am Wiesenweg". So wuchsen im vergangenen Jahrzehnt knapp hundert Eigenheime in den Niederungen eines flachen Landes.

Die Neusiedler kamen überwiegend aus Leipzig und suchten hier eine andere Bleibe. Für die Mehrzahl von ihnen wurde das neue Haus lediglich eine fast abgeschottete Wohn- und Schlafstatt. Einige wenige sahen ihre Umsiedlung mit den Augen und dem Herz eines Neugierigen und mit dem Willen, hier echt heimisch zu werden. Dazu gehörte auch der Ingenieurökonom i. R. Eckhard Uhlig, Jg. 40:

Willkommen in Zweenfurth!

Wir wollten auf dem Lande ein eigenes Heim beziehen. Nach umfänglichem Studium zahlloser Anzeigen fiel die engere Wahl auf Zweenfurth, damals noch im Leipziger Landkreis. Schon der erste Anblick des Standortes mit der kleinen Baustelle ließ viel Sympathie aufkommen: Grün in der Nähe, gute Verkehrsanbindung nach Leipzig, wenig Verkehr (kein Wunder, es war ja an einem Sonntag) und viel frische Luft.

Der Zuzug im April 1995 spielte sich im strömenden Regen ab: Kein allzu herzliches Willkommen! Die tiefen Pfützen und der lehmige Schlamm auf der Fast-noch-Baustelle ließen vorerst keine Hochstimmung aufkommen. Aber das änderte sich bald. Gab es doch

Kirche und Dorfstraße in Zweenfurth

für den an Natur und Geschichte interessierten Neu-Zweenfurther eine Fülle neuer Eindrücke.

Wie reizvoll ist der Winkel an der alten Mühle mit dem Teich und der mächtigen Linde, zu deren „Füßen" ein Stein mit der Inschrift 1870/1871 liegt. In der Rangliste der Zweenfurther Sehenswürdigkeiten steht, wer sollte daran zweifeln, die Dorfkirche ganz oben. Schon von fern erkennt man ihren charakteristischen Turm, der sogleich „Achtung, bald zu Hause!" signalisiert.

Und da sind die beiden Bäche. Ihnen sieht man im Sommer überhaupt nicht an, welche großflächigen Überschwemmungen sie im Frühjahr oder bei Starkregen im Sommer hervorrufen können. Gern steht man auf der Brücke an der Hirschfelder Straße und schaut ganz einfach auf das Wasser mit den umherschwimmenden Wildenten.

Der ganze Stolz von Zweenfurth ist ohne Zweifel das *Wäldchen* oder besser: der Wald. Wer hätte als Neubürger geahnt, welch grünes Kleinod sich hier befindet. Nahezu versteckt liegt es am Rande der Parthe in Richtung Beucha. Zu allen Jahreszeiten entdeckt man eine Fülle von Tieren und Pflanzen, sofern der Wandersmann Augen und Ohren offenhält.

Seit unserem Zuzug hat sich das Ortsbild langsam verändert. Der düstere Eindruck ist verschwunden, viele der älteren Bauernhöfe und Wohnhäuser erhielten neue Dächer und farbige Anstriche. Der *Lindenhof*, ein Wohnblock mit 18 Mietern, entstand auf dem Gelände des ehemaligen Schenkgutes. Sicher, man könnte darüber lange Dispute führen, ob diese Version eines Wohnhauses den Ortskern aufwertet oder belastet. Das Fachwerkhaus daneben dient nach seiner Sanierung seit 2002 als Bürgerhaus des Ortes und wird von den Vereinen wie auch privat genutzt. Dem ältesten Haus vom Ort in der Hauptstraße, um 1730 erbaut, wurde durch die Familie *Winkler* zu neuem Glanz verholfen.

Nun sind schon bald zehn Jahre vergangen seit unserem Zuzug. Der Ort ist auch „unser" Zweenfurth geworden, in dem das Schöne bewahrt und das weniger Schöne bestimmt noch verändert wird. Es bleibt die Hoffnung.

*

Da sind natürlich auch die „Ureinwohner", die Generation, die ein Leben lang hier mit den Nachbarn Freud und Leid getragen hat. Ihre Erinnerungen sind gegenwärtig, besonders an die Kinder- und Jugendzeit, als sie auf den schmalen Fußwegen nach Borsdorf hinüber in die Schule pilgerten und in den großen Ferien in den kleinen Waldgebieten und auf den Wiesen eine naturgegebene Kindheit erlebten. Die Episoden gesammelt und aufgeschrieben hat die nun über acht Jahrzehnte hier lebende ANNELIESE MATTHES, Jg. 21:

Spannende Dorfgeschichten in staubigen Akten

Zeit und Geduld sind dem vonnöten, der in alten Akten blättert und was Bestimmtes sucht. Es ist nicht immer leicht, die Schrift zu enträtseln. Wenn ich dann nach langem Stöbern den Namen Zweenfurth oder den eines einheimischen Bauern fand, weckte das stets ein beglückendes Gefühl. Wochenlang saß ich Tag für Tag in den Räumen des Leipziger Staatsarchivs und durchforstete die Folianten. Fand ich was Wissenswertes, habe ich den Text mit der Hand abgeschrieben. Kopien waren damals noch nicht möglich.

Mich hatte das Entdeckungsfieber nach chronistischen Dorfnachrichten eigentlich erst richtig gepackt, als es Mitte der 90er Jahre hieß, daß der Zweenfurther Heimatverein für 1999 ein Heimatfest plant. Anlaß war die 735. Wiederkehr der Erstnennung des Ortes. Nun ist das nicht unbedingt ein „runde" Zahl, doch man muß die Feste feiern, wie sie fallen. Und wenn nötig, ein bißchen nachhelfen.

Mein konkreter Beitrag zur Dorffeier wurde eine Broschüre, weil ich inzwischen viele Texte und Bilder zur Ortsgeschichte gesammelt und ausgewertet hatte. Dieses Ereignis ist nun Geschichte, zur Ruhe werde ich mich nicht setzen. Wenn sich mein Privatleben auch zu Beginn des Jahres radikal veränderte. Da ist mein Mann verstorben. Es ist schlimm, wenn der Partner für immer geht. Die einsamen Stunden in der Wohnung können zur Qual werden. Deshalb will ich auch künftig mit besten Kräften weiter für mein Heimatdorf arbeiten. Dazu bietet mir der Heimatverein die beste Möglichkeit. Dort bin ich mit Gleichgesinnten zusammen. Wir haben uns einiges vorgenommen. Wir wollen an den wichtigsten Gebäuden des Dorfes Schilder anbringen, auf denen Details zur Geschichte des Hauses vermerkt sind. Mancher mußte sein Gut verkaufen, weil er sich mit dem Erbe und der Auszahlung an die Geschwister total verschuldet hatte. Es mag eigenartig klingen, aber wenn die Streitigkeiten nicht gewesen wären, würden wir weniger aus der Vergangenheit erfahren. Die damaligen Gerichtsschreiber haben alles penibel aufgelistet. Trotzdem bleibt vieles ein Rätsel. Da haben es unsere Nachfahren leichter, wenn sie mal in hundert Jahren auf die heutige Zeit zurückblicken. Ich hoffe, daß mein Büchlein dann auch ein wenig Auskunft geben kann.

*

Die Dorfgeschichte läßt sich mit dieser oder jener Anekdote bereichern. Zugleich sind sie ein Spiegelbild vergangener Zeiten. Eine erzählt uns die Konsumverkäuferin i. R. Marianne Lehmann, Jg. 36:

„Frau Lehmann, was habe ich denn für eine BH-Größe?“

Ich kann nicht sagen, daß ich begeistert war, als ich 1961 vom Konsumvorstand aus meiner Arbeitsstelle im damaligen Versandhaus Leipzig aus „versorgungspolitischen“ Gründen aufgefordert wurde, in Zweenfurth eine Textilverkaufsstelle zu übernehmen. Jedoch die Zusage, eine Zwei-Zimmer-Wohnung mit Bad und Küche zu erhalten, ließ

Anneliese Matthes und Eckhard Uhlig an der alten Mühle

mich das Angebot annehmen. Das kam einem Lottogewinn gleich. Und dann konnte ich mir vorstelllen, dort auf dem Lande ein ruhiges Leben zu führen. Doch darin hatte ich mich getäuscht.

Nachdem ich das Warensortiment den Bedürfnissen der Kunden angepaßt und in den kleinen Räumlichkeiten aufgebaut hatte, sprach es sich sehr schnell hier und in den umliegenden Dörfern herum, daß der „kleine Laden" so allerhand zu bieten hat. Keine Frage, das Geschäft entwickelte sich mehr und mehr zu einem Kommunikationszentrum. Ich wußte stets, ob eine Hochzeit oder eine Taufe anstand oder ein Todesfall eingetreten war. Da half ich beim Aussuchen der Geschenke, und niemals mußten die Sachen umgetauscht werden. Ich hatte nämlich ein gutes Gedächtnis für die Konfektionsgrößen aller meiner Kundinnen. Ich war gewissermaßen eine Vertrauensperson geworden über die drei Jahrzehnte hinweg.

Das zeigt die folgende Episode: Als mit der Wende der Konsum sich 1990 von den kleinen Läden trennte und damit auch das Geschäft in Zweenfurth schließen mußte, waren viele Kunden traurig und doch wieder froh, daß sie mich nun als Verkäuferin im *Landwarenhaus Borsdorf* (im ehemaligen *Kaffeebaum*) um Rat fragen konnten. Und so geschah es auch eines Tages, als eine Kundin im Wühltisch nach einem passenden Büstenhalter suchte. Offensichtlich hatte sie vergessen, welche Größe sie brauchte. In ihrer Not rief sie lauthals von der Galerie in den Saal herunter: „Frau Lehmann, was habe ich denn für eine BH-Größe?" Unter dem allgemeinen Schmunzeln der anwesenden Kunden konnte ich ihr prompt Bescheid sagen, und erleichtert zog sie die passende Größe heraus.

Und wenn ich heute zurückblicke auf meine Berufszeit als Verkäuferin? Es war trotz aller Mängel und Probleme mit der Warenzuteiluung eine schöne Zeit. Die Freude der Kunden war damals viel größer, wenn sie etwas erhielten. Wer erfreut sich denn in der heutigen Überflußgesellschaft an den Dingen?

WEITERE NOTIZEN aus Zweenfurth

Die Vorgängerin der heutigen **Dorfkirche** wurde im Hochmittelalter im romanischen Stil erbaut, um 1710 erhielt der Turm die barocke Haube. 1844 wurde das Kirchenschiff abgerissen und im klassizistischen Stil neu errichtet. 1976 und 1992 Sanierungen. 2003 vorbildliche Restaurierung der über 200 Jahre alten Kirchenmauer. Die Kirchgemeinde ist nach Borsdorf eingepfarrt.

Von 1544 bis 1855 unterstand Zweenfurth der Leipziger Universität und gehört in dieser Zeit zu den fünf **„Universitäts-Dörfern"**.

Die **Wassermühle** wurde erstmals 1470 erwähnt und mit dem aus dem Mühlteich zugeführten Parthewasser angetrieben, von 1927 bis 1945 mit Diesel- und Elektromotor, letzter Pächter Oskar Pilz. Später verfielen die Gebäude mehr und mehr. 2002 sanierte der neue Besitzer Andreas Kunert sie aufwendig für eigene Wohnzwecke.

Vereine und Einrichtungen: Interessengemeinschaft „Partheniederung" im Heimatverein für Borsdorf und Zweenfurth, Leiter Eberhard Winkler. Die Mitglieder verwenden viel Zeit und Arbeit für die Pflege der Wege, Baumpflanzungen, die Müllbeseitigung und das Anbringen von Nistkästen im Wäldchen. - Chorgemeinschaft Zweenfurth, gegr. 1966, 30 Jahre lang Vors. Marianne Lehmann, jetzt Gerlinde Uhlig. Konzerte in Heimen, zur Frühlings- und Weihnachtszeit. - SV Zweenfurth (Badminton). - Anglerverein. - Frauenclub. - Gruppe der Volkssolidarität. - Gartenvereine „Grüner Winkel" und „Auenblick". - Freiwillige Feuerwehr, gegr. 1922, Wehrleiter Tilo Melzer. 1974 DDR-Meister im Löschangriff. - Freikirchliche Kindertagesstätte. - Medizinische Fußpflege von Anja Kaiatz. - Tierarzt Lutz Großmann.

Landwirtschaft: 1945 gab es im Ort 14 selbständige Bauernwirtschaften. Richard Seyffert war Pächter eines Hofes mit 75 ha. Dessen Besitzer besaß noch andere Ländereien und wurde bei der Bodenreform enteignet. Es entstanden kleine Neubauernhöfe, deren Eigentümer alle einer LPG beitreten mußten. Nach der Wende wurden die Ackerflächen an fremde Landwirte verpachtet.

Handel & Gewerbe: Ein ganzes Stück weit ab vom Dorf, nördlich von Borsdorf an der B6, aber eben noch auf Zweenfurther Flur, begann 1905 in den gelben und weithin sichtbaren Klinkergebäuden die Produktion von Wachstuch. Fortan war die *Zweenfurther Kunstleder- und Wachstuchfabrik*, im Volksmund nur die „Wichse" genannt, mit teilweise bis über 300 Beschäftigten ein wichtiger Arbeitgeber in der Region. Während des II. Weltkrieges stellte der Betrieb vorwiegend Abdeckplanen für die Wehrmacht her. Ab 1946 volkseigener Betrieb und Produktion von Kunstleder für Galanterie- und Schuhwaren sowie Tischbelag. Mit „Borkuled" (*Borsdorfer Kunstleder)* wurde der Ort europaweit bekannt. Mit der Wende kam das Aus für den Betrieb, die Maschinen wurden verkauft. Jetzt betreiben ein halbes Dutzend Beschäftigte nur noch einen Großhandel. Auf dem Betriebsgelände siedelten sich neue Firmen an (im ständigen Wandel).

Heute: Andreas Kunert, Dach- und Holzbau. - Gerüstbau und Verleih von Remler & Söhne. - Schmiede und Metallbau Lutz Müller, seit 1930 im Familienbesitz. - Heizung und Sanitär von Frank Habel und Frank Seidel. - Auto-Elektrik und Pannenhilfe Bernd Hartmann. - Reifendienst Joachim Mahler seit 1982. - Elektroinstallation von Peter Hellmuth. - Friseursalon von Eva-Maria Pfeifer. - Quelle-Agentur. - Gartenbaubetriebe von Reimut Donner seit 1925 und Reiner Georgi seit 1945.

GASTRONOMIE: Remler's Gasthof kam in den Nachkriegsjahren unter staatliche Verwaltung, wurde 1965 umgebaut und firmierte fortan als Kulturhaus mit ständig vollem Haus zur Faschingszeit, bei Diskos u. a. Veranstaltungen. Wechselnde Pächter, geschlossen 1992, seitdem allmählicher Verfall. Jetzt in Privatbesitz, künftige Nutzung unklar. - Gaststätte *Zur Alten Backstube*, Bes. Kristina Marquardt.

LITERATUR: 735 Jahre Zweenfurth. Geschichte und Geschichten, von Anneliese Matthes. 1999.

Schmiede an der Dorfstraße in Zweenfurth

Panitzsch, 1267 Bansz, 'Ort an einer Senke' (slaw.), seit 1999 OT von Borsdorf, 3310 Einw.

Der Ort kam erst ganz jung mit Borsdorf zum Muldentalkreis. Gern hätten die Bewohner ihre Eigenständigkeit erhalten, aber die Zwänge der Gebietsreform schrieben diesen Weg vor. Der Ort war in weiten Kreisen der muldenländischen Bevölkerng nicht unbekannt. Die Älteren unter ihnen erinnern sich noch an die Trabrennbahn, auf der später die Sandbahnmaschinen ihre dröhnenden Runden drehten. Neuerdings ist der Ort das Ziel kulturell interessierter Menschen. Sie gehen zu Konzerten oder anderen Veranstaltungen in die Kirche oder in die Räume des Kunstvereins in der Hauptstraße.

Die Kirche von Panitzsch – einer der drei „Hohen Priester" im Leipziger Land

Von welcher Seite man auch kommen mag, der Panitzscher Kirchturm steht im Blickfeld des Betrachters. Diese landschaftlich reizvolle Lage im Leipziger Tiefland teilt das Bauwerk mit zwei weiteren Bergkirchen, nämlich der von Thekla und Beucha. Da sie nahe beieinander stehen, hat der Volksmund eine treffliche Bezeichnung gefunden: die drei „Hohen Priester".

Man vermutet, daß in dominanter Lage schon in vorchristlicher Zeit sich hier Heiligtümer der Germanen und Slawen befunden haben müssen. Seit es eine erste christliche „Missionsstation" gegeben hat – und das geht bis ins 10. Jh. zurück –, versammelt sich hier eine christliche Gemeinde. Von den Pfarrern, die hier seit Einführung der Reformation im Jahre 1539 Dienst tun, sind uns auch ihre Besonderheiten mit ihren Stärken und Schwächen bekannt, die das Kirchenvolk schnell mit entsprechenden Attributen versah. So lebte vor 300 Jahren in Panitzsch Pfarrer *Justinus Töller*.

Der „Bierpfarrer", der gegen das Pfingstbier wetterte

Der Pfarrer hatte seinen Namen deswegen erhalten, weil ihm das Biertrinken aufs äußerste zuwider war. Und so kämpfte er mit allen Mitteln gegen die Gewohnheiten seiner durstigen Bauern. Im Dorf war es – wie auch anderenorts – üblich, Bier gemeinsam zu brauen, zu Pfingsten die Fässer anzustechen und natürlich auch gemeinsam zu trinken. In einem Schreiben an die vorgesetzte Dienststelle beschwert er sich: „... wenn ich in die Kirche komme, da die Leute sich schon versammelt haben, mir öfters ein solch garstiger und unannehmlicher Tabak- und Branntweingestank entgegenkommt, der mir höchst zuwider ist, wie auch etliche Male mir gar übel geworden, daß ich kaum predigen konnte ...".

Und das war dann auch der Hauptinhalt seiner Predigten, in denen er immer wieder anprangerte, daß das sogenannte Pfingstbier nicht nur dem wahren Christentum ein sehr schädliches, sondern auch ein recht sündhaftes, teuflisches und verfluchtes Bier sei.

Justinus Töller konnte seine „Trinker-Schäfchen" nicht bekehren. Also versuchte er es mit drastischen Maßnahmen, indem er sie vom Abendmahl ausschloß. Das ließen sich nun die Panitzscher nicht gefallen, und sie drehten den Spieß um und verklagten ihren Pfarrer. Und sie hatten Erfolg. Das Konsistorium entzog ihm 1697 die Panitzscher Pfarrstelle. Er fand Unterschlupf an der neugegründeten Schule des *A. H. Francke* in Halle. Die Akten verschweigen, ob der Sieg mit einem neuen Faß Bier gefeiert wurde und wie der pastorale Nachfolger mit den trinkfreudigen Bauern in Panitzsch zurecht kam.

*

Drei Jahrhunderte später sorgt sich der heutige Pfarrer REINHARD FREIER, Jg. 48, seit 25 Jahren um die Belange seiner Gemeinde:

Der „Musikpfarrer", der freudig seine Pflichten erfüllt

Ich nehme diese Bezeichnung gern an. Wer (etwas) schaffen will, muß fröhlich sein. Und mit Musik erreicht man doch die Herzen der Menschen mehr als mit dem bloßen Wort. Wenn mir die Besucher sagen, daß sie nach Konzerten beseelt nach Hause gehen, dann kann einem gar nichts Besseres passieren.

Seit unsere spätbarocke Orgel aus dem Jahre 1785 nach ihrer Restaurierung 1995 wieder ihren alten Klang hat, seitdem bemühe ich mich, die Kirche, den Pfarrgarten und den Pfarrhof für musikalische Veranstaltungen zu nutzen. Und irgendwie hat mich das gepackt, denn im Jahre kommen gut zwei Dutzend Veranstaltungen zusammen. Zuviel? Solange die Konzerte gut besucht sind und die Kosten gedeckt werden, sind es nicht zu viele. Zu den Aufführungen des Weihnachtsoratoriums und Orgelkonzerten mit *Matthias Eisenberg*, aber auch zu Buchlesungen mit *Bernd Lutz Lange* ist es wie zu den Krippenspielen am Heiligabend. Da platzt die Kirche förmlich aus den Nähten. Natürlich muß ich meine Kräfte gut einteilen. Meine Predigten und die anderen seelsorgerischen Aufgaben will ich auf keinen Fall vernachlässigen. Da gilt für mich das Prinzip, jeden Sonntag einen anderen Text auszulegen. Und da ist mir nicht bange, daß der Stoff ausgeht. Die Wirklichkeit des täglichen Lebens findet sich in der Bibel wieder.

Daß die Gemeinde einen guten Kontakt zu ihrem Pfarrer hat, zeigt sich ja auch darin, daß ich nun schon 25 Jahre hier tätig bin. In den ersten Jahren in Panitzsch war ich eher Baupfarrer. Das Dach des Kirchturms war durch Stürme sehr beschädigt. Ich habe eine Schieferdeckerfirma aus dem Erzgebirge gefunden, die uns den Turm mit Naturschiefer eingedeckt hat. Zu DDR-Zeiten hatten wir Geld, aber das Material war knapp. Heute ist das umgekehrt. Nach 1989 konnte man sich richtig ins Zeug legen, und da haben wir die Innensanierung in unserer Kirche vorangetrieben. Da bin ich mit ihr verwachsen.

Reinhard Freier im Garten am Fuße der Panitzscher Kirche

Um fit zu bleiben, habe ich mir noch andere Pflichten im Alltag auferlegt: Draußen im Pfarrgarten und auf den Weiden grasen Schafe, Ponys und drei Esel. Die habe ich für den alljährlich stattfindenden Nikolausmarkt auf dem Pfarrhof angeschafft. Die Tiere wollen gefüttert und gepflegt sein.

Damit der Tag jeden Morgen frisch und munter beginnt, springe ich zu jeder Jahreszeit in den angelegten Naturteich im Pfarrgarten und schwimme ein paar Runden. Daran können mich auch Schnee und Eis nicht hindern, da wird das Eis aufgehackt. Diese Erfrischung hält den ganzen Tag an und vertreibt bestimmt manche Krankheit. Das ist nicht jedermanns Sache, aber mir behagt es.

*

Unter den Besuchern der kleinen Dorfkirche befindet sich ziemlich regelmäßig der Neubürger und Lehrer im Hochschuldienst i. R. EBERHARD FISCHER, Jg. 34:

Erzählabende bereichern die Dorfgeschichte

Wenn mir einer vor Jahren prophezeit hätte, daß ich eines Tages meinen festen Wohnsitz in Panitzsch aufschlagen würde, ich hätte ihn ausgelacht. Nicht etwa deswegen, weil ich nicht wüßte, wo dieser romantische Ort liegt. Die Wanderwege meiner Familie haben mehrmals den sanften Hügel mit der prächtigen Wehrkirche gekreuzt, und immer wieder waren wir begeistert von der Schönheit der Landschaft. Nun sind unsere drei Söhne längst ausgeflogen und verpaßten den Umzug von der Messestadt in den Muldentalkreis, ins Partheland.

Ich war noch ein Kind, als der Krieg zu Ende ging und lebte mit meinen Eltern in Werdau. Wir hatten Hunger, also arbeitete ich in der Landwirtschaft. Obwohl meine Kräfte kaum die Aufgaben meisterten, begeisterte mich die naturnahe Tätigkeit. So stand nach dem Abitur fest: Ich studiere Landwirtschaft. Doch nach einem Jahr wechselte ich die Pferde und saß fortan in der philologischen Fakultät.

Am Kirchhügel in Panitzsch

Nach dem Studium begann ich als Latein-Lehrer in Leipzig und erhielt dann das Angebot, am Theologischen Seminar zu unterrichten. Zahlreiche Pfarrer der Umgebung sind meine Studenten gewesen, auch der Panitzscher.

Mitte der 90er Jahre suchten wir ein neues Zuhause und kauften eine Eigentumswohnung in Panitzsch. Den Ort kannten wir ja von unseren Wanderwegen. Na gut, wir sitzen hier im Wohnpark ziemlich aufeinander und der Nachbar kann fast auf unseren Tisch langen (etwas übertrieben gesagt), aber es sind nette Leute, mit denen wir uns gut verstehen. Die ideale Sonneninsel gibt's sowieso nicht.

1999 hatte sich mein Arbeitsleben erfüllt, ich ging in Pension. Aufmerksam verfolge ich das Dorfgeschehen und vervollständige die Ortschronik. Mit einigen Alteinwohnern treffe ich mich zu Erzählabenden. Da habe ich einen höllischen Spaß, wenn die Meinungsverschiedenheiten auch bei winzigen örtlichen Problemen aufeinanderprallen. Als Chormitglied und Posaunenbläser in meiner Leipziger Freikirche und im Kirchenvorstand erlebe ich erbauliche Stunden. Natürlich singe ich auch im hiesigen Kirchenchor mit, schon aus Dankbarkeit, weil der Pfarrer in seiner Kirche mit Ausstellungen und Konzerten eine reiche kulturelle Palette bietet.

Wenn wir dann nach einem Abend im Gewandhaus wieder in unser Dorf rollen und sich am hellen Nachthimmel der Kirchturm abzeichnet, sind wir richtig zufrieden. Und wir freuen uns auf den nächsten Tag – und dann schwebt immer ein bißchen Hoffnung mit, daß uns die Einheimischen nicht mehr so reserviert betrachten. Wir versichern ihnen: Wir fühlen uns ganz als Panitzscher.

Eberhard Fischer im Panitzscher Neubaugebiet

WEITERE NOTZEN aus Panitzsch

Den **Kunstverein** gründeten 1997 einige Neu-Panitzscher, die mit Ausstellungen und Lesungen die große (und kleine) Kunst und Künstler ins Dorf holen wollten. Unter der Leitung von Dr. Gudrun Mayer gelang das auch, und seitdem lockt die Galerie in der alten Schule an vielen Wochenenden im Jahr immer wieder neugierige Besucher an. Dabei können sie immer Rückblick halten, denn jeder Künstler gestaltete eine Tonkachel, die mit einer weiteren Arbeit eine Bilderwand schmückt und zugleich die Chronik des Vereins anschaulich verdeutlicht.

Die **Schule**, 1993 als neue Grundschule „Dr. Margarete Blank“ errichtet, Leiterin Dagmar Eppendorf. Ziel: Ganztagsbetreuung. Förderverein.

Die **Trabrennbahn** wurde 1930 gebaut. Die Gebäude dienten von 1940 bis 1945 als Lagerhalle. Nach dem Krieg erholten sich bis 1949 in dem Tribünengebäude Tbc-Kranke. Von 1959 bis 1960 fanden hier Sandbahnrennen statt, danach wieder Nutzung für Gemeindezwecke. Nach der Wende hielt die Feuerwehrtechnik Einzug, die Schule nutzte Teile als Klassenräume, und die Leipziger Communalgarde bekam eine Unterkunft, ebenso der Jugendklub.

Kirche in Panitzsch

Die **Kirche** mit dem romanischen Kirchturm und einem Satteldach entstand auf den Grundmauern älterer Vorgänger, das Schiff in seiner jetzigen Form im Jahre 1705. Bemerkenswert im Innern ein spätromanischer Taufstein und der 1724 geschaffene, freischwebende Taufengel. Die spätbarocke Orgel von 1785 erhielt nach einer aufwendigen Restaurierung 1994 ihren schönen Klang zurück. Ritzzeichnungen auf den Mänteln von zwei Glocken aus dem 14. und 15. Jh. - Pfarrer Reinhard Freier seit 1979 für Panitzsch zuständig.

Dr. Margarete Blank, 1901–1945, eröffnete 1929 hier eine Landarztpraxis. Im II. Weltkrieg bemühte sie sich als konsequente Nazigegnerin um Zwangsarbeiter und Kriegsgefangene. Sie wurde denunziert, angeklagt und kurz vor Kriegsende am 8. Febr. 1945 hingerichtet. Seit 2003 erinnert eine Gedenkstätte in der gleichnamigen Straße an die tapfere Frau. Die neue Grundschule trägt ihren Namen.

Vereine und Einrichtungen: Sportverein 1920, Ltg. Kerstin Ullrich. - AG Feuerwehrhistorik, Vors. Jürgen Hahn. - Bläsergruppe, gegr. 1981, Ltg. Gerhard Goldmann. - Kunstverein, Vors. Dr. Gudrun Mayer. - Leipziger Communalgarde, Präs. Claus Wüsteneck. - Deutscher Pfadfinderbund, Ltg. Barbara Kuzak. - Gospelchor, Ltg. Rosemarie Lohse. - Kirchenchor, Ltg. Frau Cotta. - Kinderchor, Ltg. Frau Lohse. - Seniorenverein. - Hundesportverein 1996, Vors. Frank Amtmann. - Siedlerverein „An der Parthe“. - Kleingartenverein *Narzisse*. - Trabrennclub. - Reit- und Fahrsportgemeinschaft, Vors. Dr. Roswitha Tauchnitz-Hiemisch. 100 Pferde, 300 Reiter. Jährliches Reitturnier. - Freiwillige Feuerwehr, gegr. 1895, Wehrleiter Reiner Ziegenbalg, neues Gerätehaus 2001. - Kindertagesstätte „Zwergenland“ und „Knirpsenstadt“; Kinderhort. - Apotheke. - Allgem. Arztpraxis von Dr. Andrea Bernhard. - Zahnarztpraxis Kristin Stenz. - Logopädische Praxis von Brit Schluckner. - Physiotherapie von Eva Greif. - Tierarzt Dr. Michael Kühn.

Landwirtschaft: Großgrundbesitzer Jäger. Herrenhaus. - Alt- und Neubauern gründeten in den 60er Jahren eine LPG. Nach deren Auflösung Neuanfang von Hans-Joachim Forwerk mit Feld- und Viehwirtschaft.

Handel & Gewerbe: Bäckerei von Hofmann. - Fleischerei von Reichenbach. - Vier Friseurgeschäfte. - Malermeister Müller. - Klempnerwerkstatt von Teuber und Weber. - Elektrowerkstatt Baum. - Tischlerwerkstatt von Fuhrig und Michael. - Landschaftsbau Röder. - Repro-Bau Kusch & Walter. - Max und Mia Kinderladen An- und Verkauf. - Supermärkte Kondi und Konsum. - Gärtnerei. - Zwei Pferdehöfe. - Verlag Dr. Andreas Barthel, vorw. Landkarten. - Gewerbegebiet und Handwerkerzentrum Dreieckssiedlung. - GASTRONOMIE: Der *Blaue Engel* wird schon im 16. Jh. als Gasthof genannt und war die letzte Ausspanne vor Leipzig. Wegen Baufälligkeit wurde er abgerissen, und an seiner Stelle steht seit Mitte der 90er Jahre die Wohnanlage *Blauer Engel* im Stil des einstigen Gasthofes. - Sportlerheim Waldkater. - Schank- und Speisenwirtschaft Kristina Marquardt. - Gaststätte Guido Lerch.

Cunnersdorf, 1350 Cunradisdorf, 'Dorf eines Konrad' (dt.), seit 1999 OT von Borsdorf, 89 Einw.

Der Ort hatte in der DDR unter den Pferdesportlern einen guten Namen. Die weitläufigen Reitanlagen eigneten sich wegen ihrer vorbildlichen Anlage und Pflege für DDR-Meisterschaften und namhafte Turniere. Das lockte natürlich die Anhänger des Pferdesportes aus nah und fern herbei, und die Traversen waren stets dicht besetzt. Einen weiteren Namen machte sich Cunnersdorf als landwirtschaftliches Versuchsgut der Leipziger Universität.

In Cunnersdorf bestimmten lange Zeit die Leipziger Ratsherren die Geschicke

Wer heute ins Dorf einfährt, findet eine erfreulich gut gepflegte Siedlung. Zwischen den Häusern liegen Grasflächen, Gebüsch- und Baumgruppen. Mächtige Findlinge, beim Hausbau oder beim Ackern an die Oberfläche gekommen, schieben sich dazwischen. Sie machen augenscheinlich deutlich, daß das Eiszeitalter hier seine Spuren hinterlassen hat.

Nirgendwo trübt eine Schmuddelecke das Gesamtbild. Eine weite Teichfläche setzt zusätzlich Akzente. Dem Dorf fehlt zwar das historische Flair, weil die Wohnbauten vorwiegend aus den 60er und 70er Jahren stammen. Doch das muß kein Nachteil sein. Bis auf die fünf Einzelhäuser gehören die Mehrfamiliengebäude dem Piesteritzer Chemiebetrieb. Da sich die Mieter alle zur Genüge kennen, achten sie wie selbstverständlich das Gemeinwohl. So haben die 30 Familien ihren Nutzen davon und fühlen sich wohl.

Das alte Cunnersdorf wird schon Mitte des 14. Jh. als eine wüste Mark genannt. Es lag damals 1 km weiter westlich vom heutigen Ortskern. Zweihundert Jahre später begann

Frieder Glück in Cunnersdorf

ein Neuanfang. Der Brandiser Rittergutsherr ließ nach 1560 auf der heutigen Flur ein Vorwerk bauen. Vermutlich hatte er sich dabei finanziell übernommen, und das hoch verschuldete Gut verkaufte er an den Leipziger Rat. Die Ratsherren bestimmten fortan die Geschicke in Cunnersdorf. 1737 entstand das barocke Herrenhaus.

Und wiederum zweihundert Jahre später verpachten die Ratsherren das Rittergut an die Universität. Gleichzeitig wird der Ort 1921 nach Panitzsch eingemeindet. Nun beginnt ein völlig neuer Abschnitt in der Bewirtschaftung. Die Felder und die Tierhaltung dienten fortan einer praxisorientierten Lehre und Forschung. Das setzte sich auch nach dem II. Weltkrieg fort, und Cunnersdorf blieb Lehr- und Versuchsgut der Landwirtschaftlichen Fakultät an der Universität Leipzig.

1966 wird das Gut von der chemischen Industrie übernommen und als Zentralstelle für Agrochemie ausgebaut. Nach der politischen und wirtschaftlichen Wende von 1990 erfolgte eine Privatisierung. Es gehört jetzt zu den Stickstoffwerken Piesteritz. Die Aufgaben verringerten sich, und die Beschäftigtenzahl sank auf knapp zwei Dutzend Mitarbeiter.

Zu den Kolleginnen und Kollegen, die damals mit „abgewickelt“ wurden, gehörte der DIPL.-LANDWIRT FRIEDER GLÜCK, Jg. 35:

Da trafen sich zwei Pferdenarren . . .

Meine Heimat ist das Vogtland. Als ich nach dem Kriege als Sohn eines Lehrers und Kantors heranwuchs, wollte ich unbedingt etwas mit Pferden zu tun haben. Also widmete ich mich der landwirtschaftlichen Arbeit. Mir blieb der Schritt in die LPG nicht erspart, doch damit kam ich nicht zurecht. Um mich davon zu befreien, begann ich ein landwirtschaftliches Fernstudium an der Uni Leipzig. Nun suchte ich einen anderen Arbeitsplatz. Meine Bewerbung für die Tätigkeit in einem volkseigenen Gut verlief ziemlich spannend: Das Lehr- und Versuchsgut war mit seinen 185 ha völlig heruntergewirtschaftet. Ich wurde dort als Betriebsleiter eingesetzt mit der Maßgabe, binnen einem Jahr aus den roten Zahlen zu kommen. Und tatsächlich, mit Hilfe fleißiger Kolleginnen und Kollegen gelang das auch.

Nun konnte ich mich auch meiner Leidenschaft widmen und mich um Pferde kümmern. Da standen nämlich fünf gute Tiere im Stall, zwei schwere Kaltblüter, also richtige Ackergäule, und drei sächsische Warmblutpferde. Sie alle waren schon zum Verkauf angemeldet und wären wohl in der Schlachtbank gelandet. Das machte ich auf der Stelle rückgängig und führte die Stuten vielmehr in die Deckstation. Als die ersten Fohlen auf der Weide herumtollten, da hüpfte auch mein Herz vor lauter Freude. Die Tiere mehrten sich und schufen die Basis für einen aktiven Pferdesport.

Inzwischen hatte ich mit dem Wechsel der betrieblichen Aufgaben meinen Direktorposten an *Georg Hoh* abgegeben, der fortan als Fachmann die neuen Belange durchführte, nämlich eine intensive Praxis und Forschung der chemischen Erzeugnisse zur Bekämpfung von tierischen und pflanzlichen Schädlingen.

Für Cunnersdorf begann eine wirtschaftliche Hochkonjunktur. Es flossen Geld-mittel in hohen Summen. Damit ließ sich die Infrastruktur wesentlich verbessern. Versank man bisher im Schlamm auf den Wegen zum und im Dorf, glätteten fortan Asphaltstraßen die Gemüter. Wohnhäuser wuchsen empor. Das alte Rittergut erhielt eine totale Verjüngungskur mit Abriß und neuen Bauten.

In Georg Hoh fand ich einen echten Spannemann für den Pferdesport. Fortan engagierten wir uns beide mit vereinter Kraft für den Pferdesport und die Züchtung. Wir gründeten eine BSG, in der das Pferd im Mittelpunkt stand. Nun begannen die umfangreichen Arbeiten für ein Reitsportanlage. Mit dem Zimmermann *Bruno Paluscek* gewannen wir einen Fachmann, der alle die Einrichtungen und Anlagen für den Reitsport in bester Qualität zimmerte. Bis ins hohe Alter hinein hat der frühere Traktorist *Werner Lehmann* jedes Jahr das Holz gestrichen, immer und immer wieder, und es vor der Verwitterung geschützt. Die großen Reitturniere, DDR-weit anerkannt und besucht, sind in unsere Dorfgeschichte eingegangen. Ich freue mich, daß unsere Anlage nach dem Tode von *Georg Hoh* 2002 seinen Namen erhielt und so in der Erinnerung an den engagierten Menschen wach gehalten wird.

Es war 1992 für mich und viele andere regelrecht ein Schock, als wir „betriebsbedingt" die Kündigung erhielten. Ich war doch erst 57. Wir waren 430 Beschäftigte gewesen. Unser Betrieb war expandiert, mit sechs Außenstellen in Mecklenburg, in Brandenburg, im Erzgebirge und anderen Orten, wo wegen dem unterschiedlichen Klima und Boden geforscht werden konnte. Übrig blieb nach der Wende nur Cunnersdorf mit 21 Beschäftigten.

Doch ich hatte mich mit dem Vorruherentenstand abgefunden. Unsere BSG wurde aufgelöst, und die Pferde gingen in Privathand oder in Vereinseigentum. In Panitzsch gründete sich eine Reit- und Fahrsportgemeinschaft, die sich einem Reiterhof anschloß.

Dort und anderswo bin ich regelmäßig zu Gast, nämlich als Wertungsrichter bei Turnieren und Wettkämpfen. In diesem Jahr sind bereits 15 Termine in meinem Kalender notiert. Schwere Krankheiten hemmten oft wochenlang mein Rentnerdasein. Doch jetzt fühle ich mich mit meiner Frau wieder ganz wohl in unserem Mietshaus. Man kann schon eine ganze Menge selber tun. Probleme wird es geben, wenn wir nicht mehr das Auto lenken können. Das brauchen wir für den täglichen Bedarf. Aber irgendwie wird sich das auch lösen. Unsere kleine Dorfgemeinschaft ist noch ganz intakt. Lag doch heute morgen ein Zettel im Briefkasten. Ein junge Familie macht darauf aufmerksam, daß wie schon in den früheren Jahren das „Osterfeuer" in der Gartenanlage brennt. Ein Rosterstand wird angefeuert, und jeder kann dort seine Würstchen braten. Ein paar Flaschen Bier sollte er auch mitbringen. Und natürlich ein heiteres Gemüt. Und das finden wir nicht nur in der Osterzeit in unserem kleinen, aber feinen Dorf.

Das sanierte Herrenhaus in Cunnersdorf

Gerichshain, 1350 Gerungishain, 'Rodungssiedlung eines Gerung' (dt.), seit 1994 OT von Machern, 1590 Einw.

Nicht spektakuläre Ereignisse haben den Ort bekannt gemacht, aber man kennt ihn. Zumindest mit einem flüchtigen Blick von der Durchfahrt her auf der Autofahrt nach Leipzig. Es war die viel befahrene B 6, die sich bis vor wenigen Jahren durch den Ort schlängelte. Zählungen brachten es auf 20 000 Fahrzeuge am Tage. Schon in der fernsten Vergangenheit war sie als *via regia* ein bedeutender Handelsweg. Hier siedelten die Bauern beiderseits des Weges und bauten sich ihre fränkischen Drei- und Vierseithöfe. Einer davon, er mag vor 200 Jahren entstanden sein, hat sein Fachwerk erhalten, weil ihn die Familie *Bley* wirkungsvoll restaurierte.

Mit der Verlegung der B 6 im Jahre 2004 fiel der Ort etwas ins Abseits. Es hat eben alles seine zwei Seiten. *Zörners Gasthof* schloß die Pforten, die echte und preiswerte Dorfkneipe und Raststätte für unzählige Truckerfahrer. Die *Kastanie* hielt ihre Bewirtschaftung aufrecht und profitiert heute vor allem von den Firmen des benachbarten Gewerbegebietes. Beide Einkehrstätten gaben dem Ort eine gewisse Identität. Bestimmt gehört der Gesangverein dazu und nun seit einem Jahrzehnt das Gewerbegebiet am Rande des Dorfes in Richtung Borsdorf/Leipzig.

In Gerichshain fanden über tausend Leute einen Arbeitsplatz

Bis zur politischen Wende war das Dorf eher eine Wohnsiedlung für die Menschen, die nach Leipzig und Wurzen zur Arbeit auspendelten. Die Bauernhöfe lagen brach. Handel und Handwerk versorgten die Einwohner nach den Möglichkeiten der DDR-Wirtschaft.

Anfang der 90er Jahre setzte ein unvergleichlicher Ansiedlungsboom ein. Den Anfang machte *Farben-Schulze* mit einer Halle für den Großhandel von Farben. Die hellhörigen Gemeindeväter erkannten sehr schnell, daß sich damit für die Gemeindekasse ein lukratives Geschäft entwickeln könnte. Und so gaben sie ihren Segen zur Anlage eines Gewerbegebietes.

Das Vorhaben profitierte von der Goldgräberzeit Anfang der 90er Jahre und der nahen Messestadt mit der guten Verkehrsanbindung. Ausgereichte Fördermittel in schier unglaublichen Summen taten ihr Übriges. Und so wuchsen beiderseits der Straße vorm westlichen Ortseingang die weitläufigen Gebäude in die Höhe. Schließlich siedelten sich bis zu 40 Firmen an, die über tausend Leute beschäftigten. Was für ein Erfolg! Wenn man auch einschränken muß, daß es vorwiegend Handelsgeschäfte oder Dienstleistungen waren. Das produzierende Gewerbe blieb in der Minderheit. Ziemlich oft passierte es, daß das geschäftige Treiben in dieser und jener Halle von heute auf morgen zum Erliegen kam und der Betrieb in den Konkurs ging. Doch es fand sich wieder ein neuer Unternehmer, der mit Risiko (und Kapitalmangel!) einen Neuanfang wagte. Einheimische verloren den Überblick, wer was herstellte, verteilte und verkaufte. Einige Betriebe haben sich doch fest etabliert und verschaffen inzwischen schon jahrelang der gebeutelten Wirtschaft im Muldentalkreis einen hoffnungsvollen Lichtblick.

Das bewog natürlich die Beschäftigten, hier zu wohnen. Am Ostrand des Dorfes wuchs eine ganze Siedlung in die Höhe, und zahlreiche Baulücken füllten sich im Ort mit Eigenheimen. Gewiß, ein Gewerbegebiet und neue Wohngebiete – in wenigen Jahren auf ehemaligen Feldflächen aus dem Boden gestampft – neben einem alten historisch gewachsenen Dorf mit seinen Gehöften und Gäßchen, das ist wenig romantisch, ist ein störender Einbruch in gewachsene Strukturen. Doch war die menschliche Entwicklung nicht immer schon mit solchen schmerzlichen Veränderungen verbunden? Beweise gibt es dafür genug: Als die ersten deutschen Siedler einst den Wald für ihre Felder rodeten, als die ersten Eisenbahnzüge durch die Fluren rollten, als alte Bauerngüter abgerissen wurden, um neuen Platz zu machen.

Hier in Gerichshain mag die Symbiose zwischen Industrie- und Wohngebiet gelungen sein, und vielleicht wächst der Ort weiter mit Borsdorf zusammen, um im Leipziger Speckgürtel eine Einheit zu bilden? Anderenorts gibt es da viel mehr ungute Beispiele, brachten die neugeschaffenen Gewerbegebiete lediglich schmerzliche Fehlinvestitionen. Liegt Gerichshain auf der Sonnenseite? Einzelschicksale geben Auskunft. Wir fragten den Sattlermeister i. R. Joachim Goldbach, Jg. 31:

Mit Stolz brachte ich Mutter meinen Meisterbrief

Ich hatte Tränen in den Augen, damals an einem Wochentag des Jahres 1993, als ich auf dem nüchtern-grauen Flur der Kreisverwaltung in Wurzen stand. Eben hatte ich mein Gewerbe abgemeldet. Mein handwerkliches Können brauchte niemand mehr. Ich gehörte nun zum alten Eisen, das man einfach auf den Schrotthaufen wirft. Ich war aber doch erst 62 Jahre alt.

Besorgt fragten mich meine Freunde, was ich denn nun machen werde. Sie wußten, daß ich mich nicht einfach so aufs Sofa setzen und in die Glotze starren könnte. Nach einem Familienrat beschlossen meine Frau und ich, einen Getränkehandel einzurichten. Ein Sattlermeister als Bierverkäufer. Aber was soll's, ich hatte zu tun und was scherte mich da die Meinung der Leute. Die durstigen Brigaden auf den Großbaustellen des nahen Gewerbegebietes waren unsere besten Kunden.

Nach zehn Jahren beendeten wir dieses Kapitel Lebens- und Arbeitsgeschichte. Jetzt habe ich noch mein „Viehzeug“, ein paar Kaninchen, eine Voliere mit Wellensittichen und einem Papageienpaar. Ihre Pflege und Fütterung halten mich auf leichtem Trab. Und unser Terrier Charlie fordert ebenfalls nachhaltig seine Ausgänge.

Luftbild von Gerichshain

Die Arbeit in der Sattlerwerkstatt lebt jetzt eigentlich nur noch in der Erinnerung, und das muß ich nachhaltig betonen, im angenehmen Rückblick. Ich hatte den Betrieb in der 3. Generation übernommen, nachdem Großvater hier im Ort 1884 seßhaft geworden war. Als mein Vater im jungen Alter von 44 Jahren starb, war ich gerade13 Jahre. Die Mutter konnte die Werkstatt als Witwenbetrieb einige Jahre weiterführen. Da war klar, daß ich in die Fußstapfen meiner Vorfahren trete. Nach den Borsdorfer Lehrjahren und der kurzbemessenen Gesellenzeit legte ich 1956 die Meisterprüfung ab. Ich mußte ein Pferdekumt herstellen. Das war mir als Dorfjunge schon bekannt, aber wie es gemacht wird, das wußte ich nicht. Also holte ich mir Rat bei einem Fachkollegen und übte acht Tage lang das Stroheinfädeln in den Kumtleib, bis er knochenhart gestopft war. Warum dafür gerade langstieliges Stroh genommen wurde, konnte mir niemand erklären. Das wird schon immer so gemacht! Eine schweißtreibende Arbeit. Dann folgte noch der Besatz mit Pferde- oder Rehhaaren und Leder. Das Werk gelang! Mit Stolz brachte ich der Mutter den Meisterbrief, die Werkstatt war gerettet. Ich merkte, daß ein hoher Bedarf an diesem Zuggeschirr bestand. Nach einer Anzeige in einem Fachblatt flatterten mir die Bestellungen dutzendfach auf den Tisch. Sie kamen von überall her. Ich hatte fleißig zu tun, in der Werkstatt sah es zeitweise wie in einem Strohlager aus. In einem Papiersack gingen die Kumte dann bis nach Mecklenburg oder ins Erzgebirge auf die Postreise. Jede Sendung wurde sofort bezahlt, ich mußte keine Mahnungen verschicken.

In den 60er Jahren gingen die Aufträge zurück. Die Bauern wirtschafteten mehr und mehr in den LPG, der Pferdebestand war rückläufig. Ich weiß nicht, wohin die Rösser verschwanden. Sie konnten doch nicht alle beim Roßschlächter enden? Also mußte ich mir ein neues Produkt suchen. Ich sattelte um – als Sattler muß man das ja können – und lieferte für einige Jahre Sofaliegen an die Möbelindustrie. Wie aus heiterem Himmel nahm dann die Genossenschaft meine Produkte nicht mehr ab. Was nun? Die Entscheidung kam mit einem kaputten Auto ins Haus: Für die Innenausstattung werden doch Polsterhände gebraucht. Ich schaute mir das bei Kollegen an und machte mich ans Werk. Die Kooperation mit einer Auto-PGH klappte vorzüglich. Bezugsstoffe und Kunstleder

Veteranenbild mit Joachim Goldbach (l.) und Klaus Eilenberg

holte ich preiswert als Kiloware einige hundert Meter nach Borsdorf zu aus der „Wichse“. Ich war umgesattelt von einem PS auf fünfundzwanzig und hatte die Zügel wieder fest in der Hand.

Das ging bis zu dem Zeitpunkt, als die freie Marktwirtschaft mit völlig neuen Problemen (Kapital! Neuer Bedarf! Neue Strukturen!) das Handwerkerleben erschwerte. Ich sah für meine handwerkliche Tätigkeit keine Zukunft! Also blieb nur das Aufhören! Den gleichen Schritt gingen zahlreiche andere Handwerkskollegen. Unser Handwerk stirbt aus. Die heutigen Pferdebesitzer und Reiterhöfe verwenden billiges industriemäßig gefertigtes Geschirr. Da lohnt sich keine Reparatur. Was kaputt ist, das fliegt in die Ecke. Der Geschirrsattler hat seine Schuldigkeit getan, er kann gehen.

Ich ging aber noch andere Wege. Sie bereicherten meinen Lebenslauf auf andere Weise. Dazu gehörte der Sport. Beim Fußball, Tischtennis, Kegeln und Geräteturnen sammelte ich die nötigen Kräfte für meine körperliche Tätigkeit. Dann war in jeder Woche die Singestunde unseres Gesangvereins. Diesen Weg, hinzu in gespannter Erwartung auf zwei frohe Stunden unter Gleichgesinnten, rückzu im freudigen Gefühl, für Herz und Gemüt etwas Gutes getan zu haben, gehe ich nun schon über 50 Jahre lang. Es belastet mich nicht, wenn wir jedes Jahr viele Male unterwegs sind in Altersheimen, Krankenhäusern, auf Dorf- und Vereinsfesten. Wenn wir am Nachmittag vom Heiligabend im Krankenhauskorridor singen, die Türen geöffnet sind und vor uns die Kranken sitzen oder liegen, und wenn dann ihre Augen leuchten und träumen und hoffen, dann spüre ich eine echte innere Zufriedenheit, etwas Gutes getan zu haben.

Das neue Gerichshain hinter den Schallschutzdämmen

WEITERE NOTIZEN aus Gerichshain

Die erste deutsche **Ferneisenbahn** führte unmittelbar am Ort vorbei. Die Errichtung eines Haltepunktes erfolgte erst 1890, Posthausen erhielt den Güterbahnhof und das Stellwerk. Die Straße nach Brandis wurde mit Schranken gesichert, die allerdings in letzter Zeit mehr geschlossen als geöffnet waren. 1996 Ausbau der Bahnstrecke, Beseitigung der Schranken und der Straßenführung, dafür Bau einer Unterführung für Fußgänger.

Pfarre und Kirche Gerichshain

Die **Kirche** von 1785 ist ohne charakteristische Architekturformen, innen schlicht gehalten, inzwischen im sanierungsbedürftigen Zustand. Turm und Spitze wurden 1997 rekonstruiert. Die Kirchgemeinde wird vom Püchauer Pfarrer betreut.

Die **Schule** bestand bis 1979, Gebäude von 1879, jetzt Kindergarten, Zahnarztstation und Bibliothek. An der Außenwand seit 1993 ein Wandbild mit Märchenmotiven von *Volker Pohlenz*.

Der **Tresenwald,** kurz die Trese genannt, ist heute in Privatbesitz. In dem Waldgebiet finden Reiter und Radfahrer gut gepflegte Waldwege. Ein Graben markierte früher die Grenze zwischen Preußen und Sachsen, jedes Land hatte dort entlang seinen Weg (Grenzweg).

Die **Wüste Mark Oelzschau** an der nördlichen Flur zum Tresenwald hin wurde 1349 erstmals genannt, 1495 als „wuste dorff“. Ursache des Wüstwerdens nicht bekannt, die Einwohner wurden in Gerichshain aufgenommen. Eine Neubesiedlung erfolgte 1933/34 mit neun Doppelsiedlungshäusern, im Volksmund „Oelsche“ genannt. Seit 2003 mit dem Neubau der B 6 durch eine Brücke mit dem Dorf verbunden. Steingassenteich im Siedlungsbild.

Vereine und Einrichtungen: Gesangverein *Germania 1874*, damals als Männerchor gegründet. Mitglieder kommen aus 12 Orten, Chorleiterin *Hiltrud Engelmann*. Reichhaltige Aktivitäten mit öffentlichen Auftritten. Vorstand und Organisator seit 1969 *Klaus Eilenberg,* Jg. 28, Altbauer, zugleich Chronist für Chor und Dorf mit umfangreicher Sammlung von Bildern und Texten. - Sportverein Eintracht 07, jetzt aufgegangen im Sportverein Tresenwald Machern. Sportplatz seit 1925. - Freiwillige Feuerwehr: gegr. 1895, neues Gerätehaus 1994 aus ehemaliger Konsum-Kaufhalle, Wehrleiter Hartmut Freitag. - Kindergarten, Leitung Ursula Schwarz. - Zahnärztin Ute Barke.

Landwirtschaft: 1945 gab es 24 Altbauern, wovon einige die LPG *Roter Oktober* bildeten. Gerichshain war 1959 das erste vollgenossenschaftliche Dorf im Kreis Wurzen. Die 1958 gebaute Milchviehanlage, aus der später drei große Rinderställe hervorgingen, wurde nach 1990 abgerissen. Danach ist die Landwirtschaft erloschen.

Handel & Gewerbe: Fleischerei Däberitz, jetzt in Pacht von Fam. Reißaus. - 2 Gärtnereien: Ronald Thielemann in 4. Generation, Familie Güther in 3. - Blumenladen von Petra Freitag. - Friseurgeschäft Chic. - Physiotherapie von Iris Noack. - Im Gewerbegebiet knapp 40 Firmen, vorwiegend Handelseinrichtungen und Dienstleistungen. Produkte: Druckerzeugnisse, Isolierglas, Steinmetzerzeugnisse.

GASTRONOMIE: Der alte Gasthof *Zur Kastanie* war die Ausspanne der einstigen Fuhrwerke. Seit 1945 hat er ein bewegtes Schicksal hinter sich mit mehrmaligem Besitzerwechsel, Landfilm, Umbau zum Kulturhaus, Klub zu zweit. Nach1990 Ausbau mit modischem Fachwerk, jetzt bewirtschaftet von Familie Kuhlen. Sportlergaststätte, bewirtschaftet von Sportfreund Pfennig.

Bauernhof in Gerichshain

Posthausen, 1378 Basthus(en), 'Häuser am Bastwald' (dt.), seit 1924 OT von Gerichshain, seit 1994 von Machern, 96 Einw.

Mit der Post hat der Ortsname nichts gemein. Den Namen „*Bast*" verwandelte irgendein Advokat erst um 1700 in „*Post*". Vielleicht wollte er damit die Postkutschen von der nahen Poststraße hierher locken? Der Bast ist die Rinde von Weiden, Ulmen und Linden. Die ließ sich gut abschälen und eignete sich vorzüglich als Flechtmaterial für Körbe und sonstige Behältnisse. Noch heute wächst im Ortsbereich eine stattliche Lindenallee.

In Posthausen hielten die Züge auf einem Nebengleis

Die winzige Siedlung liegt seitab der Verkehrswege, wenn auch die Züge mit mehr als 100 km/h unmittelbar am Ort vorbeidonnern. Seit dem Ausbau der Leipzig-Dresdener Eisenbahnstrecke noch viel mehr, denn gleichhohe Übergänge werden bei der Geschwindigkeit nicht mehr geduldet. Der Überweg am Stellwerk wurde geschlossen, und eine neue Straße zwischen Gerichshain und Brandis mit einem beachtlichen Brückenbauwerk versehen.

Inzwischen steht auch das Stellwerk leer und ist mit Brettern vernagelt. Bis 1852 hielten hier die Güterzüge und dann später in der DDR-Zeit noch mal für einige Jahrzehnte. Das eine Gleis war 1946 als Reparationsleistung abgebaut und in den Weiten Rußlands verschwunden. Das behinderte den flüssigen Bahnverkehr. Oftmals mußte erst der Gegenzug vorbeigelassen werden, sehr zum Ärger der Bahnreisenden. In den letzten Jahren erfolgte der Ausbau zu einer ICE-Strecke. Eine Schallwand soll die Geräuschbelästigung auf ein erträgliches Maß senken, einigermaßen jedenfalls. Sie behindert allerdings beträchtlich den Gesichtskreis.

Das verwaiste Stellwerk in Posthausen

Wer in den Ort hineinfährt, kommt nur auf dem gleichen Wege wieder heraus. Der Radfahrer könnte den alten Rittergutsweg hinüber nach Brandis benutzten wie bis 1945 der Brandiser Gutsherr mit seinem Einspänner, wenn er die Arbeit in seinem Vorwerk in Posthausen inspizierte.

Posthausen entstand frühzeitig als deutsche Siedlung, wurde aber schon wenige Jahrzehnte später in den Akten als eine „wüste Mark" genannt. Die Häuser zerfielen, und auf deren Trümmern ließ der Brandiser Rittergutsherr um 1700 eine Schäferei erbauen, die er hundert Jahre später zu einem Vorwerk erweiterte. Nach und nach siedelten sich Gutsarbeiter an, und das Dorf entstand neu mit dem alten Namen.

Mit der Bodenreform 1945 veränderte sich das Dorfbild drastisch. 22 Neubauern teilten sich in die Ländereien und in den Besitz. Einige bauten ihre genormten Neubauernhäuser. Die Gebäude des Vorwerks wurden nicht genutzt und zerfielen allmählich. Dafür entstand am Dorfrand eine 6000er Schweinemastanlage mit beachtlicher Duftnote. Schweine und Geruch sind seit 1991 verschwunden. In einer Halle lagert ein Zweenfurther Bauunternehmer Material.

Die Landwirtschaft ist gestorben. Nur ein bißchen Kleinvieh verirrt sich auf den Höfen. Auf einer Koppel weiden ein Dutzend Pferde, das Hobby eines Einheimischen. Die maroden Vorwerksgebäude hat ein Investor aus einem westlichen Bundesland übernommen und ein Gebäude für Wohnzwecke ausgebaut und vermietet. Einige der jetzigen Besitzer der Neubauernhäuser haben es ihm vorgemacht. Dazu gehört in der Nr. 12 der sechsundzwanzig Wohnhäuser die Gastwirtin Christine Herold, Jg. 48:

Als junge Frau schoß ich Tore bei Chemie Leipzig

Na ja, Gastwirtin ist wohl etwas arg übertrieben, denn mein kleiner Getränkestützpunkt mit dem holzgetäfelten Gastraum hat jetzt nur noch mittwochabends geöffnet. Da treffen sich hier die Rommé-Spieler zu ihrer wöchentlichen Spielrunde. Hinter dem Tresen zu stehen war eigentlich schon immer mein Traumberuf.

Christine Herold vor ihrer kleinen Gaststätte

Damals, kurz nach der Wende, als die Bauarbeiter das Land überfluteten, da fanden einige auch hier im Ort eine Unterkunft. Eine Pension gibt es sogar heute noch, doch der Besuch hält sich in Grenzen. Wen zieht es schon hierher? Jedenfalls brauchten die Leute was zum Essen und Trinken, und da stellte ich mich darauf ein. Zwar konnte ich keine Riesengewinne einfahren, aber zum Leben reichte es. Ich bin überhaupt genügsam, habe wenig Ansprüche. Ich schaue immer optimistisch in die Zukunft. Warum jammern? Was man nicht ändern kann, das muß man eben hinnehmen und das Beste draus machen.

Als die Leute dann ausblieben, mußte ich mir eine Nebenbeschäftigung suchen und fand sie in einem Gepäckdienst. Sicher, als Subunternehmer kann ich da meine Zeit gut einteilen, aber sputen muß ich mich allemal. Und wenn ich in Leipzigs mehrstöckigen Häusern zigmal auf und ab gestiegen bin, merke ich abends schon meine Knochen. Doch dann bleibt mir mein Garten hinterm Haus eingequetscht zwischen der Schallwand und dem Giebel.

Ich will hier bleiben, denn Posthausen ist schon vor über 30 Jahren meine Heimat geworden. Ich bin ein Naunhofer Kind, dort geboren und aufgewachsen. Doch eine Bindung dorthin habe ich längst nicht mehr. Damals, ich war gerade so an die zwanzig Jahre alt und erpicht auf Abenteuer und Selbständigkeit, da fand ich hier eine leere Wohnung. Wohl deshalb, weil sie keiner haben wollte in dem verkommenen Neubauernhaus: kein Trinkwasser im Haus, dafür im Keller einen halben Meter Brühe, das Trockenklo auf der Stange neben dem Misthaufen, die Abwasser auf der Straße.

Ich packte an, und Vater half kräftig mit. Baustoffe lieferte uns die Gemeinde. Nach und nach verwandelten wir die „Höhle“ in eine annehmbare Wohnung. Im Laufe der Jahre kam so immer was Neues dazu. Ich habe sie mit meiner Freundin gemütlich eingerichtet, und wir beide fühlen uns da richtig wohl. Zu zweit geht alles besser. An solch' einer Wohnung hängt man natürlich mit ganzem Herzen, und warum sollte ich sie dann verlassen? Und außerdem: Ich bin jetzt viel unterwegs und war es früher auch schon. Da spielte ich nämlich als junge Frau zehn Jahre bei Chemie Leipzig in der Frauenfußballmannschaft. Das war eine tolle Sache.

Ich habe eigentlich immer nur das getan, was mir auch Spaß machte. Der Umgang mit Menschen bei der Arbeit, im Sport und in der Öffentlichkeit, das brauche ich einfach. Den ganzen Tag vor einem Computer zu hocken, das wäre ein Grauen für mich. So freue ich mich, wenn meine Mittwochsgäste auftauchen. Andere finden kaum noch den Weg hierher. Die vom Unterdorf noch weniger. So komisch das auch klingen mag: Einheimische trennen die winzige Siedlung in Ober- und Unterdorf, obwohl an der lindengesäumten Straße lediglich zwei Dutzend Häuser stehen. Voriges Jahr, 2003, feierten wir die 625. Wiederkehr der Ersterwähnung. Da kamen alle, und da war was los. Früher machten wir alle zwei Jahre unser Sommerfest. Hoffentlich wiederholt es sich auch künftig. Und trotzdem: Irgendwie gehen die Leute untereinander auf Distanz, und das seit eh und je. Die Gründe kenne ich nicht. Vielleicht gibt es auch gar keine?

Machern hat schon immer irgendwie für Furore gesorgt, Aufsehen erregt und begeisterten Beifall geerntet. Ein Dorf der Superlative? Da steht seit reichlich zwei Jahrhunderten das prächtige Barockschloß mit dem angrenzenden Landschaftsgarten. Der Durchstich durch die Macherner Höhen beim Bau der ersten deutschen Ferneisenbahn zwischen Leipzig und Dresden war mit den damaligen Mitteln eine technische Meisterleistung. Ein hiesiger Gärtner züchtete die immertragende Erdbeere „Machern", die jahrzehntelang die Körbe füllte.
Nach der Wende geriet der berüchtigte „Stasibunker" ins Blickfeld der Öffentlichkeit. Jetzt vermittelt die museale Einrichtung ein Stück DDR-Geschichte. Noch mehr füllte Anfang des 21. Jh. der Macherner Finanzwirbel die Seiten der Boulevardpresse. Das Leben ist eben nicht ohne Widersprüche.

Reiches und/oder armes Machern?

Von den bemerkenswerten Wahrzeichen der Vergangenheit sind Schloß und Park geblieben. In den letzten Jahren, besonders nach der Wende, sind neue dazugekommen, regelrecht aus dem Boden geschossen wie Phönix aus der Asche. In trauter Verwaltungsgemeinschaft mit Gerichshain entstand ein riesiges und florierendes Gewerbegebiet. Das spülte jede Menge Geld in die Gemeindekasse. Eine überdimensionierte Sporthalle, die zwar beim Bau erst mal in sich zusammenbrach, schuf ideale Bedingungen für Sportler und Großveranstaltungen. Schloß und Park wurden sauber saniert. Im Zentrum des Dorfes wuchsen Geschäftsbauten, ein Rathaus mit einem Marktbrunnen, ein neues Feuerwehrgerätehaus und andere Zweck- und Wohnbauten empor.

Die Einwohner registrierten dieses fast städtisch anmutende Wachstum mit anerkennender Begeisterung. Sie hatten alles, was sie brauchten. Doch dann, Anfang 2000, kam die große Ernüchterung: In der Gemeindekasse zeigte sich eine beängstigende Leere. Die Betriebskosten für die Sport- und Kultureinrichtungen konnten nicht mehr in der benötigten Menge beglichen werden. Jetzt wurden die vorgesetzten Dienststellen hellhörig. Nach Tiefenprüfungen erfolgten radikale Maßnahmen: Bürgermeister in den vorläufigen Ruhestand, Aufnahme von Ermittlungen der Staatsanwaltschaft, Einsetzen eines Amtsverwesers mit der höchst undankbaren Aufgabe, rigorose Sparmaßnahmen der Gemeindevertretung vorzulegen. Es hatten sich über 40 Millionen Euro Schulden angehäuft. Wieder mal bestätigte sich die bittere Erkenntnis: Man sollte eben nur das verbrauchen, was man hat. Bis mindestens 2008 lassen sich keine großen Sprünge machen. Schon das zu erhalten, was da ist, bereitet enorme Probleme. Gewohnheiten mausern sich schnell zu Selbstverständlichkeiten. Sie zu ändern braucht viel Überzeugung.

Reiches, armes Machern. Zu den Reichtümern des Dorfes gehören ganz eindeutig die Menschen. Viele bemühen sich, gaben und geben ihr Bestes, engagieren sich für ihr Heimatdorf. Vier Beispiele können das belegen.

*

In Machern muß man weite Wege gehen. Im Autozeitalter ist das kein Hindernis. Es gibt zum Glück noch solche, die mit dem Fahrrad unterwegs sind. So kann man jeden Tag eine ältere Dame beobachten, die eilends durch die Straßen radelt. Meist pendelt sie zwischen ihrem Wohnhaus am Ende der Püchauer Straße und dem Veteranenklub in Schloßnähe hin und her, die Thea Reichel, Jg. 33:

Es dauerte fünf Jahre, mich an die neue Zeit zu gewöhnen

Der Umzug von Leipzig nach Machern im Jahre 1966 in das Holzhaus hatte mich zunächst gar nicht so sehr begeistert. Aber wir brauchten dringend Platz für die große Familie. Und einen großen Tisch, an dem wir alle acht einigermaßen Platz hatten. Wir fanden noch mehr in der Waldidylle an der Püchauer Straße, nämlich die herrliche Freiheit der Kinder in der Natur. In Leipzig mußten sie auf der Straße spielen, weil der Hauswirt sie aus dem Hof verjagte.

Sechs Kinder wollten essen, schlafen, spielen. Immer war was zu waschen, zu flicken, zu besorgen, zu regeln. Ich hatte voll mit der Hausarbeit zu tun. Das war mein Beruf, abwechslungsreich, voller Überraschungen, im hohen Maße ausgefüllt – aber mit wenig Geld. Und ohne das rumpelt es im Getriebe einer 8köpfigen Familie.

Die Macherner wollten uns zunächst gar nicht haben. Sie hatten wohl Angst, später noch mehr Wohnraum bereitstellen zu müssen. Bald fühlte ich mich hier trotzdem sehr wohl. Ich sang, wenn ich ins Dorf ging. Neben mir trällerte die üppige Kinderschar. Die Leute guckten sich um. Was für ein eigenartiger Haufen! Der kommt so lustig und unbekümmert daher. Diese Leute muß man doch einfach gern haben.

Eine Kindermeute wirkt wie ein Magnet. Also bevölkerten bald neue Spielkameraden Haus und Garten. Darunter auch solche aus desolaten Elternhäusern. Ach was, wenn du sechs ernähren kannst, dann reicht es auch noch für den einen oder anderen. Ich setzte sie mit an den Mittagstisch, gewährte ihnen Nachtruhe.

Dann traf mich ein hartes Schicksal. Mein Mann zog davon, ließ die Familie im Stich. Der Alltag wurde nun noch härter. Ich tröstete mich damit, daß es viel Schlimmeres auf der Welt gibt. Außerdem: die Kinder wachsen heran, und eines Tages werden sie selbständig. Und ich muß gestehen: Einen Mann zu finden, der mein soziales Engagement verstand und mittrug, war wohl nicht ganz einfach. Also ließ ich es sein. Ich kam auch allein zurecht.

Thea Reichel

Hermann Christian Polster

Inzwischen hatte ich mich als Helferin in der Volkssolidarität eingebunden. Es war mir einfach eine innere Pflicht. Wie dankbar sind die alten Menschen, wenn man mit ihnen spricht, wenn sie in der Gemeinschaft weilen, wenn sie bei Kaffee und Kuchen aus dem Gleichlauf des Alltages herausgerissen werden.

Dann brach die DDR zusammen. Ich konnte das nicht verstehen und nicht überwinden. Ein gutes soziales Gefüge ging den Bach runter. Fünf Jahre brauchte ich, um mich an die neue Zeit zu gewöhnen. Die Zahl der sozial Schwachen vergrößerte sich in diesen Jahren. Die brauchen doch deine Hilfe! Also betreute ich wieder die Senioren, so wie ich es schon früher gemacht hatte. Ich bin beim Montags- und Dienstagsklub dabei und alle 14 Tage beim Mittwochsklub.

Ich bin nun ein bißchen älter geworden. Doch immer noch habe ich genügend Kraft, unsere Klubs zu organisieren, Kuchen zu backen, regelmäßig diese und jene Veteranen zu besuchen, die nicht mehr den Weg in die Gemeinschaft finden wollen oder können. Da ist eine 90jährige Dame dabei, die auf mein Kommen wartet und der ich einen wilden Blumenstrauß aus dem Garten mitbringe. Sie kann es nicht begreifen, warum ich komme. Sie, die überzeugte Christin, und ich, die glaubenslose Atheistin. Wir unterhalten uns über alles, wir respektieren uns. Wir sind glücklich, wenn wir beieinander sitzen.

*

Die Bühne seines Lebens waren die großen Konzertsäle in der ganzen Welt, aber auch die Räume der Leipziger Musikhochschule – die Heimat ist Machern geblieben für Prof. Hermann Christian Polster, Jg. 37:

In Dresden vermißte ich die Macherner Freiheit

In Machern ging ich zur Schule, hier baute ich mein Haus, hier saß ich mal im Gemeinderat, und hier werde ich meinen Lebensabend verbringen. Die Eltern hatten 1935 von Rittergutsbesitzer *Schnetger* ein Stück Feld gekauft, auf dem Vater ein Wochenendgrundstück baute. Nach den Bombenangriffen auf Leipzig bot es uns eine hilfreiche Zuflucht.

Ich erlebte in der Dorfschule und auf den Straßen, in den Gassen und im Wald eine glückliche Kindheit. Doch Mutter hatte ehrgeizige Pläne und wollte aus mir einen Musterschüler machen, der später in der Musik erfolgreich sein sollte. Also schickte sie mich mit zehn Jahren auf die Kreuzschule nach Dresden. Mit Widerwillen überlebte ich im strengen Internat, in der anstrengenden Schule und nicht enden wollenden Übungsstunden die ersten Monate. Allmählich fand ich mich damit ab und fügte mich der Notwendigkeit. Die Macherner Freiheit habe ich immer vermißt. Nachträglich bin ich meiner Mutter dankbar. Ihre Härte zahlte sich mehrfach aus. Ohne ihren Ehrgeiz und meinen festen Willen wäre ich sicher niemals ein anerkannter Sänger geworden.

Nach der guten Ausbildung kehrte ich nach Leipzig zurück. Ich sang in der Thomaskirche, dem Gewandhaus und in der Oper, im Funk und Fernsehen. Konzertreisen führten mich in viele europäische Städte und darüber hinaus, auch viele Male nach Japan. Dort sitzt ein wunderbares Publikum! Erst viel später erfuhr ich, daß der Staat mit mir ein einträgliches Geschäft gemacht hatte. Von der Gage, die die staatliche Agentur ausgehandelt hatte, bekam ich nur einen Bruchteil. Ich trauere dem heute nicht nach, ich genoß das Erlebnis fremder Städte und Menschen.

1975 brannte unser Wochenendhäuschen während der Renovierung ab. Wir bauten auf den Ruinen jetzt ein richtiges Haus. Das dauerte drei Jahre. Problem Nummer 1: Die Baustoffbeschaffung. Ich war zwar als Künstler bekannt, aber Privilegien hatte ich deswegen nicht. Wollte sie auch nicht, denn wir schafften es auch so. Später haben wir das Haus vergrößert, und jetzt ist es unser Alterssitz.

Mit dem Gesang habe ich aufgehört. Als junger Mensch sagte ich, wenn sich ein betagter Herr alle Mühe auf der Bühne gab: Der Alte könnte nun eigentlich aufhören! Diese kluge Erkenntnis habe ich bei mir angewandt. Ich unterrichte jetzt noch einige Studenten, bis auch das in einigen Jahren beendet sein wird.

Ich mag Machern, und ich verfolge mit Freude, wie erfrischend sich das Dorfbild verändert hat. Das gesamte Ensemble um den Markt hat sich beeindruckend entwickelt. Machern ist meine Heimat, hier bin ich aufgewachsen. Aber ich sehe das nicht so einseitig. Leipzig hat für mich auch etwas an Heimat. Die Stadt war mein Arbeitsort. Beide Orte halten sich eigentlich die Waage, doch das Zuhause, das ist hier.

*

Wer in Nachbarschaft eines Parks wohnt, der wird sich hingezogen fühlen. Das äußert sich in einer losen Bindung bei einem Sonntagsspaziergang oder in einer festen Beziehung, vielleicht gar in aktiver Mitwirkung. So wie bei Roland Dix. Dafür wurde er auch 1994 mit dem Heimatpreis für Natur ausgezeichnet. 30 Jahre lang war er unumstritten der gute Parkgeist von Machern, der Maschinenbau-Ing. i. R. ROLAND DIX, Jg. 30:

Wer nicht zuhörte, der beleidigte mich

Der Arbeitstag im Leipziger Werk für Bodenbearbeitungsgeräte war lang. Ich brauchte dazu einen Ausgleich und fand ihn im nahen Park. Anfangs war der für mich eine Sammlung von einigen Figuren und ein paar Ruinen, die die Phantasie von uns Kindern anregte. Zu Beginn der 80er Jahre kümmerte sich ein Parkaktiv unter meiner Leitung um das allmählich verwildernde Gelände. *Jochen Bergmann* und *Günther Rehnert* hatten sich schon früher als rührige Parkleute um die Anlage bemüht. Sie hatten auch mich begeistert. Fortan widmete ich mich vorrangig der Kulturgeschichte des Parkes, versuchte zu ergründen, warum gerade diese und jene Bauwerke und Ruinen gebaut wurden, welche Rolle die Freimaurer und die Rosenkreuzer spielten.

Ab 1986 entspann sich eine rege Zusammenarbeit mit der gegründeten Parkdirektion unter *Dr. Bormann* und *Kathrin Franz*. Inzwischen hatte man nämlich auch an „höherer Stelle" eingesehen, daß der Macherner Park eine weitaus größere Bedeutung hat als manches Parkgewächs der Umgebung. Man stellte ihn sogar mit dem Wörlitzer Park auf eine Stufe.

Schließlich hatte ich mir so viel Wissen angeeignet, daß ich Besucher über die Parkwege führen durfte. Dafür erntete ich manchen Dank und gute Aufmerksamkeit. Wer nicht zuhörte, der beleidigte mich. Man kann doch nicht interessenlos durch die Gegend latschen! Natur und Kultur bereichern das Leben! Das verdeutlichte ich nachhaltig.

Dann brachte die Wende eine Zäsur in meinem Leben. Ich wurde in die Vorruhe abgewickelt. Jetzt hatte ich mehr Zeit für „meinen" Park. Mit der neuen Parkchefin *Petra Puttkammer* erweiterte sich meine Tätigkeit im Landschaftsgarten. In mancher Woche nahm ich die Parkgäste mehrmals unter meine Fittiche. Auch sonst ging es im Gelände sichtbar aufwärts.

Doch allmählich verlangte das Alter seinen Tribut, das Gehen fiel mir schwerer, und anderes mehr belastete meinen Körper. Trotzdem bleibe ich ein unverbesserlicher Optimist. Ohne diese Eigenschaft würde ich vielleicht schon gar nicht mehr leben. Vor einem Jahr mußte ich das beliebte Fahrradfahren einstellen. Ein Auto konnte und wollte ich nie fahren. Anfangs reichte das Geld nicht, später hatte ich kein Interesse mehr. Ferne Ziele waren mir sowieso suspekt. Ich blieb lieber zu Hause und stöberte durch jede Ecke im Park. Das vermisse ich jetzt am meisten. Da ich den Kopf noch hoch genug halten kann, wird der Tagesablauf trotzdem nicht langweilig. Ein bißchen was passiert immer, und mit Lesen und Schreiben verschönere ich meine allmählich zur Neige gehenden Lebenstage.

*

Wie man eine „Schloßherrin“ wird? In den seltensten Fällen als Erbin, Gewinnerin im Lotto oder mit dem Kuß eines Prinzen. Und hier in unseren Landen schon gar nicht. Trotzdem verschaffte sich diesen Titel Dr. Eveline Heigel, Jg. 51:

Meine erste Handlung: Saal ausfegen!

Die Eltern hatten in Machern Anfang der 70er Jahre ein Wochenendgrundstück gefunden. Die Besuche im Ort begeisterten mich und meinen Mann. Hier könnten wir leben, in Leipzig arbeiten. Mit der S-Bahn sind das kurze Wege. Nach Studium und Promotion an der Karl-Marx-Universität Leipzig lehrte ich dort und an der DHfK. Die Gedanken mündeten Mitte der 80er Jahre in einem Entschluß: Wir bauen in Machern. Und es klappte. Bald zogen wir ein. Ich erkundete mehr und mehr das Umfeld im Dorf. Besonders das Schloßgebäude übte eine magische Kraft aus. Dort schaute ich Restauratoren nachdrücklich auf die Finger.

Mit der Wende vollzog sich auch bei mir ein persönlicher Neubeginn. Ich wollte weg von der Theorie, wollte hin in die Praxis. Und die bot sich hier im Macherner Schloß. Die Betreibung der Einrichtung erhielt mit einer GmbH eine neue gesellschaftsrechtliche Basis, und dort fand ich als Geschäftsführerin ab dem 1. Januar 1990 eine neue Tätigkeit. Meine erste Handlung vollzog sich allerdings ziemlich nüchtern: Weihnachtsbaum abschmücken und Saal ausfegen. Das war der Anfang meiner neuen Karriere als „Schloßherrin“. Aber bald folgten andere Aufgaben.

Wir hatten so schnell wie möglich das neue Konzept umzusetzen. Es schuf die Basis für die Selbständigkeit. Das bedeutete vor allem, eigene Mittel zu erwirtschaften. Die Wege dahin verliefen holprig mit vielen schlaflosen Stunden. Ich mußte Niederlagen einstecken, lernte Menschen kennen, die ich lieber nicht kennen gelernt hätte. Und trotzdem: Ich kapitulierte nicht, meine Mitarbeiter ließen mich nicht im Stich, setzten

Eveline Heigel

Roland Dix

ihre ganze Kraft für das Gelingen ein, und das Macherner Schloß hatte bald wieder einen guten Namen.

Anfang 2002 dann das wirtschaftliche Fiasko der Gemeinde. Die Gerichshainer Bau- und Wohnungsgesellschaft als Muttergesellschaft ging in die Insolvenz, und es bestand die Gefahr, daß das Schloß mit in diesen Strudel gezogen wird. Wieder die Frage: Wie nun weiter? Eigentlich hätte ich doch leicht was anderes machen können. Doch war ich dazu nicht schon zu alt mit meinen fünfzig Jahren? Die Liebe zum Schloß war schließlich stärker. Freunde drängten, mein Mann hatte großes Verständnis und half mit Krediten. Am 1. Dezember 2003 (kein verfrühtes Weihnachtsgeschenk!) kaufte ich die gesamte Inneneinrichtung sowie den Namen und gründete meine private Schloß-GmbH. Die *Brauerei Reudnitz* erwies sich als guter Partner. Ebenso die Belegschaft. Ohne deren Treue und Fleiß wäre es nichts geworden.

Die ersten Monate seit dem Neubeginn ließen hoffen! Ich bin und bleibe Optimist. Die Gemeinde Machern wird sich wiederfinden, der Ort ist nicht arm, weder an geistigen Kräften noch an lohnenden Zielen in Kultur und Natur. Man muß nur neue Wege gehen und gemeinsam handeln, nicht gegeneinander.

Das Macherner Schloß

WEITERE NOTIZEN
aus Machern

Zur **Gemeinde** Machern gehören seit 1994 die OT Gerichshain, Posthausen, Püchau, Plagwitz, Lübschütz und Dögnitz. Gemeindeverwaltung im neuen Rathaus am Markt. Bürgermeister Frank Ziermaier wurde 2002 beurlaubt, die Geschäfte führt seitdem der ernannte Amtsverweser Frank Lange, Jg. 74.

Die Wüste Mark **Wenigmachern** zwischen Machern und Nepperwitz (1284 als villae minoris Macherin genannt) entstand im 15. Jh, die Gründe dafür sind unbekannt. Eine Neusiedlung erfolgte ab 1904 und umfaßt heute fast zwei Dutzend Wohnhäuser sowie zahlreiche Wochenendgrundstücke. In einem Tagebau wurden bis Ende der 90er Jahre Tone abgebaut.

Anfang der 30er Jahre entstand das Projekt **„Gartenstadt Machern"** mit dem Bau zahlreicher Siedlungshäuser an mehreren Standorten. Begünstigt wurde das Vorhaben durch einen größeren Landverkauf, den der Rittergutsbesitzer Paul Schnetger wegen Begleichung von Spielschulden seines Sohnes vornehmen mußte. Der Krieg unterbrach diese Entwicklung, die sich danach und vor allem nach 1990 intensiv fortsetzte, so u.a. 40 Reihenhäuser *An der Ritterburg*, 24 Sozialwohnungen am *Neumarkt*, 300 Wohnungen im *Schloßblick* (das von dort allerdings gar nicht zu sehen ist!) und immer wieder Lückenbebauungen ließen bis Ende 2003 die Einwohnerzahl auf über 4000 anschwellen.

Der Bau der **Eisenbahnstrecke** Leipzig-Dresden begann 1836 mit dem Durchstich der Macherner Höhen auf einer Länge von 2,5 km bis zu einer Tiefe von 10 Metern. 1838 fuhr der erste Zug bis Wurzen. Ein Gedenkstein neben der Brücke über dem Bahnhof erinnert an dieses epochale Ereignis. Durch den Einschnitt wurde der Zufluß zum Wallteich unterbrochen, dieser trocknete aus. Damit verlor das Schloß den Charakter einer Wasserburg. Ebenso versiegten zahlreiche Brunnen im Dorf. Nach 2000 erfolgte der Ausbau zu einer ICE-Strecke, der Haltepunkt Machern wurde saniert.

Die **Kirche** wurde um 1430 gebaut, Glocken von 1492, Turm im barocken Baustil von 1753, erneuert 1967. Epitaph aus Rochlitzer Porphyr von 1549.

„Rose von Machern" war eine Oelrose, die um 1860 hier angebaut wurde und aus Bulgarien stammte. Die Gärtnereien lieferten Rosenstecklinge dieser Sorte nach Miltitz (Parfümherstellung).

„Ruhm von Machern" war der klangvolle und anmaßende Name für eine Monatserdbeere, vom Inhaber des Obstgutes *Paul Schmidt* um 1900 gezüchtet. Dadurch wurde Machern weit über die Grenzen des Königreichs Sachsen hinaus bekannt. Eine Neuzüchtung, immertragend und großfrüchtig, vom Gärtner *Max Gröbe* mit dem schlichten Namen *Machern* erschien 1956 in der Sortenliste, seit 1985 durch eine noch bessere Sorte ersetzt.

Schule von 1879 mit ständigen Erweiterungen. 1979 Neubau eines modernen Gebäudes (Otto-Grotewohl-Schule) mit 26 Räumen. Die Mittelschule wird bis 2006 aufgelöst, dann nur noch Grundschule.

Der **Sorgenberg** ist mit 173 m ü. NN die höchste Erhebung in Ortsnähe. Dort befand sich der gräfliche Tiergarten mit einer Herde Albino-Rehe. 1912 wurde auf ihm ein unterirdischer Hochbehälter der Wasserleitung Canitz-Leipzig gebaut, damit das Wasser von hier im Gefälle nach Leipzig fließen konnte. Heute noch in Betrieb. In der DDR-Zeit stand auf der Höhe ein gut bewachter Richtfunkturm, heute als Telefon-Richtfunkturm genutzt.

Kirche zu Machern

Ein **Säulen-Brunnen** mit 18 Sandsteinquadern sprudelt im Intervall seit Okt. 2003 auf dem Markt vorm Rathaus. Mittags um 13 Uhr erklingt sogar Musik. An den Säulen befinden sich Bronzetafeln, die in Bildern und Texten Fakten und Ereignisse aus der örtlichen Geschichte darstellen und erzählen. Das Ensemble gestaltete die Macherner Bildhauerin *Petra-Maria Ondrej, geb. Sitte*. Bei der Einweihung sang der Gerichshainer Chor zum ersten Male das Macherner Heimatlied.

Das heutige **Schloß** entstand im Verlaufe des 18. Jh. auf den Mauern eines Wasserschlosses. Dieses war den Wirren des 30jährigen Krieges zum Opfer gefallen. Von 1453 bis 1802 war es im Besitz der Grafen von Lindenau, von 1806 bis 1945 der Leipziger Kaufmannsfamilie Schnetger. Danach übernahm der Staat die Anlage und richtete ein Kulturhaus ein. Eine langjährige Sanierung wurde 1981 mit einem Brand des Ostflügels zunichte gemacht. Nach der Wende ermöglichten große Summen von Fördergeldern eine systematische Sanierung. Eine Betreibergesellschaft übernahm den Schloßbetrieb mit einem Restaurant. Nach der Restaurierung der Ritterstube entstand ein Standesamt im historischen Ambiente. Seitdem wurden im „Hochzeitsschloß“ zahlreiche Ehen geschlossen. Im Jahreslauf finden mehrere Veranstaltungen statt.

Das einstige **Kavalierhaus** am Schloß war unter dem Vorwand der Baufälligkeit 1946 abgerissen worden. Nach dem alten Vorbild erfolgte 1998 ein Neubau, der als stilvolles Hotel mit 60 Betten und einem Restaurant unter dem alten Namen genutzt wird.

Der **Landschaftsgarten** (auch Park zu Machern) wurde in der Zeit von 1782 bis 1792 nach den Vorstellungen seines Besitzers, des Reichsgrafen *C. H. A. von Lindenau*, unter der Leitung von *E. W. Glasewald* angelegt. Der Park gilt heute als das ausdrucksvollste gartenkünstlerische Zeugnis aus der Zeit der „Empfindsamkeit“ in Sachsen. Neben seinem Pflanzenreichtum, darunter auch seltene Arten, schmückten verschiedene Bauwerke die Anlage, von denen heute noch einige verhanden sind, so die als Ruine erbaute Ritterburg, der Hygieia-Tempel, die Pyramide, der Agnestempel u.a.

Die Pyramide im Park

Vereine und Einrichtungen: Förderverein Schloß und Landschaftgarten zu Machern, Vors. Johanna Hanspach. - Wirtschaftsförderverein, Vors. Horst Kretschmar. - Förderverein der Kindertageseinrichtungen, Vors. Susanne Gaus-Beyer. - Sportverein Machern, Vors. Horst Kretschmar. - SV Tresenwald. - Tennisverein „Grün-Weiß“, Vors. Robert Steinbauer. - Golfclub Leipzig - Schloß Machern, Vors. Charlotte Hochstätter. - Kleintierzüchterverein, Vors. Christian Graßmann. Kindertagesstätte. - Bibliothek. - Naherholung Lübschützer Teiche. - MEDIZIN: Praktische Ärzte: Dr. med. H. Duck; Dr. med G. Werner. - FA für Kardiologie Prof. Dr. med. H. J. Duck; Frauenärztin Dr. med. C. Westphal; Zahnarztpraxen: Dipl. med. I. Bienert; U. Barke; C. Wünschmann. - Dental Labor I. Wünschmann; Physiotherapie von E. Kuschke und I. Noack; Pflegedienst I. von Domaros und S. Weihmann. - Tierarzt Dr. med. vet. Bufe.

Landwirtschaft: Das Rittergut war 372 Jahre im Besitz der Herren von Lindenau (1430–1802). Sie führten die Reformation im Dorf ein und wirkten in Staatsdiensten des sächsischen und preußischen Hofes. Heinrich II. heiratete die Nonne Gertrud von Schellenberg, die mit Katharina von Bora 1523 aus dem Kloster Nimbschen entflohen war. Die Kaufmannsfamilie Schnetger besaß das Gut von 1806 bis 1945. Sie wurde mit der Bodenreform enteignet, es erfolgte eine Aufteilung an 10 Neubauern, die später mit einigen Klein- und Mittelbauern eine LPG bildeten. Heute sind keine landwirtschaftlichen Einrichtungen mehr vorhanden.

Handel & Gewerbe: Im Ort haben sich zahlreiche Firmen niedergelassen, darunter (Zahlen in Zirka-Angaben): 25 allgemeine Dienstleistungen, 30 Handelsbetriebe (darunter Konsum Sachsen Nord und Konsum Leipzig, Aldimarkt, Tankstelle), 25 Bau- und Baunebenhandwerksbetriebe, 8 Transport- und Speditionsunternehmungen, 8 Sanitär- und Elektrohandwerker, 6 Autohäuser, 6 Fuß- und Schönheitspflegesalons, eine Flugschule, ein Schausteller, Bäckerei mit Café und Konditorei von Detlev Keller.

GASTRONOMIE: Restaurant und Tagungsstätte im Schloß des Bildungs-Konferenzzentrums, Ltg. Dr. Eveline Heigel. - „Kavalierhaus“, Restaurant mit Hoteleria, Inh. Rainer Birkhofer. - „Zum Wagnerhof“, Gaststätte und Pension, Inh. Yvonne Albrecht. - Hotel und Eiscafé von Gabriele Schadka-Ulbricht. - Gästehaus am Schloßpark, Inh. Elfriede Stoecklein. - Gaststätte „Lübschützer Teiche“, Ltg. Andrea Meding.

LITERATUR: Rundblick-Information 7: Machern. 1980. - Der Landschaftsgarten zu Machern. Sax-Album. 1995. -

Beucha, 1378 Bichowe, 'Ort eines Bich' (slaw.), OT von Brandis seit 1999, 3068 Einw. mit Kleinsteinberg

Das Bild fasziniert immer wieder, jetzt und zu jeder Jahreszeit und selbst bei Wind und Wetter: Die Beuchaer Kirche mit ihrem roten Dach und den beiden goldenen Wetterfahnen. Gleich daneben hockt seit 1912 der architektonisch gelungene Wasserturm. Die Felsen schieben sich senkrecht empor, und unten kräuselt sich eine dunkle weite Wasserfläche des einstigen Steinbruchs. Immer wieder wird das Motiv fotografiert und gemalt. Ein schöneres Wahrzeichen kann ein Dorf gar nicht haben, geformt von Naturvorgängen und Menschenhand.

Bayrische Steinmetze zogen gen Osten ins Sachsenland nach Beucha

Im „steinigen Dorf" brechen seit dem 15. Jh. die Bauern den Stein vor ihrer Hoftür. Die Bauernbrüche lagen quasi in den Feldern. In den Wintermonaten hingen sie die Peitsche an den Nagel und holten dafür Fäustel und Eisen hervor. Es gab keine bäuerliche Winterruhe, dafür ein gutes Zubrot für die kinderreichen Familien. Mit den Bruchsteinen bauten sie ihre Häuser und schotterten die schlammigen Straßen. Das feste Gestein ließ sich unter einer dünnen Erdschicht relativ leicht abbauen. Teilweise lag es völlig bloß an der Oberfläche, vor allem rund herum um die Kirche.

Schon 1477 ist beurkundet, daß die Grundmauern des alten Leipziger Gewandhauses mit Beuchaer Granit gebaut wurden. In der Mitte des 19. Jh. blühte die Steinindustrie durch den Straßen- und Eisenbahnbau auf, und es entstanden die fünf großen Steinbrüche.

Dann merkten schlaue Leute, daß der hiesige Granitporphyr eine vorteilhafte Eigenschaft besaß: Er ließ sich gut spalten und weiter bearbeiten, also glatte Flächen, Formen und Kanten herausbilden. Der Steinbrecher muß nur das nötige Geschick und den Blick eines versierten Steinmetzen haben. Man spähte im Lande umher, fand in Oberbayern und Italien solche Fachleute und versprach ihnen einen guten Lohn. Und tatsächlich, eine ganze Menge (vielleicht waren es auch weniger) zog ins Sachsenland

Kirchbruch Beucha mit Kirche und Wasserturm

nach Beucha. *Ludwig der II.* förderte diese Wanderung, weil er nicht genug Arbeitsplätze in seinem Ländle hatte. Er sponserte später sogar den Bau einer Kapelle in Beucha. Seine katholischen Landsleute sollten im evangelischen Sachsen ihr Heimatgefühl nicht verlieren.

Die Beuchaer Steinbruchsbesitzer brauchten diese Leute ganz dringend. Es bahnte sich nämlich ein lukratives Geschäft an. In Leipzig begann die Planung eines riesigen Monuments, das an die Völkerschlacht erinnern sollte. Es sollte fast hundert Meter in den Himmel wachsen und mit kolossalen Figuren bestückt sein. Dafür brauchte man ein Gestein, das einmal fest und widerstandsfähig gegen die Witterung war, sich aber auch einigermaßen gut bearbeiten läßt. Und dafür war der Beuchaer Granitporphyr wie geschaffen. Die Bauherren bestellten 26 500 Werkstücke, und die Steinbrecher und Steinmetzen hatten jahrelang einen sicheren Arbeitsplatz. 1913 stand der Riesenklotz in Leipzig. Die Beuchaer waren sichtlich stolz auf ihr Werk. Leipzig hatte ein weiteres Wahrzeichen.

Nach dem II. Weltkrieg konzentrierte sich der Abbau auf den Bruch „Sorge". Im Kirchbruch blies das Signal Anfang der 60er Jahre zur letzten Schicht, und die Brüche füllten sich mit Wasser. In der neu gebauten Werkhalle der „Sorge" pulsierte lautstark emsiges Treiben. Starke Sägegatter schruppten mit Wasser und Stahlsand den Stein in Platten. Diese konnten danach mit Maschinen geschliffen und poliert werden. Überall waren die Beuchaer Produkte gefragt: beim Häuser-, Straßen- und Brückenbau, als Wandverkleidungen, Fensterbänke und Tischplatten, als Grabsteine und Riemchen.

Mit der Wende vollzog sich auch hier ein totaler Umbruch. Ein gewisser Schneider, Baulöwe und Immobilienguru, butterte 18 Millionen DM in den Beuchaer Betrieb. Die Leipziger Prachtbauten sollten mit dem Beuchaer Granit bestückt werden. Doch dann brach das „Schneider-Imperium" zusammen, und über Nacht verloren fast alle Steinbrecher ihre Arbeit.

Granitporphyr aus der Tiefe des Bruches „Sorge"

Der Steinbruch wird jetzt von der westdeutschen *Firma Ruppert* betrieben, die gerade noch ein Dutzend Leute beschäftigt. Die riesigen Hallen stehen leer. Im Bruch hantieren zwei bis drei Leute wie auf verlorenem Posten mit dem Preßlufthammer.

Ob da ein Hoffnungsschimmer am Leipziger Horizont leuchtet? Das Völkerschlachtdenkmal ist stellenweise „müde und mürbe" geworden. Nichts ist eben von ewiger Dauer. 2013 stehen nun die Festlichkeiten zur 200. Wiederkehr der Befreiungskriege ins Haus. Also muß es saniert werden. Dazu würden jede Menge Werksteine gebraucht. Aus Beucha natürlich! Ob der Betrieb dann noch existiert? Er trägt jetzt seinen Namen mit Recht: „Sorge". So nannte vor vielen, vielen Jahren ein Bauer sein Flurstück.

Das dörfliche Milieu in der Dorfstraße blieb mit seinen Dreiseithöfen bis ins 20. Jh. erhalten. Durch die Ende des 19. Jh. zugewanderten Steinarbeiter entstanden Mietshäuser und Einfamilienhäuser. Das Dorf wuchs ziemlich rasch über die alten Grenzen hinaus. 1990 schien der Ort regelrecht zu explodieren. Nicht mehr die Steinindustrie lockte die Menschen hierher. Es waren vielmehr die „Stadtflüchtlinge" aus dem nahen Leipzig, die hier inmitten der grünenden Natur und am Rande des Wassers gute Wohnplätze fanden. Autobahn und Eisenbahn versprachen schnelle Fahrtwege. Und so schossen gleich mehrere Wohnparks in die Höhe. Die Investoren lockten mit romantischen Namen: Residenz am Park (welcher Park?), Parthenaue, Kiebitzgrund, Lindenring, Freudentaler Ring, Piependorf. Ein Teil der eingerichteten Geschäftsräume (und Wohnungen) steht allerdings heute leer. Alle Träume erfüllen sich eben nicht.

*

Beucha bekam den ersten Schulneubau im Kreis nach dem Krieg. Das alte Gebäude war zerbombt. Die Kinder zogen von Gaststätte zu Gaststätte, die Lehrer mit, oder ganz fort. Einige blieben bodenständig am Ort, ihr ganzes Leben lang, so wie die Unterstufenlehrerin i. R. Käte Löhr, Jg. 35.

Schule, Kanu, Chor - meine Leidenschaften

Das müssen keine Extreme sein. Man kann beim Kanufahren auch singen. Zuerst erfüllte ich natürlich meine beruflichen Pflichten. Das machte ich mit Leidenschaft und Freude, anfangs vier Jahre im Erzgebirge. 1956 heiratete ich, zog mit in das Haus meiner Schwiegereltern in Beucha und fuhr täglich mit dem Zug nach Leipzig, um meinem Beruf als Unterstufenlehrerin nachzugehen. Erst 1960 ergab sich die Möglichkeit, in Beucha an der Schule zu arbeiten. Zehnmal übernahm ich eine erste Klasse und nach der Wende als Schulleiterin den Umbau zur selbständigen Grundschule.

Drei Kinder wuchsen heran. Sie machten uns Freude. Dann, 1977, beutelte mich das Leben ziemlich arg. Ich ließ mich scheiden. Das war ein Tiefpunkt in meinem Leben. Einige Leute sprachen mir Trost zu: Das haben Sie richtig gemacht! Seitdem gehe ich meine Wege allein. Ich bin zurecht gekommen.

Da stand regelmäßig der Kanutensport auf meinem Programm. Das mag verwundern, denn außer ein paar stehenden Gewässern fließt ja hier in Beucha kein größerer Fluß. Das bißchen Parthe kann man glatt vergessen. Die Mulde, die Elbe sowie die Flüsse in der CSSR waren und sind unsere ständigen Sportgewässer. Nach der Wende kamen natürlich noch einige mehr dazu. Die erste Fahrt auf Fulda und Weser werde ich nie vergessen. Das Schönste ist die Kanuten-Gemeinschaft, und wenn nach des Tages Anstrengung dann am Abend das Lagerfeuer brennt und die alten Geschichten aufgewärmt werden, dann fühlt man sich so richtig wohl.

Die zweite Leidenschaft? Das Singen im Lehrerchor. Damals in Wurzen und nach dessen Ende in Leipzig. Jede Woche fahre ich zur Probe, und weil ich eine einigermaßen gute Tenor-Stimme singe, so sagt's jedenfalls der Chorleiter, darf ich nicht fehlen. Tenöre sind knapp in unserer 70 Mann (und Frau) starken Truppe. Es bleibt natürlich nicht bei den Proben. Wir wollen auftreten und den Zuhörern unsere Freude vermitteln. Es liegt so etwas Befreiendes im gemeinsamen Gesang, und man vergißt alles andere.

1995 ging ich in die Rente. Rente kann nicht Ruhe sein, das ist gefährlich. Also suchte ich mir neue Tätigkeiten. Für zwei Jahre war ich Rettungsschwimmer im Bad der Brandiser Klinik. Dann holte mich die Brandiser *Musikschule Mund*. Ich bemühte mich, den Jüngsten die richtigen Flötentöne und solche auf dem Klavier beizubringen. Das wurde mir schließlich zu beschwerlich. Nicht die Übungsstunden, sondern die Anfahrt mit dem Fahrrad. Als ich dann eines Tages bei Glatteis vom Rad rutschte und mehrmals vom Regen durchnäßt war, gab ich die Strampelei auf.

Was nun? Anfang 2001 las ich, daß Beucha einen Chronisten sucht. Ich bewarb mich, wurde genommen, erhielt ein riesiges Klassenzimmer für mich ganz allein in der zum Teil verwaisten Schule. Nun sammle und ordne ich alles Wissenswerte aus der Dorfgeschichte. Dann schreibe ich kleine Artikel. In jedem *Stadtboten* soll ein Beitrag aus der Geschichte von Beucha erscheinen.

Das großzügige Chronistenzimmer nutze ich jetzt noch anderweitig. Wenn im Heimatkundeunterricht das Dorf oder die nähere Umgebung behandelt werden, dann kommen die Schüler zu mir, und wir machen eine gemeinsame Stunde. Die Unterrichtsmittel hängen an der Wand, und ich kann anschaulich den Stoff vermitteln. Und dann ist es immer wieder erbaulich, mal zu prüfen, ob ich nichts verlernt habe aus meiner Schulzeit. Das weckt Erinnerungen an meine Wandertage und Exkursionen in der Heimat. Ich handelte schon immer nach dem Prinzip: Spaß beim Lernen, aber auch Pflichten zum Lernen und das Lernen lernen. Nach der 4. Klasse konnten unsere Schüler lesen, schreiben und rechnen. Und dann war ich immer so richtig stolz. Jetzt? Da bin ich manchmal ganz traurig. Vieles vom konsequenten Lernen ist den Bach hinunter gegangen. Dazu brauchte ich keine PISA-Studie.

Käte Löhr im Schulhof vor dem Wandbild der vier Jahreszeiten

WEITERE NOTIZEN
aus Beucha, Kleinsteinberg und Wolfshain

Ein **Bombenangriff** der angloamerikanischen Luftstreitkräfte am 5. 3. 1945 legte Teile des Dorfes in Schutt und Trümmer. Dabei kamen 19 Einwohner ums Leben.

Ein **Bierkrieg** fand 1621 zwischen Brandis und Wolfshain wegen des „guten Wurznerischen Bieres“ statt, er endete friedlich mit einem gemeinsamen Umtrunk. Gutes Lehrbeispiel für alle Politiker und Militärs von heute *(s. Rundblick-Lesebuch).*

Die **Eisenbahnstrecke** Leipzig–Grimma kreuzt seit 1866 den Ort. Ab 1898 führt eine Zweigbahn nach Seelingstädt/Trebsen. Letzere hat jetzt noch Personenverkehr bis Brandis und durchgängigen Güterverkehr bis Trebsen.

Ein **Gedenkstein** wurde am Kirchbruch aus Anlaß des 100jährigen Bestehens des Steinmetz-Handwerkes 1984 vom Leipziger Bildhauer *H. J. Förster* und heimischen Handwerkern gestaltet. Er zeigt u. a. symbolhaft das Völkerschlachtdenkmal und die Werkzeuge eines Steinmetzen. Daneben stehen die 4 m hohen Fundamente der ehemaligen Krananlage, die mit polierten Steinplatten, auch aus Findlingen, verkleidet und beschriftet sind.

Die **Kirche** steht 53 m über der Steinbruchsohle auf einer Granitkuppe. 1280 erstmals erwähnt, später als Wehrkirche errichtet. 1945 durch Bombenangriff stark beschädigt, 1949 wiederhergestellt. 1989 wegen Baufälligkeit gesperrt, seitdem Restaurierungsarbeiten bis 1994. Einfache Ausstattung. - Der Friedhof lag ursprünglich auf dem Kirchberg. Die Grabstellen mußten teilweise aus dem Felsen gesprengt werden, deshalb Anfang des 20. Jh Verlagerung an den westlichen Fuß des Berges. - Der bayrische König stiftete 1911 für die Steinarbeiter eine katholische Kapelle. Sie steht in der heutigen August-Bebel-Straße.

Die **Schule** bestand ab 1534, das Gebäude mehrfach erweitert, verlagert und 1710 schon mal ein Opfer der Flammen. 1945 erneut zerstört durch angloamerikanische Bomben. Großzügiger Neubau 1955 mit Turnhalle. 1962 10stufig, ab 1992 nur noch Grundschule, jetzt 11 Lehrer, 6 Klassen, 90 Schüler.

Personalien: *Friedrich Gottlob Stephani* war von 1787 bis 1811 Pfarrer in Beucha, anschließend sein Sohn *Eduard* bis 1856, dessen Sohn *Martin Eduard* (1817–1885) Vizebürgermeister in Leipzig. Gedenkstein für die Stephani-Generationen auf dem Kirchberg.

Max Michael (1881–1969), Schuhmacher, Original und Unikum, in seinem „Kaufhaus“ (ein winziger Verkaufsladen) handelte er mit allem, was die Steinmetzen brauchten, die bei ihm auch Frühstück machten. Nach dem Krieg handelte er mit „Mangelware“, die er von den Einkäufen in Westberlin mitbrachte.

Otto Thiele (1887–1971), Lehrer, von den Nazis entlassen, von 1945 bis 1951 Leiter der Grundschule in Beucha, große Verdienste bei der Weiterbildung der Lehrer, erhielt den Vaterländischen Verdienstorden der DDR. Ortschronist.

Curt Sperling (1903 in Beucha–1994), Schauspieler, ab 1950 am Berliner Ensemble und am Deutschen Theater. Gründete Anfang der 20er Jahre in Beucha ein Laientheater.

Eckhard Klöthe, Jg. 59, Scanneroperateur, Maler und Illustrator, Autodidakt. Buchillustrationen, Kalender über Steinbruchslandschaften.

Erwin Stache, Jg. 61, Musiker und Klangkünstler, Tonschöpfer und Gerätebauer. Internationale Auftritte. Komponierte eine Landmaschinensinfonie.

Prof. Dr. Adam Jones (London), englischer Historiker, weltweit einzige C3-Professur für afrikanische Geschichte in Leipzig. Seine Frau *Mariko Mitsuyu* (Osaka), Korrepetitorin an der Leipziger Musikhochschule, gibt Klavierkonzerte, beide organisieren Hauskonzerte, beide seit 1994 in Beucha ansässig.

Seit 1544 gehört Wolfshain zu den fünf **Universitätsdörfern**, war also Eigentum der Leipziger Universität, nachdem es sich seit 1391 schon im Besitz des Thomasklosters befand. Fortan besaß die Universität jahrhundertelang die Grundherrschaft und die Obergerichtsbarkeit im Ort.

Vereine und Einrichtungen: Sport: 1945 Gründung der BSG Lok mit Sportplatz in der Dorfmitte, seit 2002 bebaut mit Einkaufscenter. Seit 1991 ESV Lok Beucha mit den Abt. Fußball, Kanu/Wasserwandern, Turnen, Leichtathletik, Tischtennis, Kegeln, Wintersport, Volleyball. Vors. Margit Klostermann. Stundenlauf mit Musik im Frühjahr und Herbst. Triathlon-Day. - Seit 2002 modernes Sport- und Freizeitzentrum in den *Langen Stücken* im Gelände der ehem. Raketenstation der sowj. Armee mit Fußballfeld (automatische Beregnung) und Mehrzweckgebäude (Bowlingbahn, Gaststätte). - Fitnessclub Silke Brückl. - MSC Beucha-Brandis 99 im DMV, Vors. Roni Gehring. - TC Beucha, Vors. Udo Theobald. - Erste Schrebergartenanlage 1922 eingerichtet, heute Kleingartenverein „Zur Erholung“, Vors.

Wolfgang Schiefer. - Kindertagesstätte mit Krippe, Kindergarten und Hort. - Volkssolidarität, Vors. Maria Rosenhan. - Freiwillige Feuerwehr, gegr. 1928, Wehrleiter Dieter Schneider, neues Gerätehaus 1999.

Arztpraxen: Allgem. Praxis SR Dr. med. W. Kunz. - Zahnärztin Dipl.-Stom. O. Hammerschmidt. - Allgem. Praxis Dr. med. R. Arnold.

Landwirtschaft: 1945 gab es 25 bäuerliche Betriebe (12 in Beucha, 8 in Wolfshain, 5 in Kleinsteinberg), dazu kamen 7 Neubauern. 1958 Gründung von LPG und Volkseigenem Gut. Jetzt Felder verpachtet an Machern Landwirtschaft GmbH. - Landwirtschaftsbetrieb Gerhard Kunzmann. - Gärtnerei/Tannenhof Horst Richter.

Handel & Gewerbe: *Historisches*: Neben der Steinindustrie machten den Namen Beucha noch zwei andere Betriebe bekannt: 1958 bilden 3 selbständige Kürschnermeister die PGH Elegant, später VEB Elegant, mit zeitweilig 200 Beschäftigten war er spezialisiert auf Pelzkonfektion aus Kaninchenfellen. Die Erzeugnisse wurden auch exportiert. 1990 abgewickelt und geschlossen. - Der Bottichbau (im Volksmund „Faßfabrik“) von Paul Luckwitz ab 1920 im Ort ansässig, in der DDR verstaatlicht und volkseigen. Über 30 Beschäftigte verarbeiteten Lärche zu Industriebottichen. Ein Neuanfang nach der Wende gelang nur für wenige Jahre, 1996 Schließung des Betriebes. - Die mächtigen Kieslagerstätten brachten einen vorzüglichen Baustoff. Er wurde für den Autobahnbau (ab 1937 und Weiterbau 1969) in einem Tagebau gewonnen, heute Autobahnsee (liegt zur Hälfte auf Flur Albrechtshain), als Strandbad genutzt. -

Heute: Bäckerei Rüdiger Krah. - Fleischerei Hermann Reiche. - Drogerie Martin Vogel. - 2 Drogerien der Schlecker-Kette. - Konsum Sachsen Nord. - Sparmarkt. - Chic GmbH Damen- und Herrensalon. - Kosmetik-Studio Kerstin Hofmann. - Autohaus Sämisch. - KFZ Handwerk Helmut Martin. - Karosseriebau Thomas Hempel. - Autolackiererei Heinz Kolar. - 3 Malerbetriebe Schochard, Malerfachbetrieb GmbH, Ronald Vent. - 2 Elektrohandwerker Peter Kunze, Bernd Bienia. - 3 Schlossereien und Metallbau Hans-Jürgen Buck, Jörg Förster, Hans-Jürgen Busch. - 3 Steinmetzbetriebe Frank Lager, Matthias Bohli, Roland Friedrich. - 2 Zimmereien Hans-Dieter Müller, Ralf Schumann. - 4 Klempner und Heizungsbau Tim Kryzowski, Michael Schneidewind, Volkmar Bär, Mathias Remler. - Küchentechnik Kempe. - Parkett- und Bodenleger Guido & Manfred Zehr. - 2 Fliesenleger und Ofenbau Gerd Reiche, Helmut Wandel. - Stempelmachermeister Hans-Günter Klostermann. - Sax-Verlag, Erika Heydick (vorw. Heimat- und Geschichtsbücher, u.a. „Rundblick“). - Anders Reisen. - Bezirksschornsteinfegermeister Toni Ziegan. - Innenausstattung Roland Techt. - Stepp- und Freizeitwaren Margit Klostermann. - Süßmosterei Bärbel Uhlig. - 2 Gärtnereien Eberhard Jentzsch, Mathias Staudt. - Ruppert GmbH Natursteine. - Kies- und Natursteinbetriebe Readymix. - AKT GmbH (Elektronische Bauteile). - Im neuen Gewerbegebiet vorwiegend Großhandel, Auslieferungslager, Einzelhandelsbetriebe und leerstehende Hallen.

In Wolfshain: Historischer Gasthof auf dem Anger, jetzt bewirtschaftet von Matthias Stötzner. - Getränkeshop von Fam. Gutmann. - Schmiedehandwerk 1868, seit 1930 im Besitz der Familie Senf, jetzt Willy Senf. - Zimmerei Thomas Zocher seit 1992, hervorgegangen aus der Stellmacherei von Erich Güntner. - Dachdeckerbetrieb seit 1990 von Thomas Grumbach. - Malerfirma von Bernd Seidel seit 1979. - Fuhrunternehmen und Handel mit Baustoffen seit 40 Jahren von Siegfried Sämisch. - Hundesalon von Dagmar Döbel. - Pferdehof Wolfshain GmbH Anke Müller. - Landwirt Michael Kuntzmann.

Gasthof in Wolfshain

GASTRONOMIE: 1972 Umbau der Gaststätte „Feldschlößchen“ zum Kulturhaus, das seit leer steht.- Heute: Gaststätte Lange Stücken, Angelika Ahnicke. - Hotel Seerose, Albrecht und Annerose Hohmann. - Gasthof Krone, Jörg Reiche. - Little Stone Hill Ranch, Sandra Haferkorn. - Werner's Bierstube, Werner Fuchs. - Gasthof Kleinsteinberg, Renate Schönherr.

LITERATUR: Geschichte und Gegenwart des VE Kies- und Natursteinbetriebes Beucha. 1984. 725 Jahre Wolfshain, Sax-Verlag 1995

1750 schrieb *Peter Schenk* in seinem Atlas: „Ein bloßes Dorf da nur Bauern wohnen". Das hat sich bis heute umgekehrt. Da wirtschaften keine Bauern mehr, wenn man absieht von der *Little Stone Hill Ranch*, einer gastwirtschaftlichen Einrichtung mit Country-Flair im ehemaligen *Lindenhof*. Dort weiden einige Pferde und exotische Tiere, u. a. ein Straußenpaar.

Das Dorf lag stets im Schatten des größeren Nachbarn. Dort holten die Einwohner das, was sie zusätzlich zum Leben brauchten, dort gingen sie in die Kirche und dort auch zur letzten Ruhe. Die Siedlung profitierte mit vom Wachstum Beuchas, und auch hier drangen die Steinarbeiter in die Tiefe, um den Stein zu gewinnen. Hier lag allerdings „nur" Quarzporphyr, der sich nicht als Werkstein nutzen ließ. Der „Hausbruch" schloß in den 50er Jahren seine Pforten. Relikte davon stehen noch im Gelände, und natürlich das mit Wasser gefüllte Restloch.

Die Siedlung wird von den beiden Bahnlinien in die Zange genommen. Die Strecke nach Trebsen kennzeichnet ein Warnkreuz. Es genügt wohl wegen des wenigen Zugverkehrs. Die andere Linie wird am Übergang der Kleinsteinberger Straße mit einer ellenlangen Schranke gesichert. Gleich daneben steht das Stellwerk, und dort drehen mit einer Handkurbel im Schichtdienst die Kolleginnen und Kollegen der Deutschen Bahn die Kurbel. Dazu gehört auch die Eisenbahnerin Christine Mittank, Jg. 61:

Auf dem Stellwerk bestimmt mein Mann, zu Hause übernehme ich das Kommando

Wir sind nämlich beide Eisenbahner. Mein Arbeitsbereich befindet sich im Kleinsteinberger Stellwerk. Mein Mann sitzt als Fahrdienstleiter im Beuchaer Stellwerk, wenn er nicht gerade in einem anderen aushelfen muß. Von dort erhalte ich seine Befehle, wann ich die Weichen zu ziehen, die Signale zu stellen, die Schranken zu schließen habe. Bei der Bahn kann man nicht mit WENN und ABER diskutieren, da gibts's ganz klare Gesetze. Und eigentlich könnte/sollte dann nichts passieren. Eigentlich...! Immer wieder gehen Nachrichten durch die Presse, daß dort zwei Züge zusammengestoßen sind, daß da ein Auto das Warnlicht am Straßenübergang übersehen hat. Wer versagte? Der Mensch, die Technik?

Hier im Kleinsteinberger Bereich ist zum Glück noch nie ein schwerer Schaden entstanden. Lediglich ein paar Schafe hatten sich mal auf die Strecke verirrt. Danach waren einige total verstümmelt. Dann gibt es die uneinsichtigen Autofahrer. Da kommen welche angefahren, die unter der heruntergehenden Schranke noch schnell die andere Seite erreichen wollen. Einer überholte mit einem Affenzahn die haltenden Autos und prallte gegen die geschlossene Schranke. Die Bahn stellte ihm eine gepfefferte Rechnung zu.

Im großen und ganzen sind die Leute verständig und nett, und die Nachbarn grüßen schon mal herauf zu mir. Nur ganz wenige Autofahrer hupen unwillig, wenn sich die Schranke nicht sofort nach der Durchfahrt des Zuges öffnet. Meist wartet dann nämlich ein Gegenzug, und ehe ich die Kurbel drehe, muß ich an Schaltern und Hebeln noch ein paar andere Handgriffe erledigen. Sicherheit geht vor!

Gesetze und Vorschriften regeln penibel den Eisenbahnverkehr. Sie füllen ein pralles Gesetzbuch, unsere „Bibel" der Arbeit, und es ist gut, diese auswendig zu kennen. Die meisten Paragraphen jedenfalls. Alle drei Jahre werden wir auf körperliche und geistige Tauglichkeit getestet. Und von wegen am Abend vorher mal eine Sause machen. Wir haben mit Null Komma Null Prozent unseren Dienst anzutreten.

Ob es nicht zu einsam ist in meinem Dienstraum? Kann ich eigentlich nicht sagen. Es fahren doch noch allerhand Züge, und die Strecke muß ich ständig beobachten. Im Winter sind die Weichen sauber zu halten. Wir arbeiten in zwei Schichten. Nach Mitternacht kommt kein Zug mehr. Ich habe mich an den Dienstablauf gut gewöhnt. Auch wenn ich je nach Dienstplan an einem der Weihnachtstage hier stehen muß. Ein kleiner Weihnachtsbaum zaubert dann ein bißchen festliche Atmosphäre zwischen die Technik.

Inzwischen fühlen wir uns in Kleinsteinberg sehr heimisch. Wir haben uns hier nämlich 1998 ein Eigenheim gebaut, in einer ruhigen Ecke des Dorfes. Das tat richtig wohl, denn unsere Wohnung im Beuchaer Bahnhofsgebäude, wo wir 1986 eingezogen waren, litt doch ziemlich stark unter den Geräuschen. Besonders dann, als unten eine Kneipe ihre Pforten öffnete. Für unser kleines „Traumschloß" hatten wir einiges gespart, doch mit einem Kredit mußten wir die Bausumme aufstocken. In der Hoffnung, daß wir beide unsere Arbeit behalten. Und da ballen sich am Horizont dunkle Wolken zusammen. Ab 2006 wird die Strecke modernisiert. Der Computer ersetzt dann den Menschen.

So wie schon das Posthausener Stellwerk, das jetzt nur noch als verfallende Ruine ausharrt *(Abb. S. 80)*. Das Bauwerk fesselt uns mit einer schönen Erinnerung. Wir lernten uns nämlich dort kennen, beide als Lehrlinge bei der Bahn und beide mit den gleichen Interessen. So fuhren wir fortan gemeinsam durchs Leben, bis wir hier in Kleinsteinberg vor Anker gingen. Noch haben wir unsere Arbeit, unser Wohnglück. Warum sollen wir da die Pferde scheu machen? Irgendwie werden wir es schon packen.

Christine Mittank im Stellwerk

Wolfshain, 1270 Wolueshain, 'Rodungssiedlung eines Wolf' (dt.), eingemeindet nach Beucha 1938, seit 1999 OT von Brandis, ca. 180 Einw.

Einen Steinwurf westwärts von Beucha beginnen die Häuser von Wolfshain. Dazwischen schiebt sich die Parthe durch die tischebene Aue. Die Leipziger Tieflandsbucht zeigt hier ihr wahres Gesicht. Eine Brücke überquert das Gewässer. Verbindungsstraße und Brückenbau verursachten in den zurückliegenden Jahrhunderten manche Querelen zwischen den beiden Gemeinden. 1805 endlich wich der wacklige Holzsteg einem steinernen Bau. Die dreibogige Brücke aus Natursteinen verschwand 1970 mehr oder weniger in einer Betonummantelung. Die Kiestransporter für den Autobahnbau brauchten eine stabile Unterlage.

In Wolfshain fanden die Riebeckpferde eine sichere Alterspension

Das Wahrzeichen des Dorfes war über Jahrzehnte hinweg das Riebeckgut. Seine Geschichte geht bis ins Ende des Mittelalters zurück. Erfolgreiche Bauern erweiterten das Gut nach und nach zu Dimensionen, die einem Rittergut gleichkamen. Die Dorfbewohner sprachen bis in die Gegenwart vom „Rittergut". Das schon damals beeindruckende Schulzengut wechselte im 18. Jh. häufig die Besitzer. Meist besaßen es betuchte und bekannte Leipziger Bürger. 1904 kaufte es die *Bierbrauerei Riebeck*. Nun erfolgte der Umbau zu einem Pferdeheim, in dem die pflastermüden Bierpferde eine Erholung oder eine Alterspension erhielten. Zeitweise grasten auf den Weiden bis zu 60 Pferde, darunter auch Pensionspferde zahlungskräftiger Kunden.

Nach der Enteignung 1946 wurde es hauptsächlich vom *Volkseigenen Gut Sommerfeld-Canitz* bewirtschaftet. Mit der Wende erfolgte dessen Auflösung. 1993 übernahm

Der Pferdehof in Wolfshain

Klaus Tiedke Gut und Gelände und richtete einen Pferdehof ein. Er baute eine neue Reithalle und sanierte einen Stall für Pensionspferde. Ein Schwerpunkt seiner Tätigkeit bildete die Reitausbildung und die Pferdezucht. Nach wirtschaftlichen Schwierigkeiten übernahm 2000 Frau *Anke Müller* als Geschäftsführerin die *Pferdehof Wolfshain GmbH*. Das Gebäude fällt mit seinem erneuerten Fachwerk im Dorfbild angenehm auf. Nur schade, daß das baufällige Uhrtürmchen, gleichermaßen ein optischer Ersatz für den fehlenden Kirchturm, 1989 abgetragen wurde.

Im Dorfbild hat sich aber auch ein anderes Merkmal erhalten, das den interessierten Heimatfreund stets aufs neue begeistert. Noch immer fügen sich die alten Bauernhöfe, heute z. T. frisch saniert und allerdings nicht mehr ihrem ursprünglichen Zweck dienlich, in einem Dorfring um den Anger. Darauf stand niemals eine Kirche, sondern der Gasthof. Auch heute noch.

Für den Dorfschmied brachte das Riebeckgut ein halbes Jahrhundert lang eine erträgliche und sichere Arbeit. Er sorgte dafür, daß die Pferde stets gut bei Fuß waren. Ebenso zog er neue Stahlreifen auf die Holzräder der stabilen Pferdewagen, mit denen Heu, Stroh und Getreide nach Leipzig geschafft und die Bierfässer auf die dortigen Gaststätten verteilt wurden. Wenn die schweren Warmblüter dann auf dem Schmiedehof standen, da war der Schmiedejunge mit heller Begeisterung dabei. Es war der heutige Schmiedemeister Willy Senf, Jg. 35:

Ich war, bin und bleibe ein Schmied!

Wehe, da kommt einer daher, und der redet mich mit Schlossermeister an. Der kann vielleicht was hören! Vater, Großvater, ja alle Generationen in den vergangenen 300 Jahren belegen die Schmiede-Dynastie meiner Vorfahren. Zu den Pferden, die damals fast täglich hierher zum Beschlagen kamen, hatte ich eine innige Beziehung. Die hat mein Leben lang bestanden.

Pferd ist nicht gleich Pferd. Man muß dem Tier von Anfang an Respekt einflößen, und wenn es partout nicht still halten will, „eins hinter die Kumtleisten geben". Diese Redewendung war unterm Dorfvolk weit verbreitet, und mancher Vater drohte damit schon mal seinem ungeratenen Sohn. Anderseits muß man das Tier achten. Das Tier spürt es. Ein paar gute Worte wirken da schon Wunder. Ist es bei den Menschen nicht ähnlich?

Mein Meisterstück hängt draußen im Flur. Ich schmiedete aus einem Stück Eisen ein Hufeisen und paßte es dem Pferd an. Jedes Tier hat einen anderen Huf. Da kannst du nicht lange rumfummeln, wenn ein neues Eisen aufgeschlagen wird. Ein Blick muß genügen, und dann wird nur noch mal kurz nachgebessert. Es tut dem Tier nicht weh, wenn das glühende Eisen auf den Huf gedrückt wird. Über den Hof wälzt sich eine hornverbrannt riechende Duftwolke, das Markenzeichen einer echten Hufschmiede. Genauso wenig verspürt es, wenn die Hufnägel eingeschlagen werden. Allerdings, wenn da mal einer ins „Leben" geht, zuckt es schon zusammen. Dann raus mit dem Nagel, und vergiß nicht, dich zu entschuldigen.

Mein Schmiedeleben war hart, aber gut. In der DDR–Zeit arbeitete ich vorwiegend für die Landwirtschaft. Das Materialproblem hatte ich gut im Griff. Ich besorgte mir alles aus der nahen und weiteren Umgebung, was ich irgendwie finden und irgendwann verwenden konnte.

Mit der Wende kamen viele Aufträge ins Haus. Ich überlegte lange, ob ich meine alte Technik gegen moderne eintausche. Also machte ich mich auf den Weg in die gelobten Länder nach drüben. Auf einem Dorf bei Bamberg hielt ich vor einer größeren Schmiedewerkstatt. Mit dem Meister kam ich sehr sehr schnell ins Gespräch, wie das unter Berufskollegen üblich ist. Als er mein Alter (55) hörte und daß weder männliche

Nachkommen noch interessierte Gesellen die Werkstatt fortführen könnten, riet er mir dringend ab. Ich beherzigte seinen Ratschlag. Als ich ihm später meinen Dank übermitteln wollte, fand ich die Werkstatt geschlossen. Der Nachbar meinte, daß dies nur noch auf dem Friedhof möglich sei.

Und heute? Die Aufträge sind geringer geworden. Ich mache auch keine Ausschreibungen mehr mit. Ich arbeite nur noch für meine alten Kunden. In der Werkstatt bin ich „Einzelkämpfer". Nur meine Frau hilft mal mit, wenn ich das Werkstück nicht allein bewältigen kann. Sie hat ja Routine drin, denn in der DDR-Zeit hat sie Tonnen von Rohren gesägt und gebohrt.

Das letzte Pferd beschlug ich 1995, obwohl die Knie schon kaputt waren und ich kaum wieder aufstehen konnte. Das war während der 725-Jahr-Feier unseres Dorfes beim Schauschmieden. Übrigens, ein großartiges Fest, bei dem die Dorfgemeinschaft noch mal so richtig spürbar wurde. Jetzt suche ich sie vergeblich.

Eigentlich könnte ich in Rente gehen, aber ich habe davor ein bißchen Angst. Na ja, ich mache, so lange es geht. Und wenn eben mal kein Auftrag vorliegt, dann setze ich mich ins Auto und fahre davon. Ich habe mir neulich erst noch ein paar gebrauchte Maschinen gekauft, eine Fräse und eine Hobelmaschine für wenig Geld, denn der Schmiedekollege hätte sie auch nur verschrottet. Ich weiß gar nicht, ob ich sie überhaupt brauche. Meine liebe Frau hat zwar protestiert, aber ein echtes Schmiedeherz konnte sie doch nicht umstimmen.

Willy Senf und Frau in der Schmiede

Waldsteinberg, OT von Brandis seit den 30er Jahren, Namen nach dem angrenzenden Kleinsteinberg, 777 Einw.

Die Streusiedlung inmitten eines Waldgeländes am Fuß des Kohlenberges entstand aus den Sommerwohnsitzen vermögender Leipziger Geschäftsleute in den 30er Jahren. Nach und nach bauten sich einige Zuzügler ihre Hütten zu einem festen Wohnsitz aus. Besonders nach 1990 entstanden neue Eigenheime auf freien Waldflächen und eine ganze Wohnsiedlung am Rand des Waldes. Strenge Bauvorschriften achten auf die Erhaltung des Baumbestandes. Weniger Sonnenlicht, Feuchtigkeit und Unmengen von Laub müssen da schon in Kauf genommen werden. In den Sommermonaten verdreifacht sich die Zahl der Bewohner.

In Waldsteinberg geht's hoch hinauf und tief hinab

Die schmalen rechtwinkligen Straßen, eher Wege, tragen vorwiegend die Namen von Waldtieren. Der Finstere Weg, der seine Bezeichnung mit Recht trägt, tanzt da aus der Reihe. Ein Teil der Waldsteinberger betrachten ihn mit finsteren Mienen. Dafür gibt es gleich mehrere Gründe: Weil ihn keine Fußwege begrenzen, weil er ziemlich holprig daherkommt und weil als Autobahnzubringer hier ununterbrochen die Fahrzeuge rollen. Zum Glück für die Bewohner schleichen die LKW und PKW im 30er Tempo dahin, denn dauernde Geschwindigkeitskontrollen haben die Disziplin der Fahrer erzwungen.

Der Ort hat keinen Mittelpunkt und kaum historische Bezugspunkte. Einer ist vielleicht das *Waldhotel Fischer*, das 1990 als Neubau entstand anstelle der alten *Waldschenke*, die 1927 gebaut worden war. Neuerdings lockt das Eiscafé *„Lilly Vanilly“*

Eistaucher im Brandiser Steinbruch

am Ententeich die Gäste an. Oder ist es der hohe Baumbestand und die verzweigte Siedlung? Die einzelnen Gebäude verstecken sich zwischen den Bäumen und Büschen. Die Bewohner tun es gleichfalls. Man kennt sich kaum, vielleicht gerade noch den Nachbarn am Gartenzaun. Man will seine Ruhe haben.

Dafür bietet sich ein einmaliger Weitblick. Da muß man allerdings hinauf auf den Kohlenberg klettern. Dahin führen verschlungene Waldwege oder die Kletterwand am Ostbruch. Der Abbau dort wurde gegen Ende des I. Weltkrieges eingestellt. Dort sollten sich allerdings nur geübte Kletterer versuchen. Wer da mitmachen will, der kann in einer *Leipziger Kletterschule* den Grundstein dafür legen. Hier kann er sich den Mut und das Können holen, um eines Tages den Mount Everest zu bezwingen.

Der Kohlenberg hat nichts mit Kohle zu tun, sondern bekam seinen Namen von „Collm“, was im Slawischen „Berg“ bedeutet. Auf seiner Höhe (178 m über NN) liegen einige bronzezeitliche Hügelgräber. Im Westbruch wurde der Granitporphyr bis 1963 gebrochen. Im abgesoffenen Steinbruch tauchen Wassersportler in die Unterwelt. Das nötige Wissen und die Fähigkeiten dazu vermittelt die Tauchschule von UWE SEIDEL, Jg. 56:

Was die Leute so alles ins Wasser werfen

Tauchen ist mein Leben! Unter Wasser schaltest du völlig ab vom täglichen Streß. Man taucht auch nicht allein, jeder hilft jedem. So formt sich eine enge Gemeinschaft. „Gefährlich“ ist der Sport wie jeder andere. Natürlich muß man aufpassen und die Tauchsportgesetze beachten. Und niemals in Hektik verfallen. Ich habe jedenfalls noch keinen Tauchunfall erleben müssen.

Es ist die kleine Welt, die wir in den hiesigen Gewässern entdecken. Wer auf große Schätze aus ist, der sucht sie vergeblich. Doch die heimische Pflanzenwelt und die Fische, die lassen sich gut beobachten. In den alten Steinbrüchen finden sich manche technische Überbleibsel. Hammer und Meißel kann man noch gut verwenden. Ich habe ein ganzes Arsenal davon. Dann bitten uns schon mal Leute, ihren Schlüsselbund, die Brille oder das Handy zu suchen. Einer hatte sogar mal seine Ersatzzähne beim Schwimmen verloren. Wir fischten ihm das wertvolle Stück aus dem Wasser.

Gar keine Freude haben wir an den anderen Gegenständen, die von den Umweltsündern bewußt im Wasser entsorgt werden. Autos und Motorräder müssen dann aufwendig geborgen werden. Auch das, was an den Ufern hinterlassen wird, spottet jeder Beschreibung. Es ärgert uns, daß wir anderen Leuten deren Dreck wegräumen müssen. Mehrmals im Jahr machen wir diese Müllaktionen. Die Strafen müßten die Umweltfrevler viel härter treffen.

Tauchsport ist herrlich. Das weiß ich seit meiner Jugendzeit, später dann in der GST. Wie gern hätten wir mal das Rote Meer erkundet. Was wir nie für möglich gehalten hätten: Nach der Wende erfüllte sich dieser Wunsch. Und wir wurden nicht enttäuscht. Diese Vielfalt, dieses Wasser! Aber so ganz müssen wir uns hier mit unseren Gewässern auch nicht verstecken. Sie sind prima sauber geworden.

Dann haben wir gute Aussichten. Die Tagebaue im Leipziger Südraum laufen allmählich voll Wasser. Dort entsteht in einigen Jahren auch für uns ein Supereldorado. Wer dann gerüstet sein will, der kann den Tauchschein bei mir machen. Nach einigen Unterwasserfahrten wird er merken, daß das gar nicht so schwierig ist. Wer Angst hat, der soll es natürlich nicht riskieren. Es kann auch nicht jeder reiten. Er muß Spaß an der Sache haben und den Willen, was zu lernen.

*

In der Siedlung leben nicht nur Leipziger. Auch Einheimische haben hier eine Heimat gefunden, wie der staatl. gepr. Landwirt i. R., der Inhaber einer Stihl-Werkstatt und Apfelzüchter i. L. (in Leidenschaft) HEINER ENGELMANN, Jg. 30:

Es ist ein langer Weg bis zu einer neuen Apfelsorte

Ja, ich habe zwei neue Apfelsorten gezüchtet, die „Engelstar" und „Engelstern". Nun stehe ich mit Name und Anschrift im anerkannten Sortenbuch für Äpfel. Reich bin ich damit nicht geworden. Die ständigen Prüfungen kosteten so viel Geld, daß die Erträge dazu gerade ausreichten. Einen neuen Apfel zu züchten ist eine lange Geschichte, die sich über 20 Jahre hinzieht. Aber ich hatte damals angefangen, und wenn ich was tue, dann führe ich das bis zum Ende durch. Manches auch bis zur bitteren Neige. Doch das mit den Äpfeln wurde eine kleine, bescheidene Erfolgsgeschichte.

Sie beginnt in den 60er Jahren. Noch weiter zurück liegt natürlich die Kinder- und Jugendzeit. Ich erlebte sie weitab von jeder Zivilisation, nämlich auf einem einsamen Bauerngut zwischen Bahren und Wednig. Ich bin sicher, daß dort auch mein Leben geprägt wurde. Die Einsamkeit formte mich zum Eigenbrödler. Das hing mir mein Leben lang an. Und so richtig warm geworden bin ich eigentlich in keinem Dorf, auch hier in Waldsteinberg nicht.

Ich half Vater auf dem Feld und im Stall. Er konnte sich kaum Technik leisten, also mußten die Fäuste zupacken. Das war richtige Knochenarbeit. Sollte so mein Leben verlaufen? Ich verdingte mich in der Trebsener MTS und besuchte in den Abendstunden die *Landwirtschaftliche Fachschule* in Wurzen. Als Abschluß schaffte ich den staatlich geprüften Landwirt. Na, das war doch was!

Von jeher wollte ich ein eigenes Haus haben. Die Suche nach einem Platz war gar nicht so einfach. Endlich fand ich hier am Waldrand von Waldsteinberg eine Wüstenei, ein Stück Brachland, das ich 1963 preisgünstig erwerben konnte. Sogar der Kreistag faßte damals einen Beschluß, daß ich das Land kaufen durfte. Die Stadtverwaltung war sicher froh, denn damit verschwand ein Schandfleck.

Der Hausbau entwickelte sich zu einer Odyssee. Für alle Materialien und Leistungen mußte ich selbst sorgen, denn in den Bilanzen des Kreises fand ich keine Gnade. Man sagte mir, daß ich doch in die LPG eintreten solle, dann wäre manches leichter. Das wollte

Heiner Engelmann und seine „Engelsterne"

ich aber partout nicht. Vielleicht war ich auch zu stur. Ich schaffte es allein in zwei Jahren mit meiner tüchtigen Frau. Auf den 1000 qm Gartenland pflanzte ich erst mal Kartoffeln. Damit konnte ich das Unkraut eindämmen und den Boden lockern. Dann wuchsen Erdbeeren, die meine Nebeneinnahmen aufbesserten.

Doch das genügte mir nicht. Pflanzenbau interessierte mich schon immer. Ich kaufte in den umliegenden Obstbaumschulen alle möglichen Apfelsorten auf und bepflanzte jetzt damit mein Areal. Mal hatte ich Erfolg, mal hingen nur mickrige Dinger an den Ästen. Und mit den Äpfeln reifte der Gedanke, doch mal selbst eine neue und bessere Sorte zu züchten. Und es gelang. Nach Jahren war durch ständige Auswahl eine Sorte herangereift, die mir ganz gut gefiel. Ich vermehrte sie weiter und gab sie zur Prüfung an den Obstbaulehrgarten in Wurzen.

Und eines Tages waren wir sicher: Meine Äpfel haben mindestens ein abweichendes von 47 geprüften Merkmalen, denn nur das begründet eine neue Apfelsorte. Jetzt fehlte nur noch ein Name. Ich nannte den einen *„Engelstar“*, den anderen *„Engelstern“*. Das hatte nichts mit den himmlischen Engeln zu tun, sondern mit einem Teil meines Namens. Ich hatte mein Ziel erreicht. Es ging mir nicht ums Geld, denn ich wußte, daß es den ganz großen Renner nicht geben wird. Aber ich war zufrieden und ein bißchen stolz. Meine Ausdauer und mein Wissen hatten Früchte getragen.

Ich habe inzwischen von meinen beiden Sorten 200 Pflanzen an Privatleute verkauft. Die *Obstbaumschule* in Oschatz will sie in ihr Vermehrungsprogramm aufnehmen. Ob's erfolgreich sein wird, das entscheiden die Kunden. Wenn ihnen mein Apfel schmeckt, dann wird sich das von Mund zu Mund kauend und sprechend fortpflanzen.

Das muß ich noch ergänzen: Bloß pflanzen und auf den lieben Gott vertrauen, das geht nicht. Ein bißchen Pflege, Düngung und Schädlingsbekämpfung müssen schon sein. Den Apfel, der weder von Krankheiten noch von Parasiten befallen wird, den gibt's nicht. Oder nicht mehr. Denn der eine, der mal gewachsen war vor biblischen Zeiten, den haben *Adam* und *Eva* längst genüßlich vernascht und wurden dafür aus dem Paradies gejagt. Dort könnten wir heute noch leben ...

Motiv in Waldsteinberg

An der mittleren Parthe um Naunhof im Urstromtal der Mulde

Die Landschaft um Naunhof – zwischen A 14 und Belgershain an der Eisenbahnstrecke Leipzig–Geithain, von Fuchshain bis Pomßen – zeigt ebenfalls eine äußerst geringe Reliefernergie. Von etwa 130 m bei Erdmannshain steigt das Gelände allmählich bis auf über 150 m bei Belgershain an. Auch die dominierende Auenniederung der Parthe senkt die Oberfläche nur 3–4 m ab. Diese wird hier hauptsächlich von Geschiebelehm gebildet, nur südlich und östlich von Pomßen liegt noch mit geringer Mächtigkeit etwas Lößlehm auf.

Die eigentliche Besonderheit und Wertigkeit der Gegend ergibt sich aus ihrem Untergrund: Unter den Deckschichten liegt ein teilweise bis 30 m mächtiger und bei Naunhof bis zu 8 km breiter Schotterkörper, dessen Ausdehnung von Grimma bis Leipzig etwa die Partheniederung anzeigt. Er geht auf einen frühsaalekaltzeitlichen Lauf der Zwickauer Mulde zurück. Seit 1887 werden die gewaltigen Grundwasserreserven des Schotterbettes für die Wasserversorgung von Leipzig genutzt.

Die zahlreichen oberflächennahen Kieslager werden schon lange für die Bauindustrie ausgebeutet. Durch die Aufschlüsse entstanden mit den durch Grundwasser gefüllten Seen neue Landschaftselemente (Autobahnseen bei Beucha und Naunhof). Da sie zudem in einer bewaldeten Gegend entstanden sind, konnten hier stark frequentierte Naherholungsgebiete entstehen.

Nicht nur in wirtschaftlicher und landeskultureller Hinsicht ist die Partheniederung von Bedeutung. Sie gibt darüber hinaus eine Geländesituation vor, die den vordringenden Menschen schon in frühen Zeiten Weg und Orientierung bot. Entlang der Parthe drangen im Hochmittelalter deutsche Bauern nach Südosten zur Mulde vor. Straßendörfer wie Erdmannshain oder (in Randlage) Ammelshain gehen auf diese Zeit zurück. Eine wichtige markgräfliche Straße von Leipzig nach Grimma überschritt beim späteren Naunhof die Parthe. Auch Verkehrswege der Gegenwart folgen noch dieser Linie: die Eisenbahnstrecke Leipzig–Geithain und sogar die A 14. – *W.E.*

Teiche und Seen – die Augen der Landschaft

Natürlich gibt es auch westlich der Mulde neben Gräben, Bächen und Nebenflüssen noch eine Reihe anderer Gewässer. Es sind Teiche und Seen – Stillgewässer, die fast alle reizvoll und von landeskulturellem Wert sind. Die Teiche existieren seit langer Zeit. Sie sind deshalb so alt, weil die ersten Siedler, die unser Gebiet erreichten, den Wald roden und Gräben und Bäche zu Teichen anstauen mußten. Sie brauchten Wasser für sich und ihr Vieh. Deshalb gibt es fast kein Dorf ohne Teich, in dem Fische gehalten oder gezüchtet werden konnten. Sie sind bis auf den heutigen Tag sehr nützlich.

Unverständlicherweise wird in letzter Zeit in einer Reihe von Teichwirtschaften alljährlich gegen das Naturschutzgesetz verstoßen, weil viele Teiche im Herbst nach der Abfischung wochenlang trocken liegen bleiben. Das hat automatisch zur Folge, daß sämtliche Arten von Muscheln, Libellenlarven, Schnecken und kleine Wildfische, fast alles geschützte Tiere, zugrunde gehen.

In jüngerer Zeit entstanden die inzwischen aufgelassenen und wassergefüllten Steinbrüche sowie die über 50 ha großen, zu Seen gewordenen ausgebaggerten Kieslagerstätten. Ökologisch besteht zwischen den Teichen und den Seen ein ziemlicher Unterschied. Alle Teiche haben auf ihrem Grund eine Schlammschicht. Allein schon diese bewirkten neben der Karpfenhaltung und dem Eintrag von Abwässern aus den umliegenden Grundstücken eine Nährstoffanreicherung, ja oft sogar einen Nährstoff-

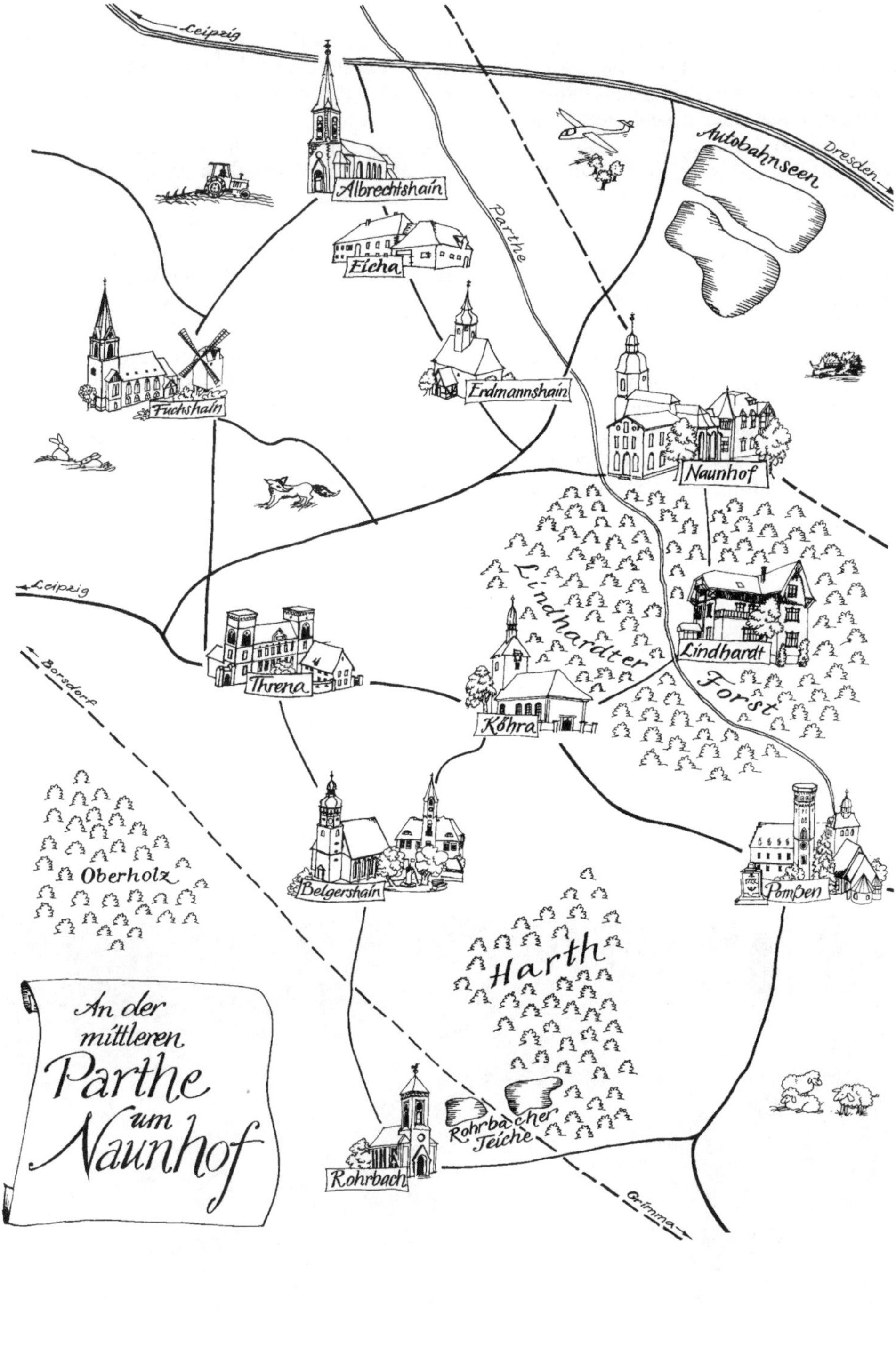

Leipzig
Dresden
Albrechtshain
Autobahnseen
Parthe
Eicha
Fuchshain
Erdmannshain
Naunhof
Leipzig
Lindhardter Forst
Lindhardt
Borsdorf
Threna
Köhra
Belgershain
Pomßen
Oberholz
Harth
An der mittleren Parthe um Naunhof
Rohrbach
Rohrbacher Teiche
Grimma

überschuß im Wasser. Wir nennen diesen Vorgang *Eutrophierung*. In heißen Sommern führt dies zur sogenannten *Algenblüte* und zur Sauerstoffzehrung. Schlimm ist es für Schwalben, Stare und andere am Teich übernachtende Vogelarten, wenn durch die Nährstoffüberfrachtung das Schilf zurückgeht oder gar verschwindet. Sie haben dann keinen Schlafplatz mehr.

Ganz anders ist die Situation in den Kiesseen und Steinbruchsgewässern. Sie enthalten meist glasklares, sauerstoffreiches, aber nährstoffarmes Wasser. Wir sagen dazu, dieses Wasser ist „autroph". Darin setzt sich die Fischfauna aus ganz anderen Arten zusammen als im Karpfenteich. Es herrschen sogenannte Weißfische wie Plötzen, Rotfedern, Döbel u. a. vor. Hechte und Barsche, welche sich hier hauptsächlich von den Weißfischen ernähren, wachsen zu beachtlichen Größen heran. Die Angler freut es. Selbstverständlich ziehen diese Seen an heißen Tagen auch jede Menge Menschen an, die das klare, saubere Wasser herbeilockt.

Im Winterhalbjahr wird es logischerweise wieder still an den großen Baggerseen. Nur ein paar Angler sitzen hier und da am Ufer und träumen vom großen Fang. Die Naturfreunde haben in dieser Jahreszeit manchmal Glück, wenn sie einen oder mehrere nordische Seetaucher auf der großen Wasserfläche entdecken. Wildenten halten sich dagegen nur selten hier auf, da die nährstoffarmen Seen keine Ufer- oder Unterwasservegetation aufkommen lassen und sich auch keine Muschelpopulationen entwickeln können. – *H.K.*

Sand und Kies aus dem Tagebau bei Pomßen

Erdmannshain, Eicha und Albrechtshain - die drei Siedlungen in der Parthe-Niederung

Es ist sinnvoll, die drei Dörfer in einem Zuge zu beschreiben. Sie bilden nun mal eine Einheit, von ihrer Natur her und in ihrer geschichtlichen Entwicklung. Da ist ihre Lage in der Landschaft: Westwärts erstreckt sich die weite Leipziger Tieflandsbucht. Tischeben verlaufen die Feldflächen bis in den Horizont hinein, unterbrochen von Siedlungen und den Verkehrswegen mit den Straßenbäumen. Das nahe Leipzig macht sich bemerkbar. In der Ferne erhebt sich das Völkerschlachtdenkmal. Vor dem „Fernsehzeitalter" diente es den Einwohnern zur verläßlichen Wettervorhersage, je nachdem man es gerade noch im Dunst erkannte oder als klare Silhouette in den Himmel wahrnahm.

Östlich davon schiebt sich der Naunhofer und Eichaer Forst bis an die Parthe, die an den Dorfrändern vorbei in einer Wiesenaue gen Norden fließt. Der Naturfreund ist allerdings gar nicht erbaut, wenn er den Bach heute als trostlosen Strich in der Landschaft vorfindet. Vor über hundert Jahren nämlich beseitigten nüchterne Technokraten die naturbedingten Flußschlingen und den Erlenmischwald. Dadurch sollte die Hochwassergefahr gemindert werden, und die versumpften Wiesen brachten eine bessere Heuernte. Für die gewaltigen Regenmengen vom August 2002 reichte das Bachbett nicht aus. Das Wasser quoll über die Uferränder und in zahlreiche Keller.

Da ist der Heimatverein, der seinen Ausgang und Stützpunkt in Erdmannshain hat, doch offen ist für alle drei Orte. Und so kommen die Einwohner zu den Veranstaltungen und organisierten Ausflügen. Seit er nun in einem alten Erdmannshainer Bauerngut sein eigenes Vereinshaus besitzt, lassen sich die Treffen noch harmonischer durchführen.

Da ist der Sport. Hier hat Eicha das Domizil, denn der Sportplatz liegt auf dessen Flur und damit paritätisch in der Mitte. Ein Schatten liegt allerdings auf der Spielfreude: Seit Jahren schon soll das Sportheim saniert werden. Doch dazu fehlte immer wieder das

Weites Land – Blick auf Albrechtshain

nötige Geld. Die *Albrechtshainer Füchse* spielen trotzdem ihren Freizeitfußball. Oftmals müssen vorher einige Dutzend Maulwurfshaufen eingeebnet werden.

Erwähnt werden muß die Gastronomie. Wenn sie funktioniert, dann lockt sie die Auswärtigen herbei. Und alle drei Orte können da mit jeweils einer vorzüglichen Einrichtung aufwarten: In Albrechtshain und Eicha die schon zu DDR-Zeiten bis nach Leipzig hinein bekannten Gasthöfe und in Erdmannshain das nagelneue Restaurant *Alte Mühle*.

Und da ist die kommunale Verwaltung, die sich seit 1993 als eine organische Einheit mit Naunhof versteht. Damals nämlich wurden die drei Orte dorthin eingemeindet und sind nun eigentlich Stadtteile. Vom Papier her jedenfalls, doch ihr dörfliches Gesicht wollen sie auf alle Fälle behalten.

Inzwischen wuchsen die Dörfer durch den Bau-Boom in den 90er Jahren noch enger zusammen. Lediglich zwischen Erdmannshain und Eicha unterbricht noch eine weite Feldfläche den Trend. Keine Trennung bedeuten die jeweiligen Ortsschilder, denn sie tragen alle noch den jahrhundertealten Namen der Siedlung. Das ist erfreulich, denn damit bleibt die ursprüngliche Identität erhalten. Dabei gab es zwischen Eicha und Albrechtshain eine echte Überraschung. Die Häuser in der heutigen Naunhofer Straße ab dem Pfarrhaus, also in der *gleenen Eche*, die in der DDR-Zeit entstanden waren, kamen nach einer gründlichen Einsichtnahme in das Grundbuch wieder in den „Besitz" von Eicha. Bis dahin hatten alle Bewohner mit Albrechtshain firmiert. Unabhängig davon tun das einige auch heute noch, obwohl alle Dörfler von der Post dazu verdonnert wurden, mit Naunhof ihre Anschrift zu markieren. Doch daran können sich die meisten Einwohner einfach nicht gewöhnen.

Erdmannshain, 1272 Ertmarishain, 'Rodungssiedlung eines Ertmar' (dt.), OT von Naunhof, 450 Einw.

Die Bekanntheit von Erdmannshain ist seit 1995 über die engere Region hinaus sprunghaft angestiegen. Seitdem kommen alljährlich Hunderte von Kranken hierher, weil seit diesem Jahr der Komplex einer Reha-Klinik am Dorfrande in die Höhe gewachsen ist. Noch eine Klinik mehr! Für westdeutsche Investoren eine beglückende Geldanlage, für die Menschen hier ein Stück Hoffnung nach einer Operation. Erdmannshain? Wo liegt denn das? Das fragen sie bestürzt, wenn ihnen die Krankenschwester nach einer orthopädischen Operation in Leipzig, Oschatz, Bad Düben oder anderswo das Ziel ihres Kuraufenthaltes nennt.

Warum hier ein solche Einrichtung? Zwei Argumente sollen den Fragenden entwaffnen: Das nähere und weitere Umfeld hat sehr wohl hübsche Naturflecken (die von den meist nur mit Gehhilfen ausgestatteten Patienten freilich kaum alle zu erlaufen sind). Und außerdem bestand hier schon mal vor über hundert Jahren ein Sanatorium für Nerven- und Gemütskranke. Also liegt da eine gewisse Tradition.

Weniger für die Kranken, jedoch für die Einheimischen, regt sich zwischen der sauberen Straßenzeile mit den herausgeputzten Höfen und Siedlungshäusern ein aktives kulturelles Leben. Zu verdanken ist das den rührigen Leuten vom Heimatverein mit ihrem Spiritus rector an der Spitze, dem Mitglied des Stadtrates und des Ortschaftsrates und Malermeister i. R. Wolfram Just, Jg. 35:

Man muß die Unebenheiten vom Dorf nicht nur kennen, sondern auch beseitigen

Ich kann es nicht lassen, ich renne mir die Füße weg für meine Dörfer. Von wegen Rentner-Ruhe genießen. Was ist denn das? Da wird man doch nur kränker. Der Mensch muß in Bewegung bleiben, und solange ich noch laufen kann, solange werde ich mich auch dafür einsetzen, daß alle Unebenheiten im Dorf beseitigt werden. Und da gibt's immer welche, menschliche und kommunale. Das mache ich nicht erst heute, eigentlich schon mein ganzes Leben lang. Dagegen kann man nichts machen, das liegt einfach im Blut. Oder wie die Wissenschaftler es heute formulieren: Das liegt an den Genen.

Am Ende der Schulzeit wollte ich ja nun einen Beruf ergreifen. Das geschah ganz pragmatisch. Die Familie meinte einhellig: Handwerk hat goldenen Boden. Und auf dem stand mein Onkel mit einem Malergeschäft. Der hatte keine Nachkommen. Also, das ist was Reelles, das machst du. Und dagegen gab es keinen Widerspruch. Und so ging ich in Naunhof in die Lehre und erhielt eine scharfe Ausbildung. Wenn ich auch dem Meister mal den Karnickelstall ausmisten und andere hä(us)ßliche Dinge erledigen mußte.

Nebenbei jagte ich über den Fußballplatz. Unsere Mannschaft aus den drei Orten feierte Erfolge und beklagte Niederlagen. Das ist im Sport immer so und auch richtig. Erst im späten Alter mußte ich aufhören, ein Beinbruch setzte den Schlußpunkt unter eine herrliche Angelegenheit. Als ich 19 war, lernte ich meine Fußballbraut kennen, sie war 16, ich 19. Hat man da schon die Kraft und das Wissen, eine Familie zu gründen? Ich führte sie zum Standesamt, und der damals geschlossene Bund hat bis heute gehalten. Nun sind wir gemeinsam glücklich alt geworden.

Mit der Selbständigkeit im Malerhandwerk wurde nichts. Der Druck der staatlichen Organe zur Bildung von PGH verstärkte sich. Ich machte da mit, legte die Meisterprüfung ab, kam in den Vorstand und organisierte für unsere Leute die Arbeit. In den großen Gebäuden von Post, Krankenhäusern, Schulen und auf den Messen hinterließen wir

Blick vom Erdamnnshainer Friedhof hinaus ins Leipziger Land

unsere Pinselstriche. Arbeit gab's in Hülle und Fülle, sie rannte uns hinterher. Wir schlossen zeitweilig die Bürotür gar nicht auf. Heute ist es genau umgekehrt.

Das Privatleben mußte manchmal zurücktreten, wenn das dritte Standbein in Funktion trat: Das Ehrenamtliche für mein Dorf und die Menschen. Das war früher so und ist bis in die Jetztzeit so geblieben. Es hat eben jeder seine Schwächen. Andere meinen, es sei meine Stärke. Es wäre müßig, alles aufzuzählen, was ich als Abgeordneter der Stadt, in den Kommissionen und als Vorsitzender des Heimatvereins und sonstwo gesagt, gefordert, geschlichtet, mich geärgert und getan habe. Ich überlebte ein halbes Dutzend Bürgermeister.

Jetzt gilt meine ganze Liebe und Kraft der Heimstatt unseres Heimatvereins. Von einem abrißreifen Bauernhof sanieren wir ein Nebengebäude, wo die Pilze aus dem Fußboden wuchsen. Sie waren ungenießbar. Das steht fest: Wir bauen uns ein gemütliches und geselliges Vereinshaus. Eine riesige Scheune daneben soll Lagerstätte unserer Utensilien werden und zum Tanz auf der Tenne einladen. Wer Lust hat, kann unser Gast sein inmitten unserer (fast) intakten Dorfgemeinschaft. So wie die Rehe bei mir zu Hause. Für die ist die Parthe hinter meinem Haus keine Grenze, und regelmäßig fressen sie alles ab, was ich im Garten heranziehe. Ich wundere mich, daß ich die Lust zu den Neuanpflanzungen noch nicht verloren habe. Einmal war es eine Rotte Wildschweine, so daß ich nicht mehr umgraben mußte. Sogar eine kleine Kuhherde hatte sich mal auf seltsame Weise hierher verirrt. Ehe ich einen Melkschemel gefunden hatte, suchten sie im Eichaer Wald gegenüber das Weite. Undankbare Welt!

Wolfram Just am Vereinshaus

WEITERE NOTIZEN aus Erdmannshain

Die **Kirche** stammt vermutlich aus dem 12. Jh. Die roh behauenen Holzpfeiler und die Feld- und Bruchsteine im Mauerwerk lassen auf ein hohes Alter schließen. Der Eingangsvorraum mit seinem Fachwerk und der hohe Dachreiter prägen das Bild einer schlichten Dorfkirche. Eine aufwendige Restaurierung erfolgte in den 90er Jahren. - Im Eingang zum Friedhof befindet sich ein schmiedeeisernes Jugendstiltor von 1900, zur Straße hin schließt eine übermannshohe Mauer mit sechs angelehnten Familienbegräbnissen das Gelände ab. - Die Kirchgemeinde ist nach Naunhof eingepfarrt.

Kirche in Erdmannshain

Im Naunhofer **Archiv** liegt ein riesiger Stapel von Akten, der zwischen 1890 und 1925 entstanden ist und ein interessantes Sittenbild der damaligen Zeit dokumentiert. Die Schriftstükke beschäftigen sich mit einer Unmenge von Anzeigen, die Kirchenvorstand, Ortsvorsteher und Privatpersonen gemacht haben: Mistfahren am Sonntag, zu lautes Verhalten beim Dorfspaziergang usw. Die Justizbehörden hatten pausenlos zu tun und verhängten ununterbrochen Strafgeld, meist 3 Reichsmark.

In dem Straßennamen **Zur Plagbreite** spiegelt sich ein Stück Ortsgeschichte wider. Die Flur gehörte mal zum Vorwerk, wo sich die Gutsarbeiter mit dem schweren Boden abplagen mußten. Heute steht dort ein Wohnpark. Bis 1925 war es üblich, daß diejenigen, die im Ort Wohnrecht haben wollten, ein Faß Bier spenden mußten.

Personalien: *Reinhold Geidel* (1889–1976) arbeitete als Lithograf und ab 1925 als freier Mitarbeiter im Brockhaus-Verlag. Dort illustrierte er u. a. den 20bändigen Brockhaus. 1932 übersiedelte er nach Erdmannshain, illustrierte Bücher und zeichnete Bilder seiner neuen Heimat.
Ludwig Külz (1875–1938), entwickelte biologische Heilverfahren, Menschenfreund und Arzt in Afrika.
Jochen Slodowski, Jg. 33, richtete einen Lanz-Bulldog-Hof ein und macht das mit einem entsprechenden Wandbild deutlich. Ursprünglich als Stellmacher tätig, hat er sich das Maschinenwissen selbst erarbeitet.
Dr. Störring, Privatdozent an der Universität Leipzig, später Prof. für Philosophie an der Uni Zürich, richtete 1896 ein Sanatorium für Nerven- und Gemütskranke in Erdmannshain ein.

Vereine und Einrichtungen: Heimatverein, gegr. 1991, Vors. Wolfram Just. Vereinshaus in einem alten Bauerngut. Zahlreiche Veranstaltungen im Jahr. - Der Neubau einer Reha-Klinik eröffnete 1995 zur Behandlung von orthopädischen Erkrankungen und Unfallfolgen. Dafür stehen 146 Betten zur Verfügung. 80 Beschäftigte. - Im Gebäudekomplex befindet sich das Altenpflegeheim *Muldental* . - Zahnärztin Dr. Claudia Merkel.

Handel & Gewerbe: Thomas Mohring, Fliesenarbeiten. - Roland Hahn, Montage und Kleintransporte. - Carsten Michael Kreusch, Fuhrunternehmen. - Karlheinz Latotzke, Kleintierbestattungen, Tierfriedhof. - Malerfirma Andreas Vogelsang. - Lackierwerkstatt Bernd Rothgänger. - Autoservice Knappe. - Blumen Tara. - ISEKI Maschinen GmbH.

GASTRONOMIE: Restaurant *Alte Mühle* mit 120 Plätzen, Übernachtung und Biergarten. Errichtet 1996 auf den Grundmauern der alten Wassermühle (urkundlich erstmals 1556 erwähnt). - Gaststube *Zum Roland* von Roland Buchheim in seinem Wohnaus mit Trinkerzelt im Vorgarten.

Eicha, 1290 Quercu, 1335 Eychen, 'die Siedlung an der Eiche' (dt.), OT von Naunhof, 216 Einw.

Das Dorf lebt mit seinem Kloster, obwohl die Mönche schon vor 500 Jahren ausgezogen und von den baulichen Anlagen nur noch spärliche Reste vorhanden sind. Ein spektakuläres Ereignis hatte seinerzeit die geistlichen Brüder veranlaßt, hier eine Niederlassung zu gründen. Dichtung und Wahrheit verweben sich zu einer Legende:

Es war im Jahre 1454. Ein Fuhrmann zog mit einem vollbeladenen Frachtwagen gen Leipzig. Zwischen den Flecken Erdmannshain und Albrechtshain kam er vom rechten Wege ab und versank im Sumpf der Partheniederung. Der Morast klebte in den Rädern, und es war kein Vorwärtskommen mehr. In seiner Not flehte er die heilige Maria an, deren Bild an einer Eiche hing. Und nun geschah das Wunder, das er später in Leipzig seinen neugierigen Zuhörern immer und immer wieder erzählte und das bald die Runde machte: *Maria* erhörte die Not und brachte die Räder wieder in Bewegung, so daß er wohlgelaunt und dankbar seine beschwerliche Reise fortsetzen konnte. Nun keimte die Hoffnung anderer Notleidender, ebenfalls die Segnungen zu erhalten. Also pilgerten sie hinaus aufs Land zur heiligen Stätte unter der Eiche, die sich innerhalb kurzer Zeit zu einem regelrechten Wallfahrtsort entwickelte. Der Wirt von Eicha, *Kilian Schenk*, profitierte am meisten von den Pilgern. Dies bestätigen die Tranksteuerakten. Neben den Qualitätsbieren aus Wurzen und Torgau wurde auch Wein ausgeschenkt.

Der Wallfahrtsort Eicha hat sicherlich die Antonitermönche angezogen, und sie fanden bei dem Herrensitz einen günstigen Platz, ein Kloster zu errichten. Eine entsprechende Bitte an den Papst beantwortete dieser 1497 positiv, und wenige Jahre später begann eine rege Bautätigkeit. Die Blütezeit des Kloster bestand allerdings nur wenige Jahre. Im Zuge der Reformation löste sich das Kloster 1525 auf, und die Mönche verließen ihre heilige Stätte. Die Anlage kam in den Besitz des Trebsener Rittergutsbesitzers *Hans von Minckwitz*, der die Kirche abreißen ließ und hier ein Vorwerk einrichtete. Die Gebäude zerfielen, Kuhstall und Verwalterhaus überdauerten mehr

Jörg Günther im Garten der Klosteranlage

schlecht als recht die Zeit. Noch im selben Jahrhundert kam es in den Besitz der *Herren von Ponickau* in Pomßen, bis der letzte Besitzer Fürst *Wilhelm von Schönburg-Waldenburg* das Vorwerk mit der Bodenreform von 1945 verlor.

Fortan teilten sich 23 Neubauernfamilien die landwirtschaftliche Nutzfläche von 163 Hektar. Jeder erhielt eine Kuh, ein Schwein, ein Schaf und fünf Hühner. Die sieben Zugochsen und zwei Pferde nutzten sie gemeinsam. Im Klostergelände entstand eine Ringdorf-Siedlung mit zehn Neubauerngehöften, also alles unter einem Dach. Das zweigeschossige Gutsverwalterhaus teilten sich vier Familien. Daß dieses Gebäude nicht verfiel, ist vor allem der Grimmaer Denkmalpfegerin *Renate Sturm-Francke* (1903–1979) zu verdanken. Mit ihrem forschen und sachkundigen Auftreten hat sie seinerzeit Bewohner wie Amtspersonen regelrecht eingeschüchtert und vom geschichtlichen Wert dieser Gebäude überzeugt. Sie hat Gelder ausfindig gemacht, damit Dachziegel gekauft werden konnten.

Seit 1987 steht das Gebäude fast leer. Wind und Wetter begannen ihr Zerstörungswerk. 1989 brach das herrliche Kreuzgewölbe vom Stall in sich zusammen. Doch die Geschichte des Klosters ging nicht kaputt. Zu verdanken ist das dem Leipziger Sozialpädagogen Jörg Günther, Jg. 62:

„Wollt ihr nicht ein Kloster kaufen ...?“

Natürlich sahen wir uns erst mal ungläubig um, als dieser Ruf durch eine Leipziger Buchhandlung hallte. Einer unserer Freunde übermittelte uns diese überraschende Botschaft. Ja, wir wollten bauen, und es sollte was Altes sein. Neugierig erfuhren wir Einzelheiten, und wenige Tage später standen wir in Eicha vor einem maroden Gebäude. Ein riesiges Gebäude, zweigeschossig, abgebröckelter Putz, worunter Bruchsteine hervortraten, im gleichhohen Nebengelaß ein eingestürztes Kreuzgewölbe samt Dachstuhl. Meine Frau reagierte entsetzt, doch ich hatte da nach genauerem Hinsehen eine andere Meinung. Ein Kollegenpaar war der gleichen Ansicht. Andere erklärten uns für verrückt.

Allen gutgemeinten Ratschlägen zum Trotz: Kurz vor Weihnachten 97 entschlossen wir uns zum Kauf. Ob es ein gutes Weihnachtsgeschenk war? Die Stadt Naunhof als Besitzer kam uns verständnisvoll entgegen. Sie war sicherlich froh, von dieser Last befreit zu werden.

Der erste Schritt ist meist der schwerste. Doch wir gingen ihn beherzt an und karrten über tausend Schubkarren voller Schutt in das gefräßige Maul von Containern. Bei 40 hörten wir auf zu zählen. Es dauerte ungefähr 12 Monate, bis wir Baufreiheit hatten. Freunde halfen uns dabei. Wir verwöhnten sie des öfteren mit mittlerem Festschmaus. Im Garten fand sich für die heiteren Stunden genügend Platz.

Das Jahr 1999 begann mit neuen Hoffnungen und dem eigentlichen Bauen. Nun mußten Handwerker mit ran, denn so viel Geschick besaßen wir doch nicht, um alles in eigener Regie zu bewerkstelligen. Natürlich wußten wir, daß unser Baukörper auf der Liste der örtlichen Denkmäler stand. Und da hemmen oft harte Paragraphen so zu bauen, wie man selbst gern möchte. Wir stellten uns nicht in Opposition zu den Ämtern. Im Gegenteil! Mit *Günther Unteidig* von der Grimmaer Denkmalpflege spannen wir einen guten Faden. Und siehe da, beide Seiten strickten verständnisvoll am Bau und freuten sich über das gute Ergebnis.

Im August 1999 nahte der sehnlichst erwartete Tag: Wir packten unsre sieben Sachen in Leipzig und zogen aufs Land. Ein Wunschtraum ging in Erfüllung. Unsere Stadtflucht hatte eigentlich nur eine Ursache: Wir wollten der Natur so nahe wie möglich sein. Und auch schnell in die Stadt kommen, wenn es uns danach war. Und außerdem hatte ich meinen Arbeitsplatz in Leipzig. Die nahe Autobahn war dafür die ideale Verbindung. Meine Frau fand in der Naunhofer Apotheke einen Platz. Manchmal muß man das Glück nicht mal zwingen, es kommt von selbst.

Die ersten Wochen und Monate mußten wir unsere Wohnung mit einer Baustelle teilen. Das tat unserer Begeisterung keinen Abbruch. Inzwischen fühlen wir uns richtig heimisch. Die Wohnung ist intakt, das Drumherum folgt schrittweise. Vielleicht installieren wir im Stall mal ein kleines Hausmuseum? Es finden sich hin und wieder Relikte vergangener Zeiten. Sie helfen bei der geschichtlichen Betrachtung. Außenstehende sind recht neugierig. Nur anmelden sollten sie sich, und uns nicht plitz-platz auf die Pelle rücken.

Mit den Nachbarn verstehen wir uns gut. Wie wird man uns Städter aufnehmen? Diese Sorge hatten wir schon. Inzwischen hat sie sich verflüchtigt. Wir halfen uns gegenseitig. Nachbar *Lehmann* kannte da überhaupt keine Grenzen. Er ließ zu Hause Hammer und Säge fallen, wenn wir ihn brauchten. Manchmal mußten wir ihn schon ermahnen, seine häuslichen Pflichten nicht zu vergessen.

Wie das Kloster mal ausgesehen hat, wir wissen es nicht. Wenn wir heute in dem 500 Jahre alten Gemäuer leben, dann mit fließend Wasser, elekrisch Licht und bester Hygiene. Das sind die normalen Attribute unserer Zeit, und die wollen wir nicht missen, wenn wir die geschichtliche Vergangenheit auch nicht leugnen. Relikte sind vorhanden, und die werden wir pflegen. Das sind wir der klösterlichen Vergangenheit des Dorfes, unserer neuen Heimat, schon schuldig.

*

Die Gegenwart hat einen weiteren Anziehungspunkt. Gegenüber vom Wall versteckt sich zwischen hohen Bäumen ein modernes Gebäude aus Holz und Glas. Es ist ein Dorfgemeinschaftshaus, von der Zimmerei *Ralf Peukert* 1999 für mehr als eine Million Mark errichtet. Sie erhielt dafür den Sächsischen Innovationspreis. Seitdem beherbergt es eine Kindertagesstätte, die Ortschaftsverwaltung, einen Veranstaltungsraum und sanitäre Einrichtungen. Auf dem Gelände stand bis zu seinem Abriß 1999 das alte Schankgut, wo 1884 *August Bebel* zu den Landarbeitern gesprochen hatte. Von 1926 bis 1954 war hier die Schule mit zwei Klassenzimmern, danach der Kindergarten.

Im Eichaer Kiga verläuft das Jahr in etwas anderen Bahnen. Sind's die idealen Bedingungen? Gewiß, auch diese. Vor allem ist es das Engagement der beiden Erzieherinnen, *Marion Tenner*, die Leiterin mit ihrer Kollegin *Rosi Reinelt*.

Der Wochenkalender zeigt Mittwoch. Da öffnet sich der Weg in die freie Natur mit all ihren Geheinissen, da steht der Waldtag auf dem Programm. Das ist das ganze Jahr über so, zu jeder Jahreszeit und bei jedem Wetter. Nur strömender Regen und Donnergrollen verbieten den Ausflug ins Grüne.

„Opa mach Platz, wir bauen ein Haus!"

Ich muß mich beeilen und schnell zur Seite springen. Sie hätten mich sonst überrannt in ihrem Eifer. Die kleinen Knirpse schleppen riesige Äste herbei. Oft packen ein Dutzend der kleinen Fäuste gleichzeitig an und mit hau ruck ziehen sie den Baustoff über den Weg. Waldarbeiter hatten tags zuvor den Unterwuchs ausgelichtet. Nun liegt das willkommene Baumaterial herum, nun können die Wände für die Holzhütte „gezimmert" werden.

Der weite Weg durch die taufrischen Wiesen strengt an. Es gibt keinen kürzeren, ins Waldparadies zu gelangen. Aber sie müssen da durch, im wahrsten Sinne des Wortes. Vielleicht prägt sich das ein für später: Auf den Wegen nach vorn geht nicht immer alles glatt, scheint nicht immer die Sonne! Und man sollte die Augen offen halten! Was da unterwegs alles entdeckt werden kann: Ein Käfer krabbelt über den Weg und landet auf der kleinen Kinderhand, eine Schnecke wird beäugt, Ente und Erpel werden an der Farbenpracht unterschieden. Die kauenden schwarzbunten Kühe heben erstaunt den Kopf ob der bunten und wilden Kinderschar. Dann locken die Pfützen auf den Waldwegen vom letzten Regen. Das Wasser quillt unter dem leichten Schritt, der Schlamm quetscht hervor.

Am Ziel unter den hohen Bäumen mit dem geheimnisvollen Rauschen ist jede Anstrengung vergessen. Vor allem dann, wenn sich der pralle Rucksack öffnet, den die Erzieherinnen bis hierher schleppten. Frühstück! Jede Arbeit bringt ihren Lohn: Möhrenhappen, Radieschenscheiben und der köstliche Nachtisch mit Gummibärchen. Einige sind so in ihre „Arbeit" vertieft, daß sie das Frühstück beinah versäumen.

Der Spieldrang kennt keine Grenzen. *Helene* kocht mit Moos das Mittagessen, *Alexander* zimmert ein Flugzeug, *Lydia* rostert eine Wurst, *Luzia* verarbeitet Kienäpfel zu Klößen. Hier kommentiert *Jentl* lautstark ihren Fund, dort jauchzt *Richard* über eine Entdeckung. *Tom* klettert einen schrägen Baum hinauf, den der Sturm neulich umgelegt hat. Er hat keine Angst und zeigt stolz seinen Mut. Die Kinder sitzen nicht im Glaskasten hier draußen in Gottes freier Natur. Die Vogelstimmen wetteifern mit den Stimmen der lustigen Kinderschar. Ein Konzert, wie es selbst große Musiker nicht besser in Noten setzen könnten.

Viel zu schnell eilt die Zeit davon. Es wird zum Rückweg formiert. Der braucht mehr Zeit, die Spannung weicht den erschöpften Kräften. Jetzt gibt's keine Sammelpunkte mehr, bei denen die wilde Jagd stoppen mußte, bis auch die Nachzügler heran waren: die Parthe, die Erle, die Waldbank, die Koppel mit dem Weidezaun. Nach dem Mittagessen träumen einige von den Walderlebnissen. Nächste Woche geht die kleine Meute wieder auf Entdeckungsreise. Die Natur ist unerschöpflich und immer wieder neu.

Die Eichaer Knirpse in ihrem Wald

Die **Siedlung** besteht aus drei Teilen. Da ist einmal das unmittelbare Klostergelände mit den zehn Neubauernhöfen von 1946. Insgesamt teilten sich 1945 23 Neubauernfamilien den Besitz des Vorwerkes auf. Die Nachfahren rekonstruierten diese Gebäude, die unter Denkmalschutz stehen. Die Häuser im Ortskern mit den Handwerkern und dem Gasthof außerhalb vom Rittergut werden *große Eche* genannt. Die *gleene Eche* grenzt unmittelbar an das Albrechtshainer Pfarrhaus an und bestand vermutlich aus einigen kleinen Bauernhöfen.

Der **Wallgraben** umschloß vermutlich eine Wasserburg und das spätere Klostergelände, besonders an der Straßenseite noch deutlich vorhanden. Im 15. Jh. bestand er aus aneinandergereihten Teichen. An den Ufern wachsen mächtige Kastanien und Eichen. Leider ist für das Gewässer kein Zufluß mehr vorhanden und die Wasserhöhe vom Niederschlag abhängig.

Personalien: *Johann Pfeffinger* (um 1495–1573) predigte 1530 als erster protestantischer Pfarrer in Eicha. Dadurch strömten wiederum viele Leipziger in das Dorf, um die neue Christenlehre zu hören. 300 Jahre später fand 1839 ihm zur Ehre eine große „Jubel-Wallfahrts-Festfeier“ statt. Ein ellenlanger Festzug mit Honoratioren und Einwohnern der Stadt bewegte sich vom Augustusplatz bis nach Eicha. Dort wurde eine Eiche gepflanzt, die sich mächtig entwickelte und als *Pfeffinger-Eiche* in die Dorfgeschichte einging. Sie wurde vor einiger Zeit gefällt.

Else von Kanitz lebte 1527 in Eicha und war eine der Nonnen, die gemeinsam mit *Katharina von Bora* 1523 aus dem Kloster Nimbschen geflohen ist.

Handel & Gewerbe: Kraftfahrzeuge und Vermietung Jürgen Leutbecher. - Elektroinstallation Uwe Zaunick. - Haus und Hof Michael Lange. - Hausmeisterservice Maik Petzold. - Bürogeräte Manthey. GASTRONOMIE: Der *Gasthof Eicha* wird seit 1964 von der Familie Rainer Dietze im 1928 errichteten Gebäude bewirtschaftet. Wegen seines guten Speisenangebotes war er schon in der DDR-Zeit ein beliebtes und weithin bekanntes Ausflugsziel. Ab 1993 führt Sohn Andreas Dietze den Gasthof.

LITERATUR: Kloster Eicha. Wallfahrts-, Antoniter-, Reformations- und Ortsgeschichte. Sax-Verlag 1997.

Am wassergefüllten Wallgraben in Eicha

Albrechtshain, 1350 Albrechtishain, 'Rodungssiedlung eines Albrecht (dt.), OT von Naunhof, 399 Einw.

An den neu gesetzten Ortschildern ist nicht zu rütteln. Die stehen nun mal da, und die Eigenheimbauer, die in gutem Treu und Glauben auf Albrechtshainer Flur *(gleene Eche)* gebaut haben, müßten jetzt mit Eicha inserieren. Doch die meisten tun es nicht. Auf seinem Albrechtshainer Standort beharrt aus verschiedenen Gründen ebenso der Meister der Zimmerei und Geschäftsführer Ralf Peukert, Jg. 66:

Meine spannendste Aufgabe war der Glockenstuhl für die Dresdener Hofkirche

Zimmermann ist mein Traumberuf. Der Duft des Holzes, der schnurgerade Sägeschnitt, bei dem der halbe Bleistiftstrich noch zu sehen ist, die Konstruktion eines komplizierten Dachstuhls, all das und noch viel mehr sind die Tätigkeiten, die mich reizen und mir in meinem beruflichen Leben Freude und Erfüllung bringen. Ich hatte einen guten und gestrengen Lehrmeister in der Zimmerei Mai in Leipzig. Die drei Jahre waren hart, aber fair. Von wegen mit dreckigen Schuhen, ungekämmt oder mit abgerissenem Knopf am Ausbildungsplatz zu erscheinen. Da gab's Pfeffer, und im Trab ging's nach Hause zurück. Und wenn ich mich bei einer Lektion gar zu dämlich anstellte, dann übte ich das bei einer Portion Feuerholz, die ich mit der Hand zersägen mußte. Und siehe da, ich wurde im Berufswettbewerb der Zimmermannslehrlinge geehrt. Das war meine erste Auszeichnung. Inzwischen hängen die Wände voll damit, und weitere liegen in der Betriebschronik.

Deshalb und überhaupt bin ich meinem Lehrmeister heute noch dankbar für seine harte Hand und mit ihm freundschaftlich verbunden. Soll ich meine Lehrlinge anders erziehen? Sie müssen wissen, was Ordnung und Disziplin am Arbeitsplatz bedeuten.

Nach der Ausbildung erhielt ich einen Platz bei der Leipziger Denkmalpflege. Innerhalb kurzer Zeit schaffte ich es bis zum Bereichsleiter Holz. Mit der politischen Wende gab es für mich nur ein Ziel, eine eigene Zimmerei aufzubauen und Herr meiner selbst zu sein. Da mußte ich vorher eine merkwürdige Hürde nehmen: Die Meisterprüfung in der volkseigenen Industrie wurde nicht anerkannt. Also unterzog ich mich weiteren Prüfungen und machte noch mal ein Praktikum bei einem Kollegen. Und dann endlich erhielt ich die Bestätigung, daß ich einen Betrieb führen darf. Den neuen Meisterbrief erhielt ich während einer feierlichen Veranstaltung mit Bundeskanzler *Helmut Kohl.* Mit festem Handschlag wünschte er mir alles Gute für die Zukunft. Das konnte ich auch gut gebrauchen!

Meinen Wohnsitz nahm ich nun in Albrechtshain. In seiner Nähe kaufte ich ein verlassenes bäuerliches Grundstück. Einen alten Stall baute ich um. Meine Leute brauchten ja für ihre Zimmererarbeiten ein Dach übern Kopf. Später kamen nach und nach weitere Hallen und Bereiche dazu. Vielfältige Aufträge brachten genügend Arbeit ins Haus. Da gab es Dachkonstruktionen für Eigenheime, Sanierungen bei der Denkmalpflege, größere Holzbauten für Hallen und vor allem Glockenstühle für Kirchen in ganz Sachsen. Da trauen sich manche nicht ran, die hundert Jahre alten Konstruktionen zu reparieren oder neu zu zimmern. So lange muß das stabile Gerüst aus Eichenholz auch wieder halten. Für die Kirche baut man immer für hundert Jahre! Der interessanteste Glockenstuhl war der von der Dresdener Hofkirche. Da legte ich selbst mit Hand an. Ansonsten fressen Rechnereien, Schreibereien und Rennereien an meinem Zeitfond. Die 25 Beschäftigten wollen Arbeit und ihren Lohn haben. Und die beiden Lehrlinge, die ich jedes Jahr ausbilde, sollen auch was lernen. Wie habe ich mich gefreut, als zur letzten

Weihnachtsfeier ein über 50 Jahre alter Zimmerer mit Tränen in den Augen sich dafür bedankte, daß er hier Arbeit und Brot bekommt. Da weiß ich, wofür ich mich abrackere.

Ich lebe gern hier in meinem Dorf, das sich so harmonisch in die flache Landschaft einbettet. Wald und Wasser unterbrechen die weiten Felder. Eigentlich müßte ich mir für dieses Umfeld mehr Zeit gönnen. Doch das ist nicht so einfach. Mich beschäftigt immer und irgendwie mein Betrieb. Man kann einfach nicht abschalten. Manchmal zwinge ich mich dann dazu, beim Sport, beim Schwimmen und bei einigen Urlaubstagen. Und hin und wieder stelle ich mich den ehrenamtlichen Aufgaben im Dorf. Das erwarten ja auch die Leute von mir. Wie dankbar war ich, als ich den Auftrag für das neue Gemeinschaftshaus in Eicha erhielt. Im Holzhaus stecken meine ganzen Erfahrungen. Und auch die Einwohner betrachten und nutzen es mit Stolz. Im dortigen Kindergarten finden die Kleinen alles das, was ihr Herz erfreut. Das ist mir immer noch wertvoller als der Sächsische Innovationspreis, den ich für dieses Bauwerk 1999 erhielt. Obwohl, gefreut habe ich mich natürlich auch darüber.

Ralf Peukert beim Bau des Höfgener Glockenturms

WEITERE NOTIZEN
aus Albrechtshain

Die **Autobahn** A 14 führt unmittelbar am Dorf vorbei. Bis 2005 mündet hier der Neubau der A 38 auf die A 14. Schallschutzmaßnahmen sollen den Lärm erträglicher machen.

Der **Autobahnsee** ist der Rest einer Kiesgrube, wo ab1934 bis zum Krieg Kiese und Sande für den Bau der Autobahn gefördert wurden. Von 1965 bis 1970 erfolgte ein erneuter Abbau, jetzt 24 ha Wasserfläche bis 7 m tief. Seit 1946 Nutzung als Naherholungsgebiet des Zweckverbandes Naunhof-Brandiser Forst mit Zeltplatz, Badestrand und Bewirtschaftung.

Die **Bahnstrecke** Leipzig-Grimma kreuzt im Naunhofer Forst den Dreiflügelweg, den viele Radfahrer benutzen. Die Schranke ist seit 20 Jahren geschlossen und kann umgangen werden. Das Bahnwärterhäuschen hat jetzt eine Leipziger Familie zu einem Wohnhaus ausgebaut.

Der Rest eines **Bühls**, das war eine mittelalterliche Wasserburg, einstmals über einen Graben von der Parthe gespeist, liegt in den Parthewiesen am Südostende des Dorfes. Die Anlage war bis 1627 bewohnt und wurde dann aufgegeben. Im Burghügel befindet sich ein Erdkeller mit Tonnengewölbe, der jetzt zum Bauerngut Rutsch gehört.

Die **Parthe** fließt fast schnurgerade am Dorf vorbei durch die Wiesen. Die Braunfärbung läßt auf einen hohen Eisengehalt schließen. Von Ammelshain und Waldsteinberg her kommt die Faule Parthe, die hier in die Parthe mündet.

Die **Kirche** wurde 1382 erstmals erwähnt, 1897 völliger Umbau mit Anbau eines Turmes aus Beuchaer Granit und Rochlitzer Porphyr, seit 1996 Erneuerungen. Der Schnitzaltar (um 1510 hergestellt) stammt aus der abgerissenen Klosterkirche von Eicha. Das Pfarrhaus wurde 1996 renoviert. Seit 2002 mit Beucha eine Kirchgemeinde. Friedhof an der Kirche.

Der **Siedlerverein**, Vors. E. Stein, organisiert jedes Jahr ein Sommerfest und andere Tanzveranstaltungen.

Personalien: *Eleonore Nicklisch*, Jg. 36, Lehrerin i. R., setzt die Arbeit des Ortschronisten *G. Sämisch* fort. Ihr Wohnhaus nahe der Parthe liegt in deren Hochwassergebiet, zuletzt wieder 2002. Hier erlebte sie mit drei Geschwistern eine genügsame, aber schöne Kindheit.

Karl Gustav Wunder (1793–1860), hier geboren, war Professor der Mathematik und Rektor an der Landesschule St. Afra in Meißen, verfaßte mehrere Lehrbücher und wissenschaftliche Werke. Straßenname im Gewerbegebiet.

Albrechtshainer Kirche

Günther Sämisch (1929–1997) beschäftigte sich intensiv mit der Ortsgeschichte und hinterließ eine fünfbändige Materialsammlung.

Dr. habil. Uwe Schirmer, Jg. 62, Privatdozent, Domdechant zu Meißen, Autor wissenschaftlicher Bücher im Sax-Verlag Beucha. Vors. der Rudolf-Kötzschke-Gesellschaft.

Handel & Gewerbe: Ein neues *Gewerbegebiet* wurde am nordwestlichen Dorfrand angelegt, großzügig mit Straßen, die teilweise ins Nichts führen, mit Schlaufen und Lampen. Wenige vorhandene Firmen: Sächsischer Brunnen- und Spezialtiefbau. - Institut Dr. Körner & Partner, Materialprüfung im Bauwesen. - STRATAG. - *Im Dorf*: Friseursalon Karin Seiffert. - Fußpflege S. Slodowski. - Heizung und Sanitär F. und K. Schneider. - Gas- und Wasserinstallation Holger Leibnitz. - Schmiedemeister Jürgen Welk. - Glaserhandwerk Manfred Naumann. - Elektrohandwerk Andreas Rüstau. - Tierpension Schäfer. - Zimmerei Ralf Peukert. - AET Erdbau und Abbruch. - Bauservice Hentschel. - Bohr- und Sägeservice Matthias Dosse. - Trockenbau Klaus Holger Fricke. - Fuhrunternehmen Heinz Gert Stark. - Dachdeckerarbeiten Dieter Werner Koppo. - Seniorenservice Ursula Hirsch. - Autohandel und Vermietung Ziegler & Seiffert.

GASTRONOMIE: Der *Gasthof Albrechtshain* befindet sich in 3. Generation im Besitz von Mike Leutbecher. Der Saal ermöglicht größere Familienfeiern, auch die Silvester- und Faschingsparty werden hier ganz groß gefeiert. Angenehmer Biergarten. Mittagstisch.

Lindhardt, 1372 Lindenhart, 'Siedlung am Lindenwald' (dt.), OT von Naunhof, 366 Einw.

Die kleine Siedlung versteckt sich fast völlig in den Waldungen des Naunhof/Lindhardter Forstes, einem Mischwald aus Laub- und Nadelbäumen. Linden wachsen nur noch selten im Forst und in der Ortslage, sollen aber wieder verstärkt angepflanzt werden. Deswegen wird das Dorf seinen Namen nicht ändern. Am Rand zwängelt sich die Parthe vorbei, wie seit eh und je. Eine gut ausgebaute Straße hält die Verbindung zur Außenwelt aufrecht, in der einen Richtung nach Naunhof, in der anderen nach Köhra/Leipzig. Das genügt.

Nach Lindhardt pilgerten an den Wochenenden tausende Leipziger

Lindhardt hat seit langem einen guten Namen. Es war mal ein gern besuchtes Ausflugsziel. Die Blütezeit liegt zwischen 1880 bis zum Beginn des II. Weltkrieges. Die Eisenbahn spuckte vor allem an den Wochenenden am Bahnhof in Naunhof jedesmal tausende Leipziger aus. Sie ließen die Stadt hinter sich und pilgerten oder kutschierten in das 2 km entfernte Lindhardt. Pfingsten ratterten gar bis zu 50 Sonderzüge aus Leipzig heran. Jede Menge Radler traten in die Pedalen.

Das Ziel der Naturfreunde war die alte Mühle. Sie hatte längst ihren Mahlbetrieb eingestellt. Lindhardt war jetzt Luftkurort für die Leipziger. 2000 fanden in der Gaststätte einen Sitzplatz. Der Besitzer mußte eine ausgeklügelte Logistik planen, um die Wartezeiten zu verkürzen. Manchmal spielten gleich drei Kapellen zur Unterhaltung, darunter auch die legendäre Naunhofer Jägerkapelle. In den Abendstunden erhellte wiederholt ein prächtiges Feuerwerk den nächtlichen Himmel. Im Herbst folgte der berühmte Fischzug und im Winter Schlittschuhlaufen beim Eiskonzert.

Werner Kendschek an der knorrigen Linde

Mancher der Leipziger, dem die ganze Natur hier gefiel, erwarb Grund und Boden, und ließ darauf eine Sommerresidenz erbauen. Es waren vorwiegend die Inhaber großer Verlagshäuser und andere Geschäftsleute, die hier draußen in Ruhe ihren Gewinn zählen konnten. In den Villen suchten in den Nachkriegsjahren die Vertriebenen aus den Ostgebieten eine Unterkunft. Die Geschäftsleute verzogen sich in die westlichen Gefilde oder wurden nach ihrer Enteignung vertrieben. Unter der sozialen Struktur der Einwohner vollzog sich ein totaler Wandel.

Das fröhliche Treiben im gastlichen Wallfahrtsort fand mit dem Kriegsausbruch ein Ende. Es diente fortan als Reserve-Lararett, wie auch im II. Weltkrieg ein weiteres Mal. Danach bemühte sich der Besitzer, noch einmal da anzuknüpfen, wo er seinerzeit aufhören mußte. Doch das gelang nicht, und 1951 schloß die Ausflugsgaststätte für immer ihre gastlichen Pforten. Was nun machen? Die staatliche Jugendhilfe suchte dringend Unterkünfte für die gefährdeten Kinder aus schwierigen Familien. Sie fand es in den verfallenden Gebäuden von Lindhardt und richtete mit viel Aufwand darin ein Kinderheim ein.

Die Geschicke dieser Einrichtung nahm 1954 ein Neulehrer in die Hand, der damals hierher versetzt wurde, Werner Kendschek Jg. 26:

„Sie haben da ein Wort angestrichen, aber laut Duden ..."

Meine Kindheit erlebte ich in einem winzigen Dorf an der Oder nahe Breslau. Als einziger Sohn meiner Eltern, Vater war herrschaftlicher Kutscher, Mutter eine Landarbeiterin, ging es mir gut. Die Berufslaufbahn begann ich als Verkäufer in einer Drogerie. Dann mußte ich in den Krieg, der für mich nach einer kurzen russischen Gefangenschaft einigermaßen gesund endete. In einem Dorf bei Leisnig fand ich meine Eltern. Wie nun weiter?

Ein riesiges Plakat in der Stadt machte mich neugierig: Werdet Neulehrer! Ob das was wäre? Nein, mein 8-Klassen-Abschluß reicht da wohl nicht aus. Dann siegte doch die Neugier, und mit etwas Bammel meldete ich mich in Döbeln beim Kreisschulamt. Ein halbes Jahr lang besuchte ich Tag für Tag die Kurse in der Stadt. Die Lektionen brachten jede Menge Themen zu den Naturwissenschaften, zur Politik. Das Kommunistische Manifest haben wir vorwärts und rückwärts gelesen. Ziemlich kurz kam die Methodik des Unterrichtes und überhaupt die Erziehung der Kinder. Da vertraute man wohl auf unseren gesunden Menschenverstand.

Und der war dann auch gefragt, als ich mit Beginn des neuen Schuljahres in die Grundschule nach Dürrweitzschen entlassen wurde. Die Schüler des 1. bis 4. Schuljahres saßen in einer Klasse und blickten mich erwartungsvoll an. Es ging leidlich. Eine ältere Lehrerin gab mir gute Ratschläge. Manchmal schlich ich mich aus dem Unterricht, um ein Wort im Duden zu suchen. Einmal teilte mir eine Mutter mit: „Lieber Herr Kendscheck, Sie haben da ein Wort angestrichen, aber laut Duden ist es richtig geschrieben." Ich habe mich entschuldigt. Eine Schande? Nein, ich lernte ja selbst noch.

Dürrweitzschen war damals noch nicht das Obstdorf von heute. Großbauern bestimmten das Geschick im Dorf. Als junger Neulehrer hatte man es da nicht ganz leicht. Doch die Kinder mochten uns. Wir standen nicht nur vorn am Katheder. Wir haben mit ihnen gespielt, Sport getrieben, und beim Schinkenklopfen konnten sie auch mal so richtig auf einen Lehrerhintern hauen.

Dann ging die Kinderzahl rapid zurück, die Schule wurde geschlossen. Mir wurde eine Stelle in Lindhardt angeboten. Also setzte ich mich in den Zug und stieg in Naunhof aus. Die Wanderung durch den Wald zum Zielort endete mit der Feststellung: In dieser wunderbaren Gegend könntest du bleiben. Meiner Frau, die ich im Kinderheim Leipnitz kennengelernt hatte, ging es genau so. Wir hielten ein Leben lang zueinander, und erst wenige Wochen vor unserer goldenen Hochzeit verließ sie 1998 diese Welt. Das hat mich sehr geschmerzt. Wir paßten nämlich gut zueinander, weil wir so gegensätzlich waren: Sie der Pessimist, ich der Optimist: Wenn wir frühmorgens zum Fenster hinaus schauten, stellte ich fest: „Das wird wieder ein herrlicher Tag!“ Sie dagegen monierte: „Aber dahinten stehen ein paar Wolken am Himmel, die können womöglich Regen bringen“.

Mit meiner Lebensanschauung widmete ich mich voll und ganz den Kindern im Heim. In den 20 Jahren als Schulleiter und anschließend den 15 Jahren als Heimleiter fühlte ich mich wie ein Vater von hundert Kindern, zumindest als Ersatzvater. Sie waren hier in einer anderen Welt. Zurückgelassen hatten sie ein zerrüttetes Elternhaus mit Schmutz, Zerrissenheit, kaum geregelten Essenszeiten, und ein Leben mit Diebstahl und Schuleschwänzen. Ursache war meist die Alkoholsucht der Eltern. Jetzt brauchten sie unsere Liebe, natürlich auch eine gewisse Ordnung und Disziplin. Da passierte es schon mal, daß meine 110 „volkseigenen“ Kinder vor meinen zwei „leibeigenen“ den Vorzug bekamen. Letztere hatten ja noch ihre Mutter.

Viele, sehr viele, die wir dann später ins erwachsene und berufliche Leben entließen, gingen einen guten Weg. Sie gründeten Familien und schafften eine sichere Existenz. Nicht selten kamen welche vorbei, die uns Dank sagten. Da waren wir richtig stolz. Mein Lebenswerk hatte seine Erfüllung gefunden.

Seit über zehn Jahren sitze ich nun im Ruhestand. Ich will aber keine Ruhe! Ich bemühe mich darum, meine Aktivitäten vom ehemaligen Wohnbezirksausschuß unter den neuen gesellschaftlichen Bedingungen im Ortschaftsrat und im Heimatverein fortzusetzen. Und dann schreibe ich seit 50 Jahren ständig an der Dorfchronik. Die vielen Ordner umfassen die Geschichte einer kleinen Siedlung mit ihren Menschen, und das sind prächtige Leute!

WEITERE NOTIZEN aus Lindhardt

Das **Alte Schloß** in der Nähe des einstigen Vorwerkes erinnert an die mittelalterliche Besiedlung. Mit einem Durchmesser von 25 Metern und einer Resthöhe von 1,5 Meter ist die Befestigungsanlage allerdings kaum noch zu erkennen. Von den beiden Gräben wurde einer zugeschüttet. Einige starke Stileichen überwuchern das stark bewachsene Gelände.

Das **Armeeobjekt** (jetzt Gneisenau-Kaserne) auf weitläufigem Gelände entstand ein Stück östlich vom Dorf inmitten des Waldes zwischen 1967 und 1972 mit riesigen Lagerhallen für Fahrzeuge, Waffen, Munition, Ausrüstungen usw. Bei einer Mobilmachung konnten damit zwei Divisionen ausgerüstet werden. Die Wende vollzog sich friedlich: Am 3. Okt. 1990 standen am Kasernentor wie immer die Soldaten in der Uniform der NVA, am nächsten Morgen die gleichen Leute in der Kleidung der Bundeswehr. Fortan als Instandsetzungsbataillon befindet sich die militärische Einrichtung seit 2002 in Auflösung. Die weitere Nutzung des Geländes ist unbestimmt. Dazu gehört ein Wohnblock mit 40 Wohnungen in 5 Stockwerken.

Denkmäler: Kriegerdenkmal für die fünf Gefallenen des I. Weltkrieges. - Gedenkobelisk für Karl Liebknecht und Rosa Luxemburg. - Gedenktafeln an der Gneisenau-Kaserne, zur Erinnerung an die 625-Jahrfeier der Ersterwähnung (1997), zur Geschichte der Mühle Lindhardt am neuen Wohnpark Mühle (2002).

Zwölf historische **Villen** markieren das „Dorfbild", darunter als erste 1875 die des Leipziger Verlegers Klinkhardt, der täglich mit Pferd und Wagen nach Leipzig fuhr. In einem eigenwilligen Baustil entstand die *Villa Jolowicz.* So hieß ein jüdischen Verleger, der eine „offenes Haus" führte und namhafte Persönlichkeiten zu seinen Gästen zählte. Fast alle Gebäude sind im historischen Gewand saniert.

Die **Wasssermühle** wurde 1495 erstmalig erwähnt und arbeitete bis 1850. In dem Gebäude entstand eine Großgastwirtschaft für Leipziger Ausflügler. Erweiterung mit Tanz- und Theater- und Speisesaal, Wintergarten und Veranda am Teich. Von 1952 bis 1993 Kinderheim, ab 2002 Wohnpark „Alte Mühle". Das Kurhaus, erbaut 1893, wurde schon bald als Hotel, Diakonissenhaus (1927–1943), Lazarett und von 1945 bis 2003 als Kinderheim betrieben. Jetzt noch Kindergarten.

„Wasser für Lindhardt" war ein Vorhaben, bei dem die Lindhardter in eigener Regie unter Leitung von G. Etzold mit allen Einwohnern 1983/89 ihre Haushaltungen an ein örtliches Wassernetz anschlossen. Zugleich Bau der Abwasserleitung, Verkabelung des Stromnetzes und Ortsbeleuchtung. Der Straßenname „Wasserweg" erinnert an diesen dorfverbindenden Einsatz.

Eine **Windhose** raste am 17. 3. 1995 durch den Ort und hinterließ einen 30 m breiten Streifen der Verwüstung, starke Bäume stürzten um.

Vereine und Einrichtungen: Der Heimatverein Lindhardt e.V., gegr. 1991, Vors. Uwe Kendschek, vereint über 50 Einwohner des Dorfes. Zu seinen vielfältigen Aufgaben gehören Heimat- und Straßenfeste, Wanderungen, Erhaltung und Pflege der Umwelt und Natur, u.a. Markierung eines Rundwanderweges, Krötenzaun. - Volkssolidarität seit 1950, Vors. Brigitte Eckardt, jetzt Seniorenkreis, Leitung Frau Strößner und Frau Nottrot. - Der *Löschzug Lindhardt* kommt mit Sirene und Blaulicht als besondere Feuerwehr-Einheit auf einem Tandem und Fahrradanhänger daher und belustigt mit viel Gaudi bei Volksfesten die Zuschauer.

Landwirtschaft: Ein Vorwerk vom Belgershainer Rittergut und sieben Drescherhäuser bildeten die Grundlage der späteren Ansiedlung. Mit der Bodenreform entstanden drei Neubauernstellen. Im Vorwerksgebäude, einem schmucken Fachwerksbau aus dem 18. Jh., wurde später die Försterei eingerichtet.

Forsthaus in Lindhardt

Handel & Gewerbe: Heizung und Sanitär B & M. - Die Gaststätte „Lindenklause" entstand aus dem Baustellenlager beim Wasserbau.

Personalien: *Otto Hermann Barth* (1841–1919) als der erste und einzige Kurarzt und praktischer Arzt in L. tätig, langj. Gemeindevorstand. Anfertigung von geologischen Reliefkarten (Leipziger Museen) und Forschungen zum Grundwasser.

Franz Gaudeck (1889–1946), Sohn eines Lindhardter Forstmeisters, Kunsterzieher, 1918-1946 tätig als Maler, Grafiker und Illustrator, 1945 in Dresden ausgebombt.

Franz Gaudeck, Jg. 26, Flugzeugbauer und Testflieger (auch Düsenmaschinen) gegen Ende des II. Weltkrieges. Heute bastelt er Modell-Flugzeuge aus Aluminium und dokumentiert damit die Geschichte der Luftfahrt.

Willy Mayer, verstorben 1983, Vermessungsingenieur, aktiv für die Gemeinde und bei der Umweltgestaltung (Bäume, Bänke, Wege), Willy-Mayer-Park.

Jochen Konrad, Jg. 29, 40 Jahre Revierförster in Lindhardt, aktiv tätig bei der Ortsgestaltung und im gesellschaftlichen Leben. Jagdleiter, Jagdhornbläser und Züchter von Jagdhunden.

Heinz Auga, Jg. 33, Umsiedler, Sportlehrer und Trainer. 1949–1964 DDR-Rekord-Halter im Weitsprung. Meister des Sportes. Sportangler.

LITERATUR: Naunhofer Geschichte, Sax-Verlag 1998

Pomßen, 1255 Pomezin, 'Ort am Rain, an der Grenze' (slaw.), OT von Parthenstein, 820 Einw.

Aus dem dunklen Blätterdach schieben sich die Zinnen eines Turmes. Die Schießscharten lassen eine Festung vermuten. Doch hier geht es friedlich zu, meist ruhig, oft beängstigend ruhig. Nur manchmal, wenn Bauarbeiter am Werkeln sind, dann wird's hektischer. Dann klettern Bauleute in die Gerüste, regen sich innen die Handwerker beim Leitungsbau. Das Pomßener Schloß wird saniert.

Der Pomßener Schloßherr Moritz Pflugk endete auf dem Schafott

Das Schloß ist ein Wahrzeichen des Ortes. Als frühdeutsche Wasserburg angelegt, folgte in der Renaissancezeit ein mauerstarker Steinbau, der um 1850 nach dem Vorbild der englischen Gotik stark verändert wurde. Über mehr oder weniger längere Zeiträume hinweg herrschten hier verschiedene Adelsgeschlechter, die Herren von *Pomßen*, die *Pflugks*, die *Minkwitze*, die *Ponickaus* und zuletzt die Fürsten von *Schönburg-Waldenburg*. Die Famile *von Pomßen* ist schon im 13. Jh. ausgestorben. Der letzte von ihnen, *Feige von Pomßen*, wird als ein mannhafter Ritter geschildert, der Schwert und Lanze ebenso rüstig zu schwingen verstand wie den gefüllten Becher. Seine zentnerschwere Rüstung steht in der Schatzkammer der Wartburg. In der neuen Heimatstube hätte sie eigentlich einen viel besseren Platz.

Ein anderer, *Moritz Pflugk*, der Unglückliche, fand 1537 ein bitteres Ende. Bei einem seiner amourösen Abenteuer in Leipzig erwischte ihn der Ehemann in flagranti. Bei dem Händel wurde der Betrogene erschlagen. Die Chronik berichtet weiter: „Da ist mitten auf dem Leipziger Markte eine Schaubühne aufgerichtet worden, auf daß jeder männiglich

Dorfteich und Vereinshaus in Pomßen

es besser sehen könne, und hat man der Nachwelt zu einem merkwürdigen Exempel Moritz Pflugken und dem Weibe, beiden die Köpfe abschlagen lassen." Andere Zeiten, andere Sitten!

Dann 1948: Fortan sausten Mädels und Jungen durch die weiträumigen Gefilde des Hauses und den Park. Im Schloß fanden für jeweils vier Wochen so an die 70 Kinder ein Genesungsheim, in dem sie sich nach körperlichen und seelischen Erkrankungen erholten. Da in der DDR-Zeit jede Einrichtung möglichst einen Namen zu tragen hatte, erhielt das Schloß den von *Margarete Blanck*, einer Panitzscher Ärztin, die wegen ihres Widerstandes gegen den Faschismus 1944 hingerichtet wurde.

Nun folgt das nächste und vorläufig wohl letzte Kapitel der Schloßgeschichte. 1990 verließen für immer die Kinder ihr Kurheim, die Türen schlossen sich. Das Gebäude gammelte vor sich hin. Schließlich ließ sich der Südtiroler Geschäftsmann *Paul Rieder* für das Anwesen begeistern. Er griff in seine Schatulle, erwarb preisgünstig das Bauwerk mitsamt den maroden Wirtschaftsgebäuden des ehem. Rittergutes, und begann schrittweise mit der Sanierung. Die Pomßener atmeten auf, obwohl sie nicht wissen, wie es mal genutzt wird. Man munkelt von einem Hotel mit Restaurant.

Das steht schon fest: Goldene Brötchen lassen sich hier bestimmt nicht backen, obwohl es die einer Legende nach im Schloß gegeben haben soll. Aber das ist lange her und erzählt eben nur eine Sage, aber eine schöne *(siehe Rundblick-Lesebuch)*.

In der eindrucksvollen Wehrkirche steht die älteste spielbare Orgel Sachsens

Es läßt sich streiten, ob die alte Wehrkirche, in ihren Grundmauern eine spätromanische Anlage des 13. Jh., als Wahrzeichen des Ortes noch vor dem Schloß rangiert. Schon äußerlich macht sie etwas von sich her mit ihrem wuchtigen Turm, dem kleinen Dachreiter (1661) und den gedrungenen Ausmaßen. Doch erst im Inneren offenbart sie ihre ganze Schönheit. Wer da eintritt, der verharrt verblüfft am Eingang. Er wird von einer eigenartigen Atmosphäre umfangen. Wenn sich das Auge an das Dunkel gewöhnt hat, dann weiß er zunächst gar nicht, was er zuerst genauer anschauen soll: Die hölzerne Kassettendecke (1668) mit den Heiligen oder die Epitaphe und historischen Grabsteine derer *von Ponickau* an den Wänden. Aus der Apsis hebt sich ein einzigartiger Altar heraus. Meisterhände haben um 1560 die Passionsgeschichte in Sandstein modelliert. Und noch etwas offenbart sich da: Die knieenden Figuren stellen Personen des Ponickauer Herrengeschlechts dar.

In der Taufkapelle steht ein wuchtiger romanischer Taufstein. Oben im Turm hängen drei Glocken von 1685. Die größte wurde vermutlich direkt vor Ort auf dem Friedhof gegossen. Zwei von ihnen überstanden die Kriegswirren und konnten nach dem II. Weltkrieg vom Glockenfriedhof in Hamburg zurückgeholt werden.

Dann, im Rücken des Eintretenden, oben in der Empore, da steht das eigentliche Kleinod, die älteste spielbare Orgel in Sachsen! Ein Döbelner Orgelbaumeister hat sie 1671 hier aufgestellt. Teile davon gehen bis um 1570 zurück. Ihr seltener Klang lockt immer wieder zahlreiche Gäste ins Gotteshaus. Um die Weihnachtszeit schlägt ein silberhell aufklingender Zimbelstern an, eine längst verblichene Seltenheit sächsischer Orgeln.

Klar hat der Zahn der Zeit am Mauerwerk und an den sakralen Einrichtungen seine Spuren hinterlassen, und die letzte Sanierung liegt weit zurück. Jetzt ist Geld da und vor allem der Wille, alles in seiner ursprünglichen Schönheit neu erstrahlen zu lassen. Die Restauration läuft seit mehreren Jahren dank großzügiger Unterstützung durch die Stiftung Denkmalschutz und vom Regierungspräsidium.

Die Kirche bildet mit dem Pfarrhaus und dem weitläufigen Friedhof unter einem hohen Baumbestand ein treffliches Kulturensemble. Über 20 Jahre hinweg verrichtete der verdienstvolle Pfarrer *Klaus Günther*, Jg. 35, hier seinen Dienst. Er betreute auch einige Kirchen im Umkreis mit. Diese Aufgabe hat jetzt Pfarrer *Michael Günz*, Jg. 62, übernommen. Regelmäßig locken klangvolle Konzerte Besucher aus nah und fern herbei.

*

Damit die Idylle stets einen guten Eindruck macht, sorgt mit Herz und Verstand ein Friedhofsgärtner für Ordnung. Diese Arbeit verrichtet seit 1996 Rolf Albrecht, Jg. 57:

Richtig schöne Grabsteine sind selten geworden

Eigentlich bin ich Autoschlosser, aber die wurden in den 90er Jahren immer weniger gebraucht. Auch ich mußte das Werkzeug aus der Hand legen. Da suchte der Pfarrer einen Friedhofsgärtner. Ich war schon längere Zeit Mitglied im Kirchenvorstand, und so konnte ich mich für dieses Angebot begeistern. Nun betreue ich mit der einen Hälfte meiner Wochenarbeitszeit die Friedhöfe in meinem Wohnort Pomßen und den von Großsteinberg. Die andere Hälfte meines Tagespensums verrichte ich in der Gemeinde. Ich erinnere mich, daß es früher fast ausschließlich Erdbestattungen gab. Jetzt nehmen die Urnenbestattungen mehr und mehr zu. Das regeln die Mitarbeiter der Beerdigungsinstitute. Einst trugen die Nachbarn die Toten zur letzten Ruhe, heute vielleicht mal die Mitglieder eines Vereins oder die Kameraden der Feuerwehr.

Die neuzeitlichen Grabsteine gleichen sich mit ihren lapidaren Inschriften oft wie ein Ei dem anderen. Früher stand die Berufsbezeichnung mit dabei oder das Bild eines pflügenden Bauern. Wir haben hier einige alte Steine aus dem 18. Jh. stehen, bei denen allerdings die Schrift und die schmückenden Elemente ziemlich verwittert sind. Ich pflege diese Grabstellen, denn sie sind eine Zierde unseres Friedhofes, und sie sind Denkmale unserer Heimatgeschichte. Beim Schmücken der Gräber gibt es einen

Grabstellen an der Pomßener Friedhofsmauer

regelrechten Wettbewerb. Hier wird nicht gespart, obwohl die Blumen alle teurer geworden sind. Im Spätherbst erfolgt akribisch die Wintereindeckung. Nur ganz selten vergessen die Angehörigen ihre Pflichten.

Ich verrichte diese Friedhofsarbeit sehr gern und freue mich, wenn die Benutzer keinen Unrat hinterlassen. Im Sommer habe ich viel mit dem Grashauen zu tun, im Winter gibt es jede Menge Arbeiten im Kircheninnern zu erledigen. Ich wünschte mir, daß mehr Besucher in unsere schöne Kirche kommen, sich an den wunderbaren Bildern und Plastiken erfreuen. Vielleicht finden sie dann in dieser hektischen Zeit etwas mehr Ruhe.

*

Wer sich im Dorf umsehen will, der muß weite Wege gehen. Die Siedlung erstreckt sich weitläufig von unten an der Parthe mit dem Mühlteich bis hinauf zum Köpfberg. Nicht selten enden die Straßen in den Feldern. In den kurzen Sackgassen wohnen die Familien in abgeschiedener Ruhe. Die ehemals kleinen Hütten der Landarbeiter haben sich inzwischen sauber und anheimelnd herausgeputzt . Dann erstreckt sich ein riesiges Gelände mit über hundert Kleingärten hinunter zum Bach. Vor allem Leipziger flüchteten hierher.

Das Zentrum des Ortes haben die Gemeindeväter vorbildlich herrichten lassen. Neues Granitpflaster, grundhafter Straßenausbau, Bänke, geschlämmte und uferbefestigte Teiche und das kleine und schmucke Gemeindehaus haben viel Geld gekostet. Pralle Fördertöpfe und die Aktivitäten der Gemeinderäte mit einem fleißigen Bürgermeister an der Spitze machten das möglich. Aber auch das scheint Vergangenheit zu sein, denn die Töpfe sind leer. Da hilft auch kein Goldbrunnen, den die Pomßener an der gleichnamigen Straße haben. Ein Spruch verkündet tröstlich: „Der Goldbrunnen ist Goldes wert, Quellwasser fließt hinein bei Schnee, Eis und Sonnenschein".

*

So bleibt eine gute Hoffnung. Die Kolleginnen des Kindergartens haben sie nie verloren. Eine von den tüchtigen Frauen ist die Leiterin INGE HELD, Jg. 43:

Am liebsten hören die Kinder immer noch die Märchen aus aller Welt

Mit einem Flüchtlingstreck bin ich 1945 hierher gekommen. Ich weiß das von den Erzählungen meiner Mutter. In Ammelshain wuchs ich auf, das ist meine Heimat geworden. Meine Eltern begannen ihren Neuanfang mit einer Neubauernstelle. Das war nicht leicht. Der Vater war nur mit einem Bein aus dem Krieg zurückgekehrt. Trotzdem hatte er den Mut, ein Haus zu bauen. Ziemlich ärmlich, aber gut behütet, wuchs ich auf. Ich hatte gut zu essen, und da ich nichts anderes kannte, lebte ich zufrieden in den Tag hinein. Wir Kinder nahmen das Leben, so wie es war, und das war herrlich mit seinen Spielen im Dorf, mit der Schulzeit, mit allem.

Auch die schöne Kinderzeit geht mal zu Ende. Im Pomßener Ernte-Kindergarten fand ich Arbeit. Er gefiel mir am besten von allen Einrichtungen im weiten Umkreis. Ich war glücklich, daß ich hierbleiben konnte. Jeden Tag radelte ich hin und zurück. Das belastete mich nicht. Im Gegenteil! Die Fahrt durch die Natur des Heimatlandes begeisterte mich immer wieder aufs Neue. Fast täglich begegnete ich einem jungen Mann, der umgekehrt die gleiche Richtung radelte. Ich schenkte ihm lange Zeit kaum Beachtung. Erst später lernte ich ihn genauer kennen und ... lieben. Bald rollten wir gemeinsam in die Ehe. Wir bauten ein Haus, und ich wurde vollends Pomßenerin, wenn auch meine Heimatliebe zu Ammelshain nach wie vor stark ausgeprägt ist.

40 Jahre lang verrichte ich nun meinen Dienst hier in Pomßen. Ich habe das keine Stunde bereut. Mit meinen Kolleginnen, den Eltern und natürlich den Kindern habe ich mich prächtig verstanden. Die Omas, die jetzt ihre Enkel hierherbringen, betreute ich vor vielen Jahren selbst im Kindergarten. Daran spüre ich, wie die Zeit vergangen ist. Ob sich die Kinder in den 40 Jahren verändert haben? Ja, sicher. Heute, nach der Wende, treten sie sehr selbstbewußt auf. Trotzdem sind sie Kinder geblieben. Sie spielen wie immer, hören gerne Märchen, singen leidenschaftlich und treiben eifrig Sport.

Als zu meinem 40jährigen Dienstjubiläum 40 Frauen und Männer hier standen, alle mit einem Jahr Unterschied im Alter, also alle 40 Jahrgänge der Einschulungsklassen, und mir jeweils eine Rose überreichten, da war das für mich ein wunderbares Erlebnis. Kann es eigentlich eine schönere Anerkennung für die vier Jahrzehnte meines Berufes, die auch mein Leben waren, geben?

Beruf, Familie, Haus – da bleibt kaum noch freie Zeit. Ich habe sie mir genommen. Einmal in der Woche übe ich in unserem Frauenchor, und das seit 35 Jahren. Mit einer kleinen Gitarren- und Mandolinengruppe fingen wir damals an. Dann sangen wir dazu, und so bildete sich eine Gruppe von 25 Frauen und Mädchen, die regelmäßig wiederkommen. Es ist beglückend für uns, wenn wir zur Weihnachtszeit oder an anderen Festtagen, zu Jubiläen und zu anderen Anlässen mit unseren Volksliedern die kranken und alten Menschen in den Altersheimen, in den Sanatorien und bei Veteranentreffen aufmuntern und zufriedene Stunden bescheren. Singen macht wirklich frei!

Inge Held inmitten ihrer Kinder

WEITERE NOTIZEN aus Pomßen

Eine frühzeitige Besiedlung der Pomßener Flur beweisen das bronzezeitliche **Gräberfeld** zwischen Mühlteich und Hoher Straße (sogar mit einer Goldschmiedearbeit als Grabbeigabe) und die steinzeitlichen Funde auf dem Fuchsberg nach Köhra zu.

1726 komponierte **Johann Sebastian Bach** eine Trauerkantate auf den Tod von Johann Christian I. von Ponickau. Es ist möglich, daß Bach das Orgelwerk in der Dorfkirche aufgeführt hat. Leider läßt sich diese Vermutung nicht beweisen. Bach in Pomßen! Das wäre eine Gedenktafel wert gewesen.

Kirche in Pomßen

Als die Rundblick-Redaktion 1981 während einer **PS-Veteranen-Rallye** auch in Pomßen Zwischenstation machte und mit der Bevölkerung ein Volksfest feierte, spielten u.a. die Kinder vom Kindergarten und vom Kurheim die Sage von den „Goldenen Brodchen" *(s. Rundblick-Lesebuch)*. Die Großen übten sich mit den geklauten Ritterguts-Kornsäcken beim Sackhuppen. Bürgermeister *Arnold Hiller* (im Amt von 1959 bis 1987) war dabei ein blendender Organisator.

Die **Schule** bestand bis 1994, danach Auflösung, Grundschüler nach Großsteinberg, Mittelschüler nach Naunhof. Das Schulgebäude mit seinem turmartigen Schieferausbau enthielt weder eine Sternwarte noch eine Uhr. Der Turm von 1924 entstand wohl nur aus einer Laune des Architekten. Das Gebäude steht vorwiegend leer und wird als Probenraum und mit einer Wohnung genutzt.

Ein immer noch funktionsfähiges **Taubenhaus** aus dem Jahre 1842, vorbildlich 2003 restauriert, steht im ehem. Bauernhof der Fam. Achim Kötz.

Der **Viertelmeilenstein** von 1772 aus Rochlitzer Porphyrtuff wurde nach seiner Restaurierung 1978 gegenüber vom Grundstück Lötz neu aufgestellt. Er war seinzeit auf Befehl Augusts des Starken zur Markierung der Postrouten gesetzt worden.

Die **Wassermühle** mit oberschlächtigem Wasserrad, anfangs Öl- und Sägemühle, dann Getreidemühle am Mühlteich (Angelgewässer) unten in Kleinpomßen wurde nach einer Balkeninschrift 1471 in Betrieb gesetzt. Der jetzige Bau stammt aus dem 18. Jh. 1966 Einbau einer Turbine, später Betrieb mit Elektromotor. Ehem. war eine Bäckerei angeschlossen. Franz Nozinsky stellte den Betrieb 1988 ein.

Vereine und Einrichtungen: Kleingartenverein, gegr. 1954, Vors. Walter Hnat. Organisierte bis Ende der 90er Jahre alljährlich ein Strandfest am Mühlteich. - Singe- und Gitarrengruppe, gegr. 1967 Leitung Petra Radon. - Frauensportgruppe. - Geschichts- und Heimatverein, gegr. 2003, Vors. Jeanette Müller, will die 750-Jahr-Feier mit vorbereiten und eine Heimatstube einrichten. - Förderverein zur Restaurierung und Pflege der Renaissance-Orgel in der Wehrkirche Pomßen, veranstaltet regelmäßg Benefizkonzerte. - Kindergarten mit Kinderhort, Ltg. Inge Held. - Freiwillige Feuerwehr, gegr. 1941, Gerätehaus von 1979, Wehrleiter Wolfgang Kretzschmar, alljährl. großes Vereinsfest. - Gemeindehaus, ein 2002 sanierter Fachwerkbau eines ehem. Bauerngutes im Dorfzentrum. Treffpunkt der Senioren und des Heimatvereins. Einrichtung einer Heimatstube.

Schloß in Pomßen

Landwirtschaft: Das Rittergut kam1890 in den Besitz der Fürsten von Schönburg-Waldenburg und gehörte mit seinen Flächen, die mit einer gezielten Melioration ständig erweitert wurden, zu den größten in Sachsen. Eine

Dampfbrennerei erzeugte Schnaps aus Kartoffeln, es wurde Bier gebraut (noch heute gibt es den Brauteich) und in einer Mehl-, Oel- und Schneidemühle die entsprechenden Produkte gewonnen. Mit der Bodenreform 1945 teilten sich 52 Neubauern Felder und Besitzungen. Mit den Altbauern entstand die LPG Pflanzenproduktion Threna (Sitz Köhra) und die LPG Tierproduktion Pomßen. 1991 erfolgte deren Auflösung und Neugründung zur Pomßener Agrargenossenschaft mit Feldbau und Milchviehwirtschaft. - Der Landwirt Reinhardt Köcher betreibt ökologischen Feldbau. - Anke Evers und Jens Lange führen eine Schäferei und eine Mutterkuhherde.

Handel & Gewerbe: Tischlerei Roland und Frank Scheffler. - Tischlerei Mario Schöne. - Zimmerei Gerd Lochmann. - Elektrowerkstatt Wolfgang Köcher. - Metallbau Frank Stephan. - Heinke Rollstuhlbau. - Maurerbetrieb Söhren Thalmann. - Taxi Jürgen Rolle. - Fuhrbetrieb Lutz Steinbach. - Blumenboutique Margitta Kötz. - Wäschesalon Karla Schöne. - Pool & Sauna Muldental von Gerd Helmchen. - Nähstübchen Garlett. - Backwarenverkauf der Bäckerei Wolf aus Ammelshain von Kerstin Tänzer, Schwiegertochter von Werner Tänzer, dem langjährigen Bäcker von Pomßen. In seinem Backofen verlosch im Jahre 2000 für immer das Feuer. Zu DDR-Zeiten bildeten sich hier an den Wochenenden lange Schlangen vor dem winzigen Laden, um das wohlschmeckende Brot, Brötchen und Kuchen zu ergattern. - Großhandelsgesellschaft tobaccoland. - Kieswerk Pomßen.

GASTRONOMIE: Der historische, legendäre und vor dem Kriege gut besuchte Gasthof *„Zum weißen Schwan"* befand sich seit 1886 im Besitz der Fam. Wetzold. In den 20er Jahren fanden hier die ersten Kinofilm-Vorführungen auf dem Dorf statt. Der letzte Besitzer beendete 1976 den Schankbetrieb, jetzt abgerissen. - Nach der Wende versuchte ein neuer Wirt mit dem *„Brauteich"* ins Geschäft zu kommen. Er fand 1994 aus einer schwierigen wirtschaftlichen Situation keinen Ausweg, legte einen Brand und beging Selbstmord. Ein nachfolgender Besitzer renoviert die Gaststätte.

LITERATUR: Wehrkirche Pomßen, von Klaus Günther, Sax-Verlag 1995

Kies aus dem Urstromtal der Mulde bei Pomßen

Es macht schon was her, wenn man sich mit einer Goldmedaille schmücken kann. Der Belgershainer Bäckermeister mit dem kuriosen Namen *Gänsehals* konnte es. Der erhielt nämlich anläßlich einer Kochkunstausstellung in Leipzig für seine runden Zwiebäcke diese Auszeichnung. Mit einem steinernen Medaillon gab er es an der Hauswand kund. Gleichzeitig verkündete er, daß auch Ihre Majestät, die Königin *Carola von Sachsen*, das Gebäck auf ihrem Frühstückstisch zu liegen hat. Zumindest jetzt wird der erstaunte Leser merken, daß dieses Ereignis weit zurück in der Vergangenheit liegen muß. So ist es auch, denn die Prämierung erfolgte vor 125 Jahren. Vom Backglanz einstiger Tage ist leider nichts mehr übrig geblieben, weder so noch so.

Das Belgershainer Schloß erstrahlt wieder im schönsten Glanz

Der Ort von heute ist durch einige andere Erscheinungen ins Gespräch gekommen. Am Dorfrand nach Rohrbach zu, wo einst in langgestreckten Betonhallen über 1000 Milchkühe einquartiert waren, hat sich seit Beginn der 90er Jahre ein Billig-Discounter angesiedelt. In den Regalen bietet er alles das zu niedrigen Preisen an, was er aus Nachlässen, Überlagerungen und als Restposten preiswert erworben hat. Das Geschäft blüht! Von weither surren die Autos heran und zuckeln dann vollbeladen wieder zurück. Für die Arbeitslosen und Sozialhilfeempfänger eine nützliche Fundgrube.

Das Dorf kann sich mit einem echten Wahrzeichen hervortun: Es ist die Kirche. Nicht nur deswegen, weil sie alle anderen Gebäude überragt, sondern wegen ihrer einmaligen barocken Innenausstattung. In einer älteren Schrift jedenfalls wird sie als „eine der

Dorfplatz in Belgershain

schönsten, geräumigsten und lichtvollsten in der ganzen umliegenden Gegend" beschrieben. Ein Heimatfanatiker setzte hier gleich mal „Sachsens" ein. Jedenfalls wäre es ein Grund, durch die Pforte einzutreten, um sich davon zu überzeugen.

Gleich daneben erhebt sich das Schloß, in den letzten Jahren mit Farbe und Kalk, vor allem aber auch mit denkmalpflegerischem Anspruch aufs trefflichste hergerichtet. Die Dorflandschaft wurde hier vorteilhaft saniert. Nur noch die Ruine vom Stall des ehem. Rittergutes muß abgetragen werden. Die alte Bogenbrücke über den Wassergraben wurde nach dem alten Vorbild erneuert .

Das sanierte Schloß wurde jedoch nicht nur äußerlich aufgemöbelt. Im Inneren regt sich das kulturelle Leben: Da probt der Belgershainer Chor, da diskutieren die Mitglieder vom Heimatverein ihre Texte für die Dorfchronik und tragen nach und nach die bäuerlichen Raritäten zu einer kleinen Schau zusammen, und da trällern die Hortkinder und schwitzen ab und zu über den Hausaufgaben. Und ganz unterm Dach haust der Jugendklub, mal gemütlich, mal aufmüpfig, je nach dem, wer gerade das Heft der Leitung in der Hand hat. Wenn dafür keiner den Hut aufhaben will, dann wird's kritisch.

Zwei Wohnsiedlungen vergrößerten die bebaute Dorfflur nach Norden und nach Westen zu, und zwischen den Altbauten richteten sich weitere Häuslebauer ein. Die historische Dorfsiedlung läßt sich in einen östlichen und einen westlichen Teil zerlegen. Dazwischen schiebt sich eine feuchte Niederung mit einem Abflußgraben. Er entwässert den Schenkteich im Norden, durchzieht danach Wiesen und Gärten. Am Schloß staute sich das Gewässer zu einem breiten Graben (Waal) und umspülte eine mittelalterliche Wasserburg. Er sollte für feindliche Eroberer ein gewisses Hindernis darstellen. Ob's geholfen hat? Der Wassergraben, teilweise verfüllt und verrohrt, ist wieder freigelegt.

*

Nach der Bodenreform entstand auf einstigem Rittergutsgelände gegenüber vom Bahnhof eine lockere Wohnsiedlung. Ein 18jähriger bekundete damals ebenfalls Interesse. Er baute hier nach 1953 eines der ersten Häuser. Das glich einer Odyssee, an die er sich trotz aller Beschwernisse immer wieder gern erinnert, der Kfz-Elektromechaniker Lehrmeister i. R. GERHARD BAUM, Jg. 27:

Am Ostersonntag früh um fünf trifft dich bestimmt kein Polizist!

Mit 17 mußte ich in den Krieg, mit 18 endete er für mich in der amerikanisch-russischen Gefangenschaft. Das war in der Tschechei. Später dann fuhr mich ein LKW mit anderen Kameraden Richtung Osten. In Hoyerswerda geschah ein Wunder. Ein russischer Offizier inspizierte unseren Transport und rief: „Daway, ihr nach Hause!" Das ließ ich mir nicht zweimal sagen. In zwei Tagen erreichte ich nach strammem Marsch glücklich mein Heimatdorf Belgershain.

Wenig später lief mir der Bürgermeister übern Weg. „Gut, daß du da bist. Wir müssen eine Feuerwehr aufbauen und du machst da mit! Was Passendes zum Anziehen finden wir schon im Depot." Und da hatte ich gerade den Stahlhelm weggeworfen und mir geschworen, ihn niemals wieder aufzusetzen. Doch was blieb mir jetzt übrig. Es fehlten die Männer. Ich war jung und bei Kräften. Seit dieser Zeit mache ich bis heute meinen Dienst. Meine Arbeit konnte ich in der Leipziger Zweigstelle der *Robert-Bosch-GmbH* fortsetzen. Ein Jungfacharbeiter erhielt damals lt. Tarif 48 Pfennige in der Stunde, ich bekam schon 54. Da war ich richtig stolz.

Auf den Tanzsälen herrschte reges Gedränge. Die Bäckerstochter gefiel mir, nicht nur wegen des fabelhaften Kuchens. Also heirateten wir 1952. Nach dem tollen Fest sprach

Vater deutliche Worte: „Du hast Bauland, hier wird's zu eng, also bauen wir ein Haus. Der Architekt ist bestellt“.

Was sollte ich da sagen? Im Stillen war es ja auch mein Wunsch gewesen. Also kümmerte ich mich schnurstracks um die nötigen Baumaterialien. Vor allem wurde Holz gebraucht. Meine Freunde unter den Neubauern hatten durch die Bodenreform ein Stück Wald bekommen. Sie markierten einige Bäume, und mit der Schrotsäge und dem Beil hauten wir die Stämme um. In Fuchshain betrieb ein Zimmermann ein kleines Sägewerk: „Bringe die Stämme her!“ Beim Bürgermeister holte ich die schriftliche Genehmigung zum Transport. Die war notwendig, weil zu viel geklautes Holz unterwegs war. „Besser ist, wenn du Ostersonntag früh um Fünfe den Transport bewerkstelligst. Da ist bestimmt kein Polizist unterwegs“.

Nun fehlten noch die Ziegelsteine. Wir erfuhren, daß Göschwitz im Braunkohlengebiet bei Espenhain weggebaggert werden sollte. Da muß es doch Abrißhäuser geben. So war es auch. Acht Tage lang klopften wir von früh bis spät die Ziegelsteine sauber. Ich organisierte 20 Liter Sprit. Doch welch bittere Enttäuschung vor Ort: Die Steine waren weg, einfach geklaut. Also ein weiteres Mal die Knochenarbeit. Diesmal luden wir gleich die ungeputzten Steine auf und kippten sie auf unserer Baustelle ab. Nach einem 3wöchigen Urlaub waren 33000 Ziegelsteine gesäubert.

Nun fehlten noch die Sockelsteine. Bei der Sanierung einer Eisenbahnbrücke waren 80 x 80 x 80 cm große Granitbrocken angefallen. Die Bahn war froh, daß ich mich dafür interessierte und verkaufte sie mir echt preiswert. Ein Bossierer-Onkel zerschlug die Steine auf ein handliches Maß, und mit einem Ochsenkarren holten wir sie zur Baustelle. Jetzt mußte die Baugrube ausgehoben werden, 120 cm tief und 8 x 9 m im Rechteck. Mit Hacke und Schaufel gings den Lehm und Steinen an den Kragen. Wochenlang karrte ich den Dreck aus dem riesigen Loch.

Im August 53 rückten die Bauleute der Baufirma Hühnerfürst aus Otterwisch an, vier Maurer und ein Handlanger. Der hatte vielleicht zu tun, denn von einem Betonmischer konnte er nur träumen. Trotzdem standen nach drei Wochen die Mauern. Die Zulage für

Gerhard Baum an seinem Haus

die Dachkonstruktion zimmerten die Bauleute inzwischen im Gartengelände. Der Innenausbau lag in unseren Händen. Im Frühjahr 55 zogen wir in die drei unteren Räume ein, erschöpft und doch glücklich. Die eigene Kraft schien manchmal zu erlahmen, aber die Nachbarn und meine Sportfreunde halfen stets, wenn Not an Mann war. Ich revanchierte mich natürlich, wenn sie mich brauchten. So entstand eine gelebte Solidarität, ohne große Worte und ganz selbstverständlich.

Und nun, in den letzten zehn Jahren, da es Baustoffe in Überfluß gibt, da modernisierte ich das Häuschen nach und nach. Jetzt sieht man es ihm gar nicht an, daß es aus den 50er Jahren stammt. Es ist regelrecht jünger geworden, ich leider älter.

WEITERE NOTIZEN aus Belgershain

Gemeinde Belgershain mit den OT Rohrbach (seit 1965), Köhra (seit 1974) und Threna (seit 1995) mit über 3500 Einw. in Verwaltungsgemeinschaft mit Naunhof. Ehrenamte. Bürgermeister Thomas Hagenow, Jg. 48.

Das Bahnhofsgebäude wurde 1887 mit dem Bau der **Eisenbahnstrecke** Leipzig–Bad Lausick–Chemnitz errichtet. Einst war der Güterbahnhof ein bedeutender Umschlagplatz von Feldprodukten und Baumaterialien, in den 90er Jahren auch von polnischem Klopapier. Jetzt halten täglich nur noch einige Personenzüge. Schalter und Gaststätte sind längst geschlossen. 2004 große Baumaßnahmen wegen Rekonstruktion der Gesamtstrecke.

Die hölzerne **Wassserpumpe**, die „Gasthofs-Plumpe", schmückt nach wie vor den Rasenplatz am Dorfeingang von Threna her. Drei mächtige Linden beschatten die Anlage, die daran erinnert, daß hier noch vor 50 Jahren die Leute aus dem Oberdorf mit dem Trageholz in Eimern oder einem Hundewagen das Wasser aus dem Born holten.

Seit 120 Jahren wächst im Oberdorf eine **Eiche**, die seinerzeit „der alte Böhme" gepflanzt hatte. Je nach den herrschenden Mächten erhielt sie einen neuen Namen. Als Bismarck-, Hitler- und Friedenseiche hat sie alle Stürme überstanden.

Das **Schloß** wurde auf dem Gelände einer mittelalterlichen Wasserburg mit umlaufenden Graben (Waal), und drei historischen Bogenbrücken um 1600 erbaut mit Treppenturm und Kreuzgewölbe, um 1800 gotisierend umgebaut. Mit der Bodenreform ging es in den Besitz der Gemeinde über und beherbergte bis 1973 die Schule. Eine umfassende Sanierung erfolgte Ende der 90er Jahre. Grundschule und Vereine nutzen jetzt das schmucke Gebäude. Der Heimatverein hat ein kleines Museum eingerichtet.

Der **Park** mit mächtigen Eichen und Erlen und flachen Teichen schließt sich ans Schloß an und endet am „Oelzschauer Blick", einem mit Bruchsteinen geformten Rondell. Ein aufgeschütteter Bahndamm verhindert seit 1887 den Blick über die Ebene hinüber zum Nachbardorf. Die Reste einer steinernen Gruft erinnern an die Grabstätte des einstigen Rittergutsbesitzers *von Cehmen*. Das im Jahre 1851 errichtete Denkmal haben Grabschänder längst verwüstet.

Die **Kirche** wurden 1686 erbaut, mehrmals und besonders nach 2002 aufwendig restauriert. Sie hat eine reiche barocke Innenausstattung. Der Altar erhebt sich als mächtiges Holzschnitzwerk, und die Epitaphe derer *von Ponickau* schmücken die Wände. Als eine Seltenheit muß man die historische Bibliothek betrachten. Der Pomßener Pfarrer *Jürgen Günz* betreut seit 2002 die Kirchgemeinde.

Schule: Drei Schulgebäude seit 1855, ab 1950 im Schloß, Neubau einer 10klassigen „Oberschule" 1973. 1990 Gliederung in Grundschule und Mittelschule, die bis 2006 gleitend aufgehoben wird.

Personalien: *Rudolf Hähnel*, geb. 1905, von 1954 bis 1970 aktiver Schulleiter, schrieb eine Ortschronik, eine gute Grundlage für die Dorfgeschichte.

Klaus Havenstein, Jg. 70, Bautechniker, bekannter Fußballstürmer, spielte bei der BSG Chemie Böhlen (dreimal DDR-Oberliga), wurde dort Torschützenkönig *(„Gerd Müller des Ostens")*. Jetzt Trainer beim SV Borna.

Holger, Jg. 83, und *Juliane*, Jg. 82, *Brunzlaff*, traten in die Fußstapfen ihrer Eltern, die als begeisterte Rudersportler aktiv waren, errangen Gold (Holger) und Bronze (Juliane) bei den Junioren-Weltmeisterschaften (2000) in Rudern in Zagreb.

Vereine und Einrichtungen: Brieftaubenzüchter (seit 1951), Vors. Herbert Baum. - Kaninchenzüchter seit 1970, Vors. *Gerhard Lehmann*. - Gesangverein, 1919 gegr., Chorleiterin *Irene Tobis*, langj. Vors. *Heinz Filusch*, jetzt *Konrad Holzbrecher*. - Sport: SV 1863 mit etwa 200 Mitgl. Sektionen: Fußball, Damen-Fußball, Kegeln, Mädchenturnen, Volleyball, allgemeiner Sport. Turnhalle seit 1973. - Heimatverein, gegr. 1994, für alle Orte im Gemeindeverband, Vors. *Gunda Böhme*, Chronikarbeit, Heimatstube im Schloß. Freiwillige Feuerwehr, gegr. 1927, Wehrleiter *Gerhard Lehmann*, mit Jugendwehr, Alters- und Frauenabteilung. Seit 2000 neues Gerätehaus im Oberdorf auf dem Gelände der ehem. Schäferei.

Praxis für Zahnmedizin, Dr. *Babette Mehne*. Praxis für Allgemeinmedizin Dipl-Med. *Lutz Schulze*. - Kindergarten, Schulhort.

Landwirtschaft: Das Rittergut ging aus einem Vorwerk (1482 genannt) hervor. Die letzten Besitzer des Schlosses waren von 1852 bis zur Enteignung 1945 die Fürsten *von Schönburg-Waldenburg*. Einige Wirtschaftsbauten (entst. um 1730) wurden nach 1945 abgerissen, ein Gutshaus in den 90 Jahren saniert (jetzt Kinderhort). Das Rittergut beschäftigte nicht nur viele Einwohner, sondern auch polnische Landarbeiter. Ihm gehörten weite Flächen im Umfeld. Im Ort gab es nur fünf alteingesessene Bauern. - Mit der Bodenreform siedelten 41 Neubauern, die später Mitglieder der LPG wurden.1971 Bau einer 1000er Milchviehanlage. Nach 1990 Auflösung der LPG, Verpachtung der Felder in die Schmidt Landbau GmbH, einen Investor aus Bayern. - Als selbständiger Landwirt bewirtschaftet *Wolfgang Tripke* einige Feldflächen. Er betreibt vor allem Tierhaltung und vermarktet selbst Fleisch und Wurst durch Bau eines Schlachthauses mit Verkaufsladen.

Handel & Gewerbe: Tischlerei Fritz Busch.- Friseursalon Brigitte Schilde. - Portas Fenster und Türen von Böhme und Ullrich. - Bau- und Industriebedarf Edgar Kirsch. - Fliesenleger Frank Liebscher. - Klempnerei und Heizungsbau Olaf Bläsche. - Kfz-Reparaturen Lutz Junger und Volker Fröhlich. - Dachdeckerei Uwe Najdek. - Transportbetriebe von Gerd Scheibe, Silke Schuster und Michael Bäßler. - Lebensmittel-Verkaufsladen Spar (ehem. Konsum) Christine Stawicki. - Brot und Backwaren Verkauf der Bäckerei Kuhnert, Grethen. - Sonderverkauf Philipps. - Bauplanung Peter Brunzlaff. - Quelle-Versand Eleonore Kleinert.

GASTRONOMIE: Die Gaststätten haben ihre Türen längst geschlossen, so „Zum Bahnhof", der „Schönburger Hof" (jetzt Kindergarten) und die „Eiche" im Oberdorf.

Das Schloß in Belgershain

Rohrbach, 1350 Rorbach, 'Dorf am (Schilf)Rohrbach' (dt.), OT von Belgershain, 120 Einw.

Das Dorf liegt weitab wichtiger Verkehrswege am Rand des Muldentalkreises. Trotzdem hat es einen guten Namen, zumindest für zwei Bevölkerungsgruppen: Seit langem für die Naturfreunde, die sich an der Teichlandschaft begeistern, und seit kurzem für diejenigen, die ihre Wohnung von Zeit zu Zeit entrümpeln und die Trödel-Antiquitäten (nicht Gerümpel!) hier für gutes Geld verscherbeln und für die anderen, die das kaufen wollen. Wohlstand und Sammler-Fanatismus sind dabei die treibenden Kräfte.

Das kleine Naturparadies der Rohrbacher Teiche

Eine artenreiche Vogelwelt fand im Gebiet der Rohrbacher Teiche ein passendes Refugium. Die Ornithologen wissen das schon lange. Seit über hundert Jahren beobachten, zählen und katalogisieren sie ihre gefiederten Freunde. Wenn sie dann gar einen Vogel entdeckten, den andere übersehen hatten, dann herrschte große Freude. Die Vogelbesessenen vertrauten ihre Beobachtungen einem dicken Buch an. Die leeren Seiten füllten sich über die Jahrzehnte hinweg mit aufschlußreichen Daten. Der Wirt vom Gasthof verwahrte die ornithologische Chronik im Schrank. Als sich 1969 die gastliche Tür für immer verschloß, verschwand leider das handgeschriebene Buch.

Die Teiche haben eine lange Geschichte. Bauern fronten mit Hacke und Spaten im Auftrag ihres Grundherren und gruben die Fischteiche um 1500 in die feuchte Niederung. Großteich, Mittelteich und Mühlteich bedecken heute eine Fläche von mehreren Hektar. Die abgeschiedene Lage und das bewachsene Umfeld sowie die schilfbestandenen Uferzonen lockten mehr und mehr verschiedene Vogelarten an. Ideale Nistplätze und

Johann Bielz am Rohrbacher Teich

reiches Futter förderten den Nachwuchs. Das muß erhalten bleiben! Die Forderungen der Ornithologen fanden offenes Gehör, und die Teichlandschaft mit ihrem Tier- und Pflanzenreichtum wurde in den 30er Jahren unter Schutz gestellt, dann 1967 als Naturschutzgebiet ausgewiesen. Damit war für alle Zeiten das Vorhaben vom Tisch, hier eine Entenmast einzurichten. Es wäre müßig, die lange Liste der Vögel, Kriechtiere, Insekten und Pflanzen aufzuzählen. Der interessierte Naturfreund kennt sie alle, und der gelegentliche Naturwanderer sollte die Gelegenheit beim Schopfe fassen und nächstens sein Reiseziel in Rohrbach finden.

Gleich hinter dem Damm vom Mühlteich, über den auch die einzige Dorfstraße verläuft, hockt die ehemalige Wassermühle. Hier wohnt mit seiner Frau Johanna der Eisenbahner i. R. JOHANN BIELZ, Jg. 26:

Mein weiter Weg von Siebenbürgen nach Rohrbach

Meine erste Heimat liegt weit entfernt von hier, nämlich im rumänischen Siebenbürgen. Irgendwann waren meine Vorfahren aus Deutschland dorthin ausgewandert. Die Kindheit erlebte ich unbeschwert und zufrieden. Bis zur 4. Klasse sprachen wir deutsch, dann rumänisch. Das ging ganz gut. Ich erlernte den Beruf des Fleischers. In den Krieg mußte ich nicht mehr. Doch die Nachwirkungen bekam ich sehr deutlich zu spüren. Alle Männer zwischen 18 und 45 Jahren wurden eines Tages von russischen Besatzungstruppen zusammengetrieben, in Waggons verfrachtet und nach Rußland verschleppt. Wir sollten dort zur Wiedergutmachung beitragen.

Unser Zug hielt im Donezbecken, und ich marschierte geradewegs in die riesige Halle eines Stahlwerkes. Eine Schaufel war mein einziges Werkzeug. Damit mischte ich Zusätze für den Ofen. Auf dem Hof lagen Maschinen, die als Reparationslieferung aus dem Osten Deutschlands angekommen waren. Niemand vermochte sie einzubauen. Sie rosteten vor sich hin und verschwanden eines Tages im gefräßigen Schlund der Schmelzöfen.

1947 dann ein Weihnachtsgeschenk, das schönste in meinem ganzem Leben: Nach gründlicher Begutachtung einer Ärztekommission bekam ich zwei Tage vor Weihnachten den Bescheid: „Du fahren nach Hause!“

Die Rückreise einige Monate später endete in einem Quarantänelager auf dem Monarchenhügel bei Leipzig. Dort hielt ich es nicht lange aus. Mit einem Kumpel bin ich stiften gegangen. Wir wollten im Umland Arbeit suchen. Während unserer Wanderung läuteten in einem Ort die Glocken. Die Kirche zog uns magisch an. Wir betraten das Gotteshaus, zögerlich, denn mein Kumpel schämte sich wegen seiner Lumpen. Eine Frau reichte uns ein Gesangbuch. Inbrünstig stimmten wir in die Lieder ein. Man lud uns zum Mittagessen ein. Das war ein Festessen. Gestärkt kehrten wir ins Lager zurück. Die Hoffnung keimte. Hier leben gute Menschen! Wenig später wagten wir einen weiteren Versuch.

Mit dem Zug fuhren wir bis Belgershain und liefen von Bauernhof zu Bauernhof. Wir wurden nicht gebraucht. Abends schlichen wir uns in den Park und krochen in einen Laubhaufen. Zügig und hungrig marschierten wir tags drauf nach Otterwisch. Am Straßenrand kamen wir mit einem älteren Herrn ins Gespräch. Wie sich später herausstellte, war es der Schuldirektor. Er ging mit uns und fragte die Bauern nach Arbeit. „Arno, brauchste geene Knechte? Ich hädde hier zwee'e.“ Und tatsächlich, bei einem klappte es. Bis zum Herbst 1949 habe ich dort gearbeitet.

An den Wochenenden ging's auf den Tanzboden, sonnabends in den *„Engel“* auf dem Groitzsch, sonntags in den Gasthof *„Zum goldenen Lamm“*. Wir hatten ja so viel nachzuholen. Unter den prächtigen Mädchen suchte ich mir eine aus, die ich dann 1949 auch heiratete und der ich nach Rohrbach folgte. Ich war in eine Eisenbahnerfamilie gekommen. Wenig später traf mich ein herber Schicksalsschlag. Bei der Geburt des zweiten Kindes verstarb meine Frau.

1959 habe ich ein zweites Mal geheiratet. Die Frau fand ich beim Kirmestanz in Zadel bei Meißen. Hier in Rohrbach stand die Wassermühle zum Verkauf. Ich habe zugegriffen, und nach kurzem Umbau sind wir 1960 in das Haus gezogen. Die Kinder hatten wieder eine Mutter gefunden und vertrugen sich ganz gut mit den noch folgenden zwei Geschwistern.

Bei der Bahn qualifizierte ich mich vom Kohlearbeiter zum Lokführer. 18 Jahre lang bin ich kreuz und quer durchs Sachsenland gefahren. Für meine 40 Mann starke Mannschaft organisierte ich jährlich einen fetten Brigadeabend. Da schlachtete ich eines meiner Hausschweine.

1990 mußte ich ins Krankenhaus. Die Ärzte legten drei Bypässe und retteten mir das Leben. Dort erlebte ich auch den politischen Umschwung. Durch beide Ereignisse verlor ich meine Arbeitsstelle. Das hat mich weniger belastet, und jetzt gehe ich etwas ruhiger durch den Tag. Ich pflege ein gutes Dutzend Bienenvölker, ein bißchen Federvieh und einige Dutzend Kaninchen. Der Honig wird wieder gekauft. Die alten Kunden haben sehr schnell gemerkt, daß der originale Honig aus der Rohrbacher Pflege besser schmeckt als die angepriesene Handelsware.

Wenn ich morgens aufstehe und vor mir liegt die weite Wasserfläche vom Mühlteich, wenn die Vögel zwitschern und die zahmen Wildgänse nach ihrem Futter betteln, dann fühle ich mich wohl. Es ist meine schöne Heimat.

Rolf Näther und seine Gartenzwerge aus Gips (historische Aufnahme)

WEITERE NOTIZEN
aus Rohrbach

Neben der Mühle lag die **Gaststätte**, die bis Ende der 30er Jahre regelmäßig mit Karpfenschmaus, Rohrbacher Stangenkäse und frischem Mühlenbrot aus der Bäckerei nebenan lockte. Letzter Besitzer war Kurt Ronninger, der 1969 das Gewerbe abgab. Jetzt als Wohnung genutzt.

Die **Kirche** wurde nach dem Abriß des dorftypischen Fachbauwerkes (ein höchst seltenes Architekturdenkmal in Sachsen) und gegen den Widerstand der „Alten" im Dorf 1897 neu gebaut, ein gelber Backsteinbau, eher einer kühlen Stadtkirche ähnlich. Der spitze Turm mußte wegen Reparaturproblemen und Geldmangel 1972 eingekürzt werden. Nach 1994 erfolgte eine aufwendige Innen- und Außensanierung, so daß die 100. Wiederkehr des Neubaues in einem angenehmen Rahmen gefeiert werden konnte.

Die **Wassermühle** am Mühlteich wird erstmals 1616 erwähnt und war bis in die 40er Jahre in Betrieb, ebenso eine Bäckerei. Der letzte Besitzer veräußerte die Inneneinrichtung, und das Gebäude kaufte H. Bielz, der es zu einem Wohnhaus umbauen ließ.

Landwirtschaft: Bis 1945 im Ort 15 Bauernwirtschaften, die sich später mit den zwei Neubauern in der LPG vereinten. Die Bauernhöfe werden allesamt nicht mehr genutzt, nur da und dort lebt noch ein bißchen Kleinvieh und im Nebenerwerb eine Mutterkuhherde bei Achim Kirchner & Söhne.

Personalien: *Werner Breil*, Jg. 24, Seemann, Bauer, Heimat- und Menschenfreund, tägliche Niederschlagsmessung für den amtlichen Wetterdienst, Gründer des Heimatvereins Belgershain, hat als Chronist viele Daten und Ereignisse aus der Ortsgeschichte im Kopf und trägt die Liebe zu seinem Dorf im Herzen. *Rolf Näther* (1923–2002), ein Faktotum dieser Welt und Original des Ortes. Sein unruhiger Geist kannte keine Grenzen: Uhrmacher, Musiker, Konsum-Verkaufsleiter, Maschinenbauer, er produzierte Schrauben, Heftklammern, Nußknacker, Gartenzwerge, Restaurator historischer Autos. Als Tüftler bemühte er sich sein Leben lang, einen Wassermotor zu erfinden. Kämpfer und Förderer des Naturschutzes: *Herbert Kupfer* (1932–1999), Berufsfeuerwehrmann, über viele Jahre Naturschutzbeauftragter, Mitarbeiter am Atlas für Pflanzenkartierung Mitteleuropas. - Dr. *Harald Dorsch*, Jg. 38, 2. Vors. im Verein Sächsischer Ornithologen, Naturschutzbeauftragter. Schrieb Beiträge zur Vogelwelt des Naturschutzgebietes Rohrbacher Teiche und Ungebung. - *Werner Oehlert*, Jg. 34, Altbauer und aktiver Ornithologe.

Rohrbach – Straße am Teich

Köhra (1200 Corun, fraglich), 1335 Koren, wohl 'Ort, wo Wurzeln wachsen' (slaw.), OT von Belgershain/Naunhof, 1321 Einw.

Der Autofahrer, der von Grimma nach Leipzig eilt und in die Ebene der Leipziger Tieflandsbucht eintaucht, sieht nicht viel vom Ort. Er sollte allerdings gut aufpassen, denn die Straße hat hier keine Fußwege, nicht mal ganz schmale. Fußgänger benutzen am besten den Straßengraben, damit die durcheilenden PS-Monster, die sich sowieso nicht an die vorgeschriebene Geschwindigkeit halten, sie nicht aus dem Gleichgewicht bringen. Das Hotel und Restaurant *„Goldene Krone“* bietet sich als gute Quelle zum Zwischenstop an.

In Kartoffel-Köhra wird jetzt Gemüsesalat hergestellt

Köhra und Kartoffeln – das gehörte zusammen wie zwei alte Latschen. Zwischen 1970 und 1990 lagerten die Bauern die gesammelten Feldfrüchte aus der näheren und weiteren Umgebung in weiträumigen Hallen ein. Sie beließen es jedoch nicht nur bei den schnöden Knollen, sondern erleichterten ihren Kunden die Bearbeitung: Sie lieferten die Kartoffeln kochfertig ohne Schale. Das war für die Betriebsküchen, Schulen und Gaststätten ein gefundenes Fressen und ersparte das lästige Handschälen. Doch das ist Geschichte.

Der Betrieb erhielt 1991 ebenfalls seinen „Wende-Schlag“. Der Kartoffelanbau ging systematisch rückwärts, und die neugebildeten Landwirtschaftsgesellschaften waren am Fortbestand der Einrichtung nicht interessiert. 1994 gelang einigen beherzten Leuten ein Neuanfang, vorerst noch in den alten Hallen. Sie merkten sehr schnell, daß mit den Kartoffeln nichts mehr zu verdienen sei. Deshalb stellten sie die Produktion auf die Verarbeitung von Frischgemüse um. Nun rückte ihnen die Hygiene auf den Pelz: Entweder totale und teure Sanierung der alten Hallen oder Neubau. Sie entschieden sich für letzteres, und 1998 wuchs ein neues Gebäude mit allen notwendigen Nebeneinrichtungen auf dem angrenzenden Gewerbegebiet empor. Das kostete viel Geld. Kredite mußten aufgenommen werden, und es flossen auch ein paar Fördergelder. Es gehörte schon eine ganze Portion Mut dazu. Doch Gesellschafter und Belegschaft haben es geschafft, blicken heute mit Stolz auf die vergangenen Jahre zurück. Natürlich besteht die Hoffnung, daß es so bleiben möge. Sicher ist, daß jeden Tag gegessen wird und der Körper eine Portion Gemüse verlangt.

45 Beschäftigte stehen im 2-Schicht-Betrieb an den Maschinen, rollen mit zehn Lieferwagen in Westsachsen zu Betriebsküchen, Krankenhäusern, Kliniken, Schulen, Essenproduzenten und gastronomischen Einrichtungen. Großkunden werden in Berlin, Dresden, Chemnitz und Erfurt bedient. Was heute hergestellt wird, muß morgen beim Verbraucher sein. Die Rohstoffe legen noch längere Wege zurück. Weil hier im weiten Umkreis weder ein Agrarbetrieb noch ein Gärtner Gemüse anbaut, kommen die Krautköpfe, Möhren und der Kopfsalat aus dem Dittmarschen, aus Holland und Spanien. Entfernungen spielen keine Rolle mehr im ständigen Hin und Her. Absurd? Für den Normaldenkenden wohl, doch die Marktwirtschaft hat ihre eigenen Gesetze.

Die einstigen *Kartoffelmeister* von Köhra haben den Anschluß an die neue Zeit nicht verpaßt. Sie haben mit neuen Produkten eine Marktlücke gefüllt. Eigentlich müßten sie ihren Namen ändern. Doch warum? Ihre Kunden wissen, mit wem sie es zu tun haben, und sie schätzten von jeher die Qualität der Köhraer Produkte.

Der Ort hat heute vier Siedlungsflecken. Die Chaussee Grimma–Leipzig teilt ihn in zwei Hälften. Jahrhundertelang bauten die Bauern ihre Höfe entlang der heutigen Windmühlenstraße, seit eh und je und auch heute noch wegen ihrer Schlaglöcher von den Autofahrern gefürchtet.

Köhra ist überproportional gewachsen. Nach der Wendezeit entstanden im Süden und am Nordende des Dorfes zwei völlig neue Wohnsiedlungen. Westdeutsche Bauherren legten ihr Geld an, tauften die Anlage *Atrium I* und *Atrium II*. Das ist der Vorhof eines römischen Heiligtums. Jetzt wissen wir es: Die Römer sind doch bis in unser Muldenland vorgedrungen. Nun bemühen sich die Besitzer, die mehrteiligen und im Einheitslook gebauten Wohnhäuser an die Leipziger „Stadtflüchter" zu verkaufen oder zu vermieten. Und schließlich erweiterten zahlreiche Bungalowbesitzer die einstige Kleingartenanlage am ehem. Vorwerk zu einer lockeren Wohnsiedlung. So ist es zu erklären, daß die Einwohnerzahl in zehn Jahren von 500 auf über das Doppelte anstieg.

Doch auch zahlreiche historische Hofanlagen wurden wieder hergerichtet. Besonders hervorzuheben ist das alte Pfarrhaus. Einer, der sich diesem Trend nicht verschloß, ist der Bauherr, Sänger und Tierfreund Peter Schreiber, Jg. 54:

Ich brauche das Viehzeug um mich herum

Ich bin in Köhra geboren, und hier bleibe ich. Meine Kindheit und die Jugendzeit waren voller Erlebnisse. Bei Federball, Völkerball und Fußball schlugen wir den Ball über die Straße. Da kam doch nur aller Jubeljahre mal ein Auto. Im Winter jagten wir auf dem Teich hinterm Puck her oder hängten uns schon frühmorgens mit den Schlitten an die Pferdewagen, die die Milch zur „Rampe" schafften. Es gehörte ganz natürlich zum Jahreslauf, beim Rübenverziehen und Kartoffellesen über die Felder zu kriechen oder Heu und Stroh abzuladen. Das machten wir aus freien Stücken, weil wir dabei einige Pfennige verdienten.

Das Pfarrgut in Köhra, zur Hälfte saniert

Da verstehe ich die heutige Jugend nicht. Die Mehrzahl ist doch stinkendfaul und meckert nur rum. Und trotzdem haben die Knaben Geld. Unsere Lehrer erklärten uns seinerzeit den Kapitalismus. Wir sagten: Das kann doch nicht wahr sein! Heute stellen wir fest: Es ist noch schlimmer. Der Zusammenhalt ist geschwunden, kaum noch Gespräche übern Zaun. Es gilt die Devise: Ohne Moos nichts los! Viele sind nur hinter'm Geld her.

Gott seit Dank haben wir noch unseren Männerchor. Ich freue mich auf jeden Freitag. Da treffen wir uns nämlich zur Singestunde im Gasthof. Ich habe noch nie gefehlt. Dort haben sich die alten Freundschaften erhalten. Aber wie lange noch? Die Truppe ist nämlich total überaltert. Wir sind nur noch sechzehn Leute, und da wird der Gesang immer dünner. Wo bleiben die Jungen? Mal kommt einer, aber nur kurz, dann bleibt er wieder fern. Er rennt doch lieber in die Disco, oder wir hören ihn beim Rumcrossen mit dem Auto. Seit einigen Monaten singen wir gemischt mit dem Grimmaer Frauenchor, vor allem bei Auftritten. Da klingt's dann doch etwas stimmungsvoller.

An die Zeit, als ich einige Jahre dem Dorf fern sein mußte, denke ich nicht allzu gern zurück. Nach meiner Lehre als Zerspanungsfacharbeiter in Liebertwolkwitz mußte ich meinen „Ehrendienst" in der Volksarmee in Dessau verrichten. Na ja, eigentlich merkt man sich nur das Gute, das andere vergißt man. Daß ich aber nur viermal Urlaub erhielt in dieser Zeit, das macht mich heute noch wütend. Jedenfalls blieb ich zunächst in Dessau kleben, weil ich dort ein Mädchen geheiratet hatte. Doch dann plagte mich das Heimweh. Mir fehlten die Tiere um mich herum. So stand fest: Ich gehe zurück aufs Dorf. Dagegen sträubte sich meine Frau. Also machte ich kurzerhand Schluß mit ihr, fand recht schnell eine neue, die auch auf dem Dorfe leben wollte, heiratete sie, und ab ging es nach Köhra. Die Heimat hatte mich wieder!

Ab 1981 fand ich in der PGH Lederverarbeitung neue Arbeit. Im gleichen Gebäude, der ehem. Schule unmittelbar neben dem Friedhof, bezog ich eine Wohnung. An den Anblick des Gottesackers gewöhnst du dich, den bemerkst du schließlich gar nicht mehr. Nur bei einer Beerdigung, da wird man doch nachdenklich, vor allem, wenn es ein guter Bekannter war. Da ist dann die Vergänglichkeit des Lebens ziemlich nah.

Peter Schreiber in seinem Geflügelhof

Ich wollte nun noch meine Tiere. Auf dem Vierseithof meiner Eltern war da Platz. Also rissen wir eine Scheune weg. 1985 stellte ich einen Bauantrag und begann auf dem freien Platz ein Haus zu bauen. Sicher, es war nicht immer einfach, die nötigen Baustoffe zur rechten Zeit auf der Baustelle zu haben. Doch es gelang, man mußte nur dran bleiben. Ständig halfen die Freunde und Arbeitskollegen. Nach fünf Jahren hatten wir es geschafft und zogen glücklich ins neue Heim. Und Hühner, Enten, Kaninchen, Schafe und Schweine waren nun meine Freunde, mal zum Selberessen, mal zum Verkauf. Mehr wollte ich nicht. Ich war zufrieden, als auch noch drei Söhne das Haus bevölkerten.

Na ja, immer verlief das Leben nicht ohne Tücken. Zunächst kam das Glück ins Haus. Ich konnte hinterm Dorf ein ganzes Stück Feld verkaufen für eine neue Siedlung am Dorfrand. Das Geld mußt du anlegen, sagte ich mir. Aktien und so, da blieb ich vorsichtig. Also ließ ich ein Haus bauen. Halbfertig ging die Baufirma pleite. Nicht wegen mir, ich hatte bezahlt. Und ausgerechnet dieses Haus, es war das einzige in Köhra, wurde im August 2002 von den Fluten, die von den Feldern hereinstürzten, im Erdgeschoß überschwemmt. Sicher, ich erhielt großzügige Unterstützung, und alles wurde ersetzt. Aber das ganze Drumherum, das konnte einen schon mürbe machen.

Oder: Für einen meiner Söhne hatte ich ein älteres Wohnhaus mit hübschem Fachwerk total auf Vordermann gebracht, aufs modernste eingerichtet. Nach einigen Monaten Wohnung schockte er mich zwei Tage vor Weihnachten mit der Nachricht: Ich ziehe aus, meine Frau will es so. Nun wohnt er an einem anderen Ort zur Miete in einem der gleichförmigen und gesichtslosen Wohnsiedlungen geschäftstüchtiger Bauherren. Das Haus hier steht leer. Trotzdem verliere ich nie den Mut und bleibe ein Optimist. Ich habe immer was zu tun, und freitags meinen Chor. Und wenn dann eines Tages, hoffentlich recht bald, ein kleiner Enkel zwischen meinen Beinen rumquirlt und ich mit ihm die Tiere füttere, dann genügt mir das vollends.

WEITERE NOTIZEN aus Köhra

Die **Bockwindmühle**, auf halbem Wege zwischen Köhra und Belgershain, wurde 1972 abgebrochen und war bis vor dem II. Weltkrieg in Betrieb. Der alte Bierling hat sie Stück für Stück auseinander genommen und verfeuert. Das Grundstück mit den baufälligen Gebäuden erwarb der Pomßener Maler und Betriebshandwerker Dieter Wenzel, Jg. 46. In jahrelanger Tätigkeit sanierte er das Wohnhaus, dessen niedrige Balkendecke allerdings nicht für große Leute gedacht war. Jetzt steht die gesamte Wohnlage beschützt von Zaun und Hunden naturhaft eingebettet in Büsche und Bäume inmitten der weiträumigen Feldflur.

Die **Schule** bestand bis 1958. Danach gingen alle Schüler nach Belgershain. In dem heute noch vorhandenen Schulgebäude neben der Kirche nahm die PGH Leder (jetzt Fa. Globus) ihren Sitz.

Die **„Kaserne“**, ein nach dem I. Weltkrieg umgebauter Schafstall für die Schnitter des Rittergutes, wurde nach der Bodenreform 1945 ein weiteres Mal verändert für Wohn- und Wirtschaftsräume von drei Neubauern. Im Jahre 2000 endgültig abgebrochen.

Ein **Wasserhäuschen** hat Geschichte im Dorf geschrieben. Durch den Bau des Naunhofer Wasserwerkes (Wasser für Leipzig) um 1900 versiegten die Brunnen im Dorf. Das Wasserwerk mußte nach einem verlorenen Prozeß den Bau finanzieren. Die Bauern fanden am Südende des Dorfes an der Straße nach Belgershain eine immerfort sprudelnde Quelle. Dort bauten sie das Wasserhaus. Das Wasser floß im natürlichen Gefälle ins Dorf in Gußrohren, die noch heute erhalten sind. Mit dem Anschluß an eine neue zentrale Wasserleitung (Verbundnetz) erfolgte um 1970 die Stillegung. Das Quellgebiet mit Schlüsselblumen stellten Naturfreunde als Biotop unter Schutz.

Die **Kirche** ist frühmittelalterlichen Ursprungs, letzte Renovierungen innen und außen 1990/91, u. a. neue Turmkugel mit Wetterfahne. Beichtstuhl von 1768, Orgel von 1888. Seit 1949 nach Belgershain eingepfarrt. - Auf dem Friedhof Gedenkstein für die Gefallenen des I. Weltkrieges (stark verwittert), Gedenktafel für die Opfer von Krieg und Gewalt 1939 – 1945. Romanischer Taufstein vor dem Kircheneingang. - In der Kirchnähe Pfarrgut von 1787, das 2002 hervorragend als Fachwerkhaus restauriert wurde (jetzt Wohnungen und Andachtsraum). Das Nebengebäude mit seinen Lehmstaken soll saniert werden und beherbergte angeblich Reste der ältesten Badestube Sachsens (nach 1574).

Ein **Lobetanz** wurde im Dorf jedes Jahr am 2. Sonntag nach Pfingsten als volkstümliches Frühlingsfest und wohl auch als eine Art Heiratsmarkt mit öffentlichem Tanz und einem Umzug durchs Dorf abgehalten. Vermutlich wurde er wegen seiner feuchtfröhlichen Ausschreitungen um 1880 verboten.

Vereine und Einrichtungen: Männerchor, gegr. 1907 als Männer-Gesangverein zu Köhra, Vors. Reinhold Hollerbaum, Chorleiter Ekkehard Schmidt. Prägte das kulturelle Leben im Dorf. Werner Hantschack erhielt 2003 die Ehrennadel für 50jähr. Mitgliedschaft. - Rassegeflügel, Vors. Heinz Rackwitz. - Kindertagesstätte „Märchenland" der Volkssolidarität, Ltg. Carola Wieprecht.

Kirche in Köhra

Landwirtschaft: Ein Rittergut bestand bis 1681, dann war es herrschaftliches Vorwerk (430 ha) zum Rittergut Belgershain. Mit der Bodenreform siedelten im Dorf Neubauern, mit denen 1952 die erste LPG Typ III im Kreis Grimma entstand und der schließlich alle Bauern beitreten mußten. Die Mehrzahl der Feldflächen sind 1991 nach Auflösung der LPG verpachtet. - Bewirtschaftet werden heute wieder die Bauerngüter von Günther Remmler und Erhard Mühlberg (Familienbetrieb seit 1840, Schramm und Mühlberg).

Handel & Gewerbe: Auf dem Gewerbegebiet (einschließlich des Geländes vom ehem. Kartoffellagerhaus) nahmen nach 1992 die Firmen Kugellager Fiedler, Autocenter Kühne und „Kartoffelmeister" ihren Sitz. - Fa. Globus (hervorgegangen aus der PGH Leder), stellt jetzt Sanitätsartikel (Bandagen für Bauch, Ellbogen und Knie) her. - Tischlerei Lars-Marten Knabe, vor allem Treppenbau. - Fa. Wernsing baute einen Food-Service (Lieferung von Fertiggerichten usw.) auf dem Gelände der ehem. LPG-Stallungen aus. - „*Lieblings Laden*" der Familie Liebling bietet Eis, Getränke und sonstige Nahrungsmittel an.

GASTRONOMIE: Der Gasthof „*Goldene Krone*" besteht seit 1830. Er kam 1945 in den Besitz der Gemeinde und wurde an den Konsum verpachtet. 1990 kaufte ihn Lutz Mühlberg, der die Gaststätte mit Hotelzimmer im ehem. Saal erweiterte.

Die Chaussee Leipzig-Grimma tangiert mehr oder weniger den Ort. Verständlich, daß dort die Ausspanne der Fuhrleute lag. Der alte Gasthof hat sich inzwischen zu einem Restaurant mit Hotel gemausert. Er hofft auf die Einkehr der modernen Straßenritter, die mit ihrem PKW durch die Lande eilen.

Das alte Bauerndorf mit seinen mächtigen Drei- und Vierseithöfen entlang der Dorfstraße hat seit den 90er Jahren Zuwachs bekommen. Draußen auf dem Feld in Richtung Fuchshain entstand am Dorfrand die neue 'Wende'-Siedlung mit über 80 supermodernen Wohnhäusern. Fast ein Ort für sich im Abseits von Threna. Ob deshalb oder aus anderen Gründen, die Integration der Neusiedler erfolgt nur schleppend. Obwohl gerade hier mehrere Vereine tätig sind, in denen jeder nach seinen Neigungen etwas Passendes finden könnte.

In Threna donnern die Böllerschüsse über die Fluren und gen Himmel

Das ist deutlich: Die Vereine nehmen sich nicht gegenseitig die Butter vom Brot, sondern sie kooperieren miteinander, besonders dann, wenn ein Dorffest auf dem Programm steht. Was nicht heißen soll, daß nicht hin und wieder Konflikte auftreten. Das geschieht auch in jeder gutsituierten Familie.

Die längste Tradition hat der Dorfklub. Mit dem jungen Lehrer Klaus Ulbricht, der 1966 ins Dorf kam und inzwischen den Rentenstand erreicht hat, organisierte sich eine Gemeinschaft, die das Kulturgeschehen in gute Bahnen lenkte. So kam es 1968 zur Gründung des Dorfklubs, unter dessen Hoheit fortan im Jahreslauf die Threnaer ihre kulturelle Seele bereicherten: Frauentagstanz, Nichtraucherdiskos, Züchtertage, Filmvor-

Dorfstraße mit Kirche in Threna

führungen, Radrennen, Fußballturniere und Kinderfeste. Der Dorfklub gab nach der Wende nicht auf, reduzierte allerdings wegen Geldmangel das Gesamtprogramm. Unter seinen Fittichen spielt immer noch eine Seniorenmannschaft Fußball mit dem „Himmelfahrtspokal" als Höhepunkt, hauen die Skatfreunde auf den Tisch, holen sich die Frauen in einer Sportgruppe bei gymnastischen und anderen Übungen neue Kraft für den Familienalltag und treffen sich Wanderfreunde zu Ausflügen in die Natur. Und so nebenbei werden noch Konzert- und Kabarettbesuche organisiert. Eine gute Truppe!

Dann steht der Verein für das närrische Volk auf der Bühne. Der Elferrat, die Funkengarde, tolle Hechte, freizügige Weiber, sarkastische Büttenredner und sonstiges lausiges Volk vereinen sich in der närrischen Zeit zu einem außergewöhnlichen Spektakel. Der Spaß hat immer ein anderes Thema. Was da an Stunden und Tagen in die Vorbereitungen gesteckt wird, das wird nicht aufgelistet, sondern mit dem schallendem Gelächter der Gäste verrechnet. Resümee: Es hat sich wieder mal gelohnt.

Im Schützenverein wird scharf geschossen, trotzdem mit Bedacht und in alter Tradition. Die Ziele sind Schieß- und Wurfscheiben. Oder der Königsadler. Zu besonderen Anlässen donnern die Böller übers Feld und in den Himmel. Schon Anfang des 20. Jh. hatten sich national gesinnte Leute zum „Königlich Sächsischen Militärverein zu Threna und Köhra" zusammengeschlossen. Doch darauf wollte man nicht aufbauen, denn die patriotischen Kämpfer von damals zogen mit klingendem Spiel in den Krieg. Viele kehrten nicht zurück, andere an Leib und Seele gebrochen. Damit haben die Leute von heute nichts am Hut. Klar, Uniform muß sein, jede Menge Orden und natürlich eine Vereinsfahne. Das sportliche Schießen steht vorne an, die Pflege eines gewissen Brauchtums und eine positive Ausstrahlung auf den gesamten Ort. Wichtigstes Ereignis: die Kürung des Schützenkönigs und der Königin beim alljährlichen Schützenfest. Daß dabei stets ein anderer zum Schützenkönig ausgerufen werden kann, das bleibt ein Zufall oder das Geheimnis des Vorstandes.

Ein ganz junger Verein hat sich 2003 mit dem Reitsportverein „Zum Reiterhof" gebildet. Bestimmt einer mit Zukunft, denn die Zahl der Pferdeliebhaber wächst ständig.

Auch Threna hat ein Autohaus

Die Familie *Höher* hat einen alten Dreiseithof übernommen und in schweißtreibender Aufbauarbeit zu einem weiteren Schmuckstück des Dorfes saniert.

Zum Vereinsbild gehört auch die Freiwillige Feuerwehr. Erfreuliche Feststellung: Das Durchschnittsalter der Kameraden liegt ziemlich niedrig. Auch sie bilden einen aktiven Teil der Dorfgemeinschaft. Ein gutes Fazit!

*

Das Dorfbild entlang der asphaltierten Dorfstraße mit den breiten Vorgärten strahlt eine gewisse Behaglichkeit aus, vor allem eine hochgradige Sauberkeit. Die Mehrzahl der Bauerngüter ist bereits saniert, andere in Arbeit und der kleine Rest wird noch folgen oder abgerissen. In einem der gepflegten Bauernhöfe wohnt und betreut den Gemüse- und Blumengarten die Bäuerin Brigitte Weiske, Jg. 36:

Vier Generationen unterm Dach und eine Haustür

In meinem Leben gab's nichts Aufregendes. Es verlief so wie bei anderen auch. Der Bauernhof mit seinen Tieren, der Garten am Haus und die Fluren draußen vor dem Dorf prägten mein Leben. Ich wuchs mit zwei Schwestern in den Nachkriegsjahren heran. Da hatte die Mutter keine Zeit, sich groß um uns zu kümmern. Am liebsten spielten wir mit unseren Puppenkindern. Wochen vor Weihnachten verschwanden sie unauffindbar. Mit neuen Kleidern saßen sie dann unterm Weihnachtsbaum. Mehr gab's nicht, doch unsere Kinderseele nahm dieses wiederkehrende Geschenk dankbar an.

Nach der Schulzeit ließ uns Vater freie Wahl, ob wir einen Beruf erlernen wollten. Die Oberschule durften wir nicht besuchen, weil dort die Kinder von Großbauern nicht erwünscht waren. Andererseits sahen wir, wie schwer es die Eltern hatten, den 78 ha großen Bauernhof zu bewirtschaften. Hier werde ich gebraucht! Also bin ich Bäuerin geworden, und das habe ich eigentlich bis heute nicht bereut. Das war ein vielseitiger Beruf. Ich mußte den Jungen auf dem Hof ersetzen und Arbeiten verrichten, die für ein Mädchen schon ziemlich anstrengend waren. Und irgendwie machten da meine Knochen nicht mit. Im Laufe der Jahre habe ich alles mal gebrochen, was es am Körper zu brechen gab. Ich hab's überwunden.

Im schönsten Jungmädchenalter zogen wir an den Wochenenden von Tanzsaal zu Tanzsaal. Dort lernte ich meinen Mann kennen. Er kam aus Trages, das liegt drüben im Bornaischen. Die Hochzeit 1956 war das schönste Ereignis in meinem Leben. Der Zug zur Kirche mit den Brautjungfern und der großen Schar unserer Verwandten und Bekannten bleibt immer in der Erinnerung. Wir zogen in den Bauernhof und lebten bald mit vier Generationen unter einem Dach. Alle gingen durch eine Tür, und niemals wurde sie krachend von jemandem zugeschlagen. Und alle saßen zu den Essenszeiten an einem riesigen Tisch in der Küche. Dort tafelte Mutter das Essen. Wir erhielten damals keine Lebensmittelkarten und waren Selbstversorger. Das klappte ganz gut, denn Vater erfüllte das Abgabesoll stets pünktlich und in der geforderten Menge. Obwohl wir als Großbauern mehr abgeben mußten als die kleineren Bauern. Unsere Herdbuchtiere brachten eine bessere Leistung, und wir konnten sogar ärmeren Bauern aushelfen. Unser Vater war Fachmann durch und durch und widerlegte ziemlich nachdrücklich die Bosheit: Die dümmsten Bauern haben die größten Kartoffeln.

Wir aßen also, symbolisch zu sehen, alle aus einem Topf. Natürlich auch die Leute, die wir in Lohn und Brot hatten. Diese wunderbare Familiengemeinschaft hat über die Jahrzehnte hinweg gehalten, und das tut sie auch heute noch. Wir lebten nach dem Grundsatz: Dasein für jeden und helfen, wo es nötig ist. Großmutter wurde in unserer Mitte 93 Jahre alt, und sie bekam keine Rente.

Zu Beginn der 60er Jahre mußten wir in die LPG. Über die Typ I dann in die Typ III. Wir alle haben das geschluckt und uns gefügt. Was hätte ein Widerspruch gebracht? Ich mußte fortan die Milchkühe im Gut hier betreuen, und das 30 Jahre lang. Das war eine Schinderei, und als das mit der Wende zu Ende ging, da war ich auch am Ende. Ich konnte keine Kuhherde mehr sehen. Und jetzt wurde mir auch klar, daß mir die schönsten Jahre meines Lebens eingeengt waren in den täglichen Rhythmus von 35 Kühen. Nun habe ich das Rentenalter erreicht. Die Gartenarbeit beibt mein Reich und natürlich das Essen kochen. In der Adventszeit zogen die wohlriechenden Düfte frischgebackener Stollen durchs Haus. Es war eine lange Tradition, das Festgebäck im eigenen Backofen zu backen. Als er vor Jahren lichterloh brannte, haben wir ihn für immer stillgelegt. Fortan liefert ein elektrischer Ofen das köstliche Gebäck.

Mein Mann kann nicht in der Stube sitzen. Sein unruhiger Geist treibt ihn ständig hinaus. So hat er ein paar Fleischrinder im Stall angebunden, die er täglich füttert. Und dann sind da noch ein paar Feldflächen, denn das Futter macht er selbst. Das ist seine Welt, mit dem Traktor darüber weg zu fahren, und im Jahresrhythmus zu säen, zu pflegen und zu ernten. Im Winter, wenn's kalt ist, verzieht er sich in die Werkstatt. Dort friemelt er an seinen Lanzbulldogs herum, repariert sie und bringt sie auf Hochglanz. Wie leuchten dann seine Augen, wenn er bei Traktorentreffen oder Dorffesten über die Straßen blubbert. Lanzbesitzer sind besondere Menschen. Sie lieben ihre Maschinen genau so intensiv wie ihre Ehefrau. Bestimmt haben wir uns auch deswegen 50 Jahre lang die Treue gehalten.

Und diese Treue auf ganz andere Art verbindet mich mit meinem kirchlichen Singekreis. Vor 50 Jahren bin ich ihm als ganz junges Mädchen beigetreten, und heute noch kenne ich als junggebliebene Rentnerin nichts Schöneres, als montags abend zur Singestunde zu gehen. Die heiteren Stunden unter Gleichgesinnten mag ich nicht missen. Wir singen zu den Gottesdiensten und zu anderen Festlichkeiten. Auch zu Beerdigungen, wenn es gewünscht wird. Wenn ein jüngerer Nachbar begraben wird, da werden wir schon nachdenklich. Den Schmerz tragen wir dann gemeinsam. Früher, da jubilierten wir auch zu Hochzeiten. Leider haben wir nur noch selten Gelegenheit dazu. Es läßt sich kaum noch jemand kirchlich trauen. Das macht uns ganz nachdenklich.

Brigitte und Lothar Weiske beim Kälberfüttern

WEITERE NOTIZEN
aus Threna

Ein alter **Lehmspeicher** mit 1,5 m dicken Lehmwänden im Gehöft von Fam. Mühlberg scheint die Wehranlage eines sehr alten Vorwerks gewesen zu sein. Vor Jahrzehnten ließ sich die Jahreszahl 1417 noch entziffern, später überputzt. Das Dach tragen schwere Eichenbalken, in den Wänden befinden sich Schießscharten.

Landwirtschaft: Im Dorf gab es kein Rittergut. Ein mächtiger Gutshof wurde Ende des 19. Jh. als sichtbares Merkmal der beginnenden agrarkapitalistischen Entwicklung errichtet, jetzt zerfällt er. - 21 Altbauern und 20 Neubauern gründeten in den 60er Jahren mehrere LPG Typ I, die sich dann zur Typ III „Vorwärts" vereinigten. Heute erloschen.

Die **Wehrkirche** aus dem 13. Jh. erhielt 1709 den noch heute bestehenden Turm. Mehrmalige Restaurierungen, die letzte 2004. Abendmahlskelch von 1630. 1996 wurden acht Figuren aus dem spätgotischen Schnitzaltar herausgebrochen und entwendet. - Kirchenchor.

Vereine und Einrichtungen: Dorfklub, gegr. 1966, Vors. Klaus Ulbricht. - Schützenverein, gegr. 1994, langj. Vors. Karl Heinz Uhlmann, jetzt Heinz Schreiber. - TKC Karnevalsverein, gegr. 1996,Vors. Frank Krauße. - Reitsportverein „Zum Reiterhof", Fam. Höher. - Freiwillige Feuerwehr, gegr. nach 1945, Wehrleiter Helmut Kupke. - Kindertagesstätte.

Alter Gutshof Ende des 19. Jahrhunderts

Handel & Gewerbe: 1894 eröffnete Oskar Thiele eine Werkstatt für Stellmacherei und Brunnenbau. In Familienbesitz wurde sie über drei Generationen hinweg betrieben und 1990 geschlossen. - Bäckerei-Filiale von Gerd Schramm, Naunhof. - Friseurgeschäft von Carmen Stölzner. - Autohaus Borvitz. - Natursteine Eberhard Kistner. - Baugewerbe von Ronny Junghans. - Zimmerei Ziliack. - Rohrleitungsbau GmbH. - Otto-Versand Hermes. - Tannenhof Steffen Röder. - Landwirt Frank Brade.

GASTRONOMIE: Der Gasthof wurde 1905 erbaut. Nach mehrmaligem Besitzerwechsel kaufte ihn 1982 die Fam. Streit, die ihn 1993 zum Hotel und Restaurant um- und ausbaute.

Neubausiedlung am Dorfrand von Threna

Fuchshain, 1267 Wuchshol, 'Siedlung an der Fuchshöhle' (dt.), seit 1999 OT von Naunhof, 880 Einw.

Fernab der Kreisstadt und fast schon im Weichbild der Messestadt Leipzig, schmiegt sich die Siedlung an einen sanften Höhenzug. Der nadelspitze Kirchturm ragt hoch in den Himmel und markiert weithin sichtbar die Dorflage.

„... denn im Himmel kann's nicht schöner sein als in Fuchshain"

Die Fuchshainer haben 1999 einen leidenschaftlichen Kampf gegen eine allmächtige Bürokratie verloren. Sie wollten ihre Selbständigkeit erhalten, doch die sächsische Gemeindereform kannte keine Gnade. Sie gingen bis vor das Verfassungsgericht. Die Mühe lohnte nicht: Fuchshain mußte sich der Stadt Naunhof unterordnen. Einige der Kämpfer von damals zogen sich zurück. Die Mehrzahl fügte sich dem richterlichen Beschluß und ist aktiv geblieben. Das ist gut so, denn den Schaden hätten nur die Einwohner. Eine gewisse Eigenständigkeit soll trotz der administrativen Maßnahme erhalten bleiben. Der Naunhofer Bürgermeister Herrmann hat das jedenfalls fest versprochen. Zeit und Entwicklung werden die Wunden heilen.

Das langgestreckte Straßenangerdorf hat sich im vergangenen Jahrzehnt beträchtlich ausgedehnt. An der Südwestecke bauten vorwiegend Leipziger Bürger neue Einfamilienhäuser zwischen dem Dorfrand und dem freien Feld. Man könnte sagen: Ein selbständiges, modernes Dorf. Es waren eher rationale Gründe, die diesen Zuzug auslösten. Jeder Interessent war hier sein eigener Bauherr, und so konnte er bauen, wie er wollte, wenn er nur die staatlichen Bauvorschriften einhielt. Eine sanierte Straße verbindet inzwischen das alte Dorf mit dem neuen Flecken.

Lange Dorfstraße mit breiten Vorgärten in Fuchshain

Schon in früheren Jahrhunderten warfen begüterte Leipziger begehrliche Blicke auf das Bauerndorf. Sie legten hier ihr Geld an und erwarben Besitzungen. Andererseits wurden im Wechselspiel der Geschichte Fuchshainer Söhne in Leipzig seßhaft. Die Messe- und Industriestadt zog natürlich auch jede Menge Arbeitskräfte an. In den 80er Jahren arbeiteten hundert Hiesige in Leipzig.

Aufreizende Naturschönheiten hat der Ort nicht zu bieten. Er ist irgendwie stiefmütterlich damit bedacht worden. Die Waldungen liegen weit entfernt. Vermutlich hatten die Bauern, die vor 700 Jahren hier den Wald rodeten und siedelten, dafür auch keinen Blick. Für sie galt nur, Feldflächen zu gewinnen und im ständigen Kampf mit den Naturerscheinungen möglichst hohe Erträge zu erzielen. 30 wuchtige Drei- und Vierseithöfe aus dem 18./19. Jh. im zum Teil verschnörkelten Stil der Gründerjahre flankieren noch heute die schnurgerade und schon seit den 20er Jahren gepflasterte Hauptstraße. In den flächengroßem Vorgärten wächst und gedeiht eine bunte Blumenpracht zwischen den Gemüsebeeten.

Was sagte mal ein alter Fuchshainer: „Ich habe keine Angst vor dem Tod, denn im Himmel kann es nicht schöner sein als in Fuchshain". Na ja, was immer mal so gesagt wird. Für seine kleine Welt hat's vielleicht auch zugetroffen.

Ein neue Tradition scheint sich mit dem Wasserwerkweg-Fest anzubahnen. Die Zugezogenen spürten nämlich sehr bald, daß da zwischen ihnen und den Ureinwohnern des Dorfes gewisse Berührungsängste bestanden. Dann machen wir eben das Fest für uns, war die trotzige Haltung der Neu-Fuchshainer. Das kleine Treffen mauserte sich von Jahr zu Jahr, und die Neuen gründeten den „Heimatverein www. Fuchshain e.V.", wobei www für Wasserwerkweg steht. Nun wurden die Alt-Fuchshainer doch neugierig und zugänglicher. Hier ergriffen die Neubürger die Initiative für ein dörfliches Zusammenwachsen. Einer, der dabei die Hauptlast trägt und sich als Organisationstalent entpuppte, ist der Lokführer und Vereinsvorsitzende Ralf Johne, Jg. 53:

Als Lokführer mußt du zu jeder Sekunde alle Sinne beieinander haben!

Wir wollten raus aus Leipzig, irgendwo auf dem Land ein Eigenheim bauen. Aber ohne Bauträger. Wir wünschten uns ein Haus ganz nach unserem Geschmack und Vorstellungen. Hier in Fuchshain fanden wir dafür gute Bedingungen. Im Sommer 94 ging's los, und ein halbes Jahr später zogen wir ein, rundum zufrieden.

Na ja, an sich liegt Fuchshain ein bißchen trostlos in den Feldern. Wir haben eben unsere Natur vorm Haus. Hof und Garten tragen Blumen und Büsche in Hülle und Fülle, und die 600 qm wollen ja bewirtschaftet werden. Sie reichen uns.

Nach und nach erweiterte sich unsere neue Süd-West-Siedlung. Eine gute Nachbarschaft ist wichtig fürs Leben. Also versammelten sich fünf Familien zum Kesselgulasch auf unserem Hof. Das war der Anfang, damals 95. Jedes Jahr kamen mehr Leute. Nun mußten wir schon auf die Straße ausweichen, eben den Wasserwerkweg. Vor allem die Kinder sollten ihren Spaß haben. Da gab es von Anfang an keine Trennung in alt und neu. Und die brachten ihre Eltern mit. Wir beschnupperten uns, fanden aneinander Gefallen. Zaghaft entstanden erste Freundschaften. Bald hieß es nicht mehr: „Wir sind die Alten, und ihr seid die Neuen", sondern „Wir alle sind die Fuchshainer!"

Unsere Treffen organisierten wir jedes Jahr unter einem anderen Thema. Mal waren es die Traktoren und die Feldarbeit, mal Nutzfahrzeuge der einstigen MTS. Dann kursierten die historischen Fotos in der Runde. Die Neuen sind neugierig, fragen und diskutieren mit den Alten. „Eh, gucke mal, das ist doch der Emil!" Heimatgeschichte lebt.

Ich mache das mit Begeisterung. Trotzdem muß ich abspecken, weil man sonst Federn läßt. Als Lokführer hast du deinen Wochenplan und keine geregelte Arbeitszeit.

Ich bin 10 bis 12 Stunden unterwegs, auch nachts. Deshalb lebe ich nach dem Dienstkalender. Der sieht wie ein Bilderbuch aus. Alle außerberuflichenTermine koordiniert meine Frau. Sie ist mein Notizbuch und schreibt alles auf. Wenn ich die nicht hätte! Andererseits braucht sie meine Pflege. Seit einem schweren Straßenbahnunfall sitzt sie im Rollstuhl. Er nahm ihr damals die Beine. Mit zwei Unterschenkelprothesen läuft sie schon mal kleine Wege. Ich bewundere sie, wie sie das alles erträgt. Trotzdem: Wir lachen oft und gern und erfreuen uns an unserem kleinen Paradies.

Ich weiß nicht mehr, ob es mein Traumberuf war, als Lokomotivführer durch die Landschaft zu rauschen. Immer wieder werde ich gefragt, was ich da so mache. Und dann sind die Leute enttäuscht, wenn sie die Antwort hören: Vor allem aufpassen und stets und zu jeder Sekunde alle Sinne beieinander haben. Ich hatte eine lange Ausbildung als Bahnschlosser in der Werkstatt und als Heizer auf einer Dampflok. Dann erst erfolgte die Ausbildung zum Lokführer. Ich fahre heute im Fernbahnnetz und jage mit 160 km/h über die Schienen, machmal auch mit 200 km/h. Angst? Nein, die gibt es nicht. Wer die hat, der wäre fehl am Platz. Ich sitze einsam und für mich ganz allein in meiner Lok, schaue nach vorn und auf die Instrumente. Für die Landschaft bleibt da ganz wenig Zeit. Ich bemerke wohl die ausgedehnten gelben Rapsfelder, aber das ist fast schon alles. Wenn ich dann mal als Fahrgast im Zug den Ausblick genieße, dann frage ich mich oft: Mensch, hier bist du nun lang gefahren, und trotzdem hast du das nicht gesehen! Wie schön doch die Landschaft sein kann.

Ralf Johne und Frau am neuen Wohnhaus in Fuchshain

WEITERE NOTIZEN
aus Fuchshain

Braunkohle wurde zwischen 1870 und 1900 abgebaut. Dann trat Wasser in den Schacht, und da war die Braunkohlengeschichte schon zu Ende.

Das **Schulgebäude** wurde 1911 erbaut und 1963 erweitert. Bis 1971 bestand ein Verbund im Schulkombinat mit Seifertshain und Kleinpösna. Seitdem fahren die Schüler mit dem Schulbus nach Naunhof.

Die beiden **Windmühlen** gehören mit zu den Wahrzeichen des Dorfes. Die Bockwindmühle von Andreas Bahr (ehem. Naundorf) auf der höchsten Stelle der Flur trägt im Türsturz die Jahreszahl1791, hat seit 1993 wieder Flügel, aber nur aus Sicht der Denkmalpflege und eher als Zierde. Mit einem Elektromotor schrotet der Feierabendmüller für die „kleinen Leute". - Die Mühle von 1840 am Nordende des Dorfes wurde 1927 zur Paltrockmühle umgebaut, nach Sturmschäden 1962 stillgelegt. Langjähriger Eigentümer war Familie Böttcher. Die neuen Besitzer Nadine Lindner und Roman Möbius haben das Wohnhaus saniert und wollen Mühle und Einrichtung erhalten.

Die **Kirche** mit ihrem spitzen Turm paßt eher in eine Stadt als in ein Dorf. Der Ostchor stammt von 1521. Nach Abbruch der kleinen Kirche folgte 1903 ein Neubau. Beachtenswert fünf farbige Glasfenster und die Ausmalung im Jugendstil. Fuchshain ist nach Seifertshain eingepfarrt, wo Pfarrer Johannes Langer seit über 20 Jahren tätig ist. Ein gemeinsamer Kirchenchor fördert den Zusammenhalt.

Der **Wasserbehälter**, im Volksmund das Wasserwerk genannt, an der Straße nach Threna wurde 1887 errichtet. Aus den Wasserwerken im Naunhofer Forst wird das Wasser bis hierher gepumpt und läuft im freien Fall nach Leipzig. Das Dorf erhielt trotzdem erst 1987/88 Anschluß an ein zentrales Wassernetz. Die Verlegung der Rohre erfolgte in einer freiwilligen Gemeinschaftsaktion der Bevölkerung unter der Leitung von Frank Jolig. Gleichzeitig wurde eine Gasleitung mit eingebracht.

Personalien: *Rudolf Hepner* (1913-1988) übernahm die von seinem Großvater 1879 gegründete Bäckerei. Im II. Weltkrieg verlor er beide Beine, arbeitete im Rollstuhl in der Backstube. Spezialität war ein Osterbrot, eine Art Stollenteig mit Zuckerguß. Seine fünf Töchter und ein Junge erlernten bis auf ein Mädchen den Beruf des Bäckers und Konditors. Er verkaufte den Fernsehapparat und besorgte dafür einen Plattenspieler. Die Erinnerungen an seine Kinder- und Lehrjahre schildern ein Stück Dorfgeschichte *(siehe Rundblick-Jahrbücher 1994 bis 1996).*

Edgar Kreusch, Jg. 34, führte nach 1960 den Bauernhof (seit 1755 in Familienbesitz) seines im Krieg gefallenen Vaters weiter, mußte später in die LPG eintreten und war zeitweilig deren Vors. Jetzt i.R. fährt er hin und wieder eine Zugmaschine und beschäftigt sich mit der Familien- und Ortsgeschichte.

Erika Proschwitz, Jg. 53, kam aus Markkleeberg nach Fuchshain, wo ihr Mann in der LPG

Die Paltrockmühle in Fuchshain

tätig war. 1987 trat sie das Amt des Bürgermeisters an und führte es bis zur Eingemeindung 1999. Seitdem Ortsvorsteherin.

Gerhard und Anneliese Fritsch treten seit 1981 als Unterhaltungskünstler „Monsieur Malheur und Anne" europaweit in großen und kleinen Sälen auf und begeistern das Publikum mit einer Musikshow, bei der es viel zu lachen gibt.

Merten Schmidt wurde 1537 zu einer Geldbuße von 3 Schock 15 gr. und zu 5 Wochen Turm verurteilt, weil er mit seiner Magd „geschlafen" hatte. Bekannte und Freunde verköstigten ihn in dieser Zeit, damit er nicht verhungerte.

Guido Remler (1918–1945), vor dem 2. Weltkrieg langj. Bürgermeister, rettete gemeinsam mit *Werner Taubert* in den allerletzten Kriegstagen das Dorf vor der Zerstörung. Eine Gruppe Volkssturmleute, die mit Panzerfäusten bewaffnet war, sollte die anrückenden amerikanischen Truppen aufhalten und das Dorf bis zum Endsieg verteidigen. Die Kriegsveteranen erkannten rechtzeitig die Sinnlosigkeit ihres Tuns und verschwanden nach Hause.

Vereine und Einrichtungen: Der Sport besaß eine lange Tradition mit der Gründung eines Arbeiter-Turn- und Sportvereins im Jahre 1922. Der Sportplatz entstand in der Inflationszeit in einer ehem. Sandgrube, die erst aufgefüllt werden mußte. Chor und dramatischer Zirkel bereicherten die Vereinsabende. Mit dem Handwagen wurden seinerzeit ein Barren und das lederne Sportpferd von der Leipziger Bundesschule nach Fuchshain transportiert. - Jetzt Fuchshainer SV, Vors. Michael Pöland, mit den Abt. Fußball und Frauen-Gymnastik. - Freiwillige Feuerwehr, gegr. 1939, Wehrleiter Steffen Richter. Gerätehaus von 1975. 2002 wird Gerhard Thamms für seine 50jährige Tätigkeit in der Wehr geehrt, während dieser Zeit war er 28 Jahre lang Wehrleiter. Das ehem. Spritzenhaus in der Hauptstr.19 hat längst als Garage eine andere Funktion, zeigt aber noch das alte Fachwerk und den separaten Eingang zur Arrestzelle. - Reit- und Fahrverein Vors. R. Pippig. - Heimatverein www Fuchshain e.V. (Wasserwerksweg), ein Markenname für Geselligkeit. Vors. Ralf Johne. - Kindertagesstätte mit Krippe, Kindergarten und Schulhort im ehem. Schulgebäude, Leitung Ingrid Heikes.

Landwirtschaft: Bis zur Bodenreform bestand ein gemeinsames Vorwerk mit Eicha, das dem Rittergut Pomßen gehörte. 30 Altbauern bildeten den Kern eines nicht gerade armen Dorfes. Mit der Bodenreform kamen 11 Neubauern dazu, die allesamt in die LPG eintraten bzw. eintreten mußten. 1991 erfolgte deren Auflösung und Bildung einer Agrargesellschaft mbH (Geschäftsf. Helmut Kinne) mit Anbau von Feldfrüchten und Rinderhaltung.

Handel & Gewerbe: Bäckerei Rainer Hepner 2003 geschlossen. - Fleischerei Hans Singer. - Tischlerei Lutz Dost. - Schlosserei und Stahlbau Kurt Schubert. - Glasatelier von Eberhard Ludwig. - Fuchshainer Blumenhof von Rainer Streller. - Reisebüro Helga Gärtner. - Dienstleistungen, Bau und Hausmeisterservice, Landschafts- und Gartenbau: Günther Achilles, Wolfgang Friedrich, Dieter Dierschke, Michael Kraut, Christian Puschmann, Olaf Matthes, Klaus Heinicke, Detlev Jalaß. - Portas, Fenster, Türen und Treppen-Sanierung. - Fuhrunternehmungen: Werner Fischer, Ekkehard Schubert, Manfred Kreusch, Michael Kreusch, Axel Fischer, Kanthak GmbH. - Beton- und Terrazzowerk Rolf Reichert KG, seit 1951 in einer ehemaligen Ziegelei, jetzt Gerd Schneider. Im gleichen Gebäude Schamotterohrfabrik von Hort Kayser KG. - T + S Trapp und Speeck, Rohrleitungs- und Tiefbau mit 60 Beschäftigten.

GASTRONOMIE: Die Gastwirtschaft von Felix Remler, 1985 geschlossen, hatte noch die Wandbank neben der Theke und den gewichtigen Regulator, jetzt zu Wohnungen ausgebaut. - Gasthof Gerber, 1969 von der Gemeinde gekauft und vom Konsum bewirtschaftet, sollte zum Kulturhaus ausgebaut werden. Das Vorhaben ließ sich nicht verwirklichen. Seit Jahren Umbau zu einem Bürgerhaus, das 2004 eingeweiht wurde. Mit Feuerwehrstützpunkt, Vereinszimmer, Saal und Wohnung. - „Fuchsbau", Gaststätte im Sportlerheim, dem ehem. Schützenhaus. - Pension Lindenhof der Fam. Dörner seit 1995 mit 18 Betten in einer ausgebauten LPG-Werkstatt. Gaststätte mit Familienfeiern.

Im Einzugsgebiet von Eula und Gösel

Im äußersten Südwesten des Muldentalkreises umgrenzen kleine Restwaldungen wie Frisches Holz, Buchholz nordöstlich von Otterwisch, Frauenholz nördlich von Bernbruch, der Buchheimer Winkel am Westrand des Colditzer Forstes eine Siedlungszelle um Bad Lausick, die bereits zum großen Teil ins Bornaer Lößgebiet gehört. Der Jordanbach ab Lauterbach und der Heinersdorfer Bach entwässern das Gebiet im Süden nach Westen zur Eula, der Göselbach ab Stockheim über Otterwisch zur Gösel im Leipziger Land.

Die auffälligen Talungen lassen die Bewegtheit der Oberfläche deutlich zunehmen. Dazu steigt das Gelände bis auf über 200 m bei Buchheim und Ebersbach. Löß und Lößlehm bedecken jetzt fast die gesamte Fläche. Das mag ein Grund dafür sein, daß schon sehr zeitig hier die bäuerliche deutsche Kolonisation einsetzte. Fränkische Bauern, so lassen uns die Ortsnamen wie Stockheim, Buchheim, Lauterbach oder Steinbach vermuten, waren es, die schon um 1100 von Westen her hier eindrangen und Dörfer und Felder anlegten.

An mehreren Orten treten bereits verschiedene Porphyrvarietäten bis an die Oberfläche durch. Westlich der aus dem Untergrund aufsteigenden Gesteinsdecken kommen auch tertiäre Ablagerungen zu Tage. Braunkohle wurde deshalb auch zwischen Beucha und Bad Lausick gefördert. Ebenso bot das Vorkommen von oligozänen Tonen bei Reichersdorf die Grundlage für die frühere Schamotteindustrie. – *W.E.*

Feldflächen zwischen Lauterbach und Steinbach

Die alten Baumgärten sollten erhalten bleiben

Die kleinen Dörfer westlich von Bad Lausick liegen abseits verkehrsreicher Straßen. Nur vereinzelt trifft man hier die üblichen landwirtschaftlichen Fahrzeuge und Maschinen an. Zu den Bauerngütern, sowohl den verlassenen als auch den wenigen noch bewirtschafteten, gehören schöne alte *Baumgärten*. Heute nennt man sie *Streuobstwiesen*. Sie sind ökologisch äußerst wichtig und haben für wildlebende Tiere, die sich dem menschlichen Siedlungsraum angepaßt haben, große Bedeutung. Der ländlich-idyllische Charakter dieser Orte ist wohltuend und möge noch lange erhalten bleiben!

Der Raum, welcher die Orte im Einzugsgebiet von Eula und Gösel einschließt, ist landschaftlich reizvoll, da die dortigen Fluren eine schöne, wellige Oberflächenstruktur haben. In den sanften Tallagen gibt es noch Wiesen, durch welche von Erlen, Pappeln und Weiden gesäumte kleine Bäche fließen, wie z. B. der Ilsen- und der Jordanbach. In Kleinbeucha hat man den Ilsenbach sogar zu einer ganzen Teichkette angestaut, die heute der Karpfenzucht dient. Diese Teiche sind natürlich in der gewässerarmen Gegend ein Anziehungspunkt für Wasservögel. Neben Stockenten, Bleßrallen und Tafelenten halten sich vor allem auf dem größten der Teiche viele Reiherenten auf.

Ökologisch besonders wertvoll und erhaltenswert sind die in die Feldflur eingestreuten Gehölzgruppen, Feldgebüsche und -gehölze. Eine große Bedeutung für das Landschaftsbild haben auch die Baumreihen entlang der Landstraßen, egal ob es sich um Obst- oder andere Laubbäume handelt. Einige dieser Reihen sind schon stark gelichtet. Es müßten einheimische Gehölze nachgepflanzt werden. – *H.K.*

Die Gösel bei Großbuch

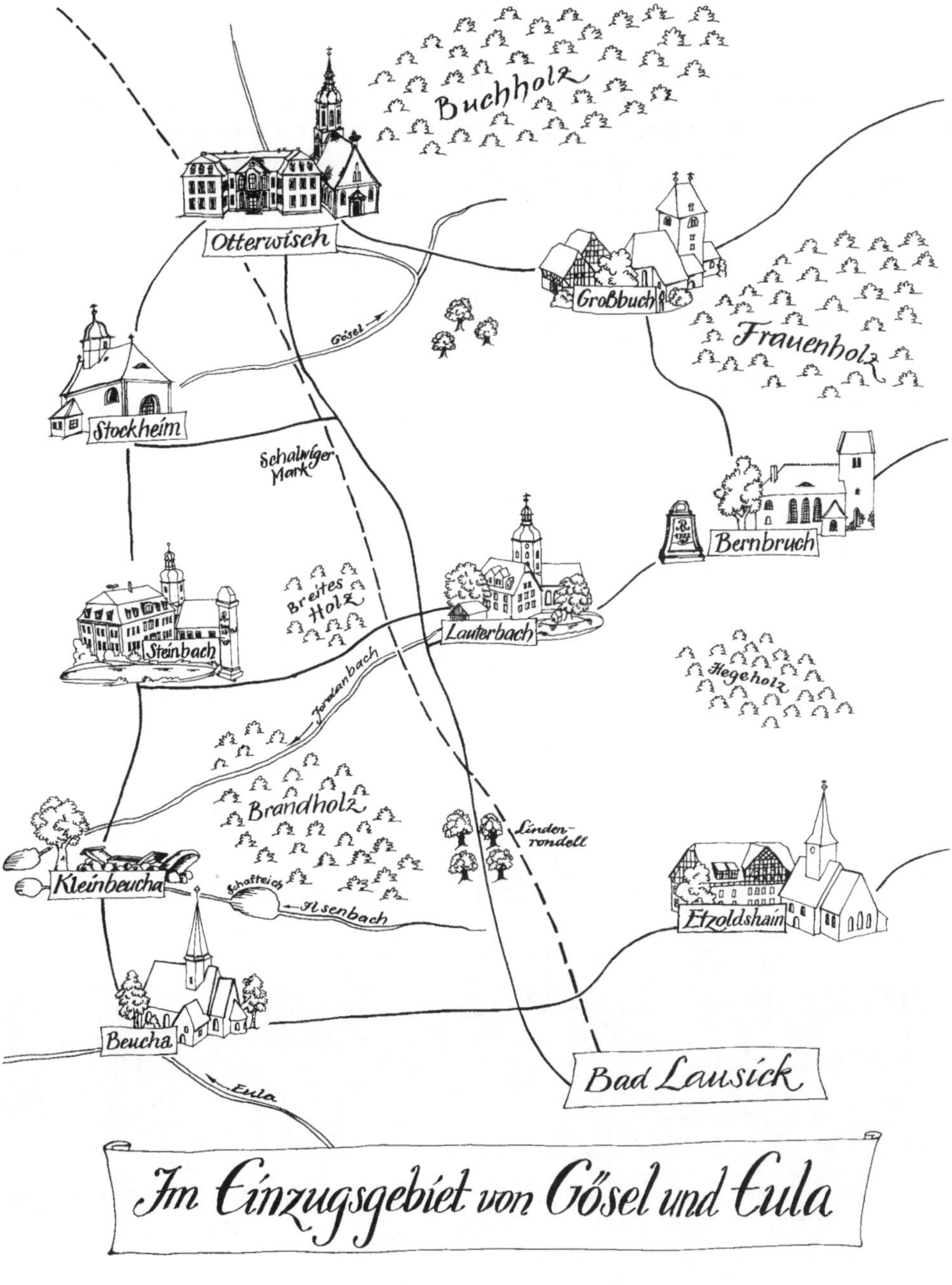
Buchholz
Otterwisch
Großbuch
Frauenholz
Gösel
Stockheim
Schalwiger Mark
Bernbruch
Breites Holz
Lauterbach
Steinbach
Hegeholz
Jordanbach
Brandholz
Linden-rondell
Kleinbeucha
Schafteich
Ilsenbach
Etzoldshain
Beucha
Eula
Bad Lausick
Im Einzugsgebiet von Gösel und Eula

Otterwisch, 1269 Oterwash, Namensdeutung unklar, 1306 Einw.

Schloß, Käse, Pferdesport, ZBO Bau-Holz, Kies. Diese Begriffe verbinden sich mit dem Ort, haben ihn weit über die Dorfgrenze hinaus bekannt gemacht. Den Ortsnamen gibt es nur einmal in Deutschland. So einfach er klingt, eine Deutung konnte bis heute noch nicht gefunden werden. Es liegt nahe, ihn mit dem Fischotter zu verbinden. Die Namenforscher bleiben allerdings skeptisch. Und so läßt sich auch nicht sagen, ob Slawen oder Deutsche hier zwischen Göselniederung und Buchholz zuerst siedelten. Sei wie es sei, das Dorf vergrößerte sich zusehends, und vor 100 Jahren schrieb der Pfarrer *Karl Müller* in der Kirchengalerie: „Nicht nur dem Wanderer, sondern auch dem Fahrgast der Leipzig-Geithainer Bahnlinie bietet sich Otterwisch als stattliches, an der Leipzig-Rochlitzer Chaussee fast 25 Minuten von Norden nach Süden sich hinziehendes Dorf dar. Größere und kleinere Güter wechseln mit einfacheren und ansehnlicheren Häusern ab. Vor allem aber sind der hochragende Kirchturm mit seinem goldenen Schmuck und das alte Schloß mit seinem Doppeldach, seinen umfänglichen Schornsteinen und seinem waldigen Hintergrund besondere Wahr- und Kennzeichen von Otterwisch."

Und heute? Die Bahnlinie wird total modernisiert, auf der Chaussee drängeln sich die Autos und Lastkraftwagen. Zahlreiche Bauerngüter sind saniert, doch ohne landwirtschaftliche Nutzung. Der Kirchturm überragt nach wie vor das Häusermeer, fein herausgeputzt und mit schönem Glockenklang. Nur das Schloß zeigt heute ein anderes Bild. Abgewohnt und verbaut zerstören bröckelnder Putz und Mauerschäden mehr und mehr das historische Bauwerk. Hoffnung keimte schon mehrmals, doch jeder Versuch einer Sanierung schlug bisher fehl. Im anschließenden Buchholz wächst ein guter Baumbestand heran. Auch sonst bietet das Dorf hübsche Ecken zwischen stillen Teichen, schmalen Gassen und weiten Wiesen.

An jedem Flecken hängen irgendwelche Geschichten, auch an dem ausgedehnten Terrain an der Flurgrenze nach Pomßen zu.

Schloß Otterwisch heute: Nur noch ein matter Glanz vergangener Tage

Geschichten eines Otterwischer Landstrichs

Die neuere Geschichte des Flurstücks beginnt Ende der 30er Jahre. Damals nahm ein gewaltiger Dampfpflug eine 30 ha große Feldfläche zwischen Otterwisch und Pomßen unter seine Schare und planierte sie mit Eggen und Walzen für eine grüne Wiese. Es entstand ein Flugplatz! Anfang 1941 rückten das Bodenpersonal und hundert Flugschüler an, die in vierwöchigen Lehrgängen das Segelfliegen erlernen sollten. Sie waren auf dem Saal und der Weindiele im *Gasthof zum Weißen Engel* untergebracht und wurden auch hier verpflegt.

Mitte 1943 zogen die Segelflieger ab, und eine neue Ausbildungseinheit, diesmal drei Staffeln mit jeweils sechs Nachtjägern, bezogen das Quartier. Der Gasthof verpflegte jetzt 500 Soldaten und Offiziere. Die nächtlichen Übungsflüge endeten nicht immer erfolgreich. Flugzeuge fingen Feuer, etliche junge Piloten stürzten ab. Die Toten überführte man in ihren Heimatort. Ende April, wenige Tage vor dem Eintreffen der Amerikaner, verschwanden die Soldaten spurlos vom Platz. Jetzt begann die Zeit der Plünderungen. Die Bewohner aus den umliegenden Dörfern holten alles Verwertbare aus dem herrenlosen Gelände. Einige Bauern fuhren daraufhin bereifte Mistkarren.

Nach dem Abzug der Amerikaner nahmen Truppen der Roten Armee das Gelände in Anspruch, und Verbotsschilder wiesen darauf hin, daß in diesem militärischen Gelände niemand was zu suchen habe. Das meiste war ja sowieso schon verschwunden. Im Buchholz sprengten die Soldaten zurückgelassene Munition. Mehrere Trichter zeugen noch heute von der gefährlichen Aktion. Fahr- und Schießübungen mit Panzern und anderem schweren Gerät gehörten fortan zur Ausbildung der sowjetischen Truppen. Aufkeimende Birken, die Lieblingsbäume der russischen Seele, rahmten die Wege und Panzerspuren nachsichtig ein. Einher blühte der illegale Handel, vor allem mit Benzin.

Nach der politischen Wende wendete sich das Bild. 1992 zogen sich die Truppen nach Hause in die Weiten Rußlands zurück. Jetzt schoben Planierraupen den Mutterboden zu einem hohen Wall. Dahinter schaufelten sich Bagger immer tiefer in den Boden und förderten jede Menge Bau- und Betonkies. Ein hiesiger Geschäftsmann hatte die Initiative ergriffen und belieferte das Betonwerk in Bad Lausick und andere Baustellen mit dem kostbaren Bodenschatz. Wie lange noch? Das hängt vom Bedarf und dem Vorkommen ab. Dann beginnt wohl die letzte Periode dieses Landstriches: Vielleicht entsteht eine idyllische Seenlandschaft für Ausflügler und ein Paradies für Angler.

Einzelheiten dieser Geschichten erlebte und erzählte die Gastwirtstochter, Baumeistersfrau und Sekretärin Ilse Hünerfürst geb. Hietzscholdt, Jg. 19:

Die Ziegel fuhr ich mit dem Einspänner übers Land

Als Vater 1929 den *Weißen Engel* in Otterwisch erwarb, begann für mich eine schöne Kindheit. Dazu gehörten Schusselpartien über das glatte Parkett im großen Saal und im Winter auf dem Eis vom Mühlteich. Im Sommer lernten wir dort das Schwimmen. Da störten uns weder die Schafe, die zum Erfrischen durchs Wasser mußten, noch die Pferde, die die Bauern und Knechte in der Schwemme auf Hochglanz polierten.

Der nahe Flugplatz beeinflußte meinen Tageslauf. Viele Stunden mußte ich in der Küche helfen, die bis zu 500 Leute dort mußten wir verpflegen. Jetzt gab es in der Familie kein Privatleben mehr. Nach dem Krieg mußten wir für einige Wochen sowjetische Truppen beköstigen, die die zurückgelassene Munition im Buchholz vernichteten. Vor unseren Fenstern standen jeden Morgen bis zu 15 Leipziger. Sie stürmten in die Gaststube, sobald die Soldaten mit dem Essen fertig und abgezogen waren und sammelten die Brotkrümel auf. Das hat mich damals sehr erschüttert, und ich habe zum ersten Male so richtig mitgekriegt, was Hunger bedeutet.

Im Frühjahr 1943 hatte ich den Baumeister *Erich Hünerfürst* aus Otterwisch geheiratet. Es war eine Kriegshochzeit, und er hatte dazu einige Tage Urlaub bekommen. Nach dem Krieg erhielt ich Post aus Frankreich. Mein Mann schrieb aus der Gefangenschaft. Nun wartete ich sehnsüchtig auf seine Heimkehr. Ende Juni 46 gab es im *Engel* einen bunten Gemeindeabend. Ich hatte mit jungen Leuten ein Programm eingeübt. Da meinte eine Kollegin: „Kümmere dich mal um die Person, die da hinten im Garten sitzt!“ Ahnungslos lief ich hinaus und stand plötzlich vor meinem Mann. Es ist unbeschreiblich, wie glücklich ich da war. Er war aus der Gefangenschaft geflohen und hatte sich zu Fuß und per Bahn bis nach Hause durchgeschlagen.

Im Nebengebäude seiner Eltern baute er im Dachgeschoß eine Wohnung aus. Den Ofen dazu tauschte ich in Leipzig gegen mein Schifferklavier ein. Später trat er in das Baugeschäft der *Gebr. Hünerfürst* ein. Das war ein schwerer Anfang. Selbst kleine Aufträge gab es kaum. Ich half im Büro, fuhr mit dem Einspänner Materialien zu den Baustellen oder stampfte Rasenkanten und Zaunsäulen. Nebenbei bewirtschafteten wir noch zwei Acker Feld. Darauf mußten wir Soll abliefern und erhielten als Selbstversorger keine Lebensmittelkarten. Der Fortbestand des Betriebes war ständig gefährdet. Deshalb traten wir 1960 zwangsweise als Baubrigade der LPG bei. Mit anderen Baubrigaden und 60 Beschäftigten entstand zwei Jahre später die *ZBO Bau - Holz*, ein völlig neuer Betrieb mit Werkstätten und Garagen. Jedes Jahr lernten viele junge Männer hier einen Bauberuf und blieben auch im Betrieb, so daß Ende der 80er Jahre ca. 100 Beschäftigte einen Arbeitsplatz hatten. Mein Mann ging 1975 in den verdienten Ruhestand, half aber weiter vielen Eigenheimbauern mit Projektierungen. Man müßte mal die Gebäude zählen, die seine Handschrift tragen.

1980 räumte auch ich meinen Arbeitsplatz im Büro der ZBO. Mein Mann verstarb 1996. Allein besuche ich ab und zu die Rentnerveranstaltungen und denke oft an die beschwerlichen, aber auch schönen Jahre des Lebens zurück.

Zwei Otterwischer Dorfgetreue: Ilse Hünerfürst und Matthias Kauerauf

Die hat ein Neu-Otterwischer noch vor sich. Erst vor wenigen Jahren zog er ins Dorf, einer mit goldenen Händen, der Vergolder Ole Teubner, Jg. 71:

Eine zweitausendstel Millimeter dicke Goldschicht

Mein Leipziger Zuhause habe ich gern zurückgelassen, um mir hier eine neue Bleibe aufzubauen. Und warum ausgerechnet in Otterwisch? Meine Freundin ist daran schuld. Deren Oma gab uns das Grundstück, auf dem wir unser Haus und die Werkstatt bauen konnten. Natürlich nicht in einem Zuge. Dafür hatten wir das Geld nicht, und mit Krediten ist das so eine Sache. Hatten die Handwerker vorgelegt, dann griffen wir zu den Werkzeugen. Im steten Wechsel wuchs das Haus, und eines Tages sind wir vielleicht am Ziel angelangt.

Ich komme als einstiger Städter hier auf dem Dorf ganz gut zurecht. Von Jahr zu Jahr vermisse ich die Großstadt weniger. Es sind ja nur kurze Wege bis dahin. Hier leben ehrliche Menschen, und wir haben sehr netten Anschluß gefunden. Dazu die Landschaft und der Wald, das genügt.

Und meine Kunden? Die mich suchen, die finden sich hierher. Oder ich gehe zu ihnen. Ich muß mir sowieso die Aufträge holen. Die Werbung von Mund zu Mund ist ersprießlicher. Man muß natürlich gute Arbeit liefern. Museumsmitarbeiter, Architekten, Kirchenleute und Private sind meine Kunden. Die Reparatur an Bilderrahmen ist meine Hauptarbeit. Natürlich auch Neuanfertigungen. Vom Baumstamm bis zum fertigen Rahmen, alles liegt dann in meiner Hand. Ich suche mir sogar die Stämme im Wald aus, die dann, mit Genehmigung natürlich, geschlagen werden. Von einem fahrbaren Sägewerk werden sie auf meinem Holzplatz geschnitten. Dann folgt das Trocknen und Schritt für Schritt – insgesamt sind es fast zwei Dutzend Arbeitsgänge – der fertige Gegenstand. Am Ende geschieht das Vergolden. Daß unser Beruf danach benannt wird, spiegelt eigentlich die Gesamtarbeit nicht richtig wider. Dadurch ergeben

In der Vergolder-Werkstatt von Ole Teubner

sich bei dem Unkundigen oftmals falsche Vorstellungen: An seinen Händen klebt das Gold. Das muß doch der beste Job sein, den es gibt, und reich müssen diese Handwerker sein, sehr reich! Welch ein fataler Irrtum!

Wir verwenden Blattgold mit einer Stärke von einem zweitausendstel Millimeter. Das sind die hauchdünnen Blättchen, die zwischen den Blättern eines Buches liegen, und die man gar nicht mit den Händen greifen kann, weil sie sofort zu Staub zerfallen. So ein Blatt ist tatsächlich ziemlich billig. Und wenn es dann auf dem Rahmen klebt oder an einer Verzierung im Treppenhaus, an einem Denkmal oder wo auch immer – es wäre völlig sinnlos, das abzukratzen.

Zu einem guten Bild gehört ein schöner Rahmen. Ich trage da mit meiner Handwerkskunst bei. Ich habe viel und lange gelernt, sogar ein ganzes Jahr im schweizerischen *Vergolder-Land*. Und ich höre nicht auf mit lernen, weil mir meine Arbeit Spaß macht. Ich will eine gute Arbeit machen, und der Kunde soll seine Freude daran haben.

*

Ein anderer im Dorf hat ebenso große Freude an seiner Tätigkeit. Die ist oft ziemlich schwierig, denn sein „Material“ sind die Menschen, die großen und kleinen, die freundlichen und die griesgrämigen, die begüterten und weniger bemittelten, die zugreifenden und die nörgelnden, die Optimisten und Pessimisten, eben die ganze Palette der Menschen mit ihrem unerschöpflichen Quell von Charakteren. Wenn die 1600 Einwohner ein oder zwei oder mehr Dutzend unterschiedliche Meinungen vertreten - einen Konsens muß man trotzdem finden. Und darum bemüht sich mit bestem Wissen und Gewissen der junge Bürgermeister MATTHIAS KAUERAUF, Jg. 60:

Mit '43 pensioniert und trotzdem Bürgermeister

Manche schütteln sicher ungläubig den Kopf. Bestimmt vermuten sie dahinter einen Trick. Die sächsische Kommunalordnung legalisiert diesen Vorgang. Ich war sechs Jahre lang hauptamtlicher Bürgermeister. Dafür kann ich bis zum Lebensende eine Pension erhalten. Natürlich nicht in voller Höhe. Also nahm ich das in Anspruch, und als unsere Gemeinde sich keinen Hauptamtlichen mehr leisten konnte, machte ich fortan das Geschäft ehrenamtlich. Mit der Aufwandsentschädigung reicht es zum Leben für mich und meine Familie.

Ich will das Oberhaupt der Gemeinde bleiben, weil ich noch so viel zu erledigen habe. Das Vertrauen habe ich bekommen, und das verpflichtet. Waren es bei der ersten Wahl nur wenige Stimmen mehr als der Gegenkandidat, so wählten mich bei der zweiten 2001 überzeugende 99 %. Das ist fast schon beängstigend und erinnert fatal an die glorreichen Einheitswahlen der DDR. Aber hier wurde weder geschummelt, noch habe ich das Blaue vom Himmel versprochen. Und da war ich anfangs nicht etwa ein bequemer Mensch mit meinem Dickschädel. Inzwischen habe ich aber viel gelernt, von Älteren, überhaupt von den Bürgern meines Dorfes. Sonst hätten sie mich längst zum Teufel gejagt.

Warum wir noch eine selbständige Gemeinde sind, eine Insel in den Mammutgebilden der Großgemeinden? Anfang der 90er Jahre wollten wir mit einigen umliegenden Orten kooperieren. Das gelang nicht. Jeder vermutete vom anderen, daß er ihn übers Ohr hauen würde. Also blieben wir mit Großbuch allein auf weiter Flur, und inzwischen wollen es alle im Dorf. Mit Bad Lausick mußten wir allerdings eine Verwaltungsgemeinschaft eingehen. Dieses kleinere Übel nahmen wir in Kauf.

Was wir im Dorf im letzten Jahrzehnt erreicht haben, das kann sich sehen lassen. Die Infrastruktur ist im wesentlichen in Ordnung. Keinen mehrmaligen Straßenaufschluß, weil noch diese oder jene Leitung rein muß, sondern alles auf einen Streich und dann die gute Asphaltdecke darauf. Und wir haben nicht vorschnell und aufwendig den großen

Max gespielt. Kein Gewerbegebiet auf der grünen Wiese! Wer investieren will, kann es auf industriellen Brachflächen. Keine uniforme Wohnsiedlung vor dem Dorf, sondern Lückenbebauung mit einer Zuzugsquote zur Bevölkerung von 2 % im Jahr. Und tatsächlich, die Einwohnerzahl ist um 300 gestiegen! Den Leuten muß es doch hier gefalllen. Allerdings: Einen Mittagstisch findet man vergeblich.

Ich weiß, ich werde geliebt und gehaßt, weil ich mit dem Gemeinderat so oder so entscheiden muß. Doch immer haben wir das Wohl der Bürger im Auge. Und wenn ich eines Tages dieses Amt nicht mehr ausführen kann, möchte ich von dem einen oder anderen immer noch gegrüßt werden.

WEITERE NOTIZEN aus Otterwisch

Die **Gemeinde** mit dem OT Großbuch wird eigenständig geführt. Ehrenamtlicher Bürgermeister seit 2001 Matthias Kauerauf. Es besteht eine Verwaltungsgemeinschaft mit Bad Lausick.

Die wüste Mark **Groitzsch** (auch Grötsch) befand sich am Nordrand des Dorfes und hat ihren Flurnamen bis heute erhalten. Eine stark eingeebnete Wallanlage läßt eine noch frühere Besiedlung vermuten. Um 1500 befand sich hier ein kleines Vorwerk der Grimmaer Augustinermönche, das nach dem 30jährigen Krieg durch den Herrn von Metzsch zu einem pompösen Schloßbau erweitert wurde mit 365 Fenstern und einem großen Saal. 1724 erfolgte der Umbau zu einem Schafstall (damals der größte in Sachsen!) und anderen Wirtschaftsgebäuden. Von den Objekten ist nichts mehr vorhanden. Zu LPG-Zeiten entstand hier u.a. ein riesiger Hühnerstall. Einige LPG-Gebäude nutzt heute die Agrargenossenschaft.

1887 erhielt der Ort Anschluß an das **Eisenbahnnetz** mit der Eröffnung der Strecke Leipzig-Geithain. Im Bahnhofsgebäude betrieb Oswin Reiche eine bekannte Gaststätte. Der Bahnhof war Umschlagplatz für Brennstoffe und landwirtschaftliche Produkte. Mit der Rekonstruierung ab 2003 entfielen das Stellwerk und die Bedienung der handbetriebenen Schranken.

In einem **Steinbruch** hinter der *Käserei Ludwig* wurde bis nach dem Krieg Otterwischer Grauwacke abgebaut und als Baustoff für zahlreiche Hausbauten verwendet. Der geologische Aufschluß steht wegen des seltenen Steines unter Naturschutz.

Die **Kirche** ist romanischen Ursprungs, der Chorraum stammt vermutlich aus dem 12. Jh., 1702 wurde der Barockturm angesetzt. Im Innern farbiges Deckengemälde, drei herrlich leuchtende Altarfenster und Renaissance-Gedenksteine an die Fam. *Hirschfeld* aus dem 16. Jh., frühbarocke Kanzel von 1693. - Das Pfarrhaus von 1722 liegt etwas abseits von der Kirche in einer idyllischen Ecke hinter den Teichen. Die 300jährigen Linden pflanzte *Salomo Liskow*. - Storchennest auf dem Kirchendach. - Seit 1992 wird die Pfarrstelle von der Pfarrerin *Antje Hinze* verwaltet. Die Kirchenbücher gehen bis aufs Jahr 1605 zurück.

Die **Schule** steht auf dem Sommerberg mit einem Altbau aus den 20er Jahren und einem Neubau von heute (1991). Seitdem nur noch 4klassige Grundschule, „Sportfreundliche Schule", Schulleiterin Gabriele Stabler. Schulküche mit zahlreichen Essenteilnehmern.

Das **Schloß** wurde 1730 im Barockstil von der Fam. *Vitzthum v. Eckstädt* in prunkvoller Ausführung auf den Grundmauern einer Wasserburg errichtet. Das zweigeschossige Gebäude ist dreiflüglig angelegt und trägt ein gaubenreiches Mansarddach. Ein dazugehöriger Park bestand aus einem Lustgarten mit Steinfiguren,

Kirche in Otterwisch

die inzwischen verschollen sind. Das Schloß beherbergte nach der Bodenreform Wohnungen für Umsiedler und kommunale Einrichtungen, Kinderkrippe, Kino, Hort, Bibliothek, Zahnarztstation und diente viele Jahre als Kulturhaus. Ende der 90er Jahre wurde es im Rahmen einer Versteigerung privatisiert. Der Innenausbau hat begonnen, blieb aber nach kurzer Zeit stecken (2004).

Schloß Otterwisch

Die **Sieben Berge** liegen im Buchholz und benennen ein bronzezeitliches Gräberfeld mit 13 Hügeln.

Eine **Wassermühle** stand seit 1669 am Ende des 5 ha großen Mühlteiches, der von der Gösel gespeist wird. Seit 1878 ist sie im Besitz der Fam. *Meining,* der Mahlbetrieb wurde Ende der 60er Jahre eingestellt.

Personalien: *Martin Herrmann*, Jg. 36, ehem. Russisch- und Sportlehrer, trainiert die Fußballjugend und begeistert noch heute die Jüngsten vom Kindergarten für den Sport.
Melanie Ferstl, Jg. 16, besitzt eine über hundert Jahre alte Wäscherolle, die in einem Nebenraum der ehem. Tischlerei ihres Mannes steht und die immer noch von ein paar Stammkunden benutzt wird.
Salomo Liscow (1640–1689), 20 Jahre lang Pfarrer in Otterwisch, dichtete Kirchenlieder und war Domherr zu Wurzen.
Carl Moritz Winter (1823–1884) Sohn des damaligen Schloßgärtners, wanderte als Handelskaufmann nach Amerika aus. Nach seinem Tode vermachte er der Gemeinde Geld und ein Haus, in dem bedürftige Otterwischer wohnen sollten. Ein riesiger Grabstein auf dem Kirchhof erinnert an den Menschenfreund.

Vereine und Einrichtungen: Sport: 1891 erster Sportverein mit Turnen und Boxen. 1955 Anlage eines neuen Sportplatzes am Rand des Buchholzes auf dem Winterberg, dem 1972 das Sportlerheim folgte. Besonders aktiv die Sektion Pferdesport (gegr. 1969), die seitdem im August auf dem eigenen Reitplatz mit hoher Beteiligung Reitturniere veranstaltet. - 1990 Gründung des OSV (Otterwischer Sportverein) mit den Abt. Fußball, Turnen, Gymnastik, Tischtennis, Pferdesport. Vors. Martin Herrmann. Alljährlich großes Sportfest im Juni, alle zwei Jah-

Die alte (vorn) und die neue Schule in Otterwisch

re mit lustiger Staffel. - Groitzschverein, Vors. Hans Schiller, gegr. 1994, veranstaltet jährlich Ende Juli das gut besuchte Groitzschfest auf einer Wiese in der Flur Groitzsch mit wechselnden Themen. Seit 2002 steht eine Trutzburg auf dem Gelände, die an die Ritterzeit erinnern soll. - Freiwillige Feuerwehr, gegr. 1922, 1993 Zusammenschluß mit Großbuch, Wehrleiter Jens-Uwe Zeisig. Rittergutsspritze von 1891 noch vorhanden. - Pferdehof von Jürgen Prescher. - Bibliothek, Leiterin Renate Schönborn.

Medizinische Einrichtungen: Landarzt Dr. Siegbert Brettschneider. - Krankenpflegedienst von Dagmar Kauerauf. - Physiotherapie von Birgit Neubert. - Hebamme Rita Müller. - Kindertagesstätte *Sonnenschein*, Leit. Sigrid Sosnoski.

Landwirtschaft: Bis zum Ende des II. Weltkrieges wirtschafteten das Rittergut mit Ländereien von über 1000 ha Fläche, im Besitz der Familie von Arnim, sowie 20 Bauernwirtschaften. Nach der Bodenreform wurden die Rittergutsflächen an 72 Neubauern verteilt. Über die Bildung mehrerer LPG ging der Feldbau an die LPG Kleinbardau, die *LPG Pionier* Otterwisch betrieb die Tierproduktion. Nach der Wende entstanden mit 400 ha eine Agrargenossenschaft, Vors. Jens Ledig, sowie drei private Landwirtschaftsbetriebe: Direktvermarktung Christian Hahn; Werner Rein; Heidepflanzen Steffen Schröder.

Handel & Gewerbe: Die Käserei Ludwig stellt seit 1896 Sauermilchkäse (Stangenkäse) her. Der Betrieb wurde mehrmals erweitert und modernisiert und blieb bis heute in Privatbesitz. Er wird jetzt vom Urenkel des Gründers, Albrecht Naumann, betrieben, der das Produkt selbst vermarktet und 80 Läden in der hiesigen Region damit beliefert. - Elektrobau Stuhr. - Haustechnik Heiko Förtsch. - Sanitär und Heizung Thomas Neuhahn. - Metallbau Wolfgang Kunze. - EDEKA Lebensmittel, Uta Naumann. - Lebensmittelmarkt Renate Perleß. - Quelle-Shop Christa Gelfert. - Geschenkartikel Kerstin Morenz. - Tischlerei Rainer Ramtke. - Petras Blumenzauber, Petra Müller. - Blumengeschäft Schubert. - Vergolderwerkstatt Ole Teubner. - a+b Beton.

GASTRONOMIE: Gaststätte *Weißer Engel* seit 2003 geschlossen. - *Steakhouse Oklahoma* im ehem. Speisehaus der LPG, Inh. Uwe Mock. - Sportlerheim, Pächter Uta Naumann. - Cafè Miami, Ltg. Elke Schlatter.

LITERATUR: 725 Jahre Otterwisch 1269–1994. Gemeindeverwaltung.

Auf dem Otterwischer Friedhof, Grabstein von C. M. Winter

„Kurvenreich wie die Otterwischer Straße". Dieses geflügelte Wort kursierte noch vor wenigen Jahren unter den älteren Bewohnern von Großbuch. Es hat keine Gültigkeit mehr. Jetzt erinnern nur noch ein paar freistehende Apfelbäume in der Flur daran. Die zwei Kilometer lange Straße zwischen Otterwisch und dem Ortsteil Großbuch wurde begradigt und asphaltiert, ebenso die Straße in Richtung Großbardau. Ein zusätzlicher Radweg sorgt für sicheres Radeln.

In der Großbucher Strickrunde sitzt eine muntere Weibergemeinschaft

Großbuch zeigt sich noch heute als ein altes Bauerndorf, obwohl nur noch nach Feierabend hin und wieder einige Traktoren hinaus auf die Felder rollen. Die alten Bauernhöfe, teilweise frisch herausgeputzt, flankieren wie eh und je die Hauptstraße und die Gassen. Das einstige pulsierende Leben ist erloschen. Kaum flattern noch Hühner und Enten in den Gärten.

Mittwochs scheint sich ein bißchen Leben zu regen. Da schlürfen nämlich ein knappes Dutzend älterer Frauen in einen der Bauernhöfe. Acht Tage später gerät ein anderes Bauerngut ins Ziel der stillen Wanderung. Und so geht es reihum weiter, übers Winterhalbjahr hinweg, nun schon seit Jahrzehnten. Es begann in den 50er Jahren, als die Bauern zwangsweise in den LPG rekrutiert wurden. Da diente der Gedankenaustausch der bäuerlichen Solidarität. Und dabei blieb es bis heute, die Themen wechselten. Die Bäuerinnen versammeln sich zur wöchentlichen Strickrunde. Kaum eine fehlt. Und wenn eine sich für immer verabschiedet hat, dann nimmt eine neue ihren Platz in der Runde und am Kaffeetisch ein. Natürlich bei hausgebackenem Kuchen. Jede hat ihr

Die Großbucher Strickrunde bei Herfurths in der guten Stube

eigenes Rezept, und *Grumbelguchen* ist nicht gleich *Grumbelguchen*. Die Nuancen machen den Unterschied.

Es wird nicht nur gestrickt. Im Wettbewerb zwischen flinken Händen und flotter Zunge gewinnt meist die Letztere. Jede möchte ihre Neuigkeiten zuerst preisgeben, obwohl es die anderen meist schon wissen. Aber sie lassen sich nichts anmerken. Und dann natürlich die Krankheitsgeschichten. Der Hausarzt könnte sich hier manche Anregung holen.

Ein lobenswertes Detail: Über Partner, die abwesend sind, wird nicht gesprochen! Auch sonst halten sich der Tratsch und Knatsch in Grenzen. Sich selbst nehmen sie gern mal auf die Schippe. Eine positive Weibergemeinschaft.

*

Die kleine Kirche steht auf dem Anger. Daneben liegt der Dorfteich, seit kurzem mit einer Bruchsteinmauer neu gefaßt. Hier befand sich das winzige Dorfzentrum. Doch alle öffentlichen Einrichtungen haben inzwischen ihre Tore längst geschlossen. Ein ehemaliger Meister der Landwirtschaft im Otterwischer LPG-Kuhstall hat den Ort bekannt gemacht. Mit unwahrscheinlichem Fleiß, mit Mühe und Akribie hat sich der Altbauer mit der Dorfgeschichte befaßt und dafür 2002 den Heimatpreis für Geschichte erhalten. Zuletzt hat er sich als Geschäftsführer des Kreisbauernverbandes für Exkursionen und Veranstaltungen die Hacken abgewetzt, der Landwirt i. R. Karlheinz Herfurth, Jg. 35:

In den Kirchenbüchern fand ich meine Ruhe wieder und die Spuren unserer 400jährigen Sippe

Ich lernte bei meinem Vater das Grundwissen eines Bauern. In dieser Tätigkeit beschäftigte ich mich ein Leben lang. Vaters Bauernhof habe ich nicht übernehmen können. Als ich dazu das Alter hatte, mußten wir in die LPG eintreten. Die Agitatoren aus der Stadt waren da unerbittlich. Lange Zeit bissen die Parteileute und Staatsdiener auf Granit. Selbst als 1952 drei Bauern einen Tag vor Weihnachten wegen fadenscheiniger Gründe – meist ging es um die Nichterfüllung der hohen Soll-Ablieferungen an Getreide, Milch und Fleisch – inhaftiert und in Grimma eingesperrt wurden, gaben wir zunächst nicht klein bei. Die Funktionäre überzeugten uns nicht, sondern wir kamen 1960 letztlich selbst zu der Erkenntnis, daß es wohl keinen anderen Weg gab, obwohl wir einen florierenden Bauernhof besaßen. Wir schlossen uns in einer Typ I zusammen.

Später dann, als wir in die Typ III mußten und das Vieh aus dem Stall geholt wurde, arbeitete ich in der 500er Milchviehanlage in Otterwisch zusammen mit meiner Frau. Ich machte dort meine Arbeit mit Interesse und pflichtbewußt Tag für Tag, wie es sich eben so gehört.

Ein herber Rückschlag vollzog sich in der Landwirtschaft, als auf unsinnigen parteipolitischen Beschluß die Genossenschaft in Tier- und Pflanzenproduktion getrennt werden mußte. Da gab es zwischen den beiden Einrichtungen nur noch Kontra. Wir mußten jetzt das Futter von der „Pflanze“ kaufen. Es entsprach weder in Menge noch in Qualität den Anforderungen. Unsere Kühe gaben 5000 Liter im Jahr, Ende der 80er Jahre waren es nur noch 3000 Liter. Das kratzte natürlich an meiner Ehre, obwohl mich nicht die geringste Schuld traf. Dazu kam noch, daß die neuen jungen Arbeitskräfte wenig Arbeitsmoral zeigten. Die staatlichen Vergünstigungen belohnten auch die Faulsten. Einige nutzten das weidlich aus. Sie waren mehr zu Hause anzutreffen als im Stall.

In dieser vermaledeiten Zeit habe ich aus lauter Verzweiflung mehr und mehr zu Büchern gegriffen. Ich mußte mich ablenken. Eines Tages bekam ich die Kirchenbücher unserer Dorfkirche in die Hand. Die Aufzeichnungen der Geburten, Heiraten und Sterbefälle gingen bis in die Zeit des 30jährigen Krieges zurück. Nächtelang schmökerte ich in den Folianten, zuerst nur der Ablenkung wegen, nach und nach aufmerksamer und intensiver. Und welch eine Beobachtung: Der Ärger des Tages verflüchtigte sich mehr und mehr, je tiefer ich in die Geschichte eindrang. Ich machte mir Notizen, schrieb ganze Passagen leserlich ab. Dann war ich richtig stolz, als ich meinen Familiennamen 400 Jahre zurück verfolgen konnte. Seit 1645 sind meine Vorfahren in Großbuch und den umliegenden Dörfern tätig gewesen, haben sich durch Heirat oder Kauf eine Heimat geschaffen.

Im Krankenhaus lernte ich *Renate Sturm-Francke* aus dem Göschenhaus kennen. Ich war in den Weihnachtstagen 1964 an der Gelbsucht erkrankt und laborierte drei endlose Jahre an der verflixten Krankheit. Mit den Patienten im Krankenhaus diskutierte ich auch heimatgeschichtliche Fragen. Ein Streitfall endete mit der Forderung: Holen wir doch die sf herzu! Sie kam zu einem Vortrag, saß auf dem Flur, und wir lauschten bei geöffneten Türen ihren Worten.

1985 organisierte ich mit vielen Mitstreitern die 700-Jahr-Feier von Großbuch, drei Tage lang, nur mit eigenen Kräften und ohne Unterstützung. Wir waren nämlich in Ungnade gefallen bei der Obrigkeit, weil wir weder mit Agitationen und Losungen den üblich stereotypen Dank an Partei und Staat sichtbar gemacht hatten. Sogar der Großhandel durfte nichts liefern. Aber die Gralshüter hatten nicht mit der Schläue der hiesigen Leute gerechnet. Ein Schwein brutzelte am Spieß, und auch sonst gab es jede Menge zum Essen. Tausende waren gekommen, vergnügten sich mit uns und spendeten dem Festzug reichen Beifall.

Ich lernte daraus: Du darfst nicht nur forschen, sondern du mußt die Ergebnisse auch an den Mann bringen. Also entstanden damals die Heimatabende. Zwei junge Frauen, *Yvonne Rudolph* und *Angela Gentzsch*, erzählen mit mir Geschichten zur Geschichte, stets zu einem bestimmten Thema. Das haben wir bis heute durchgehalten, und das wollen wir auch noch nicht beenden.

Meine Frau schenkte mir fünf Kinder, alles Mädchen. Natürlich machten sie Arbeit, aber wir hatten viel Freude mit ihnen. Noch heute feiern wir unsere Familienfeste. Da ist

Karlheinz Herfurth im Hausgarten

die Bude voll. Und fast in jeder Woche findet irgendwo ein Geburtstag statt. Und wir sind uns einig: Wir treffen uns nicht nur zur Beerdigung. Cousinen und Cousins, Onkels und Tanten kommen reihum ins Haus. Und zu Ostern und zu Weihnachten verputzen wir nicht nur Omas herrliche Gerichte und Kuchen. Wir reden auch über die Feste, ihre Traditionen, ihre Veränderungen.

Wie sagt man so schön? Ich will und muß es auch so sagen: Ich habe noch viel vor. Und da ich in meinem Leben zufrieden war, wird mir bestimmt auch manches noch gelingen. Man muß in der Zeit, in der man lebt, zurecht kommen. Das wurde mir nach meiner langen Krankheit erst so richtig bewußt. Danach bin ich verdammt bescheiden geworden. Es war ein unerhörtes Glück für mich, als ich wieder etwas machen durfte.

Das Dorf ist meine Heimat, ihm fühle ich mich zugehörig, zu den Menschen, zu den Fluren, zu den Gehöften. Das merke ich vor allem, wenn ich mal für mehrere Tage weg bin. Und außerdem: Mein Großbuch ist ein schönes Dorf, man muß nur die Augen richtig aufmachen.

Großbucher Dorfbild

WEITERE NOTIZEN
aus Großbuch

Einige markante **Bäume** verschönern nicht nur die Dorfflur, sondern haben einen historischen Bezug: die Jahneiche an der Südseite des Dorfteiches, 1928 vom Turnverein gepflanzt, die Heimatbuche daneben, 1985 vom Dorffestverein gesetzt, die Lutherlinde von1883 auf dem Friedhof.

Eine **Holländerwindmühle** erhob sich im Nordosten, deren Flügel schon in den 20er Jahren durch einen Dieselmotor ersetzt wurden. Heute hat ein Leipziger im gemauerten Turm eine Wohnung eingerichtet.

Die **Kirche** ist vermutlich um 1200 erbaut worden. Im 30jährigen Krieg arg zerstört, erfolgte nach und nach ein Neuaufbau. Im Kirchturm hängen drei historisch wertvolle Glocken (die kleinste von 1250), die in den beiden Weltkriegen vor dem Einschmelzen gerettet werden konnten. Mehrmalige Sanierungen. Als Schwesterkirche wird sie seit 1992 von Pfarrerin Frau *Hinze* aus Otterwisch betreut.

Dorfkirche Großbuch

Die **Schalbiger Mark** war seit Ende des Mittelalters eine Wüstung an der westlichen Flurgrenze. Fundstücke belegen die einstige Besiedlung. 1897 erfolgte hier der Kohleabbau durch eine AG. Der Kohlenschacht *„Graf Moltke"* wurde wegen Wassereinbruch 1916 geschlossen. Das Flöz besaß nur eine geringe Mächtigkeit.

Personalien: *Franz Klotz* hatte die hiesige Pfarrstelle. Als einer der ersten evangelischen Pfarrer führte er im Dorf die Reformation ein und heiratete 1522 ein Großbucher Bauernmädchen. Dafür wurde er heftig von *Bischof Arnhold* in Merseburg gerügt *(s. Rundblick-Lesebuch). Annett Kohsek*, Jg. 65, Enkelin vom Schmiedemeister Max Seidel, besaß schon als junges Mädchen ausgezeichnete stimmliche Qualitäten. Sie war Mitglied der Belgershainer Liederbühne, heiratete ihren Musiklehrer und begann nach 1990 mit öffentlichen Auftritten bei Konzerten und auf Fahrgastschiffen. Ihre Stimme meistert den Gesang „Von Streisand bis Bach". Ein alljährliches Weihnachtskonzert am 23. Dezember in ihrer Dorfkirche wurde zu einer guten Tradition. *Arthur Gey* (1910–2000) war Zimmermann und Akkordeonspieler, verkörperte jahrzehntelang das musikalische Gewissen des Dorfes und führte 50 Jahre lang den Umzug zum Dorffest an. Er fertigte vor allem Dachstühle für Vorbaue (Markenzeichen: ein beschlagener Huf).

Vereine: Ein Dorffestverein organisiert die jährlichen Dorf- und Kinderfeste seit 1946. Vors. Klaus Herzog. Die Freiwillige Feuerwehr (gegr. 1941) mußte sich bis 1950 mit einer Handdruckspritze begnügen, jetzt hat sie eine Motorspritze und seit 1994 ein modernes Löschfahrzeug, Wehrleiter Siegfried Trinks. Als einzige Frau hilft Madelaine Trinks (gehört zu einer feuerwehrbegeisterten Familie) den Kameraden bei deren Übungen. - Ein Reitverein wurde 1953 gegründet. Zahlreiche Veranstaltungen, auch ein Musikreiten, lockten viele Besucher an. Eine Neugründung erfolgte 1992 durch Maik Zimmer. Er betreibt auf seinem Hof eine Pferdepension und erteilt Reitstunden in einer modernen Reithalle.

Landwirtschaft: Im Ort gab es bis zur LPG-Bildung 30 Bauernhöfe. Auch jetzt wird keiner bewirtschaftet, die Felder sind an auswärtige Betriebe verpachtet, die ehem. Siloanlage der LPG nutzt die KÖG Kleinbardau als Getreidelager. Weit draußen in der nördlichen Feldflur liegt eine Schweinemastanlage der Grethener Qualitätsfleisch GmbH mit 6000 Plätzen. - Einige Landwirte bearbeiten im Nebenerwerb kleinere Feldflächen: Roland Gentsch, Thomas Kirschstein, Anton Luksch, Dirk Rudolph, Frank Tietze, Maik Zimmer/Dietze führt außerdem einen Reiterhof.

Der **Gasthof** entstand 1889 in der heutigen Form. Dort trafen sich die Jugend und die Bauern zum Tanz an den Festtagen und zu Theateraufführungen. Der Gastwirt Max Stets führte über 50 Jahre den Betrieb. Der Saal diente im II. Weltkrieg als Lager für französische Kriegsgefangene, die bei den Bauern arbeiten mußten. Ab 1957 pachtete Rudolf Seyfert den Gasthof, der 1970 für immer geschlossen wurde.

LITERATUR: Großbuch – ein vergessenes Dorf? Text: Karlheinz Herfurth. Broschüre, 44 S. 2002.

Bernbruch, 1253 Bernbruch, 'Sumpfgebiet, wo Bären hausen' (dt.), OT von Großbardau, 174 Einw. (1950 noch 330 Einw.)

Die ersten Siedler rodeten auch hier den Wald. Reste davon liegen nördlich vom Dorf im Großen Frauenholz und südwestlich im Gotteskasten vom Glastener Wald. Die alten Bauernhöfe stehen vorwiegend an der ehemaligen Poststraße. Dort befindet sich auch heute noch der Gasthof, der seit alters als Ausspanne gedient haben mag. Heutezutage ist er vor allem der Treffpunkt der Rentner, die sich stets viel zu erzählen haben.

In Bernbruch werden immer wieder die alten Geschichten aufgewärmt

Es war nach dem Krieg in den Novembertagen des Jahres 1946. Da traten zwei Männer in die Schänke und baten die dort versammelten Bauern um Hilfe. Sie waren mit ihrem Kleintransporter auf einer Wiese hinter dem Dorfe steckengeblieben. Der VdgB-Vorsitzende organisierte die Rettungsaktion. Ein Lanz schleppte schließlich das Fahrzeug auf die Straße. Das Trinkgeld fand in der Kneipe anschließend nützliche Verwendung. Doch welch schreckliche Ernüchterung: Am nächsten Morgen fehlten dem Vorsitzenden zwei schlachtreife Schweine in seinem Stall.

*

Oder die: Der Zaun beim Häusler *Georg Stein* brach ein. Im Dunkeln schlich er sich in den Wald, wo er tagsüber einige Fichtenstangen ausgekundschaftet hatte. Nun schleppte er sie im fahlen Mondlicht nach Hause. Plötzlich tauchte vor ihm eine Person auf der Straße auf. *Schorsch* ließ die Stangen fallen und verdrückte sich hinter die Gärten und näherte sich in weitem Bogen wieder der Stelle seiner Untat. Dort stand der Bürgermei-

Dorfkirche in Bernbruch

ster, der wohl auf den Holzdieb lauerte. Auf die Frage, woher denn Schorsch käme, erhielt er die Antwort: „Aus dem Gasthof". Der Bürgermeister vertraute ihm den Grund seines Wartens an und meinte schließlich: „Nimm die Stangen mit nach Hause, du kannst sie sicher gebrauchen. Der Dieb soll sie jedenfalls nicht haben."

*

Die Kameraden der Großbothener Feuerwehr hatten sich einmal bei einem Dorffest wohl zu viel Mut angetrunken. Zwei Kameraden rollten im Dunkeln ein Faß Bier an die Kleinbardauer Straße und luden es auf dem Heimweg in ihr Fahrzeug. Am folgenden Sonntag zapften sie es nach der Übung an. Auf den markigen Trinkspruch folgte der heißersehnte Zug. Doch die Gesichter in der Runde verzogen sich jämmerlich: Im Faß schäumte Brause.

*

Diese Geschichten und noch viele mehr stehen in der Chronik, die jetzt glück-licherweise noch weitergeschrieben wird. Den Stift in der Hand hat der Altbauer und Ortschronist Werner Krannich, Jg. 20:

Mein Leitspruch: Immer etwas für morgen lassen!

Meine Jugend war schwer und entbehrungsreich. Vater stürzte in der Scheune ab, als ich 13 Jahre alt war, und blieb sein Leben lang querschnittsgelähmt. Hohe Arztkosten mußten jeden Monat dafür aufgebracht werden. Mit 20 Jahren wurde ich zum Militär eingezogen und kam an die Ostfront. Als Gefangener arbeitete ich drei Jahre in einem Kohlenschacht in Sibirien. Dort erfuhr ich, wie man mit Wasser, Brot und wenigen Zutaten überleben kann. Die Kameradschaft und die Hoffnung konnte uns niemand nehmen.

Im Dezember 1950 heiratete ich meine Ursel. Gemeinsam schafften wir die Arbeit auf dem Hof und die Planerfüllung für den Staat. Zehn Jahre später schlossen wir uns mit anderen Bauern zu einer LPG zusammen. Dadurch konnten wir moderne Technik einsetzen, und das Vieh versorgten wenige Leute in großen Ställen. Ich übernahm eine leitende Funktion. Jedes Jahr verbrachten wir mit unserer Tochter in den betriebseigenen Ferienobjekten den Urlaub. In unserer Stube stand einer der ersten Fernseher im Dorf. Da war schon mal die Stube rappelvoll, denn die Neugierde war groß. Das Weltgeschehen hat mich immer interessiert.

Im Dorf blieb ich aktiv. Ich gehörte viele Jahre dem Gemeinderat an und erfüllte in der Feuerwehr meine Pflichten. Der Dorfklub sorgte für Abwechslung im kulturellen Leben des Dorfes. Mit heiteren Spielen auf der Bühne, einmal zog ich gar eine Ziege auf die Bretter, belustigten wir die Zuhörer.

Seit langem bin ich nun Rentner. Neben der Tätigkeit auf dem Grundstück bleibt genügend Zeit, die Ortschronik zu führen. Ich registriere die Veränderungen in den Familien und an den Gebäuden. Dann sammle ich die heiteren Dorfgeschichten. Als ich einmal auf dem Friedhof die Grabinschriften notierte, sagte mir ein Witwer: „Ich bringe das Wasser für das Grab meiner Frau von zu Hause mit. Ich denke nicht daran, deshalb Wassergeld zu zahlen!"

Mein Leitspruch lautet: Du mußt immer etwas für morgen lassen. Also bleibt immer was zu tun. Für die Opfer aus dem II. Weltkrieg organisierte ich eine Gedenktafel. Das Geld sammelte ich im Ort. Mit dem Rad fahre ich durch die nahe Umgebung und freue mich über gepflegte Gärten und gut bestellte Felder. Ich wurde nie in meinem Leben verwöhnt und bin trotzdem zufrieden. – *KH.H.*

*

Über das Dorf Bernbruch liegt eine einmalige Dorfgeschichte vor. *Renate Sturm-Francke* (1903–1979), die Leiterin des Göschenhauses in Hohnstädt, hat in zweijähriger Arbeit dazu das Material gesammelt. Sie radelte in den Jahren 1948/49 an vielen Tagen ins Dorf und fragte die Leute aus. Nach ihrer letzten Tagesreise hat sie die folgenden Zeilen geschrieben:

Bernbruch am Rande meiner Chronikarbeit

Es ist ein Septembertag, wie man ihn schöner nicht denken mag. Glasklar die Luft, Windwolken, die in dünnen Streifen über den Himmel ziehen. Ich sitze im Grase am Rande des Buchholzes. Hinter mir gluckert leise und sacht das Wasser unter dem kleinen Bruchsteinmauerwerk hin, das den Weg am Waldende über den Schnellbach führt. Eine sanfte Brise kühlt mir die Stirn und fächelt durch die Halme zu meinen Füßen. Drüben an *Reinhardts Holz* streicht der Bäcker *Hartmann* mit seinem kleinen weißen Hunde entlang und dient seine letzte Stunde Flurschutz in der mittäglichen Sonne ab. Irgendwo in der Ferne rattert eine Zugmaschine; sonst ist es ganz still, und nur das Zirpen der Grillen klingt unablässig über die Wiese.

Mir ist's heute, als müsse ich Abschied nehmen von dieser stillen, abseitigen Landschaft. Seit acht Monaten hat all meine Arbeit diesem Dorfe gegolten, seinen Gütern und Gärten, seinen Menschen heute und vor vielen Jahren. Nein, noch längst nicht bin ich am Ende damit. Kann eine Heimatchronik jemals fertig werden?

Wie eine Serie bunter Bilder tut sich noch einmal vor mir das kleine Dorf auf, das ich in all dem Suchen und Fragen von Haus zu Haus so lieb gewonnen habe – diese stattlichen Güter und bescheidenen Wirtschaften, die sich im Halbrund von beiden Seiten um das Teichgelände fügen oder in langer Reihe oben an der Straße liegen, alt und neu friedlich beieinander, diese kecken Brunnen, die als erstes auf den Hofstellen der Neubauern aus dem Erdreich ragen, diese Rohbauten der jüngsten Besiedlung, nun schon zum Teil gerichtet und überdacht. Rund ums Dorf bin ich all die schmalen

Werner Krannich vor seinem Bauernhof

Feldwege gefahren, die Bach und Rinnsale kreuzen; nun gleitet das Rad in den Ort zurück, durch kleine Gassen und schmale Gänge zwischen Zäunen und Scheunen, wie kein anderes Dorf im Umkreis sie besitzt. Durch die Latten drängen sich Astern und leuchtendes Löwenmaul, und übers Gitter lugen in grellem, sattem Gelb die gebündelten Blüten der Rudbeckien. Wie schwer sind die breiten Äste der Apfelbäume. Im Schlupfgäßchen neben dem Kirchnerhaus fahre ich weiter unter einem wahren Dach von reifen Pflaumen und Holundertrauben hin. Überall ist heute der Pflückkorb in Bewegung, und hier und da reicht mir einer eine Handvoll Früchte über den Zaun.

Unter der grünen Pergola von *Höpfners* Häuschen ist der Tisch gedeckt, freundlich und einladend. Aus den Haustüren nickt man mir zu und lacht wohl ein bißchen über das verrückte Frauenzimmer, das jeden bis aufs Blut ausfragt, dem einen die Zeit stiehlt, beim andern in die hinterste Bodenkammer kriecht, um eine alte Inschrift im Gebälk zu entziffern, die der Chronik Farbe geben soll.

Der Friedhof liegt still in der Nachmittagssonne, eintönig wohl in der biederen Geradheit seiner Grabreihen und Steine, aber noch nie so leuchtend in der Pracht seines Blumenschmucks wie in diesen Tagen, da Geranien und Stiefmütterchen, Astern und Levkojen durcheinanderlodern wie ein Feuer köstlicher Farben. In der alten Linde zwitschert es wie toll, dieses Vogelgespäch früher Herbsttage, unter dem sich die Nestjüngsten für den Flug nach dem Süden rüsten.

Ich hocke auf einem Baumstumpf neben dem Eingang zur Kirche und lausche still in den Tag hinein. „Dort wohnt niemand", rufen aus *Dietzens* Gut ein paar Kinder herüber. Aber nun weile ich hier und genieße die Rast des Septembertages, kaue Pflaumen und senke die Kerne behutsam unter den Klee im Rasen. Ob daraus wohl einmal ein Pflaumenbaum wächst wie der Birnbaum des seligen *Ribbeck auf Ribbeck im Havelland*? Ein Pflaumenbaum, unter den in 50 Jahren die Bernbrucher Kinder – Enkel der heutigen – stehen, die vielleicht einmal in der Schule etwas von meiner Chronik zu lesen bekommen?

Idyll am ehemaligen Kammergut: Poststein von einst, Telefon von heute

Noch einmal fahre ich die Oberstraße entlang und grüße den reifenden Wein an den Fronten der einstigen Dreschergüter, grüße die goldgelben Zwiebelköpfe, die im *Ebertschen* Fenster dörren, und kehre dann heim auf dem Weg, der schon kurz hinterm Dorfe den Blick freigibt auf mein eigenes Dorf, auf die Kirche von Hohnstädt.

WEITERE NOTIZEN
aus Bernbruch

Die **Kirche** wurde um 1250 gebaut mit einem romanischen Turm aus dieser Zeit, das Schiff vor 100 Jahren neu errichtet. Der gotische Flügelaltar von 1480 wurde im II. Weltkrieg ausgelagert, wovon nur noch ein Flügel erhalten ist, der sich im Leipziger Museum befindet. Der Taufstein stammt aus dem Jahre 1688, die Schüssel darin ist eine Nürnberger Messingarbeit. Eine Glocke von 1611. Der Ort ist seit 1932 nach Großbardau eingepfarrt.

Ein **Halseisen**, an dem noch im späten Mittelalter arme Sünder angeschlossen und zur Schau gestellt wurden, befand sich bis in die 70er Jahre an einer Friedhofslinde. Ein Sturm entwurzelte 1985 den alten Baum, ein Jahr später wurde eine neue Linde gepflanzt. Das Halseisen soll nun an der Friedhofsmauer angebracht werden.

Lanzbulldogs sammeln Eckbert Große und Sohn Jürgen. Im Lindenhof stehen inzwischen 11 Stück. Am Giebel des Hauses macht ein großformatiges Wandbild darauf aufmerksam. - Mario Bödicker befaßt sich ebenfalls mit PS-Veteranen und hat sich eine Motorradsammlung zugelegt.

Das **Bernbrucher Dorffest** in den 60er und 70er Jahren war genau so bekannt wie der Jahrmarkt in Grimma. Als Festplatz diente eine Wiese hinterm Dorf. Der Kriegsinvalid Dankfried Lorenz (1916–1996) organisierte mehrere dieser Veranstaltungen. Damit kein schlechtes Wetter den Ablauf hemmte, legte er den Termin nach dem 100jährigen Kalender fest. Meist hat es auch geklappt. Heute wird das Fest im kleinen Rahmen für die Dorfbevölkerung begangen.

Eine **Postsäule** erinnert als Viertelmeilenstein seit 1722 an die Zeit, als hier über die Poststraße zwischen Grimma und Borna die Postkutsche rollte. Sie wurde 1976 restauriert und steht jetzt an der Kirchenmauer.

Die **Schulgeschichte** endete 1968. Das letzte Schulhaus mit drei Unterrichtsräumen entstand 1925 halben Weges zwischen Bernbruch und Kleinbardau in freier Feldflur, jetzt gehört es der Forstsverwaltung.

Einrichtungen: Monatlich vereint ein Seniorentreff mit verschiedenen Themen einige ältere Einwohner des Dorfes im Gasthof. - Die Freiwillige Feuerwehr gründete sich 1941 und wird jetzt mit 20 Mitgl. von Wehrleiter Volker Riedel geführt. Das alte Spritzenhaus von 1811 dient heute nur noch als Abstelle. Mit einem jährlichen Schlachtfest und einer Walpurgisfeier wird die Kameradschaft gefestigt. - Heimschule für Familientherapie.

Landwirtschaft: Ein ehem. Kammergut ging 1837 in Privatbesitz. Das Rittergut besaß bis zur Bodenreform die Fam. Emil Boden und wurde dann an 13 Neubauern aufgeteilt. Bis zur Bildung der LPG in den 60er Jahren wirtschafteten 24 Altbauern. Nach Auflösung der LPG bewirtschaftet die Landwirtschafts GmbH & Co. KG Kleinbardau die Felder.

Handel & Gewerbe: Jürgen und Donald Große führen einen Forstpflegebetrieb. - Baugeschäft Mario Bödicker. - Zimmerei Günter Kiauka. - Trockenbau Volkmar Riedel. - Malermeister Emil Imre. - Den Gasthof *Zur Linde* betreibt seit 30 Jahren Monika Nadansky. Im kleinen Saal lief vor Jahrzehnten der Landfilm, waren beim Erntefest und Kirmesball die alten Bänke am Saalrande stets dicht besetzt.

LITERATUR: Eine ausführliche Chronik des Dorfes und seiner Bewohner hat Renate Sturm-Francke 1948/49 geschrieben.

Lauterbach, 1350 Lutirbach, 'Siedlung am hellen, klaren Bach' (dt.), OT von Bad Lausick, 356 Einw.

Ein anerkanntes Markenzeichen des Ortes, der sich wenige Kilometer nördlich von Bad Lausick entfernt auf einer leicht welligen Ebene angesiedelt hat, sind die Original *Lauterbacher Dorfmusikanten*. Ihre Auftritte in der näheren und weiteren Umgebung haben ihn bekannt gemacht, und das seit 50 Jahren.

Vor zwei Jahrhunderten lag der Ort am Schnittpunkt zweier wichtiger Verkehrswege. Der eine führte von Leipzig über Pomßen nach Rochlitz, der andere von Grimma nach Borna. Fuhrwerke nutzten eine Ausspanne im Gasthof zum Ausruhen.

Die Lauterbacher „Kriegsspiele" gingen glücklicherweise glimpflich zu Ende

Beinah hätte das Dorf 1945 die letzten mutigen Männer verloren, wenn die Beteiligten sich ihrer sinnlosen Aufgabe nicht selbst entzogen hätten. Das geschah in den letzten Kriegstagen. Der Rittergutsbesitzer, ein Offizier der Reserve, bekam den Befehl, mit rekrutierten jungen und alten Männern eine Volkssturmabteilung zusammenzustellen und auf der Hochkippe in Trages auf der Thierbacher Seite in Stellung zu gehen. Von dort sollten sie neben anderen Formationen den anrückenden Amerikanern Paroli bieten, sie aufhalten und auf Kräfte der Wehrmacht warten. Die Ausrüstung bestand aus Panzerbüchsen, Geschützen aus der nah gelegenen Flakstellung bei Hainichen/Otterwisch und einigen Gewehren.

Mit der aufkommenden Nacht verstärkte sich das mulmige Gefühl, doch nichts ausrichten zu können. So beschlossen die Lauterbacher Kämpfer, den Rückzug anzutre-

Dorfteich in Lauterbach

ten, was auch unverzüglich geschah. Das war Fahnenflucht! Der Reserveoffizier hielt es ohne Feindeseinwirkung einige Stunden länger aus. Doch dann tauschte auch er seine Uniform in Zivilkleider um.

Die Amerikaner kamen aus Richtung Westen, und ohne Gegenwehr nahmen sie Dorf um Dorf. Am 16. April rollten sie in den frühen Morgenstunden ins Dorf. Die Lauterbacher Schlacht wurde nicht geschlagen, und in den Annalen der Kriegsgeschichte erhielt dieser Vorgang nicht mal eine Fußnote. Gott sei gedankt! Der Krieg war zu Ende.

*

Ein weiteres Mal verwickelte eine militärische Aktion die Lauterbacher in eine brenzlige Situation. Es war zuzeiten des „Kalten Krieges“, als die größten Atommächte in der Mitte Deutschlands drohend ihre Macht demonstrierten. Dazu gehörte die Stationierung von Atomraketen in der DDR, auch im Südraum von Leipzig.

Im hiesigen Gebiet gehörte das Breite Holz zwischen Lauterbach und Steinbach zum Manövergebiet. Die Gefechtsbereitschaft der Sowjetarmee mit den kolossalen Raketenfahrzeugen wurde in den Nächten geübt. Einmal rammte ein Fahrzeug die Lauterbacher Schrankenanlage so sehr, daß die Bahnstrecke und die Staatsstraße geschlossen und Lauterbach weiträumig von russischen Truppen abgesperrt wurde. Es hätte ja sein können, daß eine der alliierten Militärmissionen hier vorbei gekommen wäre. Der „Lauterbacher Atomalarm“ kursierte noch lange in den Köpfen der Bürger.

*

Um wieviel angenehmer sind da die Erinnerungen an die Zeit der Tanzstunden. Über 40 Jahre hinweg haben der Lauterbacher Tanzlehrer *Werner Heyne*, Jg. 22, und seiner Frau seit 1948 Legionen von Schülern das Tanzen gelehrt und gute Sitten beigebracht. Zu Scharen kamen die 14- und 15jährigen in die Tanzkurse, obwohl da ziemlich harte Bandagen gesetzt waren: Rauchverbot! Kein Kaugummi! Ordentlich gekleidet! Disziplin!

Natürlich lernten die Mädchen und Jungen nicht nur Walzer und Foxtrott. Auch die modernen Tänze und Melodien, die vom Westen herüber schwappten, gehörten zum Repertoire. Die neuen Titel der *Beatles* und die von anderen Gruppen nahm der Tanzlehrer mit seinem Tonbandgerät auf und stellte seine eigene Musikfolge zusammen. Da war der Rock 'n' Roll dabei und der „Lipsi–Tanz“ von *Heines* aus Leipzig.

Nach 14 Übungsstunden folgte der festliche Abschlußball. Das war ein familiäres und gesellschaftliches Ereignis. Wie strahlten da die Mädels in ihren neuen Kleidern. Dafür kamen nicht selten extra Stoffe aus dem Westen. Die Jungen in ihrem feinen Zwirn mit der vorbildlich gebundenen Krawatte benahmen sich wie echte Kavaliere. Für die Musik mußten die besten Tanzkapellen her. Ein Begriff waren seinerzeit die *Ungarn-Kapelle* und das *Tanzorchester Gerhard Stein*. Zum Festball gehörte nicht nur ein guter Wein, sondern auch noch ein feines Essen. Bier gab's nicht! Irgendwie hatten die Gaststättenleiter immer was Gutes organisiert.

Wenn heutzutage bei Familienfeiern die Tanzstundenbilder kursieren und über längst vergangene Zeit geschwatzt wird, dann sind die Erinnerungen an eine schöne und spannende Jugendzeit gegenwärtig. Sie sind zugleich ein Stück Dorfgeschichte, die viele erlebt und mitgeprägt haben, wie der Bauer und Dorfmusikant Hubert Aurich, Jg. 32:

Mit dem Holzvergaser übers Land zum Blaskonzert

Es mag schon ein Wagnis gewesen sein, als ich 1990 überlegte: Wie nun weiter? Die LPG lag aufgelöst am Boden. In das Rentnerleben einzusteigen hatte ich absolut keine Lust. Das bäuerliche Blut pulsierte immer noch kräftig in den Adern. Also entschloß ich mich, als freier und selbständiger Bauer noch mal von vorn zu beginnen. Und meine Frau machte mit. Ohne sie wäre das nichts geworden.

Wenn ich heute Bilanz ziehe? Ich weiß nicht, wie sie ausfallen würde! Von wegen freier Bauer. Uns wird doch alles vorgeschrieben. Sogar wenn ich außer der Zeit mal Jauche fahren wollte, weil Wetter und Zeit das gerade erlaubten, müßte ich erst beim Landwirtschaftsamt in Wurzen eine Genehmigung holen. Und dafür gibt es noch viele Beispiele.

Warum so viele Zettel im Stall hängen? Das sind sogenannte Zertifikate, also Bestätigungen, daß ich das und jenes machen kann und darf. Na gut, wir sind heute ein Nahrungsmittelbetrieb, und da muß die Hygiene schon ein wachsames Auge auf das Umfeld werfen. Man kann das natürlich auch übertreiben. Als gestandener Bauer bekommt man da richtige Minderwertigkeitsgefühle.

So kann ich jetzt meinen Enkel, der mal das Gut übernehmen und fortführen will, nicht ausbilden. Es fehlt mir das Zertifikat! Also die papierne Bestätigung zur Berufsausbildung. Es ist für mich absurd, mich deswegen noch mal mit 70 Jahren auf die Schulbank zu setzen. So muß ich ihm mein Wissen von Ackerbau und Viehzucht eben heimlich übermitteln.

Hubert Aurich auf der Weide

Und was mich ständig wütend macht, das sind die Papierberge, die sich auf meinem Tisch anhäufen. Jeden Tag muß ich da irgendwelche Tabellen ausfüllen oder Berichte und Anträge schreiben. Ich vergeude mehr Zeit mit diesem Kram. Aber was will ich machen? Davon hängen dann irgendwelche Zuschüsse ab, und ohne die hätte ich meine bäuerliche Wirtschaft längst an den Nagel hängen müssen.

Aber soll denn das Dorf völlig entblößt werden von den Bauernwirtschaften? Wir sind nur zwei Bauern, die sich im Clinch mit der Bürokratie bemühen, einige ganz wenige Arbeitskräfte zu erhalten. Das ist überhaupt das größte Problem. Im Dorf gib es keine Arbeit mehr! Wenn ich mich erinnere, wirtschafteten vor 50 Jahren 20 Altbauern und ebensoviele Neubauern. Da standen um 1952 ungefähr 90 Leute in Lohn und Brot. Dann gab es die Handwerksbetriebe. Es kommen so 100 bis 120 Leute zusammen, die ihre Arbeit im Dorf hatten. Und heute? Die Dörfer sterben aus.

Ich bin richtig glücklich, daß wir unsere *Lauterbacher Blasmusik* über 50 Jahre hinweg am Leben erhalten konnten. Wie ich dazu gekommen bin? Weil ich wieder mal auf dem Oberboden in den alten Truhen und Kisten stöberte. Dabei fiel mir die alte verstaubte Trompete in die Hände, die Vater vor dem Kriege in der Reiterkapelle geblasen hatte. Die ersten Töne klangen jämmerlich. Doch das Instrument faszinierte mich, und bald war die Idee geboren, in der Gemeinschaft die Blasmusik zu spielen. Gemeinsam mit *Kurt Bräuer, Heinz Brosch* und anderen gründeten wir 1952 die Blaskapelle. Mich jungen Spund wählten die Kumpels zum Leiter, und das bin ich heute noch. Eine verdammt lange Zeit, die mir niemals Frust bereitete, viel eher nur Lust. Musik ist mein Leben!

Der Chorleiter vom Bad Lausicker Gesangverein, *Otto Richter*, brachte uns die Noten bei, und wir übten wie Besessene die Texte ein. Dann folgten die ersten Auftritte im Dorf. Da blieb uns vor Aufregung fast die Spucke weg. Der Beifall machte uns richtig stolz. Später fuhren wir übers Land, in einem wackligen Lastwagen mit Holzvergaser. Wenn die Feuerung zur Neige ging, schlugen wir am Waldrand Kleinholz. Beil und Säge gehörten zur Ausrüstung des Fahrzeuges. Der 1. Mai war echter Lohntag. Da holte man uns in

Historischer Kilometerstein in Lauterbach

mehrere Orte. Da gab's immer gute Löhnung und zusätzlich Essen. 300 Mark spielten wir an diesem Tage ein, das war ein Riesenkapital. Und ich schmiß auch einige Runden, denn an diesem Tag habe ich Geburtstag.

Nachwuchs? Da gab's eigentlich nie Probleme. Meist traten die Kinder in die Fußstapfen ihrer Väter. Heute treffen sich jeden Donnerstag immer noch bis zu 20 Musiker zur Probe. Da ist die Zeit für mich schon mal knapp, wenn ich länger im Stall zu tun habe. Im fliegenden Wechsel springe ich aus der Arbeitskleidung in die Musikerkluft. Mutti hat alles schon bereit gelegt. An den Wochenenden gehen wir auf Reisen. Volksfeste, Konzerte, Kirchenmusik, Pflegeheime – wir sind stets willkommen. Unseren 50. Jubeltag feierten wir 2002 in unserer ausgeräumten Scheune mit vielen, vielen Gästen. Wie lange ich noch spiele? Warum soll ich mir ein Ziel setzen? Es geht solange, solange mich die Beine in den Stall tragen und solange genug Puste da ist.

WEITERE NOTIZEN
aus Lauterbach

Die **Bahnstrecke** Chemnitz–Leipzig wird 2003/04 für Hochgeschwindigkeitszüge ausgebaut. Ob der Haltepunkt erhalten bleibt, entscheidet sich erst später.

Die **Ortschronik** führt seit Jahren akribisch und fleißig der seit1970 hier wohnende Dipl.-Ing. für Berg-/E-Technik und jetzige Ortsvorsteher *Peter Georgi*. Ein Ergebnis war u. a. die Jubiläumsfeier „650 Jahre Kammergut Lauterbach" und die Geschichte der Landwirtschaft.

Die **Kirche** steht auf einer sanften Höhe und ist spätromanischen Ursprungs. 1702 erhielt sie den achteckigen Turm mit der barocken Haube. Der Schnitzaltar wird auf 1510 datiert.

Die Chaussee zwischen Bad Lausick und Lauterbach wurde um 1840 ausgebaut. Da ein langer Anstieg von den Zugtieren zu überwinden war, wurde das **Lindenrondell** zum Ausruhen eingerichtet.

Dorfkirche in Lauterbach

Der Kreuzungsbereich der ehemaligen **Poststraßen** befindet sich auf der Lagerstätte des „faulen Bruchsteins", der in vier Steinbrüchen bis um 1900 abgebaut wurde. Drei davon sind geflutet.

Vereine und Einrichtungen: Feiwillige Feuerwehr, gegr. 1940, drei Jahrzehnte lang war Werner Aurich Wehrleiter, jetzt Ulrich Härtling. - Sportverein mit Fußball und Aerobic, Vors. Eckhard Zeidler. - „Original Lauterbacher Dorfmusikanten",1952 als Kapelle der FFW gegründet, ca. 20 Mitwirkende, langjähriger musikalischer Leiter Heiko Schulze - Jagdgenossenschaft, gegr. 1992, Vors. Peter Georgi.

Landwirtschaft: Ein Vorwerk wurde 1350 erwähnt, war später bis 1840 Kammergut, dann Rittergut. Bis zur Bodenreform im Besitz der Fam. *Pagenstecher*. Aufgeteilt an 20 Neubauern, die mit den 20 Altbauern später die Genossenschaft bildeten. Nach deren Auflösung begannen1990 Marie-Luise und Hubert Aurich sowie Conny Könze einen Neuanfang als selbständige Bauern.

Handel & Gewerbe: Bäckerei von Diethard Herziger. - Fliesenleger Rene Naujoks. - Holz- und Treppenbau von Manfred Schindler.

GASTRONOMIE: Der Gasthof hat eine lange Tradition. Die Fuhrwerke machten Halt, denn hier kreuzten sich zwei wichtige Verkehrswege. In den 70er Jahren kam er in den Besitz der LPG und war wegen des guten Essens weithin bekannt. Das Image ging nach der Wende verloren, jetzt nur noch eine buntschillernde Disco-Einrichtung für jugendliche Gäste.

Etzoldshain, 1358 Eczelschein, 'Rodungssiedlung eines Azzilo' (dt.), OT von Bad Lausick, 348 Einw.

Früher, vor vielen, vielen Jahren, als der Wanderer noch unbeschadet die Straßen benutzen konnte, da profitierte der Ort von den Gästen in Bad Lausick, die sich hier im Dorfkrug *Weidmannsheil* von ihrer anstrengenden Kur erholten. Doch das ist Geschichte. Wer das langgestreckte Straßendorf heute durchwandern will, muß höllisch aufpassen. Auf der Verkehrsader Grimma–Bad Lausick donnern die LKW nur so dahin.

Das alte und das neue Wahrzeichen von Etzoldshain

Das langgestreckte Bauerndorf hat mit seinen Vorgärten, in denen es vom Frühjahr bis zum Herbst blüht und gedeiht, noch ein typisches Dorfbild. Ein altes und ein neues Wahrzeichen stehen im Blickfeld: Die hübsche kleine St. Martinskirche und das moderne und trotzdem gemütliche Hotel und Restaurant *Der Kastanienhof*. Sie müssen sich nicht konträr gegenüberstehen, sie warten beide auf die Gäste, sie dienen der Gemeinschaft.

Hinter der Friedhofsmauer hockt das Kirchlein, vom Autofahrer oft übersehen. Die Pfarrer kommen seit Jahrhunderten aus Bad Lausick herüber. Ob sie mit Lust und Liebe diesen Weg gegangen sind, das wissen wir nicht. Sie mühten sich auf alle Fälle um die Erhaltung des sakralen Bauwerkes, und im 19. und 20. Jh. fanden mehrere Sanierungen statt, die wichtigste wohl Anfang der 60er Jahre. Da hatte nämlich ein Restaurator zufällig an der schadhaften Putzdecke im Chor und später auch im Kirchenschiff gotische Ornamente entdeckt. Er kratzte weiter, und seine glückliche Beobachtung zog bald kulturgeschichtliche Kreise.

Dorfkirche in Etzoldshain mit dem alten Gasthof im Spiegel

Nun begann eine aufwendige Restaurierung, die das Kirchlein zu einem kunst-geschichtlichen Kleinod erweckte und nach der Gesamtrenovierung dem Dorfe ein außergewöhnliches Schmuckstück bescherte. Die freigelegten Schablonenmuster an der Bretterdecke begeistern den Denkmalpfleger, der Laie sieht's mit Neugier. Die Arbeiten gingen weiter. Das Innere erhielt ein schlichtes Gesicht mit einer einfachen Holzkanzel und einem bescheidenen Gestühl. Der gotische Flügelaltar (um 1490) ist in seiner ursprünglichen Fassung geblieben und vermittelt mit seinen alten Farben einen Hauch der Vergangenheit. Ein vermutlich aus dem 13. Jh. stammendes Kruz-fix schmückt die Nordwand. Eine kleine Orgel und ein steinernes Taufbecken runden die Ausstattung einer bildschönen Dorfkirche ab.

Einer der wenigen Etzoldshainer Kirchgänger wirft jeden Tag einen freundlichen Blick auf die kleinen Schönheiten. Da nämlich steigt der Bauer i. R. *Erhard Röder*, Jg. 28, hinauf in den Glockenturm und zieht in braver Handarbeit die Uhr auf. Wenn er das versäumt, dann bleibt sie stehen. Und wenn er nicht mehr die Treppen steigen kann? Die Glocke schlägt schon elektrisch. Der Fortschritt läßt sich sowieso nicht aufhalten.

Das zeigt sich auch im Hotel und Restaurant *Zum Kastanienhof*, einem ehemaligen Dreiseithof. Längst waren Stall und Scheune leer gefegt, und nach der Wende waren weder Interesse noch Kraft vorhanden, die einstige Bauernwirtschaft zu aktivieren. Das geschah auf eine ganz andere und moderne Weise *Roswitha* und *Ulf Hofmann* übernahmen das Bauerngut und krempelten die Anlage total um. Sie hatten den Mut, in einem kleinen Dorf ein Hotel (mit Blick auf die Kurstadt!) mit einem Restaurant einzurichten. Und das hat geklappt. Natürlich sind nicht ununterbrochen alle Räume belegt. An den Wochentagen verirrt sich weniger Publikum hierher, aber an den Wochenenden sind die Zimmer voll. Vor allem Familienfeiern finden hier eine gute Bleibe. Auch die Dörfler kommen gern zusammen, wenn zu Tanzabenden eingeladen wird.

*

Am neuen Kastanienhof, Roswitha Kühn und Besitzer Ulf Hofmann

Zu den ständigen Gästen zählt auch die Familie Kühn, mit viel Eifer dabei die ehemalige Kinderkrankenschwester und Pflegedienstleiterin Roswitha Kühn, Jg.55:

Nicht jeder kann auf der Bühne des Lebens ganz vorn stehen

Ein Etzoldshainer hat mich aus der Nähe von Rochlitz hierher geholt. Beim berühmten „Schürzenball" während der Faschingszeit wollte ich die Wette gewinnen, einen Fremden zum Tanzen zu holen, der nur bei Kaffee und Wasser miesepetrig am Tisch saß. Er war nämlich der Fahrer einer lustigen Faschingsbande aus Etzoldshain. Diesen Kerl habe ich 1977 geheiratet. Er konnte nämlich auch heiter sein und besaß manch andere gute Eigenschaft. So hatte ich mir meinen Mann vorgestellt.

Ich hatte meinen Traumberuf gefunden: OP-Schwester in Burgstädt und danach Säuglings- und Kinderkrankenschwester im Bad Lausicker Landambulatorium. Nach und nach bekam ich drei eigene Kinder, und da wuchsen die Probleme, Hausfrau, Mutter und Schwester im Schichtbetrieb unter einen Hut zu bringen. Ich bewarb mich als Gemeindeschwester für Etzoldshain und die umliegenden Orte und wurde angenommen. Diese Tätigkeit war eine Institution, wie überall in den Orten. Die Patienten hatten zu uns ein großes Vertrauen. Wir kannten nicht nur ihre Krankheitsgeschichten, sondern auch die Beziehungen zu Tante und Onkel, zu Hund und Katze.

Die Wende veränderte die Strukturen in der Krankenpflege. 1993 machte ich mich selbständig, ganz allein, ohne Angestellte. Mit einem Patient fing ich an. Nach und nach kamen mehr dazu. Mit dem Auto fuhr ich von Dorf zu Dorf. Die Arbeit häufte sich. Ich suchte qualifizierte Mitarbeiter. Wichtigstes Kriterium: Sie müssen ein Herz für die Kranken haben und so arbeiten, wie ich es tue. Es muß ein grenzenloses Vertrauen zwischen uns und den Kranken vorhanden sein. Heute stehen zwölf Frauen und ein Mann in meinem Dienst. Und eigentlich wollte ich gar nicht Chef sein, denn der ganze Verwaltungskram läßt mir persönlich kaum noch Zeit für meine ureigensten Aufgaben.

Im Milchhaus richtet sich die Jugend ein, dahinter das Gerätehaus der FFW.

Ich freue mich mit meinen Patienten, wenn sie wieder gesund werden. Doch das Sterben gehört zum Leben. Im hohen Alter ist das ganz normal. Ganz schlimm für uns ist es, wenn junge Menschen von unheilbaren Krankheiten befallen werden. Dann leiden wir mit. Und wenn dann ein junger Mensch beerdigt werden muß, da mische ich mich schon mal mit unter die Trauergäste, dann nehme ich Abschied von ihm, dann trauere ich mit den Angehörigen.

Meine Arbeit ist mir nie zur Routine geworden, und ich muß mich immer ganz konzentrieren. Ich brauche natürlich auch den Ausgleich. Den finde ich in meiner Familie und bei meinen Freunden. Wir sind nun 27 Jahre verheiratet, und die Silberhochzeit weitete sich zu einem großen Fest aus.

Wir sind hier eine Clique junggebliebener Menschen, die sich zu Geburtstagen und anderen Anlässen trifft. Dann gehen wir gemeinsam tanzen, am liebsten in unseren Kastanienhof hier im Ort. Oder beim Fasching. Wenn ich mit unserer Truppe auf der Bühne stehe, mit selbstgeschmiedeten Versen dem Publikum die Herzen und das Gemüt verzaubere, wenn die heitere Stimmung bis weit in die Nacht hinein anhält, dann fühle ich mich wohl. Klar, jeder kann nicht auf der Bühne stehen, womöglich noch ganz vorn, aber jeder soll das tun, was er kann. Er muß sich aber auch was trauen. Dann verläuft's im Leben leichter, dann festigt sich die Gemeinschaft. Und das ist in der heutigen Zeit so wichtig.

Dorfkirche Etzoldshain

WEITERE NOTIZEN
aus Etzoldshain

Der Etzoldshainer **Münzfund** war eine geschichtliche Sternstunde, als Bauleute 1933 bei Grabungen nach Sand im Grundstück Augustin auf einen Topf stießen, in dessen Innern sich 860 Brakteaten (das sind einseitig geprägte Münzen aus dünnem Silberblech) befanden. Sie waren zwischen 1180 und 1230 geprägt worden.

Die **Kirche**, ein spätromanisches Bauwerk, das 1966 stilgerecht erneuert wurde und als ein Kleinod unter den zahlreichen Dorfkirchen angesehen werden kann. Der Dachreiter wurde 1812 aufgesetzt. Im Innern eine 1959 entdeckte Bretterdecke mit gut erhaltenen gotischen Schablonen.

Landwirtschaft: Bauerndorf mit 32 bäuerlichen Betrieben bis 1960, danach LPG, Neubau Milchviehanlage, Schweineställe (jetzt verfallen und teilweise abgerissen). Ab 1991 Felder verpachtet an KÖG Kleinbardau.

Eine **Villa** oben auf der Höhe mit weitem Blick übers Land bewohnt mit seiner Frau der Bauer und langjährige Wehrleiter Helmut Kraft, Jg. 37. Seine Eltern waren 1937 aus Baden-Württemberg in das stattliche Bauerngut mit einer Feldfläche von 60 ha gezogen. Dazu gehörte das villenartige Wohnhaus, das ein Leipziger 1900 erbauen ließ. Das alles zu erhalten erfordert ziemlichen Aufwand. Damit die drei Rinder und jede Menge Kleinvieh genügend Futter haben, bewirtschaftet er noch 2,5 ha. Dazu besitzt er alle Maschinen, die jegliche Handarbeit überflüssig machen. Sogar ein Mähdrescher steht in der Scheune.

Vereine und Einrichtungen: Freiwillige Feuerwehr, gegr. 1941, Wehrleiter Sigurd Zocher. Gerätehaus Neubau 1978. Mit dem Ortschaftsrat sind die Kameraden die treibenden Kräfte im Dorf. Jährliche Veranstaltungen: Fasching, Karpfenessen, Kinder- und Dorffest. - Jugendklub im ehem. Milchhaus. - Um- und Ausbau des ehem. Konsumgebäudes und späteren Truck-Stopp zu einem Dorfgemeinschaftshaus ab 2003.

Handel & Gewerbe: Gaststätte *„Weidmannsheil“* bis 1973, letzter Betreiber Gerhard Riedel. - Fuhrbetrieb Matthias Böhl. - Elektrotechnik Thomas Jahn. - Friseursalon Steffi Hoer. - Krankenpflege Roswitha Kühn. - Fußpflege Steffi Hempel. - Hotel und Gaststätte *„Zum Kastanienhof“* seit 1995, Bes. Roswitha und Ulf Hofmann.

Altbauer Helmut Kraft in seinem Bauernhof

Beucha, 1180 Pichov, 'Ort des Pich' (slaw.), OT von Bad Lausick, 246 Einw.
mit Kleinbeucha, 53 Einw.,600 m nördlich, ein lockerer Siedlungsflecken

Wenn zwei entfernt liegende Orte den gleichen Namen tragen, dann muß das nicht zu irgendwelchen Verwechslungen führen. Wenn sich aber beide im selben Land-kreis befinden und lediglich schlappe 20 Kilometer auseinander, gibt das Probleme. Dann flattert schon mal die Post hin und her, dann sucht ein schwerbeladener LKW die Kaufhalle, die es aber nur im anderen Ort gibt, oder ein Möbelwagen fahndet vergeblich nach seinem Kunden. Deshalb sollte stets der Zusatz vermerkt sein: Beucha bei Bad Lausick und Beucha bei Brandis. Übrigens sind beide Orte in ihre naheliegende Stadt eingemeindet.

Der schiefe Turm von Beucha

Pisa hat seinen schiefen Turm, Beucha etwas Ähnliches, den schiefen Kirchturm. Zwar nicht so augenfällig, aber immerhin. Auch läßt sich das Beuchaer Phänomen nicht so lukrativ vermarkten, wie es in Pisa geschieht. Dort pilgern alljährlich Millionen Touristen hin, und nach Beucha? Sie lassen sich an einer Hand abzählen, wenn überhaupt. Hinaufklettern ist schon gar nicht möglich. In der Spitze wäre nicht mal Platz für ganz Dünne.

Das Kirchlein wurde schief gebaut. Vielleicht waren es falsche Maße in der Bauzeichnung des Architekten. Oder die Bauleute haben geschludert und bemerkten ihren Pfusch zu spät. Eine Einsturzgefahr bestand nicht. Das versicherte jedenfalls der Baumeister. Deshalb mußten bisher keine Sicherungsmaßnahmen getroffen werden. Die Beuchaer haben sich daran gewöhnt und verweisen schmunzelnd ihre Gäste auf das Phänomen, das dem Dorf ein Markenzeichen gegeben hat.

Dorfkirche in Beucha mit dem schiefen Turm

Die Eula schlängelt sich hier am eiszeitlichen Geröllhang entlang. Die Differenz beträgt immerhin 20 m. Unten in der Eula-Aue bauten die Beuchaer ihre Kirche, die Mühle, die Schule und ein paar Bauerngüter. Einige davon im Fachwerkstil, die vorbildlich restauriert wurden. Dazu gehört auch eine Obergeschoßlaube der Fam. *Mühlig*. Oben auf dem Hang stehen das Rittergut, der Gasthof und in neuerer Zeit einige Eigenheime.

Die Eula fließt ganz gemächlich in kleineren und größeren Windungen durch die weitläufige Aue. Ab und an verzweigt sie sich und bildet sogar eine Insel. Sie gehört der Gemeinde und damit den Beuchaer Einwohnern. Einmal im Jahr steht sie im Mittelpunkt, und dann setzt ein hektisches Treiben ein. Da nämlich treffen sich hier alle, fast alle, Bewohner und feiern und erleben ihr kleines Dorffest. Extra deswegen haben sie einen Dorffestverein gegründet, damit ihnen die wenigen Einnahmen, wenn überhaupt, nicht flöten gehen, und dem die Sponsoren, sofern sie da sind, einen finanziellen Beitrag leisten. Und damit sie auf die Insel kommen, bauen sie am Vortag extra eine Brücke, die dann am übernächsten Tag wieder abgerissen wird. Dann steht das Eiland erneut unter dem Schutz der Dorfbevölkerung, und niemand hat dort was zu suchen. Zu den rührigen Leuten gehört der Grubenlokführer a.D. Gerd Bergner, Jg. 52:

Soll's ein Eisbärenfell oder eine Bisonhaut sein?

Ende 1999 mußte meine Lok vom Braunkohlen-Tagebau Espenhain im Schuppen bleiben und ich zu Hause. Die Grube förderte keine Kohle mehr. Kohle lag noch genug in den Flözen, doch Erdöl und Erdgas kamen preiswerter in die Wirtschaft. Da standen wir nun am Grubenrand, meine Kumpels und ich. Wie weiter? Damit wir nicht in ein zu großes Loch fallen, fanden wir Arbeit und Brot in einer Auffanggesellschaft. Wie nett das klingt! Man fing uns auf! Aber wie lange hält ein solches Netz? Es waren drei Jahre, viel oder wenig, je nachdem von welcher Seite man es betrachtet.

Obergeschoßlaube in Beucha

Unsere Arbeit diente einem guten Zweck: Der Rekultivierung des Bergbaugeländes. Wir planierten mit der Technik die Schrägen des Tagebaues, bargen Schienen und veranlaßten, daß der Wasserstand nur langsam anstieg. Andernfalls hätte es zu Rutschungen im Böschungsbereich kommen können. Also mußten die Pumpen im Betrieb bleiben. Sie wurden mit dem steigenden Wasser immer höher versetzt. Nach drei Jahren entließ mich die Gesellschaft in die Arbeitslosigkeit. Der geplante Wasserstand soll 2012 erreicht sein. Vielleicht werde ich bis dahin doch noch mal gebraucht?

Wieder stand ich vor einem Loch. Nein, da läßt du dich nicht hineinfallen! Solange man Arbeit hat, bleibt keine Zeit zum Nachdenken. Ich hatte mit meiner Frau einen alten heruntergekommenen Bauernhof übernommen. Er besaß so viele Schwachstellen und jede Menge marodes Mauerwerk, daß ich da genug zu tun hatte. Also krempelte ich die Ärmel hoch. Das Wohnhaus steht jetzt so da, daß wir uns darin so richtig wohlfühlen. Da meine Frau einen „Blumenfimmel" hat, blüht und gedeiht es an allen Ecken und Enden. Wenn sie irgendwo was Neues sieht und wenn es nur Reste sind, dann kommt ein Senker in den Blumentopf. Damit läßt sich gut tauschen. Nee, zum Kaufen langt das Geld nicht, und die neumodischen Hochzüchtungen leben sowieso nicht lange. Töpfe, Steine und auch mal ein Gartenzwerg oder ähnliche Figuren runden das bunte Bild ab. Jeder zeigt eben seine Persönlichkeit.

Die Scheune und der Stall kommen eines Tages auch noch dran. Es braucht alles seine Zeit und kostet sein Geld. Ich erhalte zwar kein schlechtes Arbeitslosengeld, doch so viel ist es natürlich auch nicht, daß ich damit große Sprünge machen könnte. Jetzt baue ich erst mal die alte Schule aus. Ich habe das Gebäude neben der Kirche erworben und will dort einen ordentlichen Laden für meinen Jungen einrichten. So nebenbei mache ich dessen Geschäft mit. Wir handeln mit Jagdtrophäen und Fellen. Mit Schaffellen zogen wir vor Jahren von Bauernmarkt zu Bauernmarkt. Ein mühseliges Geschäft, aber jeder fängt mal klein an.

Da sind dann noch die Jagdvereine und die Indianergruppen. Die Leute dort suchen immer mal was. Und ein anderer benötigt was für seinen Kamin, damit er sich davor

Bei Bergners auf dem Blumenhof

lümmeln kann. Also erweiterten wir nach und nach das Angebot. Jetzt liefern wir sogar Bärenfelle aus Kanada, ganz legal und mit den entsprechenden Bescheinigungen zum Artenschutz. Wer ein Eisbärfell oder eine Bisonhaut haben will, bitte sehr, dann besorgen wir das Gewünschte. Es dauert nur ein Weilchen, bis es unsere ausländischen Lieferer schicken können.

Ob sich der Ankauf von Schafwolle noch lohnt? Kaum! Nach der Wende war ja die ganze Schafzucht weggebrochen. Nach und nach werden wieder mehr Schafe gehalten. Bei dem einzelnen nicht wegen der Wolle, sondern als natürlicher Gras-mäher und des Fleisches wegen. Das macht für uns das Kraut nicht fett, aber die Masse bringt's. Zum Leben reicht es jedenfalls.

Neid, wenn der andere mehr hat? Das spürt man kaum in unserem Dorf. Das hat noch einen guten Zusammenhalt. Selbst die Neuen – bis auf einen – haben sich eingelebt. Bei einem Bier zum Dorffest integrieren sie sich in die Gemeinschaft. Ich könnte gehen zu wem auch immer, er würde helfen. Umgekehrt natürlich genau so. Die „Hilfsgemeinschaft" mit der einstigen LPG existiert immer noch, denn man braucht immer mal ein Transportfahrzeug. Die Leute von damals sind ja die gleichen von heute. Da hat sich doch nur der Name geändert. Und das freut mich: Die Landwirtschaftsleute der Kitzscher-GmbH bilden jedes Jahr neue Lehrlinge aus, und die werden auch behalten. Das Dorf lebt weiter.

*

Für *Kleinbeucha* gibt es keine urkundliche Ersterwähnung. Die Namensdeutung ist ganz einfach und erfolgte vermutlich durch den einstigen Schäfer. Er war nämlich der erste, der sich hier ansiedelte. Das Rittergut Beucha ließ hier eine Schäferei bauen, und er wollte nahe bei seinen Tieren sein. Schafwiese, Schafteich und Schafstraße sind Relikte aus dieser Zeit von vor 100 Jahren.

Von der Schäferei steht noch die alte Scheune. Sie wurde ebenfalls in der LPG-Zeit genutzt, jetzt nicht mehr. Dann sind nach 1945 einige Neubauernhäuser dazugekommen. Oben im schmalen Waldstück fanden flüchtige Leipziger einen guten Standort für ihre Bungalows, die inzwischen zu modernen Einfamilienhäusern ausgebaut sind. So erweiterte sich nach und nach das kleine Beucha zu einer Siedlung mit fast hundert Bewohnern.

Nach dem Schäfer nutzte seinerzeit ein Müller die Gunst des Ilsenbaches. Da das Bächlein für den Antrieb seiner Mahl- und Sägemühle nicht ausreichte, staute er das Wasser in einem Teich an. Wenn das Mahlwerk ruhte, füllte sich das Gewässer. Das ließ sich natürlich auch für die Fischzucht nutzen, und da die Karpfen auf dem Tisch des Beuchaer Herrenhauses eine willkommene Abwechslung waren, kamen einige Hälter noch dazu, und so entstand um 1900 eine ganze Teichkette. Der Fischer siedelte ebenfalls vor Ort.

Vor 10 Jahren suchte und fand in der alten Mühle eine neue Heimat die Fischerfamilie Katrin Wolf, Jg. 61, und Udo Wolf, Jg. 64:

Wallfahrtsort Kleinbeucha in der Vorweihnachtszeit?

ER: Hier ist es schon ruhig. In den lauen Sommernächten aber machen die Frösche ihren unerträglichen Lärm, sagen die einen, besonders die, die aus der Stadt kamen und hier die absolute Ruhe finden wollten. Für uns ist das ein belustigendes Froschkonzert. Beim Hahnkrähen läßt sich's genauso beurteilen. Jedes Ding hat eben seine zwei Seiten, es kommt immer auf den Standpunkt an. Nur das geht nicht: Aufs Land ziehen und sich dann beschweren. Die Natur läßt sich zum Glück nicht überall abstellen!

Natürlich gibt's Gesetze, die man beachten muß, ob's einem paßt oder nicht. Auch für meine Fischzucht. Ich bewirtschafte im weiten Umkreis 25 Fischteiche. Sie liegen im Muldentalkreis und im Kreis Borna. Die Gesetze sind die gleichen, doch die Auslegungen zum Teil gegensätzlich. Das verstehe, wer will!

Meinen Fischereimeister habe ich in Wermsdorf bei der Binnenfischerei gemacht. 1988 erhielt ich den Auftrag, hier in Kleinbeucha für ein Jahr die Zucht auslaufen zu lassen. Das ganze Gebiet sollte weggebaggert werden für den Aufschluß eines Großtagebaues. Mit der Wende starb das Kohleprojekt. Für mich gab's jetzt nur einen Weg: Ich mache mich selbständig, erwerbe einige Teiche und schlage hier in Kleinbeucha meine Zelte auf.

SIE: Was sollte ich machen? Ich wollte nicht aufs Land, der langen Wege und der Einsamkeit wegen. Zudem besaß ich keine Fahrerlaubnis. Und wo waren die kulturellen Abwechslungen? Schließlich mein körperlicher Zustand: Ich war mit dem zweiten Kind hochschwanger. Schweren Herzens zog ich mit. Der Mann braucht doch einen ordentlichen Haushalt und überhaupt.

Ein zweiter Sohn folgte dem ersten. Die Kindererziehung lenkte mich ab. Ich machte die Fahrerlaubnis, und ich gewöhnte mich an die Ruhe und Abgeschiedenheit. Es dauerte Jahre. Jetzt sage ich das Gegenteil: Nie wieder in eine Stadt! Übrigens: Katzen, Schafe, Kaninchen, Enten haben mir dabei geholfen, und zwei Gänse, die aber nicht geschlachtet werden, sondern das Gnadenbrot erhalten. Alle sind meine lieben Haustiere! Und ich bekam Arbeit im nahen Steinbach für einige Stunden als Sekretärin in der Schule. Doch das ist vorbei, die Schule geschlossen. Jetzt wühle ich mich durch die Berge von Buchhaltungskram im Betrieb meines Mannes.

ER: Die Kormorane machen uns das Leben schwer. 1994 tauchten sie erstmals in Sachsen auf und sind seitdem bis auf tausend angestiegen. Denen geht's gut hier, denn in den Teichen schwimmen genug Karpfen. Es sind meine Tiere, und die Verluste sind groß. Viele werden auch nur angehackt. Sie überleben ihre Wunden nicht. Nun stehen die Vögel unter Naturschutz, wie soll ich da meine Fische schützen. Die Teiche sind Wirtschaftsgewässer, und deshalb auch wurden sie angelegt. Der Staat ersetzt 20 % des Schadens, den ich nachweisen muß. Inzwischen merkten die Dienststellen, daß ein

Familie Wolf in Kleinbeucha

Kompromiß gefunden werden muß. Jetzt dürfen Kormorane abgeschossen werden in der Zeit, wenn die Jungen richtig ausgewachsen sind. Ich kann mich aber nicht ständig auf die Lauer legen. Und die Vögel sind schlaue Kerle. Sie merken sehr schnell, daß es ihnen an Kopf und Kragen geht. Dann holen sie sich erst mal ihre Nahrung aus anderen Gewässern.

SIE: Ich habe keine Angst hier draußen in der Einsamkeit. Was soll da schon passieren. Diebe gibt es immer und überall. Voriges Jahr haben sie kurz vor Weihnachten die Kaninchen geholt. Ich lebe jetzt bewußt in dieser herrlichen Natur. Ich esse seit einiger Zeit auch Fisch. Der kommt zwischen Herbst und Frühjahr in jeder Woche einmal auf den Tisch.

ER: Mein Betrieb wird in der Vorweihnachtszeit regelrecht zu einem Wallfahrtsort. Da stehen schon mal die Menschen Schlange, um einen guten Weihnachts- oder Silvesterkarpfen frisch aus dem Teich zu erwerben. Die Säumigen stehen gar am Neujahrstag früh um 8 Uhr vor dem Tor. September bis Anfang Mai, das sind die Erntemonate, und da verkaufen wir ab Hof.

Einer meiner Jungen hat sich schon an diesen Rhythmus gewöhnt. Er wird bestimmt unsere Familientraditon in vierter Generation fortsetzen. Wenn Bestimmungen und Auflagen uns noch genügend Spielraum lassen. Man weiß ja nie, was die Eurokraten in Brüssel morgen alles ausbrüten. Wir Binnenfischer erbringen bisher einen Anteil von 20 % am Gesamtverzehr von Fischen. Der wird sich bestimmt noch erhöhen. Die Weltmeere werden mehr und mehr leer gefischt und bringen immer weniger Ertrag. Wir haben also genug zu tun, um genügend Süßwasserfische auf den Markt zu bringen. Die schmecken zwar nicht süß, sind aber genau so gesund.

Das alte Mühlengut in Beucha

WEITERE NOTIZEN
aus Beucha und Kleinbeucha

Die spätromanische **Dorfkirche** erhielt 1789 ihre heutige Form. Im Innern stehen eine Kanzel von 1599 und ein Wappenstein von 1675. Die Außenansicht bestimmt ein hoher schlanker spätgotischer Dachreiter mit schief stehender Spitze. - Auf dem Friedhof pompöse Grabstätte der Familie von Steiger. Pfarrer Ullrich Dietze aus Flößberg kümmerte sich in den 80er Jahren um die Sanierung des Baudenkmals.

Das **Rittergut** liegt auf einem Sporn über der Eula-Aue und hat zwei Herrenhäuser. Das alte ist ein stattliches zweigeschossiges Gebäude mit Krüppelwalmdach, das Obergeschoß besteht aus Fachwerk mit Andreaskreuzen aus dem 18. Jh. Bemerkenswert ein Sitznischenportal mit der Jahreszahl 1654. Das neue trägt einen Dachreiter mit Laterne und wurde wohl um 1800 gebaut. Nach unterschiedlicher Nutzung (Verwaltungen, Kindergarten, Wohnungen) erwarb 1998 die Künstlerfamilie Wulf Gunter Brandes und Jana Klinger die Gebäude, die nun saniert werden (Konzerte, Harmonium-Sammlung). - Die vorderen Wirtschaftsgebäude haben einen anderen Besitzer und wurden erneuert.

Das **Tatarengrab** in Kleinbeucha erinnert an den russischen Offizier Jussuf, Sohn des Mustapha. Er war 1813 nach der Völkerschlacht bei Leipzig schwer verwundet und auf dem Beuchaer Gutshof gepflegt worden. Er erlag seinen Verletzungen und wurde hier am Rande eines Wäldchen beigesetzt. Da er Mohammedaner war, blieb ihm der christliche Ortsfriedhof versperrt. Der Weg zum Grab ist gut ausgeschildert.

Landwirtschaft: Rittergut. 13 Bauernwirtschaften 1945. Nach LPG-Auflösung Verpachtung der Flächen an den Landwirtschaftsbetrieb Kitzscher. Im Nebenerwerb halten eine Mutterkuhherde die Fam. Fischer und Fam. Frost.

Handel & Gewerbe: Betriebe der Firma Haase und der Firma Köhler. - Lehmbau und Gartengestaltung mit Hofladen von Pfefferle und Walter. - Der Gasthof gehörte Jahrzehnte Hellmut und Rosmarie Döge, die ihn 1990 an Fam. Rische verpachteten.

Dorfbild aus Beucha

Steinbach, 1177 Stenbach, 'Ort am steinigen Bach' (dt.), seit 1998 OT von Bad Lausick, 494 Einw.

Es ist nicht der Steinbach, der den Ort durchfließt und so zwei Siedlungsflecken geschaffen hat, den historischen Kern nördlich davon und eine kleinere Ansiedlung auf der Südseite. Es ist der Jordanbach, der von Lauterbach her kommt, hier im Ort durch den Schloßteich und den Mühlteich angestaut wird und schließlich zum gesichtslosen Graben degradiert jenseits der Kreisgrenze in Kitzscher in die Eula fließt.

Gibt es Alternativen für die Steinbacher Rittergutsruinen?

Der ferne Blick von Lauterbach her weckt Vertrauen: Inmitten einer Feld- und Wiesenlandschaft, die öfter von kleineren Waldungen unterbrochen wird, schiebt sich die geschwungene Turmhaube der Kirche über die Häuser von Steinbach. Doch dann, bei der Ortsdurchfahrt, stockt des Autofahrers Gemüt: Hier mußt du vorsichtig fahren, damit die Ruinen des ehemaligen Rittergutes nicht in sich zusammenfallen und auf die Straße stürzen! Sie stehen mitten im Dorf, und die Hauptstraße führt unmittelbar daran vorbei. Deshalb wohl fallen sie auch so unangenehm auf.

Frau *Irmgard Schirmer*, Jg. 21, erinnert sich gern an ihre Tätigkeit im Schloß: „Mich hat mehr oder weniger der Zufall hierher geführt. Meine Heimat liegt in der Oberlausitz. Im Herbst 1938 las ich in der Zeitung eine Anzeige, in der das Rittergut Steinbach eine Hauswirtschaftshilfe suchte. Ich erfuhr, daß der Ort irgendwo bei Leipzig liegen sollte. Ich bewarb mich, wurde angenommen und nach einer langen Bahnreise und einer Kutschfahrt vom Haltepunkt Lauterbach-Steinbach aus rollte ich ins Dorf ein. Das

Ruine des Steinbacher Rittergutes

gepflegte Rittergut mit dem Herrenhaus, dem Park und den weitläufigen Wirtschaftsbauten machte auf mich einen guten Eindruck. Bald fühlte ich mich heimisch.

Mein Arbeitspensum umfaßte wenige Bereiche: Im Herrenhaus wohnte einsam und allein Frau *Pagenstecher*. Für die seelengute Dame, für das Zimmermädchen und für mich mußte ich die Speisen zubereiten. Ich sorgte mich um eine riesige Hühnerschar und gab für die Landarbeiter die Deputate aus, die wir von der Molkerei für die Milchlieferungen erhielten.

Ich hatte manche freie Zeit, pilgerte durch den nahen Park und träumte von einer schönen Zukunft. Sie begann damit, daß mir beim Tanz im Dorfgasthof ein junger sportlicher Bursche gefiel, den ich trotz meiner Schüchternheit bei der Damenwahl zum Tanz aufforderte. Vier Jahre später heirateten wir. 1944 starb die alte Dame, das Gut verwaiste. 1960 übernahm ich die Poststelle und gab sie erst 1983 aus meinen Händen."

*

Die Rittergutsgebäude seit 1945 zu erhalten, daran bissen sich Gemeinde und LPG die Zähne aus. Besitz macht nicht immer glücklich und verlangt manche Mark. Das Herrenhaus wurde mit Sorgfalt und Material immer mal wieder auf Vordermann gebracht. Es gab unzähligen Flüchtlingsfamilien nach dem Krieg eine erste Heimstatt. Für eine Familie stand jeweils einer der elf hohen und weiten Räume zur Verfügung. In einem Küchenraum drängelten sich die Frauen um den Herd. Später quartierten sich das Gemeindeamt und die Angestellten der MTS ein. 1950 nahm die Schuljugend das Haus in Besitz. Bis Ende der 90er Jahre schrillte die Klingel, sehnlichst herbeigewünscht, wenn sie zur Pause klingelte. Nun steht es leer. Einen Raum nutzen mehr schlecht als recht Feuerwehr und Ortschaftsrat.

Hoffentlich erleidet die herrschaftliche Baulichkeit nicht das gleiche Schicksal wie die anderen Rittergutsgebäude. Dort haben Wind und Wetter ihr Zerstörungswerk begonnen. Ein hoher Drahtzaun soll vor herabstürzenden Dachziegeln schützen und das Vordringen der Dorfjugend verhindern. Das gelingt nicht immer. Die ganze Anlage hat zwar ein Berliner Architekt gekauft und saubere Pläne gezeichnet, wie Turm und die

Irmgard Schirmer an der Pforte zur Pfarre

beiden Quergebäude als Wohnung und anderswie genutzt werden könnten. Es hat sich noch niemand gefunden, der hier sein Geld investieren will.

Dabei hat der Turm mit seiner Tordurchfahrt einen hohen denkmalpflegerischen Wert. Fördergelder ermöglichten 1992 eine Neueindeckung. Es gibt wohl niemanden im Dorf, der nicht hofft, daß der Turm gerettet wird. Doch irgendwie muß man auch einem Denkmal ein bißchen Leben einhauchen, wenn es als Wahrzeichnen von Steinbach weiterleben soll. Das jedenfalls wünscht sich der Handelsvertreter und Chef der hiesigen Feuerwehr Steffen Olschak, Jg. 60:

Das Dorf braucht die Feuerwehr

Solange gehöre ich noch gar nicht zum Dorf. Es war kein christlicher Tausch, womit ich 1989 den damaligen Bürgermeister erpreßte: Du gibst mir eine Wohnung, und dafür übernehme ich den Posten des Wehrleiters! Ich komme aus Leipzig und habe gute Erinnerungen an meine Kindheit und die Schule. In Espenhain lernte ich, blieb auch dort und verheiratete mich nach Borna.

Ein sportliches Großereignis veränderte dann meine Lebensbahn. Für die damaligen Sportfeste in Leipzig wurden viele Leute gebraucht. Ich meldete mich für die Osttribüne. Politisch? Das habe ich als junger Mensch nicht so gesehen. Das sportliche Treffen wurde ein unvergeßliches Erlebnis. Für mich auch ganz privat. Ich lernte dort eine andere Frau kennen und lieben. Sie war ebenfalls verheiratet, aber manchmal sind eben zwei Anläufe notwendig. Nach beider Scheidung heirateten wir, und das freudige Ereignis von damals hat sich bis heute nicht getrübt. Sie war ein Steinbacher Kind, und dort wollte sie bleiben. Also ging ich mit.

Wenige Monate später konnte ich ein rohbaufertiges Haus erwerben. Das wirst du schon schaffen, sagte ich mir. Und mit der Wende ging das alles viel viel schneller. Jetzt bekam ich die Baustoffe, die ich so gern wollte, und 1992 zogen wir in unser wohlgestaltetes Haus ein, erschöpft, aber glücklich und zufrieden.

Steffen Olschak vorm altersschwachen Robur

Zwischenzeitlich löste ich mein Versprechen mit der FFW ein. Die Einheit lag total am Boden. Ganze sechs Kameraden, davon vier Rentner, mühten sich, die Technik wenigstens einigermaßen in Ordnung zu halten. Es gelang mir innerhalb kurzer Zeit, die Leute vom Dorf zu gewinnen. Bald vereinten sich einige Dutzend Kameraden zu einer schlagkräftigen Truppe. Wir gründeten eine Jugendfeuerwehr, organisierten eine Frauengruppe. Nach wenigen Jahren waren wir das kulturelle Herz der Gemeinde.

Das war nicht ganz einfach, denn die Alten des Dorfes bildeten ein eingespieltes Team. Da kennt jeder jeden, und Fremde werden argwöhnisch beäugt. Ich fand allmählich Kontakt. Sicher auch, weil ich mich politisch bewegte, in den Ratssitzungen den Mund aufmachte und ständig nachfragte, was denn nun aus dieser oder jener Sache geworden sei. Mit zwei Bürgerbewegungen munterte ich die Leute zum Mitmachen auf. Sie betrafen die Wasserversorgung und die Rittergutsgebäude. Den ersten Fall konnten wir lösen, am zweiten scheiterten wir. Ein ständiges Problem schleppten wir dauernd mit uns herum: Wir brauchten dringend einen Geräteraum. Versprochen wurde uns viel, doch immer wieder fehlte das Geld.

Zum freiwilligen Dienst gehören auch fröhliche Stunden mit Musik, Bier und Tanz. Das festigt die Kameradschaft. Der historische Gasthof ist längst geschlossen und dämmert als Ruine vor sich hin, das Schloß bautechnisch gesperrt. Da gab's nur eine Alternative: Wir helfen uns selbst! Eine Sammlung unter den Kameraden brachte so viel Geld, daß wir quasi privat ein eigenes Großzelt mit Parkett und allen anderen Einrichtungen kaufen konnten. Na klar müssen wir das Ding jedesmal auf- und abbauen. Damit wir die Unkosten einspielen, vermieten wir die Anlage.

Die Arbeit wuchs mir über den Kopf, es gab kein bißchen Freizeit mehr. Meine berufliche Tätigkeit forderte einen wachen Kerl, wenn ich täglich bis zu tausend Kilometer über die Straßen von Kunde zu Kunde jage. Da mußte ich die Notbremse ziehen, meine Aktivitäten im Dorf etwas mindern. Nicht bei der Feuerwehr, da bleibe ich mit Leidenschaft dabei. Das ist meine Welt. Feuerwehrmann kann man nicht werden, entweder man hat es oder hat es nicht. Das Dorf braucht die Feuerwehr. Es würde sterben!

Postsäule in Steinbach

WEITERE NOTIZEN aus Steinbach

Der **Maifestverein**, eng verbunden mit den Kameraden der FFW, organisiert das noch verbliebene kulturelle Leben im Dorf.

Einen **Münzfund** machte *Arthur Kießling* 1913 im Breiten Holz. Er rodete dort Bäume und stieß mit der Hacke auf einen Kupferdeckel. Der verschloß einen Tontopf voller Silbergeld, vermutlich um 1530 geprägt. Der Fund ging an den Rittergutsbesitzer und später in ein Museum. Weitere Grabungen blieben erfolglos (als Hinweis für heutige Schatzsucher).

Die barocke **Kirche** von 1717 ließ der Rittergutsbesitzer und Kirchenpatron Wolff Siegfried von Kötteritz errichten. Der achteckige Turm mit der Zwiebelkuppel, das Schiff und der Innenraum wurden von 1973 bis 1989 schrittweise erneuert, eine weitere Sanierung erfolgte 1992/93. - An der Südseite der Kirche hängt ein Epitaph zur Erinnerung an die verstorbene Familie Pagenstecher, letzte Besitzer des Rittergutes. - Pfarrer Johannes Grasemann, seit 2003 Christoph Schuster, Jg. 66.

Eine **Schule** befand sich bis 1951 im alten Schulgebäude an der Kirche, danach im Schloß des Rittergutes mit Anbauten und Erweiterung zur 10-Klassen-Schule. Zuletzt bestand nur noch eine Grundschule, die Ende der 90er Jahre geschlossen wurde. - Kindertagesstätte „Waldwichtel".

Drei denkmalgeschützte Steine erinnern an die Dorfgeschichte: Ein unvollständiges **Steinkreuz** aus grauem Konglomeratgestein, 65 cm hoch, steht unter der Dorflinde an der heutigen Buswartehalle. Das Steinmal wurde im Mittelalter gesetzt, vermutlich als Sühnekreuz. - Der 130 cm hohe **Mordstein** westlich des Ortes am Mordweg erzählt in seiner Inschrift vom Totschlag eines Gotthold Müller aus Borna im Jahre 1871. - Die 1981 westlich vor dem ehemaligen Rittergut aufgestellte Kopie (nach einem Bruchstück vom Original) einer **Postsäule**, eine kursächsische Halbmeilensäule von 1722, dokumentiert die Zeit, als hier die Postkutsche über die Poststraße von Grimma nach Borna rollte.

Der 7 ha große **Schloßpark** hat seine einstige Funktion längst verloren. Er verwilderte, und nur noch eine breitgeschwungene Steintreppe erinnert an frühere Zeiten. Im Zuge einer ABM sollte eine Sanierung erfolgen, womit jedoch nur Teilstücke in Ordnung gebracht werden konnten.

Landwirtschaft: Aufteilung des Rittergutsbesitzes an eine Arbeitsgemeinschaft von 42 Neubauern, die erst 1950 aufgelöst wurden und zwei Jahre später eine LPG bildeten, 1966 vollgenossenschaftlich. Später zahlreiche neue Wirtschaftsbauten. - 1949 Bildung der MAS, 1954 MTS, 1964 Kreisbetrieb für Landtechnik. - 1990 Auflösung der Betriebe, die Vieh- und Feldwirtschaft wird vom Agrarbetrieb in Kitzscher weitergeführt.

Handel & Gewerbe: Stellmacherei Friedrich Kasprzak. - Blumenland Eva Schubert. - Steinbacher Maschinen- und Anlagen. - Landwirtschaftlicher Betrieb Kitzscher, Büro Steinbach, Stall Stockheim. - ELKASA Elektro-Kabel-Satellitentechnik. - Sichelschmidt, Elektrostapler. -

GASTRONOMIE: Der Dorfgasthof (wegen seines Fachwerkes unter Denkmalschutz) wurde 1955 geschlossen, der Saal für Dorfveranstaltungen noch längere Zeit genutzt, wartet als Ruine auf den Einsturz oder einen optimistischen Investor. - Seit 1901 steht am Schloßteich das „Restaurant mit Materialwaren" von Hermann Garten, das jetzt nach einer Sanierung von Ramona Seyfert bewirtschaftet wird.

Das Herrenhaus, zuletzt die Schule, von Steinbach

Stockheim, 1204 Stoccheim 'Wohnort bei den Baumstümpfen' (dt.), OT von Bad Lausick, 111 Einw.

Wer zwischen Lauterbach und Otterwisch die Hauptstraße verläßt und nach links einbiegt, quert nach kurzer Zeit die Bahnlinie Leipzig–Döbeln. Dort trifft er am Bahnübergang auf ein Bahnwärterhäuschen. Seine Funktion hat es verloren, denn mit der Modernisierung der Bahn sperren jetzt zwei Halbschranken die Überfahrt, wenn ein Zug heranprescht. Im Haus hat sich ein Bewohner häuslich niedergelassen. Weithin leuchtend schiebt sich das saftgrün gestrichene Haus mit dem rotem Dach ins Landschaftsbild. Ein Hund und dicke Schlösser sorgen dafür, daß ungebetene Gäste außen vor bleiben.

Die Stockheimer suchen noch immer ihre Gösel-Quelle

Nach wenigen hundert Metern steht ein weiteres Einzelhaus in der Feldflur. Äußerlich verrät nichts mehr, welche Funktion es einstmals hatte. Seine Wände leuchten im frisch gesäuberten Backsteinbau. Zahlreiche Holzstapel verkünden, daß hier jemand die preiswerte Alternative zum teuren Erdöl zu nutzen weiß.

Das Gebäude verdankt seine Entstehung einem wirtschaftlichen Zweck. Es ist das alte Schachthaus, als verbliebenes Zeugnis eines Braunkohlenwerkes, das 2002 sorgfältig saniert wurde. Der Abbau erfolgte im Tiefbau bis vor dem I. Weltkrieg. Das Flöz lag in 38 m Tiefe. Zwei Brikettpressen formten die lockere Rohbraunkohle zu Formsteinen, die vorwiegend in den Brennöfen der Industrie verschwanden. Sogar ein Anschlußgleis zum Bahnhof Lauterbach–Steinbach war vorhanden.

Kirche in Stockheim

Irgendwo auf dem Dorfanger mit der Kirche liegt die Göselquelle. Die Stockheimer streiten sich um den genauen Standort. Der Schmied hatte vor Jahren mit einem Blechschild die Quelle an seinem Hause markiert. Er mußte es auf vielerlei Protest hin wieder entfernen. Jeder wußte es besser, aber gezeigt hat sie niemand mehr. Vermutlich verschwand sie in einem Betonrohr. Vielleicht findet sich bis zur 800-Jahrfeier im Sommer 2004 der genaue Ort, damit die Markierung mit einem Festakt erfolgen kann. Ein solcher harmloser Streit ist allemal gut fürs Dorfklima. Er spiegelt das Interesse der Bewohner an ihrer Geschichte wider.

Das zeigt sich auch, wenn *Uwe Hagemann* und seine kulturelle Streitmacht zum Dorf- und Teichfest rufen. Das ist ein jährliches Fest, das so gänzlich mit den dorfeigenen Kräften veranstaltet wird. Nicht nur, daß es da meist die Nacht hindurch geht und am anderen Morgen die tapferen Streiter schon wieder zur Stelle sind. Die jungen Frauen vereinen sich zu einer Tanzgruppe, und manche Episode aus dem Dorfgeschehen wird da auf die Schippe genommen. Wenn am Nachmittag der hausgebackene Kuchen verputzt wird, ist es schwierig, eine Meisterin zu küren, denn das Gebackene geht durchweg ab wie warme Semmeln. Ein Fest der Dörfler, das sie ganz für sich selbst organisieren.

Dabei sind auch die Alten des Dorfes, solange die Beine noch mitmachen. Einer von ihnen ist der Gastwirt, Kauf- und Postmann i. R. Wolfgang Beyer, Jg. 24:

Im Gasthof „Zum Dorffrieden" gab's auch Butter und Briefmarken

Ich bin Ur-Stockheimer. Beinah wäre das nichts geworden, denn wir sollten 2001/2002 dem Kohleabbau weichen. Zum Glück hat die Zeitgeschichte dieses geplante Vorhaben überholt. Ich erlernte nach den acht Jahren Grundschule in Otterwisch erst mal den Beruf eines Elektro-Installateurs. Ehe ich richtig arbeiten konnte, mußte ich in den Krieg marschieren. Den überstand ich glimpflich, erlebte als Gefangener drei Erdteile und kehrte 1947 ins Elternhaus zurück. Im Gepäck hatte ich eine einigermaßen überwundene Malaria. Damit quäle ich mich noch heute herum.

Das Haus war damals voller Leute, denn die Aussiedler mußten im ganzen Dorf untergebracht werden. Vier Familien kochten in einer Küche ihre Suppe. Auch „Stalinfett" brodelte auf dem Herd, die mit Milch angerührte und mit Zwiebeln gewürzte zähe Mehltunke. Aber wir mußten das Brot nicht trocken essen. Der Hausfrieden erlitt keinen Schaden. Der Gasthofname verpflichtete ja regelrecht dazu.

Da Vater längst verstorben war, wurde ich die rechte Hand meiner Mutter. Und die wurde samt der linken augenfällig gebraucht. Der Zucker und das Mehl wurden säckeweise angeliefert. Die Marmelade lieferte der Großhandel in Eimern. Alles das und noch viel mehr mußte in Tüten, Schüsseln und Töpfe eingesackt und abgewogen werden. Trotzdem machte mir das Spaß. Da war man eigentlich noch so richtig Kaufmann. Stupide das tägliche Aufkleben der Lebensmittelmarken. Da durfte keine verloren gehen, denn danach richtete sich die nächste Lieferung. Es gab's ja alles nur zugeteilt. Wenn uns tatsächlich mal eine Kiste Bananen erreichte, dann verkauften wir diese nach einer Strichliste.

In unserem Bauerndorf hatten wir nicht allzuviele Kunden damals. Die Bauern schlachteten selbst und bekamen keine Marken. Die Butter erhielten sie als Deputat direkt von der Molkerei. Der Bäcker lieferte das Brot von dem Mehl, was die Bauern geliefert hatten. Brötchen gab's nur Sonnabends.

Da waren wir froh, wenn hin und wieder ein Familienfest im Gesellschaftszimmer angekündigt war. Wochenlang sammelten wir Frischfleisch in zwei großen Truhen. Auch den Schnaps hielten wir zurück. Eine Flasche kostete anfangs 56 Mark. An diesen

Festtagen herrschte jedenfalls kein Mangel, und nicht selten mußte der eine oder andere mühevoll nach Hause bugsiert werden. Anderntags gab's im Dorf was zum Palavern.

Sonst ging's ruhig zu im Schankraum. Na ja, bei diesem Gasthausnamen sollte man auch nichts anderes erwarten. Wenn einer mal nicht zahlen wollte oder konnte, dann gab's dafür eine Strichliste. Nach mehrmaliger Mahnung zog er ins Nachbardorf und von dort nach einer gewissen Zeit ins nächste. Irgendwann kam er reuevoll zurück, bezahlte seine Schulden, und der Leidensweg begann von Neuem. Was eben so ein Stammtisch-stratege ist, der läßt sich nicht unterkriegen. Er blieb trotzdem ein sanfter und lieber Kerl.

Die Poststelle war im Dorf vakant geworden. Ich bekundete mein Interesse und erhielt den Zuschlag. Dadurch hatte ich ein zusätzliches Einkommen, klein und bescheiden. Kneipe und Laden konnten mich zwar ernähren, aber Reichtum ließ sich damit nicht anhäufen. Beim Postgang verteilte ich die Zeitungen. Jeder Haushalt las damals das Blatt. Dann versuchten die Lottospieler ihr Glück. Sie fanden es hier nicht, verloren aber nie die Hoffnung. Wer ein Postsparbuch hatte, konnte davon sein Geld abheben. Ich hatte also rundum zu tun. Inzwischen hatte ich eine liebe Frau gefunden, die tatkräftig mit ins Geschäft einstieg.

Dann kam die Wende. Quasi über Nacht blieben die einstigen Kunden fern. Sie strömten in die provisorischen Kaufmärkte und kamen nur noch, wenn sie dort was vergessen hatten. Wir hatten inzwischen das Rentenalter erreicht, und so fiel es uns leicht, den Schlüssel für immer rumzudrehen, ohne Groll und Neid. Wir konnten die Stockheimer sogar verstehen. Der Dorffrieden litt nicht darunter, wenn wir auch unseren *Dorffrieden* dicht machten.

Das zeigt sich bei unseren Dorffesten und auch damals, als der Pfarrer von Steinbach dazu aufrief, es war so um 1992 rum, das Kirchlein mit möglichst vielen Eigenmitteln zu sanieren. Wir ließen uns nicht lumpen und packten kräftig zu, halfen beim Dachdecken und hackten den Außenputz ab. Neue Farbe kleidete unsere winzige Kirche in frisches Ambiente. Und wie schmuck leuchtet sie nun auf dem Anger, eine Augenweide! Es

Wolfgang Beyer in seinem Gartenparadies, dahinter der ehemalige Gasthof

müßten nur mehr hingehen und die Predigten hören. Ich singe leidenschaftlich gern die alten Kirchenlieder. Mit dem neumodischen Kram komme ich nicht so zurecht.

Ich lebe jetzt zurückgezogen in meinem Haus. Das Alter fordert seinen Tribut. Meine Frau starb vor zwei Jahren. Ich mußte sie lange acht Jahre pflegen. Sie war erblindet, und der Zucker bedrohte ihr Leben. Manchmal, da treffen sich meine Kinder und Enkel in der großen Stube. Aber sonst ist es ruhig geworden, zu ruhig in den riesigen Räumen. Ich mache alles selbst, koche für mich das Essen und wasche die Gardinen und alles andere, wenn es an der Zeit ist. Was soll ich am Gebäude noch tun? Und für wen? Einer meiner Jungen hat gegenüber im Garten ein Haus gebaut, und der andere wohnt im Erzgebirge und hat dort Haus und Arbeit. Und wenn ich nicht mehr da bin, dann ist mir das schließlich egal, wenn mein Gasthof *Zum Dorffrieden* verschwindet. Der Friede im Dorf und auch sonst sollte allerdings erhalten bleiben.

Über die Stockheimer Flurgrenze geht der Blick zu den Thierbacher Kühltürmen

Im vielgestaltigen Planitzwald

Das 25 qkm große Waldgebiet ist die nördlichste der Restwaldungen im Porphyrhügelland an der Mulde. Die Porphyrdecken bilden weitläufig den kristallinen Untergrund Nordwestsachsens und ragen nur hin und wieder mit einzelnen Kuppen aus den lockeren Ablagerungen aus dem Tertiär und Quartär hervor. Im Planitzwald zeigt die mäßig bewegte Oberfläche nur wenige Kuppen, wie der Rehberg bei Schmölen und der Frauenberg mit 181 m ü. NN im Hinteren Planitzwald bei Altenhain.

Das namengebende Gestein im Porphyrhügelland ist ein „Ignimbrit“. Es entstand in der Rotliegendzeit vor etwa 250 Millionen Jahren, als in einer vulkanisch aktiven Epoche überhitzte Glutwolken aus feinster Lava explosionsartig ausgestoßen wurden. Noch sehr heiß und deshalb plastisch schlugen sich die Lavateilchen wieder nieder und verschweißten sich geradezu miteinander.

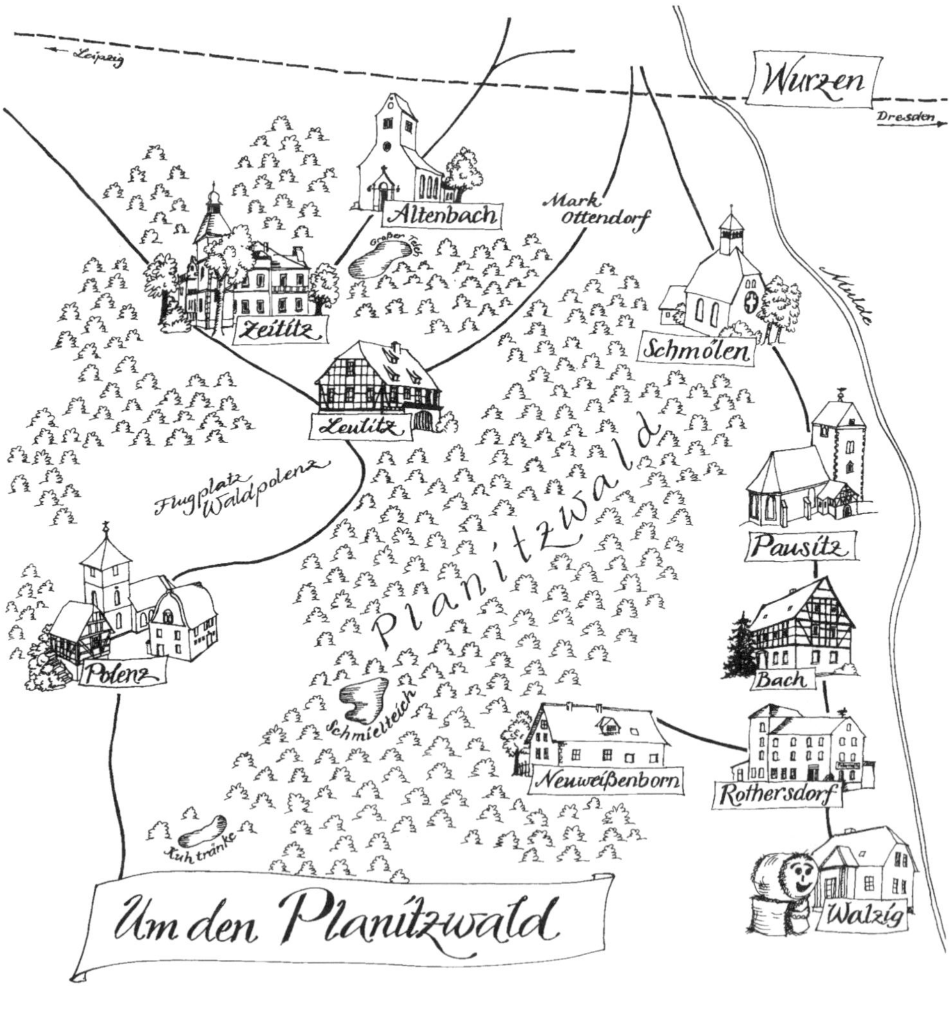

Unter den Sedimenten der Kaltzeiten befinden sich noch mehr oder weniger starke Bänder von tertiären Tonen und von Braunkohle. Diese streichen am Nordrand und am Rand zum östlich gelegenen Muldental gelegentlich aus und hatten im 19. Jh. um Altenbach (Kohlegruben in den Katholischen Eichen), Bennewitz (Schamotteindustrie) und Pausitz (Kohlegruben *Ferdinand* und *Luise*) wirtschaftliche Bedeutung erlangt.

Der Wasser stauende Untergrund läßt den Wald vielerorts lange Zeit im Jahr recht feucht bleiben. Die aufgelassenen Ton- und Kohlegruben sind heute längst mit Wasser gefüllt. Auch der Name des Waldes ist vor diesem natürlichen Hintergrund zu deuten: Planitz kommt sicher von slawisch „plavnica", was Schwemme bedeutet. Am Westrand des Planitzwaldes, bei Leulitz (Schwemmteich) oder nördlich des Frauenbergs (Schmielteich) sind schon vor langer Zeit die Wasser des Altenbacher und des Altenhainer (Sau-)Baches aufgestaut worden, eben um Schwemmen für die Schafe vor der jährlichen Schur zu erhalten. Der Name könnte allerdings auch auf den ehemaligen Besitzer, den Amtshauptmann *Hans von der Planitz*, zurückgehen.

Im Planitzwald lehrt uns die Natur selbst, daß die aus ökonomischen Gesichtspunkten sowohl früher als auch erst in den letzten Jahrzehnten eingebrachten Nadelhölzer wie Fichte, Lärche, Gemeine Kiefer und Weymouthskiefer völlig fehl am Platze sind. Der Mensch gibt zunächst diesen Baumarten, die er in sogenannten „Kulturen" anbaut und pflegt, absichtlich wenig Wuchsraum, damit sie sich gegenseitig in die Höhe treiben und kerzengerade, wenig astreiche Stämme hervorbringen.

Die standortgerechten Traubeneichen stehen locker, so daß sich dazwischen noch andere Laubholzarten ansiedeln können. So gibt es jetzt mehr und mehr durch eine ziemlich reiche Naturverjüngung in den einzelnen Quartieren und entlang der Schneisen einen abwechslungsreichen Wald. Stellenweise wächst eine üppige Strauchschicht aus jungen Ebereschen, Birken, Faulbaum, unter denen sich eine dichte Krautschicht aus Gräsern, Adlerfarnen, Maiglöckchen, Brombeeren u. a. herausgebildet hat.

So gibt der Planitz vielen einheimischen Tierarten einen wertvollen Lebensraum, für manche sogar ein letztes Refugium. Die von Naturfreunden angebrachten und betreuten Nistkästen sind wichtige Ersatzunterkünfte. Aus den lichtdurchfluteten Beständen mit reichlich Unterwuchs dringen besonders in den Frühjahrsmonaten die Gesänge und Rufe der Singvögel. Die häufigsten, die sich hören lassen, sind Mönchsgrasmücke, Buchfink, Amsel, Singdrossel, Rotkehlchen. An wasserführenden Gräben läßt sich der Zaunkönig vernehmen. Für die Amphibien ist der Waldboden der eigentliche Lebensraum. Neben Springfröschen, Blindschleichen, Ringelnattern u. a. kommen im Planitzwald auch Kreuzottern vor, allerdings nur in wenigen Exemplaren. Diese Tierart fehlt in großen Teilen unseres Landes total und ist daher gesetzlich streng geschützt.

Durch seine Vielgestaltigkeit trägt der Planitz dazu bei, daß er für die Stadtbewohner ein beliebtes Naherholungsgebiet darstellt. – *W.E./H.K.*

Altenbach, Zeititz und Leulitz – drei Orte auf Braunkohle, Ton und Lehm gebaut

Sie gehören zusammen wie drei Geschwister, sie vertragen sich oder auch mal nicht, eben wie Geschwister so sind. Sie liegen nahe beieinander und haben manches Gemeinsame. 1950 rückten sie noch enger zusammen, da nämlich verloren die beiden Kleineren, Zeititz und Leulitz, ihren Bürgermeister und schlossen sich der größeren Schwester an. Das geschah ohne Spektakel, und das knüpfte die Bande noch enger.

Da ist ihre naturgegebene Lage. Als sich die ersten Siedler hier niederließen, rodeten sie den Wald, um Ackerflächen zu gewinnen. Waldreste umschließen heute noch behutsam die Dörfer: Das Schulholz, das Mittelholz, der Vordere Planitz und die Zauche. Das feuchte Waldstück in den Fluren von Altenbach und Zeititz bis zur Bahnlinie hebt sich besonders heraus, weil dort ein artenreicher Laubwald wächst mit einer guten Mischung von Unterholz und Bodenpflanzen, die vor allem im Frühling einen prächtigen Blütenflor zeigen.

Die leicht wellige Landschaft bringt einige Erhebungen hervor, die einen Namen erhielten, wie der Eichberg mit 138 m über NN. Die Höhendifferenz zum Saubach beträgt lediglich reichlich 10 m. Vielleicht beachtenswert hebt sich der Knochenberg heraus, weil man von ihm einen guten Rundblick hat. Den Namen hat der Volksmund geprägt. Vorher hieß er der Steinbruchsberg, weil die 154 m über NN liegende Porphyrkuppe in früheren Zeiten für die Gewinnung von Steinen erschlossen worden war. Die Steinbrüche sind aber längst mit Wasser gefüllt und werden heute als wertvolles Biotop mit einem Drahtzaun geschützt. Und Knochenberg? Hier wurden aus unerklärlichen Gründen bis in die 90er Jahre Knochen aus den Fleischereien zwischengelagert, die Scharen von Krähen und natürlich auch Ratten anlockten. Bis in die 60er Jahre lag am Wege ein Grab mit einem Holzkreuz. Es erinnerte an einen gefallenen Soldaten aus den letzten Kriegstagen.

Straße über den Knochenberg

Schießlich muß noch der Durkelstein (auch Torkelstein/Türkelstein), was vermutlich „durchlöcherter Stein“ heißt, erwähnt werden. Er wird schon 1284 als Grenzmarke des Wurzener Landes genannt, dort, wo heute die Karlsallee im Planitzer Wald beginnt. In der besagten Urkunde werden auch die beiden slawischen Gründungen Zeititz und Leulitz erstmals urkundlich erwähnt. Altenbach mußte da als deutsche Ansiedlung noch 137 Jahre warten, ehe sein Name in einer Urkunde genannt wurde.

In den zurückliegenden Jahrhunderten dominierte die Landwirtschaft. In Leulitz entstand ein Herrensitz (1696), der sich zu einem Rittergut entwickelte, und in Zeititz errichteten die Herren von Machern ein Vorwerk. Beide Orte blieben Bauerndörfer mit ihren Tagelöhnern und neun Altbauern, bis 1945 durch die Bodenreform Land, Tiere, Gebäude und Maschinen unter 29 Neubauern aufgeteilt wurden. Die einzelnen LPG vereinten sich später in der *LPG Thomas Müntzer* Altenbach. Diese endete 1990 weniger froh, die Schweineställe in Zeititz sind inzwischen abgerissen. Die Einwohnerzahlen blieben ziemlich konstant, während sich Altenbach als Arbeiterdorf überproportional entwickelte.

Seit Mitte des 19. Jh. war bekannt, daß im Umfeld der Siedlungen reiche Bodenschätze lagern. Ab 1845 wurde über- und untertage Braunkohle abgebaut (bis 1924), dazu Sand, Kies und Tone, Kaolin und Quarzporphyr. Bekannt waren die Gruben *Agnes, Else und Amalie*. Die Tone verarbeiteten eine Ofenfabrik, mehrere Ziegeleien und bis 1990 die Tonwerke (ab 1945 VEB) in Zeititz. Die Gruben sind längst stillgelegt, in den Tagebauen sammelte sich das Wasser zu landschaftschmückenden Teichen.

Die Natur hat die Wunden, die ihr der Mensch geschlagen hat, längst mit Bäumen und Gewässern vernarbt und so einen idealen Platz für Wochenendsiedlungen geschaffen. Besonders in der *Sophienspitze* siedelten seit Kriegsende Hunderte von Leipzigern. Das Gebiet sollte in den 60er Jahren nach einem großzügigen Plan zu einem ausgedehnten Erholungsgebiet genutzt werden. Inzwischen haben einige Pendler hier ihren festen Wohnsitz genommen, und seit 1990 sind ganze Wohnparks dazu gekommen.

Der Schmielteich im Planitzwald

Die Orte vereinten sich ebenso im Kirchen- und Schulbezirk. Bis 1932 hatten sie ihren eigenen Pfarrer, danach wurden sie nach Machern eingepfarrt. So is es bis heute geblieben. Die Schulgebäude standen in Leulitz und Altenbach. Jeder Junge und jedes Mädchen besuchte bis 1957 mal diese, mal jene Schule, weil die Klassen mal hier und mal dort unterrichtet wurden. So war stets für gute Wanderwege durch den Wald gesorgt. Nach der Schulauflösung wurden die Schüler nach Bennewitz kutschiert.

Seit 2001 hat sich der Heimat- und Kulturverein *Rund um den Eichberg* zum Ziel gesetzt, die Pflege des heimatgeschichtlichen und kulturellen Erbes und die Förderung von Traditionen wieder zu beleben. So wird das Erntedankfest gefeiert und die Pflege alter Denkmale übernommen. Anläßlich der Gründung des Vereins haben die Freunde einen Grenzstein am Schnittpunkt der Fluren gesetzt, womit sie ihre Gemeinsamkeit symbolisieren wollen. Und noch ein Bemühen steht vorne an: Alteinwohner und Neubürger sollen sich näherkommen, weil die Dörfer und die Natur ihre gemeinsame Heimat sind.

Altenbach, 1421 Aldinbach, 'die Siedlung am alten Bach' (dt.), seit 1994 OT von Bennewitz, 1025 Einw.

Der Ort dürfte vielen Leuten bekannt sein. Da werden jeden Tag zigtausende Eier gelegt, abgepackt und verschickt. Ein Service versorgt im weiten Umkreis Gaststätten, Läden und Küchen mit Lebensmitteln aller Art. Ein Reiterhof bietet Übungsstunden mit braven Pferden und Kutschfahrten durch den Planitzwald an.

Zwei junge Töpfer setzen das alte Handwerk inzwischen fort. Sie verwenden dazu nicht den Altenbacher Ton, sondern holen sich ihren Rohstoff aus Eisenberg und Frohnsdorf.

Im Altenbacher Töpferhaus wird ein altes Handwerk gepflegt

Unmittelbar neben der Kirche steht seit 250 Jahren ein Bauernhaus, gebaut aus Lehm und Feldsteinen. Anfang der 80er Jahre zog der letzte Besitzer aus. Er hatte es aufgegeben, gegen den Verfall anzukämpfen. Nicht so zwei handwerklich begabte Leute, *Gregor Müller*, Jg. 57, und *Sylvia Müller*, Jg. 62, ein Nepperwitzer Mädchen und ein zielbewußter Leipziger Junge, die eine eigene Existenz aufbauen wollten, eine Töpferwerkstatt. Sie erstanden ziemlich preiswert das marode Gutshaus, ohne zu ahnen, was auf sie zukam. Beim Freilegen des Putzes kam Fachwerk zum Vorschein. Das erhalten wir! Auch die Lehmwände sollten bestehen bleiben. Sie experimentierten mit den Naturbaustoffen, ohne zu ahnen, daß sie Fehler machten. Das merkten sie erst später. Also begannen sie noch mal von vorn. Das ist bemerkenswert: Sie verloren niemals den Mut. Schließlich hatten sie es geschafft: eine kleine Werkstatt, einen Raum zum Schlafen und Essen. Das alte Haus erwachte zu neuem Leben.

Immer wieder mal kamen Leute zum Helfen und zum Gucken. Am Denkmalstag 2003 waren es über 500, die sich diszipliniert durch alle Räume schoben. Einige kamen später wieder und kauften Gegenstände aus der Werkstatt. Davon und von diesen und jenen Aufträgen konnten sie ihre Ausgaben bestreiten.

Regelmäßig stehen die Handwerker auf Töpfermärkten. Mit ihnen mehrere Dutzend Töpfer, die alle ihre Produkte an den Mann bringen wollen. Und das gelingt ganz gut in einer fairen Konkurrenz. Jeder hat seinen Stil, formt seine eigene Handschriften. Die Altenbacher packen ihre erdbraunen Töpfe, Vasen und Figuren mit ihren persönlichen

Ritz- und Stempelmustern auf den Ladentisch. Neuerdings bereichern mit hübschen Vögel- und Blumenmotiven bemalte Schüsseln ihr typisches Sortiment.

Mann und Frau sitzen sich am Eßtisch gegenüber und gehen mit wenigen Schritten an die Töpferscheibe. Beeinträchtigt die enge Bindung das Leben und das Arbeiten? Da gilt ein Prinzip: Unterschiedliche Ansichten werden noch am gleichen Tage bereinigt. Im Hause herrscht eine gute Harmonie.

*

Wer die Einwohnerzahl des Ortes liest, mag überrascht sein. Das kleine Nest? Irrtum! Die Siedlung erstreckt sich über eine riesige Fläche, mal locker gebaut, mal enger. Immer wieder kamen neue Siedelplätze hinzu. Ursache? Vor allem Leipziger fanden hier einen ruhigen Platz, fernab vom Getriebe ihrer Großstadt.

Seit kurzem treffen sich einige Einheimische regelmäßig in einem Heimatverein. Zum Wohl der drei Dörfer wollen sie dafür sorgen, daß sie ihren ländlichen Reiz behalten. Einer unter der rührigen Truppe ist der Bürgermeister i.R. WERNER STEIN, Jg. 32:

Ich mußte mich ständig um 50 Wohnungssuchende kümmern

Ich erlebte eine großartige und ungezwungene Kindheit in Altenbach. Den Fußweg zur Schule in Leulitz marschierten wir heiter und gelassen. Wenn eine Meute unterwegs ist, da gibt's doch immer was auszuhecken. Im Winter suchten wir ständig den Weg abzukürzen, obwohl uns Lehrer und Eltern eingebleut hatten, ja die Straße zu benutzen. Im Gelände lagen nämlich heimtückische Schachtlöcher als Überbleibsel vom Braunkohleabbau. Aber das machte gerade den Weg so spannend. Und wenn unsere Schleichpfade ans Tageslicht kamen, dann gab's meist Dresche. Der Lehrer fackelte da nicht lange. Ich gehörte natürlich auch zu den Sündern. Doch das hat meiner Entwicklung nicht

Sylvia und Gregor Müller vor ihrem Töpferhaus

geschadet. Es war ja berechtigt. Unseren Sack voller Schwarzbrötchen, den wir beim Bäcker abholten und nüber nach Leulitz schleppten, haben wir stets sicher und vollständig abgeliefert. So bekam jeder Schüler sein Frühstück.

Eine herrliche Bereicherung unserer Freizeit war an den Sonntagen das Lorefahren in der Tongrube. Die Hunte sausten da die schiefe Bahn hinab, und wir hockten begeistert auf dem Gestell. Natürlich war es absoluter Leichtsinn, doch noch mehr ein Heidenspaß. Mit viel Mühe mußten wir am Abend den angeklebten Ton aus den Hosen waschen. Das gelang nicht immer, also setzte es wieder Hiebe.

Ein weiteres Ziel unserer heimlichen Exkursionen war der Polenzer Flugplatz. Dort standen am Waldrand die Maschinen. Die Wachsoldaten hatten wir gut im Visier, und oft konnten wir sie austricksen. Dann kletterten wir in die Maschinen und fühlten uns wie die Herren der Lüfte. Die Technik war für uns allerdings absolut tabu. Es war überhaupt unser Prinzip, möglichst wenig kaputt zu machen. Da hatten wir schon Achtung vor den Werten, die die Menschen geschaffen hatten.

Dann begann der Ernst des Lebens. Im Funkwerk Machern lernte ich Feinmechaniker. Zur Landwirtshaft, die Vater und Großvater betrieben hatten, stand absolut nicht mein Sinn. Im Leipziger Betrieb fand ich Arbeit. Nun setzte Vater ein Ultimatum: Entweder du kommst nach Hause auf den elterlichen Hof, das Wohnhaus hatte mein Vater 1934 neu gebaut, oder es wird alles verkauft. Dem Willen des Vaters hatte ich nichts entgegenzusetzen. Also kehrte ich mit meiner Frau ins Dorf zurück direkt in das bäuerliche Leben, das ich so gar nicht gemocht hatte. Doch es trat ein erfreulicher Wandel ein, und wir wirtschafteten wie die Wilden auf unseren Obstplantagen. Dazu bepflanzten wir riesige Flächen Erdbeeren, ernteten auf 4 ha die Süßkirschen, fütterten Enten, Gänse und Hähnchen. 200 Hühner sorgten für einen ständigen Eiernachschub. Vor lauter Rennerei und Plackerei gab's kaum eine freie Minute. Trotzdem blickten die Neider übern Zaun. Aber damit mußte man leben. Das ist doch immer so, heute mehr denn je.

Werner Stein am Kriegerdenkmal

1970 erhielt ich den Auftrag, das Bürgermeisteramt in Polenz zu übernehmen. Das war ja nun eine ganz andere Aufgabe. Die größten Sorgen und Probleme hatte ich damit, den Wohnungssuchenden zu helfen. Die Zahl pendelte stets so um die 50. Mit dem Ausbau von Scheunen und Ställen und durch einen Neubaublock konnten die Sorgen ein wenig gelindert werden. Heute steht die Mehrzahl davon leer. So ändern sich die Zeiten! Das Bauen war damals nicht einfach, es fehlte an allem. Am Ende war jedoch immer etwas da, weil zwischen uns und Betrieben eine großartige Solidarität herrschte. Immer standen Leute bereit, nach der Arbeit und an den Wochenenden mitzuhelfen. Sicher, zuletzt zahlten wir 5 Mark Stundenlohn. Damit ließ sich der Familienhaushalt gut aufbessern.

1990 die Wende. Die Polenzer Gemeindeverwaltung hörte auf zu existieren, der Ort wurde Brandis zugeschlagen. Die Gemeindereform verlangte weitere Schritte, Altenbach konnte nicht eigenständig bleiben. Nach Machern, Brandis oder Bennewitz? Die Mehrheit entschied sich für Bennewitz.

Für meine persönliche Planung sorgte das Schicksal. Ein schwerer Verkehrsunfall warf mich total aus der Bahn. Als es mir nach Jahren besser ging, holte mich der Krebs ein. Die Ärzte und mein Wille besiegten auch diese Krankheit. Inzwischen hatte ich das Rentenalter erreicht, ich konnte mich also in Ruhe auskurieren. Seitdem erfülle ich mir mit meiner Frau einen großen Wunsch: Die Welt kennenlernen. Im Fotoalbum und in der Erinnerung finden sich die Ziele festgeschrieben: Australien, Südamerika mit dem Amazonas und seinem Urwald, Mittelamerika, Thailand. Wie schön ist doch die Welt! Dort bleiben? Nein, am schönsten ist immer wieder die gesunde Heimkehr. Hier gehören wir hin. Und deshalb bemühe ich mich mit einigen meiner Nachbarn und soweit es die Kräfte zulassen, im Heimatverein die schönen Flecken unserer Heimat zu finden, zu säubern und für die Mitmenschen attraktiv zu machen. Und wenn die Gäste am Kriegerdenkmal sitzen und über Sinn und Unsinn des Blutvergießens nachdenken, dann haben wir doch ein bißchen was erreicht.

Am Dorfteich in Altenbach

Der Ortsname ist seit 1997 für viele Menschen im Leipziger Umland zu einem Begriff geworden. Es ist nicht die kleine Siedlung, die die wenigsten kennnen, sondern eine neue Klinik, die halben Weges zwischen Zeititz und Machern liegt. Auf freiem Felde wurde sie in einjähriger Bauzeit regelrecht aus dem Boden gestampft. Seitdem verspricht der Name Zeititz Hoffnung auf Heilung schlimmer Krankheiten. Das Neurologische Reha-Zentrum der *Michels-Kliniken* mit 210 Betten wurde 2004 mit dem *Hannelore-Kohl-Haus* ergänzt, eine Einrichtung, in der 20 Wachkoma-Patienten rund um die Uhr betreut werden können. Als sächsisches Modellprojekt sollen hier Erfahrungen gesammelt werden für ähnliche Institutionen in Deutschland.

*

Im alten Gasthof werkelt und schafft immer noch als „guter Geist" mit helfender Hand die einstige und langjährige Wirtin Jutta Berger, Jg. 38:

Zehn Flaschen Schnaps waren das monatliche Limit

1966 habe ich den Gasthof übernommen und durch die Wirren der Zeiten geführt. Wir hatten unsere Stammgäste, von denen wir lebten: die russischen Offiziere und deren Familien vom Polenzer Flugplatz, die werdenden Mütter vom Schwangerenheim und deren Verwandte, die Arbeiter vom Tonwerk, die vielen Wochenendler. Und dann die Leute von der LPG. Die kamen schon mal zum Frühstück oder zum Mittag. Wenn zu den Erntekampagnen die Zeit drängte, haben wir das Mittagessen auch auf die Felder geschafft.

Wir bekamen damals 12 Flaschen Schnaps zugeteilt. Die mußten einen Monat lang reichen. Aber das taten sie nicht. Unsere russischen Freunde wußten nämlich ziemlich genau, wenn die Lieferung eingetroffen war. Mit „Schto Gramm" war das Zeug schnell

Die „Mannschaft" vom Gasthof in Zeitiz

alle. Mit den „Freunden" habe ich überhaupt manches erlebt. Sie waren immer klamm bei Kasse und versuchten, ohne Rücksicht auf Verluste an Geld zu kommen. Da war ihnen jedes Mittel recht. Als die neuen Wohnblocks im Flugplatzgelände bezogen waren, kamen sie einige Tage danach zu uns und wollten Schraubstöcke, Waschbecken und sogar eine Badewanne verkaufen. Sie hatten diese und andere Gegenstände einfach abgeschraubt. Mir war die Sache nicht geheuer. Andererseits brauchte ich dringend ein Waschbecken, was ich sonst nicht bekam. Die Badewanne zu nehmen war doch zu riskant. Wir kamen trotzdem in ihren Besitz: Wir fanden sie nämlich Tage später im Gelände versteckt.

Eigentlich suchten wir und die Gäste ständig einen Anlaß, irgendwas zu feiern. Und so verteilten sich aufs Jahr Kartoffel-, Rüben- und Erntefeste. Zum Frauentag und am 1. Mai war die Bude voll. Und dann die Betriebs-, Brigaden- und Feuerwehrfeten. Oder die Tanzveranstaltungen vom Klub zu zweit. Es war immer was los, die Leute hatten zu trinken und wurden satt. Und jedesmal herrschte eine Bombenstimmung. Da hat es meine Tochter *Andrea Wiechert* heutzutage ziemlich schwer, über die Runden zu kommen. Vieles ist weggebrochen. Sie hat den Betrieb 1999 übernommen. Ich hoffe nur, daß sie nicht verzagt. Sie gibt sich jedenfalls alle Mühe. Daß der Brandiser Seniorentanzkreis hier übt, daß der Heimatverein den Tanz in den Mai und anderes plant und durchführt und daß auch wieder Radfahrer und andere Ausflügler hier einkehren, das läßt hoffen. Und Himmelfahrt, da platzt der Gasthof aus all seinen Nähten. *–J.M.*

*

Wer von Leulitz her nach Zeititz abbiegt, der bemerkt am Dorfrand einen Riesenhaufen glänzender Baumstämme. Kreuz und quer liegen sie da, als warten sie darauf, für den Feuerschlund eines Ofens zerkleinert zu werden. Weit gefehlt. Die Stämme sollen in Kinderspielplätzen verbaut werden. Geschäftsführer des ansässigen Holzbetriebes ist der einstige Instrumentenbauer und jetzige Holzgestalter Günther Ziegler, Jg. 49:

Die Hölzer müssen „grumm und grähblich" sein

Mein Weg vom Eisenbahner zum Holzgestalter verlief nicht gerade logisch und unbeschwerlich. Ich wurde 1977 mit meiner Familie in Machern seßhaft und baute mir dort ein Eigenheim. Das Geld war knapp, ich machte vieles mit eigenen Händen. Die Holzarbeiten bereiteten mir viel Spaß. Und so nebenbei drechselte ich später Leuchter. Die Leute rissen mir die Gegenstände aus den Händen, der Haushaltkasse tat es gut. Damit könnte ich doch auf eigenen Füßen stehen und mein eigener Herr sein? Also kündigte ich wenige Monate vor der Wende meine Tätigkeit beim Investbau der Reichsbahn und machte mich 89 selbständig als Instrumentenbauer. Ich hatte da eine Lücke entdeckt: Drehleiern für Folkgruppen.

Nun die Wende und wie weiter? Wer brauchte jetzt noch Drehleiern? Ich verkaufte fortan Holzspielgeräte und eilte von Kindergarten zu Kindergarten. Das machte bald keinen Spaß mehr, weil mir die Null-Acht-Fuffzehn-Spielplätze absolut nicht gefielen. Das kannst du doch besser machen! Ich zögerte dann auch nicht mehr lange, und Mitte der 90er wagte ich den Sprung in die volle Selbständigkeit. Und tatsächlich, der Bedarf war vorhanden. In Zeititz fand ich auf den Resten des Arnimschen Vorwerkes einen Arbeits- und Lagerplatz. Meine phantasievollen Figuren und Geräte begeisterten die Kinder und die Erzieher. Auch den Architekten gefielen meine Kollektionen. Die Aufträge häuften sich, ich mußte immer mehr Arbeitskräfte einstellen. Jetzt beschäftigen sich 28 Mitarbeiter mit dem Holz.

Nun ja, ganz so glatt, wie es sich hier mit wenigen Sätzen sagte, ging's natürlich nicht immer. Ich lebte fortan mit meiner Arbeit, und ich suchte und fand ein anderes Verhältnis zu meiner Freizeit. Vor fünf Jahren meldete ich den Fernseher ab und habe ihn seitdem auch nicht vermißt. Das, was ich wissen will, erfahre ich besser und gründlicher aus dem Radio. Meiner Frau geht es zum Glück ebenso. Wir sind zufrieden nach der Lebensphilosophie: Wer glücklich ist, der kann was Schönes schaffen.

Wenn ich sehe, mit welcher Freude die Kinder unsere Spielgeräte annehmen, dann bin ich richtig zufrieden. Kinder sind meine besten Kunden. Wenn sie in den Häuschen herumtollen, über die Holzwege sausen, Opa und Oma in den Pferdewagen sacken, der zwar nicht fährt, aber symbolisch über die Wiesen rollt, wenn sie Seilwege besteigen, Hängebrücken ausbalancieren, in Flugmaschinen über den Wolken dahinsegeln, im Indianerdorf die Friedenspfeife „rauchen“ und der Phantasien mehr – dann ist das gelungen, was wir mit unseren Figuren und Projekten gewollt haben.

Spielgeräte sollen haltbar sein. Am besten eignet sich dafür Robinienholz. Diese exotische Pflanze, vor 250 Jahren aus Amerika nach Europa gekommen, hat hier keine Feinde und behält auch nach einigen hundert Jahren ihre Eigenschaften. Und dann die Formenvielfalt. Die Äste wachsen eben „grumm und grähblich“, und damit lassen sich herrliche Figuren herstellen. Ich weiß, wo im Umfeld von 300 km Robinien wachsen. Ein eigener Holzzug schlägt die Stämme in den Forsten und bringt sie hierher. Im Jahr verarbeiten wir ungefähr 600 Festmeter.

Was ich bedauere: Ich komme selbst kaum noch dazu, all die Dinge zu entwerfen und praktisch zu gestalten, die mir so durch den Kopf gehen. Der bürokratische Alltag, die Verhandlungen wegen der Aufträge, die Sorge um die Arbeitsplätze, das und noch viel mehr fordern meine ganze Zeit und Kraft. Was ich gerne machte, mache ich gar nicht mehr. Der Schreibtisch fordert seinen Mann. Doch ich habe gute Künstler in meiner Gemeinschaft. Ihnen habe ich die schöpferische und praktische Arbeit übertragen. Sie arbeiten aus den Herzen heraus und ziemlich selbständig. Selten nur muß ich mal korrigieren.

Warum ich ausgerechnet in Zeititz gelandet bin? Ob das Dorf groß oder klein ist, das ist nicht ausschlaggebend. Wichtig ist, daß ich dort zufrieden bin. Und das hat mir Zeititz gegeben. Ich habe eine marode Scheune saniert und bin immer noch beim Vollenden.

Günther Ziegler mit einigen seiner charmanten Holzfiguren

Das wird auch noch seine Zeit dauern. Unterm Dach will ich einen Ausstellungsraum ausbauen. Er wird nicht nur unsere Holzarbeiten zeigen. Da hängen dann auch Bilder, und Platz zum Musikhören wird zur Genüge vorhanden sein. Wichtig ist nicht das Ziel, sondern der Weg dorthin. Ob ich überhaupt ankommen will? Auch mal loslassen, eben Bilder malen oder Musik hören.

Leulitz, 1284 Lulytz, 'Leute eines Lul' (slaw.), OT von Bennewitz, 116 Einw.

Vom Knochenberg führt die schmale Asphaltstraße ins Dorf. Am Ortseingang überquert sie den Saubach, der sein Wasser vom Tiefen Teich am Waldrand erhält.

Sieben denkmalgeschützte Gebäude erhalten das historische Dorfbild

Sie alle befinden sich in guter Hand. Am Dorfplatz dominiert das renovierte Pfarrhaus. Mit der Sanierung des 250 Jahre alten Gebäudes erfüllten sich *Hella Michalsky* und *Karsten Schmidt* einen Traum. Nach alten Bauplänen stellten sie den ursprünglichen Zustand weitestgehend wieder her. Das Kreuzgewölbe im Eßzimmer, die Holzbalkendecke in der Küche und das Tonnengewölbe im Milch- und Bierkeller zählen die Bauherren ebenso zu den Schätzen ihres Denkmals wie die Lehmwickeldecke in der Diele und den großen liegenden Dachstuhl. Viele Tonnen Bauschutt wurden abgefahren, um entsprechende Baufreiheit zu schaffen.

Im Februar 2003 konnten die jungen Leute fünf Zimmer im Erdgeschoß beziehen. Nun wurden Ober- und Dachgeschoß ausgebaut. Zur Gartenseite hin ist der Fachwerkgiebel komplett verglast. Kompromisse sind hin und wieder notwendig.

Neben der Pfarre steht die schlichte Dorfkirche. Turm und Dach erstrahlen bereits im neuen Glanz. Jetzt müssen dringend die Strebepfeiler saniert werden, damit das gotische Gewölbe von 1510 nicht an Festigkeit verliert. Wenn nun noch das ehemalige Schulgebäude Sprossenfenster und etwas Farbe erhalten würde, wäre der Anblick dieses Gebäudekomplexes perfekt.

Vom gegenüberliegenden Rittergut sind wenige Gebäude erhalten geblieben. Der Verfall ging wie vielerorts mit der Enteignung nach dem Kriege los. Ein Teil wurde als

Baumaterial für die Neubauernhäuser genutzt. Das Herrenhaus mit den Holzfenstern, Weinspalieren und einem Seitengebäude mit neuem Laubengang künden vom sachgerechten Umgang mit der alten Bausubstanz.

Und noch ein erfreuliches Beispiel findet sich im Dorf: Das einstige Kleinbauern-Anwesen in der Wurzener Straße. Familie Wagner hat sich das Fachwerkhäuschen mit Fledermausgauben mustergültig hergerichtet. Auch die gemauerte Eingangspforte mit Holztor und Biberschwanzabdeckung ist erhalten geblieben. Der üppige Flieder im Vorgarten rundet den Anblick wohltuend ab.

*

Aus der Sicht der Denkmalpflege und des Amtes für Ländliche Neuordnung wurde die ehemalige Rittergutsschmiede am besten instandgesetzt. Im Sächsischen Landeswettbewerb erhielt der Besitzer 1995 einen der ersten Preise. Das Gebäude mit Fachwerkobergeschoß und Krüppelwalmdach stammt von 1789. Bis ins kleinste Detail wurden nicht nur die Fassade, sondern auch innen alles wieder hergerichtet. Es war ein Segen, daß es in die richtigen Hände kam, nämlich in die des Museologen Manfred Strassberger, Jg. 47:

Für meine Tochter war es eine Bruchbude in einem gottverlassenen Nest

Meine Tochter saß weinend auf der Treppe, als die Familie vor Jahren zum ersten Male mit den Fahrrädern von Borsdorf herübergekommen war, um das künftige Wohnhaus zu besichtigten. Es sah aber auch schlimm aus: Durch das kaputte Dach lief das Regenwasser und zerstörte Dachstuhl, Dielen und Mauerwerk. Überall bröckelte der Putz, und die Tapete hing in Fetzen. In den Ecken lagen tote Hühner. Trotzdem stand für mich fest: Hier wirst du eines Tages einziehen! Die Schmiede erfüllte meine drei Kriterien: Es ist ein Baudenkmal, die historische Bausubstanz war weitgehend erhalten, und ein notwendiger Rückbau war machbar. Meine Frau blieb zwar skeptisch, fand aber doch zaghafte Ermunterungen. Also bezog ich eines Tages ein einigermaßen bewohnbares Zimmer und fing an.

Das stand fest: Ich verwende möglichst alte Baumaterialien. In der Zeit nach der Wende ist unheimlich viel weggeschmissen worden. So fand ich Bruchsteine, Balken und selbst Teile für Sandsteingewände in den Schuttgruben oder in Abrißhäusern. Als ich die alten gebrannten Fußbodenplatten im Flur verlegt hatte, meinte der Maurer: „Den Fußboden hier reißt du aber auch noch raus!?" Besonders stolz bin ich auf die Haustür. In der Scheune fand ich die Reste des vergammelten Türstockes mit den Initialen des damaligen Bauherren. Nach einer detailtreuen Zeichnung fertigte der Tischler die „neue alte" Tür. Selbst die Türglocke mit gedrechseltem Griff und Zugseil habe ich wieder angebracht. Nach einer anderthalbjährigen Bauzeit konnte die Familie einziehen. Die Tochter blieb in Borsdorf, wohin ihr später auch wieder der Sohn folgte.

Doch das Glück im neuen Haus wurde mit einem schweren Schicksalsschlag jäh unterbrochen. Die Ärzte teilten mir unumwunden mit, daß ich Speiseröhrenkrebs habe. Nur mit einer Operation hätte ich eine Chance, am Leben zu bleiben. Es gab für mich keinen anderen Ausweg. Es folgte eine Zeit zwischen Hoffnung und Verzweiflung. Mein Leben hatte sich schlagartig verändert. Ich mußte meine Arbeit im Museum aufgeben, und zwei Jahre lang war ich zum totalen Nichtstun verurteilt. Achtzehn mal war ich bis heute zu Behandlungen und Nachoperationen im Krankenhaus. Dann war endlich das Ärgste überstanden. Langsam rappelte ich mich auf, und mein Leben bekam wieder einen Sinn. Ich konnte sogar mit meiner Frau ganz allmählich die Außenanlagen umgestalten. Wir haben jetzt einen Kräutergarten, und in einem Bauerngarten wachsen Obstbäume und Beerensträucher, die Hühner scharren daneben in einem Auslauf. Jetzt habe ich mir noch zwei Werkstätten im Seitengebäude eingerichtet, eine für Holz, die andere für Metallarbeiten. Hier kann ich nun in aller Ruhe meine Möbel restaurieren. Doch ohne Schmerzmittel geht nichts. Davon schlucke ich jeden Tag drei verschiedene Sorten. Mir ist klar, daß ich nie wieder ganz gesund werde, und darauf habe ich mich einzurichten. Die vielen kleinen Arbeiten am Haus, im Hof und Garten halten mich in Bewegung. Das lenkt ab.

Alles, was ich an der alten Schmiede machte, geschah nie für mich allein, sondern ebenso für das Dorf und die Region. Deshalb schätze ich es, daß mir solche Leute wie *Rudolf Priemer* mit fachlichen Ratschlägen zur Seite standen. Mir ging es stets darum, ein dorftypisches Denkmal zu bewahren. Gleichgesinnten gebe ich gern meine Erfahrungen weiter. Sie brauchen nur an der Haustür zu läuten. - *MsM.*

Manfred Straßberger im Hof der sanierten Schmiede

WEITERE NOTIZEN
aus Altenbach, Zeititz und Leulitz

Die alte **Schmiede** in Altenbach, später befand sich hier die Post, wurde um 1840 gebaut. Seit 2001 bemüht sich die Familie Rotter, dem ursprünglichen Zustand durch intensive Sanierungsarbeiten mit Lehm und alten Holzbalken wieder nahe zu kommen.

Dorfkirche Leulitz

Das **Jagdschloß Arnim** liegt im Zeititzer Mittelholz. Neben der schloßähnlichen Villa stehen noch das ehem. Försterhaus und ein Stallgebäude auf dem Grundstück. Gebaut von Wolf von Arnim, Rittergutsbesitzer auf Zeititz,1933 Verkauf an den Leipziger Buchkonzern *Koehler & Volckmar*. Danach war es Unterkunft für Offiziere eines Nachtjagdgeschwaders vom nahen Flugplatz Polenz, gegen Kriegsende Lazarett und Flüchtlingslager. 1948 Einrichtung einer Tuberkulose-Heilstätte, 1967 Umbau zu einem Erholungsheim für Schwangere. Seit 1992 Leerstand, ab 2000 Ausbau zu Wohnzwecken.

Das **Landhaus** zwischen Leulitz und Zeititz wurde Ende des 19. Jh. erbaut. Ausgang der 30er Jahre von dem Leipziger Verlagsbuchhändler *Hans Brockhaus* als Sommersitz erworben, trägt es seither die Bezeichnung *Brockhaus-Villa*. Nach 45 Wohnungen für Umsiedler.

Das **Kriegerdenkmal** von 1920 wird von Mitgliedern des Heimatvereins gepflegt. Der 10 Tonnen schwere Rohstein wurde in der Leulitzer Tongrube gefunden und erhielt nach einem beschwerlichen Transport seinen Platz auf der Halbinsel einer ehem. Tongrube.

Ein mächtiger **Findling** aus nordischem Ganit in der Grünanlage am Dorfteich, die als Wenzelsplatz an den ehemaligen stellvertr. Bürgermeister *Herbert Wenzel* erinnert. Der Stein kam 1968 beim Wasserleitungsbau ans Tageslicht. Er trägt die Jahreszahl 1713, deren Entschlüsselung bisher nicht gelang.

Die **Kirche** in Altenbach wurde um 1250 im romanischen Stil erbaut, allerdings sind nach mehrmaligen Umbauten, bes. nach der Zerstörung im 30jähr. Krieg und einem Turmneubau

Leulitzer Dorfbild am ehemaligen Rittergut

von 1716, kaum noch Spuren der Entstehungszeit vorhanden. Ein besonderer Schatz, eine 500 Jahre alte Altarfigur Maria mit dem Kinde, befindet sich an einem sicheren Ort.

Die **Schäfereilinde** in Leulitz war ehemals ein markantes Naturdenkmal. Der 400 Jahre alte Baum fiel bei einer Sturmkatastrophe 1958 um, obwohl der hohle Stamm ausgemauert war. *(Bild und Text veröffentlichte „Der Rundblick“ in seiner 1. Ausgabe vom 1. 9. 1954).*

Personalien: *Walter Feierabend*, 1928–2003, Umsiedler, Neubauer, LPG-Vorsitzender, Dipl.-Agraringenieur, Gemeinderatsmitglied, Kreisvorsitzender der Bauernpartei, Mitbegründer des Heimatvereins, baute sich den Schweinestall vom Rittergut zur Wohnung aus und sorgte sich unablässigund uneigennützig für das Wohl der Leute in seinen Tätigkeitsbereichen.

Ernst Hasse (1846–1908), Sohn eines Leulitzer Pfarrers, schlug die Beamtenlaufbahn ein und schrieb 1885 *„Die Geschichte der Leipziger Messen“*.

Klaus Miksch, Jg. 35, sammelt Zinnfiguren, die er selbst bemalt. In zahlreichen Dioramen werden geschichtliche Themen dargestellt, z. B. Siegfriedsage, Assyrer, Indianer, Troja, Franzosen.

Sigrid Leine, 55, kaufm. Angestellte, sammelt alle Materialien in Wort und Bild, die der künftigen Ortschronik dienlich sein könnten. Organisierte die Ausstellung 580 Jahre Altenbach (2001).

Vereine und Einrichtungen: Der Chor feierte 1955 auf der im NAW geschaffenen Naturbühne mit einem großartigen Sängerfest sein 60jähriges Bestehen mit dem langj. Dirigenten *Rudolf Ebert*. Der Chor löste sich in den 60er Jahren auf. - Ein Klub zu zweit organisierte Tanzabende für Ehepaare in Zeititz und Deuben, da Altenbach schon lange keinen Gasthof mehr besaß. Ein Höhepunkt fand 1972 beim 30. Mal mit der *Altenbacher Rundblick-Boutique* statt. -

Die Freiwillige Feuerwehr Altenbach, gegr. 1940, Wehrleiter Olaf Ettig, organisiert jedes Jahr in Zusammenarbeit mit dem Service-Bund ein Frühlingsfest. - Kultur- und Heimatverein „Rund um den Eichberg“, gegr. 2001, Vors. Bernd Laqua. - Reit- und Fahrverein Altenbach, Ltg. Joachim Kunze. - Zwei Bungalow-Interessengemeinschaften.

Handel & Gewerbe: Altenbacher Frischei GmbH und Deubener Geflügelhof. - Renovierung von Treppen und Türen von Eckhard Bieber. - Busies-Bau, Straßen- und Tiefbau. - Gawlitza-Kay-Trockenbau. - Bezirksschornsteinfegermeister Olaf Hilgers. - Gartendesign und Landschaftsbau Heike Hundertmark. - Tiefbau Klaus-Dieter Koß. - Reiterhof, Reitausbildung, Kremser, Beherbergung Joachim und Regina Kunze. - Service Bund von Volkmar Rauchhaupt. - Heizung und Sanitär Bernd Schirrmeister. - Zimmervermietung Steffi Umlauft. - Friseur und Kosmetik Gisela Werne. - Spielplätze und Holzverarbeitung Günther Ziegler. - Töpferei Müller.

Kirche Altenbach

Das einstige Pfarrhaus in Polenz hat gern Gäste. Ihre ständigen Bewohner sind *Ursula Böstel*, Jg. 15, und Tochter *Gertrud*, Jg. 41. Das Haus ist voller Geheimnisse. Geschichte und Volkskunde summieren sich hier zu einem lebenden Museum, angereichert und interpretiert von der Liebenswürdigkeit, der Offenheit und vom Wissen der beiden Frauen. Jeder Besucher verläßt das Haus mit geistigem und moralischem Gewinn, wenn er sich die Zeit nimmt zum Plaudern mit Ursula Böstel:

Im Polenzer Pfarrhaus sind viele reife Früchte herangewachsen

Ich will immer etwas tun, will immer in Bewegung bleiben, will was Neues entdecken und ausprobieren. Das war und ist noch heute, da ich nun die Neunzig erreicht habe, eine meiner Lebensprinzipien. Damals, in der DDR, gehörte über viele Jahre hinweg der Garten dazu. Wir hatten ihn aufgebaut nach dem Prinzip des sächsischen Bauerngartens. Die Fuchshainer Vorgärten waren mein großes Vorbild. Blumen-, Gemüse- und Gewürzgarten waren nicht in schnöde Betonkanten eingezwängt.

Wir lebten zeitweilig von unserem Garten. Wie wir es schafften? Ganz einfach: durch Arbeit. Natürlich blieb es da und dort auch mal ein bißchen 'wüscht', heute mehr denn je. Die Natur lehrt uns eine gewisse Großzügigkeit. Die Sense sorgt für eine echte Wiese. Da können die Glockenblumen und die Margeriten blühen.

Unser Garten ernährte uns: Kartoffeln, Gemüse und Obst reichten aus. Wir verkauften nichts. Wer kam, der bekam. In der Zeit nach 45 konnte ich die Notlage einzelner damit lindern. Ich beherzigte die Worte meiner Mutter: „Habt ihr noch ein Stückchen Brot, so teilt es in der Not“.

Ursula Böstel beim Bemalen der Holzengel

Unterm Blätterdach feierten wir mit guten Freunden und Bekannten alljährlich ein Mittsommerfest. Spaß und Wissen, Umfeld und Gespräche, Essen und Trinken vereinten sich zu einer beglückenden Symbiose. Als die Kräfte nachließen, als die Beine nicht mehr so wollten und konnten, haben wir damit Schluß gemacht. Ein quälendes Ende zerstört die gute Erinnerung.

Dann sammelte ich Dinge, die mir etwas sagen. Auch heute noch. Ich bin kein Sammler des Sammelns wegen, der seine Objekte in ihrer Vollständgikeit und Vielfalt horten will. Es ist vielmehr die Faszination der Gegenstände, ihre handwerkliche Perfektion, die mich immer wieder überrascht. Ich will diese Dinge in der täglichen Praxis anwenden, will sehen, wie sie funktionieren. Sie sollen nicht in Vitrinen und Schubläden Staub ansetzen.

Seit einigen Jahren trifft sich eine diskussionsfreudige Runde zu den Polenzer Gesprächen. Es war wieder was Neues. Mit den unterschiedlichsten Themen finden die Teilnehmer Anregungen zu neugierigen Erörterungen. Etwas traurig bin ich, daß ich dafür keine Polenzer Leute gewinnen konnte. War es die Schwellenangst? Oder ist mir der Kontakt zu den Leuten doch nicht gelungen? Ich habe mich bemüht, hier in dem

Pfarrhaus und Kirche in Polenz

Hause im kleinen Dorfe zu leben, und bin dankbar, daß ich es heute noch kann. Rückblickend war für mich wichtig die Begegnung mit Gertrud Weinhold und Wilhelm Fraenger, Berlin. Beide gaben mir Anregung durch ihre wissenschaftlichen Beiträge und Sammlungen im Gestalten religöser Volkskunst. Ein Höhepunkt für mich war die Grimmaer Rathaus-Galerie-Ausstellung meiner textilen, sakralen Arbeiten im Jahre 2001.

Was noch bleibt? Solange es der Geist zuläßt, werde ich nach Erkenntnissen streben, werde mich mit den Dingen beschäftigen. Immer wieder öffnen sich da neue Welten, und das ist das Phantastische am Leben. So genieße ich jeden neuen Tag, und wenn ich wieder was finde, dann mache ich mich auf den Weg. Allerdings ist es eben nur noch ein geistiger, doch den werde ich gehen, solange mich meine mentalen Füße noch tragen. –

Ursula Böstel ist ins hohe Alter gekommen. Manches kann sie nicht mehr tun. Mit Herz und Verstand begeisterte sie sich seit jeher für die Volkskunst. Damals hat sie in Zirkeln und bei jeder sich bietenden Gelegenheit ihr Wissen weiter vermittelt, hat bei vielen Leuten den Sinn für die Volkskunde geweckt. Vor allem auch deswegen verlieh man ihr 1993 den Heimatpreis für Kultur.

*

Ein freundschaftlicher Rat übern Zaun fördert die Nachbarschaft. Zu diesen Leuten im Dorf gehört auch der Brigadier i. R. vom ehemaligen Silikatwerk in Brandis, Burkhard Krause, Jg. 35:

Über unseren Köpfen durchbrachen Düsenjäger zum ersten Mal die Schallmauer

Ich stamme aus einer kinderreichen Familie und wohne seit meiner Geburt in Polenz. In der Schule hat mich Oberlehrer und Kantor *Reinhold Ufer* unterrichtet. Wer von den Älteren kennt ihn nicht! In der Erinnerung geblieben sind mir seine Strenge und seine Hiebe. Wehe, wenn sich in den Ohren oder unter den Fingernägeln der geringste Schmutz angesammelt hatte. Wo es doch für uns Jungen immer was zum Anpacken gab. Wir hatten immer Angst. Wer ihn nicht mit dem Hitlergruß grüßte, auch wenn er in seinem Garten arbeitete, der erhielt anderntags unverhofft einige Backpfeifen. Als im Krieg das Papier knapp war, durften volle Hefte nicht ins Altpapier geworfen, sondern mußten nochmals im Querformat beschrieben werden. Sein Wahlspruch lautete: „Das Handgelenk muß locker sein!“. Tatsächlich konnte ich im 3. Schuljahr schon seine Unterschrift nachmachen. Die vollgeschriebenen Hefte mußten im Laden von der *Marie Baum* mit seiner Unterschrift eingelöst werden.

Dann war der Krieg zu Ende, die Schule für einige Monate geschlossen. Wir Jungen nutzten diese herrlich freie Zeit ausgiebig zum Stromern. Ab und an sammelten wir unter Aufsicht von Kantor Ufer auf den Feldern am Flugplatz die Kartoffelkäfer ein. Er grüßte die russischen Wachsoldaten mit geballter Faust und dem Ruf „Heil Moskau“. Aber das muß ihm wohl nichts genützt haben, denn mit dem Schulbeginn wurde er aus dem Dienst entlassen.

Ich wohnte mit meinen Eltern in der Nähe des Flugplatzes. Deshalb hat mich das dortige Geschehen immer interessiert. Irgendwie war durchgesickert, daß hier die deutsche Luftwaffe moderne Flugzeuge ausprobiert. Darunter waren auch Düsenjäger vom Typ Me 262. Erstmals sind sie von hier gestartet und durchbrachen mit ihrer Geschwindigkeit von 1200 km/h über unseren Köpfen die Schallmauer. Das haben wir zwar nicht direkt mitgekriegt, aber das wurde dann erzählt. Was wir aber stets beobachten konnten, das waren die englischen und amerikanischen Bomber, die unseren Ort in großer Höhe überflogen. Dann starteten hin und wieder von hier aus Raketenjäger Me 163, die mit chemischen Stoffen angetrieben wurden. Dabei machten wir eine kuriose Beobachtung: Nach dem Start warfen sie ihre Räder ab, die meist über die Straße hinweg in die Tongrube rollten, und die spätere Landung erfolgte auf Kufen. Jeder Flug muß ein todbringendes Risiko gewesen sein. Die Maschinen flogen mit 700 km/h in die feindlichen Pulks. Wenn sie Glück hatten, schoß der Pilot einen Bomber ab. Doch dann war schon der Sprit alle, und sie segelten zur Landung. Damit waren sie ein leichtes Fressen für die englisch-amerikanischen Begleitjäger. Wir haben viele Abstürze erlebt und nur selten beobachtet, daß sich ein Flugzeugführer mit dem Fallschirm retten konnte. In unserer jugendlichen Begeisterung verstanden wir damals nicht den tödlichen Wahnsinn dieser Himmelfahrtskommandos. Dann war der Spuk endlich vorbei, und die sowjetische Armee nistete sich für viele Jahre als Freund und Besatzer auf dem Gelände ein.

Fortan lebten wir mit all den Begleiterscheinungen einer Besatzungsmacht. Sehr schnell lernten wir Kinder, was Wodka auf deutsch heißt. Soldaten wie Offiziere torkelten oft betrunken die Dorfstraße entlang. Wehe ihnen, wenn sie von der Streife erwischt wurden. Dann landeten sie unsanft auf dem LKW. Unser Gastwirt konnte nicht genug Schnaps liefern.

Natürlich verschwand manches im Dorf. So auch einmal zwei schwere Zugochsen vom Bauer *Haferkorn*. Durch Zufall erfuhr er, daß sie in der MUNA in Altenhain gefüttert werden. Er erhielt sie postwendend zurück. Bis Anfang der 50er Jahr schossen die Panzer mit scharfer Munition im Wald. Dort sah es aus wie nach einem Orkan. In den Feuerpausen organisierten die Polenzer Holzeinsätze und sorgten so für genügend Feuerung.

Mit Beginn der 50er Jahre belegten dann sowjetische Flugzeuge den Platz. Für die Düsenjäger entstanden oberirdische Bunker. Dazu flogen ununterbrochen Hubschrauber über das Gelände und das Dorf. Schier unerträglich wurde nun der Lärm. Über das Fernsehbild zuckten nur noch helle Streifen. Entnervt drehten ihn die Besitzer ab. Wir hatten uns schließlich an den Fluglärm gewöhnt. Besucher allerdings schreckten jedes Mal heftig zusammen, wenn wieder mal ein Düsenjäger zum Sturzflug ansetzte.

Dann kam die Wende und das Ende der Besatzung. Mit einem Offizier hatte ich mich angefreundet. Ich vermittelte ihm einen LKW W 50 und einen Wartburg. Damit schaffte er seine Möbel und seinen ganzen Hausrat nach Petersburg in seine künftige Wohnung. Er erzählte mir später, daß er beim Grenzübertritt von Polen in sein Heimatland kräftig Schmiergeld an seine Landsleute zahlen mußte. Einige Jahre später besuchte ich ihn in St. Petersburg. Er wohnte mit seiner Familie in einem neuerbauten Wohnblock, einem Plattenbau wie in Polenz. Die Autos standen defekt am Straßenrand. Er suchte dringend Ersatzteile.

Und heute? Meine Tätigkeit im *Brandiser Silikatwerk* wurde 1990 abrupt durch einen Schlaganfall beendet. Ich überstand den Schock und kam ein Jahr später in die Rente. Nachdem ich wieder einigermaßen hergestellt war, widmete ich mich intensiv der Geschichte meines Heimatdorfes. Das war schon immer mein Hobby gewesen. Ich sammelte alle Flurnamen, bisher konnte ich 90 festhalten, und bemühte mich um deren Deutung. Für den „Sargdeckel" fand ich allerdings noch keine Erklärung. Immer wieder kommen Einwohner, die wissen wollen, wo dieser oder jener Flurname liegt und was er bedeutet. Deshalb habe ich auf kleinen Tafeln die Namen geschrieben und an den entsprechenden Stellen in der Natur angebracht. In einer anderen Aktion habe ich mitgeholfen, 30 Nistkästen am Dorfrand aufzuhängen. Zu den gefiederten Freunden habe ich einen engen Bezug. – *J.M.*

Burkhard Krause an der Polenzer Seniorenresidenz

Braunkohle wurde unmittelbar nach dem II. Weltkrieg von Hilfskräften aus Leipzig zur dortigen Versorgung in einem flachen Tagebau in der Dammwiese im Polenzwald von 1947 bis 1950 abgebaut. Das zurückgelassene Wasserloch wurde in den 50er Jahren im Zuge des Nationalen Aufbauwerkes zum Stadtbad von Brandis ausgebaut und bis zur Wende von der Stadt betrieben. Generationen von Kindern lernten hier das Schwimmen. Nach 1990 erfolgte ein Rückbau, Baden jetzt auf eigene Gefahr.

Eines der ältesten Gebäude (Anfang 18. Jh.) des Ortes ist **das Fachwerkhäuschen** mit Steinsockel am Hang in Nähe der Kirche. Das dörfliche Kleinod steht unter Denkmalschutz und diente als Gemeindehaus, Spritzenhaus, Wohnung und Jugendzimmer. Es steht seit einigen Jahren leer und verfällt allmählich.

Der **Flugplatz** (auch Flugplatz Waldpolenz) in Polenz wurde zwischen 1934 und 1936 auf einem 340 Hektar großen Gelände gebaut. Vor und während des Krieges diente er der Ausbildung von Flugzeugbesatzungen, ab 1943 Heimathorst von Bomber-, Nachtjagd- und Jagdgeschwadern. Hier startete die ersten Düsenflugzeuge der Welt, die Me 262 und Ju 287. Auf dem Gelände befanden sich große Flugzeughallen, villenartige Gebäude, Unterkunftsblökke für die Mannschaften und verschiedene Wirtschaftsgebäude. Nach dem Ende des II. Weltkrieges übernahmen die sowjetischen Truppen das Areal und bauten es weiter aus. Zeitweise sollen dort 5000 Menschen gewohnt haben. 1992 verließ der letzte Sowjetsoldat den Flugplatz. Die Stadt Brandis kaufte das Gelände vom Freistaat ab und begann zu bauen und zu investieren. Das entpuppte sich als eine nutzlose Investition. Illusorische Projekte, darunter ein großangelegter Vergnügungspark, lösten sich in ein Nichts auf. Die Gebäude zerfallen weiter. Wenige Teile werden jetzt von zwei privaten Flugschulen genutzt.

Das **Güntherschlößchen** war eine kleine mittelalterliche Wasserburg aus dem 13./14. Jh. mit einem Wassergraben umgeben und gehörte vermutlich zu einer kleinen Siedlung. Das Gebiet wurde Anfang der 80er Jahre überbaggert.

Die **Kirche** vom 1725 steht auf einer schwachen Anhöhe und war einst mit ihrem barocken Turm weithin sichtbar. Dieser wurde 1970 vermutlich aus strategischen Gründen (Flugplatznähe!) entfernt und durch ein flacheres Zeltdach ersetzt. An der Südostseite Familiengruft der Trebra-Lindenaus. - Das Pfarrhaus nebenan stammt aus dem Jahre 1811, davor steht die Lutherlinde von 1883.

Unter **Naturschutz** stehen einige Biotope und Landschaften: Da ist der *Polenzwald* mit der Klinkewiese und der *Tongrube Reinhild* auf einer Fläche von 112 Hektar. Es ist ein Auwaldrest mit feuchtem Tonboden, auf dem vorwiegend Eichen, Hainbuchen und Linden wachsen. Im Frühjahr gedeihen viele Frühblüharten. Die Grube ist mit Wasser gefüllt und ein wichtiger Lebensraum für zahlreiche Tierarten, darunter auch streng geschützte. - Ein weiteres NSG befindet sich rund um den *Schmielteich*, das vor allem Lurchen, Amphibien, Vögeln und Libellen einen Lebensraum bietet. - Im FND *Kuhtränke*, einem Feldgehölz, liegt ein Teich, in dem u. a. zahlreiche Lurche vorkommen.

Der Polenzer **Dorfklub** wurde 1965 gegründet und jahrelang von Werner Schuster und Burkhard Krause geleitet. Er bewirkte ein vielfältiges kulturelles Leben, auch Theaterspiele mit Einheimischen, vor allem in Zusammenarbeit mit der Deutschen Bücherei Leipzig. Drei Jahre lang erschien das *Polenzer Dorfecho*.

Das **Schloß** (Herrenhaus vom Rittergut) am Rande des Polenzwaldes stammt vom Anfang des 18. Jh. und wurde mehrmals umgebaut, Ende des 19. Jh. im Stile der Neorenaissance. Besitzer waren die Familie von Lindenau und von 1856 bis 1945 die Familie *Trebra-Lindenau*. Während des Krieges Nutzung als Lazarett, nach der Bodenreform und Enteignung Kindergarten und Wohnungen. Seit Anfang der 90er Jahr Leerstand und Verfall. Ab 2001 Sanierung und Umbau zur *Seniorenresidenz* Polenz für 42 Bewohner, Betreiber Krankentransport Ost/West GmbH. - Die Gebäude des ehem. Rittergutes oberhalb des Schlosses sind bis auf eine Scheune und den Pferdestall abgerissen.

Die **Tongrube Reinhild** wurde 1930 vom Besitzer *Trebra-Lindenau auf Polenz* eröffnet und nach der im gleichen Jahre geborenen Tochter benannt. Der Tonabbau erfolgte auch durch das spätere Silikatwerk Brandis und nach 1990 durch mehrere Besitzer. Einige Flächen dienten als Hausmülldeponie, heute nur noch Bauschuttverkippung.

Personalien: *Eberhard Purucker*, Jg. 27, seit 1948 Kunstmaler in Westberlin.
Gottlieb Leberecht Schulze (1779–1856) war von 1809 bis 1823 Pfarrer in Polenz. Dank der Unterstützung des fortschrittlichen Herrn *von Lindenau* konnte er die extremsten Mängel der

Dorfschule überwinden. Er beobachtete vom Pfarrhaus aus die Kampfhandlungen der Völkerschlacht, außerdem besaß er ein Observatorium. Mit seinen Schriften stellte er die Weichen für ein neues sächsisches Schulgesetz. 1831 Ernennung zum geheimen Kirchen- und Schulrat im neugebildeten „Ministerium des Cultus und des öffentlichen Unterrichtes“ in Dresden. Dort erarbeitete er ein „Elementar-Volksschulgesetz“ für das Königreich Sachsen mit 80 Paragraphen, das 1835 eingeführt wurde.

Kurt Teich (1892–1960) rettete am 16. 4. 1945 Polenz vor einem Angriff der US-Armee. Er war zu dieser Zeit Bürgermeister vom Ort. Ein deutscher Unteroffizier lag mit einer Panzerfaust in der Nähe der Leulitzer Straße und wollte Polenz verteidigen. Kurt Teich hatte den Mut und stellte sich mit einem weißen Bettuch neben den „Verteidiger“, der daraufhin seinen Kampfauftrag beendete.

Vereine und Einrichtungen: Männerchor Polenz, gegr. 1878. Nach dem II. Weltkrieg Wiederaufbau durch Kantor Reinhold Ufer. Zahlreiche Auftritte im Ort und außerhalb mit dem Höhepunkt zur 125-Jahr-Feier des Chores. Langjähriger Vors. Manfred Teich, Jg. 28, jetzt Claus Voigt, Jg. 38, Chorleiter Tobias Schmidt mit 22 aktiven Sängern, der älteste Erich Steinbach vom Jg. 06. - Sport: Fußballverein SC Polenz, gegr. 1952 als Tarktor Polenz, Vors. Maik Breitenborn, mit den Sektionen Fußball und Kegeln. Sportplatz und Sportlerheim im NAW 1956 errichtet. - Freiwillige Feuerwehr, gegr. 1873, Wehrleiter Lothar Heller. - Volkssolidarität, Vors. Monika Voigt.

Landwirtschaft: 1946 gab es im Dorf 14 Alt- und 16 Neubauern. Letztere benutzten anfangs noch das Rittergutsgelände. Mit der Gründung der LPG, die später zur Tierproduktion Brandis-Machern kam, wurde am südöstlichen Dorfrand ein Schweinestall gebaut, der seit Mitte der 90er Jahre leer steht. - Die Schäferei hat hier eine lange Tradition und bis in die Gegenwart mit dem Schäfer Siegmar Walter überlebt, der die Schafställe im Oberdorf nutzt. Die Herde gehört zur Agrargenossenschaft Grubnitz.

Handel & Gewerbe: KFZ-Werkstatt von Manfred Hörnig. - E.T.S. Ersatzteilservice - Schrotthandel C. Krause. - Kühlerservice von Otto Neumann. - Transportunternehmen Kurth. - Gärtnerei Regina Krause. - Flugschule Leipzig. - Flugschule FSH Heigel.

GASTRONOMIE: Der Gasthof war nach der Wende bis 2003 einige Jahre lang das Ziel der Musikfreunde. Hier traten fast alle bekannten Pop-Gruppen der ehem. DDR auf. Wegen Unrentabiltät mußte er schließen.

Das Fachwerkhäuschen, ein Kleinod des Dorfes, verfällt zusehends.

Schmölen, 1451 Smolin, 'Ort, wo Harz, Pech oder Teer gefunden oder verarbeitet wird' (slaw.), seit 1933 OT von Bennewitz, 615 Einw.

Den Ort erreicht man auf der Chaussee (B 107) Wurzen–Grimma (1854 ausgebaut) oder mit der Fähre über die Mulde von Dehnitz her. Das ist überhaupt ein beliebter Wanderweg, der dann weiter zu Fuß oder mit dem Rad in den Planitz führt. Die Siedlung entstand auf einem Porphyrfelsen einige Meter über dem Fluß, also hochwassersicher. Nur das Bootshaus, die ehemalige Schule und einige wenige Wohnhäuser, die ganz unten stehen, erreichte das Hochwasser von 2002.

„Wir Schmölener sind uns alle gleich..."

Von der Ersterwähnung her gehört Schmölen mit zu den jüngeren Dörfern an der Mulde. Ob es tatsächlich so war oder nur deshalb, weil die Gutsherrschaften weder als Gerichtszeugen noch sonstwie bei öffentlichen Handlungen aufgetreten sind, läßt sich heute eben nicht nachweisen. Also halten wir uns an die Urkunden, und die besagen, daß Mitte des 15. Jh. hier lediglich ein Vorwerk und einige Drescherhäuser standen. Die wenigen Bewohner waren ausschließlich Gutsuntertanen.

Der Ort entwickelte sich im 19./20. Jh. als reines Arbeiterdorf. Die Leute verdingten sich auf dem Rittergut, in Wurzens Fabriken oder in den Altenbacher und Zeititzer Tonwerken. Daher gab es auch keine Standesunterschiede. Ein geflügeltes Wort Anfang des vorigen Jh. lautete: *„Wir Schmölener sind uns alle gleich, der eine hat einen Dreier und der andere 3 Pfennige"*. Ob das heute noch zutrifft?

Heute bedeckt die Dorfsiedlung eine ziemliche Fläche. Hinter den Wohnhäusern an der B 107 entstand bis zum Planitzwald ein vorwiegend rechtwinkliges Straßen-netz, zwischen dem eine lockere Bebauung erfolgte. Das ist längst noch nicht abgeschlossen,

Die Ursula-Kapelle in Schmölen

und auch am Waldrand fanden bauwillige Stadtflüchter einen schattigen Platz für ihre Häuser.

*

In der Dorfgeschichte dürfen zwei künstlerische Persönlichkeiten nicht unerwähnt bleiben. Das ist der 1842 im Forsthaus Niederschmölen (längst abgerissen) geborene *Richard Büttner*, ein bekannter Maler und Graphiker, der später in Wurzen und München (dort 1913 verstorben) lebte. Das Wurzener Museum besitzt eine ganze Reihe Bilder, die er nach der freien Natur in den Dörfern und Landschaften um Wurzen geschaffen hat.

Die andere Persönlichkeit betrifft die hier 1927 verstorbene *Ida Maria Lipsius*, mit Künstlername *La Mara*. Ein einfacher Grabstein auf dem Friedhof erinnert an die Pianistin und Musikschriftstellerin. Als Tochter des Rektors der Thomasschule wurde sie 1887 in Leipzig geboren und verbrachte ihren Lebensabend im Kreise der Schmölener Gutsherrschaft.

*

Bis zum Ende des 19. Jh. wurden die Toten auf dem Bennewitzer Gottesacker beerdigt. Wegen der Beförderung gab es immer wieder Probleme. Da benutzten nämlich die Knechte vom Rittergut gleich mal den Mistwagen, und auch die Pferde liefen so schmutzig, wie sie eben vom Felde gekommen waren. Der Kantor und Lehrer *Gustav Schellhorn* erboste sich darüber und machte dem Rittergutsinspektor böse Vorhaltungen. Seine Antwort: „Wir sind nur verpflichtet, die Leichen nach Bennewitz zu fahren, aber wie, das ist unsere Sache." Als endlich 1892 ein eigener Friedhof angelegt werden konnte, verebbten die Dissonanzen.

*

Eine lebhafte Erinnerung an die schweren Rittergutspferde hat heute noch der gelernte Teppichweber und Metallstanzer Klaus Weber, Jg. 36:

Mit unserer Bimmel läute ich in der Silvesternacht das neue Jahr ein

Ich kenne das Rittergut noch in dem Zustand kurz nach dem Kriegsende. Eine dicke Mauer umfriedete das Herrenhaus mitsamt den Scheunen, Stallungen und der Brennerei. Sie verschloß jedoch keineswegs den Zugang. Drei große Toreinfahrten standen stets offen, und für uns Kinder waren sie immer eine Einladung. Wenn wir dann am Brunnen die Eimer füllen durften und mit den Knechten zu den Pferden marschierten, da waren wir richtig stolz.

Ziemlichen Respekt hatten wir vor zwei mächtigen Zugochsen. Wenn nicht mal vier Pferde den schweren Mistwagen aus der Dunggrube herausbrachten, dann wurde die zwei gelben Riesen vorgespannt. Die knieten sich regelrecht in den Schlamm, und mit Hüh und Hott setzte sich die Fuhre in Bewegung. Auch die kolossalen Eisenwagen, mit denen die Schlempe aus der Brennerei aufs Feld gebracht wurde, mußten von den Ochsen gezogen werden.

Im Winter kletterten wir mit auf den Pferdeschlitten, der die Kinder vom Rittergutspächter in die Bennewitzer Schule brachte. Ab und zu durften wir auch unsere Rodelschlitten anhängen. Überhaupt fanden wir draußen in der Natur herrliche Spiele, und das zu allen Jahreszeiten: Baden in der Mulde und im Steinbruch, Räuber und Schampampel, Kreiseln, Balljagden, Huppe und Hasche. Es war eine glückliche Jugendzeit auf den Dorfstraßen, Wiesen, Gewässern und im nahen Planitzwald.

Dann begann der Ernst des Lebens mit der Lehre als Weber in der Teppichfabrik. Ein Weber sollte Weber lernen. Doch das war gar nicht nach meinem Geschmack. Als ich nach 2jähriger Dienstzeit bei den Grenztruppen, bei meinen Kontrollgängen habe ich keine einzigen Schuß abgegeben, nach Hause kam, hörte ich am Stammtisch, daß die Messerschleiferei *Baumgärtel* in der Wurzener *Viktoriakurve* Leute suchte. Also setzte ich mich in Trab, wurde angenommen, und dort blieb ich auch. In den ersten Jahren war das eine „dreckige Sauarbeit", und erst nach und nach sorgten Absaugeinrichtungen für etwas Schutz. Später dann, als wir der „Bronce" angegliedert waren, bediente ich eine Stanze, bis meine Betriebsabteilung 1990 abgewickelt wurde. Mit tausend Mark wurde auch ich entsorgt.

Nun kann ich nicht in meinen vier Wänden sitzen und Däumchen drehen. Irgend was findet sich immer. Mit Hilfe von ABM und Aktion 55 übernahm ich in der Gemeinde jede Menge Arbeit. Vor allem bemühte ich mich um die marode *Ursula*-Kapelle. Obwohl ich mit der Religion bisher nichts am Hut hatte, interessierte mich doch das kleine Bauwerk. Unser Dorf hat ja sowieso kaum historische Besonderheiten, aber unser Kirchlein, wohl die kleinste im Muldenkreis, sollte man erhalten. In Pfarrer Gottschlich fand ich einen Partner für die gute Sache. Es kam Geld zusammen, und die Putz-, Maurer- und Holzarbeiten zeigten bald sichtbare Ergebnisse. Jetzt schauten schon mal andere Mitbewohner vorbei und griffen mit zu. Der Denkmalpfleger *Heinz Ernst* aus Wurzen gab nicht nur gute Ratshläge, sondern mixte auch die Farben zusammen. Da war ich doch überrascht, als er Eigelb dazu rührte. Ich habe tagelang die Farbschichten von der Empore abgekratzt, gespachtelt und dann gestrichen. Und so mauserte sich das kleine häßliche Entlein zu einer feinen Kapelle.

Nun fehlte eigentlich noch eine Glocke, die es ja schon mal gegeben hatte, aber irgendwann verschwunden war. Ein Zufall kam mir zu Hilfe: Auf dem Bennewitzer Kirchboden verstaubte eine kleine Glocke. Ich ließ nicht locker, bis ich die Genehmigung bekam, das 40 kg schwere Stück Metall in die Schmölener Kapelle zu bringen. Mit meinem Kollegen schaffte ich es, sie ganz oben im Dachstuhl des Turmes zu befestigen. Und als die Glocke dann zum ersten Male bimmelte, nicht mit einem tiefen Bum Bum, sondern eher zart und ein bißchen blechern, da war ich recht zufrieden. Es

Klaus Weber an der Ursula-Kapelle

war, als hätte ich ein Stück Heimat zurück erhalten. Unsere Kirche konnte fortan wieder genutzt werden. Alle vier Wochen kommt der Pfarrer zum Gottesdienst. Wir sind zwar nur ein Häuflein, das seine Worte hört, aber ich hätte nie gedacht, daß ich nun auch zur religiösen Gemeinschaft gehöre.

Und dann habe ich mein jährliches Ereignis. In der Silvesternacht laufe ich mit meiner Frau zur Kapelle, bepackt mit einigen Flaschen Sekt. Nach und nach stellen sich immer mehr Nachbarn ein. Gegen Mitternacht stehen dann so 30 bis 40 Leute erwartungsvoll vor und im Kirchlein. Mit dem zwölften Glockenschlag ziehe ich zwanzig Minuten lang am Seil, und die kleine Bimmel verkündet übers Dorf das neue Jahr mit all seinen Hoffnungen und Wünschen. Wir prosten uns zu, reden über dieses und jenes, versprechen uns gegenseitig Glück und Hoffnung, und pilgern dann zufrieden nach Hause. Das neue Jahr hat gut begonnen.

Neuerdings habe ich eine wohl letzte Aufgabe übernommen: Ich will als Deichläufer darauf achten, daß eine so katastrophale Flut den Nachbarort Bennewitz und die anderen Gemeinden in der Aue nicht wieder heimsucht. Es bedrückt mich schon ein bißchen, daß ausgerechnet bei Niederschmölen der Damm gebrochen war und damit das Unheil seinen Lauf nehmen konnte. Vielleicht kann ich meine Beobachtungen hier mit einbringen, wenn das beste Konzept für den künftigen Hochwasserschutz in den nächsten Jahren umgesetzt werden soll. Ich war nämlich schon 1954 dabei und habe mit den russischen Soldaten Sandsäcke auf den Deich geschleppt. Hätten wir das damals nicht getan, die Deichkrone wäre überschwemmt worden. Ich kenne auch die Strömungen im Fluß von meiner Badezeit her. Und so werden wir von Bach bis Nepperwitz künftig die Deiche kontrollieren. Und wenn der Wanderer also in den nächsten Jahren ein paar „wacklige Alte“ auf dem Damm erkennt, dann soll er wissen, daß da die „Schmölener Deichgrafen“ auf Kontrollgang gehen.

Figuren aus Holz sägt der Holzgestalter Jörg Gramer in Schmölen

Die **Muldenfähre** verbindet seit Jahren wieder den Ort mit Dehnitz auf der anderen Muldenseite *(siehe bei Dehnitz im Bd. 1 des Dorfbuches).* Mit einer Klingel kann man den Fährmann *Wedekind* herüberrufen.

Vom **Rittergut** steht heute nur noch das 1901 neu erbaute Herrenhaus, jedoch innen wie außen umgebaut und der Nutzung als Feierabendheim und zuletzt als *Seniorenheim* (1947 bis 2002) der Arbeiterwohlfahrt angepaßt. Die weitere Verwendung ist ungewiß. Die zum Rittergut gehörende *Ursula-Kapelle* stand inmitten der Wirtschaftsgebäude und stammt aus dem 15. Jh. Auf den quadratischen Grundmauern sitzt ein Walmdach mit einem Dachreiter als Glockenturm. Nach aufwendiger Sanierung finden seit 2001 monatliche Gottesdienste mit dem Püchauer Pfarrer statt. - Der letzte Besitzer des Gutes war die Familie *Schultz*. Das Rittergut mit 200 ha Feld- und Waldfläche verfiel der Bodenreform und wurde an Neubauern verteilt. Einige bauten sich am Planitzwald Neubauernhöfe, die sich längst in moderne Wohnhäuser verwandelt haben.

Herrenhaus und Kapelle

Das **Rittergut Niederschmölen** gab es seit 1802 und war vorher die Oberförsterei einschließlich der Neumühle, die 1897 bis auf die Grundmauern abbrannte. Um 1850 ging das Gebäude in den Besitz eines Fabrikarbeiters, der nun „ein Rittergutsbesitzer ohne Land" war. Es wechselte danach oftmals seinen Besitzer und wird heute noch bewohnt.

Bis 1924 wurde das 1883 erweiterte **Schulhaus** am Muldenufer genutzt, langjähriger Lehrer war dort *Gustav Schellhorn*. Dann besuchten die Kinder die Bennewitzer Schule, und es erfolgte ein Umbau zu einem Mehrfamilienhaus.

Im Unterdorf liegt ein seit über 80 Jahren stillgelegter **Steinbruch**, dessen Sohle sich mit Wasser gefüllt hat. Bis1895 wurde zwischen Dorf und Planitzwald in kleineren Gruben Braunkohle abgebaut.

Am Eingang zur **Schmölener Lache** errichtete nach dem Kanalbau der Ruderverein Wiking sein Bootshaus. Es wurde 1978 in eigener Regie erheblich erweitert und bot danach beste Bedingungen für Erlernen und Ausüben des Rudersports. Vereinsmitglieder leisteten dafür 26000 Aufbaustunden. Langj. Vors. der späteren BSG-Sektion war Herbert Helm, Jg. 28, bis zur Vereinigung mit der Wurznerer Sektion 1981. Das Haus bietet Sportlern und Familien Räume für Festlichkeiten und Übernachtung.

Konsum und *Gaststätte zum Fährhaus* sind seit Jahren verlassen, dämmern vor sich hin. Das Konsumgebäude wurde 1959 im NAW gebaut. Der Gasthof hat eine lange Tradition. Mit seinem verhältnismäßig großen Ballsaal zog er in den 20er und 30er Jahren die Gäste von nah und fern an. Auch nach dem Krieg gab es mehrmals Versuche, das Vereinsleben wieder aufleben zu lassen. So wurde das Wiesengelände davor gehegt und gepflegt und mit zwei Finnhütten eine offene Kegelbahn gebaut.

Aufgrund seiner frühzeitigen Ersterwähnung gehört Pausitz neben Wurzen und Püchau zu den ältesten Orten im Muldentalkreis. Sieht man es ihm an? Da sind die alte Siedlung zur Mulde hin mit der Kirche und den Dreiseithöfen und die neue Siedlung „oben“ an der B 107 mit den Wohnblocks der 70er Jahre und den Einfamilienhäusern aus den 30er Jahren und den neuen der Jetztzeit, der Gasthof und das funkelnagelneue Gerätehaus der Freiwilligen Feuerwehr und der Kindergarten.

Warum die Wurzener den Pausitzern das Grimm'sche Bier wegsoffen

Mit solch einem Alter muß es doch einige Geschichten geben. Die eine begann 1610 in Wurzen. Dort wurden am 18. Juni Rat und Bürgerschaft vors Amt geladen mit der Maßgabe darüber zu befinden, was mit den Pausitzern geschehen soll, wo sicherem Vernehmen nach „in der Schenke dem Verbot zuwider fremdes Bier verzapft wurde“. An Hand der Bürgerliste wurden hiernach 23 Bürger ausgesucht, die sich zwei Stunden später mit ihrer Wehr beim Zeughaus an der Mauer stellen mußten, um einen Ausfall mit Waffengewalt gegen Pausitz zu unternehmen.

So marschierte man denn schnurstracks ins sündige Dorf, besetzte kraft des Meilenrechts die Dorfschenke und requirierte „zwei Faß prima Grimm'sches Bier“. Diese wurden dann nach erfolgreicher Rückkehr im Zeug- und Gewandhaus den Bürgern freigegeben. Die Pausitzer hatten das Bier aus Grimma für den Preis von 4 Pfennig pro Kanne (fast 1 Liter) erworben, also einen ganzen Pfennig billiger als in Wurzen. Doch

Blick vom Dorfanger zur Kirche in Pausitz

Pausitz lag innerhalb der Wurzener Biermeile, und die Untertanen durften „fremdes" Bier nicht trinken, sondern nur das Wurznerische. Und das wurde vorwiegend von den Ratsmitgliedern gebraut.

*

Die Geschichten um die Pausitzer Glocken beginnen mit einer Legende: Nach ihr sollen die Bauern die Glocken für ihre Kirche aus der *Wüsten Kirche* des Dorfes Sellnitz jenseits der Mulde geraubt und sie bei Nacht und Nebel auf einem Ochsenkarren durch die seichte Mulde herübergefahren haben.

Die geschichtlichen Fakten erzählen etwas anderes. Ende des 15. Jh. war Pausitz zum Wurzener Land gekommen, wo *Bischof Johann VI. von Salhausen* regierte. In seiner Regierungszeit ließ er u.a. 25 Kirchen neu erbauen oder erweitern. Zu letzteren gehörte auch die Pausitzer. Von der alten Kirche wurde offensichtlich eine kleine Glocke wiederverwendet. Sie stammte aus dem 14. Jh. mußte im I. Weltkrieg abgegeben werden und wurde für Kriegszwecke eingeschmolzen. Diesem Schicksal entging eine 1488 gegossene Glocke, die im II. Weltkrieg vom Turm geholt und zum Einschmelzen nach Hamburg gebracht worden war. Sie lag nach dem Krieg auf einem Schrottlager und konnte 1950 von der Gemeinde zurückgeholt werden.

Kirche in Pausitz

Eine unerklärliche Tat geschah 1991. Dreiste Diebe hatten die Turmkugel erbrochen und den materiell wertlosen Inhalt geraubt. Drei Jahre später erfolgte eine Sanierung der Kugel mit neuem Inhalt von schriftlichen Aufzeichnungen. Zugleich war der Kirchturm äußerlich aufs beste restauriert worden. Später geschah das auch mit der Inneneinrichtung. Das Dorf hat sein Wahrzeichen erhalten.

*

Dann wäre noch der Sattelhof zu nennen, die spezielle Form eines Großgutes, ähnlich einem Rittergut. Er lag am Südende des Dorfes und wurde durch Bischof Johann von Salhausen Anfang des 16. Jh. zur wirtschaftlichen Blüte gebracht. Das geistliche Oberhaupt ließ eine Schäferei anlegen und den *dürren Werder* in der Aue in nutzbares Wiesenland verwandeln. Dem Besitzer des Sattelhofes standen verschiedene Privilegien zu: die Erbgerichtsbarkeit, keine Abgaben und Zinsen. Der Besitz des Gutes verpflichtete allerdings, ein „Lehnpferd" zu halten, das von der Landesherrschaft oder dem Amt jederzeit „gesattelt" werden konnte. Noch um 1800 hat es eine „Sattelhofgemeinde" mit fast 40 Leuten gegeben.

Der letzte Besitzer des Sattelhofes war die Familie *Rohde*, die1913 aus der Magdeburger Börde hierher gekommen war. Zum Sattelhof gehörten 92 ha Bodenfläche, deshalb wurde er nicht enteignet, zunächst auch nicht in die LPG aufgenommen, sondern erst später 1955. Das Wohnhaus wurde 1981 abgerissen, in die restlichen Gebäude und Hofflächen teilen sich heute der Landwirt *Manfred Bunk* aus Bennewitz und die Firmen *Fahrzeugbau Linke* und *Montagebau Paul Kupas*.

*

Zu den kleineren Bauerngütern gehört das von Görnes, seit 1910 im Familienbesitz, wo seit 1970 mit Ostfriesischen Milchschafen eine Herdbuchzucht aufgebaut wurde. Nach der Wende machte sich Dieter Görne sofort selbständig, vergrößerte den Schafbestand und begann, aus Schafsmilch Käse herzustelllen. 1998 übernahm Sohn Wolfgang die Bauernwirtschaft. Trotzdem packt er immer wieder mal mit zu, der Landwirt i. R. DIETER GÖRNE, Jg. 35:

Aus fünf Litern Schafmilch gewinnen wir ein Kilo Käse

Die neue Selbständigkeit war ein großer Schritt für uns und wie ein Sprung ins kalte Wasser. Was man da auf einmal an Vorschriften und Gesetzen zu beachten hatte – einfach Wahnsinn. Und das wird von Jahr zu Jahr schlimmer. Die Bürokratie müssen wir wohl ertragen, denn die Beamten wollen ja auch leben.

Trotzdem haben wir den Wechsel bis heute nicht bereut, und der Spaß an der Arbeit mit den Tieren ist geblieben. Da wir alles selbst vermarkten, können wir unsere Produkte gut absetzen. Und es macht uns richtig stolz, wenn unser Schafkäse unter den 250 Top-Adressen in Deutschland genannt wird. Die Zeitung, die das macht, heißt wohl nicht umsonst *Der Feinschmecker*.

Einen regen Besuch hat das jährliche Hoffest um die Osterzeit. Da platzt hier auf unserem Gut alles aus den Nähten. Die Kinder hätscheln die über hundert Lämmer oder drehen auf dem Trecker von *Thomas Lorenz* eine Dorfrunde. Die Erwachsenen begutachten inzwischen die Ergebnisse unserer Arbeit. Käse und Salami können an der Theke gekostet werden. Auch Produkte aus Wolle sind gefragt, obwohl sich der Aufwand dafür kaum noch lohnt. Der Erlös reicht gerade zum Bezahlen der Scherarbeiter. Einige auswärtige Händler bieten ebenfalls ihre Produkte an und geben dem Fest das Flair eines großen Bauernmarktes. Am Abend freue ich mich mit meiner *Annelies* jedes mal über den gelungenen Tag.

Im Winter liegt unsere ruhigste Zeit. Die Tiere stehen in den Ställen und bringen im Januar und Februar ihre Lämmer zur Welt. Sie erweitern die Herde oder werden geschlachtet. Lammfleisch ist wieder gefragt.

Hoffest in Pausitz bei Dieter (l.) und Wolfgang Görne

Die Böcke haben's bei uns gut, denn sie stehen meist einzeln in den Boxen. Vor einigen ist Vorsicht geboten. Obwohl sie uns eigentlich kennen, erhält man hin und wieder einen derben Stoß. Dann geht eben das Temperament mit ihnen durch. Aber das läßt auf guten Nachwuchs hoffen. Bis zu zehn Jahre müssen sie ihre Pflichten erfüllen. Läßt dann die Leistung nach, dann verschwinden sie in der Salamiwurst. Gute Tiere gehen auch in den Export nach Polen und Bulgarien und bringen so ein kleines Zubrot.

Mit den Ostfriesischen Milchschafen haben wir einen guten Fang gemacht. Die Rasse gibt es seit über 250 Jahren, hauptsächlich an der Nordsee. Dort trotzen sie Wind und Wetter. Die Tiere besitzen drei Merkmale: frühreif, frohwüchsig, fruchtbar.

Über unsere Schafe wissen wir genauestens Bescheid. Auf einer großen Tafel halten wir alle Daten fest. Im Zeitalter des Computers ist das eigentlich überholt, aber wir sind da eben ein bißchen „altmodisch“. Die Nummern sind wie Ausweise. Eigentlich bräuchten unsere Schafe vier Ohren, denn neben den drei Marken haben sie noch eine Tätowierung im Ohr. Der Zuchtverband vergibt die Nummern und wacht akribisch über unsere Arbeit, ganz nach deutscher Gründlichkeit.

Wir melken unsere Schafe zwischen März und Oktober. Aus fünf Litern Milch wird bis zu einem Kilo Käse oder Quark hergestellt. Dieser wird dann mit allerei Kräutern und Gewürzen verfeinert, in Öl eingelegt oder naturell verkauft. Außer im Hofverkauf beliefern wir einige Läden in der Umgebung, die auch als Direktvermarkter arbeiten. So hilft einer dem anderen.

Der Spielplatz in Pausitz mit dem Strochennest

WEITERE NOTIZEN aus Pausitz

Die **Chaussee** (jetzt B 107) Wurzen-Grimma wurde 1854 neu erbaut. 1801 hatte die Gemeinde den an der Straße gelegenen Platz (Katzsch-Teich) gekauft und dort drei Häuser bauen lassen. Weitere Siedlungshäuser folgten später, der Gasthof 1833.

Die **Pausitzer Gründe** am Rande des Planitz wurden bis in die 50er Jahre als Quarzitsteingruben genutzt. Jetzt stehen sie unter Wasser und bilden ideale Laichgewässer (FND). In deren Nähe befand sich bis 1902 ein Braunkohlenschacht.

Die **Pausitzer Lache** in den Muldenwiesen entstand aus einem ehemaligen Muldenlauf nahe des Dorfes, jetzt beliebtes Angelgewässer.

Zwei **Sandsteintröge** waren über Jahrhunderte hinweg für manche Grundstücke die einzige Wasserversorgung. Sie erhielten ihr klares Trinkwasser aus einer Quellfassung am westl. Ortsausgang nahe der B 107. Mit dem Bau der Wasserleitung um 1970 wurden sie überflüssig und beseitigt. Ein Trog konnte gerettet werden und steht jetzt in einem Gartengelände.

Die **Schule** neben der Kirche wurde als Ein- bzw. Zweiklassenschule 1952 aufgelöst, heute im Gebäude noch eine Wohnung und ein Raum für kirchliche Zwecke.

Die **Störche** nisten seit vielen Jahren im Dorf und brachten jedes Jahr guten Nachwuchs.

Die **Villa** wurde Ende der 20er Jahre vom Leipziger *Karl Klose* (Gummi-Klose) erbaut und diente nach dem Krieg bis zum Neubau als Kindertagesstätte.

Vereine und Einrichtungen: Sport: Kegelverein SV grün-weiß, gegr. 1953, Vors. Herbert Stöckel. 1992 neue Kegelbahn. - Kleingartenverein seit 1961, Vors. Jörg Jando. - Freiwillige Feuerwehr, Wehrleiter Uwe Lantsch, neues Gerätehaus von 1996. - Kindertagesstätte "Glückspilz".

Landwirtschaft: Bis zum Kriegsende wirtschafteten 14 Bauern und der Sattelhof. Später Bildung der LPG und Errichtung der Tabaktrockenanlage in Rothersdorf. - Der Landwirt Manfred Bunk, Jg. 50, machte sich 1995 selbständig und bearbeitet jetzt als Milchbauer über 80 ha Land und hält 50 Milchkühe und 25 Jungrinder in einem modernisierten Stall. Als Hobby füttert er nebenbei einige Haflinger. - Ausbau eines Reiterhofes im ehem. Sattelhof durch die Fam. Zeidler.

GASTRONOMIE: Der Gasthof wurde schon 1833 gebaut und besaß bis zur Wende einen guten Namen. Doch danach stellten sich immer weniger Gäste ein. Auch ein mehrfacher Pächterwechsel beendete nicht die schwierige Situation.

Das neue Feuerwehrgebäude in Pausitz

Die Durchfahrt gleicht einer langen S-Kurve. Man kann aber auch mal mit einem Schlenker über die einzige Straße durch den Ort fahren und umkreist dabei das Wiesen- und Gartengelände. Mittendurch schneidet sich das meliorierte und ausgebaute Bachbett. Entlang der Teichstraße stehen die Bauernhöfe, und dazwischen drängeln sich ein paar neue Einfamilienhäuser.

In Bach plätschert die Bach ohne Namen

Die Bauern in Bach gaben ihrem Dorf einen einfachen Namen. Und weil der (die) Bach nicht mal einen Namen hatte, auch heute noch nicht, blieb es dabei. Manchmal, bei Tauwetter oder starken Regenfällen, da kann auch das Bächlein zu einem Wildwasser anschwellen und die angrenzenden Gärten überschwemmen. In einem steht das Bienenhaus von *Erich Ritter*, Jg. 20. Das Holzbauwerk ist historisch alt und schon ein bißchen windschief, aber so recht gemütlich. Seit 1970 betreibt der Imker sein Hobby. Da er Saatgut für Erfurt vermehrte, versprach die Bienenzucht einen besseren Ertrag. Zeitweise betreute er 40 Völker, jetzt nur noch die Hälfte davon. Mit dem Absatz des Honigs hat er keine Probleme. Seine Stammkundschaft kommt aus Leipzig, Hannover und Regensburg, und die ist ihm treu geblieben.

Sonstiges Gewerbe? Die Speditions- und Transportfirma *Roßberg* nutzt ehem. Scheunen eines Bauernhofes. Auf dem früheren LPG-Gelände betreibt die *Macherner Landwirtschafts GmbH* eine Milchviehanlage mit ca. 500 Jungrindern.

Dort, wo die Teichstraße auf die Hauptstraße mündet, wohnt die ehem. Bäuerin und spätere Erzieherin Helga Gust, Jg. 34:

Erich Ritter am Bienenhaus

Meine Großeltern kamen aus Polen und kauften hier im Ort einen kleinen Bauernhof. 1955 übernahm ich ihn mit meinem Mann, der als Schäfer arbeitete. Wir waren allerdings nur wenige Jahre eigene Herren unserer Felder, denn bald danach mußten wir der LPG beitreten. Die schwere Feldarbeit bestimmte meinen Alltag. Irgendwann wurden die Rückenbeschwerden so schlimm, daß ich mir einen anderen Beruf suchen mußte. Durch einen Zufall bekam ich im Kindergarten eine Stelle als Erzieherin. Ich hatte zwar keine Ausbildung, aber ich besaß von Natur aus Talent im Umgang mit Kindern. So lernte ich viele Bacher Einwohner von klein auf kennen.

Immer wieder prüfe ich mal nach, wer davon heute noch da ist. Das mache ich in der Nacht, wenn ich wieder mal nicht schlafen kann. Vorn in der Teichstraße fange ich mit dem Zählen an. Sollte ich nicht auf 98 kommen, werde ich unruhig und beginne von vorn. Alle kenne ich mit Vornamen. Zum Glück fürs Dorf sind auch mal einige junge Familien zugezogen. Die alten Leute überwiegen allerdings.

Vorn an der Hauptstraße sollte man sich nicht blicken lassen. Da lebt es sich gefährlich. Noch schlimmere Ängste muß ich ausstehen, wenn ich mal mit dem Rad zu meinen Verwandten nach Pausitz fahre. Ich könnte mich dann immer aufregen, weil hier ein Radweg fehlt. Selbst wenn ich in meinem Garten stehe, habe ich Angst vor den großen Brummis. Vor einigen Jahren hatte ein Biertransporter wohl die Kurve unterschätzt, und sein Schwung endete im Graben. Die Ladung voller Bierkästen kullerte über die Straße. Die meisten Flaschen zerschellten. Es blieben aber noch genügend übrig für die Bewohner. Strandgut ist ja herrenlos. Das ganze Dorf stank tagelang nach Bier.

Schade, daß im Dorf die Initiative für ein Straßenfest fehlt. So bleibt nur der Austausch über den Gartenzaun. Ich muß ja auch erfahren, wer geboren, gestorben oder weggezogen ist. Sonst stimmt meine nächtliche Zählung nicht mehr. – *W.R.*

Neue Nachrichten für Helga Gust (r.) vor Bahrmanns Gut

Neuweißenborn,1516 das wuste dorff Weissenbornn, 'am hellen, klaren Brunnen' (dt.), Neugründung 1850, seit 1974 OT von Bennewitz, 49 Einw.

Keine Ahnung von Neuweißenborn? Das ist verständlich, denn wer schon hat den abgeschiedenen kleinen Siedlungsflecken südlich von Pausitz am Planitzwald mal aufgesucht. Er liegt wirklich am Rande. Aus Richtung Trebsen kommend muß man die westliche Abfahrt von der B 107 nehmen, und wer dann dort ankommt, der findet tatsächlich ein Dörfchen mit ganz eigenem Stil. Und was sollte er dort?

In Neuweißenborn steht noch das alte Backhaus

Wenn also die Rede von *Neu*-Weißenborn ist, dann muß es sich um eine Neu-Gründung handeln. Und so ist es auch. Das alte Weißenborn wird in einer verläßlichen Urkunde erstmals 1516 genannt, doch schon zu dieser Zeit wird es als ein wüstes Dorf bezeichnet. Wo es gelegen hat, läßt sich nur noch erahnen. Der Ort lag früher am westlichen Teil des heutigen Kastenwäldchens an der alten Verbindungsstraße nach Polenz, ca. 600 m weiter nordwestlich vom jetzigen Standort. Noch heute gibt es dort eine kleine Quelle, deren Wasser mit einem aus dem Hinteren Planitzwald kommenden Sickergraben das Quellgebiet für die „Bach“ bildet, welche später weiter unten durch den gleichnamigen Ort fließt und in die Mulde mündet. Unbekannt ist, warum es die Bauern damals aufgegeben haben. Meist waren es ungünstige Bodenverhältnisse oder Epidemien.

Der Ort tritt erst wieder 1850 in das Geschichtsfeld. Da ließ nämlich der damalige Schloß- und Rittergutsbesitzer von Trebsen, der Advokat *Adolph Baumann*, hier an neuer Stelle ein Vorwerk aufbauen und benannte die Ansiedlung Neu-Weißenborn. Das Vorwerk diente vor allem der Schafzucht, deren Stallungen z. T. noch bis in die Jetztzeit

Die alte Scheune in Neuweißenborn

genutzt wurden. Dafür standen zwei große Scheunen bereit. Die vordere, untere Scheune (erbaut 1853) diente späterhin als Bergeraum für Stroh, während in der hinteren, oberen (erbaut 1858) ein Stall für Schafe und Jungrinder eingerichtet wurde. In die jeweiligen Stirnseiten wurden 1945/46 Wohnungen für vier Neubauernfamilien eingebaut. Die untere Scheune steht noch. Der letzte Neuweißenborner Schäfer *Manfred Gust* trieb bis 1998 seine Schafherde auf die Weide, ehe er aus wirtschaftlichen Gründen aufgeben mußte.

Ein Stück Vergangenheit ist auch das kleine Sägewerk, das der Staatliche Forstwirtschaftsbetrieb durch die Bodenreform vom Trebsener Rittergut erhalten hatte. Die Sägewerker betrieben es bis 1969. Hier holten sich die kleinen Leute Riegel und Latten für den Zaun, Pfähle und sonstigen Kleinkram. 20 Jahre später wurde es abgerissen.

Gegenüber der Scheunenseite entstanden zwei Doppel-Bruchsteinkaten mit Nebengebäuden als Wohnungen für die Land- und Forstarbeiter, die so gar nicht in die geläufigen Dorftypen unserer Heimat passen. Bis auf eine in den dreißiger Jahren entstandene „Villa" sind sie nur eingeschossig und in sauber gefugten Bruch-teinen hochgemauert. Der Giebel trägt eine Holzschalung. Die kleineren Nebengebäude für Stall und Scheune ähneln den größeren. Für die Gewinnung der Bruchsteine eröffnete man am westlichen Dorfrand extra einen kleinen Granitporphyrbruch, wo die Steine gewonnen wurden. Leider wurde er ab der 50er Jahre mit Müll verkippt. Der Förster des herrschaftlichen Waldes bekam sein Forsthaus in der gleichen, jedoch hervorgehobenen Bauweise.

Ein freistehendes kleines Gebäude diente dem Gemeinwohl. Es war das Backhaus für die hiesigen Knechte, Mägde und Forstarbeiter. Anfangs wurde reihum gebacken: jede Familie kam im Jahreslauf mehrmals dran. Man buk aber nicht jede Woche und in den Erntezeiten sicher „auf Vorrat". Später, noch bis nach dem Ersten Weltkrieg, kam einmal in der Woche der Trebsener Bäcker und feuerte den Ofen an. Dann brachten alle Familien der Siedlung ihren selbstgewirkten Teig zum Backen. Eines Jahres ging das Feuer für immer aus. Jetzt übernahm der Altenhainer Bäcker Exner die Belieferung. Er kam einmal in der Woche mit dem Planwagen ins Dorf. Im Zweiten Weltkrieg wurde diese Belieferung eingestellt und in den 70er Jahren der Ofen herausgerissen. Das Gebäude blieb unverwüstlich auf seinen Grundmauern und dient heute profanen Zwecken. Mit dem dazugehörenden Grundstück gehört es jetzt dem „Prinzen" *Jens Sembdner*, einem Mitglied der gleichnamigen Popgruppe. Der findet hier in der Abgeschiedenheit des Wurzener Landes mit seiner kleinen Familie die Ruhe, derer er nach den lautstarken Konzerten dringend bedarf.

Dann Mitte der 90er Jahre die Überraschung: Da hatten doch tatsächlich einige Bauherren den Flecken entdeckt und wagten die Errichtung bzw. den Kauf von rund einem halben Dutzend Eigenheimen. Sie liegen am östlichen unteren Dorfrand und korrespondieren ganz gut zu der historischen Straßenmeile. Die neuen Häuslebauer und Mieter kamen vorwiegend aus Leipzig. Dazu gehörte auch der Dipl.-Ing. für Elektronik DIETER JUNGHANS, Jg. 42:

Ich halte die Verbindung in die weite Welt

Ich suchte nach der Wende mit meiner Ehefrau ein preisgünstiges Grundstück mit einem Haus, und hier wurden wir fündig. Ende 1994 zogen wir in eines der vier Doppelhäuser. Diese Ruhe haben wir uns immer gewünscht. Ein früher Zugezogener gab uns den Rat, mit einem Fläschchen Schnaps und einem Blumenstrauß bei jeder Familie unseren Einstand zu geben. Das haben wir gemacht und fanden damit einen guten Kontakt.

Da ich geschichtlich sehr interessiert bin, befaßte ich mich bald mit der Historie des Ortes. Als Zugezogener sollte man die Wurzeln seiner neuen Heimat kennen. An irgendwelche Unterlagen ranzukommen war gar nicht so einfach. Und natürlich gab es von einem so kleinen Ort kaum Nennenswertes zu berichten. Doch da und dort wurde ich fündig, und ich befragte auch die letzten lebenden Zeitzeugen. So gelang es mir, im Laufe zweier Jahre einiges Material zusammenzutragen und eine kleine Chronik in bescheidener Aufmachung vorzulegen. Ich hoffe, auch die Einheimischen hat's gefreut.

Daneben beschäftigte ich mich mit meinem zweiten Hobby, nämlich dem Amateurfunk. Schon als Jugendlicher habe ich gebastelt und schaffte es gar, ein kleines Koffergerät mit Röhren zusammen zu bauen. Dann ging ich in die Lehre und machte später meinen Meister für Rundfunkmechanik, lernte das Morsealphabet und baute mir einige dazu notwendigen Geräte. Mit der Wende fielen alle reglementierenden Hemmnisse weg, und ich zog jetzt alle Register zum Funken. Nach einer Prüfung bekam ich meine Lizenz und kaufte mir nun eine Funkstation mit allem Drum und Dran. Im Raum Sachsen benutze ich meistens Sprechfunk im 2m- und 70cm-Frequenzbereich. Noch viel mehr Spaß macht aber die Telegraphie auf Kurzwelle. Da sitze ich in meiner „Funkerbude" und verständige mich mit gleichgesinnten Amateuren in der ganzen Welt.

Die Gespräche beginnen stets damit, daß ich berichte, wie ich heiße und wo ich zu Hause bin. Da kann ich natürlich nicht Neuweißenborn nennen. Den Ort kennt kaum jemand und findet ihn selten in einem Atlas. Da muß die Nähe von Leipzig herhalten, und da wissen auch die fernsten Leute Bescheid. Es folgen noch einige Hörbarkeitsangaben, einige technische Daten der Funkstation und Antennenanlage und wie in jedem normalen Gespräch ein Hinweis auf das Wettergeschehen. Politische Gespräche sind tabu.

Mein Rufzeichen ist DL1LDJ. DL steht für Delta Lima, die höchste Lizenzklasse Deutschlands, die 1 ist frei gewählt, L für Leipzig und DJ für Dieter Junghans. Die international übliche Verständigungssprache ist englisch. Ansonsten gibt es Abkürzungen, die jeder Funker in der Welt kennt. Es ist für mich ein schönes Gefühl, wenn ich bei Wind und Wetter vom kleinen Neuweißenborn aus Verbindung in die ganze weite Welt aufnehmen kann. – *J.M.*

Dieter Junghans am alten Backofen

Rothersdorf, 1516 Rottersdorff, wohl 'Dorf eines Ruthart' (dt.), OT von Bennewitz, 48 Einw.

Verstreut liegen die sechs Bauerngüter zwischen der B 107 und der Terrasse zur Mulde hin. Mit den fünf ehemaligen Neubauernhäusern, inzwischen zu ansehnlichen Wohnhäusern restauriert, erschöpft sich die Siedlung. Vom einstmaligen „Ochsenseminar", einem Vorwerk vom Trebsener Rittergut mit großen Stallungen – zu LPG-Zeiten wuchsen hier jede Menge Schweine heran – und den kleinen Wohnkaten der Ochsenknechte, ist rein gar nichts übrig geblieben.

Rothersdorfer Tabak Marke „Eigenbau"

Der Ort ist selbst in fernen Gegenden nicht ganz unbekannt. Er ist nämlich regelmäßig das Ziel von Rentnern, die in Bussen hierher zu einem vergnüglichen Nachmittag gebracht werden. Meist schlagen sie im Wurzener Land einen großen Bogen, weil im Hohburger *Steinarbeiterhaus* mit seinen Sammlungen und den wohlschmeckenden Fettbemmen eine Frühstückspause eingelegt wird.

Hier in den Hallen der ehemaligen Tabak-Trockenanlage hat ein holländischer Geschäftsmann eine Vergnügungs- und Speisenhalle eingerichtet, die ganz gut im Geschäft liegt. Mit einer Fahrradhandlung hat sich Walter Jansen ein zweites Standbein geschaffen. Sie befindet sich jenseits vom Bach in der ehem. Rothersdorfer Mühle, die allerdings auf Walziger Flur liegt.

Ein anderer Investor wollte ebenfalls ein lukratives Geschäft machen. Er erschloß auf einer Feldfläche zwischen dem Ort und Neuweißenborn eine Kiesgrube, obwohl es davon im Muldentalkreis schon mehr als genug gab. Alle Proteste der hiesigen Bevölkerung und der Verwaltungen verloren sich im Sande. Nach einjährigem Betrieb rollten keine

Die ehemalige Tabakscheune in Rothersdorf

Kiestransporte mehr, die Firma war pleite. Jetzt ist zu hoffen, daß sich die Sandgrube nach und nach in ein natürliches Biotop verwandelt.

Tabak blieb in den Nachkriegsjahren ein rarer Artikel. Der Staat konnte für den Import kaum Devisen bereitstellen. Also organsierten die Süchtigen den Selbstanbau oder tauschten Tabakblätter gegen irgend etwas ein. Die Mitglieder von der *LPG Einheit* Pausitz hatten den Trend der Zeit schnell erkannt. Sie bauten Tabak feldmäßig an (im Herbst mit strenger Bewachung!) und errichteten schon 1956 eine Tabak-Trockenanlage. Die stand zwar im Laufe des Jahres die meiste Zeit leer, denn Tabak war ein Saisongeschäft, brachte aber doch lukrative Erträge. Es war allerhand Handarbeit notwendig: Aussaat, Pikieren, Auspflanzen, Hackpflege, Blatten (Ernten), Trocknen, Fermentieren. Die kleinen Tabakanbauer fädelten die Blätter auf lange Bindfäden und ließen sie aufgehängt in der Scheune oder auf dem Boden an der Luft trocknen. Schneller ging's in der Trockenanlage. Der Rothersdorfer Tabak wurde in der Zigarrettenfabrik mit anderen Sorten vermischt und zum unentbehrlichen Glimmstengel geformt. Anfang der 70er Jahre ging der Anbau zurück, da in den südlichen Ländern vom Ostblock unter günstigeren klimatischen Bedingungen relativ guter Tabak heranwuchs. Die Rothersdorfer Anlage stellte 1972 den Betrieb ein.

Wohl jeder Junge, jetzt auch jedes Mädchen, hat in seiner Kindheit Rauchversuche unternommen. Wohl dem, dem der Qualm nicht zum Laster wurde. Das schaffte auch der ehemalige Betriebsschlosser Wolfgang Graul, Jg. 49:

Wer einmal aus unserer Quelle getrunken hat ...

Im Grunde meines Wesens bin ich ein Bauernjunge. Muttermilch und Vaterbrot haben mich von Kindheit an geprägt in unserem Bauernhof am Terrassenhang zur Mulde hin und zum Bach, der vom Schneiderteich bei Altenhain und aus dem Planitzwald heranplätschert. Und trotzdem bin ich nicht Bauer geworden, weil mich ein Ereignis geprägt hat, das ich einfach nicht vergessen kann.

Apfelbaum in der Muldenaue bei Rothersdorf

Es war Anfang der 60er Jahre, ich war damals 11 Jahre alt. Fast täglich rückten fremde Leute an, die ununterbrochen auf meinen Vater einredeten, mal mit Versprechungen, ihn aber meist mit Drohungen in die Zange nahmen. Sie wollten ihn zwingend überzeugen, in die LPG einzutreten. Ich mußte das alles mit anhören. Vater hat sich lange gewehrt, aber eines Tages war die Kraft zu Ende: „Nehmt alles und laßt mich in Ruhe! Ich will nichts mit euch zu tun haben!"

Sie holten die Kühe aus dem Stall und bemächtigten sich des Traktors, der in einer Wurzener Reparaturwerkstatt stand. Die Rechnung kam später an Vater. Er machte das wahr, was er gesagt hatte, und suchte sich in Wurzen einen anderen Arbeitsplatz. Das gelang ihm auch. Doch er hatte nicht mit der Hartnäckigkeit der Machthaber gerechnet. Eines Tages wurde er zum Amt bestellt und kehrte nicht wieder zurück. Erst Wochen später erfuhren wir, daß er wegen Arbeitsverweigerung in der LPG zu einer Gefängnisstrafe verurteilt sei. In einem Mecklenburger Ziegelwerk mußte er anderthalb Jahr ableisten. Sie hatten ihn nicht bezwungen, aber der Gram hat seine Gesundheit gebrochen. Wenige Jahre später verstarb er.

Ich hatte meine Entscheidung getroffen: In die Landwirtschaft gehst du nicht! Die Stellensuche glückte. In der *Hartig KG* in Naunhof lernte ich Betriebsschlosser. Dort arbeitete ich bis zur Armeezeit. Anläßlich eines Urlaubes überfiel mich die Liebe, und die hat bis heute gehalten. Das schon mal vorneweg.

Die Brauerei in Colditz stellte mich als Betriebsschlosser ein und besorgte auch eine Wohnung im Neubaublock, allerdings nur für Verheiratete. Daran sollte es nicht scheitern, also heirateten wir. Uns ging es gut: Beruf mit kurzem Weg zur Arbeit, Familie mit einem Sohn, Wohnung mit Heizung. Wir waren glücklich. Doch dann schlich sich bald ein ABER ein. Das Bauernblut pulsierte stärker in meinen Adern. Mit dem Motorrad pendelten wir zwischen Colditz und Rothersdorf. Dort begannen wir im Auszugsgelände des elterlichen Bauernhofs einen Bungalow zu bauen. Schritt für Schritt, so wie wir das Material ergattern konnten. Dann ergab sich ein Wohnungswechsel nach Trebsen. Jetzt waren wir der Heimat ein ganzes Stück näher. Eine Wohnung im Bauernhof einzurich-

Wolfgang Graul auf der historischen Wallanlage in seinem Garten

ten war unmöglich. Die LPG hatte ihn bis zu seinem Zusammenfall bewirtschaftet. Im Schwarzbauverfahren erweiterten wir das Wochenendgrundstück zu einem Wohnhaus, und 1984 zogen wir ein.

Jetzt radle ich hinüber zu den Trebsener Getreidesilos, wo ich seit längerem als Silomeister tätig bin. Diese Fahrt ist zu jeder Jahreszeit ein echtes Erlebnis. Man riecht es regelrecht, wenn der Frühling oder der Herbst kommt. Ein unvergleichliches Bild, wenn die Nebelschwaden über die Aue ziehen und dahinter die Sonne aufgeht, wenn Füchse, Rehe und Wildschweine meinen Weg kreuzen. Was will ich mehr? Wir brauchen keinen Fernseher, wir haben ihn entsorgt.

Seit meinen ersten Schuljahren beschäftigt mich die Heimatgeschichte. Damals, in der 4. Klasse, waren einige Leute vom „Rundblick" an der Schule und führten uns durchs Trebsener Schloß. Die Schilderungen der legendären Frau *Sturm-Francke* fesselten mich ungemein. Und dann sah ich mein Bild im Rundblick. Seitdem sammele ich die Hefte. Ich habe fast alle, ein unwahrscheinlicher Schatz. Die Schrift hat mir die Augen für meine engere und weitere Heimat geöffnet.

Dann kamen die Ausgräber vom Dresdener Landesmuseum ins Dorf. Mit Hacke und Spaten zogen sie tiefe Schnitte in den vorgeschichtlichen Wall. Hin und wieder nahm mich der freundliche Professor *Coblenz* an der Hand und zeigte mir die Pfostenlöcher, die Scherben, die Brandstätten und die Steine. Schade nur, daß der größte Teil der Anlage in den 20er und 30er Jahren abgetragen und als Steinbruch benutzt worden war. Wenn heute jemand kommt, der mehr wissen will, den führe ich durchs Gelände und erzähle ihm gern meine Geschichten von „meinem" Wall und vom Dorf.

Ach so, dann ist ja noch unsere Quelle. Sie muß eine magische Kraft besitzen, und mein Großvater sagte stets bedeutungsvoll: Wer ihr Wasser trinkt, der kommt wieder zurück, wenn er in der Ferne ist. Tatsächlich, mir ist es so ergangen, und in gewissem Maße spüre ich das auch bei meinen Kindern. Nun schon erwachsen, kommen sie aus der Ferne liebend gern nach Haus, und es fällt ihnen immer schwer, wieder wegfahren zu müssen. Vielleicht nimmt der große Junge doch noch das Haus vom alten Gut. Oder er reißt alles weg und baut sich was Neues auf den Grundmauern des Alten. Die Quelle hinterm Haus am Terrassenrand sprudelt tagaus tagein ihr klares Wasser. Im schmalen Graben plätschert es zur Rothersdorfer Lache hin und von dort als Holzbach in den Muldenstrom. Bestimmt findet mancher Tropfen im ewigen Kreislauf der Natur wieder seinen Weg hierher in unsere Quelle.

Walzig, 1421 Walczk, 'Ort eines Valesch', OT von Trebsen, 45 Einw.

Der Ort bleibt ein richtiges Sackgassendorf. Vorn an der B 107 steht der ehemalige Straßengasthof, wo die rührigen Wirtshausleute in der winzigen Gaststube für den eilenden Gast ein echtes bäuerliches und herrlich schmeckendes Mittagessen servierten. Dann schafften sie es nicht mehr und gaben auf. Es besteht Hoffnung, daß es wieder so wird. Ein Grimmaer will nach erfolgter Sanierung dort wieder einziehen.

Die Straße führt ins Dorf und hört dort auf. Um einen Platz gruppieren sich halbkreisförmig die ehemaligen sechs Bauerngüter. Zwischen zweien führt dann aber doch eine Art Feldweg von der Terrasse steil hinunter in die Muldenaue. Nach links endet der Weg irgendwo in den Wiesen, nach rechts führt ein Wander- und Wirtschaftsweg bis nach Trebsen.

In Walzig beginnt Weihnachten erst nach dem „Walzscher Adventsgebrumm“

Es ist der 23. Dezember 2003, kurz vor halb acht abends. Die Sterne funkeln am Nachthimmel. Die Temperatur liegt bei fünf Grad unter Null. Auf dem Dorfplatz steht ein mit einer Leuchtkette geschmückter Weihnachtsbaum auf der gemauerten alten Milchrampe. Das ist nicht irgendeine Fichte, sondern der *WA-DO-BA*, der Walziger-Dorf-Baum. Jemand zieht einen Wagen mit einer Pyramide in die richtige Position. Es ist *Frank Schmidt*, vor Jahren hier zugezogen wegen eines netten Mädchens und ein findiger Kopf. Er hat nämlich mit einigen Nachbarn nicht irgendeine Pyramide gebastelt, sondern die 4,13 m hohe *FA-Mu-Py*, die „Fahrbare-Musik-Pyramide“. Nun dauert es nicht lange, da beginnt diese zu leuchten, sich zu drehen, und dann klimpert auch noch leise ein Weihnachtslied.

Dieses technische Unikat hat schon Geschichte geschrieben. Die weltweit erste Weihnachtspyramide auf Rädern mit Spieluhr, angetrieben von einem 220-Volt Elektromotor mit Rutschkupplung, hat nämlich 2001 einen Platz im Guinness-Buch der Rekorde erhalten. Jährlich wird sie an verschiedene Weihnachtsmärkte ausgeliehen, aber zum traditionellen „Walzscher Adventsgebrumm“ muß sie auf dem hiesigen Dorfplatz stehen.

Aus anrollenden PKWs schälen sich vermummte Gestalten mit Instrumentenkisten unterm Arm. Die Bläser vom *Trebsener Carnevalsclub* haben sich zur Begleitmusik eingefunden. Nach und nach kommen nun aus allen Richtungen die Einwohner, alte und junge. Die Frauen stellen gefüllte Beutel, Thermoskannen und Körbe neben die Milchrampe. Schließlich rollt noch in einer Schubkarre ein qualmendes Grillfaß heran. „Ekki“ verteilt Zettel mit Texten von Weihnachtsliedern. Er kennt nämlich seine Pappenheimer, die immer noch oder immer wieder Textschwierigkeiten haben.

Die Walziger beim „Adventsgebrumm“

Jetzt ist alles komplett, und nun beginnt der Gesangsreigen, eben das „Adventsgebrumm". Die acht Bläser holen tief Luft, und Händels „Tochter Zion" steigt in den Nachthimmel. Die dreißig Leute im weiten Rund bemühen sich, die Musik gesanglich zu begleiten. Es ist mehr ein „Vor-sich-her-singen". Deshalb fordert „Jule" eine Wiederholung. Und so geht es eine ganze Weile, bis auch die bekannten Weihnachtslieder „abgearbeitet" sind. Die Kälte zwickt, die Bläser wärmen hin und wieder ihre Instrumente über dem Feuerchen im Grillfaß. Nun macht auch der Glühwein aus den Thermoskannen die Runde und wärmt innerlich.

Doch dann versagen Finger und Instrumente ihren Dienst. Die Musikanten verabschieden sich bis zum nächsten Jahr, und auch einige Dorfleute ziehen sich in die warme Stube zurück. Der harte Kern rückt näher ans lodernde Grillfaß, der Glühwein glüht. Sprachfetzen über Gott und die Welt klingen über den Platz. Man legt fest, wie das Neujahrsfeuer am 3. Januar unten auf den Wiesen ablaufen soll. *Frank Schmidt* fährt seine *FA-Mu-Py* zurück ins sichere Quartier. Es wird dunkel, die letzten Stimmen verhallen, die Thermoskannen sind leer. Weihnachten kann nun auch in Walzig Einzug halten.

*

Eine gewisse Rolle in dieser Runde spielt Ekki, der einzige Gewerbetreibende im Ort, Mitglied der legendären *Himbeerband (siehe unter Grechwitz im Band 1),* und der von allen liebevoll als „Bürgermeister" akzeptierte LOTHAR ECKHARDT, Jg. 54:

Die Walzscher Wasser-, Wald- und Wiesen-Olympiade

Ich bin hier aufgewachsen, und mein Opa stammt aus dem *Schumannschen* Gut gleich nebenan. Gelernt habe ich Elektriker in Grimma beim *BMK Süd*. Nach der Wende besorgte ich den Service für eine Firma aus Kaiserslautern, die Funkfernsteuerungen für Baukräne und andere Maschinen herstellt. Im Jahre 2000 wagte ich den Sprung in die Selbständigkeit. Zur Funksteuerung ist noch einiges dazu gekommen. Mit einem Mitarbeiter und einem Lehrling komme ich über die Runden.

Nach der Wende meinten einige von den jüngeren Leute im Dorf, daß wir was machen müßten. Nur so dahinleben, das kann's doch nicht sein. Zum Vorteil gereichte, daß wir alle ziemlich gleichaltrige Kinder hatten, und da gab's ebenfalls gemeinsame Interessen. Ein „harter Kern" kann da schon was bewegen. Also trafen wir uns, *Andreas Julius, Frank Schmidt, Matthias Leitner, Siegfried Wenzel* und ich. Wir konnten den größeren Teil der Dorfbewohner für unser Vorhaben gewinnen, und so starteten wir 1992 mit der „Himbeerband" unser erstes Dorffest auf *Zehrfelds* Terrasse.

Seitdem gibt's jedes Jahr so ein Fest, das immer einige andere Familien organisieren. Einmal haben wir das den Jugendlichen überlassen, und sie haben uns nicht enttäuscht. An das tolle Fest erinnern wir uns noch heute gern. Solche Zusammentreffen sind eine gute Gelegenheit, wo wir in lockerer Atmosphäre den Ärger begraben, den es vielleicht mal zwischen den Nachbarn gegeben hat.

Die nächsten kulturellen Aktivitäten sind schon geplant. Auch wenn die Leipziger Olympiabewerbung ins Wasser gefallen ist, wir werden unsere dritte „Walzscher Wasser-, Wald- und Wiesen-Olympiade" durchführen. Das machen wir alle vier Jahre, wie es sich für eine Olympiade gehört. Nur die Disziplinen sehen etwas anders aus: Schlauchboot paddeln im Teich, Schubkarrenrennen, Feldsteine weit werfen, Holz hacken, Holzpfähle in die Erde schlagen, Nägel reinkloppen und als typische Frauendisziplin Kartoffeln schälen und Wäsche auswringen. Eingeladen zu den Festen werden die Freunde und Verwandten der Dorfbewohner und die, die mitmachen wollen. Und dann vereinen wir uns jedes Jahr zu einer großen Ausfahrt. Dieses Mal soll es in die Sächsische Schweiz gehen. Ja, so läuft das bei uns, und so erfreuen sich die Leute an ihrem Dorfleben.

Unter der bunten Dorfmeute befindet sich stets der Altbauer *Helmut Schumann*, Jg. 32: Ich wohne in der zehnten Generation auf dem Bauernhof. Walzig war ein kleines, eigenständiges Bauerndorf mit 120 Hektar Gesamtfläche, in die sich sieben Betriebe teilten, davon sechs im Ortskern und die Schiffmühle unten an der Mulde. Die war für mich immer ein besonderer Anziehungspunkt. Mich faszinierten die großen Wellen, die Antriebsräder und die Transmissionen. Das alles stand noch bis in die 70er Jahre. Dann zogen die Leute weg, und Gebäude und Technik zerfielen allmählich oder wurden zerstört. Schade eigentlich.

Die Bauernwirtschaften hatten eine Größe zwischen zehn und 25 Hektar. Mit den Bediensteten lebten so hundert Bewohner im Dorf. Wir waren vorwiegend Selbstversorger und mußten mit dem Pfennig rechnen. Der Boden ist hier nicht besonders gut, und wehe, es kamen trockene Jahre. Dann sah es schlecht aus. Die feuchte Muldenaue hat uns immer noch gerettet.

In den 50er Jahren kam es zur Gründung der LPG. Einige wollten da nicht rein. Für denjenigen, dem es wirtschaftlich an den Kragen ging, gab es keinen anderen Weg. Nach 1990 hätten wir wieder selbständig werden können. Doch unsere Kinder waren raus aus der Landwirtschaft und hatten andere Berufe. Was ein Bauer braucht, wäre ja alles da: Gebäude, Felder, Weiden. Aber niemand wollte zugreifen. Das ist schon traurig. – *J. M.*

In den Sommertagen begrüßen die Walziger ihre Gäste auf andere Art

Um Curtswald und Trebsener Collm

Selbst im 19. Jh. wurde um Altenhain noch Wald in Ackerfläche verwandelt. Damit setzte sich hier ein Vorgang fort, der im Hochmittelalter begonnen hatte und zum heutigen Aussehen der Landschaft zwischen dem Curtswald und der Loreley bei Bahren, um den Rumberg westlich von Grimma und bei Altenhain wesentlich beigetragen hat: Flach aufragende und weitgehend waldfreie Kuppen stehen über den Tälern von Kranichbach oder Parthe, in denen die Dächer der Dörfer fast verschwinden.

Neben der Kahlheit der Höhen bestimmen vom Menschen geschaffene Landschaftselemente das Bild: der Getreidespeicher bei Trebsen, die hellen aufragenden Halden bei den Steinbrüchen am Hengstberg bei Hohnstädt sowie am Trebsener Collm bei Seelingstädt. Nur hier hat sich der Steinbruchsbetrieb zu der für die Gegenwart typischen Gewalt gegenüber der Natur entfaltet. An windreichen Tagen treibt es den Gesteinsstaub weit über das baumlose Land, und über den Feldern liegen die technischen Geräusche aus den Brüchen.

Die Täler der zur Mulde strebenden Bäche bilden dazu einen auffälligen Kontrast: Wiesen und Teiche lassen um Altenhain und von Seelingstädt bis Beiersdorf oder um Grethen an der Parthe romantische Szenerien entstehen, die über die Doppelwertigkeit unseres Verhältnisses zur Natur und zu unseren Lebensgrundlagen nachdenklich werden lassen.

Andere, vom Menschen geschaffene Szenerien begegnen uns südlich des Wedniger Berges, der die gesamte Landschaftszelle überragt, im spitzen Muldenbogen zwischen Bahren und der *Loreley*. Die kleine Werkssiedlung *Kamerun* ist nur noch ein ganz kleiner Teil einer Zersiedelungsfläche, die sich über das kapähnliche felsige Westufer des Muldenbogens erstreckt. Die Romantik des Durchbruchstales der Mulde und die Abgelegenheit der Stelle hat seit den 30er Jahren viele Wochenendbehausungen gerade hier entstehen lassen, bis hinunter zum Fluß, dessen Unberechenbarkeit man nicht wahrnehmen wollte und will. – *W.E.*

Der aufgelassene Steinbruch Frauenberg bei Altenhain

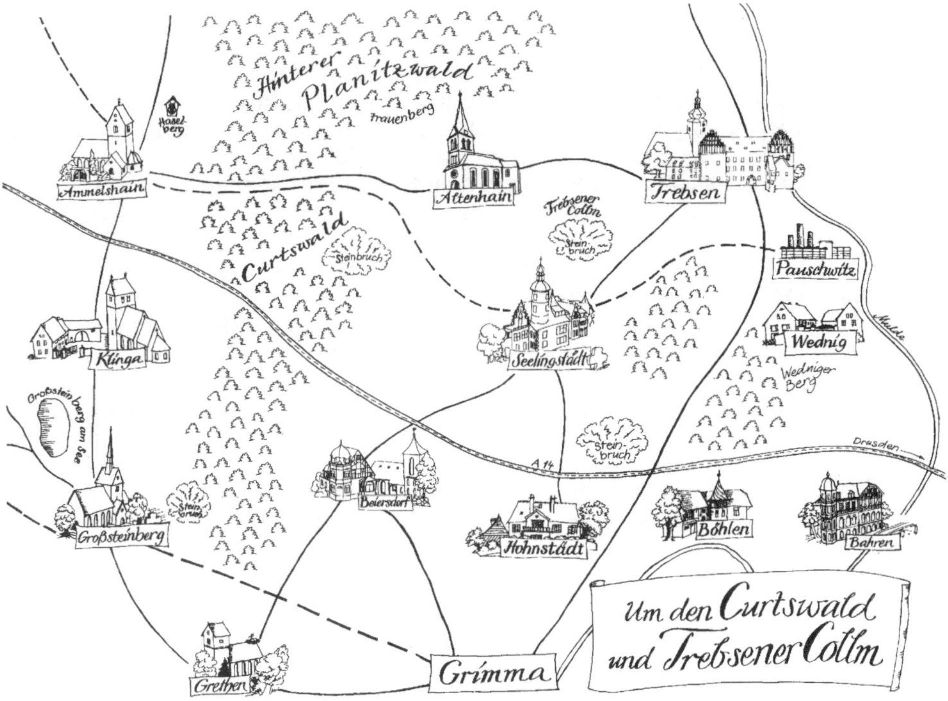

Silos für Splitt im Steinbruch am Trebsener Collm

Von den Bäumen an den Straßen

Große, ältere Bäume in der Flur prägen eine Landschaft ebenso entscheidend mit wie die Dörfer mit ihren Kirchen. Bäume beleben unsere Heimat, machen sie einmalig und unverwechselbar. Es ist egal, ob sie als Allee oder Straßenrandbepflanzung in einer geordneten Reihe stehen, ob sie in einer kleinen Gehölzgruppe oder einzeln als Solitärbaum wachsen, ob sie einen Graben oder einen Bachlauf begleiten.

Der Wanderer, Rad- oder Autofahrer und erst recht der Urlauber beurteilt eine Gegend immer am Vorhandensein von Bäumen und entscheidet danach, ob er sie für eintönig oder reizvoll hält. Die hiesige Bevölkerung hat sich längst an die sie umgebende Landschaft gewöhnt und sich mit ihr identifiziert.

Da sich kaum noch jemand für das Straßenobst wie Äpfel, Birnen und Pflaumen interessiert, fallen offensichtlich gerade von diesen inzwischen alt werdenden, hochstämmigen Bäumen immer wieder viele der Säge zum Opfer. Oft wird an ihre Stelle Ahorn gepflanzt, doch besser wäre die Linde, unser schönster Laubbaum. Nicht nur ihre Blätter haben die ideale Herzform, sondern der ganze Baum bildet im Freistand diese Form aus. Daran ist er schon von weitem im Felde zu erkennen. Als Allee- und Solitärbaum ist die Linde hervorragend geeignet. Zur Blütezeit lockt sie Tausende Bienen und andere Insekten an, die in der ansonsten monotonen Feldflur ohne Klee und Luzerne kaum Futter finden. – *H.K.*

Bäume an der Straße zwischen Bahren und Böhlen/Hohnstädt

Ammelshain, 1350 Ammulungeshain, 'Rodungssiedlung eines Ammelung' (dt.), seit 1994 OT von Naunhof, 1074 Einw.

In der Kette der drei *A-hain-Dörfer* an der Faulen Parthe liegt Ammelshain in deren Mitte. Der Fremde kann sie schnell verwechseln. Die Namenähnlichkeit ergibt sich rein zufällig. Entstanden sind sie als Rodungssiedlungen um 1300.

Die Infrastruktur von Ammelshain kann eigentlich nicht besser sein. In alle Himmelsrichtungen führt eine gut ausgebaute Straße. Eine fünfte hat gar Anschluß an die große weite Welt: Die Autobahn A 14. Mit einer Auf- und Abfahrt tangiert sie den Dorfkern nur wenige hundert Meter entfernt. Und dann ist schließlich noch die Eisenbahnstrecke, die allerdings nicht mehr das ist, was sie mal war. Mit dem PKW sind die Dörfler sowieso schneller dort, wo sie hinwollen. Und wer hier mal anhält, der wird nicht enttäuscht wieder von dannen ziehen. Es gibt was zum Schauen (am Schloß- und Kirchengelände), zum Hören (bei Brückners), zum Riechen und Essen (beim Bäcker Wolf) und zum Trinken und Ausruhen (in drei Gaststätten).

Millionen für das Ammelshainer Schloß

Wer vor reichlich zehn Jahren das Risiko einging, dem verlassenen Herrenhaus einen Besuch abzustatten, dem boten sich erschreckende Einblicke. Sie gingen durch alle Stockwerke bis in den blauen Himmel. Doch eher war der dunkel und wolkenverhangen. Also blieb nur ein vorsichtiger Rückzug, damit nicht etwa durch unachtsame Bewegungen das ganze Gebälk in sich zusammen stürzte.

Das Wunder geschah! Weit hergereiste Investoren erwarben die marode Anlage. Es wäre müßig, nach dem Warum zu fragen. Bestimmt kein Mitleid mit dem tristen Ammelshainer Dorfbild. Es dürften handfeste Absichten gewesen sein, wie sie in der

Die neue Schloßanlage in Ammelshain

freien Marktwirtschaft üblich sind. Also eine Geldanlage, die sich baldigst rentieren möge. Und woher die 24 Millionen DM kamen, die in das verfaulende Gebälk und löchrige Mauern gesteckt wurden, ob aus Eigenkapital oder durch Kredite und Fördergelder, den Einheimischen war's egal. Die Schloßanlage wäre ohne diese handfeste Hilfe in sich zusammengebrochen, und die Gemeinde hätte mit viel Geld den Trümmerhaufen beseitigen müssen. So einfach ist das, und so sehen es die Ammelshainer. Und sie führen heute ihren Besuch dorthin und zeigen ihm, was aus dem häßlichen Entlein geworden ist. Es gibt sogar Leute, die euphorisch vermerken: Mit dem Schloß wurde uns das Herz vom Dorf zurückgegeben!

Die Architekten hatten eine glückliche Hand. Sie konzipierten die Anlage nach der historischen Vergangenheit und planten einen großzügigen Wohnkomplex. Schloß und Torhaus wurden von Grund auf saniert, blieben erhalten und strahlen im alten Glanz. Oder noch schöner als je zuvor. Die Scheunen und Ställe, die den weiten Gutshof umschlossen, liegen jetzt auf der Schutthalde. Auf ihrem Platz wuchsen zwei lange Reihenhäuser empor, wo trotzdem jeder für sich leben kann. In der Summe ergeben sich 80 Wohnungen, eingebettet in eine originelle Wohnanlage mit dörflichem Bezug und vorteilhaft integriert mit alten und neuen Mauern.

Es bleibt nicht aus, daß dunkle Flecken dazwischen liegen. Noch sind nicht alle Wohnungen vermietet. Manche Familie hat sich schon wieder verflüchtigt. Die Neumieter-Kolonie führt noch zu sehr ein Eigenleben. Die Kontakte mit den Einheimischen brennen auf Sparflamme. Gründe? Die menschlichen Barrieren zwischen Stadt und Land sind noch nicht zu Kleinholz verkommen. Bemühungen sind erkennbar: Da ist der Weihnachtsmarkt, das Osterfeuer, Hoffeste laden ein und eine jährliche Theateraufführung. Ob die weitgereisten Gruppen mit ihrer fremden Sprache ein offenes Ohr finden? Vorerst treffen sich hier mehr Auswärtige als Einheimische. Ein Schloßverein soll Abhilfe schaffen.

*

Das Dorf hat auch seine eigenen Künstler. Nicht die Lebenskünstler sind gemeint, die es mancherorts gibt. Es sind *die Brückners*, eine Familie echter Künstler. Die Musik ist ihre Leidenschaft, leicht beschwingte und ernsthaft klassische. Da werden keine Grenzen gezogen. Führender Kopf ist der Musiker BERND BRÜCKNER, Jg. 51:

Ausgerechnet einer vom Dorf wurde der erste Saxophonstudent

Es ist sicher nicht alltäglich, den Beruf eines Musikers auszuüben, zudem man noch auf dem Dorfe wohnt. Daß ich zu dieser Sparte gehöre, verdanke ich wohl meiner kindlichen Begeisterung. Damals spielte in Ammelshain das Blasorchester der Feuerwehr, dabei auch mein Vater. Wenn die Truppe mit klingendem Spiel durchs Dorf marschierte, gab's für mich kein Halten. Grenzenlos glücklich war ich, als mir der Schlagzeuger ein paar zerbeulte Becken in die Hand drückte. Mit stolzgeschwellter Brust reihte ich mich ein.

Dem Dirigenten, meinem späteren Lehrer *Werner Haarig*, blieb natürlich meine Leidenschaft nicht verborgen. Eines Tages fragte er mich, ob ich nicht Lust hätte, Trompete zu spielen. Spontan sagte ich zu und war fortan Schüler der Musikschule Wurzen. Ich klemmte mich hinter die Noten und verzichtete auch schon mal auf das Rumstrolchen im Dorf. Nun habe ich mich nicht dumm und dämlich geübt, doch ich hatte Lust dazu. Und das ist bis heute so geblieben. Nur ständiges Üben führt zur Meisterschaft. Und man darf diese Stunden nicht als notwendiges Übel auffassen.

Mit 14 habe ich die Trompete mit dem Saxophon vertauscht. Warum eigentlich, das kann ich heute nicht mehr sagen. Jedenfalls hatte ich am neuen Instrument noch mehr

Spaß. Und dann konnte ich damit auch das erste Geld verdienen. In der Gruppe macht das Musizieren noch mehr Spaß, und so spielte ich bald in Tanzkapellen, u. a. in der *Combo Meteor* aus Brandis. Es wurde aber auch Zeit, an eine berufliche Ausbildung zu denken. Da kam mir zupasse, daß an der Leipziger Musikhochschule *Fips Fleischer* eine Abteilung für Tanzmusik einrichtete. Ich bewarb mich für ein Studium und wurde angenommen. So war ich der erste Saxophonstudent der Leipziger Musikhochschule. Ausgerechnet einer vom Dorf! Irgendwie war ich da schon ein bißchen stolz, und ich enttäuschte meine Lehrer nicht.

Das letzte Leipziger Studienjahr veränderte meinen bisherigen Lebensrhythmus. Ich übte in dem einen Zimmer, daneben eine Anfängerin. Die Töne schwangen hinüber und herüber. Man muß da doch mal gucken ... Monate später heirateten wir.

Nach beruflichen Umwegen in Halle und Berlin kehrte ich mit Frau und Kindern in meinen Geburtsort zurück, vor allem auch deshalb, weil die Mutter als herzensgute Kinderbetreuerin eine ganz wichtige Rolle spielte. Ein Sachse bleibt eben ein Sachse! Auch meine Frau fühlte sich wohl im dörflichen Haus mit der Kleintierwelt im Garten. Sie hatte sich seinerzeit ein Leben auf dem Land überhaupt nicht vorstellen können. Vor reichlich zehn Jahren haben wir im Garten neben dem elterlichen Wohnhaus ein neues Haus gebaut. Wir brauchten für die drei Söhne dringend Platz. Inzwischen sind sie ausgeflogen, stehen auf eigenen Füßen. Das Räderwerk des Lebens schafft neue Situationen.

Unser Berufsalltag ist ausgefüllt, obwohl es nicht einfach ist, in der Branche zu bestehen. Da ist nur ein kleiner Kuchen da, von dem viele Kollegen etwas abhaben wollen. Als Musiker werden wir von Theatern und Orchestern eingeladen. Ich selbst bin Mitglied im *Leipziger Saxophon Quartett*. Außerdem sind wir beide solistisch unterwegs und spielen Swing in der *Klaus-Fischer-Big-Band*. Besonders am Herzen liegt uns unsere pädagogische Arbeit an der *Musikschule Muldental Theodor Uhlig*, wo wir für die Ausbildung der Saxophon- und Klarinettenschüler zuständig sind. Es ist immer wieder erstaunlich, wie viele gute Talente es auch im ländlichen Gebiet gibt.

Die Musiker-Familie Brückner in der Ammelshainer Kirche

Die Musik bestimmt unser familiäres Leben. Alle *fünf Brückners* machen Musik, richtige Familienmusik. Und das ist ein beglückendes Erlebnis für uns alle. Es begann seinerzeit, als unser ältester Sohn ein Instrument spielen konnte. Die Hausmusik haben wir immer an die musikalischen Fortschritte unserer Söhne angepaßt. Als der Jüngste auf den E-Bass umsattelte, kam uns die Idee, eine Familienband zu gründen. Der Wirt der Neubauernschänke war davon begeistert, und so spielten wir an manchem lauen Sommerabend in seinem Biergarten. Mit drei Titeln, mehrmals wiederholt, fing es an, heute haben wir ein abendfüllendes Repertoire.

Neben dieser Familien-Band haben sich Robert und Konrad zu einem Jazz-Duo vereint und interpretieren bekannte Jazz-Titel. Und dann ist da noch die Triobesetzung mit meiner Frau *Isabell* und Sohn *Friedrich*. Wir spielen mit Klarinetten und Fagott klassische Bläsermusik zu Konzerten und kleinen Festlichkeiten. So rundet sich das Bild unserer musikalischen Familie. Es ist unser großes Glück, es ist die Freude und der Spaß, der unsere Familienbande fest geknüpft hat. Und wir freuen uns, wenn Freunde, Bekannte und andere Gäste zum alljährlichen Weihnachtskonzert am zweiten Adventssonntag in die kleine Ammelshainer Kirche kommen und wir ihnen eine besinnliche Stunde vermitteln können.

WEITERE NOTIZEN
aus Ammelshain

Die **Dorfchronik** wird seit Jahren von dem Werkzeugmacher *Andreas Klöthe,* Jg. 57, geführt. Er sammelte alle verfügbaren Materialien in mehreren Ordnern und hat so ein wertvolles Nachlagewerk seines Heimatdorfes geschaffen. Außerdem beschäftigt er sich intensiv mit der Naunhofer Geschichte.

Das **Naturschutzgebiet** Haselberg und Straßenteich erhielt seinen amtlichen Status 1996 und schützt ein von Menschenhand geschaffenes 39 Hektar großes Biotop in und um drei ehemalige und jetzt mit Wasser gefüllte Steinbrüche. Damit konnte ein nach 1990 vorgesehener Neuaufschluß der Steingewinnung verhindert werden.

Einen Haltepunkt der heutigen **Eisenbahnstrecke** Beucha-Trebsen gab es seit 1898. Seit 1997 nur noch Güterverkehr.

Die **Faule Parthe** trägt ihren Namen im wahrsten Sinne des Wortes. Das Rinnsal liegt zeitweilig trocken, kann bei Starkregen beträchtlich anschwellen, wie zuletzt 2002. Nach seiner Begradigung um 1900 fließt sie als fast gerader Strich in der Landschaft am Dorfrand entlang.

Die **Steinindustrie** begann in den 1870er Jahren mit dem ersten Steinbruch von Eduard Möbius und endete Anfang der 60er Jahre. Die Steinarbeiter errichteten an mehreren Stellen ihre Siedlungshäuser. Entlang der Altenhainer Straße standen noch nach dem II. Weltkrieg die Bossiererbuden aus rohgezimmerten Brettern, wo die „Knüppel" aus dem Bruch zu Pflastersteinen bossiert wurden. Nach 1970 errichteten dort immer mehr Leipziger ihre Bungalows, die heute z. T. zu Wohnhäusern umgebaut sind. - Ein weiterer Industriezweig entstand Mitte der 30er Jahre mit dem Aufschluß einer riesigen Kiesgrube im Naunhofer Forst, teilweise auf Flur Ammelshain.

22 **Teiche** lagen vor 1900 in der Ortsflur, von denen heute noch sieben existieren. Sie tragen alle einen Namen und verschönern das Ortsbild. Einige sind zur Fischzucht verpachtet.

Die ehemalige Schmiede in Ammelshain

Die **Kirche** ist romanischen Ursprungs und wurde vermutlich um 1250 als Wehrkirche errichtet. In und nach der Barockzeit mehrmals umgebaut und erneuert, vor allem zwischen 1977 und 1985 mit Hilfe der Kirchgemeinde. Im Innern Grabdenkmale aus dem 17. und 18. Jh. für Mitglieder der Familie Lindenau. Auffällig vier farbige Glasfenster von 1892, sonst schlichte Gestaltung. - Schwesterkirche von Trebsen-Neichen, Altenhain und Seelingstädt seit 1999. - Der Friedhofseingang hat ein überwölbtes Tor mit ebensolcher Pforte und Lattentüren. Mit der mächtigen Friedhofslinde zeigt sich hier ein eindrucksvolles Dorfbild.

Die Kirche in Ammelshain

Die **Schule** von 1926, ab den 60er Jahren Schulkombinat mit Klinga und Altenhain, ab 1983 nur noch Unterstufe, nach einer aufwendigen Sanierung im Jahre 2000 geschlossen. 2003 Einrichtung eines Jugendklubs.

Vereine und Einrichtungen: Sport: BSG Traktor gegr. 1959, bis 2004 Fußballverein SV Klinga/Ammelshain, seitdem fusioniert mit SV Naunhof 1920, Spielplatz zwischen beiden Orten an der Autobahn. - Tischtennisverein. - Verein zum Schutz und zur Erhaltung der Natur und der Muldenlandschaft. Vors. Matthias Meyer. - Rassegeflügelzüchter, gegr. 1964, Vors. Werner Lehmann. - Brieftaubenzüchter „Gut Flug", Vors. Hartmut Bieneck. - Flugzeugmodellbauer, Vors. Gerhard Hennig. - Freiwillige Feuerwehr, gegr. 1947, Wehrleiter Ralph Barth. Neues Gerätehaus. - Kindertagesstätte, Neubau von 2002, Leiterin Ute Gerhardt. - Praxis für Naturheilkunde von Sabine Holz.

Landwirtschaft: Das Rittergut besaß die Familie *von Lindenau* von 1531 bis 1749, ab Mitte der 30er Jahre im Besitz einer Erbengemeinschaft, letzter Pächter *Adolf Schlag*, mit der Bodenreform vertrieben. Das Barockschloß wurde 1723 errichtet, 1788 folgte das Torhaus. Ab1948 MAS/MTS, zuletzt Kreisbetrieb für Landtechnik, im ehem. Kuhstall und in Scheunen. Im Schloß zeitweilig Flüchtlingswohnungen, Post, Poliklinik, Schülerspeisung, Bibliothek, FFW, seit Ende der 70er Jahre zunehmender Verfall. - 44 Neubauern übernahmen nach der Bodenreform den Besitz des Rittergutes. Einige bauten in einer Neubauernsiedlung ihre Wirtschaft, die Anlage besteht noch heute von einer prächtigen Pappelallee flankiert in ihren Grundzügen, die Mehrzahl der Häuser um- und ausgebaut. - Mit den 21 Altbauern Bildung von LPG Typ I und III, Schwerpunkte Gemüse und Schweinezucht (anfangs in Schweinehütten), 1990 Auflösung der Genossenschaft. Die Felder sind jetzt an die Bauernland GmbH Beiersdorf verpachtet.

Handel & Gewerbe: Moco Holzwerk GmbH mit Holzhandel, 40 Beschäftigte. - Bäckerei Wolf seit 1894, damals Verkauf in einer Bauernküche, 1905 Neubau von Bäckerei und Laden, überstand in den hundert Jahren alle wirtschaftlichen Hemmnisse, jetzt ca. 20 Beschäftigte, Filialen in Grimma und Naunhof. Stollenfest am 1. Advent. - Utes Einkaufs-Shop im ehem. Konsum, Bes. Ute Landschreiber. - Fleischerei Richter. - Blumengeschäft von Ina Schröter.

GASTRONOMIE: Gasthof & Hotel *Zum Weißen Roß*, seit 1835, heutiger Besitzer Fam. Blankenburg. - *Sperlings Gasthof*, seit 1919. - *Neubauernschenke* seit 1990, nur abends geöffnet, Betreiber Fam. Lippert.

LITERATUR: Der Sagenschatz von Ammelshain. Sybille Jungk/EckhardKlöthe. Sax-Verlag 1993

Klinga, 1251 Clinga, 'der Ort am Bach' (dt.), OT von Parthenstein, 1070 Einw.
mit Staudnitz, 1186 Stuvdiniz, 'Ort, wo eine Quelle ist', seit 1935 nach Klinga eingemeindet

Die nahe Autobahnauffahrt bindet den Ort an die große weite Welt. Das hat seinen Preis. Ununterbrochen rollen die zufahrenden Laster und PKW über das Asphaltband der frisch sanierten Dorfstraße. Wer sie als Fußgänger überqueren will, muß höllisch aufpassen. Lärm und Gestank sind weitere Übel.

In Klinga wächst das Gemüse in der Nacht

Damals, in tiefster DDR-Zeit, als die Versorgung mit Gemüse ein ständiger Engpaß war, suchten findige Köpfe einen Ausweg. Sie fanden einen in dem vitaminreichen Chicorée. Die Gärtner-Abteilung der LPG spezialisierte sich darauf. Vor allem *Günter Kempe* (1933–1988) befaßte sich mit der Pflanze. Er stellte die Anzucht auf Hydrokultur um, also erdelos. Der im Dunkeln heranwachsende Sproß der Salatzichorie bleibt weiß und kann unter künstlichem Klima das ganze Jahr über geerntet werden. Die Leute mochten das Kraut als Salat oder Gemüse und bereicherten damit das einseitige Angebot. Die Machtoberen akzeptierten den Fleiß der Klingaer und verliehen der Brigade den Orden „Banner der Arbeit".

Mit der Auflöung der LPG nach der Wende übernahmen einige Leute aus dem Betrieb die Anlagen und gründeten die *Gärtnerland GmbH.* Sie waren der guten Hoffnung, daß das Gemüse auch künftig seine Abnehmer hat. Es schmeckt ja auch gut und ist sehr gesund. Aber die Gesetze der freien Marktwirtschaft schlugen zu. Die Gesellschaft geriet in Zahlungsschwierigkeiten und mußte Insolvenz anmelden. Eine Jenaer Firma erwarb aus der Konkursmasse die Einrichtungen. Seitdem produzieren 14 Mitarbeiter das ganze Jahr über ca. 1000 Tonnen des frischen Gemüses. Neue Maschinen und Hallen erleichtern die Tätigkeit, doch hier wie auch bei anderen Gärtnereien hängt das Damoklesschwert über den Köpfen. Die Großabnehmer drücken ständig die Preise, und im Wettlauf mit dem billigen auslän-dischen Gemüse schwinden immer mehr die Chancen der einheimischen Betriebe, ihre Produkte absetzen zu können.

*

Klinga hatte im Sport einen traditionsreichen und klangvollen Namen. In einem Atemzuge damit muß der Name *Norbert Tschorsnig*, Jg. 40, genannt werden. Die meisten kennen ihn allerdings nur als *„Charlie"*. Seine Musikfans verpaßten ihn den „Künstlernamen", weil er gar zu leidenschaftlich den *„Charlie Brown"* spielte. Obwohl der gelernte Kupferschmied über drei Jahrzehnte hinweg stets irgendwo in der DDR auf Montage war und Hebebühnen reparierte, eilte er an den Wochenenden flugs nach Hause. Muldeauf und muldeab saß er dann inmitten der *Swing-Combo* auf einer Bühne und sorgte für ausgelassene Tanzstimmung. Doch ehe er in die Gitarrensaiten griff, rannte er hinter dem Fußball her. Er war eine aktive Stütze der hiesigen Fußballmannschaft. Das fing schon im Jugendalter an und hörte erst kurz vor Beginn des Rentenalters auf. Das Urgestein des Ammelshain-Klingaer Fußballs war zugleich dessen Vorsitzender, Trainer der Jugend und kümmerte sich um die ganz profanen Belange der Sportanlage. Und die hatte sich nach der Wende zu einem Schmuckstück gemausert, daß es eine Laune war, dort über den Rasen zu jagen. Dazu gehörte auch ein neues Sportlerheim. Er resignierte auch nicht, nachdem freche Diebe zweimal seinen privaten Rasentraktor aus den gesicherten Wirtschaftsräumen geklaut hatten.

Mitte 2004 hat sich die sportliche Situation völlig verändert. Quasi über Nacht löste sich der Sportverein auf und fusionierte mit dem Naunhofer Verein. Der Gemeinde blieb nichts mehr anderes übrig, als die Sportanlagen dahin zu verpachten. Wie und in welchem Unfang sie genutzt werden, wird die Zukunft zeigen. Einige der aktiven Sportler gingen mit, andere, die ehrenamtlich immer noch tätig waren, zogen sich zurück. Eine echte Sporttradition hat ihr Ende gefunden.

*

Die beiden Dörfer Klinga und Staudnitz wuchsen im 19. und 20. Jh. enger zusammen, so daß es logisch war, sie auch kommunal zu vereinigen. Das geschah dann auch 1935, und da Klinga die meisten Bewohner einbrachte, erhielt die Gemeinde diesen Namen. Außerdem standen auf Klingaer Flur die Kirche mit dem Friedhof und die Schule. Die Struktur des Ortes prägt eine mehrfach gewundene Dorfstraße mit ansehnlichen Bauernhöfen, ein fast reines Straßendorf. Dort, wo die Straße nach Naunhof abzweigt, lag am Platz zwischen zwei Dorfteichen – einer ist inzwischen zugeschüttet – seit alters her der Gasthof.

Staudnitz entwickelte sich mit seinen Teichen zu einem typischen Angerdorf, wo auch einige Bauern siedelten, nach 1900 jedoch mehr und mehr Steinarbeiter. Sie fanden in den nahen Brüchen Arbeit und Brot. Die kleinen Wohnhäuser im „Steinarbeiterdorf" besaßen Stallgebäude, wo höchstens zwei Kühe standen und noch andere Haustiere gefüttert wurden. Die Frauen kümmerten sich um die Tiere und den Haushalt. Eine regelrechte Siedlungs-Explosion erfolgte nach 1990. Auf sechs Standorten wuchsen über 150 neue Eigenheime empor. Die Einwohnerzahl schnellte in die Höhe und steigt weiter.

Zwischen beiden Orten gab und gibt es keinerlei Spannungen. Was die einen tun, machen die anderen ebenso. Irgendwelche eigene Traditionen sind längst vergessen und verschwunden. Höchstens mal im Scherz sorgt der eine oder andere Nachbar dafür, daß der Name Staudnitz nicht verloren geht, wenn ein Klingaer meint: „Ach, das is doch bloß ä Staudzer!" Umgekehrt ist es natürlich genau so.

Einer, der unmittelbar an der „Grenze" wohnt, bläst dann schon mal in das gleiche Horn. Es ist der Tischlermeister i. R. Manfred Richter, Jg. 35:

Dorfkirche Klinga

Mein Sarg steht wohlverpackt ganz hinten in der Scheune

So weit ist es zwar noch lange nicht, daß ich ihn brauche, aber sicher ist sicher. Jetzt habe ich gerade mal das Rentenalter erreicht. Ganz zur Ruhe setze ich mich noch lange nicht, wenn ich auch die Tischlerei an meinen Sohn abgegeben habe.

Ich bin ursächlich kein Klingaer, fühle mich hier aber zu Hause. Meine Heimat ist Magdeborn. Dort ging ich zur Schule, erlernte beim Vater das Tischlerhandwerk, übernahm den Betrieb und mußte ihn 1977 für immer verlassen. Das Dorf wurde eingeebnet, es versank im Schlund der Kohlebagger. In Leipzig-Grünau erhielten wir eine Wohnung zugewiesen. Das behagte mir ja nun überhaupt nicht. Da erhaschte ich den Zipfel einer Glückssträhne: Das Baugeschäft *Krause* in Klinga hatte mit dem Tod des Betreibers seine Arbeit eingestellt. Ich konnte den Betrieb erwerben. Und noch etwas: Ich übernahm ein Telefon, und im Haus gab's einen Gasanschluß. Ein Fünfer im Lotto hätte nicht ergiebiger sein können!

Zügig erfolgte der Ausbau der Werkstatt. Die Arbeit ging mit kurzer Unterbrechung weiter. Wir hatten aber auch zu tun. Die Aufträge reichten für vier bis fünf Jahre, und es war nicht immer einfach, die Kunden zu vertrösten. Das Problem: Materialschwierigkeiten! Manchmal erhielt ich ganze drei bis vier Bretter von der Genossenschaft. So haben wir uns von Monat zu Monat durchgewurschtelt.

Wir zimmerten damals in Magdeborn auch Särge zusammen. Gedanken an den Tod hatte ich dabei nicht. Das war für mich eben der Lauf des Lebens. In einer Ecke lagerte stets ein gewisser Vorrat, denn du kannst ja nicht erst anfangen, wenn der Sterbefall gemeldet wird. Mit dem Umzug nach Klinga stellte ich die Produktion ein. Doch einen habe ich mitgenommen. Er steht gut abgedeckt hinten in der Scheune und ist für mich reserviert. Ich werde mir doch mein letztes Möbelstück nicht von einem anderen Tischler zusammenbauen lassen.

Als ich hierher kam, suchte der Pfarrer Leute für die freiwillige Tätigkeit als Kirchenvorstand. Ich wollte mich nicht abseits stellen, sondern was für's Dorf tun. Die

Manfred Richter und seine Tochter in der Ausstellung in der Kirche

Kirche bildet nun mal ein gewisses Zentrum. Also machte ich mit, und das zwanzig Jahre lang. Jetzt als Rentner habe ich mich zurückgezogen und hoffe, daß Jüngere diesen Platz einnehmen.

2003 zeigte ich in der Kirche eine kleine Ausstellung. Seit vielen Jahren sammle ich Wucherungen an Bäumen. Eigentlich sind das ja Mißbildungen, aber doch ein Wunder der Natur. Darauf wollte ich aufmerksam machen. Manch einer mag das für einen Spleen halten, und mit dem Unkraut im Garten vergleichen. Aber hier wie dort muß man und sollte man nicht alles mit der wirtschaftlich-nützlichen Elle messen. Alles in der Natur erfüllt seinen Zweck, hat seinen Sinn, und so offenbart sich in den knolligen Formen eine andere Schönheit des Holzes. Und die habe ich immer wieder gesucht in meinem 40jährigen Sammeleifer. Diese Schöpfungen der Natur standen voriges Jahr in der Klingaer Kirche. Ob nun der Besucher dabei etwas empfand, in seiner Phantasie Vergleiche anstellte oder nur ein Stück Feuerholz darin erblickte, das mag ich nicht zu beurteilen.

Ich lebe nun 25 Jahre in Klinga und fühle mich hier wohl. Doch meine Heimat wird Magdeborn bleiben. Das Dorf lebt in meiner Erinnerung, vielleicht, weil ich dort herangewachsen bin. Die Zahl der Magdeborner wird immer weniger. Einmal im Jahr vereinen wir uns in Leipzig-Grünau im *Magdeborner Hof* zum Erinnerungstreff. Es ist das Heimatgefühl, was uns dazu antreibt. Woran mag's liegen? Ich habe den eigentlichen Grund noch nicht gefunden. Dabei sind die Menschen hier in Klinga die gleichen Typen wie in Magdeborn.

Neulich hatten wir eine runde Geburtstagsfeier. Da waren wir auch noch mal „drüben". Das Dorf ist weg, doch nach Kohle wurde nicht gebaggert. Der Abbau ging wohl andere Wege, und seit längerer Zeit ist da ganz Schluß. Von der alten Schaltwarte steht nur noch die Hülle. In den riesigen Raum hatten wir Stühle und Tische transportiert. Bei Kaffee und Kuchen wurde es eine lustige Feier, mit ein bißchen Wehmut, aber nur ganz, ganz wenig. In einiger Entfernung grünte auf einsamer Flur eine alte Kastanie, die seinerzeit in unserem Garten wuchs. Dort also stand unser Haus. Da wurde ich doch ein bißchen nachdenklich.

WEITERE NOTIZEN aus Klinga

Ein **Fischhaus** wurde um 1900 im Inselteich gebaut, darin Behälter, in denen die nach dem Abfischen übrig gebliebenen Fische zur Selbstbedienung der Dorfbewohner aufbewahrt wurden.

Die beachtenswerte **Wehrkirche**, mit Bruchsteinen im 12. Jh. gebaut, besticht durch ihre Dachtreppe mit den ansteigenden Dachhöhen von der Apsis bis zum Turm. Sechs Fenster zeigen ihren romanischen Ursprung. Die Innenausstattung erfolgte in Bauernbarock mit bemalter Felderdecke über dem Altarraum. - Die gemalte Sonnenuhr an der Außenwand ist längst verblichen und zeigt nur noch eine merkwürdige Metallschleife, die schwer deutbar ist.

Die **Schule** bildete ab 1950 ein Schulkombinat mit Ammelshain bis zur endgültigen Einstellung des Schulbetriebes im Jahre 1983. Langjähriger Schulleiter war Kurt Hauck (1901–1958), der sich außerdem sehr verdient um die Führung einer Ortschronik gemacht hat. Frieda Mildner setzte die Arbeit fort, die seit einigen Jahren Rainer Aurich, Jg. 44, übernommen hat.

Personalien: *Emil Kemnitz* (um 1870–um 1960), praktizierte als Heilpraktiker bis Ende 1950. Als „Wunderdoktor" betreute er Patienten aus ganz Deutschland. Diese kamen oft mit dem Zug an und wurden mit einem Pferde-Taxi vom Naunhofer Bahnhof abgeholt. Vor der Sprechstunde konsumierten sie im hiesigen Gasthof ein kräftiges Frühstück.

Fritz Mehnert (1891–1932), freischaffender Maler, Mitbegründer der Malergruppe „Leipziger Sieben". Er restaurierte die Kirchen in Klinga und Seelingstädt.

Herbert Quietzsch, Jg. 13, langjähriger Vors. der Kleingärtner mit 120 Mitgliedern. Als Vollwaise bei den Großeltern aufgewachsen, erlernte er den Beruf des Mechanikers. Widmete seine gesamte Freizeit der freiwilligen Arbeit für die Kleingärtner.

Peter Schröck, Jg. 35, leitete die Broilerproduktion der LPG in seinem Grundstück bis zur Auflösung der Genossenschaft 1990. Sammelt Postkarten von seinem Heimatdorf. Über 70 unterschiedliche Motive veranschaulichen aussagekräftig die Dorfgeschichte.

Liane Voigtländer-Warneke, Jg. 40, Sängerin am Theater in Meinigen bis zu ihrer Heirat. Ihren ersten großen Auftritt hatte sie 1960 bei Heinz Quermanns „Herzklopfen kostenlos". Sie begann mit den „Klingaer Schrammeln" zu musizieren, eine Volkskunstgruppe von vier jungen Mädels, die zwischen 1958 und 1964 mit Akkordeon und Gitarre bei vielen Veranstaltungen auftrat.

Der **Senfberg**, 179 m über NN, benannt nach dem einstigen Besitzer J.D. Senf, wurde um 1880 aufgeforstet, ein Jahnturm 1902 im Auftrag von *C.W. Wiesner*, Kulturtechniker *(s. bei Seelingstädt)*, errichtet. Hügel und Bauwerk (abgerissen 1976) waren seinerzeit oft das Ausflugsziel der Turnerschaft. - Am Senfberg steht die *Villa Bleichert*, 1922 als Sommersitz der Fabrikantenfamilie Bleichert gebaut, verkaufte dieser 1930 die Villa, die bis 1939 als Kinderheim und Jugendherberge, und danach als Lazarett genutzt wurde. Von1945 bis 1998 Außenstelle der Kinderklinik Leipzig. 2003 kauft *Prof. Augustinus Bader* die Klinik mit dem Vorsatz, hier seine internationale Stiftung für Regenerative Medizin (Stammzellenforschung) sowie eine biomedizinische Firma anzusiedeln.

Eine **Windhose** jagte am 16. 5. 1983 über den Ort und entwurzelte dabei 190 Bäume und beschädigte mehrere Häuser.

Die **Windmühle** von Staudnitz verzeichnet die Jahreszahl 1554 in einem Balken, 1947 abgerissen und Neuaufbau als Paltrockwindmühle ohne Flügel, bis 1980 mit Elektromotor vom Meister Friedrich Picht (1905–1976) betrieben, jetzt baufällig. - Klinga besaß eine um 1830 erbaute Bockwindmühle auf dem Gelände des Kindergarten. Sie wurde 1904 abgetragen und verkauft. Der Volksmund nannte sie die „Mordmühle". Der Erbauer stürzte in den 25 m tiefen Brunnen und ertrank, der Nachbesitzer kam in das Getriebe der Räder und verlor dabei mehrere Gliedmaßen. Seinen Nachfolger erschlug ein herabstürzender Flügel, und der letzte Besitzer Schönfeld wurde beim Verladen des tatsächlich letzten Stückes der abgebrochenen Mühle vom Gehirnschlag getroffen und fiel tot vom Wagen.

Vereine und Einrichtungen: Freiwillige Feuerwehr, gegr. Mitte der 30er Jahre, wiedergegr. 1945, Wehrleiter Michael Pohl. Verein der Freunde und Förderer der FFW Klinga, Vors. Mathias Tag. Jugendfeuerwehr. Neues Gerätehaus von 2000. Alljährlich Fasching, Weinfest. Wappen der Kirche im Ärmelzeichen. - Volkschor, gegr. 1948, Dirigent Dietrich Wiesemann, Vors. Peter Voigtländer von 1974 bis 2004, Nachf. Volker Michael. - Kleingartenverein, gegr. 1952. - Rentnertreff der Volkssolidarität, Leitung Monika Stiller. - Kindereinrichtung (Krippe und Kindergarten) im ehem. Schulgebäude, Ltg. Petra Schütze

Landwirtschaft: In beiden Orten gibt es 1945 ca. 30 Hofstellen. 1927 Einrichtung einer Geflügelfarm von Carl Schröck, 1958 LPG und bis 1990 Broilerproduktion. - 13 Neubauernstellen erhalten das ehem. Rittergut der Stadt Leipzig, das Reinhold Born gepachtet hatte. Ab 1950 mehrere LPG, zuletzt Tierproduktion Ammelshain und Pflanzenproduktion Beiersdorf. Größere LPG-Gärtnerei, hervorgegangen aus der Gärtnerei Eichstädt, mit Gemüse, Chicorée und Blumen, jetzt von einer Jenaer Firma fortgeführt. Lediglich der 80jährige Bauer Hans Kluthmann füttert noch zwei Kühe und hat sich mit zwei Pferden einen Wunschtraum erfüllt. Das Futter holt er tagtäglich selbst von seinen Feldern.

Handel & Gewerbe: Tischlerei Frank Richter. - Elektrowerkstatt Peter Voigtländer. - Licht Design Eckard Hofmann. - Friseur- und Kosmetikgeschäft Ivonne Adler. - Autoglas D. & H. Donner und Hasselmann. - Taxi und Bus Frank Kerrinius. - Handelsbetrieb Ziegler. - Uhrentechnik von Helga und Peter Schnabel. - Fahrrad Sport Dietz. - GASTRONOMIE: Der Dorfgasthof „Schwarzes Roß", wird seit 1966 bewirtschaftet von Werner Kneppe, Jg. 48. Rustikale Gaststube mit gewaltigen Balken im Erdgeschoß, tanzendes Paar an der Hauswand. Biergarten, Familienfeiern, Partyservice.

Altenhain, 1370 Aldenhayn, 'die alte Rodungssiedlung' (dt.), seit 1999 OT von Trebsen, 891 Einw.

Vor 300 Jahren gab es im Ort eine höllische Aufregung. Die Legende erzählt nämlich, Diebe hätten die Kirche ausgeraubt. Ihr Diebesgut versteckten sie im nahen Wald unter einer Eiche. Doch welche glückliche Fügung: Ein Kind stieß beim Heidelbeersuchen auf die vergrabenen Stücke. Der Pfarrer ritzte daraufhin in eine danebenstehende Eiche die Umrisse eines Kelches ein, zur Mahnung, daß eine solche Tat nicht wieder passieren solle. Die Legende der *Kelcheiche* überdauerte jedenfalls die Jahrhunderte, das diebische Verlangen mancher Mitbürger wurde allerdings damit nicht abgeschreckt. Der Wald verbarg eben schon immer einige Geheimnisse. Auch heute noch.

Im Wald bei Altenhain herrschte seit alters her geschäftiges Treiben

Jahrzehntelang stand im Hinteren Planitz (von älteren Einwohnern auch Wurzener Wald genannt) eine größere Fläche unter strengem Schutz. Stacheldrahtzäune und drohende Schilder verjagten jeden neugierigen Wanderer. Ursache war ein 175 Hektar großes Areal, das ab 1935 der Wehrmacht und nach 1945 der Roten Armee als Munitionslager diente. Seitdem schossen die Vermutungen ins Kraut, was wohl alles in der MUNA (Munitionsanstalt) hergestellt und gelagert wird. Die Pilzsucher machten jedenfalls einen großen Bogen um das Gelände.

Noch gefährlicher zeigte sich die Anlage nach dem II. Weltkrieg. Jetzt machten helle Lampen die Nacht zum Tag, und zwischen einem doppelten Stacheldrahtzaun sorgten sowjetische Soldaten für ein unüberwindbares Niemandsland. Über einen eigenen

An der Lindenallee in Altenhain

Gleisanschluß rollten verschlossene Waggons hin und her. Letztmalig vollzog sich der Transport 1992. Mit der Einheit Deutschlands wurden die militärischen Güter samt Besatzung für immer abtransportiert irgendwohin in die Weiten Rußlands. Die betonierten Räumlichkeiten dienten letztmalig militärischen Zwecken, indem einige Jahre lang Munition aus NVA-Beständen vor deren Zerlegung zwischengelagert wurde. Die leergefegten Baracken und Bunker gehören nun der Wilms GmbH aus Taucha. Fuchs und Hase finden wieder Unterschlupf. Gibt es überhaupt noch Hasen?

Im Hinteren Planitz erheben sich einige Hügel, die einen guten Schatz bergen, den extrem harten Pyroxen-Quarzporphyr, der vor etwa 270 Millionen Jahren durch vulkanische Ergüsse entstand. So wurden nach 1887 auf dem Großen und Kleinen Frauenberg, auf dem Butterberg und auf dem Klengelsberg Steinbrüche erschlossen. Auf dem Frauenberg stand seit 1848 ein Aussichtsturm, als viereckiger Ziegelbau vom Rittergutsbesitzer und Bankier *Seyffert* errichtet. Der Turm mußte dem sich immer mehr vergrößernden Steinbruch weichen und wurde 1936 gesprengt.

Der Apothekenbesitzer *Rudolph Ebert* aus Wurzen hatte seinen Laden aufgegeben und mit dem lukrativen Steingeschäft vertauscht. Jetzt wurden jede Menge Arbeitskräfte gebraucht. Deshalb entstanden am Bahnhof fünf zweigeschossige Wohnhäuser. In einem gelben Klinkerbau richtete *Max Pöge* eine Schankwirtschaft nebst Fleischerei und Landwirtschaft ein. Der Wirt und Fleischer wußte sehr wohl, daß die Steinarbeiter einen guten Umsatz versprachen.

1941 brannte das Schotterwerk ab, und der Steinabbau wurde eingestellt. Er entstand neu, als 1993 *Roland Maucher* aus Baden-Württemberg das Schotter- und Splittwerk Altenhain gründete und mit 21 Beschäftigten am Klengelsberg wieder Gestein abbaut. Der Absatz erfolgt nur mit großen LKW.

Die wassergefüllten Steinbrüche am Frauenberg sind heute beliebte Badegewässer. Im Volksmund heißen sie *Blauer und Schwarzer Bruch*, der eine wegen seines blaugrauen Gesteins und des klaren Wassers, der andere deswegen, weil kurz vor Kriegsende

Saniertes Pfarrhaus und Kirche in Altenhain

reingekipptes Schweröl abgefackelt wurde. Dadurch schwärzten sich die Felswände. Der Wald verkohlte rundherum, die Rauchwolken waren bis zur Deditzer Höhe zu sehen.

*

In den Badegewässern oder auf den Waldwegen trifft man hin und wieder Altenhainer, die sich an der Natur erfreuen. Dazu gehört der Dipl.-Landwirt i. R. Gerd Misselwitz, Jg. 41:

Tiere sind meine Leidenschaft

„Wir wissen nicht mehr, wohin wir mit unseren Kindern gehen sollen!" Diese bange Feststellung einer Hortnerin war tatsächlich ein einschneidendes Erlebnis in meinem beruflichen Leben. Ich sorgte in den 60er und 80er Jahren in der LPG Beiersdorf als Feldbaubrigadier und Pflanzenschutzobmann dafür, daß die Feldfrüchte möglichst ertragreich heranwachsen konnten. Dazu gehörte auch ein reibungsloser Einsatz der Technik. Also verschwanden die offenen Gräben in Rohren unter die Erde, fielen Bauminseln und Buschgruppen der Säge zum Opfer. Die Traktoristen brauchten freie Fahrt. Und irgendwie waren wir stolz auf unsere Leistung.

Jetzt sah ich meine Umwelt plötzlich mit anderen Augen. Und wie recht hatte sie: Was bietet eine ausgeräumte Landschaft eigentlich den Menschen? Es muß ein gesundes Maß zwischen Landwirtschaft und Natur gefunden werden. Ich orientierte fortan meine Pflichten auf eine ausgeglichene Balance. Nicht nur, daß ich jetzt jeden Baum und Strauch mit ganz anderen Augen betrachtete, ich schritt auch zum praktischen Handeln. Wo es möglich war, verbesserte ich die Lebensbedingungen der Pflanzen, und mit meinen Kollegen habe ich Neuanpflanzungen vorgenommen.

Von der gewendeten Ordnung nach 1990 erhoffte ich mir mehr positive Auswirkungen auf die Landschaftsgestaltung. Wie bitter wurde ich da enttäuscht. Heutzutage wird ja jeder Baum zu einem Versicherungsfall gemacht. Es könnte ja ein Ast herunterfallen. Und gar das viele Laub. Da könnte jemand ausrutschen. Also weg mit den Bäumen!

Da laß' ich es in meinem Grundstück so wachsen, wie es die Natur will. Manchem peniblen Betrachter mag das ein bißchen chaotisch vorkommen. Na gut, das ist dessen Meinung. Ich habe was gegen den gut gepflegten, sterilen und OBI-mäßig aufgeräumten Garten. Hier wohnt der *Misselwitz* und kein anderer! Und damit die Leute noch was dazu lernen, beschrifte ich einheimische Gewächse. Vielleicht sieht der eine oder andere dann auch, wie schön eine solche Pflanze sein kann im Gegensatz zu den Null-Acht-Fuffzehn Gewächsen mit Zypressen und dem anderen fremdländischen Kram. Und wenn dazwischen historische Landmaschinen stehen, dann bereichert das zusätzlich das heimatkundliche Wissen über die harte Arbeit vergangener Bauerngeschlechter.

Da nehme ich es auch nicht übel, wenn andere meine Meilnung nicht teilen. Ein bißchen Unordnung gehört einfach dazu. Ich kann nun mal den Hühnern nicht sagen: Dort habt ihr nichts zu suchen! Sie picken, wo es ihnen gefällt, und damit bin ich einverstanden.

Ich habe mein Neubauernhaus so eingerichtet, daß ich die Ansprüche meiner Familie und die meiner Tiere erfüllen kann. Das Haus stammt aus den 50er Jahren. Damals hat es der Neubauer *Paul Leipe* gebaut, so wie die anderen in der Neubauernsiedlung hier. Doch er wollte partout nicht in die LPG eintreten. Er trat seine Bodenreformflächen an die LPG ab und überließ mir das Haus zum entsprechenden Kaufpreis. Ursprünglich wollte ich es ja völlig umkrempeln, aber dann überwog doch mein Sinn für heimatkundliche Traditionen. Ich ließ es im wesentlichen so, wie es der Architekt konzipiert hatte mit Wohnung für die Menschen und Stall und Bergeraum für die Tiere. Vielleicht finden hier spätere Generationen eine gute Anschauung, wie seinerzeit die Neubauern gelebt und gewirtschaftet haben.

Die Tiere sind überhaupt meine Leidenschaft. Ich brauche einfach die beiden Schweine im Stall, die Kaninchen, die Wachteln, die Laufenten und eben das Gros Hühner. Das ist meine Welt, und ich habe meine tägliche Aufgabe. Tiere erziehen zu einer Kontinuität der Pflichten, bringen aber auch Freude. Und wenn ich dann ein bißchen handeln kann mit meinen selbsterzeugten Produkten, und es schmeckt den anderen, dann bin ich ganz zufrieden. – *Ms.M.*

WEITERE NOTIZEN
aus Altenhain

Zwei **Bombennächte**, 20. Oktober 1943 und 20. Februar1944, erschütterten das friedliche Geschehen im Dorf und rissen 12 Menschen in den Tod. Wohnungen, Scheunen und Ställe wurden ein Opfer der anglo-amerikanischen Bomben.

Der Bau der **Eisenbahnstrecke** Beucha-Seelingstädt 1899 (später bis Trebsen) brachte Altenhain einen Bahnhof mit Stellwerk. Für die MUNA wurde nach 1936 ein Anschlußgleis gelegt. Der letzte Personenzug fuhr im Oktober 1997. Jetzt besteht nur noch Güterverkehr, die Gebäude zerfallen.

Der **Ellergraben**, ein schmales Wässerchen, zieht sich mitten durchs Dorf und verband einstmals 24 Teiche, von denen der Küchenteich am ehem. Rittergut und der Dorfteich übrig geblieben sind. Vom 14. bis 16. Jh. wurden die Teiche vom Kloster in Grimma zur Fischzucht genutzt.

Die **Kirche** St. Johannis beherrscht mit steiler Turmspitze das Dorfbild. Pfarrer Horst Fichtner, Jg. 37, verrichtete bis zu seiner Verabschiedung in den Ruhestand hier von 1965 bis 1998 seinen Dienst. Die Kirchengeschichte beginnt vermutlich im 12./13. Jh. mit dem Bau einer romanischen Dorfkirche, das heutige Bauwerk stammt aus dem Jahre 1787, der Kirchturm von 1889. Innen findet sich schlichter Barock, der porphyrne Taufstein ist über 400 Jahre alt. Mehrmalige Renovierungen, die letzte 2003, erhielten das Gebäude in einem guten Zustand. Die Kirchgemeinde wird jetzt vom Trebsener Pfarrer mit betreut. - Das Pfarrhaus ging in Erbpacht über und wurde neuerdings

Gerd Misselwitz in seinem Vorgarten mit der Sammlung alter Geräte

ganz im Sinne der Denkmalpflege von Susan Misini-Prade saniert. Es bleibt kirchliches Gemeindezentrum.

Die Dorfstraße führt über den **Lindendamm**, ehem. für einen Teich angelegt. Die herrlichen Linden stehen wegen ihres Alters und ihres Dorfschmuckes unter Naturschutz.

Der **Spittel** hat sich erhalten und steht mit seinen 70 cm dicken Wänden aus Lehm und Stroh heute unter Denkmalschutz. Er diente einst als Hirten- und Armenhaus für die sozial Schwachen im Dorf. Die Jahreszahl 1640 am Giebel läßt das Baujahr vermuten. Das Leipziger Ehepaar *Edith und Heinz Patz* hat hier mit Sinn und Sachverstand eine Wochenendbleibe mit einem kleinen Museum ausgebaut.

Der Wind wird mit zwei **Windkrafträdern** auf der flachen Kuppe des Krähhüttenberges genutzt. Sie bestehen aus 40 Meter hohen Gittermasten aus Stahl. Die Rotoren haben einen Durchmesser von 27 m. - Eine **Windmühle** wurde schon 1581 erwähnt. Das jetzt noch vorhandene Bauwerk einer Holländermühle stammt aus dem Jahre 1870 und wird seit 1995 als Wohnhaus genutzt.

Das **Schulgebäude** wurde 1928 neu errichtet (Altbau von 1870); von 1946 bis 1968 gab es 8 Klassen, danach weniger bis zur Auflösung 2000. Umbau für Kindergarten „Dorfspatzen" und Hort.

Vereine und Einrichtungen: Erster Sportverein 1903, Sportplatz von 1925. 1953 neuer Sportplatz. Turnhalle in Eigenleistung von 1959 bis 1962 gebaut, 450 Einwohner leisteten dafür 18000 Stunden. Organisatoren die Lehrer Roland Exner und Siegfried Lau. Jetzt Sportgemeinschaft Blau-Weiß, Vors. Ralf Körner, mit Fußball, Kegeln, Basketball, Volleyball, Frauengymnastik. Radwanderungen. - Förderverein Feuerwehr, Vors. Steffen Erfurth. - Altenhainer Heimatverein, Vors. Lutz Engler. - Rassekaninchenzüchterverein, gegr. 1937, Vors. Klaus Sedlaczek. - Kleingartenverein mit 41 Gärten, gegr. 1968, Vors. Monika Dorsch. - Gartenverein *Sonnenblick*, Vors. Uwe Stieler. - Seniorenbetreuung „Gemeinsam statt einsam" mit Kaffeerunden, Busreisen u.ä. - Freiwillige Feuerwehr, gegr. 1903, 2004 neues Gerätehaus, Wehrleiter Sven Sedlaczek. - Zahnarztpraxis von Peter und Bärbel Lorenz. - Allgem. Praxis Frau Dr. Kaltenborn.

Personalien: *Elisabeth und Walter Hering*, Umsiedler aus Siebenbürgen, wohnten draußen am Steinbruch Butterberg in einer alten Steinbruchsbaracke bis in die 70er Jahre, schrieben Kinderbücher und Erzählungen und arbeiteten als Übersetzer.

Die beiden Bürgermeister *Hans-Günther Kramer*, Jg. 33, Bürgermeister von 1981 bis 1994, und *Friedrich Killisch*, Jg. 36, ehrenamtl. Bür-

In der Schuhmacherwerkstatt von Sedlaczeks

germeister von 1994 bis 1998, förderten und organisierten mit beträchtlichem Einsatz zahlreiche Baumaßnahmen mit Millionenwerten, die die Infrastruktur im Ort wesentlich verbesserten. Dadurch mehrmals vordere Plätze im Landeswettbewerb „Unser Dorf soll schöner werden".

Landwirtschaft: Ein Rittergut wird 1606 bezeugt. Nach 1700 entstanden großzügige Scheunen- und Stallanlagen, eine Brennerei und ein Herrenhaus, 1859 Neubau durch F.W. Kabitzsch. Mit der Bodenreform mußte der letzte Besitzer Dietrich von Gontard (ab 1930) das Gut 1945 verlassen. Dem steten Verfall der Gebäude scheint jetzt Einhalt geboten zu sein. Die Schloßfassade wurde saniert, und in den ehem. Ställen hat sich die Engelmannsche Bau- und Möbeltischlerei eingerichtet. Auch die Orangerie erneuerte ein Steinmetz und baute sie zu einer Werkstatt aus. Wegen Insolvenz des Betriebes herrscht dort allerdings Arbeitsruhe. - 1945 gab es zehn Altbauern und 45 Neubauern. 1952 erste LPG, später Anschluß an die LPG Trebsen. Ab 1990 werden die Ackerflächen von vier privaten Landwirten bewirtschaftet bzw. sind verpachtet.

Handel & Gewerbe: Schreinerei Dietmar Allig. - Tischlerei Rainer Engelmann. - Service für Haus und Hof von Ingo Bach. - Abrißarbeiten Jörg Beyersdorf. - Holzschutz Jan Colditz. - Zweiradfahrzeuge Klaus Erfurth. - Wärmepumpentechnik Ralf Erfurth. - KfZ-Reparatur Steffen Erfurth. - Getränkehandel Uwe Erfurth. - Veranstaltungsservice Gunter Faeskorn. - Montageservice Gerlach. - Friseurgeschäft Regina Hofmann. - Kaiser Automaten-Service. - Allroundservice Bernd Kreim. - Einzelhandel Wurst und Nahrungsmittel von Ingrid Kratzsch. - Bäckerei Peter Kratzsch. - Brennstoffe und Fuhrunternehmen von Dieter Lenk. - Haus- und Gerätetechnik Andreas Lommatzsch. - Klempnerwerkstatt Rene Machwitz. - Schotter- und Splittwerk Roland Maucher. - Fußbodenbelag Jörg Naumann. - Aquaristik und Heimtierbedarf Otto Falk. - Heizung und Lüftung Ronald Paul. - Trockenbau Hartmut Reich. - Kurz- und Geschenkwaren Sabine Reich. - Bauhandwerk Bernd Reiche. - Holzarbeiten Frank Schwarze. - Schuhmacherhandwerk Frank Sedlaczek. - Hausservice Silvio Steinert. - Bautenschutz Ferenc Szöcs. - MACADAM-Gesellschaft, Ludwig und Wolfgang Thomas. - Hof und Garten Thomas Roy. - Heizung und Lüftung Bernd-Uwe Urban. - Lindwurm-Handelsgesellschaft Uwe Klaus Wolf. - Pyrotechnik, Postagentur, Einzelhandel Günther Zimmermann. - Einzelhandel Monika Zander. - Trockenbau Dietmar Grüning. - Fußpflege Conny Bär. - Silvia Mischo, Büroservice. - Fitnessgeräte Martin Svend.

GASTRONOMIE: Der alte Dorfgasthof schloß 1991, nachdem er fast 60 Jahre lang von der Fam. Schneiderheinze bewirtschaftet worden war. Besonders nach dem Kriege fanden hier viele Bälle statt, bei denen auch die einheimische Kapelle, die „Muldentaler", zum Tanz spielte. Jetzt zu Wohnungen ausgebaut. - Der Gasthof zur Post mit Kegelbahn wurde zur Konsum-Verkaufsstelle umgebaut, heute KFZ-Handel, die Kegelbahn wird vom Sportverein genutzt. - Gastwirtschaft & Hotel *Bürgergarten* von Cornelia und Knut Friedrich mit hervorragender Küche. - Imbißstube im alten Bahnhofsgebäude von Wera May. - Friedrichs Hof, Pension mit Familiensauna, Urlaub auf dem Lande.

Wirtschaftsgebäude und Herrenhaus des ehemaligen Rittergutes

Seelingstädt, 1251 Seligistat, 'die Stätte der Seligen' (dt.), seit 1994 OT von Trebsen, 641 Einw.

Die lange holprige Straße durchs Unter- wie durchs Oberdorf ist eines der Markenzeichen für den Ort, wenn auch nicht gerade ein positives. Die Akten des Gemeindearchivs belegen, daß oft darüber diskutiert wurde. Dabei blieb es und somit ein ewiges Ärgernis für die Dörfler und Durchfahrenden.

Auf der einen Seite der Straße reihen sich die alten Bauernhöfe aneinander, deren Gärten bis hinunter zum Kranichbach gehen. Auf dem gegenüber liegenden Hang bauten später vorwiegend Häusler ihre Gebäude. In die sanfte Böschung hinein legten mehrere Bauern einen Bergkeller an. Meist wurde er ausgeschachtet, mit einem gewölbten Ziegelwerk überdacht und danach wieder mit Erde zugefüllt. In diesen frostsicheren Kellern überwinterten die Kartoffeln und Rüben. Mit einem Tragkorb schleppten die Bauersfrauen die Feldfrüchte als Viehfutter über die Straße zum Kartoffeldämpfer. Im letzten Weltkrieg dienten die Erdbunker als Luftschutzkeller. Sie boten allerdings nur symbolischen Schutz für die ängstlichen Frauen und Kinder des Bauern und aus der Nachbarschaft. Ein Vorhängeschloß verdeutlicht, daß sie heute noch genutzt werden.

Am Straßenrand erhebt sich auf einem sanften Hügel die Kirche, in der Weihnachtszeit festlich angestrahlt. Zwei Rampen führen hinauf und über ein offenes Eisentor auf den Friedhof.

Die Geheimnisse der geschichtsträchtigen Steine auf dem Friedhof in Seelingstädt

Ein unscheinbares Denkmal mit einer geheimnisvollen Vergangenheit steht schon vor dem Friedhofseingang. Von einigen zerzausten Linden beschattet schiebt sich aus der Grasnarbe heraus ein 60 cm hohes Steinkreuz. Weder Schriftzeichen noch Urkunden erzählen etwas aus seiner Vergangenheit. Nur eins ist sicher, daß es vor einigen hundert Jahren am Ausgang des Mittelalters gesetzt wurde, vermutlich im Hain am Fuße des Collm. Auch hier ranken sich Legenden und Sagen um den Stein. Die eine erzählt von einem Nachtwächter, der eines Nachts von einer schwarzen Katze angefallen wurde und vor Schreck verstarb. Eine andere Darstellung berichtet von einem Selbstmörder, den man mit diesem unbeschrifteten Stein ein Denkmal hat setzen wollen.

*

Einige Schritte weiter erhebt sich nahe des Gotteshauses ein einzeln stehender Grabstein. Obwohl seine Verweildauer von 20 Jahren längst überschritten ist, behält er diesen besonderen Platz und hoffentlich noch recht lange. Seine Schrift verkündet noch gut lesbar, daß hier *Moritz Hingst* begraben liegt, geboren 1847, gestorben genau hundert Jahre später. Er war und ist bisher der einzige Seelingstädter geblieben, der dieses biblische Alter erreicht hat. *Vater Hingst* war über Jahrzehnte hinweg eben der *Vater Hingst*. Als Brennmeister auf dem Rittergut übte er eine verführerische Tätigkeit aus, doch nie hat man ihn betrunken angetroffen.

*

Hinter der Kirche stehen die mächtigen Muschelkalkblöcke eines herrschaftlichen Grabes. Die Familie *Bretschneider,* Rittergutsbesitzer bis 1945, hat sich hier 1920 von dem Dresdner Bildhauer *Georg Wrba*, der mit der modernen Innenausstattung des Wurzener Domes in den 30er Jahren bekannt wurde, ein unübersehbares Denkmal errichten lassen. Dazu gehört ein abgestürzter Adler, ebenfalls in Stein gehauen. Er soll an den jungen *Moritz Bretschneider* erinnern, der im 1. Weltkrieg als Flugzeugführer den Tod fand. Die durchbrochene Rückwand hat der Künstler bewußt vorgesehen. Die beiden Öffnungen sollten den Blick freihalten auf die angrenzenden Felder. Den verwehrt allerdings seit längerer Zeit eine Feierhalle.

Eine bizarre Gesteinsfläche an der Außenwand der Kirche erinnert an den Vorbesitzer des Rittergutes, den Leipziger Kaufherren *Demiani* (1860 bis 1884). Auf der zersplitterten Salinewand hängen zwei Messingtafeln, die das Leben und Sterben der Herrschaften vermitteln.

*

Eine weitere Besonderheit läßt sich an der Ostseite des Friedhofes ausmachen. Dort haben die verstorbenen Schwestern des Feierabendheimes ihre letzte Ruhe gefunden. Ein liegender Stein gleicht dem anderen, nur unterschiedlich mit Namen und Lebensdaten versehen. Vor Gott sind alle Menschen gleich.

Daneben ragen aus einer halbmeter hohen dichten und flächigen Hecke schlichte Holzkreuze mit verschiedenen Namen. Sie erinnern an einstmalige Bewohner des Heimes, die keine Verwandten mehr hatten und nun hier eine einfache Ruhestätte gefunden haben.

*

Die Gräber überragt ein mächtiges Holzkreuz. Der Zimmerpolier *Max Müller* hat es in den 70er Jahren errichtet. Er wollte damit einen Ausgleich schaffen für die Toten der Weltkriege, für die an der Empore in der Kirche jeweils ein Kranz angebracht war, ein Schmuck, der mit der damaligen Renovierung jedoch entfernt worden ist. Einige Zeit lang legten die Nachfahren einen Kranz am Hügel nieder, doch mit der Zeit verblich die Erinnerung an die Toten. Heute findet hier alljährlich am Johannistag eine Feier der Kirchgemeinde statt.

*

Das Steinkreuz am Friedhofseingang in Seelingstädt

Daß diese Denkmale erhalten und ihre Geschichten lebendig bleiben, dafür sorgen die guten Geister der Kirche und des Friedhofs, vor allem die Konsum-Verkäuferin i. R. MARGARETE STAWITZKE, Jg. 38:

Die todbringenden Kugeln verschonten meinen Vater

Mein Vater *Max Müller* wurde als Bauernsohn geboren, und wie das noch in den 30er Jahren so üblich war, ging aus jeder Bauernfamlie ein Angehöriger zum sonntäglichen Gottesdienst. Er erlernte den Zimmermannsberuf, und als junger Bursche baute und zimmerte er in seiner Freizeit mit am Gotteshaus. Als Vater in den Krieg mußte und auf den russischen Feldern, auf den Wiesen und in den Kartoffelzeilen den todbringenden Kugeln und Granaten ausgesetzt war, hat er jeden Tag gebetet mit der Versicherung, daß er sich stets um das Wohl der Kirche kümmern will, wenn er gesund nach Hause kommt. Und das Schicksal hat es gut mit ihm gemeint. Er hat sein Versprechen eingehalten, sein Leben lang.

Das, was Vater so mit Leidenschaft und Liebe gemacht hat, führe ich mit meiner Familie fort. Mein Sohn *Frank* hat schon als Schuljunge dem Großvater bei der Renovierung der Kirche in den 70er Jahren geholfen. Auch mein Mann brachte seine Kraft mit ein. Und ich freue mich, daß auch meine Schwiegertocher Steffi mir zur Hand geht. Sie hat sich im Zuge unserer unvergeßlichen 750-Jahr-Feier mit der neueren Kirchengeschichte befaßt und mit vielen Texten und Bildern eine dicke Chronik zusammengestellt.

Es dienen noch andere Helfer uneigennützig der guten Sache. Unsere Kirche ist abgeputzt. Im Inneren strahlt sie im einfachen und hellen Glanz. Die ehemalige Rittergutsloge haben wir in einen anheimelnden Aufenthaltsraum umgewandelt, wo sich Junge und Alte treffen, wo bei Kaffee und Kuchen gesungen und geplaudert wird. Eine kleine Küche fand in einem Nebengelaß Platz. Die Kirche ist ein Stück von uns. Wir haben auch Platz für eine weltliche Bestattung, so wie neulich, als weit über hundert Menschen von einer jungen Frau Abschied nahmen.

Richtig aufgeregt war ich, als nach langer Zeit wieder mal eine Hochzeit mit allem Drum und Dran standfand. Da erinnert man sich an den eigenen schönsten Tag des Lebens, und die Kirche gab so recht einen festlichen Rahmen.

Um den einen oder anderen Grabstein auf dem weitläufigen Friedhof ranken sich manch kleine Geschichten. Da ist die von *Arno Höfer*. Der Bauer besaß das größte Bauerngut im Ort. Das machte ihn nicht überheblich, sondern er blieb ein einfacher und fleißiger Mensch. Wir uzten ihn manchmal wegen seines Strohhutes, der ihm niemals vom Kopfe fiel. Nur beim Schlafengehen muß er ihn wohl widerwillig abgesetzt haben.

*

Und wie das Leben so spielt. *Arno Höfer* hat einen gleichnamigen Nachfolger, nur hat sich das F zum V verwandelt hat. Es ist der Elektriker REINHARD HÖVER, Jg. 58:

Meine Selbständigkeit endete, ehe sie überhaupt begonnen hatte

Wie jemand heimisch wird in einem Dorf, in dem er wohnt und arbeitet, das liegt an jedem selbst. Als ich 1980 mit meiner Frau hier einzog, in die zu einer Neubauernstelle umgebaute alte Schäferei von 1730, da bekamen wir schnell Kontakt. Ich fand ihn bei den Kolleginnen und Kollegen in der LPG. Dort gab es als Elektriker genügend Arbeit, und meine Frau sorgte sich im Stall um gute Milcherträge.

Ein Problem gab es kurzfristig mit der Zuzugsgenehmigung. Wir hatten nämlich keine, und die sollten wir auch nicht bekommen. „Die rennen jeden Sonntag in die Kirche, und solche brauchen wir nicht“, verlautete inoffiziell aus dem Bürgermeisteramt. Doch der LPG-Vorsitzende brauchte uns dringend, und so wurde diese Hürde schnell überwunden.

Eine weitere enge Bindung entstand durch die Mitarbeit in der Kirchgemeinde. Ich hatte mich bemüht, besonders mit jungen Leuten, die im kirchlichen Leben ein Zuhause fanden, enger zusammenzurücken. Wir waren eine Minderheit, die den Propagandahymnen widerstanden, die einen anderen Weg suchten im Leben. Bei den Zusammenkünften in der Jungen Gemeinde, ein guter Begleiter war dort meine Gitarre, fanden sich Gleichgesinnte auf einer anderen Ebene. Das machte Spaß, und war meiner Frau und mir eine Aufgabe, die uns manchmal bis in die Nacht beschäftigte.

Damals war im Ort immer was los. Der Gasthof mit seinem großen Saal war da ein gewisses Zentrum. Fast jeden Monat trafen sich dort alle Altersgruppen zum Tanz. Da spielte die Weltanschauung keine Rolle. Ein rühriger Dorfklub organisierte das Geschehen, und viele mischten ein bißchen mit. *Hans-Joachim Wolfram* von „Außenseiter–Spitzenreiter“ zeigte Filme, die nicht öffentlich im Fernsehen gesendet werden durften. Da betrat *Carmen Nebel* hier bei uns erstmals die Bretter der großen weiten Welt. Ein Klassenkamerad hatte sie ins Haus geholt.

Vieles davon brach mit der Wende weg. Darüber bin ich ganz traurig. Derjenige, der heute was organisiert, wird mit bürokratischem Kram und Kosten dermaßen belastet, daß er die Finger davon läßt. Wir hatten noch mal einen einzigartigen Höhepunkt mit unserer 750-Jahr-Feier der Ersterwähnung des Ortes im Jahre 2001. Da konnte ein Festausschuß die Leute gewinnen, da fühlten sich die Leute von der Seelingstädter Identität begeistert und berührt. Von dem Fest schwärmen sie heute noch, aber sonst ist Ruhe eingetreten. Die Aktivsten gründeten einen Heimatverein, um die Begeisterung fürs Dorf am Leben zu erhalten. Doch das gelang nur sporadisch. Die, die Arbeit haben, oft kilometerweit entfernt vom Heimatort, die haben keine Zeit und keine Kraft mehr. Und die, die Arbeit suchen, haben für Unterhaltung keine Lust.

Am Grabstein von Moritz Hingst – Margarete Stawitzke (l.), Arno Höfer, Steffi Stawitzke

Mir ergeht es ähnlich. Als Betriebselektriker der LPG brauchte mich die neugebildete Landwirtschafts-GmbH nicht mehr. Da keimte der Entschluß: Ich mache mich selbständig! Aber noch vor dem Anfang verließ mich der Mut. Dann hatte ich ja auch kein finanzielles Polster.

Ich fand einen anderen Weg. Eine Melktechnik-Firma installierte eine neue Melkanlage. Ich half dabei, befaßte mich mit der Technik und erhielt eine Anstellung als Reparaturtechniker. Jetzt betreue ich die Melkanlagen in ganz Westsachsen, muß dafür immer auf Bereitschaft stehen. Bei einem Stillstand der Maschinen können die Kühe nicht warten, sie müssen ihre Milch los werden. Der kleinste Melkapparat übrigens bedient zwei Ziegen. Er wird genau so sorgfältig betreut wie der von Cavertitz, wo über tausend Ziegen gemolken werden. Den Kleinbauer, der mit der Hand melkt, den gibt es auch wieder. Das sind die Leute, die das im Nebenerwerb betreiben. In einem Verkaufswagen biete ich dann alle die Erzeugnisse an, die in der Milchproduktion benötigt werden.

Meine Frau hat ihre Beschäftigung in der Beiersdorfer Rinderfarm behalten. So reicht das Geld für ein ordentliches Leben. Die Kinder sind in der Ausbildung und brauchen noch Unterstützung. Große Sprünge können wir nicht machen, wollen wir auch nicht. An unserem alten Haus nagt der Zahn der Zeit, und da gibt es immer was zu tun.

WEITERE NOTIZEN
aus Seelingstädt

Ein **Braunkohlenabbau** erfolgte in dem Untertageschacht „Gottes Segen" 1868 bis 1931 östlich der Straße zwischen Beiersdorf und Seelingstädt mit bis zu 50 Beschäftigten. Das Schachtgebäude ist heute ein Wohnhaus.

Die **Eisenbahnstrecke** Beucha–Seelingstädt (Steinbruchsbahn) wurde 1899 (1911 bis Trebsen) fertiggestellt mit einem Abzweig zum Steinbruch Hohnstädt. In der DDR-Zeit hatte der Bahnhof zeitweilig mit den größten Steineversand zu bewältigen, 21 Bahner machten hier ihren Dienst. Am Straßenübergang vom Anschlußgleis nach Hohnstädt saß in einem Bretterhäuschen (im Volksmund die „Riasbude") der Wärter zur Bedienung der Schranken. Oft staute sich hier der Straßenverkehr, bis 1991 die Strecke stillgelegt wurde.

Ein **Gedenkstein** mit dem Dorfwappen auf dem Gelände des ehem. Gemeindeteiches (1974 verfüllt) erinnert an die 750-Jahr-Feier von 2001, hergestellt von Steinmetz Bernd Möbius.

Die **Kirche** ist seit 1923 nach Altenhain gepfarrt, jetzt nach Trebsen. Das Bauwerk hat einen romanischen Ursprung und wurde im 18. Jh. umgebaut. Die Zwiebelhaube wurde 1715 aufgesetzt, 1975 Generalrenovierung, 1995 neues Dach, vier Jahre später Sanierung des Kirchturmes. Drei bunte Fenster stiftete 1899 der Rittergutsbesitzer C.W. Wießner.

Der **Kolm** (auch Colm, Colmberg) an der Flurgrenze nach Trebsen (ehemals 263 m über NN) fiel dem Steinbruchsbetrieb zum Opfer. Ob er mal eine heidnisch-sorbische Kultstätte war, wer weiß es? Ab 1887 bis 1914 bestiegen ihn oft die Einheimischen und Fremde. Auf dem Gipfel hatte der Rittergutsbesitzer *Wießner* (siehe Beiersdorf) einen Turnplatz und einen Aussichtsturm aus Balken mit massivem Unterbau errichten lassen. Der Steinabbau erfolgte ab 1910 und wird heute noch betrieben, inzwischen stark mechanisiert.

Der **Mittelpunkt** des Muldentalkreises liegt am nördlichen Dorfeingang. Er ist mit einem Schriftzug auf einem Porphyrblock markiert. „Gefunden und bestimmt" hat ihn 1997 die *Rundblick-Wandermannschaft* bei einem ihrer Streifzüge. Er definiert sich aus dem Kreuzungspunkt der Nord-Süd- und Ost-West-Achse des Muldentalkreises.

Das **Schulgebäude** wurde 1925 gebaut und galt damals als eines der modernsten in der Amtshauptmannschaft. *Carl Graupner*, (1883–1962) war von 1913 an fast 50 Jahre lang Kantor und Schullehrer, Organisator und Impulsgeber des kulturellen Lebens im Dorf mit Chören und Theatergruppen. 1950 bis 1974 Schulkombinat mit Beiersdorf, danach im Gebäude Kindergarten und Gemeindeamt, seit 1997 Wohnraum für drei Familien.

Landwirtschaft: Die Altgemeinde bestand aus 25 Altbauern. Mit der Bodenreform wurde das Rittergutsland an 29 Neubauern aufgeteilt. Daraus entstanden die LPG, die sich nach der Wende auflösten. Die Felder sind jetzt verpachtet (Neichen, Beiersdorf), im Nebenerwerb wirtschaftet nur noch Lothar Richter. - Zahlreiche Tabakfelder prägten in den 70er und 80er Jahren das Umfeld. In großen Trockenhallen wurden die Blätter von Einwohnern und Kindern aufgefädelt. Der Tabak ging sogar in den Export. - Das Rittergut war bis 1945 im Besitz der Fam. *Bretschneider-Bodemer*. Das Herrenhaus (Schloß) entstand im 17. Jh. über einer mittelalterlichen Wasserburg, bemerkenswert der Rittersaal mit bemalter Bretterdecke. Die gesamte Anlage wurde 1870 stark verändert. Bis 1949 war das Schloß von Flüchtlingen belegt. 1949 übernahmen Schwestern des *Jesus und Maria-Ordens* aus Dresden im Auftrag der Caritas die Anlage und richteten ein Alten- und Pflegeheim ein, das heute noch besteht.

Torhaus zum Schloß in Seelingstädt

Vereine und Einrichtungen: Der Sport hat mit Kegeln eine lange Tradition, die heute noch besteht. Legendär waren die Kegelklubs „Murks“ und die „Essigmänner“. Seit 1975 neue Kegelbahn. Jetzt Sportverein SV Seelingstädt, Vors. Bernd Lange, mit Fußball und Kegeln (mit dem weiblichen Mittwochs-Kegelklub „Die Kugelblitze“). - Heimatverein, Vors. Manfred Müller, Heimatstube im Aufbau. - Rassekaninchenzüchterverein, Vors. Günther Bindheim. - Gartensparte „Frohe Zukunft“. - Freiwillige Feuerwehr, gegr. 1940, Wehrleiter Bernd Möbius. Jährl.Veranstaltungen: Weihnachtsbaumverbrennung, Osterfeuer, Dorf- oder Sportfest. - Kindertagesstätte „Pusteblume“, Träger Volkssolidarität. - Altenpflegeheim der Caritas.

Handel & Gewerbe: Bauschlosserei Frank Fischer. - Schlosserei und Stahlbau Mathias Kupfer. - Kraftfahrzeughandwerk Dirk Birnbaum. - Elektrowerkstatt Joachim Richter. - Malerhandwerk Thomas Froebrich. - Malerbetrieb Pfütze-Reiche. - Zimmerei Michael Gödikke. - Dachdecker Dirk Schmidt. - Steinmetzhandwerk Bernd Möbius. - Türen und Fenster Harald Kutscher. - Fenster- und Rolladenbau Steffen Kießling und Matthias Stephan. - Baustoffhandel Robert Follmann. - Fuhrbetrieb und Baustoffhandel Harry Lehne und Jörg Lehne. - Fuhrunternehmen sowie Getränke- und Blumenhandel Ursula Horn/Menge. - Erd- und Tiefbau Olaf Stephan. - Einzelhandel Obst, Waldprodukte Siegfried Tripke. - Landladen der Spar-Kette. - Beherbergungsgewerke Egon Haase.

GASTRONOMIE: Der Gasthof *Roter Löwe* ist eine historische Schankwirtschaft. Die Legende erzählt, daß hier 1813 ein franz. Offizier seinen Säbel, der am Knauf einen roten Löwenkopf besaß, im Eifer der Nachtstunden vergessen hatte. Jedenfalls war dieses Symbol Anlaß für die Namensgebung. Ein Volksstück zu diesem Ereignis schrieb *Carl Graupner,* das 1951 zur 700-Jahr-Feier durch die Mitglieder des Volkschores seine Uraufführung erlebte. Der Saal beherbergte den Landfilm, Maskenbälle und Tanzabende. Gäste waren *Fred Frohberg, Lutz Jahoda, Carmen Nebel,* Außenseiter-Spitzenreiter u.a. Der Gasthof wird seit 1983 von den Wirtsleuten *Angelika und Hans-Jürgen Brebeck* bewirtschaftet. Familien- und Rentnertreffen im Vereinszimmer.

LITERATUR: Festschrift 750 Jahre Seelingstädt. 1251–2001.

Pauschwitz, 1421 Busschewicz, 'Leute eines Busch(ek)' (slaw.), seit 1938 OT von Trebsen, ca. 800 Einw.

Wenn einer von den Älteren vom Trebsener Zellstoffwerk spricht, der weiß sehr genau, daß das Werk in Pauschwitz liegt. *„Wir sind die Pauscher!“* Noch heute behauptet sich die stolze Selbstdarstellung in der Runde. Kaum jemand nennt Trebsen als Bezugsort, obwohl das Dorf schon 1938 zur Stadt eingemeindet wurde. Das kleine Fischerdorf Pauschwitz hat es schon im Mittelalter gegeben. Die Fischergasse zur Mulde hin erinnert noch heute daran. Um 1900 standen im Dorf, am Fuße des Pauschwitzer Berges, von den Einheimischen auch „Bunitz“ genannt, 24 Häuser. Den historischen Kern bilden fünf Bauernhöfe, die teilweise heute noch erkennbar sind.

Im Fischerdorf Pauschwitz entstand eine riesige Papierfabrik

Das Dorfbild änderte sich gravierend, als 1893 die *Papierfabrik Wiede & Söhne* ihren Betrieb aufnahm. In der Feld- und Wiesenflur und auf einem Gartengelände entstanden weitflächige Werksanlagen. *Johannes Wiede* leitete sein Imperium nicht als ausgekochter Fabrikherr. Er sorgte dafür, daß sich seine Arbeiter in einem guten Umfeld wohl fühlten, denn nur dann bringen sie auch gute Leistungen. So ließ er 1911 eine Wohnsiedlung über den Pauschwitzer Berg, den „Bunitz“, hinweg bauen. Sie trug im Volksmund fortan den Namen „Kolonie“. 1925 gab er noch mal verbilligtes Bauland zu zinsgünstigen Krediten ab. So entstand südwestlich vom Werk eine ausgedehnte „Siedlung“ von Eigenheimen inmitten großzügiger Gärten. Die Kinder und Enkel der einstigen Bauherren leben heute in einem grünen Umfeld.

Fabrikeingang in Pauschwitz

Das Sozialempfinden von Wiede ging noch weiter: Er ließ ein Säuglingsheim (betrieben zwischen 1916–1938) bauen und ein „Rathaus“ mit kommunalem Bad im Keller. Später folgten eine großzügige Sportanlage mit einem modernen Sportlerheim im Turnhallengebäude. Nach einer aufwendigen Sanierung Ende der 90er Jahre erhielt sie ihren alten Namen *„Johannes Wiede“*.

Der Betriebsbahnanschluß von Seelingstädt her bestand schon seit 1911, später auch für den Personenverkehr, der allerdings 2002 eingestellt wurde. Ab und an rollen noch eine Diesellok mit einigen Güterwagen in die Papierverarbeitungsfabrik.

In der Nachkriegszeit wurde Wiede enteignet und das Werk in einen volkseigenen Betrieb (VEB) umgewandelt. Die Abwässer verunreinigten mehr und mehr das Muldenwasser zu einer übel riechenden Brühe. Die Wirtschaft brauchte Zellulose, und die wurde auf Gedeih und Verderb produziert, ohne Rücksicht auf Luft und Wasser.

Dann kam das Jahr 1990. Die Treuhand wickelte den Betrieb ab, und ein westdeutscher Investor übernahm das wirtschaftliche Zepter. Die Zahl der Beschäftigten ging von 1000 auf heute 87 zurück. In der modernisierten Papierfabrik wird aus Altpapier Wellpappenpapier erzeugt. Eine moderne Kläranlage führt hochgereinigtes Abwasser in die Mulde. Die Fische können wieder durchatmen, der Biber hat sich angesiedelt.

Am Rand von Pauschwitz gegenüber den Bahnhofsanlagen entstand an der B 107 ein 10 Hektar großes Gewerbegebiet. Dort haben sich mehrere Betriebe angesiedelt: eine Verpackungs-GmbH, die Papiersäcke herstellt, ein Sanitär- und Heizungshandel, ein Abfallwirtschaftsbetrieb und die Flußmeisterei Grimma mit einem Hochwasserschutzlager. Auf dem Bahnhofsvorplatz entstand eine Tankstelle und neben dem Sportplatz ein feuerwehrtechnisches Zentrum und ein Einkaufsmarkt.

Das Muldenhochwasser von 2002 hat nur die niedrig liegenden Betriebsteile der Papierfabrik und das zum Bergelager für historische Baustoffe umfunktionierte Gelände der ehemaligen Zellstoffanlage überschwemmt. Da lagen die anderen Gebäude sicher vor den Fluten, der Gasthof *Zum Lindeneck*, der *„Eisgarten“* von *Anke Mühler*, wo unter guten Bedingungen auch Familienfeiern u.ä stattfinden, sowie der seit Jahren geschlos-

Das ehemalige Filmtheater„ Albert Kuntz“ in Pauschwitz

sene und vor sich hindämmernde Kinopalast oben auf dem Berg. Dort wohnt mit seiner Frau der Filmvorführer i. R. Hansdieter Schwieger, Jg. 29:

Wer kein Geld hatte, bezahlte mit Eiern oder Kartoffeln

Ja, hier im Kinopalast ist die Zeit stehen geblieben. Unten im Foyer und genau darüber bei mir in der Wohnung. Ich habe eine Etagenheizung, und die muß ich mit Kohle feuern. Die Feuerung bunkere ich sommers über nach einer schweißtriefenden Schaufelaktion im Keller. Nach und nach hole ich sie eimerweise nach oben. Dann schaffe ich die Asche wieder hinunter. Das machten vor reichlich zehn Jahren noch alle DDR-Bürger. Für mich ist das vorerst keine große Belastung.

Vor 50 Jahren, damals, als der Palast fertig wurde, bin ich mit meiner Familie hier eingezogen. Nun an meinem Lebensabend will ich nicht mehr ausziehen. Hoffentlich, denn das Haus gehört mir nicht, und wie mal die neuen Besitzer entscheiden, das kann man nicht voraussagen.

Das war 1954 schon ein Riesenereignis, als dieses Filmtheater gebaut wurde, in einer Kleinstadt mit relativ wenig Industrie! Im Saal der Gaststätte *Schweizergarten* liefen mehr schlecht als recht die Filme. Der Bauzustand zeigte bedenkliche Mängel. Da verkündete die Bezirksverwaltung, daß mit entsprechendem Eigenanteil ein neues Kino gebaut werden könnte. Die Trebsener bewarben sich für das Angebot und erhielten den Zuschlag. Am Bau beteiligten sich jung und alt. Findige Leute holten die Baustoffe heran. Dann stand eines Tages der Palast fertig auf dem „Kinoberg" in Pauschwitz, zwar ein ganzes Stück abseits vom Stadtinnern, aber den Pauschwitzern vor der Haustür. Nun mußte noch ein Name her, und der sollte an die kämpferische Vergangenheit der Arbeiterklasse erinnern. Die verkörperte sich in dem Wurzener Antifaschisten *Albert Kuntz,* der auch mal in der hiesigen Papierfabrik gearbeitet hatte. Ein Lapsus wäre beinah zum Verhängnis geworden: Auf dem großen Glaskasten über dem Eingang entdeckte ein Kollege einen Fehler: Der Name Kuntz war ohne „t" geschrieben. Über Nacht wurde es schnell korrigiert. Trebsen-Pauschwitz hatte fortan ein feines, komfortables Kino und ich eine wunderbare Arbeitsstelle.

Ich spulte nicht nur die Filme ab. Mit einem passenden „Zubrot" lockte ich die alten und jungen Zuschauer an. Und die kamen in Massen, denn das Fernsehen steckte noch in den Kinderschuhen. Da gab es mal eine Zwergenparade auf der Bühne, Quizfragen mit guten Preisen, Bühnenschauen mit Jux und Zauberei. Als dann die ersten Indianerfilme über die Leinwand flimmerten, da kannte die Begeisterung keine Grenzen. Wenn der Goiko Mitic erschien, denn gellten die Schreie der Kinder durch die Halle, daß die Fenster klirrten.

Über vier Jahrzehnte lang, bis 1990, gingen die Leute ein und aus. Mit der Wende stiegen die Eintrittspreise sprunghaft in die Höhe. Die Leute blieben weg. Die Einnahmen deckten nicht mehr die Unkosten. Der Filmtheaterbetrieb Leipzig ging in Insolvenz, ich zum großen Glück in den Vorruhestand. Die Geschäfte führen seitdem zwei Rechtsanwälte. Die suchen für das Gebäude seit Jahren irgendeinen Nachnutzer. Viele schlichen schon ums Haus, besonders damals in der Goldgräberzeit, als die Wessis das hiesige Land nach lukrativen Geschäften durchforsteten. Was wollten die schon alles daraus machen: Altersheim, Wohnungen und was weiß ich noch. Sie kamen alle nicht wieder.

Im Innern hat sich nichts geändert. Im Kinosaal stehen wie eh und je 260 Holzklappstühle in Reih und Glied, und hinten 25 gut gepolsterte Logenstühle. Die waren meist ausverkauft. Oben im Vorführraum hocken die beiden riesigen Vorführmaschinen. Im Foyer hängt über dem Kassenfenster die Preistafel, gestaffelt in 4 Platzgruppen mit der Loge für 1,40 M, Kinder zahlten 25 Pfennige. In der weiträumigen Empfangshalle klebt die schrille Blümchentapete an den Wänden. Von einigen kunstledernen Sesseln wird ab und zu mal Staub gewischt. Das gehört zu unseren Tätigkeiten. Wie auch das tägliche Lüften in den Sommermonaten. Da stehen die Notausgänge weit offen. Es würde sonst alles verschimmeln. Als Hausmeister „ohne Publikum" kümmere ich mich um die vielen kleinen Dinge. Das Haus soll doch nicht zerfallen, ich hänge dran, als wäre es mein eigenes.

Das ist auch begründet, denn in meinen Adern fließt Kinoblut. So wie schon bei meinem Großvater. Er wohnte in den 30er Jahren in Colditz. Irgendwie war er zu einem Filmvorführapparat gekommen. Den packte er auf einen Pferdewagen und zog damit von Dorf zu Dorf. Das war natürlich immer die Sensation, wenn der Kinomann im Gasthof seine Geräte auspackte. An der Kasse stand ein großer Korb, und wer kein Geld hatte, bezahlte mit Eiern oder Kartoffeln. Die Mühe lohnte sich. Dann pachtete er in Colditz und Nerchau die Kinosäle. Als in der DDR auch unsere Objekte verstaatlicht wurden, blieb ich trotzdem meinem Beruf treu. Ich war längst in die Fußstapfen meines Vaters getreten und setzte dessen Arbeit fort. Ich konnte Hobby und Beruf miteinander verbinden. Reich bin ich dabei nicht geworden, aber glücklich.

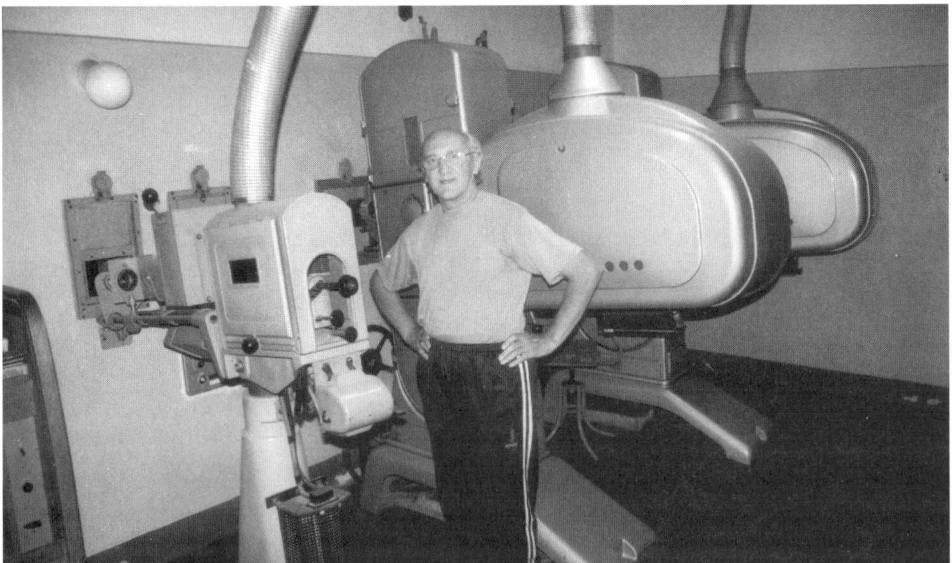

Hansdieter Schwieger an den Filmvorführmaschinen

Wednig, 1417 Wedenig, Namensdeutung unklar, wohl slaw., OT von Trebsen seit 1938, ca. 110 Einw.

Das Dorf hat seinen Fluß: die Mulde fließt nur 100 m nördlich vorbei, und es hat seinen Berg, den Wedniger Berg (auch Wedniger Collm) mit 193 m NN von ganz beachtlicher Höhe. Dort oben hatten die Trebsener Wintersportler eine hölzerne Sprungschanze gebaut, die sie bis in die 60er Jahre nutzten. Der Schanzenrekord lag bei bescheidenen 28 Metern, doch für Flachländler wollten die schon mal gestanden sein.

In Wednig bilden die sechs Bauerngüter noch einen echten Rundling

Der Ort liegt in aller Abgeschiedenheit entfernt vom städtischen Zentrum. Die einzige Fahrstraße führt durch eine Auenlandschaft nach Bahren. Sie ist seit dem Hochwasser von 2002 vorbildlich ausgebaut. Kurz vor der Unterquerung der Autobahn, bis dahin erstrecken sich die Fluren von Trebsen/Wednig, standen unmittelbar in der Muldenniederung mehrere Wochenendhäuser und die Gebäude eines Dresdener Kinderferienlagers. Die sind in den 2002er Fluten des Muldenhochwassers versunken und dürfen nicht wieder aufgebaut werden. Ebenso ergeht es der Bungalowsiedlung.

Die Siedlung beginnt am Wedniger Gasthof. Der Ausschank begann schon 1876. Jetzt ist die Pforte geschlossen. Neuwertige Einfamilienhäuser künden davon, daß sich hierhin zum „Lindeneck“ einige Bürger, die die Ruhe suchten, zurückgezogen haben. Die erschlossene Baufläche hat noch offene Stellen. Ein Stück weiter liegen die Wirtschaftsgebäude und das moderne Wohnhaus vom Dachdecker *Klaus Grunewald*.

Dann erreicht der Besucher den Anger. Auf der Wiese wachsen Linden-, Birnen- Kirsch- und Nußbäume. Hoffentlich ernten wenigstens die Kinder die reifen Früchte,

Das sanierte Taubenhaus im Hof von Manfred Wehnert

wenn sie im Toreschießen eine Pause einlegen. Die Straße führt am Anger vorbei nach Bahren und der Abzweig direkt in den typischen slawischen Rundling, wie er nicht besser sichtbar sein könnte, und weiter sternförmig in die sechs Bauernhöfe, die teilweise vor 200 Jahren erbaut und im wesentlichen beispielgebend saniert wurden. Ein Vorbild der Denkmalpflege und des bäuerlichen Brauchtums findet sich im Hof der Familie *Manfred Wehnert*. Das 50jährige Taubenhaus, das in seinem Grundgeschoß eine Viehwaage besaß, hat er fachgerecht erneuert mit einem Schieferdach. Im Turm öffnen sich die Einflugschneisen für die Tauben. Es sind wohl die letzten im Ort.

An einem Zaun zeigt ein Schild an, daß die Gärtnerei von *Eckhard Brückner* hier ihre Beete und Gewächshäuser hat. Ein reiner Familienbetrieb, in dem auch der Opa noch mithilft. Eine weitere Firmentafel kündet davon, daß hier Jagd- und Sportwaffen gebaut und repariert werden. Es ist das Reich vom Büchsenmachermeister FRED ALTERMANN, Jg. 47:

100jährige Maschinen leisten auch heute noch Präzisionsarbeit

Wie ich nach Wednig gekommen bin? Das läßt sich leicht und schnell beantworten: Ich zog mit meiner Frau 1968 in deren väterliches Gut. Dabei liegt mein Geburtsort auch im Muldentalkreis, in Nepperwitz nämlich. Doch mit dem Dorf habe ich keine Verbindung, die steht nur auf dem Papier. Mit dem Ende der Schulzeit bin ich weggezogen und nach einigen Stationen in Suhl und Leipzig hier an der Mulde angekommen. Es war meine freie Entscheidung. Ich mußte ja nicht hier bleiben, aber ich bin es. Eben weil ich mich wohl fühlte.

Ich erlernte in Suhl das Büchsenmacher-Handwerk. Für das Schießen besaß ich schon immer eine besondere Leidenschaft. In Leipzig kam ich dann zum Sportklub. Ich überprüfte und reparierte die Sportgewehre und bemühte mich als Sportschütze um Meisterehren. Andere trafen besser, ich kämpfte mehr in der zweiten Reihe. Ich merkte sehr schnell, daß nur der Sieger was gilt. Das ist heutzutage noch schlimmer ausgeprägt. Und außerdem wollte ich so richtig meinen Beruf ausüben. Also machte ich Schluß mit dem Wettkampf.

Ich nutzte die Gelegenheit, meinen Meister zu machen und spähte herum, wo es eine Büchsenmacher-Werkstatt zu erwerben gäbe. Und das klappte, sogar zwei Einrichtungen, wenn es auch nur Reste waren, gingen in meinen Besitz über. Einige der 100jährigen Maschinen arbeiten immer noch präzise. Nun baute ich mir in Wednig die Werkstatt auf. Mit der Gewerbeerlaubnis war ich mein eigener Herr. Ich reparierte Bolzengeräte aus dem Baugewerbe und die Luftgewehre der Schausteller. Das reichte!

Mit der Wende ist vieles anders geworden. In den ersten Jahren wurde ich regelrecht überschüttet mit Aufträgen. Jeder, der eine Berechtigung hatte, konnte eine Waffe erwerben. Inzwischen ist der Markt zugefüllt. Die, die schießen wollen, sei es im Schützenverein oder bei der Jagd, die sind versorgt. Und die hegen und pflegen ihre Waffe. Also gibt es für mich nicht mehr allzuviel zu tun. Trotzdem habe ich mein Auskommen. Ich kann mich und meine Frau ernähren, und den einstigen Bauernhof in guter Ordnung halten.

Meine freie Zeit verbringe ich im Wald oder im Garten. Einmal bei der Jagd und zum anderen, um Brennholz zu machen. Alle Ecken sind damit zwar schon voll gestapelt, trotzdem packt es mich, wenn ich die mächtigen Äste im Wald herumliegen sehe. Ich brauche keinen Fernseher. Wenn ich abends am holzgefeuerten Ofen sitze und mir den Rücken erwärme und mit meiner Frau über die großen und kleinen Dinge des Lebens plaudere, dann sind wir zurecht zufrieden. Und gesund ist das auch noch!

Dann haben wir unseren Garten. Vieles, was als gesundes Gemüse auf den Tisch kommt, erzeugen wir selbst. Da weiß ich wenigstens, daß hier nicht mit Giften nachgeholfen wurde. Und den Misthaufen auf dem Hof haben wir schon lange in einen Miniwald verwandelt. Schmückt er nicht ganz prächtig unser Anwesen?

*

In unserem kleinen Dorf geht es ruhig zu. Ein bißchen ärgere ich mich, daß der eine oder andere zum Nachbarn schaut und sich „aufregt", wenn dessen Gurke 5 Zentimeter größer ist als seine. So wie wir früher eine frohe Gemeinschaft waren, so ist es nicht mehr. Mancher guckt kaum noch aus seiner Tür. Und Jüngere, die Arbeit haben, finden nicht die Zeit dazu.

Doch wenn zu einer „Silbernen" oder „Goldenen" gerufen wird, dann vereinen wir uns wieder mal so richtig zu einem Familienfest, das dann sogar zu einem kleinen Dorffest ausarten kann. Dann merke ich mit Freude, daß die Dorfgemeinschaft doch noch nicht ganz gestorben ist.

Fred Altermann in einer Werkstatt

Bahren, 1348 Parin, 'Ort am Sumpf' (slaw.), seit 1969 OT von Golzern, seit 1994 von Nerchau, 547 Einw.

Der kleine Ort Bahren hat seit hundert Jahren den Vorzug einer Brücke über die Mulde. Den verdankt er der Papierfabrik, die jenseits auf Golzerner Flur liegt. Dort hielt die Muldentalbahn auf ihrer Strecke zwischen Grimma und Wurzen. Quer dazu schneidet sich die Autobahn durch das Land. Die Zufahrt ist im nahen Hohnstädt möglich. Also eine gute Verkehrslage. Aber auch landschaftlich macht das Dorf etwas her, denn sonst wäre es nicht von den Leipziger Stadtmenschen entdeckt worden.

Wie Bahren zu einer Loreley und zur „Kolonie Kamerun“ kam

Es liegt jetzt 70 Jahre zurück, seit hier Anfang der 30er Jahre die ersten Wochenendsiedler auftauchten. Damals bugsierte der Böhlener Fährmann *Bär* (der *Muldenbär*) seinen Kahn vom Neumühlwehr bei Böhlen bis zum Golzerner Wehr. Dort, wo sich die Mulde in einem scharfen Bogen um den Kluftberg windet, erhebt sich aus dem dichten Baumbestand ein Felsen, 25 Meter hoch über der Mulde. In seiner heiter-ironischen Art verglich der Fährmann den heimatlichen Berg mit der *Loreley* am Rhein. Nach und nach schlugen immer mehr Naturhungrige ihre Zelte hier auf. Der Name *„Loreley“* pflanzte sich fort und betonte die angenehme Lage viel besser als Kluftberg. So hat der rheinische Felsen schließlich der ganzen Wochenendsiedlung seinen Namen gegeben.

Die alte Dorfsiedlung mit ihren wenigen Bauernhäusern hatte ihren Ausgangspunkt nördlich vom Kluftberg. Dort befand sich auch eine herrschaftliche Schäferei. Eine Erweiterung begann 1886 zur Mulde hin. An der engen und kuvenreiche Straße ließen die *Gebrüder Schröder,* Besitzer der Papierfabrik am Ostufer der Mulde „drüben“ in Golzern, eine Siedlung mit kleinen Doppelhäusern in unverputzter Ziegelbauweise errichten. Zu jedem Haus gehörten ein Garten und ein Stall für Schwein und Kleintiere. Die sozial engagierten Fabrikherren schufen sich damit einen Stamm von guten Arbeitskräften. Warum die Siedlung „Kolonie Kamerun“ genannt wurde – der Name ist noch heute gebräuchlich –, bleibt ein Rätsel der Namensgeber. Es läßt sich spekulieren, ob er im Zusammenhang steht mit der gleichnamigen Kolonie des deutschen Kaiserreiches, die um diese Zeit annektiert wurde. An der höchsten Stelle im Gelände entstand eine „Villa“ für die Beamten des Werkes. Als vier Jahre später gar noch eine Brücke die Fähre verdrängte, erleichterte sich wesentlich der Weg in die Fabrik. In der Wirtschaftskrise Anfang der 30er Jahre mußte die Firma die Häuser verkaufen. Die meisten Mieter nahmen einen Kredit auf und wurden Eigentümer.

Ein weiterer hübscher Name findet sich im Ortsbild. An der Brücke steht ein Sandsteinobelisk mit dem sächsischen Wappen und dem Hinweis *Zur Prinzengrotte*. Ein gesicherter Wanderweg entlang der Mulde führt zu der Stelle, wo der Erzählung nach im Jahre 1811 der Böhlener Rittergutsbesitzer mit Gästen, dabei zwei sächsische Prinzen, während einer Kahnfahrt Rast gehalten hat. Ein Künstler (oder Schelm oder Königstreuer?) malte dort später das sächsische Wappen an den Felsen, und der Volksmund hatte schnell den entsprechenden Namen gefunden: Prinzengrotte.

Der Name ist geblieben, und der Bahrener Heimatverein trägt ihn seit seiner Gründung im Jahre 1996 auf seinen Fahnen. Die Mitglieder des überaus rührigen Vereins geben der Dorfgemeinschaft immer wieder Impulse. Alljährlich in den Junitagen geht's rund auf den beiden Sportplätzen. Unter einem jeweils neuen Thema treffen sich alt und jung zum fröhlichen Treiben.

In den Koppeln am Ortsrand weiden schlanke braune Pferde. Das friedliche Bild verschönt die Landschaft. Es sind die Tiere vom *Gestüt Grigoleit*, darunter auch zahlreiche Pensionstiere, die hier in Kost und Logis stehen. Und es werden immer mehr. Was in den alten Bundesländern schon lange eine Art Volkshobby ist, findet auch hier immer mehr Freunde. Am Rande des Dorfes stehen die Stallungen eines Trakehner-Gestüts, leidenschaftlich geführt von Gisela Grigoleit, Jg. 53, und Willy Grigoleit, Jg. 49:

Alles Glück dieser Erde liegt auf dem Rücken der Pferde

Ich habe mir meinen Wunschtraum erfüllt. Als Gärtnerstochter aufgewachsen, liebte ich von Anfang an das Hauspferd, das geduldig und brav alle anfallenden Arbeiten im Betrieb verrichtete. Als einmal ein Wanderzirkus in der Nähe sein Winterquartier bezogen hatte, entdeckte ich als fünfjähriges Mädchen im Pferdestall einen Wollknäuel, der sich als ein Ponyfohlen entpuppte. Ich bettelte die Eltern solange, bis sie das Pony kauften. Fortan war es mein Spielkamerad. Ich lernte mit dem kleinen Frechdachs das Reiten, und wir beide fühlten uns ponywohl.

Die Lehre als Wirtschaftskaufmann wurde zu einer Qual. Ich bezog nach der Prüfung unverzüglich und erleichtert wieder die Gärtnerei. Das war meine Welt. Wir bauten ein Eigenheim mit Stallungen. Dort betrieben wir nebenbei Zucht und Sport mit Pferden. Ich mache mich selbständig. Was ich auch immer darunter verstand. Und das in der DDR! Mein Vorhaben beschränkte sich auf einige Pferde, die ich pflegte und hegte. Ab und zu wurde auch ein Fohlen geboren. Viel verdiente ich nicht, aber es reichte zum Leben.

Dann kam die Wende und damit die Freiheit mit all ihren Vorzügen und Problemen. Wir setzten unseren Weg zielstrebig fort. In Bahren überließ uns die sterbende LPG den Schafstall, bevor er gänzlich in sich zusammenfiel. Wir ließen Boxen einbauen und hatten jetzt Bergeraum für das Futter. Ein zweites Mal bauen würden wir nicht wieder. Die Bürokratie fand immer wieder was Neues, womit sie uns schikanieren konnte. Es grenzt an ein Wunder, daß wir zwischendurch nicht alles hingeschmissen haben.

Gisela Grigoleit in ihrem Gestüt in Bahren

Nun führen wir ein kleines Trakehnergestüt. Zwei kräftige Männer sorgen sich mit mir um das Wohlbefinden der Pferde. Da wird kein Unterschied gemacht zwischen den unsrigen und den Pensionspferden. Sie bekommen alle das gleiche Futter, nur die Leckerli, das sind Zucker, Möhren, Birnen und Äpfel, die füttern die Halter als zusätzliche Privatkost. Wir bewirtschaften 40 Hektar Grünland und holen uns mit der eigenen Strohpresse die Halme von den gedroschenen Feldern. Den Hafer kaufen wir zu.

Wer ein Pferd halten will, der muß wissen, daß es ein Herdentier ist und viel Bewegung braucht. Also von wegen zu Hause in einem kleinen Stall das Tier verhätscheln. Die Tiere müssen raus, Winter wie Sommer und möglichst in Gemeinschaft. Mal im Galopp, mal im Trab und dann wieder im Schritt. Dazu die Natur drum herum und das sportliche Flair. Dann liegt alles Glück dieser Erde auf dem Rücken der Pferde.

Und dennoch, das Leben geht seine eigenen Wege. Unser 19jähriger Junge, durch und durch ein hoffnungsvoller und geübter Reiter, der einmal das Gestüt weiterführen sollte, stürzte bei einem Turnier von dem Tier so unglücklich, daß er daran verstarb. Diesen Schicksalsschlag werden wir nie überwinden.

*

Die Lebenswege gehen oft unvorhergesehene Pfade. Das erlebte auch die Bürgermeisterin i.R. Brigitte Röhrich, Jg. 43:

Es war ein verrückter Tag in meinem Leben

Wir hatten 1979 in Bahren ein Haus gekauft. Nachbarn erzählten uns, daß darin der Bürgermeister *Otto Silbe* gewohnt habe und die gute Stube das Amtszimmer gewesen war. Nur darin aufgehalten hatte er sich kaum. Er zog viel lieber mit seinem Hund durch die Gassen und Felder, um nach dem Rechten zu sehen oder den Beschwerden seiner Bewohner nachzugehen.

Meine Heimat war Störmthal gewesen. Eigentlich ist sie das noch heute. Ich kann mein Elternhaus einfach nicht vergessen, in dem ich 35 Jahre gewohnt hatte. Auf Vaters großem Bauerngut erlernte ich das ABC der Landwirtschaft und konnte mir keinen anderen Beruf vorstellen. Auch später in der LPG kam ich ganz gut zurecht. Doch dann zogen die Eltern weg, weil sich die Braunkohlebagger bedrohlich dem Dorfe näherten. Also kümmerte ich mich um ein anderes Zuhause. Eine Stadtwohnung kam nicht in Frage, und hier in Bahren wurden wir fündig. Es war unser Glück, denn unter den 15 Bewerbern konnten wir im Ringtausch eine Leipziger Wohnung anbieten.

Wir hatten noch nicht ausgepackt, da kam die Ernüchterung: Das ist ja gar kein richtiges Dorf mit alten Bauerngütern an der Straße und bunten Vorgärten. Hier war alles anders als in Störmthal. Ich kam mir wie isoliert vor, und am liebsten wäre ich wieder zurückgegangen. Natürlich sah ich die Schönheiten von Bahren am Ufer der Mulde mit seinen Höhen und Tälern und den Waldinseln dazwischen. Aber mit den Menschen kam ich nicht so recht klar. Ich fühlte mich erst dann wohler, als ich an der Tankstelle in Grimma Arbeit bekam.

Gegen Ende der 80er Jahre verstärkte sich die politische Unruhe im ganzen Land. Uns war das nicht gleichgültig, was sich da in Leipzig abspielte. Fortan verpaßten wir keinen Montagabend, dort mit Gleichgesinnten in der Nikolaikirche und auf der Straße für eine bessere Gesellschaft zu demonstrieren. Es war nicht die Neugier, die uns auf den Weg brachte, sondern die innere Überzeugung, etwas ändern zu müssen. Und jetzt zeigte sich wieder einer meiner Charakterzüge: Wenn ich was ändern will und ich mich dafür einsetze, dann muß ich das auch im praktischen Leben beherzigen und dafür gerade stehen. Also ließ ich mich zur zweiten demokratischen Wahl im Mai 1990 auf die Liste setzen.

Nachts dann brachte mein Mann die Nachricht mit nach Hause: Die Tankstellenmitarbeiterin hatte die zweitmeisten Stimmen bekommen! Die Bahrener setzten also großes Vertrauen in mich, mehr als ich geahnt hatte. Auch die Konsequenzen waren nicht absehbar gewesen. Im Gemeindeparlament wurde ich bedrängt, mich als Bürgermeisterin wählen zu lassen, weil der mit den meisten Stimmen absolut nicht wollte. Nun, das ehrte mich zwar, aber was brachte ich denn an geistigem Potential mit für diese Funktion? Nichts! Ich sträubte mich wochenlang, schließlich vergeblich. Die Ratsmitglieder blieben hartnäckig, ich gab schließlich klein bei. Es war einer meiner verrücktesten Tage in meinem Leben. Ich habe erstmals etwas gemacht, was ich gar nicht konnte, Bürgermeister für Bahren, Golzern und Deditz. Am Sonntag gab ich in Grimma noch Benzin ab, und am Montag fuhr ich bangen Herzens mit dem Moped in Richtung Golzerner Amtsstube. Der Tag und viele danach waren schlimmer, als ich es mir vorgestellt hatte. Im Büro stand ein Riesenschrank voller Ordner. Deren Inhalt mußte ich kennenlernen, also kämpfte ich mich nächtelang durch den staubigen Ballast. Gesetze und Verwaltungsvorschriften überschwemmten meinen Schreibtisch. Und die Anliegen der Bürger. Viele waren ja der Meinung, daß sie sich nun in der gewonnenen Freiheit alles erlauben konnten.

Ein persönliches Schicksal erschwerte zusätzlich das Leben. Mein Mann erkrankte und mußte nach Leipzig in die Klinik. Jeden Tag habe ich ihn nach der Arbeitszeit besucht. Er brauchte meine Gegenwart. Die verbliebenen Ärzte konnten ihn nicht retten. Heute bin ich mir sicher, daß er mit der jetzigen medizinischen Betreuung hätte nicht sterben müssen. Damals waren viele Fachleute davon gerannt, weil sie im Westen ein besseres Auskommen fanden. Sie hatten ihren ärztlichen Schwur vergessen.

Allmählich faßte ich Fuß. Hilfreiche Ratsmitglieder stärkten mir den Rücken. Mir wurde bewußt, daß ich es nicht allen Menschen recht machen konnte. Als wir die Schule schließen mußten, dort saßen nur noch 18 Schüler, die von zehn Erwachsenen betreut wurden, kannten die Betroffenen keine Hemmungen. Ich mußte wider alle Vernunft jede

Brigitte Röhrich am Brunnenhäuschen

Menge Schimpfkanonaden über mich ergehen lassen. Und dabei noch ruhig bleiben. Das verlief genauso, als wir von unseren beiden Kindergärten einen schließen mußten.

Aber ich hatte auch angenehme Stunden. Als der Brückenbau nach Golzern ins Fabrikgelände hinüber Fortschritte machte und die Planungen später auch realisiert wurden, da atmete ich auf. Die alte Brücke hätten die Hochwasserfluten von 2002 fortgespült, die neue überstand sie ohne Probleme. Obwohl es auch damals Stimmen gab, die nicht gerade freundlich das Vorhaben quittierten.

Uns wurde bald klar, daß die Gemeinde allein künftig nicht existieren kann. Also schritten wir zur Tat. 1994 entschied sich die Dorfbevölkerung in ihrer Mehrheit für Nerchau. Von mir fiel eine gewaltige Last. Nun, nachdem ich ein wenig zur Ruhe gekommen war, wirkten all die persönlichen und kommunalen Probleme nachhaltig auf mich ein. Ich wurde krank, die Seele war einfach kaputt. Es dauerte viele Wochen, bis mich die Ärzte und der eigene Wille wieder ins normale Leben zurück gebracht hatten.

Ich erhielt eine Stelle im Stadtbauamt. Man empfing mich nicht gerade mit offenen Armen. Noch dazu eine ehemalige Bürgermeisterin. Aber mit meiner Zähigkeit faßte ich auch dort Fuß. 2001 ergriff ich die Gelegenheit, eine Teilzeitarbeit zu übernehmen und Jahre später in die vorzeitige Rente zu gehen. Das Leben i.R. hatte ich mir aber doch etwas anders vorgestellt. Ich fühle mich nicht richtig ausgelastet. Die politischen Parteien haben mich allerdings arg enttäuscht. Vielleicht vermittelt die freie Wählervereinigung neue Impulse? Ich habe mich von ihr als Kandidatin für den Stadtrat in Nerchau aufstellen lassen. Das Ergebnis erfreute mich. Ich wurde gewählt und werde meine Kräfte für die Belange der Leute einsetzen.

Dorfbild von Bahren

WEITERE NOTIZEN
aus Bahren

Das **Brunnenhäuschen** entstand im Zusammenhang mit dem Bau der Siedlung Kamerun. Dort holten die Häusler ihr Trinkwasser bis zum Bau der zentralen Wasserversorung. Allmählich zerfiel der dörfliche Treffpunkt, ehe er Ende der 90er Jahre im Rahmen der Dorfsanierung neu errichtet wurde.

Zahlreiche Einrichtungen der **Bungalowgemeinschaft** *Loreley* wurden von den Hochwasserfluten des Jahres 2002 gänzlich weggespült oder stark in Mitleidenschaft gezogen. Teile der Anlage liegen schon immer im Überschwemmungsgebiet der Mulde.

Der **Heimatverein** *Zur Prinzengrotte*, gegr. 1998, Vors. Kerstin Wilhelm, organisiert das jährliche Dorffest.

Die **Kindertagesstätte** *Zwergenland* betreut in der in Bürgerinitiative 1976 errichteten Einrichtung die Kinder von Bahren, Golzern und Deditz.

Den ersten **Konsum** in Sachsen richtete der Besitzer der Papierfabrik um 1878 ein. Zwischenzeitlich befand sich dort eine Fleischerei, ehe nach dem II. Weltkrieg das Konsumgeschäft neu entstand. Ab 1991 verkaufte ein Privatmarkt, seit Jahren geschlossen.

Wohnhäuser in Kamerun

Der **Soldatenfriedhof** steht heute unter Denkmalschutz. Dort liegen die Toten jener 6000 russischen, französischen und serbischen Kriegsgefangenen, die hier in Lagern während des Ersten Weltkrieges interniert waren und in der Papierfabrik und bei den Bauern der Umgebung arbeiten mußten.

Fabrikatenvilla in Bahren

Personalien: *Christine Brand*, Jg. 54, Kinderbuchgrafikerin, in Aue geboren und dort tätig, Lehrerin, seit 1984 Illustrationen von Kinderbüchern. 1992 siedelt sie mit der Familie nach Bahren.

Willy Grigoleit, Jg. 49, Hufbeschlagschmied, fährt mit einer mobilen Werkstatt zu den Kunden, betreut die Pferde auf der Rennbahnen in Leipzig und Halle.

Günter Ketelhut, Jg. 26, Maler und Grafiker, seit 1979 in Bahren, zeichnet und malt besonders Porträts und Landschaftsbilder.

Sigfried Schumann, Berufsschullehrer in der Papierfabrik, Heimatforscher und Bewahrer der heimatlichen Natur, wirkte aktiv bei der Gestaltung des Ortsbildes.

GASTRONOMIE: *Zur Loreley*, Gasthof seit 1991 mit Übernachtung, Besitzer Jens Urban. - *Trakehnerstube*, am Gestüt, Betreiber Nadine Grigoleit. Mi. und Fr. Flammenkuchen.

Hohnstädt, Burgberg und Böhlen – drei Orte verschmolzen zu einem Grimmaer Ortsteil

Es war kein Aprilscherz im Jahre 1937, als die drei Dörfer Hohnstädt, Burgberg und Böhlen zu einer Gemeinde vereinigt wurden, die fortan den Namen Hohnstädt trägt. Sie waren schon längst zu einer festen Einheit verschmolzen, und standen seit Jahrhunderten in enger Beziehung. Der Name Hohnstädt ist geblieben. „Ich bin ein Hohnscher!“, sagen selbstbewußt die Alten. Auch die Böhlener, die Älteren auf alle Fälle, haben diesen Ortsnamen nicht vergessen.

Die Burgberger dagegen gibt es in diesem Sinne längst nicht mehr, obwohl hundert Jahre lang, nämlich von 1835 bis 1937, die Gutssiedlung mit ihrer Häuserzeile tatsächlich eine selbständige Gemeinde war, ehe sie dann wieder Hohnstädt zugeschlagen wurde. Der Name Burgberg allerdings ist bis heute erhalten geblieben, nämlich für die Bergkuppe am Steilabfall nach Grimma hinunter, wo von der „Schönen Aussicht“ der Blick weit über die Stadt im Talkessel geht. Mehr und mehr bürgerte sich dafür auch der Name *Tempelberg* ein, weil vor reichlich 200 Jahren der Hohnstädter Gutsherr dort ein bescheidenes Tempelchen errichten ließ, das heute noch steht.

Auf dem Gelände des Burgberges betritt der Besucher frühgeschichtlich interessanten Boden: Eine slawische Wallanlage aus dem 8./9. Jh. läßt eine erste Besiedlung erkennen, und ein kleiner Bühl trug einstmals einen frühdeutschen Wachturm aus der Zeit des 10./11. Jh. Eine erste urkundliche Erwähnung erfolgte 1452 mit „am Burgberge“. Durch ständige Ansiedlungen läßt sich vom einstigen Burgberger Dorfbild nichts mehr erkennen.

Die Hohnstädter Siedlung entwickelte sich auf Böhlener Flur zu einem echten Dorfgebilde mit einem Dorfzentrum und markanten Bauten, wie Rittergut, Kirche, Schule, Dorfkneipe, Spritzenhaus, Gemeindeamt und später Konsum und Museum.

Blick über die Häuser von Burgberg und Hohnstädt

Auch seine Fluren weckten das Interesse vieler Siedler, und an den schmalen Straßen hinunter zu den Muldenwiesen kleben jetzt die sauberen Wohnhäuser eng aneinander. Mit der Verwaltungsreform 1952 wurde Hohnstädt der Stadt Grimma zugeschlagen, zeitweilig postalisch als Grimma III geführt, was sich aber nicht durchsetzte. Im erweiterten Bereich vom Autobahnanschluß wuchsen in den 90er Jahren im Gewerbegebiet Grimma Nord zahlreiche Fabrikhallen für Gewerbe und Handelsfirmen empor.

In Böhlen wurde 1556 erstmalig der Herrensitz genannt, der sich im Laufe der Zeit immer weiter ausdehnte und schließlich über 300 ha Wirtschaftsfläche besaß. Die Bebauung der aufwärts führenden Straßen mit Häuslerwohnungen erfolgte allmählich vom 16. Jh. an bis in die Gegenwart.

Hohnstädt, 1269 Hoenstat, 'zur hohen Stätte' (dt.), seit 1952 OT von Grimma

Der Name Hohnstädt ist geläufig und stets gegenwärtig. Das mag verschiedene Ursachen haben. Der wohl wichtigste Grund verbindet sich seit einigen Jahrzehnten mit dem *Göschenhaus Hohnstädt*.

„Museumstag" ist außer montags eigentlich jeder Tag in einem Museum. Doch an einem Tag im Jahr sollen die Besucher wahrnehmen, daß da was Besonderes in den historischen Gebäuden vor sich geht, am 18. Mai, dem internationalen Museumstag. Das Hohnstädter Göschenhaus schließt sich da nicht aus. Die Damen des Hauses bemühen sich dann, aber auch sonst, gute Gastgeberinnen zu sein mit einem Programm, das von allem ein bißchen was zeigt. Und mit selbstgebackenem Kuchen. Wenn dann eine Besucherin aus dem Ort mit Begeisterung äußert: „Die Leute vor mir und die Leute hinter mir, alle haben gute Laune. Ich habe so richtig das Gefühl, hier willkommen zu sein". Nichts Besseres wünschen kann sich die Leiterin des Göschenhauses, Annett Höhne, Jg. 64:

Des Hauses Ehre ist Gastfreundlichkeit

Daß das Haus vom Verleger *Göschen* zu einem Hort der Gastfreundlichkeit wurde, ist im Ursprung seiner Frau *Henriette* (1765–1850) zu danken. Hundert Jahre später wiederholte sich dieses Anliegen im jetzigen Göschenhaus mit *Renate Sturm-Francke* (1903–1979) in deren ganz persönlichem Stil. Diesem Anliegen sind wir Frauen treu geblieben.

Es ist eine schwere und eine leichte, aber auch eine schöne Hypothek, die wir Nachfolger tragen. Gewollt oder auch ungewollt werden wir an dem gemessen, was die sf in den Museumsräumen aufgebaut hat. Einfach nur Kopieren, das wollen wir nicht und das geht auch nicht. Es ist aber eine gute Aufgabe, das Vorhandene zu festigen und darauf aufzubauen. Die Menschen heute leben unter ganz anderen sozialen Bedingungen mit ihren spezifischen Erwartungen. Für uns ist wichtig, daß die Gäste zufrieden nach Hause gehen. Ein Museum muß sich Traditionen schaffen. Wir gestalten im Jahreslauf Hausmusik im Kaminzimmer, Puppentheater im Garten, Adventskonzerte zur Weihnachtszeit, Sonderausstellungen, Osterbasteln, Spiele mit den Kindern in den Ferien.

Im *Seume-Verein* organisieren wir andere Unternehmungen. Das Wirkungsfeld des Literaten erkunden die Mitglieder zu Fuß und mit dem Fahrrad in Syrakus und Litauen. Jetzt kommen Besucher aus dem Umfeld von Stuttgart und Bremen, von dort, wo Seume auch seine Spuren hinterlassen hat. Seume wird wieder gelesen, man interessiert sich für seine Person, man will mit eigenen Augen sehen, wie und wo er seine Hohnstädter Zeit verbracht hat. Die liebsten Besucher sind uns diejenigen, die aus reiner Neugierde kommen.

*

Was für eine Frau war *Renate Sturm-Francke*, die Gründerin des Göschenhauses, die aus lauter Arbeitseifer und um Zeit zu sparen nur mit dem Kürzel sf firmierte. Der kleine Gedenkstein im Garten enthält diesen allerletzten Gruß. Viele Leute haben sie gekannt. Sie kramen gern mal in der Erinnerung. Dazu gehört auch die Angestellte i. R. MARLIES GRUBE, Jg. 43:

Auch das war sf: Am frühen Morgen barfuß durch den Schnee

Da soll also eine Frau über eine andere etwas erzählen. Meist machen die sich doch gewollt oder ungewollt ein bißchen „schlecht". Ich habe dazu zum Glück keinen Grund, weder so noch so.

Daß ich mit Frau *Sturm-Francke* in Kontakt kam, beruht auf einem ganz normalen Vorgang. Als Umsiedlerkind fand ich mit meinen Eltern in Wednig ein Unterkommen. Später lernte ich einen Hohnstädter kennen und zog nach der Heirat 1963 zu ihm ins elterliche Haus unmittelbar neben dem Göschenhaus. Als junge Frau interessierte mich das Museum nebenan zunächst weniger. Erst als mich dessen Leiterin, eben Frau *Sturm-Francke* eines Tages fragte, ob ich ihr nicht helfen könne beim Saubermachen und den Vorbereitungen zu *KKK*, da änderte sich das. Diese drei K waren regelrecht eine Zauberformel, besiegelten aber die Beliebtheit des Göschenhauses: „Kultur bei Kaffee und Kuchen". Zur Kultur erzählte sie aus dem Leben von *Göschen* und *Seume*, den Kaffee kochte sie am Morgen und hielt ihn bis zum Nachmittag in einem Wasserbad warm

Drei bekannte Göschenhaus-Frauen: Marlies Grube (l.), Renate Sturm-Francke, Annett Höhne

(manchmal war's eine ziemlich dicke Brühe!), und die Quarktorte holten wir aus dem Konsum.

Als Mitarbeiterin lernte ich nicht nur ihren geschäftigen Arbeitstag kennen, sondern auch die ganz persönlichen Gewohnheiten und Begebenheiten im Alltag dieser außergewöhnlichen und doch normalen (mit kleinen Abweichungen gesehen) Frau.

Ihr Tagesrhythmus vollzog sich streng nach den selbst gewählten Terminen. Um 5 Uhr stand sie auf, und runter ging's zum Frühsport in den Park, im Winter barfuß durch den Schnee. Nun erhielten Eichhörnchen und Amseln mit Zwieback, Nüssen und Haferflocken ihr Futter. Dann dampfte ein starker Kaffee, und der Abwasch vom Tag zuvor wurde erledigt. Inzwischen hatten auch der Herr Gemahl und *Nickel*, der letzte Dackel, den Schlaf beendet. Nach dem gemeinsamen Frühstück am Bett des Mannes begann gegen 8 Uhr der eigentliche Arbeitstag. Jetzt folgten turbulente Stunden mit Briefe schreiben, Texte für den *Rundblick* abfassen oder mit *Rundblick-Müllern* ein Streitgespräch führen, weiteren Telefonaten, Führungen von Schulklassen, zwischendurch Hauswirtschaft und Einkauf und irgendwann genießerisch eine Pfeife rauchen. Die Mahlzeit am Mittag bestand ausschließlich aus Quark, mal mit diesen, mal mit jenen Kräutern, mal süß, mal deftig gewürzt, von Montag bis Freitag. Eine Köchin war sie nicht, und sonntags brutzelte ich für beide meist Schnitzel, verschwenderisch mit Butter angereichert. Allgemein lebte sie gesundheitsbewußt, weil sie wegen einer Hüftoperation nicht zunehmen sollte.

Dann herrschte Ruhe im Haus, denn sf und Nickel machten ihre Mittagspause und tankten Kraft für die Nachmittagsführungen. Wir schlichen durchs Haus, wehe, wenn ein Stuhl verrückt wurde und Gnade den Anrufern. Sie versuchten es nicht ein zweites Mal um diese Zeit. Wie auch diejenigen, die zu den Geburtstagen einen Strauß Blumen oder auch nur einen mündlichen Gruß überbringen wollten. Entweder war *sf* an diesem Tage ganz verschwunden, oder die Gratulanten wurden unbarmherzig vor die Türe gesetzt. Die Führungen waren „heilig“ und durften durch nichts gestört werden.

Jeden Donnerstag vollzog sich mit der Kaffeerunde im Familien- und Mitarbeiterkreis ein weiteres Ritual. Punkt 16 Uhr versammelten wir uns oben in der Bibliothek bei Quarktorte und Kaffee. Dann gab's noch einen Kognak, dann noch einen und noch einen. Das löste die Zungen, und wißbegierig nahm *sf* von uns Hohnstädtern die neuesten Nachrichten aus dem Dorf auf. Selbst der gesetzte und biedere *Dr. Sturm* nahm daran regen Anteil.

Sf war Putzfanatikerin. Als sie seinerzeit das Museum in Grimma übernahm, war ihre erste Tätgkeit, alle Messingklinken und Schließbleche mit Sidol blank zu putzen. Auch ihr Zinn im Hause mußte jährlich gründlich gereinigt werden. Ich machte das im Kaminzimmer, auch bei Führungen. Natürlich hörte ich gut zu und lernte so manches aus der Geschichte des Hauses. Möglicherweise hat sie das bewußt gemacht, denn eines Tages offenbarte sie mir, daß ich die Museumsbesucher führen sollte, da sie dazu keine Zeit habe. Mir rutschte das Herz in die Hosen, aber Widerspruch gab es nicht. Es ging, manches noch ein bißchen holprig, aber da sich das wiederholte, wurde es immer besser. Sie hatte Vertrauen zu mir, und darüber habe ich mich sehr gefreut. Es war eine gute und tolle Zeit, mit *Renate Sturm-Francke* zu arbeiten.

Böhlen, 1393 Belin, 'heller, lichter Ort' (slaw.), seit 1937 OT von Hohnstädt, seit 1952 von Grimma, über 400 Einw (geschätzt).

Böhlen, das sind die drei Bergstraßen von Hohnstädt aus den Hang hinunter bis zu den Niederungen der Mulde: Seumestraße, Mittelstraße und Gänseberg. In der Seumestraße hat sich ein winziger Industriebetrieb angesiedelt, von dem man außer dem kleinen Firmenschild am vorderen Wohnhaus nichts sieht: Die *Likörfabrik Anger & Co*. Seit 1986 firmiert als Inhaber Wolfgang Heilemann, Jg. 42:

Anger & Co in Böhlen ließ sich nicht „aushungern"

Diese Geschichte begann 1913. Damals mußte der Vogtländer *Max Anger* zum königlich-sächsischen Infantrieregiment nach Leipzig einrücken. Unter der Pickelhaube lernte er das soldatische Strammstehen. Die Kopfbedeckung existiert noch, wir haben sie aufbewahrt. Die Militärkonzerte in der „Terrasse" in Grimma lockte auch den strammen Infantristen an, und hier verguckte er sich in die Frieda aus Böhlen. Den Krieg überstand er mit einer Verwundung. Er kehrte nach Grimma zurück und heiratete das Böhlener Mädchen, meine Großmutter. 1919 wurde meine Mutter geboren. Sie hat alle stürmischen Zeiten überstanden und lebt heute mit 85 Jahren rüstig und vital im großen Wohnhaus vorn an der Straße.

Max Anger suchte Arbeit, fand aber keine. Also machte er sich 1920 als Handelsmann selbständig. Er gründete quasi eine verfrühte „Ich-AG", allerdings erhielt er vom Staat keinen Pfennig Starthilfe. Er handelte mit allem, was er billig aufkaufen und mit einem kleinen Aufschlag weiterverkaufen konnte. Vor allem Schnaps und Weine. Da gab ihm jemand ein Rezeptbuch für Liköre. Der pfiffige Max erkannte eine Bedarfslücke und produzierte fortan dieses anregende Getränk. Der Destillationsapparat stand in der Waschküche. Mit phantasievollen Namen gewann er die Kunden: *Tatarenkaffee, Kornblumenblau, Fromme Helene, Rosenlikör* und als Spezialität den *Thüringer Klostertrop-*

Wolfgang Heilemann an der Likör-Abfüllanlage

fen, einen Kräuterlikör. Er verstaute die Flaschen in einen wackligen Gepäckträger und radelte zu den Arbeitern in den Steinbrüchen und Sandgruben in der Umgebung. Auch mit den Wirtsleuten bemühte er sich, ins Geschäft zu kommen. So schlug er sich mit unbändiger Energie, aber stets redlich, sparsam und fleißig durch die Jahre. Jeden überzähligen Groschen legte er auf die Seite. Dadurch konnte er 1931 ein eigenes Haus in Böhlen bauen, groß und modern. Es steht noch heute.

Meine Mutter hatte den Bahrener Bauernjungen *Kurt Heilemann* kennen gelernt und geheiratet. Nun kam ich als einer von Zwillingen auf die Welt und wuchs ganz selbstverständlich in den Betrieb hinein. Vater kam nicht wieder aus dem II. Weltkrieg zurück. Mutter führte die Firma ab 1953 in eigener Regie, ehe ich 1986 an die Reihe kam.

Damals, nach dem Krieg, begann eine Odyssee, die von der DDR-Geschichte geprägt war. Die Basis unserer Likörproduktion war der Reinsprit. Von Jahr zu Jahr fielen die Zuteilungen geringer aus. Dann begann die Periode der Verstaatlichungen. Auch uns ging es an den Kragen. Als es mit Überzeugung nicht gelang, erfolgten die sogenannten „Tiefenprüfungen". Irgendwas ließ sich schon finden, um mit einer Anklage den Besitzer in die Knie zu zwingen. Die staatlichen Schnüffler fanden nichts. Also erhielten wir keinen Sprit mehr zugeteilt. Die Staatsmacht wollte uns „aushungern". Es gelang ihnen nicht! Wir konnten unsere Eigenständigkeit bewahren.

In den Sommermonaten dürstete die DDR. Es fehlte an allem, sogar an der einfachen Limonade. Wir erkannten die Marktlücke. Also produzierten wir jetzt Limo. In den staatlichen Organen atmete man erleichtert auf, und man ließ uns in Ruhe. Nun beschäftigten wir zehn Leute im Betrieb, weil wir die Nachfrage kaum befriedigen konnten. Vermutlich wollte man sich jetzt erkenntlich zeigen: Wir erhielten wieder Sprit, nicht viel, aber er reichte aus, mit Goldbrand und einem Klaren den „Kleinen Schluck" zu füllen.

Es kam das Jahr 1990. Wir hatten die Planwirtschaft der DDR überlebt und sprangen nun in die freie Marktwirtschaft. Für mich stand fest: Große Sprünge machst du nicht, sondern hübsch bescheiden auf dem Teppich bleiben. Also konzentrierte ich mich auf

Hofanlage im ehemaligen Rittergut Böhlen

den Kleinen Schluck und meinen Kräuterlikör. Ich änderte nur den Namen ein wenig, in dem das Heimatlich-Bodenständige anklingen sollte. Also meldete ich die *Grimmaer Augustinertropfen* an, vielleicht ganz im Sinne der damaligen Grimmaer Mönche, die ja auch einem guten Tropfen nicht abhold waren.

Damit ist das Zeug aber noch lange nicht verkauft. Ich mußte den freien Handel und die Gaststätten für mich interessieren. In den Regalen stehen 40 und mehr Kräuterliköre, und da sind meine Tropfen nur eine Sorte unter vielen. Der Markt ist längst gesättigt. Es ist nicht einfach, gegen die großen Konzerne mit ihren Millionen von Werbegeldern zu bestehen. Und es gelang, einige Handelsketten haben meine Produkte „gelistet". So stelle ich mit einiger Befriedigung fest, daß sich wieder mehr Kunden auf meine Böhlener (oder Grimmaer?) Getränke besinnen. Natürlich will ich die Leute nicht zum Saufen animieren. Das wäre verwerflich, obwohl jeder selbst schuld ist, wenn er das Maß überschreitet. Es genügt „ein Gläschen in Ehren ...", und mein Kräuterlikör stimuliert die Verdauung, ein leichter Schwips löst Zunge und Gemüt. In fröhlicher Runde offenbaren sich da ungeahnte Leidenschaften.

Meine Maschinen laufen nicht ununterbrochen. An manchen Tagen stehen sie ganz still. Ich produziere, wenn Aufträge vorliegen. Deshalb habe ich auch nur noch drei Arbeitskräfte mit flexibler Arbeitszeit. Alle Spirituosenhersteller im weiten Umkreis existieren nicht mehr. Ich stehe da gewissermaßen wie Methusalem auf einer einsamen Insel im weiten Meer. In allen neuen Bundesländern sind gerade mal 22 mittelständische Produzenten übrig geblieben, die sich hin und wieder zum Erfahrungsaustausch treffen und beraten, wie sie den mächtigen Konkurrenten widerstehen können. Vielleicht sind wir deshalb noch da, weil wir bescheiden unsere Arbeit verrichten und möglichst ohne Kredite wirtschaften, ganz so wie es schon damals *Martin Luther* seinen Mitmenschen eingebleut hat: „Was du nicht kaufen kannst, das lasse, so bleibst du Herr von deiner Kasse." Das ist jedenfalls eine meiner Lebensregeln geworden, und damit bin ich gut gefahren.

Dorfbild in Böhlen

WEITERE NOTIZEN
aus Hohnstädt und Böhlen

Rittergut Hohnstädt, neues Herrenhaus um 1750 mit abgewalmtem Mansarddach gebaut, letzter Besitzer Hermann Platzmann, nach Bodenreform Wohnungen und Kindergarten, jetzt leerstehend und allmählicher Zerfall.

Rittergut Böhlen, vom *Hofrat Dr. David Döring* (1577–1638), er besaß weitere Rittergüter in der Umgebung, erhielt das Gut jene bauliche Anlage, die es heute noch weitgehend aufweist. Am Torhaus (jetzt bewohnt) befinden sich seine Initialen ebenso im kunstvoll geschmiedeten Tor. Eine Tafel vermerkt die lat. Inschrift, übersetzt: „Geduld ist das Heilmittel aller Übel". Letzter Besitzer bis 45 Fam. *Heinz Dettmar*. 1949 erfolgte der Abriß des Herrenhauses. - Beide Rittergüter hatten über 500 ha Fläche, mit der Bodenreform Aufteilung an 36 Neubauernstellen und 136 Bauplätze je 1000 qm Land für Kleinsiedler.

Göschenhaus Hohnstädt

Göschenhaus Hohnstädt, gegr. 1950 als Heimatstube von Renate Sturm-Francke, ab 1954 Seume-Gedenkstätte im Göschenhaus. Jetzt in der Verwaltung der Stadt Grimma.

Vereine und Einrichtungen: Hohnstädter Sportverein, gegr. 1947, Vors. Wolfgang Scheufler. - Chorgemeinschaft Hohnstädt. - Freiwillige Feuerwehr, gegr. 1930, Wehrleiter Peter Pocher.

Schule Hohnstädt, Schulgebäude um 1890 mit mehrmaligen Anbauten versehen, seit 1946 8-Klassen, später bis zur 10. Klasse. Seit 1992 nur noch Grundschule.

Kirche in Hohnstädt

Die **Kirche** mit romanischem Chor (um 1480), Umbau und Erweiterung um 1840, Turm 1895. Altar von 1658, Kanzel von 1653 aus Rochlitzer Stein. Kirchgemeinde wird von der Pfarrerin Ute Ellinger betreut. - Kirchenchor. - Marie-Louise-Heim im Pfarrgarten, sozialtherapeutische Wohnstätte des Diakonischen Werkes.

Handel & Gewerbe: Steinbruch Hohnstädt am Hengstberg um 1880 angelegt, nach 1945 VEB Splittwerke Röcknitz-Hohnstädt, nach 1992 Sächsische Quarzporphyrwerke. - In einer Kaolingrube wird noch heute der weiße Ton abgebaut als Rohstoff für die Porzellan- und Steingutindustrie. - Die 1913 in Grimma gegr. Waagenfabrik wurde in den 60er Jahren nach Hohnstädt in die Räume der ehem. Rittergutsbrennerei verlegt und ständig erweitert. Mit der Wende stillgelegt und abgerissen. - Gewerbegebiet Grimma Nord. - Bäckerei Hans-Bernhard Borda. - Elektroinstallation Jens Kluge. - Gärtnereien von Karl Gey und Peter Lindner.

GASTRONOMIE: Seume-Gasthaus *Zur Linde*, jetzt als griechisches Restaurant *Athen*. Göschenscheune, beide im Besitz der Fam. Grube. - Schlemmeroase. - Eiscafé Capri.

Ein volkstümlicher Spottvers hängt den Einwohnern des Straßendorfes seit alters her an: *„Wenn der Beiersdorfer nicht muß, rührt er weder Hand noch Fuß!“* Wer den böswilligen Spruch mal von sich gegeben hat, ob ein Hiesiger oder jemand aus einem Nachbardorf, läßt sich nicht ermitteln. Die Heimatkundlerin *Renate Sturm-Francke* hat solche Verse vor Jahrzehnten gesammelt, und da muß schon was dran sein. Ob er allerdings heute noch zutrifft, das müßten die Einheimischen selbst entscheiden.

Wie ein Beiersdorfer vor 100 Jahren einen Spottvers auf den Kopf stellte

Früher jedenfalls, vor hundert Jahren, hat es eine Person gegeben, die ganz gegenteilig auftrat und segensreich im Dorf gewirkt hat. Einem Zufall verdanken wir, daß uns eine Zeitungsnotiz aus dem Jahre 1896 in die Hände kam. Sie informiert über einen bemerkenswerten Abschnitt in der Dorfgeschichte, in dem sich einige Parallelen zur heutigen Zeit finden:

„Eine für den Ort bedeutsame Feier konnte in diesen Tagen begangen werden. Es vollendeten sich 25 Jahre, seitdem Herr Karl Wilhelm Wießner sich hier niedergelassen hat. Herr Wießner kann in dieser Zeit auf eine Reihe von Erfolgen zurückblicken, die ihresgleichen suchen und auch für unseren Ort von hohem Nutzen sind. Ist es ihm doch gelungen, das damals ersoffen gewesene Kohlenwerk wieder in Gang zu bringen und die Tonwarenfabrik zu errichten, so daß beide jetzt gegen 80–100 Leuten Beschäftigung gewähren. Wer Beiersdorf und Herrn Wießner näher kennt, der weiß auch, wieviel er zum Besten von Kirche, Schule und Gemeinde getan hat, sorgt doch z.B. eine von ihm

Altes Mühlengebäude in Beiersdorf

errichtete Stiftung für unentgeltliche Lieferung von Schulbüchern für arme Kinder. In einer Zeit, in der man so oft verkünden hört, daß es selbst dem Fleißigsten und Tüchtigsten nicht gelingen könne, sich aus eigener Kraft empor zu arbeiten, ist es lehrreich, auf die Erfolge von Herrn Wießner hinzuweisen. Er ist das Kind von Häuslersleuten und hat sich in der Jugend als Ziegeleiarbeiter sein Brot suchen müssen. Durch rastlosen Fleiß und Intelligenz arbeitete er sich währenddem in das Gebiet der Kulturtechnik *(heute sagen wir Melioration)*, verschaffte sich einige Aufträge und war unermüdlich tätig. Dank dessen und dank seiner Umsicht besitzt er heute das größte kulturtechnische Geschäft Sachsens, ein Kohlenwerk, eine Tonwarenfabrik, 2 Rittergüter, nämlich Seelingstädt und Burkartshain, 4 Güter und ein Mühlengrundstück in Beiersdorf, 5 Güter in Klinga-Staudtnitz und ein Stadtgut in Naunhof."

*

Doch man muß nicht hundert Jahre in der Geschichte eines Dorfes zurückblättern, um tüchtige Menschen zu finden. Die Gegenwart hat auch solche Leute. Ein solcher steht in der Grethener Straße an einem modernen Gasbackofen, ein Meister seines Faches, der es zwar nicht zu dem immensen Reichtum eines *K.W. Wießner* gebracht hat, doch der fleißig und mit seiner ihm eigenen Lebensphilosophie ein zufriedenes Leben führt, der Bäckermeister Conrad Bahrmann, Jg. 39:

Sonntags geht Mutter in die Kirche, und montags machen wir Sozialismus: Ruhetag!

Mein Vater betrat den Ort 1931 und kaufte die hiesige Bäckerei. Die Konkurrenz trieb ihr munteres Spiel: Von außerhalb kamen vier (!) verschiedene Bäckerwagen mit Pferdegespannen in unser Dorf, und alle wollten ihr Zeug loswerden. Es war also nicht allzuviel zu verdienen. So gehörte immer eine kleine Landwirtschaft zu unserem Handwerk. Da gab's natürlich keine Ruhetage, und der Bäckertag, der schon früh um 3 Uhr in der Nacht beginnt, ist dann ziemlich lang. Mit dem zusätzlichen Verdienst aus Feld und Stall kauften wir ohne Kredit die Maschinen. Wir haben nie den Banken was in den Hals geworfen.

1971 übernahm ich die Bäckerei. Einem Glücksfall verdanke ich, daß der technische Fortschritt an die Tür klopfte. Die Gemeinde konnte die Gasleitung Leipzig-Lauchhammer anzapfen. Einige Haushalte im Dorf erhielten Anschluß. Auch mein Betrieb gehörte dazu. Dann waren die Rohre alle. Heute ist dieses Manko längst behoben. Gas ist wirklich eine feine Sache, und mein neuer Ofen brachte durch den höheren Brennwert viel mehr Leistung. Und noch eine Errungenschaft kam ins Haus: Ich erhielt einen Telefonanschluß! Aber nicht wegen der Bäckerei, nein, wegen des Gases. Im Dorf steht nämlich eine Reduzierstation, und da es häufig zu Schwankungen im Druck kam, mußte die Gaszufuhr ganz abgestellt werden. So wurde ich stets bei Druckabfall telefonisch informiert. Nein, man muß keine Angst vor dem Gas haben. Da sind so viele Sicherungen eingebaut, daß einfach nichts passieren kann.

Ob die Wende bei uns was geändert hat? Nein, wir backen so wie immer. Mit den aufgeplusterten Semmeln hatten wir nichts am Hut. Den Leuten muß es schmecken, denn sonst kämen nicht so viele. Vor allem auch Auswärtige. Klar probieren wir auch mal was Neues aus. Ob's gelungen ist, das merken wir schnell im Laden, denn dann bleibt das Zeug liegen, und dann lassen wir die Finger davon. Das Körnerbrot findet Zuspruch, ist auch eine gute Sache. Von den Torten können wir nicht genug backen. Die Leute müssen doch jetzt mehr Zeit zum Kaffeetrinken haben. Und was wir machen, das langt für uns. Wir fahren nicht mit dem Auto von Dorf zu Dorf.

Was muß der Bäcker haben, um gute Ware zu produzieren? Es ist die Erfahrung, und er darf mit den Zutaten nicht knausern. Guten Geschmack und gute Hände? Nein, das ist es nicht. Gute Beine muß er haben, weil der den ganzen lieben langen Tag nur steht und geht. Und da ist ein Ruhetag schon mal wichtig. Wir machen zwei, nämlich Sonntag und Montag. Sonntags gehen die Frauen in die Kirche, und montags machen wir Sozialismus, so wie wir es vor Jahrzehnten gelernt haben.

Na ja, und jetzt? Der Bürokratismus ist schlimmer als früher. Jeder will seine Meldungen haben. Doch das läßt sich ertragen. Viel angenehmer ist es, daß wir uns nach nichts anstellen müssen. Wenn du deine Rechnungen bezahlst, und das ist normal und das mache ich, dann kriegst du alles, was du brauchst, ins Haus geliefert. Noch nie hatte ich eine so niedrige Telefonrechnung wie jetzt. Die Händler und Vertreter melden sich alle von selbst. Es fehlt an nichts!

Seit einigen Jahren sind wir nun Städter, Grimma hat uns geschluckt. Ich merke allerdings keinen Unterschied, und es kümmert mich auch nicht. Das Dorf bleibt so und so das fünfte Rad am Wagen. Na ja, wenn es gut befestigt ist, dann kann eigentlich wenig passieren.

Wünsche? Was soll ich in meinem Alter noch wollen? Ich gehe nun in die Rente. Sonst soll es so bleiben, wie es ist. Ich bin zufrieden. Und mein Junge wird es mit seinen Gesellen schon richten. Und die Wünsche unserer Kunden befriedigen.

*

Schräg gegenüber von der Bäckerei liegt im Besitz einer Erbengemeinschaft ein ältlicher Bauernhof. Hier lebte von Kindesbeinen an die Postangestellte Helga Richter, Jg. 48

Ereignisreiche Jahre an der Trasse fern der Heimat

Als mich vor knapp dreißig Jahren mein Vorgesetzter fragte, ob ich nicht Lust hätte, als Postfrau bei den Trassenbauern in der Sowjetunion mitzumachen, sagte ich sofort zu. Irgendwie stellte ich mir da ein bißchen Romantik vor, und auf die Menschen und das weite Land war ich schon neugierig.

Die Bäckergemeinschaft von Bahrmanns in Beiersdorf

1976 ging's dann los, und ich wurde in einem Wohnlager aus Baracken in der Ukraine die Christel von der Post. Auch sonst war alles etabliert, was so zur Arbeit und zum täglichen Leben gehörte. Es war wie ein kleines Dorf. Und ich habe mein Unternehmen nicht bereut. Einmal nur befiel mich großes Heimweh, als Mutti einen Schlaganfall bekam und ich nicht helfen konnte. Aber sonst blieb kaum Zeit zum Nachdenken. Ich hatte tagsüber fortwährend zu tun: Post besorgen und verteilen, Zeitungen bestellen (doch das mußte mit den sowjetischen Freunden abgestimmt werden), Abrechnungen vornehmen, Waren besorgen. In den Regalen stand die sogenannte „Bück-dich-Ware" in genügenden Mengen, eben alles, was der Mensch so brauchte (oder auch nicht). Na ja, ob's gerecht oder ungerecht war, wer will da im nachhinein richten?

Damit die Sonntage nicht zu lang wurden, unternahmen wir Rundfahrten oder besuchten unsere russischen Freunde. Das waren wunderbare Gastgeber. Auch wenn sie kaum was zum Tafeln hatten, so zauberten sie doch stets wieder etwas herbei. Das Essen schmeckte. Na ja, so ganz sauber war's nicht immer im Umfeld, aber da haben wir eben weggeguckt. Des öfteren gab's was zum Zuprosten. Ich hab's vertragen und bin nicht süchtig geworden. Zu Hause dann habe ich mir das ganz schnell wieder abgewöhnt. Nur das Rauchen kann ich nicht mehr lassen, und das ärgert mich.

Drei Monate mußten wir auf einen Ritt aushalten. Danach flogen wir für einen Monat nach Hause, Urlaub machen und Überstunden abbummeln. Vier Jahre dauerte meine erste Mission. Als ich dann 1982 erneut gefragt wurde, sagte ich wieder zu. Ich freute mich auf die alten Bekannten. Die Jahre vergingen, für uns war gut gesorgt.

Im Herbst 1989 informierte mich meine Schwägerin von Montagsmärschen in Leipzig. Eigentlich wußte ich damit nichts Rechtes anzufangen. Auch im Kollegenkreis war das kein Thema. Deshalb hörten wir ziemlich ungläubig die Nachricht, daß „die Berliner Mauer" offen sei. Wir konnten uns das einfach nicht vorstellen. Und außerdem hatten wir hier an der Baustelle unsere eigenen Probleme. Die sich dann vergrößerten, mehr Hektik und ein komplettes Durcheinander brachten das Ende.

Helga Richter genießt die Ruhe im Hof

Ich kehrte 1991 ins Heimatdorf zurück, fand mich schnell zurecht, auch in den übervollen Läden, und konnte meine Arbeit im Postgeschäft fortsetzen: Ich wurde der motorisierten Truppe zugeteilt, hatte die Postagenturen zu beliefern und die Briefkästen zu leeren. Das machte mir sehr viel Spaß und ist gar nicht so eintönig, wie es klingen mag. Jeder Tag brachte was Neues. Ich kam mit meinen Postkunden ins Gespräch, wenn eine Briefmarke gebraucht wurde. Enttäuscht haben mich diejenigen, die aus welchen Gründen auch immer ihren Unrat in den Kasten steckten. Ich freue mich mit den Postkunden, die genau wissen, daß der Brief, den sie heute einwerfen, am anderen Tag sein Ziel erreicht hat.

Jetzt hatte ich das Alter, in den Vorruhestand zu gehen. Darüber war ich gar nicht so erfreut, aber die Post muß sparen. Also nahm ich das Angebot an. Nun sitze ich auf dem alten Bauernhof, muß immer öfter zu diesem oder jenem Arzt und hoffe inständig, daß es mit der Gesundheit nicht weiter abwärts geht. Wie gern würde ich mein Haus auf Vordermann bringen lassen und dann auch ein bißchen Vieh halten, aber nur die kleinen Tiere wie Hühner, Gänse und Enten. Irgendwie fließt wohl ein Rest Bauernblut in meinen Adern.

WEITERE NOTIZEN aus Beiersdorf

Die **Autobahn** führt seit 1970 nahe am Dorf vorbei. Eine Unterquerung erfolgt mit der Straße nach Seelingstädt.

Zwischen einigen Porphyraufragungen bildete sich ein kleines **Braunkohlenvorkommen**, stellenweise mit bis 8 m mächtigem Flöz. In Richtung Seelingstädt entstanden zwei Gruben, wo im Tiefbau die Kohle abgebaut wurde, von 1868 bis 1931 (mit Unterbrechungen) in der Grube *Gottes Segen*. Im Durchschnitt 50 Beschäftigte. Hauptabnehmer Papierfabrik Trebsen-Pauschwitz, Beiersdorfer Tonwarenfabrik und zahlreiche Rittergutsbrennereien.

Auf dem **Lindberg** (207 m NN) lebte einst ein Lindwurm, der jedes Jahr eine Jungfrau als Nachspeise forderte *(s Rundblick-Lesebuch)*. Dort steht vermutlich auf der Flurgrenze die **Rote Bank**, die auch von den Großsteinbergern beansprucht wird.

Die **Kirche** entstand 1887 als gelber Backsteinbau auf den Grundmauern eines romanischen Bauwerkes. 1972 Umbau mit Turmkürzung. Eine spätgotische Holzplastik verkörpert die Schmerzesmutter. Die alte Kirchentür aus fünf eichenen Brettern, die mit symbolischen Zeichen verziert sind, befindet sich als wertvolles Sammelstück im Grimmaer Museum. - Eingepfarrt nach Hohnstädt.

Die neue **Schule** wurde 1929 errichtet. Nach dem Krieg bis 1974 Schulkombinat mit Seelingstädt, danach nur noch Grundschule, die 1992 geschlossen wurde. Jetzt gepachtet von einer kirchlichen Vereinigung zur Kinderbetreuung.

Eine mächtige **Steinplatte** liegt seit 1889 am Friedhof als Wettinstein, von Wießner zur Erinnerung an das 800jährige Herrscherhaus aufgestellt. Sie wurde in den 50er Jahren als Mahnmal an die 54 Toten des II. Weltkrieges umgestaltet. Ursprünglich lag sie wohl als „Bauernstein" auf der Geländekuppe „das Tausend", wo die Bauern ihre Abgaben und Steuern entrichten mußten. Es könnte sein, daß der Platz auch als Gerichtsstätte benutzt wurde.

Ein **Storchennest** befindet sich seit 1977 auf dem Schornstein der ehem. MTS. Mehrmals erfolgreiche Brutaufzucht.

Eine **Wassermühle** befand sich zwischen den heutigen Wießnerischen Teichen (entspringt der Kranichbach) und wurde nach 1724 eingerichtet, jetzt nur noch die Scheune als Ruine vorhanden. Die alte Kastanie versinnbildlicht den einstigen Hausbaum.

Personalien: *Margarethe Ebert geb. Gergaut*, Jg. 23, seit 1946 als Lehrerin im Dorf tätig gewesen und langjährige Schulleiterin, verstand es, mit ihrem künstlerischen Empfinden und technischen Geschick die Schüler nicht nur für den Unterricht zu begeistern, sondern ihnen auch in der freien Zeit nützliche Eigenschaften für das Leben zu vermitteln.

Manfred Elle, Jg. 29, zog in 4. Generation als wandernder Puppenspieler durch die Lande.

Kurt Hentschel, Jg. 24, Schäfermeister i.R., zuletzt drei Herden mit 1440 Tieren. 50 Jahre lang Mitglied der FFW.

Kurt Hecht (1905–1982) war von 1950 an 21 Jahre Bürgermeister im Ort. Als gelernter Zimmermann packte er bei der Ortsgestaltung selbst mit an (Wasser, Gas, Straßen, Wohnungen).

Christian Thieme (1684–1762), Bauernsohn, kämpfte als Musketier im Nordischen Krieg, kam in schwedische Gefangenschaft und kehrte von dort mit einer Schwedin zurück, die er auch heiratete und die als „Fremde" immer wieder von den Dorfweibern neugierig bestaunt wurde (s. Rundblick-Lesebuch).

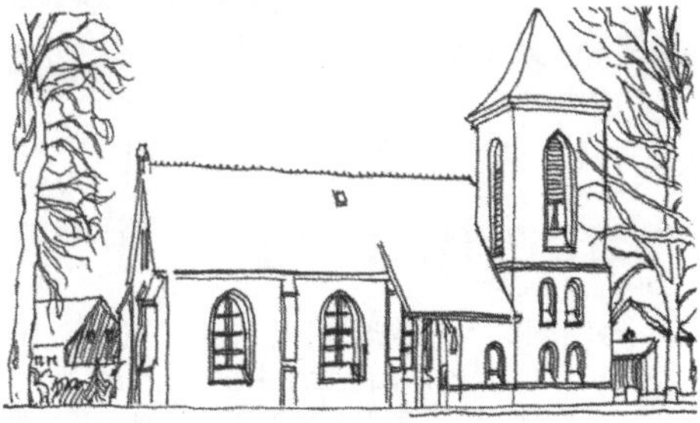

Kirche in Beiersdorf

Vereine und Einrichtungen: Freiwillige Feuerwehr, gegr. 1929, Wehrleiter Johann Wächter, pflegt auch eine historische Handdruckspritze. - Sportverein SV 01, Vors. Dietmar Schwarz, mit den Abt. Kegeln, Dart und Frauengymnastik, weder Sportplatz noch Turnhalle. - Gartensparte KGV „Am Kirchgarten", Vors. Herr Ziegner. - Der Kindergarten befindet sich seit 1955 in der von P. Wießner 1904 erbauten Villa am Ortsausgang nach Grimma, Leiterin Frau Fröbrich.

Landwirtschaft: Es bestand ein Vorwerk vom Rittergut Seelingstädt, zuletzt im Besitz der Fam. Müller. Es wurde 1945 mit dem Frenzel-Gut (über 100 ha Größe) enteignet. - 1945 gab es im Dorf 19 Altbauern und nach der Bodenreform 18 Neubauern. Diese bildeten eine der ersten LPG im Kreis Grimma, später alle vereint in der LPG Fortschritt. 1991 Auflösung der LPG und Bildung der Beiersdorfer Pflanzenproduktion GmbH (200 ha), Rinderfarm GmbH (500 ha), Bauernland GmbH (350 ha) und Vermögensverwaltung, die Mobile Technik und Service GmbH (ehem. MTS). - In einer „Bauernstube" trafen sich die Bauern und Einwohner in den 50er Jahren zum Fernsehen, da dort der erste Apparat im Dorf stand.

Handel & Gewerbe: Das Steinzeugwerk (Betonerzeugnisse) wurde 1991 als VEB abgewickelt und stillgelegt, gegr. 1870. Zerfallende Gebäude säumen heute das Betriebsgelände. - Im Steinbruchsbetrieb (Schneiders Bruch), gegr. 1880, arbeiteten bis 1960 an die 70 Beschäftigte. - Heute: Bäckerei von Conrad Bahrmann. - Blumenladen der Fam. Schröder seit 1990. - Fleischerei von Lothar Buchheim seit 1952. - Getränkestützpunkt mit Ausschank der Fam. Masanek. - GASTRONOMIE: Von den Gaststätten existiert keine mehr. Der Dorfgasthof wurde aus bautechnischen Gründen 1984 geschlossen und erlebte nach der Wende als DISKO-Schuppen (der merkwürdige Name „Why not" zierte noch Jahre danach den Eingang) eine zeitweilige Auferstehung, sehr zum Unwillen der Nachbarn.

In Wießners Villa tummeln sich jetzt die Kinder

Grethen, 1251 Greden, Namensdeutung unklar, OT von Parthenstein (1994), 459 Ein.

Für jeden Leser verbinden sich mit diesem Ortsnamen auf Anhieb mehrere Begriffe: Storchennest, Feuerwehrmuseum, Alte See, Jugendherberge (jetzt Naturfreundehaus). Die Reihenfolge ließe sich austauschen, der eine favorisiert das, der andere jenes. Wir halten es zunächst mit dem Museum.

In Grethen stecken Schaufensterpuppen in schmucken Uniformen

Das Feuerwehrmuseum hat das kleine Grethen weltbekannt gemacht. Naja, vielleicht nicht überall. Zumindest unter Feuerwehrhistorikern und Sammlern. Besonders stolz ist der Begründer und Leiter *Gerd Winkler*, Jg. 55, auf einen Ledereimer aus dem Jahre 1819. Mit Pech abgedichtet, trägt er noch in alter Schreibweise die Anschrift: *Gräten*.

Gerd Winkler muß als Kind in der Wiege statt Kinderliedern die Klänge des Signalhorns aufgenommen haben. Anders läßt sich kaum erklären, was ihm da in die Seele gefahren ist. Die Sammelsucht nach Utensilien der Feuerwehr hatte ihn schon als Junge gepackt und hält heute noch unvermittelt an. Das erste Stück war ein Feuerwehrhelm. Dazu kam eine defekte Handdruckspritze aus Großbuch, die er allein wieder funktionstüchtig machte. Er sammelte alles, stopfte Zimmer und Boden und Keller voll. Selbst unterm Bett häuften sich die Dinge. Bis die Eltern sagten: Einer muß ausziehen, du oder die Sammlung!

Das war Weihnachten 1980. Die Gemeinde half und stellte Lagermöglichkeiten in der ehemaligen Gärtnerei zur Verfügung. Doch nur lagern wollte er seine Schätze nicht, er stellte sie aus. Um Weihnachten herum muß die Grethener Feuerwehr mehr Zeit haben, denn da werden die neuen Ideen geboren. So auch 1991 mit der Gründung eines Feuerwehrvereins. Das alte Museumsdomizil wurde aufgegeben, eine alte Scheune im Dorf bot mehr Raum. Von der Tenne bis in die Spitzen des Heubodens stapeln sich seitdem Dokumente der Feuerwehrgeschichte. Da ist all das zusammengetragen, was ein Feuerwehrherz erwärmt. Den unbedarften Besucher interessieren natürlich mehr die Kuriositäten. Da liegt z.B. ein Holzteller, um den sich folgende Geschichte (keine Legende!) rankt: Im Jahre 1742 ordnete Herzog *Ernst August von Sachsen-Weimar* an, hölzerne Teller, worauf schon gegessen worden war, des Freitags bei abnehmendem Mond mittags zwischen 11 und 12 Uhr mit frischer Tinte und neuer Feder mit gewissen Figuren und Buchstaben zu beschreiben, vorrätig zu halten, und „im Namen Gottes" ins Feuer zu werfen. Wenn es nicht das erste Mal helfe, werfe man dreimal, „dadurch dann die Glut unfehlbar getilgt werde". Jede Zeit hatte eben ihre spezifischen Löschmethoden.

Es gibt noch mehr solcher Geschichten. Aber nicht nur deswegen lohnt ein Besuch in den Räumen des Museums. Sie werden bis Ende 2004 erweitert, weil dann die Kameraden der FFW ins neue Dorfgemeinschaftshaus umziehen, das gleich daneben gebaut wurde. *Gerd Winkler* und seine Mitgestalter haben dann mehr Platz und wollen vor allem die Geschichte der Feuerwehr in den Dörfern, die vor hundert Jahren begann, mit historischen Geräten und Bildern zur Schau stellen.

Gerd Winkler hat im Museum quasi seinen zweiten Wohnsitz. Dort wird er wohl auch noch zu finden sein, wenn sein Haar ganz weiß ist. Er bewahrt ein Stück Kulturgeschichte unserer Heimat. Dafür wurde er 1992 mit dem Heimatpreis für Kultur ausgezeichnet.

*

Die Lage des Dorfes läßt sich landschaftlich vorteilhaft zwischen kleinen bewaldeten Porphyrkuppen und einigen Teichen einordnen. In einer Senke des Urstromtales der eiszeitlichen Mulde plätschert die Parthe. Leider wie allzuoft auch hier durch unglückliche Meliorationsmaßnahmen in ein schnurgerades Gerinne gepreßt. Sie spaltet (aber nur symbolisch!) die Dorfanlage in Ober- und Unterdorf. Südlich vom Bach reihen sich in der Bauernstraße sechzehn alte Bauernhöfe aneinander. Nördlich davon streuen entlang der Hohen Straße weitere sieben Gehöfte, dazwischen drängeln sich zahlreiche Einfamilienhäuser. Alles kulminiert in der Kirche. Sie hebt sich auf einem flachen Porphyrhügel deutlich und weithin sichtbar empor.

Im Laufe der Zeit haben sich einige Ableger vom Dorfkern entwickelt. Sie entstanden fernab in der Flur. Dort, wo die Straße nach Beiersdorf die Bahnlinie kreuzt, bauten in den 20er Jahren Leipziger Naturfreunde ihr Haus. Neben dem Bahnhaus siedelten Wochenendhäusler. Südlich der Bahnlinie stand in freier Feldflur eine Gärtnerei, in der bis 1963 Gemüse und Blumen gediehen. Ein ganzes Stück südlich des Dorfes liegt *Neu-Grethen*. Nach 1994 wuchs an der *Treve* in Richtung Großbardau eine neue Wohnsiedlung empor.

*

Durch den Ort verläuft die Chaussee von Grimma nach Leipzig. Beim Überqueren muß man höllisch aufpassen, nicht unter die Räder zu kommen. Am gefährlichsten Abschnitt, wo die Beiersdorfer und die Steinberger Straße auf den scharfen Knick der Hauptstraße stoßen, quetschte vor Jahrhunderten der Schmied seine Werkstatt in die Ecke. Das war seinerzeit ein wirtschaftlich vorteilhafter Platz und auch völlig ungefährlich. Damals rollten nur die Fuhrwerke gemächlich über die Straßen, und im Gasthof gegenüber fanden Kutscher und Pferde eine geruhsame Raststelle. An den Frachtwagen gab's immer was zu reparieren, und der Meister hielt sein Schmiedefeuer ständig auf Flamme. Das ist längst Geschichte. In der Schmiede erlosch 1950 das Feuer, und die Bewohner nutzten das Anwesen nur noch als Wohnhaus. Dort wohnt seit 34 Jahren mit seiner Familie der

Auf der Hohen Straße bei Grethen

Elektromonteur, Ortschronist und seit Jahren Arbeitssuchender GERHARD KRUEGER, Jg. 48:

Ich habe nach jedem Strohhalm gegriffen

Die Liebe hat mich in das Dorf gebracht. Das ist schon lange her. Beim Tanz im *Deutschen Haus* in Großbardau Ende der 60er Jahre – damals spielten die Kapellen noch live, das war richtiger Dorftanz – lernte ich ein Grethener Mädel kennen. Ich fackelte nicht lange, wir heirateten, und ich zog nach Grethen. Ich hatte Elektromonteur in Espenhain gelernt. Im Großsteinberger Splittwerk fand ich auch sofort Arbeit als Betriebselektriker. 1985 folgte eine berufliche Wende. Ich konnte mich verbessern und übernahm ein Elektrofachgeschäft mit Reparaturen vom Konsum in Grimma.

Das Geschäft florierte, überstand für drei Jahre die politische Wende. Dann erlebte ich einen der bittersten Momente in meinem Leben: Der Laden machte dicht, ich wurde gekündigt. Nun denn, versuchst du es eben woanders. Du bist Fachmann und scheust ja keine Arbeit. Das dachte ich so. Immer wieder griff ich zu, wenn ich eine Anstellung bekam, wenn sie auch nicht im geringsten meiner Ausbildung entsprach: Lagerarbeiter, Kraftfahrer, Verkäufer, Fensterputzer des Nachts im Leipziger Flughafen. Doch meist endete die Hoffnung nach wenigen Monaten. Wieder arbeitslos, wieder fing ich von vorn an, stöberte nach Anzeigen in den Zeitungen, schrieb Bewerbungen. Es war eigentlich schade um jede Briefmarke. Selten gab es mal was für paar Monate, dann war wieder Schluß. Da fragst du dich immer wieder: Warum gerade ich? Was hast du verkehrt gemacht? Ich erfuhr nie die Gründe. Nur einer wurde mir bewußt: Wer zuletzt kommt, der geht zuerst.

Mir war nie etwas gleichgültig, ich habe immer wieder nach jedem Strohhalm gegriffen. Doch nun habe ich es aufgegeben. Wer will mich denn mit 55 noch haben? Irgendwie werde ich bis zur Rente schon über die Runden kommen. Nebenbei mache ich ein bißchen den Friedhofsgärtner. Paßt das nicht irgendwie zu meiner Situation?

Feuerwehrmuseum Grethen, zwischen den Puppen Gerhard Krueger (l.) und Gerd Winkler

Ich mag mein Dorf. Doch mit der Kultur ist das so eine Sache. Da läßt sich einfach nichts auf die Beine stellen. Wir hätten im Jahre 2001 eine 750-Jahr-Feier begehen können. Was war? Absolut nichts. Es fehlte wohl jemand, der ein bißchen was in die Hand nahm. Die Dorfgemeinschaft besteht nicht mehr. Sie geht mehr und mehr die Parthe hinunter. Im großen und ganzen verkriecht sich jeder in seiner Hütte und macht die Tür zu. Sie wirken lieber im stillen Kämmerlein und machen dort ihr ganz privates Zeug. Nur der Gastwirt von der „Treve" organisiert mal ein bißchen was in der Faschingszeit, zum Frauentag und zu Silvester.

Und trotzdem will ich hier nicht weg. Ich finde so viele Bezugspunkte, die mir das Leben erleichtern und verschönern. Auf erstklassigen Radwegen lassen sich große Runden um das Dorf drehen. Das haben wir auch oft schon genossen. Da ist die Alte See oder der Wanderweg zum Spitzberg hinaus, oder ins Buchholz zum Pilze suchen. Warum also in die Ferne schweifen?

WEITERE NOTIZEN aus Grethen

Südlich des Dorfes am Kleinen Spitzberg am Rande des Buchholzes siedelten um 1890 zwei Bauern und zwei weitere Familien. Sie gaben ihrer Siedlung den Namen **Neu-Grethen**. Hier entstand vor 1900 ein Steinbruch. Letzter Besitzer war *Alfred Kunze*, der nach 1945 enteignet wurde. Der volkseigene Betrieb stellte 1964 den Betrieb ein. Nach dem Krieg mußte der Steinbruch landwirtschaftliche Produkte (Wolle, Eier, Fleisch, Getreide) liefern, weil er auf Feldfläche lag. Die Steinarbeiter besorgten sich die Ablieferungsprodukte (Soll) im Tausch mit Steinen von den Bauern der Umgebung. Ausgerechnet hier fielen 1944 anglo-amerikanische Bomben und zertrümmerten vollständig das Bauerngut von Bauer Knöffler. Einige Bewohner verstarben dabei.

Die **Alte See**, ein 25 Hektar großer Erlensumpfbruch, wird von den Naturfreunden als eine ausgemachte Seltenheit betrachtet. Eine solche urwüchsige Landschaft gibt es im weiten Umfeld nicht gleich wieder mit einer Fülle von Wasserpflanzen und Tieren (in den 70er Jahren wurden mal 44 Brutvogelarten gezählt). Die durchfließende Parthe erfährt hier einen Rückstau mit unterschiedlichem Wasserstand in Sümpfen und Restpfützen, in denen eine einmalige Erlenmoorwildnis entstand. Dazwischen liegen Wiesenflächen. Wohl wissend um diese Vielfalt steht das Gebiet seit 1961 unter strengem Naturschutz.

Ein funkelnagelneues **Dorfgemeinschaftszentrum** entstand für über 1 Mill. Euro bis zum Sommer 2004. Es kann als moderne Begegnungsstätte von Vereinen und dem öffentlichen Leben genutzt werden. Hauptnutzer ist die Feuerwehr.

Die Kirche, ein im Kern romanischer Bau aus dem 13. Jh., von 1996 bis 2003 für 300.000 DM mit Spenden der Dorfbevölkerung saniert, verliert bedauerlicher Weise schon wieder ihr strahlendes Weiß. Auch das Storchennest wurde wieder aufgesetzt, wird aber seitdem nicht mehr bezogen. Mehrmalige Umbauten und Erneuerungen veränderten die Architektur, doch blieben einige der romanischen Merkmale, wie Fenster, Mauern, Kämpfer und die Giebelkreuze im Giebeldreieck erhalten. Die Innenausstattung stammt aus dem 17./18. Jh. Eine neue Turmuhr vermittelt stündlich die Zeit. - Die Kirchgemeinde wird von Pfarrer Beer aus Grimma betreut.

Der **Friedhof** mitten im Dorf hat wohl hierzulande eine einmalige Lage. Er liegt auf einem Hügel wie auf einem hohen Tablett und wird von einer wuchtigen Mauer gerahmt. An der Südseite schiebt sich diese bis zu 4,50 m in die Höhe, aufgesetzt die wuchtigen Grabmäler wohlhabender Bauern. Dort stürzte im Juni 2002 ein Teil in sich zusammen und beschädigte ein anliegendes Wohnhaus. Es war danach nicht mehr bewohnbar. Unmittelbar an der Nordflanke (2,50 m hoch und ebenfalls mit aufgesetzten bäuerlichen Grabstätten) führt unmittelbar daneben die verkehrsreiche Hauptstraße S 38 entlang.

Im **Bahnwärterhäuschen** am Straßenübergang nach Beiersdorf über die Bahnstrecke Leipzig-Grimma wurde von 1870 bis 1975 die Schranke mit der Hand bedient. Seitdem vollzieht sich das automatisch, trotzdem schleichen die Züge nur mit 10 km/h über die Straße, und zusätzlich leuchtet ein rotes Stopsignal.

Dorfbild mit Kirche in Grethen von der Parthe aus

Die dreifache Sicherung gehört zu den Kuriositäten im Eisenbahnverkehr. Mit der Modernisierung der Strecke jagen dann die Züge am Häuschen vorbei. Es ist jetzt Wohnsitz des Eisenbahners *Diethard Wörpel*, dem die Geräusche gut vertraut sind.

Der Große und der Kleine **Kirchteich** liegen nördlich des Dorfes und fügen sich wohltuend in die Landschaft ein. Den Kleinen Kirchteich kaufte die Naturschutzbehörde. Er liegt sorgfältig behütet und ohne offizielle Zufahrt inmitten der Feldflur und soll sich selbst überlassen bleiben. Die Gewässer werden vom Cladegraben und sonstigen Rinnsalen gespeist.

Das **Naturfreundehaus** wurde nach 4 Jahren Bauzeit in Eigenleistung von Leipziger Naturfreunden 1925 fertiggestellt. Die Nazis verboten 1933 die Wanderorganisation und beschlagnahmten das Gebäude. Es war dann zeitweilig Ausbildungsstätte für die Hitlerjugend und ein Kinderheim. Ab 1949 Neugestaltung zur Jugendherberge *„Erich Weinert"* mit 110 Betten und hoher Auslastung. 1996 erfolgte die Rückgabe an die Leipziger Naturfreunde, 2002 Abriß des alten Gebäudes und Neubau für 1,5 Mill Euro. Leitung *Jürgen Fuchs*.

Die **Störche** finden in der Parthenaue genügend Nahrung und auch Nistplätze im Ort. Einer befand sich ab 1933 auf dem Kirchendach an exponierter Stelle. Neugierige Autofahrer verpaßten da schon mal beim Blick hinauf in die Höhe die scharfe Kurve und landeten im Garten. Im März 2002 wurde das Nest durch die Kameraden der FFW gesäubert und verkleinert. Doch auch das half nicht, denn seit 2000 wird die Brutstätte nicht mehr angenommen. Auch der Schornstein des ehemaligen Sägewerkes trug eine Niststätte, nach dessen Sprengung nahmen die Störche einen Betonmast nicht an. - Das Wappen der Feuerwehr und das Dorfsiegel verzeichnen ein Storchenbild.

Straßen: Die Hohe Straße steht unter Denkmalschutz, was man ihr überhaupt nicht ansieht. In die Dorfstraße integriert, zweigt sie am Ortsausgang nach Großsteinberg ab und schlängelt sich als Radfahr- und Wanderweg an der Kante eines eiszeitlichen Geländerückens weiter in Richtung Naunhof.

Personalien: *Alfred Klaus* (1913–1995), von Beruf Malermeister, nach dem Krieg kurzzeitig Bürgermeister, als Neulehrer in Grimma Berufsschullehrer und später Lehrer der hiesigen Grundschule. Mit Beiträgen und Fotos engagierte er sich für den Schutz und die Erhaltung der Natur. Bis zu seinem Tode wirkte er als treuer Mitarbeiter in der Rundblick-Redaktion. 1992 erhielt er für seine Aktivitäten den Heimatpreis für Natur. -

Die Zauberfamilie *Adelbert Becker* und ihre Mitarbeiter haben ihr Domizil draußen in Neu-Grethen. Dort werden Illusionen einstudiert, die dann bei Auftritten hier und in fernen Ländern die Menschen verzaubern. Bei internationalen Festivals holten die Künstler mehrere Preise. Inzwischen sind Zauberlehrlinge herangewachsen, die in Harry-Potter-Manier ihre Künste zeigen. -

Christian Pönitz zog über Jahrzehnte hinweg mit Reitschulen durch die Lande, jetzt nur noch mit Leierkasten und Drehorgel.

Im letzten **Schulbau** von 1928, wo die Jungen und Mädchen in 8 Klassen bis 1968 unterrichtet wurden, befindet sich heute der Kindergarten. Die Unterstufe zog damals nach Pomßen, die Älteren gingen nach Großsteinberg.

Vereine und Einrichtungen: Einen organisierten Sportverein gibt es nicht, da die Interessenten in den Nachbarorten ihren Sport betreiben. Seit 1963 besteht eine Gymnastik-Gruppe, seit 2000 mit Volleyballgruppe, Leitung Gisela Petsche. Die Mitglieder betätigen sich aktiv im öffentlichen Leben und verschönern den Hochzeitstag junger und älterer Paare mit dem Wickeln von Girlanden, die dann die Haustür schmücken. - Kindergarten, Ltr. Christine Hannover. - Eine Feuerwehr wurde schon 1799 erwähnt und erhielt 1879 ein Spritzenhaus, vorsichtshalber mit einer Arrestzelle. Seit 1993 wirkt die Gruppe als Ölwehr des Landkreises, hat also einen ziemlich großen Radius, wenn Gewässer oder Erdreich mit Öl belastet wird. Wehrleiter Gerd Winkler, Jg. 55. Dessen Vater Heinz Winkler, Jg. 29, leitete von 1954 bis 1992 die FFW Grethen. Gerd Winkler ist Begründer und Leiter des Feuerwehrmuseums.

In der **Landwirtschaft** waren 1945 23 Bauernstellen registriert. Ein Rittergut gab es nicht. Mit der Bodenreform siedelten sechs Neubauern auf Flächen des Pomßener Rittergutes. Für die Tierproduktion errichtete das VEG Kloster Nimbschen (Mast von Bullen und Schweinen) größere Stallungen, die jetzt von der Bauernland GmbH Beiersdorf genutzt werden. Nach Auflösung der LPG betreibt der Landwirt Walter Sickert vor allem Rinder- und Schweinezucht mit eigener Schlachtung und Vermarktung. - Ein Hengstdepot des Moritzburger Gestüts lockte mit der jährlichen Fohlenschau viele Fachleute an. Es bestand im Ort von 1932 bis 1972, zuletzt unter der Leitung von Erich Eisner.

Handel & Gewerbe: Bäckerei Klaus Kunert (seit 1986), Familienbetrieb, Verkaufswagen und Verkaufsstelle in Naunhof. 1884 von Richard Förster gegr. - Autowerkstatt Kretzschmar, jetzt vom Schwiegersohn Fritz Teichmann geführt, hat einen MAN-Werksvertrag, wodurch große LKW gewartet werden können. - M.S. Transporte, Inh. P. Spingies. - Handel mit Lebensmittel (Kiosk): Giesela Richter, ebenso Ingrid Kutscher. - GASTRONOMIE: Der alte Dorfgasthof an der scharfen Kurve in der Dorfmitte gegenüber von Friedhof und Kirche war für die Bauern und Fuhrleute eine echte Übernachtungsherberge, wenn sie ihre Waren nach Leipzig transportierten. 1990 geschlossen, jetzt besteht Einsturzgefahr. - Die Gaststätte Zur Treve von Gastwirt Klaus und Roy Brummer entstand aus einer ehem. Turnhalle, die um 1924 gebaut, 1950 abgerissen und teilweise neu errichtet und zu Horträumen umgestaltet wurde. Stammgäste und Familienfeiern sorgen für erträgliche Auslastung. Der Motorsportclub Grimma nutzt sie als Ausweichquartier, denn der Wirt ist zugleich Geschäftsführer des Vereins.

Am Kirchteich in Grethen

Großsteinberg, 1308 Steynberc, 'Ort am Steinberg' (dt.), OT von Parthenstein, 1380 Einw.

Auch dieses Dorf läßt sich von mehreren Seiten betrachten. Der eine schätzt den Blick von der Hohen Straße her, der andere favorisiert entgegengesetzt dazu den Ausblick vom Windmühlenberg. Jeder hat Recht, denn beide Sichten rücken das Dorf in ein gutes Licht.

Die Großsteinberger Porphyre brachten den Menschen Lohn und Brot

Die zwei Standorte entstanden durch unterschiedliche Naturbedingungen und haben auch ihren jeweiligen geschichtlichen Bezug. Die *Hohe Straße* spurte auf einem flachen eiszeitlichen Höhenzug entlang. Die urzeitliche Mulde hinterließ hier ihre steinigen Ablagerungen, Sande und Kiese. Später schürfte die Parthe ein bis zu 10 Meter tiefes Tal heraus.

Der Straßenzug geht ins Mittelalter zurück. Damals rollten die Frachtwagen zwischen Leipzig und Meißen übers Land. Später war er zwischen Grethen und Lindhardt ein beliebter Wanderweg, das Umfeld eine natürliche Spielwiese für die Kinder. Heute steht die Hohe Straße unter Denkmalschutz und wurde hier vor kurzem zu einem Radwanderweg ausgebaut. In Pomßen unterbricht ein riesiger See die Straßenführung. Dort wird der eiszeitliche Schotter abgebaut.

Nördlich vom Dorf erhebt sich der Windmühlenberg (184 m NN), geformt aus einem festen Porphyrgestein. Vor etwa 280 Millionen Jahren schob sich aus den Tiefen der Erde heißes Magma an die Oberfläche. Nach diesem Naturereignis blieben die Bergspitzen zurück. Vor vielen hundert Jahren fanden die Menschen heraus, daß sich das Gestein sehr gut zum Haus- und Straßenbau eignete. Die Mauern der Kirchen und Rittergüter wuchsen damit empor. Rings um den Ort entstanden im 18. Jh. zahlreiche Steinbrüche. Dort hinein bauten die Häusler gleich ihre Wohnhäuser und ersparten sich so lange Transportwege. Heute wird der Porphyr nur noch mit modernster Technik am Großen Brandberg gebrochen, während der Kleine Brandberg schon längst abgetragen ist. Wuchtige Maschinen zerkleinern das spröde Gestein, und mit der Bahn und in gewaltigen Kippern gelangt es zu den Baustellen.

Es stimmt schon, daß bis vor 100 Jahren auf dem Windmühlenberg eine Windmühle stand. Da der Müller aber einen Pakt mit dem Teufel einging, brannte sie eines Tages folgerichtig ab. Im Bunde mit dem Bösen gedeiht nur unrecht Gut *(siehe Rundblick-Lesebuch)*.

Am Berghang legte der Industrielle *Hermann* um 1920 einen Park an, setzte die Porphyrbrocken zu einer Mauer zusammen. Seit 1945 ist das Gelände für alle zugänglich, nach und nach verwildert es nun. Im Dorf finden sich viele der gebrochenen Porphyrsteine wieder, so an der Umfassungsmauer vom Oberteich, in den Mauern, die die Bauernhöfe und Gärten umspannen, an der Kirche und davor in gewaltigen Denkmalen, die an die Toten der beiden Weltkriege erinnern. Sie korrespondieren mit einem alten Steinkreuz, das an der Friedhofsmauer lehnt und das an irgendein Menschenschicksal erinnert.

Die Großsteinberger haben sich in der Form eines typischen Straßenangerdorfes an den unteren Ausläufern des Windmühlenberges angesiedelt. Auf dem Anger hüteten sie die Kühe und die Gänse, die sich in den drei Teichen sichtlich wohl fühlen mußten. Später schoben die Bauern ihre Vorgärten immer weiter in den Anger hinein, so daß nur noch eine breite Straße übrig blieb. Die heutige Dorfstraße wurde schon 1936 gepflastert. Wen wundert's, die Bossierer der nahen Steinbrüche schlugen ja die nötigen Pflastersteine. Im Zuge der Modernisierungswelle in den 90er Jahren verlor die Dorfstraße ihren dörflichen Charakter. Asphalt, sogen. Parkbuchten (die riesigen Höfe der Drei- und Vierseitgüter stehen leer!) und breite Fußwege bieten jetzt ein stadtartige Aussehen. An anderen Straßenzügen siedelten nach und nach Stein- und andere Industriearbeiter und die Handwerker. Ein nagelneuer Siedlungsstandort schob sich in den 90er Jahren weiter in Richtung Pomßen und Grethen.

Den Ort bekannt gemacht hat der Sport. Einer kann darüber am besten Auskunft geben, der die Einwohner, junge und alte, zeitweilig waren es über 700 Mitglieder, immer wieder angetrieben hat, den Fußball zu kicken, alle Neune zu schieben, die Weitsprunggrube auszureizen, im Wettlauf gegen die Uhr zu bestehen und freiwillige Aufbaustunden für die Einrichtungen des Sportes zu leisten. Das hat er 45 Jahre lang in seiner Freizeit getan, der Sportlehrer i. R., „Turnvater" und Ehrenbürger der Gemeinde WALTER DRIESCHNER, Jg. 20:

Ich war doppelt verheiratet: Mit meiner Frau Marga und mit dem Sport

Mein Leben begann in Oels, einer Kleinstadt in der Nähe von Breslau. Als kleiner Bub sammelte ich die Tennisbälle auf, die von den Damen und Herren des Clubs ins Aus gingen. Das war mein erster Sport. Als Schulkind trieb es mich beim Rennen, Schwimmen und Skilaufen mit schweren selbstgezimmerten Brettern, mal dahin, mal dorthin. Am liebsten drosch ich den Fußball über den Wäscheplatz.

In die Lehre ging ich zur Reichsbahn als Betriebsschlosser. Die Arbeit setzte ich beim Arbeitsdienst fort und anschließend beim fliegenden Personal der Luftwaffe. Der Krieg hatte mich fest im Griff. Eine Glücksfee muß mich beschützt haben: Bei einem Übungsflug über den Pyrenäen stürzte unsere Maschine ab. Ich überlebte fast unverletzt

Die Kriegerdenkmale von 1914/18 und 1939/45 in Großsteinberg

mit einem anderen Kameraden das Unglück, die anderen vier Besatzungsmitglieder waren tot. Später, bei einem Abstecher in die Heimat, brach ich mir beim Fußballspiel das Bein. Wochenlang lag ich im Lazarett.

Inzwischen ging der Krieg zu Ende. Mit den letzten Resten der einst so stolzen Wehrmacht sollte ich in Schleswig-Holstein noch das retten, was es zu retten gab. Ich sah nichts! Nun drohte das Gefangenenlager. Nein, dazu hatte ich keine Lust. Also desertierte ich in den ersten Maitagen, bekam im Tausch gegen Schnaps Zivilkleider und machte mich in Richtung Leisnig auf die nächtliche Wanderschaft, um meine Geschwister und Eltern zu suchen. An der Mulde wurde ich aufgehalten, dem Grenzfluß zwischen Russen und Amis. In Großsteinberg fand ich ein Quartier. Dort zog es mich auch wieder hin, nachdem der Abstecher nach Leisnig erfolglos blieb. Ein Schlossermeister gab mir Brot und Arbeit: Töpfe löten, Fahrräder flicken, Wasserleitungen reparieren. Das lernte ich schnell und gründlich. Und abends? Da war nichts los im Dorf. Einige der Ehemänner und Söhne kehrten nach und nach zurück, viele blieben für immer in fremder Erde. Das machte uns doch ziemlich nachdenklich ...

Wir trafen uns auf der Rittergutswiese. Mit Eifer droschen wir einen Gummiball übers provisorische Spielfeld. Ein Leipziger – die Städter überfluteten scharenweise unser Dorf auf der Suche nach Kartoffeln, Mehl und Früchten – brachte eines Tages einen echten Lederball mit. Für einen Sack Kartoffeln wechselte er in unseren Besitz. Nun konnten wir gegen sportliche Gegner antreten. Die Spielkleidung bestand aus dunklen Hosen und weißen Unter- oder Oberhemden oder was sonst aus den heimischen Wäscheschränken gefischt worden war. Im Herbst 1945 gründeten wir unsere BSG Traktor. „Walter, du bist unser bester Spieler, du machst den Vorsitzenden." Ich bin es 45 Jahre lang geblieben.

Drei Jahre später. Da kamen Leute von der Kreisverwaltung: „Wir brauchen Neulehrer, wir wollen Sie vorschlagen". Na, das war vielleicht ein Ding. Ich einfacher Schlosser ins Klassenzimmer? Das wird doch nichts! Dann ließ ich mich doch breitschlagen für einen 3monatigen Lehrgang in Leipzig. Nach wenigen Wochen wollte ich alles hinschmeißen. Außerdem waren da viele Leute, die Tag für Tag einen Schlips trugen. Das war nichts für den Fußballer vom Lande. Doch da waren noch zwei Kumpel, die mich regelrecht festnagelten. Und weiß Gott, die Prüfung gelang. Doch dann der Hammer: „Du gehst nach Mecklenburg! Dort werden noch dringender Sportlehrer gebraucht." Das kam ja nun überhaupt nicht in Frage. Meine Antwort blieb eindeutig: Ich habe in Großsteinberg Fuß gefaßt, dort habe ich meine Kumpel, und dort im Nachbardorf wohnt auch mein Mädchen, das 1948 meine liebe Frau wurde, und dort bleibe ich. Dann schlossere ich eben weiter!

Meine Hartnäckigkeit wurde akzeptiert, der Norden abgehakt. Ich turnte und spielte nun als neugebackener Neulehrer mit meinen Großsteinberger Kindern. Es ging gut, und ich fand Gefallen daran. Mit einem 4jährigen Fernstudium verschaffte ich mir weiteres pädagogisches Wissen bis zum gestandenen Sportlehrer. Für mich gab es keinerlei Unterschiede bei den Schülern. Gerade den Dicken und Breiten, die einen Bammel vor jeder Übung hatten, machte ich Mut. Mein Lob für das kleinste Ergebnis spornte sie an.

Längst hatte ich die Ärmel hochgekrempelt. Hier müssen Fußballplatz, Turnhalle und Sportheim her, eben alles das, was für einen guten Sportbetrieb einfach notwendig ist. Es wäre müßig, all das aufzuzählen, was wir im Dorf in toller sportlicher Kameradschaft dann geschafft haben. Die Delegationen gaben sich die Klinke in die Hand und schauten sich neugierig um. Es sind sage und schreibe über 400 gewesen aus 40 Ländern. Für die Medien waren wir ebenfalls ein gefundenes Fressen. Starreporter *Heinz-Florian Oertel* kommentierte im Fernsehen eine 90minütige Sendung von hier. Das alles steht in den dicken Ordnern, das ist für die ferne Zukunft dokumentiert. Irgendwelche

Heimatforscher wird das dann vielleicht interessieren, wie die Großsteinberger die 100 000 Stunden geschafft haben, womit ein Wert von 3 Millionen Mark geschaffen wurde.

Nur eine kleine Geschichte. Am Dorf erhebt sich der Windmühlenberg. Die Winter waren damals noch lang, kalt und voller Schnee. Die leichten Abfahrten genügten uns nicht mehr. Eine Schanze muß her. Und die Leute griffen wieder zu Hacke und Schaufel. Endlich dann der Meistersprung: 10 Meter! Den Schanzenrekord holte sich mit 12,5 Meter *Siegfried Meyer*. Wir beteiligten uns an der Bezirksmeisterschaft auf der Schanze in den Hohburger Bergen. Als wir vor dem hohen Holzgerüst und vor dem steilen Hang standen, schlackerten die Knie vom reinen Zugucken. Einer meiner Jungs hat's trotzdem versucht und fuhr mit der Bronzemedaille nach Hause. Welch ein Erfolg und Sieg über die Angst!

Zum 80. Geburtstag wurde ich zum Ehrenpräsidenten des Sportvereins ernannt, und der Gemeinderat wählte mich zum ersten Ehrenbürger der Gemeinde Parthenstein. Das, die Freundschaft und Kameradschaft und der Kontakt zu den vielen großen und kleinen Sportlern, das Verständnis und die Liebe meiner Frau über die vier Jahrzehnte hinweg, das kann mir niemand nehmen.

Jetzt radele ich täglich ein Stück durch mein Heimatdorf und hinaus in die Umgebung. Oder ich pilgere zu Fuß auf einstigen Kindheitswegen, vorbei an „meinem" gut gepflegten Stadion. Jetzt habe ich auch Muße, die Natur zu erleben. Ich bin niemandem gram, die Zeit ist eben abgelaufen. Es war ein arbeitsreicher, ein rechtschaffener und vor allem glücklicher Lebensabschnitt.

Walter Drieschner am Sportlerheim

WEITERE NOTIZEN aus Großsteinberg

Die Gemeinde **Parthenstein**, ein Kunstname, entstand 1994 mit der Gemeindereform. Damals schlossen sich die Dörfer Grethen, Pomßen, Klinga und Großsteinberg, wo sich das Verwaltungszentrum befindet, zu dieser Gemeinde zusammen. Bürgermeister der ehem. Baufacharbeiter Jürgen Kretschel, Jg. 54.

Großsteinberg am See, ein Siedlungsgebiet, das nach 1912 entstand und eine ehem. Kiesgrube (12 ha) völlig einschließt. Die Parzellen erwarben vorwiegend vermögende Leipziger zum Bau von 37 Landhäusern. Der Tagebau entstand zwischen 1903 und 1912 mit dem Bau des Leipziger Hauptbahnhofes, der riesige Mengen Sande und Kiese benötigte. Teilweise füllten 300 Beschäftigte in Tag- und Nachtschichten täglich bis zu 40 Güterzüge.

Der erste **Eisenbahnzug** traf am 14. Mai 1866 in Großsteinberg ein, von einigen älteren Einwohnern ängstlich erwartet. Das Dampfungetüm war ihnen doch nicht recht geheuer. Das Personal vom Bahnhof betrug damals 4 Beamte. Es erhöhte sich bis in die 60er Jahre auf 40, die täglich 70 Züge abfertigten oder durchfahren ließen. Besonders die Steinindustrie und die Landwirtschaft nutzten den preiswerten Transportweg. Die Strecke Leipzig-Grimma führt mitten durch den Ort, wo zwei Schranken für einen unfallfreien Verkehr sorgen. Im Bahnhof und Stellwerk sind heute noch 4 Bahner beschäftigt.

Ein **Taubenhaus**, dessen hölzerner satteldachter Aufbau auf einer 1,5 m hohen Bruchsteinsäule steht, befindet sich in der Dorfstr. 21 im ehem. Bauernhof von Pöritz, dort auch eine Kumthalle und bäuerliches Gerät. Ein sanierter Schieferwerkgiebel und Fachwerkgebäude stehen im ehem. Bauernhof Scholz.

Die **Rote Bank** an der Südflanke des Lindberges (207 m) hat ihren Namen nach dem Rochlitzer Porphyrtuff erhalten, aus dem sie der Steinmetz zusammen gefügt hat, um 1880 durch die Rittergutsherrschaft Platzmann aufgestellt.

Die **Kirche** geht auf einen Vorgängerbau aus dem 13. Jh. zurück, errichtet aus Bruchsteinen und Findlingen. Den hohen spitzen Dachreiter trägt sie erst seit 1875, zwei Glokken stammen aus der Zeit um 1500. Tochterkirche von Pomßen.

Die alte **Schule** (1822–1921) steht noch heute neben der Kirche, war nach 1945 Kindergarten und Schwesternstation. Eine neue wurde 1912 gebaut, 1969 wesentlich erweitert (10-Klassen-Schule). Jetzt besteht nur noch die Grundschule Parthenstein, die den Zusatz „Sportfreundliche Schule“ trägt. Knapp 100 Schüler werden in sechs Klassen von zehn Lehrerinnen unterrichtet, Schulleiterin Marion Dröger.

Personalien: *Petra Flemming* (1944–1988), bildende Künstlerin und Malerin. Kunstpreisträgerin. *Wolfgang Gutenmorgen*, Jg. 45, Maurer i.R., Sammler aller Dinge, die altertümlich sind und inzwischen sämtliche Räume der Wohnung ausfüllen. Sein freundlicher Name führte oftmals zu Verwirrungen.
Prof. Dr. Hans Korthum (1922–1997), Literaturwissenschaftler.
Helfried Mengel, Jg. 21, Lehrer für Kunsterziehung an verschiedenen Schulen, erforschte das Brauchtum seiner Heimat, das im *Rundblick-Lesebuch* (ersch. 1999) seinen Niederschlag fand, langjähriger Mitarbeiter des Rundblicks, Ortschronist seines Heimatdorfes von 1970 bis 2000.
Manfred Schmorde, Ruderer, Silbermedaille Weltmeisterschaft 1971 im Zweier mit Steuermann, Bronzemedaille Olympiade 1972 im Achter.

Dorfbild mit Kirche in Großsteinberg

Heinrich Wesemann (1866–1962,) weithin bekannter Geflügelzüchter, entwickelte und verkaufte moderne Brutapparate.
Gisela Wehle (1940–2000), Solotänzerin an der Leipziger Oper, verheiratet mit *Hans-Georg Uhlemann*, Jg. 45, ebenfalls Solotänzer an der Leipziger Oper und Direktor der Fachschule für Tanz in Leipzig. Beide Kunstpreisträger.

Vereine und Einrichtungen: Die Freiwillige Feuerwehr (gegr. 1938) hat über 20 Mitgl. und eine Jugendgruppe. Wehrleiter Rainer Hnat. Gerätehaus von 1953. - Eine Kleingärtnervereinigung (gegr. 1945) bewirtschaftet über 100 Parzellen. 1972 Bau der „Berghütte" als Vereinsgaststätte. - TSV (bis 1990 Traktor) Großsteinberg, Vors. Jochen Neustadt. Sektionen Fußball und Frauen-Gymnastik. Kegelsportverein. Stadion mit Flutlichtanlage, 2. Fußballfeld, Sportlerheim mit Gaststätte, Turnhalle (1950 Umbau einer Maschinenhalle), Kegelbahn von 1966, Rodelbahn (jährl. Lampionrodeln). - Kindertagesstätte im ehem. Landhaus des Rittergutes. - Pferdehof Jürgen Dögel. - Arztpraxis Dipl. med. Gabriele Eichardt. - Physiotherapie Helga Thernes. - Med. Fußpflege Cornelia Siegel. - Kosmetik Elfi Täschner.

Landwirtschaft: Ein Rittersitz wird 1308 erstmals erwähnt, der in den Jahrhunderten danach zu einem Rittergut ausgebaut wurde (234 ha). Letzter Bes. Dora Platzmann. Nach der Bodenreform Ausbau von Wohnungen und Einrichtungen der LPG. Bis 1945 wirtschafteten 15 Altbauern, die mit den 20 Neubauern in den 60er Jahren einige LPG bildeten. Mehrfache Umstrukierungen, zuletzt LPG Threna, die 1991 aufgelöst wurde. Alle Ländereien sind jetzt verpachtet, die Landwirtschaft im Dorf ist erloschen.

Handel & Gewerbe: Gartencenter Hammer, Großsteinberg am See, gegr. 1990 auf dem Gelände der ehem. LPG-Baumschule. - Getreideerfassung mbH von Hans Zimmermann. - Johann Bartlechner, HABA Beton, Betonwaren für den Tierfbau. - Bay-Wa AG. - Asam & Co, Transport-GmbH. - Spedition B. Junker. - Sächs. Quarzporphyrwerke GmbH, Betriebsteil Großsteinberg, Steinbruch am Großen Brandberg. - HaRo Fördertechnik. - Kunstschlosserei Matthias Kolb. - Frelu/Hergert GmbH, Edelstahlverarbeitung, Krankenhausbedarf. - J. Röh, Umwelt und Recycling. - Fenster und Türen M. Thiele. - Tor- und Türsystem H. Dröger. - Asbit Chemie. - Sanitär Eckart Lehmnitz. - Heizung und Sanitär Reiner Kühn. - Lebensmittelmarkt Werner. - Kfz Service Zupan. - Fahrschule Eberhard Völz. - Fahrschule Liselotte Mätzold. - Friseurstube Krause. - Friseursalon Großsteinberg. - Verkaufsstelle Bäkkerei Vetter, Sermuth. - Großküche mit Bauernstube Jörg Nürnberger. - Pferdehof Jürgen Dögel.

Kumthalle und Taubenhaus im ehemaligen Bauernhof von Pöritz

GASTRONOMIE: *Sachsenhof* (mit Mittagstisch), Anita und Gerd Dietze, bis 1990 Konsumgaststätte am Bahnhof mit anzugkräftigen Tanzveranstaltungen von Kapellen mit klangvollen Namen in den 50er bis 80er Jahren. - *Sportlerheim* seit 1960, Pächter Fam. Junker. - *Berghütte*, Bes. Jutta und Rainer Schiller. - *Bauernstube* von Jörg Nürnberger.

Zwischen Parthe-Oberlauf und Mulde

Südlich und östlich der Linie Grimma (Gattersburg)–Großbardau–Kleinbardau–Glasten erreicht das Porphyrhügelland fast durchweg Höhen von über 170 m. Der kristalline Untergrund tritt weitflächig an die Oberfläche (im Klosterholz, am Küchenberg oder bei Leisenau). Bäche wie der Schaddelgraben bei Großbothen, die Parthe bei Kleinbardau oder der Leitenbach bei Leisenau haben ihn auch noch tief angeschnitten, so daß er an den Talrändern oft markant in Erscheinung tritt. Zahlreiche alte, kleine Steinbrüche, manchmal gar nicht mehr als solche so ohne weiteres zu erkennen, zeigen an, woher der Baustoff für viele Mauern in den benachbarten Dörfern früher geholt wurde.

Die Waldungen, die sich vom Klosterholz bei Nimbschen nach Süden bis zum Pfarrholz westlich von Schönbach aneinander reihen, teilen diesen Landschaftsausschnitt deutlich in zwei Teile: in die obere Parthenaue im Westen und den zur Mulde hin sich erstreckenden, der eine stärker bewegte Oberfläche aufweist. Zur Parthe hin bedecken zunehmend Löß und Lößlehm die Porphyre, zur Mulde hin weisen zahlreiche Sand- und Kiesgruben auf die altkaltzeitlichen Sande und Kiese hin, die abgelagert wurden, als die Urmulde einst ihren Weg nach Nordwesten suchte. Hier haben sich auch die der Mulde zustrebenden Bäche am Talrand tiefe Kerbtäler geschaffen, was der Landschaft zusätzliche Reize, aber auch große Unruhe im Relief verschafft.

Die trennenden Waldungen markieren die Wasserscheide zwischen Elster-Saale und der Mulde. Da sie hier sehr nahe der Mulde mit einem Wasserüberangebot liegt, leitet man von Sermuth aus einen Teil des Muldenwassers ins benachbarte Einzugsgebiet, das unter einem Abflußdefizit leidet. – *W.E.*

Holzernte im Glastener Forst

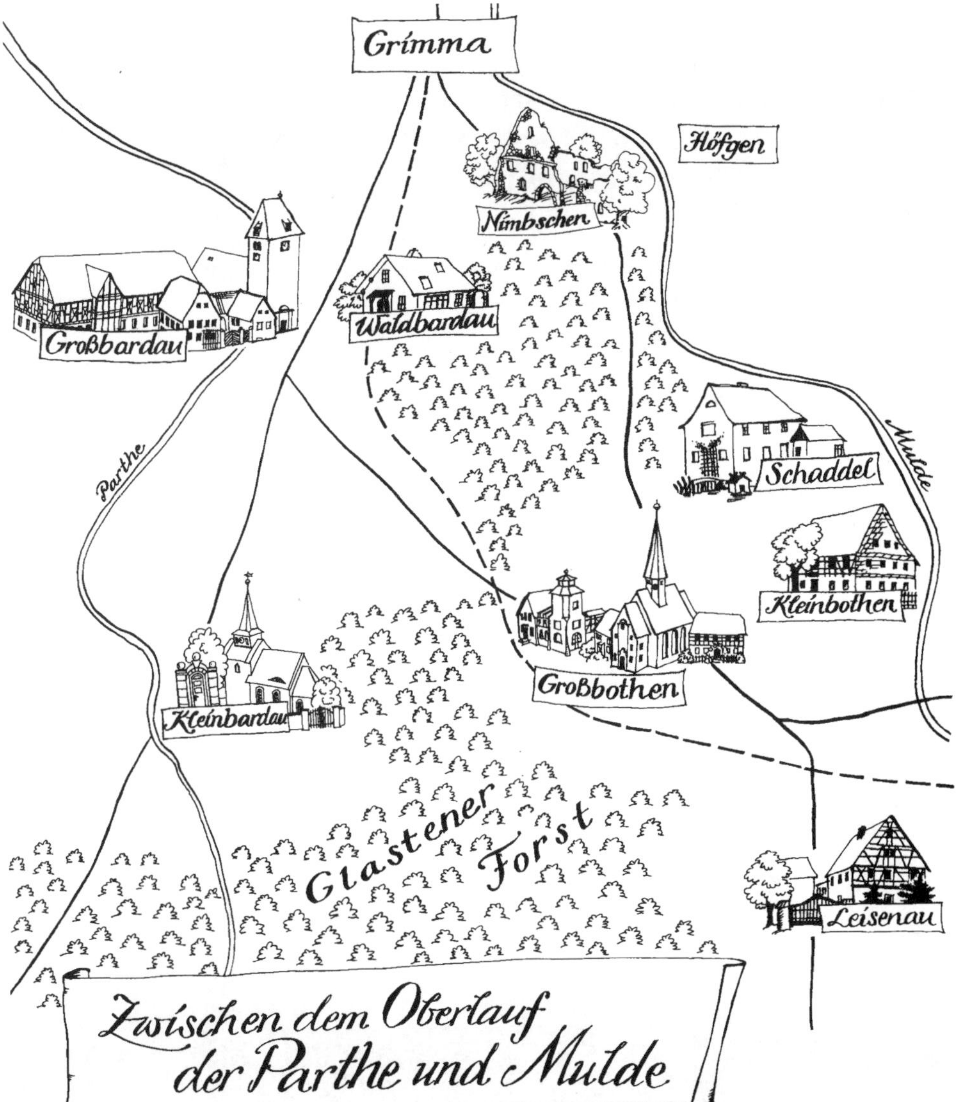

Kiesgruben bereichern die Landschaft

Die großen Sand- und Kiesvorkommen im westlichen Muldentalkreis sind Hinterlassenschaften der Eiszeit. An ihrer Oberfläche werden sie in der Regel vom Ackerboden verhüllt, der zum größten Teil durch die vieltausendjährige Vegetation und zum geringeren Teil von nacheiszeitlichen Lößaufwehungen gebildet wurde. Der Pflanzenwelt vergangener Zeit haben wir auch den Humus in der obersten Bodenschicht zu verdanken. Die gesamte Fläche unseres jetzigen Kreises war ja einst ein ziemlich zusammenhängendes Waldland. Die ersten Siedler, die hier seßhaft wurden, haben den Wald roden müssen, um Ackerbau betreiben zu können.

Der Mensch, der Kiesgruben anlegte, hat damit ungewollt wertvolle Biotope geschaffen. Die aufgelassenen Gruben füllen sich allmählich mit Grund- und Niederschlagswasser, welches meist schadstoffrei und lange Zeit von guter Qualität bleibt. Die neu entstandenen Gewässer werden sofort von der einheimischen Tier- und Pflanzenwelt besiedelt. So stellen die Gruben besondere Refugien dar und werden oft zu wichtigen Rückzugsräumen bedrohter Tiere und Pflanzen unserer Heimat. Wir denken da vor allem an Amphibien, Vögel, Libellen und Fische.

Etliche Kiesgruben werden natürlich auch von den Menschen zur Naherholung genutzt. An jeder Kiesgrube kann der Naturfreund gut erkennen, in welcher Abfolge sich immer wieder neue, kleine Lebensräume bzw. ökologische Nischen herausbilden. –*H.K.*

Sandgrube bei Sermuth/Schönbach

Der große Ort an der Parthe hat eine leicht verständliche Namensdeutung. Der eilige Benutzer der wichtigen Verkehrstraße zwischen Grimma und Bad Lausick spürt nicht allzuviel von der Siedlung. Er durchquert sie nur auf einer kurzen Strecke. Viel mehr Straßen und Gassen prägen das dörfliche Umfeld. Ihre Namen sind nicht alltäglich: Brühl, Badergasse, Bürgerseite, Windseite u. a. deuten auf einen städtischen Charakter hin. Da war das Dorf schon mal auf dem besten Wege, eine Stadt zu werden. Doch das liegt an die 800 Jahre zurück. Grimma hat ihm den Rang abgelaufen. Die Ansiedlung wird heute von der Parthe und einem Wiesen- und Gartengelände regelrecht halbiert.

Das Tauziehen auf dem Schmiedeteich in Großbardau

Das Dorf hat seit alters her sein Zentrum: Es ist der Schmiedeteich und der Platz drum herum. Das ist eigentlich kein Teich im ursprünglichem Sinn. Hier, inmitten des Dorfes, staute der Schmied das Wasser der Parthe. Ein Außenstehender würde das einige Meter breite Gewässer eher als eine Pfütze bezeichnen. Damit aber beleidigt er die Großbardauer. Für sie war und ist der Schmiedeteich der Mittelpunkt ihres Dorfes. Das angestaute Wasser nutzte früher der Schmied für seine Arbeit. Darin kühlte er die Wagenräder ab, nachdem er die neuen Stahlreifen aufgezogen hatte. Wenn die Pferdefuhrwerke die Furt durch die Bach bewältigten, brach manches Wagenrad zusammen. Die Schmiedebrücke wurde erst 1849 gebaut.

Hier fanden die Pferde eine Schwemme und ließen sich geduldig den Rücken putzen. Hier sammelten sich die Gänse aus den Bauernhöfen, ehe sie der Gänsehirt auf die Weide

Der Schmiedeteich in Großbardau

trieb. Bis zu 600 Stück sollen es gewesen sein. Und hier versammelte sich die Dorfjugend, die jüngere schon am Nachmittag nach der Schule, im Sommer zum Baden und zum Fang von Fischen und Krebsen, im Winter zum Herumtollen auf dem Eis. Abends dann flanierten die Älteren unter den mächtigen Kastanien und Linden oder saßen auf den Holzbänken. Die wichtigsten Neuigkeiten gingen von Mund zu Mund.

Am Schmiedeteich steht das Gerätehaus der Feuerwehr. Einmal im Jahr messen die Kameraden zum Teichfest ihre Kräfte mit Gruppen aus nah und fern. Da nämlich lockt eine vorläufig noch nicht zugelassene olympische Disziplin die Zuschauer an: Tauziehen mit zwei Flößen! Das Spektakel erheitert die Gemüter, denn die unterlegene Mannschaft geht auf alle Fälle „baden". Mit allem Drum und Dran erleben die Einheimischen und ihre Gäste ein heiteres Dorffest. Dazu gehört auch, daß ein „neuer" Großbardauer zur Taufe in der Parthe landet. Und so wiederholt sich hier ein Ausspruch von *Oskar Karich*, den dieser vor Jahrzehnten geprägt hatte: „Und wer nie plumpste von der Mauer, der ist kein echter Großbardauer".

Der Schmiedeteich lockt auch zu anderen Zeiten die Besucher: Am Himmelfahrtstag bringen Kirchen- und Posaunenchor ein Ständchen. Zu „festen" Wochentagen und Zeiten halten hier die fliegenden Händler mit ihren Verkaufswagen. Seit Handel und Handwerk im Ort „gestorben" sind, nehmen die Rentner gern dieses Angebot an. Man erfährt dabei noch einige Neuigkeiten.

Im Jahre 2003 wurde die Brücke aufwendig saniert. Fester denn je hält sie bestimmt jeglicher Belastung stand. Auch das Umfeld bekam eine erfrischende Kur. Die Bäume blieben stehen. Eine alte Linde wurde gefällt und durch eine junge ersetzt. Das mit Bruchsteinen verblendete Mauerwerk paßt ausgezeichnet in das dörfliche Milieu.

*

So soll es auch mit der *Weintraube* geschehen, jener historischen Gaststätte, die zwar längst ihre Funktion aufgegeben hat, doch mit viel Aufwand zu einem Bürgerzentrum umgebaut wird. Das ist gar nicht so einfach, denn darin dokumentiert sich auch der Kampf um die Selbständigkeit der Gemeinde. Die staatlichen Vorgaben und Gesetze einer unbeliebten Gemeindereform zwangen den Ort, eine Verwaltung mit Grimma einzugehen. Die Stadt streckte begehrlich ihre Hände nach dem wirtschaftsstarken Ort aus. Die totale Einverleibung suchten die Großbardauer zu verhindern, allen voran der ehrenamtliche Bürgermeister Günter Uhlich, Jg. 45:

Der Bürgermeister, der sich als Schiedsrichter sponsern läßt

Seit 1990 war ich hauptamtlich als Bürgermeister im Ort tätig, gewählt nach einer demokratischen Wahl von den Einwohnern. Seit 2 Jahren darf ich das Amt nur noch ehrenamtlich ausführen. Die Verwaltungsaufgaben werden in Gemeinschaft mit der Stadt Grimma von dort erledigt. Ich finde das alles nicht gut. Die Einsparungen sind gleich Null, außerdem müssen jetzt die Entscheidungen längere Wege zurücklegen.

Die Aufgaben sind die gleichen wie früher. Eigentlich muß ich immer „im Dienst" sein. Das erwarten die Leute einfach von mir. Auch muß ich mir ihren Frust anhören, den sie manchmal recht lautstark bei mir abladen. Doch die Freude überwiegt, weil wir einiges im Dorf erreicht haben im Straßenbau, im Feuerwehrgebäude und anderswo. Und weil ich weiß, daß die Bürger hinter mir stehen. Wir kennen uns auch alle ziemlich gut, denn von Kindesbeinen an sind die Bardauer Dörfer meine Heimat. Und sie ist es bis heute geblieben. Deshalb auch putze ich meinen kleinen Dreiseithof in Kleinbardau, den mir meine Eltern vererbt haben, mit besten Kräften immer schön heraus. Und da hat man auch eine gewisse Verpflichtung, denn man kann doch nicht einfach etwas erben und dann liegen lassen.

Zum Glück habe ich jetzt keine „ordentliche“ Tätigkeit mehr, so daß ich als Ehrenamtlicher eigentlich immer greifbar bin. Ich helfe meiner Tochter hin und wieder in deren Tierarztpraxis, besonders bei den schweren Sachen, wenn z. B. ein Kalb Schwierigkeiten macht, auf die Welt zu kommen. Ich selbst unterhalte ein Wildgehege. Dann mache ich Fleischbeschau, und irgendwie kleckert sich da was zusammen, das zum Leben und noch ein bißchen mehr reicht.

Und dann kümmere ich mich um den Fußballverein. Da bin ich nämlich der Vorsitzende. Aber nicht nur das: Seit Jahrzehnten sorge ich als Schiedsrichter für den guten Ton auf den Fußballplätzen. Dort habe ich mir genügend Respekt erpfiffen. Manchmal ruft da ein Zuschauer einem aufmüpfigen Spieler schon mal zu: „Halt die Fresse, das ist doch der Bürgermeister!“

Möglich, daß ich mit meinen Linienrichtern ein einmaliges Team darstelle. Wir tragen nämlich auf unserem Sporthemd den Namen einer hiesigen Firma. Sie sponsert unsere Einsätze. Das dürfte eigentlich nicht sein, denn in dieser Funktion hast du absolut neutral zu sein. Das sind wir natürlich! Mit dem bescheidenen Ertrag läßt sich dann schon mal eine lockere Auswertung unserer schweißtriefenden Schiedsrichtertätigkeit vornehmen.

Von der Pfeiferei profitiere ich noch anderswie: Auf dem Platz mußt du innerhalb weniger Sekunden eine Entscheidung treffen, und was du ausgesprochen hast, das kannst du nicht zurücknehmen. Und so bin ich auch in meinem Leben ziemlich entscheidungsfroh. Ich muß mir nur immer klare Gedanken machen, das Recht beachten und gute Ratschläge meiner Freunde und Mitarbeiter annehmen.

Und wenn auch die Zeit knapp ist, ich vergesse niemals, den 80jährigen und älteren in „meinen“ Dörfern zum Geburtstag die Glückwünsche zu überbringen. Die warten nämlich schon drauf, weil sie die Zeit dann nutzen, dem Bürgermeister so ganz nebenbei ein paar Takte zu flüstern.

Günther Uhlich, Bürgermeister und Schiedsrichter, am Sportlerheim

In diesen Reigen des Dorfgeschehens gehörte ebenso ein Ereignis, das jahrzehntelang den kulturellen Ablauf maßgeblich bestimmte: Die jährlichen Theateraufführungen einer Theatergruppe. Initiator, Regisseur und Spiritus rector dieser Truppe war der Drogeriehändler RUDOLF WEBER, Jg. 25:

Ich war „malverrückt", bis mir das Augenlicht brach

Ich kehrte 1945 aus der Gefangenschaft ins Heimatdorf zurück. Mein Lebensmut war nicht gebrochen. Eher das Gegenteil! Ich hungerte regelrecht nach dem kulturellen Geschehen. Der Gesangverein traf sich zu den Übungsabenden, die Kameraden der Feuerwehr würzten ihre Bälle mit heiteren Sketchen. Das gefiel mir. Bestimmt lassen sich da noch bessere Stücke aufführen. Ich begeisterte einige Freunde für das Theaterspielen. Bald trafen wir uns zu den Proben, zum Kulissenbau, zur Technik. Mit der Beschallung hatten wir so unsere Probleme, die gab's nämlich gar nicht. Also brüllten wir unsere Sätze regelrecht in den Saal, damit uns die Leute auf den hintersten Reihen verstanden.

Dann ging es Schlag auf Schlag. Im Herbst zogen wir die Bühnenvorhänge auf. Dreimal führten wir die Stücke auf. Der Saal im *Deutschen Haus* war jedesmal krachend voll. Und das jahrzehntelang lang von 1946 bis in die 80er Jahre. Jedes Stück führten wir dreimal auf, dann hatten es fast alle Großbardauer und manch andere aus den umliegenden Orten gesehen. Wir spielten die heitere Muse, aber keinen Tingeltangel. Schwer war die Jagd nach guten Volksstücken und den Rollenbüchern. Ein Brot oder ein anderes Produkt ebnete da schon mal den Weg. Einmal erhielten wir für acht Tage ein Textbuch vom Leipziger Theater. In dieser Zeit schrieben wir es ab, und das Spektakel konnte beginnen.

Bald wagten wir uns an größere und abendfüllende Stücke. Pygmalion wurde ein Riesenerfolg. Ich hatte die langen Texte gekürzt und eine ganze Szene dazugeschrieben. Herausgekommen war eine Aufführung mit halb Musical und halb Sprechstück. Hätte das *Bernard Shaw* gesehen, er hätte sich bestimmt im Grabe rumgedreht. Und dann gab es noch Ärger. Die LVZ veröffentlichte einen großen Bericht vom Theaterabend. Acht Tage später drohte das Theater mit dem Gericht, weil wir die Urheberrechte verletzt hätten. Ein erneutes Tauschgeschäft besänftigte die Gemüter.

Die riesige Bühne von 6 x 8 Metern im *Deutschen Haus* eignete sich für großzügige Bühnenbilder. Das war meine Stärke. Nach dem Entwurf bauten die Techniker die unnachahmlichen Phantasiegebilde. Dachlatten und anderes Material erhielten wir von der LPG. Auch der langjährige Bürgermeister *Erich Hoppe* nahm uns manche Sorge ab.

40 Jahre haben wir das durchgehalten, 40 Stücke gespielt. Dann erst ging mir die Puste aus. Und wenn heute einer auf meine Schulter klopft, einer, der seinerzeit mit im Rampenlicht stand, und freudig fragt: „Weißt du noch Rudolf, damals, als wir auf der Bühne standen ...?", dann macht das Herz einige freudige Sprünge.

Ich hatte noch eine andere Leidenschaft: Die Malerei. Sie zog mich vielleicht noch stärker an. Wo ich ging und stand, mußte ich zeichnen und malen. Mir war es egal, ob ich Lob oder Tadel erhielt. Ich wollte kein Künstler sein. Ich malte für mich, und wenn meine Freunde und Bekannten ein Bild haben wollten, na bitte, dann erhielten sie es. So hängen heute meine Bilder im Ort an allen Ecken und Enden. Und natürlich freue ich mich, wenn andere ihre Freude dran haben. Große Mengen lagern noch in Kisten und Schränken.

Dann, 1996, kam es zu einer schlimmen Zäsur: Ich stellte erschrocken fest, daß meine Sehkraft nachließ. Die Ärzte gaben mir ein vernichtendes Urteil: Sie haben eine unheilbare Krankheit und werden eines Tages ganz blind sein. Ein Leipziger Augenprofessor schlug trotzdem eine Operation vor. Es war wie der Griff nach einem Strohhalm.

Wenn wir Glück haben, dann schaffen wir es, wenn nicht, dann müssen Sie für immer im Dunkeln leben. Nach einer sechsstündigen Operation wachte ich aus der Narkose auf ... und war blind.

Was nun? Da sagte ich mir: Du hast den Krieg überstanden in Rußland und auch die Ardennenschlacht in Frankreich, du wurdest verwundet und erholtest dich wieder, du hast viele Krankheiten ertragen müssen – also mußt du auch das überstehen. Nur, daß ich nicht mehr malen konnte, das habe ich heute noch nicht überwunden.

Der Doktor empfahl mir dringend, zum Blindenverband zu gehen, damit ich mit Gleichgesinnten zusammen komme. Und das hat mir geholfen. Vor allem beeindruckte mich, daß dort niemand über seine Krankheit jammerte. Es faszinierte mich, wie die Behinderten ihre Probleme wegstecken und was sie noch machen. Ein Vollblinder, also einer, der von Geburt an blind war, meinte teilnahmsvoll: Du hast 70 Jahre lang sehen können, und sicher ist es nun für dich viel schlimmer als für mich, der niemals die Farben und die Umwelt gesehen hat.

Und so ergriff ich die Initiative und staune jetzt selbst, was man als Blinder alles machen kann: Früh bin ich im Garten, stecke die Kartoffeln zur Pflanzzeit und noch viel mehr. Einmal sagte mein Enkel: „Mensch Opa, man könnte denken, wenn du so im Garten arbeitest, du siehst alles ganz normal." Auch im Haushalt habe ich meine Pflichten, Abwasch und Abtrocknen. Natürlich geht alles etwas langsamer, und am Anfang hatte ich an den Beinen und Hüften ständig blaue Flecken. Viel, sehr viel verdanke ich meiner Frau. Ohne sie wäre ich damals wohl ein unsicheres Bündel geblieben.

Ich gehe auch zum Bäcker, wenn der unten am Schmiedeteich aus dem Verkaufswagen seine Brötchen verkauft. Der kennt mich natürlich, und manchmal ruft er: „Herr Weber, weiter links!" Dann gehts den rechten Weg. Man muß es immer wieder und ständig probieren.

Ich wußte, mit der Malerei ist es endgültig vorbei. Aber dann sagte ich mir: Du hast über 70 Jahre lang gut gesehen, und das Leben genutzt. Nun werde ich 80 Jahre alt. Es ist ein Riesenglück, daß ich noch meine Frau habe. Sie leidet an einer schlimmen

Rudolf Weber in seinem Atelier

Krankheit: Leukämie. Und trotzdem nehmen wir beide alles gelassen. Wir können daran nichts ändern. Keiner meiner Vorfahren ist so alt geworden wie ich es bin, keiner. Und da bin ich zufrieden.

In den Monaten vor der Erblindung malte ich wie ein Wahnsinniger, eine Skizze nach der anderen, bergeweise. Es begann ein regelrechtes Wettrennen zwischen Licht und ewiger Dunkelheit. Eigentlich wußte ich nicht, was ich mal mit den Skizzen machen werde. Wenn du eines Tages doch nicht mehr sehen kannst, dann hast du zumindest einen Schatz an Bildern. Unten in meinem Malzimmer, es war mal der Verkaufsraum meiner Drogerie, da hängen und liegen die halbfertigen Arbeiten und die Malutensilien. Ab und zu gehe ich mal hin, da fühle ich sie, die angefangenen Bilder, und ich weiß genau, was da noch fehlt, und dann kratze ich ein bißchen daran herum. Sie fehlt mir sehr, meine Malerei.

WEITERE NOTIZEN aus Großbardau

Gemeindeverwaltung mit den Dörfern Kleinbardau, Waldbardau und Bernbruch, im Verbund mit der Stadt Grimma. Ehrenamtl. Bürgermeister *Günter Uhlich.*

Am **Buchteich** zwischen Großbardau und Grethen liegt an der Schnellbach ein Feuchtbiotop. Ein Krötentunnel schützt die Tiere vor dem Straßenverkehr.

Im Dorf drehten sich in früheren Zeiten **vier Mühlen**, zwei mit Wasser und zwei mit Wind angetrieben. Bei den Wassermühlen kam die Niedermühle schon 1627 zum Stillstand, in der Obermühle drehte sich bis 1942 das Wasserrad. Seit 1830 ist die Familie Viehweg im Besitz des Mühlengutes. Der heutige Besitzer *Arnd Viehweg* hat Mitte der 90er Jahre Wehr, Mühlgraben und Mühlrad aus alter Tradition saniert und aufgebaut. Ein Taubenhaus von 1820 schmückt noch heute den Hof. Im Mühlengebäude standen einstmals drei über 1 m große eichene Holzfiguren (Müller und Müllerin) vom Ende des 17. Jh., die in den 70er Jahren ins Mühlenmuseum nach Bernburg kamen.

Während die eine der Windmühlen schon im 19. Jh. abgerissen wurde, steht von der 1876 gebauten Holländermühle heute noch der steinerne Rundturm auf der Höhe in Richtung Kleinbardau. Sie drehte sich bis 1912 mit Windkraft, dann mit einem Dieselmotor und ab 1938 elektrisch, ehe sie in den 70er Jahren gänzlich stillgelegt wurde. Bes. *Matthias Döbold.* - Daneben verschandeln die Türme der einstigen Siloanlagen der LPG das Landschaftsbild, jetzt von der KÖG Kleinbardau genutzt.

Die **Schule** ist ein Neubau von 1962 mit großzügiger Turnhalle, seit 1996 geschlossen, danach an die Behindertenschule Grimma vermietet, seit 2003 leerstehend. Die Grundschüler gehen nach Otterwisch, die Mittelschüler nach Grimma.

Kirche in Großbardau

Die spätromanische **Wehrkirche** entstand schon vor dem 12. Jh. zu einer Zeit, als Grimma noch keine Kirche hatte. Sie steht mit ihrem gedrungenen Turm wuchtig und trotzig auf einem Felssporn. Ursprünglich besaß sie zwei

Türme, deren einer nach einem Blitzeinschlag 1791 abgerissen werden mußte. Da das Gemeindesiegel die Kirche mit den zwei Türmen zeigte, wollte man ihn unbedingt wieder aufbauen. Doch alle Bemühungen blieben ohne Erfolg. Als kleine Zierde zeigen sich heute zwei kleine säulengeschmückte Fenster, eine Turmuhr und zwei Wetterfahnen. Bemerkenswert im Innern ein Kanzelaltar von 1617. Eine wuchtige, bis zu 6 m hohe Mauer, umschließt den Friedhof. Den nächstgelegenen Häusern schaut man aufs Dach. Das Ausheben der Grabstellen bereitet wegen des felsigen Untergrunds oft Schwierigkeiten.

Personalien: *Oskar Karich* (1896–1959), Böttchermeister und Volkskundler. Er kannte die Seele der Großbardauer und beschrieb in Geschichten und Gedichten das bäuerliche Leben seiner Nachbarn von der Wiege bis zur Bahre mal drastisch, mal tiefsinnig und immer mit einem Schuß Humor. Seine Texte verkörpern ein Stück heiterer Volkspoesie. Er entstammte einer alten Böttcher-Familie, die seit 1852 hier ansässig war. Sein Sohn Gerthold bewahrte das volkskünstlerische Schaffen seines Vaters.
Karl Christoph Tauchnitz (1761–1836), Sohn eines Großbardauer Pfarrers, wurde in Leipzig wirksam. Er vervollkommnete die Buchdrukkerei, setzte erstmals in Deutschland die Stereotypie (Buchdruckplatten) ein, besaß eine Schriftgießerei und trug als Verleger zur Verbreitung der Wissenschaft unter dem Volk bei. Für wohltätige Zwecke stiftete er ein Vermögen der Stadt, die ihn mit Denkmälern noch heute verehrt. In seinem Geburtsort erinnert leider nichts an diese Persönlichkeit.

Vereine und Einrichtungen: Sportverein mit den Abt. Fußball, Kegeln, Gymnastik und Volleyball. - Kaninchenzüchterverein. - Freiwillige Feuerwehr, 1940 gegr., Wehrleiter jetzt in 3. Familiengeneration Andreas Wittig. Gerätehaus von 1960, 2003 innen saniert. - Grimmaer Modellflieger, Ltg. Roland Müller, Bau von Flugmodellen mit Verbrennungsmotoren. - Posaunen- und Kirchenchor.

Landwirtschaft: Ein Vorwerk und eine Schäferei gehörten vormals dem Kloster Nimbschen. Daraus entwickelte sich später ein Freigut. 1945 gab es 71 landwirtschaftliche Betriebe im Dorf, das größte Bauerndorf in Sachsen. Mit der Bodenreform kamen sieben Neubauern dazu, die schließlich alle in den 60er Jahren in die LPG eintraten, freiwillig und unfreiwillig. In Richtung Großbothen entstanden neue Stallbauten. Mit der Wende erfolgte eine Neustrukturierung, die LPG löste sich auf, die Mehrzahl der Flächen wurden an die KÖG Kleinbardau verpachtet. Bernd Nitzsche und Armin Hunger begannen als selbständige Landwirte einen Neuanfang der bäuerlichen Bewirtschaftung.

Im Mühlengut

Handel & Gewerbe: Gewerbepark *Weinberg* an der Straße nach Grimma, 19 ha mit den Betrieben: Frachtzentrum der Deutschen Post, Bauhof der Telekom, Autohaus Boldt (Renault), Autoservice Wussler für PKW und Nutzfahrzeuge; Metallbau; König Maschinenbau; B + N Tortechnik (Toranlagen); Auto Wengler Karosseriefachbetrieb. - Tischlereien von Andreas Karich, Rene Oelschläger, Uwe Schramm. - Heizungsbau Harald Schlichter. - Getränkegroßhandel Arndt Vieweg. - Baufirma.

GASTRONOMIE: Der Gasthof *Zur Weintraube* war ein alter Dorfgasthof, wo sich auf dem Saal zur Kirmes, zu den Bauern- und Maskenbällen und anderen Anlässen fast die ganze Dorfbevölkerung versammelte. In den 60er Jahren übernahm die LPG das Gebäude, richtete dort ihren Hauptsitz ein nebst Küche und Speiseraum. Nach 1990 Zweigstelle einer Bank, Gemeindeverwaltung und Ausbau zu einem Bürgerzentrum. - Das *Deutsche Haus*, eine historische Gaststätte, wurde 2003 geschlossen, befindet sich jetzt in der Sanierung. - Zur Alten Schule, Betr. Tamara Ratscher. - Sportlerheim am Sportplatz.

LITERATUR: 750 Jahre Großbardau. 1968. Rat der Gemeinde. - Ein Dorf erzählt. 775 Jahre Großbardau 1218–1993. Gemeindeverwaltung.

Waldbardau, 1932 als Wochenend- und Eigenheimstandort gegründet, Ableger und OT von Großbardau, 211 Einw.

Die Siedlung hat sich im Winkel zweier Verkehrswege entwickelt, der Eisenbahnstrecke Grimma–Großbothen und einer inzwischen gut ausgebauten Randstraße, die zugleich die Stadtgrenze von Grimma markiert. Grimma selbst hat sich durch Industrieansiedlungen und das Wohnbebauungsgebiet Grimma-Süd immer näher herangeschoben. Die Vorbeifahrenden nehmen vom Ort kaum Notiz, weil sich die Häuser unter Obst- und Waldbäumen verstecken.

Mit Waldbardau machte ein verarmter Bauer das große Geld

Es war an einem kalten Januartag im Jahre 1932. Die *Weintraube*, das wichtigste Lokal in Großbardau, war um diese für den Bauern ruhige Jahreszeit gut gefüllt. Am Stammtisch saß der Bauer *Rudolf Juel*, zum Leidwesen seiner Frau nur allzuoft. Ihn drückten Geldsorgen, denn auch die Wirtschaft brachte damals nicht viel ein. Sein Gegenüber war an diesem Tage der Böttgermeister *Oskar Karich*, der ihm einen Vorschlag machte: „Du hast doch 27 ha Land am Fuchsberg hinter der Bahnlinie. Dort auf der „dürren Henne“ lohnt sich kaum die Bestellung. Du steckst ja mehr in das Land, als was du rausholst. Ich habe da neulich gelesen, daß immer mehr Leipziger Einwohner Grundstücke auf dem Lande suchen. Biete das Land doch diesen Leuten an. Für Wochenendgrundstücke und Wohnhäuser ist das der richtige Platz.“

Rudolf Juel fand den Gedanken recht gut und schritt sogleich zur Tat. Er gab eine Anzeige in der *Leipziger Zeitung* auf und lud für einen Märzsonntag die interessierten Leute nach Großbardau ein. Und siehe da, an diesem Wochenende rückte eine Schar

Am Bahnwärterhäuschen Waldbardau

Neugieriger an. Einige nahmen das Angebot postwendend an, darunter auch der Elektroingenieur *Erich Franz*. An diese Zeit recht gut erinnern kann sich seine Tochter, die technische Zeichnerin i. R. REGINA NEVRLY, Jg. 26:

„Reißt euch zusammen, ihr Kacker!“

Meine Eltern hatten die Zeitungsannonce gelesen. Mutter wollte schon immer aufs Land, und so beschloß die Familie, das Angebot in Augenschein zu nehmen. Im Frühjahr 32 trafen sich baulustige Leipziger am Gasthof zur Weintraube in Großbardau, gut betuchte Pensionäre, Ärzte, Geschäftsleute, aber auch kinderreiche Familien und Arbeiter. Dann zog die Karawane hinaus an den Rand des Klosterholzes am Fuchsberg. An Hand einer Skizze wurden die Grundstücksparzellen ausgesucht. Vater wollte noch nicht so richtig ran, weil ihm Wasser, Strom und Straßen fehlten. Doch Mutters Argumente waren schließlich stärker: Schöne Lage und billig! Und so kam es folgerichtig: Zehn Familien ließen sich im Grundbuch eintragen.

Ab 1935 ging es Schlag auf Schlag. Am Hang des Fuchsberges setzte ein emsiges Treiben ein. Oben am Wald stand der Wasserhochbehälter für die Stadt Grimma. Dort zapften die Bauleute das Wasser an. Ein handgeschriebenes Schild mahnte am Wasserhahn: „Ehmer anhäng verbotn!“. Von dort schleppten wir die vollen Eimer den Weg (heute die Mittelstraße) zu uns herunter. Später lief das Wasser durch eine Leitung.

In der ersten Siedelwelle entstanden zehn Häuser. Sand fand sich im Untergrund, Steine holten wir im Steinbruch am Schwemmteich. Bauausführende waren das Baugeschäft *Böttcher* aus Grimma, Klempnermeister *Bauer* aus Großbardau und mein Vater, Elektromeister *Franz*. Er führte noch seine Elektrowerkstatt in Leipzig und fuhr täglich mit einem Motordreirad in die Stadt.

Mutter richtete schon ein Jahr später einen kleinen Laden für Lebensmittel und Getränke ein. Der brachte allerdings herzlich wenig ein. Wir Kinder gingen zu Fuß nach Großbardau in die Schule, immer zwei Jahrgänge in einer Klasse. Beim Bauern Juel

Regina Nevrly im Vorgarten ihres Wohnhauses

arbeiteten wir auf dem Feld. Im Frühjahr verzogen wir Rüben, im Herbst lasen wir Kartoffeln. Dafür erhielten wir 10 Pfennige Stundenlohn. Klagten wir über schmerzende Rücken, dann lachte der Bauer: „Reißt euch zusammen, ihr Kacker". Fortan nannten wir ihn nur den „Kacker". Das verdiente Geld tauschten wir in Mutters Laden für Süßigkeiten ein.

Sonnabends kam Bäckermeister *Schmieding* aus Großbardau mit dem Einspänner herüber und verkaufte Brot und Backwaren. Seine Tochter *Hanna* zog täglich mit frischen Brötchen in der Kiepe und Milch in der Kanne aus der Molkerei Kunath mit dem Fahrrad von Haus zu Haus. Der Schmied *Arthur Starke* hatte ihr extra ein Spezialfahrrad gebaut. Zum Abschluß ihrer Runde trank sie mit meiner Mutter eine Tasse Kaffee. Dabei wurden im kleinen Laden wichtige Nachrichten ausgetauscht. Neue Siedler wurden argwöhnisch beobachtet. Das hat sich bis heute nicht geändert.

1935 fühlten sich schon 20 Familien in Waldbardau zu Hause. Am 28. Juli feierten wir das erste Sommerfest. Auf dem „Marktplatz" hatte die Siedlergemeinschaft eine Linde gepflanzt. Dann wurde der Schützenkönig ermittelt. Die Auszeichnung erhielt mein Vater. Er hatte ins Schwarze der Schützenscheibe getroffen. Heute bezweifele ich das. Aber einer mußte ja das Bierfaß bezahlen.

Vater hatte im Keller einen ausgedienten Filmvorführapparat eingelagert. Mein Bruder setzte ihn wieder in Gang und legte alte UFA-Stummfilme ein. Dazu krächzte aus einem Grammophon die Musik. Die Kinder zahlten für eine Vorstellung 5 Pfennig Eintritt. Jede schöne Kinderzeit geht einmal zu Ende. Mein Pflichtjahr beim Bauern verbrachte ich bei *Schlegels* in Kühren. Danach begann meine Lehre als technische Zeichnerin in der *MAG* in Grimma. Ich war der erste weibliche Lehrling in dem Betrieb.

Mit den Bombenangriffen auf Leipzig verstärkte sich der Zuzug in die Siedlung. Die Gartenlauben wurden in dauerhafte Wohnsitze verwandelt, manche in richtige Wohnhäuser. Immer mehr Kleintiere gackerten und scharrten in den Gärten. Das war für die Eigenversorgung ein gutes Zubrot.

1946 gründete ich meine eigene Familie, in der ich vier Kinder aufzog. Inzwischen waren wir nach Leipzig übersiedelt. Mit dem Tod des Vaters kehrten wir 1959 zurück. Wir fanden, wie die meisten Leute aus der Siedlung, Arbeit im *VEB MAG Grimma*, und dort blieb ich bis zu meinem Rentenalter.

Jetzt genießen wir als Rentner die stille Wohnlage direkt am Wald. Aus den Wegen wurden Straßen, und ständig entstehen neue Häuser. Eine Gruppe junger Frauen organisiert anfallende Feste. Der Platz an der Linde, einst „großspurig" mal als Marktplatz deklariert, ist inzwischen bebaut. Eichhörnchen und eine bunte Schar von Waldvögeln sind Stammgäste in unseren Gärten. Das Nimbschener Klosterholz reicht ja unmittelbar bis an die Zäune heran. Dort finden sich erbauende Wanderziele.

Nun habe ich keine großen Wünsche mehr. Doch einen möchte ich äußern: Unser Waldbardau soll seinem Ruf als friedlicher Wohnstandort am Walde treu bleiben. –*KH.H.*

Kleinbardau, 1243 Parde minor, 'der kleine Ort an der Parthe, OT von Großbardau, 270 Einw.

Der Ort liegt im Schatten seines gleichnamigen großen Nachbars. Jetzt hat er sich davon etwas befreit. Aus einer LPG ging eine Landwirtschafts-GmbH hervor, die im Umfeld riesige Flächen Pachtland bewirtschaftet. Der spitze Kirchturm zeigt an, wo die Menschen vor Jahrhunderten beiderseits der Parthe siedelten und wo sie ihre letzte Ruhe fanden. Wer aufmerksam über den Friedhof geht, findet unmitttelbar neben der Friedhofsmauer einen Grabstein, der mit seiner Beschriftung an ein Ereignis in den letzten Kriegstagen erinnert.

Das einsame Grab auf dem Friedhof in Kleinbardau

Es war in den Märztagen des Jahres 1945. Durch Großbothen quälte sich ein erbärmlicher Menschenzug in abgetragener Häftlingskleidung. Tagelang schon hatte er sich von Schlesien her über die Straßen geschoben, bewacht von altersgrauen Soldaten und SS-Leuten. Jetzt ging es kaum noch vorwärts, mehr und mehr Häftlinge fielen erschöpft aufs Straßenpflaster. Kraftlose Menschenarme schoben einige unbespannte Pferdewagen vor sich her. Zwischen Kisten mit Knochen und anderem Zeug lagen ausgemergelte Gestalten.

Der Offizier telefonierte mit dem Kleinbardauer Bürgermeister und befahl ihm, sofort drei angeschirrte Pferdewagen nach hier zu schicken und dafür zu sorgen, daß die hundert Häftlinge in seinem Ort eine Unterkunft für die Nacht erhalten. In den späten Abendstunden erreichte der traurige Troß sein vorläufiges Ziel in Kleinbardau. Die

Das Grab des erschossenen Polen in Kleinbardau

Bewacher pferchten die Häftlinge in eine Scheune. Gegen Morgen peitschte ein Schuß durch das Dorf. Er galt einem der Gefangenen, der sich im Morgengrauen zu einer Miete geschlichen hatte, um mit einer Zuckerrübe seinen Hunger zu stillen. Der Schuß traf ihn tödlich, und der Schütze rechtfertigte sich damit, daß er einen Fluchtversuch verhindert habe. Neben dem Grundstück mußten ihn Häftlinge in einer Sandgrube verscharren. Das Elend zog weiter bis nach Flößberg in das dortige Außenlager vom *HASAG-Werk*.

Die amerikanischen Truppen stießen wenige Wochen danach bis zur Mulde vor, der Krieg ging zu Ende. Wer von den befreiten Häftlingen seine Heimat erreichte, blieb im Ungewissen. Wochen später marschierten die Truppen der Roten Armee ein. Sie erfuhren von dem verscharrten Toten im Ort und verschafften ihm einen würdigen Platz. Der Lehrer und der Bürgermeister mußten ihn umbetten und auf dem Friedhof begraben. Jahre später setzte man ihm einen Grabstein mit der Inschrift *„VVN Jacob Kanncz aus Sußnowitz. 6. 3. 1945 durch SS erschossen“*. Er steht heute noch. Das Grab wird von *Heinz Richter* und seiner Frau ständig gepflegt und soll an die schlimmen Jahre des Faschismus mahnen. Spätere Nachforschungen nach Hinterbliebenen blieben ergebnislos.

*

Einer der Geschirrführer, der den unheilvollen Transport mit ausführen mußte und das Schicksal der Häftlinge für einen kurzen Tag in einem trostlosen Leben von Gefangenen erlebte, war der Bauer i. R. Rolf Pampus, Jg. 28:

Ich war der Botengänger für die Leute im Dorf

Den Tag, an dem ich die Häftlinge ins Dorf karren mußte, werde ich nie vergessen. Der Anblick der zerlumpten und verhärmten Gestalten hat sich fest in meinem Gedächtnis eingeprägt. Daß es solche Vorgänge auf der Welt heute noch in Hülle und Fülle gibt, das erschüttert mich am meisten. Und dann bin ich traurig, daß ich so machtlos bin wie viele andere auch.

Den Krieg erlebte ich in seinen letzten Tagen. Ich mußte im April 45 zum Volkssturm einrücken. Auf einem Schießstand im Glastener Forst übten wir das Kriegshandwerk, ein zusammengewürfelter Haufen junger Burschen und gebrechlicher Rentner. Dabei standen die Armeen der Allierten im Osten wie im Westen schon ziemlich nahe unserem Heimatgebiet. Jedenfalls marschierten wir nach Großbothen und errichteten mit dem Holz aus dem *Sägewerk Spreer* eine lächerliche Panzersperre. An der Leisenauer Straße waren einige Schützenlöcher ausgehoben. Eins davon teilte ich mit einem Kameraden, auch den einen Karabiner, den wir zum Aufhalten der Panzer hatten. Von wegen mutig nach vorn geguckt. Wir hatten unbändige Angst. Den Entschluß hatten wir schnell gefaßt: Nichts wie weg! Mit Einbruch der Dämmerung verließen wir die Stellung, und auf Schleichwegen erreichten wir ungeschoren das heimatliche Dorf. Wenige Tage später rollten die amerikanischen Panzer ein, und der „1000jährige Spuk“ war zu Ende. Gott sei Dank! Ich konnte die Felder nun in Ruhe bestellen.

Dabei bin ich nicht mal in einem Bauernhof geboren, sondern in Grimma. Mit sieben Jahren kam ich auf den kinderlosen Hof meiner Tante in Kleinbardau. Das Leben hier gefiel mir, auch wenn wir ein ganzes Stück Weg in die Schule zu gehen hatten. Die lag nämlich auf halbem Wege zwischen Kleinbardau und Bernbruch. Ich blieb auf dem Bauernhof und habe ihn später ganz übernommen. Und ich habe das niemals bereut, weil ich schon immer ein Naturmensch gewesen bin. Und hier in Kleinbardau neben dem Wald, da hatte ich das gefunden, was meinen Sinnen entsprach.

Und da waren auch noch die Jungen und Mädchen im Dorf. War das eine schöne Zeit, als sich die Jugend nach der schweren Tagesarbeit abends am Dorfteich traf. Wir gründeten die *Theatergruppe Dalia*, und über drei Jahre hinweg begeisterten wir mit unseren Stücken die Einwohner. Mit *Lamprechts Lore* füllten wir auch die Säle der

Nachbardörfer. Inmitten der frohen Jugendgruppe hatte ich die Frau meines Lebens gefunden, eine Umsiedlerin aus Schlesien. Wir heirateten 1950 und übernahmen die kleine Wirtschaft meiner Tante mit 9,5 ha Feld. Wir mußten harte Jahre durchstehen, um den Hof in Schwung zu bringen.

Eine tägliche Gepflogenheit, die damals ihren Anfang nahm und die ich auch in der LPG-Zeit über 25 Jahre hinweg erledigt habe, war das Kutschieren der Milchkannen mit meinem Pferdegespann hinüber nach Großbardau in die Molkerei *Kunath*. Dabei hatte ich eine ganze Menge Aufträge zu erledigen. Die Wünsche der Bauersleute und Kleinerzeuger hingen auf einem Zettel geschrieben an den jeweiligen Milchkannen. Das Geld steckte fein eingewickelt in einem leeren Beutel. Ich kaufte beim Bäcker Brot und Brötchen, holte beim Sattler *Hennig* einen Halfter ab oder brachte ihm einen Zügel zum Nähen. Beim Klempner gab's immer was zu reparieren, und in der Apotheke war das Rezept einzulösen. Manche Oma nahm ich auf dem Sitz mit zum *Doktor Zimmer*, den Weg zurück trippelten sie zu Fuß. Mich kannte jedes Kind und die Erwachsenen sowieso. Und manchmal hing als Dank auch eine Tüte mit Gebäck an der Milchkanne oder eine Tafel Schokolade.

Später in der LPG-Ära fuhr ich einen Hublader und kam dabei in alle sechs Dörfer des Kooperationsbereiches. Das war nicht der große Job, aber meine Hilfe war überall begehrt. Nun braucht mich niemand mehr, und ich bin ja auch ins Alter gekommen. Mein Bauernhof liegt ein Stück entfernt vom Dorf, und ich bemühe mich, ihn in Ordnung zu halten. Zum Tagesablauf gehört die Betreuung einiger Kleintiere. Dann muß ich allerhand im Haushalt machen, weil meine Frau stark gehbehindert ist. Mit dem Auto erledigen wir alle weiteren Wege. So fahren wir jeden Sonntag nach Leipzig zur Tochter. Dabei benutzen wir verschiedene Wege und freuen uns, wenn wir in den Dörfern wieder was Neues und Schönes entdecken. Und schließlich findet die Auswertung aller örtlichen Probleme in unserer wöchentlichen „Drei-Familien-Spinnte" statt. Und das seit 50 Jahren! Wir sind uns nie überdrüssig geworden, und immer ist da ein bißchen was Neues dabei. – *KH.H.*

Rolf Pampus vor seinem Bauernhof

WEITERE NOTIZEN
aus Kleinbardau

Der **Backofen** heißt ein leicht erhöhtes Flurstück am Waldrand. Dort befand sich vermutlich eine wüste Mark, von der vor Jahrzehnten noch Mauerwerksreste (die Reste eines Töpferofens?) sichtbar waren. Forstmaschinen ebneten das Gelände inzwischen völlig ein.

Kirche in Kleinbardau

Die **Eisenbahnlinie** einer Querbahn, die Großbothen mit Borna verband, bestand nur 10 Jahre von 1937 bis 1947, dann wurden die Gleise abgebaut. Der Bahnhof, in dessen Holzhütte der Vorsteher Arthur Seiferth Dienst machte, befand sich ein Stück außerhalb vom Dorf. Später lebte dort bis Mitte der 90er Jahre der Altstoffsammler Herbert Pechstein. Jetzt allmählicher Zerfall.

Die **Freiwillige Feuerwehr**, gegr. 1911, Wehrleiter Sigmund Jahn, organisiert jedes Jahr ein Dorffest. Das Gerätehaus steht am Dorfteich und soll zu einem Dorfgemeinschaftshaus umgebaut werden.

Der Ursprung der romanischen **Kirche** geht auf 1288 zurück, wenn man der eingeritzten Jahreszahl im Türgewände glauben kann. Der Turmbau mit dem Dachreiter erfolgte 1668. Die Tür selbst ist eine historische Seltenheit und könnte aus der Entstehungszeit stammen. Sie besitzt ein hölzernes Kastenschloß. Die schweren Bohlen sind mit Eisenbändern beschlagen, die vermutlich Fischköpfe (oder Schlangen?) darstellen. Die Kirchendecke im Innern schmücken 36 figürliche Malereien, die entsprechende Bibelstellen erläutern.

Einen **Münzfund** machte 1937 der Totengräber beim Ausheben eines Grabes auf dem Friedhof. Der Topf enthielt ca. 200 Silbermünzen aus der Zeit um 1300. Wo er sich jetzt befindet, ist nicht bekannt.

Zahlreiche Urkunden belegen, daß der Schäfermeister *Siegfried Hahn*, sächsischer **Landessieger** wurde und auch viele andere vordere Plätze errang. Er besitzt jetzt keine Schafe mehr, nimmt aber trotzdem als leidenschaftlicher Schäfer mit seinen beiden Hunden an Wettbewerben teil. Die Schafe werden dann ausgeborgt.

Landwirtschaft: Das *Schillingsche* Gut war aus dem ehem. Rittergut entstanden, verfiel 45 der Bodenreform, und seine 250 ha Feld- und Wiesenfläche wurden an 26 Umsiedler und Landarbeiter aufgeteilt. Die beiden Brennereien brannten aus Kartoffeln Alkohol, der gut versiegelt in Fässern mit der Bahn in die Likörfabriken verschickt wurde. *Schilling* war ein fortschrittlicher Großbauer, der seine Leute mit ausreichenden Deputaten entlohnte und regelmäßig Kinderfeste organisierte. Die Neubauern und die 16 Altbauern bildeten um 1960 die LPG. Aus der LPG Pflanzenproduktion entstand 1991 die KÖG, eine 2600 ha große Landwirtschafts-GmH mit Marktfruchtanbau und Fleischrinderhaltung. Dazu gehören ein Frischemarkt und eine Küche. Geschäftsführer Bernd Riedel. Alljährlich gut besuchte Hoffeste.

Handel & Gewerbe: Heizungsbau Fleck. - Elektro Bittner. - Forstunternehmen Schirmer. - Öko-Laden der KÖG.

GASTRONOMIE: Gaststätte *Old Man*, eine Westerngaststätte, die in den Abendstunden geöffnet hat, Besitzer Bernd Mehrländer. - Imbiß-Einrichtung von Petra Knof, die wochentags ihr Angebot offeriert.

Nimbschen, 1227 Nimitsen, 'Ort, wo Deutsche wohnen' (slaw.), OT von Grimma, 85 Einw.

Nimbschen ist kein „richtiges“ Dorf, sondern eben das „Kloster Nimbschen“. Und das kennen viele Bürger im Kreis und darüber hinaus, auch wenn sie selbst noch nie hier gewesen sind. Dazu gehört auch die Kenntnis, daß *Katharina von Bora (1499–1552), Luthers* spätere Frau, hier im Kloster gelebt hat und mit ihrer spektakulären Flucht in die sächsische Geschichte eingegangen ist.

Die Mauern vom Kloster Nimbschen

In der Nacht vom Ostersonnabend des Jahres 1523 flüchtete *Katharina* mit acht weiteren Nonnen aus der Klosterenge. Dazu gehört eine ganze Portion Mut, für die Flüchtlinge wie auch für diejenigen, die das Unternehmen organisiert hatten. Wer dazu anstiftete und mithalf, dem drohte die Todesstrafe.

Wir wissen nicht, wie es im einzelnen erfolgte und welchen Weg der Troß nach Torgau zurücklegte. Die Welt will ihre Legenden, und sie weben sich ebenso um dieses spektakuläre Ereignis, so wie es die Menschen immer machen, wenn es keine authentischen Berichte gibt. Daß sich die jungen Frauen in stinkende Heringstonnen verkrochen haben sollen, gehört eindeutig ins Reich der Phantasie. Auch bei dem Schuh, den *Katharina* dabei verloren haben soll, handelt es sich um einen späteren Werbegag. Trotzdem liegt er immer noch im Grimmaer Museum und lockt Neugierige an, die den „zerschlissenen Latsch“ sehen wollen.

Mit dieser Flucht setzte eine Auflösung der Klöster ein. 1536 wurde die klösterliche Wirtschaft in Nimbschen aufgelöst und der Wirtschaftshof der Grimmaer Landesschule zugeschlagen. Vom Kloster selbst gibt es heute nicht mehr viel zu sehen. Nur die Bruchsteinwände eines Gebäudes – vermutlich der Beratungssaal, über dem die Zellen

Reste vom Kloster Nimbschen

vom Schlafsaal lagen – verstecken sich unter einem prächtigen Laubwalddom. Mit dem Bau des neuen Klostergutes zu Beginn des 19. Jh. dienten die Ruinen als willkommener Steinbruch. Daß dabei auch die Klosterkirche samt Kreuzgang dem praktischen Nutzen zum Opfer fiel, müssen wir heute bedauern.

Das Klostergelände umfaßte neben den geistlichen Gebäuden eine ganz Anzahl wirtschaftlicher Einrichtungen. Dazu gehörten Ställe, Scheunen und Keller, ferner Back- und Schlachthaus, Schmiede, Mühle. In einem Brauhaus wurde das leichte Klosterbier gebraut, das auch die Nonnen trinken durften. Im Dienste des Klosters standen ein halbes Hundert Knechte, Mägde und Helfer, die für das Wohlbefinden der Nonnen sorgten. Auch Kranke und Durchreisende wurden beköstigt. Aus dieser Verpflichtung heraus entstand letztlich die *Klosterschänke*, später ein beliebtes Ausflugsziel nicht nur für die Grimmaer Landesschüler *(s. Rundblick-Lesebuch)*. Die Schenke bedient noch heute ihre Gäste.

Erträgliche Geschäfte mit Milch und Hopfen

Das einstmalige Landesgut wurde mit der Bodenreform in ein volkseigenes Gut verwandelt. Die Arbeiter widmeten sich vor allem der Schweine- und Rinderzucht und bauten seit 1951 nach und nach auf 20 Hektar Hopfen an. Die Felder mit den 6 m hohen Hopfenmasten aus Holz oder Beton waren fortan in der Muldenaue ein typisches Markenzeichen des VEG. Die Hopfenernte zog alljährlich eine fleißige Schar von Pflückerinnen an, die sich hier ein kleines Zubrot verdienten. In der Darre trockneten die Blüten, ehe sie in den Bierbottichen dem köstlichen Naß die notwendige Würze gaben. Nicht umsonst prägte der Volksmund beizeiten sehr deutliche Worte: „Hopfen und Malz, Gott erhalt's!“ Mit der Wende wurde das VEG „abgewickelt“ und aufgelöst, die Flächen verpachtet, der Hopfenanbau eingestellt.

Für die Belegschaft vom Volksgut entstand von Mitte der 50er Jahre an „oben“ im Nimbschener Wald eine Siedlung mit Doppelhäusern. Dort befand sich bisher am Wege

„Hinter“ den Häusern der Nimbschener Siedlung stehen die kleinen Stallanlagen

nur das Forsthaus. Zu den Grundstücken gehörten kleinere Stallungen für jede Menge Kleintiere. Das Futter bekamen die Angestellten des Volksgutes als Deputat anstelle des vollen Lohns, also eine Art Naturalwirtschaft. Schweine, Eier, Kaninchen gingen als freie Spitzen an den Aufkaufbetrieb, der dafür erkleckliche Summen zahlte. Die zusätzliche Arbeit durfte man dabei allerdings nicht rechnen. Die Häuser konnten die Mieter unmittelbar nach der Wende für eine annehmbare Summe erwerben und sind nun deren Privatbesitz. Seitdem haben sich in den meisten Gebäuden wohltuende Wandlungen vollzogen.

Das Nimbschener Volk lebt noch in einvernehmlicher Gemeinschaft. Vor allem die „Alten“ halten zusammen, treffen sich bei Geburtstagen und „farbigen“ Hochzeiten. Traditionsgemäß wird dann eine Girlande gewickelt. Sie verkündet nach außen das glückliche Ereignis. Damit die Leute fit bleiben und das Leben noch ziemlich lange genießen, holen sie sich „unten“ in ihrer einstigen Hopfendarre geistiges und körperliches Wohlbefinden. Dort hat sich nämlich ein modernes Fitneß-Studio eingenistet.

Die Scheunen und Ställe des ehemaligen volkseigenen Gutes haben überhaupt einen wundersamen Wandel vollzogen. Unter der Oberaufsicht und im Besitz von *Dr. Fred Urban* sind mit tatkräftiger staatlicher Unterstützung Einrichtungen entstanden, die mit einer „Mischung aus Gastronomie, Sport, Spaß, Kultur und etwas Luxus“ die Gäste aus nah und fern anlocken wollen. Das verhinderten zwar die Hochwasserfluten vom August 2002 für eine kurze Zeit mit beträchtlichen Schäden, aber mit viel Unterstützung und ausreichenden „Flutgeldern“ entstanden Gebäude und Anlagen in alter, neuer Schönhheit, vielleicht noch ein bißchen schöner als vorher. Die Touristen können wieder kommen! Auf alle Fälle kommen jedes Frühjahr andere „Gäste“ aus dem Tierreich.

Durch den Tunnel zur Hochzeit

Im Februar oder März jeden Jahres herrscht auf der B 107 einige hundert Meter zwischen dem Kloster und Grimma ein reger „Fußverkehr“. Aus einem Umkreis von mindestens einem Kilometer streben an die tausend Amphibien zum Aueteich. Durch Vererbung und Instinkt werden sie regelrecht dazu gedrängt, unbedingt das Gewässer aufzusuchen, wo sie zur Welt gekommen sind. Sie müssen dort Hochzeit halten und für Nachwuchs sorgen. Die Naturschützer sagen es deutlich: Der Aueteich ist ein Flächennaturdenkmal und eines der wichtigsten Laichgewässer im ganzen Muldentalkreis. Bei mäßiger Fischwirtschaft haben hier nicht nur Erdkröten, sondern auch Knoblauchkröten, Gras, Spring-, See-, Teich- und Laubfrösche gute Chancen zum Überleben. 2004 hatten sich außerdem ca. tausend Kammolche eingefunden, ein Beweis dafür, daß hier noch eine individuenreiche Population existiert.

Doch die Laichwanderung wird oft zum Drama, wenn die Tiere auf ihrem Weg von der Muldenaue herauf die Straße überqueren müssen. Nicht alle finden den Weg durch die Tunnel, die seit einigen Jahren dort fest installiert sind. Mehrere Wochen lang sammeln ehrenamtliche Naturschützer die Tiere ein, um sie gefahrlos über den Asphalt zu bringen. Der Nachwuchs, der im Juni/Juli seine Metamorphose beendet, verläßt die „Kinderstube“ bereits im Sommer in die Aue und die weitere Umgebung. Dieser Naturvorgang wiederholt sich jedes Jahr aufs Neue.

Trotz Tunnel, Zaun und Hinweistafeln fallen immer wieder viele der geschützten Tiere dem Straßenverkehr zum Opfer. Das wird sich dann ändern, wenn die Umgehungsstraße um die Kreisstadt gebaut wird. Zum Kloster Nimbschen wird nur noch eine Sackgasse führen. Fahrrädern und Pferdegespannen gehört dann die Zukunft, und der größte Teil der wandernden Amphibien wird die Wanderung überstehen.

Großbothen zeigt nur noch in der Hauptstraße bäuerlichen, sonst eher städtischen Charakter. Der Ort ist mit der B 107, anderen Straßen und Wegen und der Eisenbahnstrecke Leipzig–Meißen–Dresden gut an seine Umgebung angebunden. Es gibt heute einige Gründe, hierher zu kommen und sich umzuschauen. Lange vor dem Krieg und noch Jahre danach war der Ort für Kulturbeflissene und Tanzhungrige ein beliebtes Ziel.

„Müllers Tanzpalast“ in Großbothen war eine gute Adresse

Das waren schöne Zeiten, als der Großvater die Großmutter nahm, als sie sich ein Tanzbändchen für die Tour kauften und nach Anweisung des Tanzmeisters *Mühlberg* aus Colditz unter der Wunderkugel drehten, wenn die Musiker von Trumpf-As das legendäre „In the Mood“ in den Saal bliesen. Von überall her kamen die jungen Leute, und manch einer fand hier die Frau bzw. den Mann seines Lebens. Zu den Maskenbällen spielten bis zu fünf Kapellen, drei auf der Bühne, eine im Wintergarten und eine in der Galerie. Himmelfahrtsausflüge endeten auf der Tanzfläche, und die Radfahrer hatten alle Mühe, spät in der Nacht den heimatlichen Hafen wiederzufinden. Anfang 1960 spielte zum letzten Male eine Tanzkapelle. Dann verloschen die Lichter. Im steten Wechsel diente das Haus als Konsumgaststätte, Ferienlager, Musterungsstützpunkt, Möbellager, Volksröntgenraum, Wahllokal, Wohnung und Verkaufsstelle.

Seit Anfang der 90er Jahre erinnert die Ruine in der Grimmaer Staße kaum noch an die verflossene Herrlichkeit. Risse in den Mauern verbreitern sich gefährlich. Die Täfelung, die Möbel und das Geschirr räumte der Konsum als letzter Besitzer weg.

„Müllers Tanzpalast“ heute

Klappbare Gartenstühle, die ungezählte Finger eingequetscht hatten, stehen noch in manchen Schuppen.

Die Geschichte des Hauses beginnt vor weit über hundert Jahren. 1837 verlegte der Pferdnergutsbesitzer *Johann Ehrenfried Näther* seine Schenke „aus dem Dorfe an die außerhalb desselben vorbeiführende neue Chaussee". Mit Pfannkuchenschmaus, Erntefest und Kirmes lockten die Wirte ihre Gäste herbei. Der Gasthof erfreute sich eines guten Besuchs, wenn auch die Besitzer in regelmäßigen Abständen wechselten. *Max Mühlberg* baute 1910 den Tanzsaal für tausend Gäste an. Wesentliche Erweiterungen erfolgten ab 1920 durch den folgenden Besitzer *Max Müller,* der mit dem neuen Namen „Müllers Tanzpalast" Dorf- und Kulturgeschichte bis zu seinem Tode 1954 geschrieben hat. Hin und wieder schaut sich in der Gegenwart ein Kaufinteressent das Bauwerk an, aber stets verschwand er auf Nimmerwiedersehen. Großbothen wird eines seiner Wahrzeichen, eins von der ganz anderen Art, bald gänzlich verlieren.

*

Zu einem großen Aufschwung im Dorf kam es Ende des 19. Jh. mit dem Bau der Eisenbahn. Großbothen entwickelte sich durch mehrere Strecken zu einem regelrechten Eisenbahnknoten. Von Leipzig führte seit 1867 eine wichtige Strecke über Döbeln nach Dresden. Dann folgte 1875/77 die „Muldenthalbahn" von Rochlitz bis Wurzen und schließlich in den 30er Jahren kurzzeitig die Strecke von Großbothen über Bad Lausick nach Borna. Mit großem Optimismus wurde in diesen Zeiten des industriellen Aufschwungs gedacht. Die ausgedehnte Großbothener Bahnhofsanlage zeugt in ihrer Größe mit Über- und Unterführungen heute noch davon.

Doch mit dem Ende des Krieges setzte ein Rückbau ein. Ein Abschnitt nach dem anderen fiel dem Krieg, den Reparationsleistungen und der geringen Wirtschaftlichkeit zum Opfer. Jetzt befahren die Züge nur noch die Strecke Leipzig-Dresden. Das hatte auch Auswirkungen auf die Bahnhofsgebäude. Die einst niveauvolle Bahnhofsgaststätte „erster und zweiter Klasse" machte in den 70er Jahren dicht. Die Fahrkartenausgabe wurde 1999 geschlossen. Und die einst prächtigen Empfangsgebäude mit ihrem italienischen Charme stehen am Ende einer Eisenbahnepoche. Beschaulichkeit rechnet sich nicht mehr im Zeitalter der Beschleunigung.

*

Und doch hat sich in Großbothen ein Stück Romantik erhalten. Man sollte sich mal die Zeit nehmen, über den Friedhof zu gehen und einen Blick in die kleine Kirche zu werfen. Wenn man Glück hat, trifft man dort den Gärtner, Essenfahrer, Totengräber und Glöckner Dietrich Herms, Jg. 36:

Einmal am Tag auf den Kirchturm zum Glockenläuten

Mein Vater war Obstgärtner und besaß die Gärtnerei in der Lindigtgasse. Ich erlernte ebenfalls diesen Beruf und übernahm mit 20 die Gärtnerei, da Vater verstorben war. Es war für mich und meine Mutter ziemlich schwer, im Ort zu bestehen, denn mit uns wirtschafteten drei weitere Gärtnereien, die von *Flieder-Schneider, Zeuner und Florenz.* Doch jede hatte sich auf ein bestimmtes Gebiet spezialisiert, und so konnten alle überleben.

Neben meiner Arbeit in der Gärtnerei hatte ich in einer Nebentätigkeit 31 Jahre lang das Mittagessen für mehrere Betriebe herangeholt. Die Betriebsküchen kochten in Colditz, Zschadraß oder der Schamotte. Dafür benutzte ich einen altersschwachen F 7 und einen Framo. Repariert habe ich die Kisten selber, denn die Kosten hätte ich nur schwer bezahlen können. Die Fahrten hatten einen günstigen Nebeneffekt: Die Kolleginnen in den Betrieben schrieben auf Zettel, welche Pflanzen sie haben wollten, und die verkaufte ich ihnen aus meiner Produktion und lieferte sie gleich an.

Schon immer hatte ich mich für die Kirche und den Friedhof interessiert. Als ich 1978 in den Kirchenvorstand berufen wurde, stellte ich mir eine Aufgabe: Ich kümmere mich um den Kirchturm und um die Uhr. Das Geläut erfolgte elektrisch. Ich mußte trotzdem täglich in den Turm steigen, um die Turmuhr aufzuziehen. Von meinem Wohnzimmerfenster aus konnte ich die Uhr beobachten, und sobald ich merkte, daß da etwas nicht stimmte, marschierte ich stracks hinauf. Eine Belastung war das nie für mich. Jeder geht im Leben seine eigenen Wege: Die einen Bier trinken oder Skat spielen, ich steige eben hinauf auf den Turm.

Die große Reparatur 1982 am Kirchturm zeigte beträchtliche Schäden an den Balkenverbindungen. Das war sicher auf das harte elektrische Läuten zurückzuführen. Fortan durfte ich dann „weich" mit der Hand läuten. Das geschieht jeden Tag um 18 Uhr, zusätzlich zu Gottesdiensten, Hochzeiten, Taufen und Beerdigungen. Ich glaube, den Menschen hier würde ohne das Geläut etwas fehlen. Die Glocken begleiten die Menschen das ganze Leben lang. Jeder Aufstieg ist für mich ein Erlebnis.

Seit einigen Jahren habe ich mir eine weitere Aufgabe gestellt: Ich bin als Totengräber tätig. Auf einigen Friedhöfen geschieht das mit der Technik, doch ich mache das mit Hacke und Schaufel. Anlaß dafür war eigentlich das Gespräch zweier alter Damen auf der Friedhofsbank: „Wer wird uns denn mal begraben? Es ist doch niemand mehr da." Inzwischen fahre ich auch nach Zschirla, Schönbach, Kössern und Erlbach, wenn man mich dort braucht. Ich bin als Gärtner an Erdarbeiten gewöhnt.

Ich treffe viele Leute auf dem Friedhof, und ich kenne sie alle. Und ich werde meine Tätigkeiten so lange verrichten, solange ich die nötigen Kräfte habe. An Ruhestand denke ich nicht. Es wäre schlimm, wenn ich dastehen und über den Zaun gucken sollte. Und wenn es tatsächlich nicht mehr geht, muß ich keine Angst um den Kirchturm, den Friedhof und die Gärtnerei haben: Mein Sohn Manfred hat meine Interessen und Leidenschaften geerbt.

*

Begegnung auf dem Friedhof: Thea Beyer und Dietrich Herms

In ihrem Geburtshaus in der Windmühlenstraße wohnt *Thea Beyer*. Obwohl sie alleinstehend ist, kommen viele Menschen zu ihr, alte und vor allem junge, denn sie war viele Jahre lang mit Leib und Seele Lehrerin im Heimatort. Sie half und hilft nicht nur bei den Hausaufgaben, sondern gibt humorvoll und akribisch vielerlei Rat und Auskunft zur Ortsgeschichte, zu den Straßen- und Flurnamen, zu Pflanzen und tierischen Schädlingen. Sie weiß, wie das Wetter wird und wie der Mond das Wachstum der Pilze beeinflußt. Außerdem kocht und bäckt sie ganz hervorragend, die Lehrerin i. R. THEA BEYER, Jg. 26:

Wir schauten in das Innere von Suppenhuhn und Karpfen

1926 war ein bedeutendes Jahr für Großbothen: Der Arzt *Dr. Pfeiffer* hat sich niedergelassen, der Brückenberg wurde von den Bauern für die Bahnunterführung aufgeschüttet, und ich wurde geboren! Ich wollte von Anfang an Lehrerin werden, doch Vater riet ab wegen der Nazis. Ich ging bis 1944 bei der Sparkasse in Grimma in die Lehre und war dort der erste weibliche Banklehrling. Drei Jahre später: Der Kreisschulrat tagte in den Räumen der Sparkasse, um über die Gewinnung von Neulehrern zu beraten. Einem Zufall verdanke ich die Begegnung mit ihm: „Sie sind groß und haben eine ordentliche Stimme. Wollen Sie nicht Neulehrerin werden?“ Ich wollte, und am 1. April 1948 begann ich in Leisenau meinen Schuldienst. Zwei Jahre später wurde ich nach Großbothen versetzt, und dort blieb ich bis zu meinem Ruhestand.

30 Wochenstunden Unterricht, jede Menge Weiterbildung bei Altlehrern und nebenbei noch ein Fernstudium, das war mein wöchentliches Pensum. Ich habe es geschafft. Ich beherzigte den Rat von *Pestalozzi*: Anschauung ist das Fundament aller Erkenntnisse. Also zerlegte ich im Unterricht einen Karpfen. Oder ich brachte ein Suppenhuhn mit, das wir sezierten. Im Schulgarten sorgten wir für die Schulküche. Die Bohnen fraßen regelmäßig die Rehe ab. Dafür hatten wir stets gute Zwiebelernten, und die machten uns bekannt.

Pfarre und Kirche in Großbothen

In den 50er Jahren sollten die Schulen Seidenraupen züchten. Wir schlossen uns der Kampagne an. In unserer Naivität bestellten wir 5 Gramm Eier, winzige schwarze Punkte. Da hatten wir uns aber gewaltig verschätzt. Die winzigen Räupchen erhielten dreimal am Tage einige frische Blätter von der Maulbeerhecke. Sie fraßen und fraßen, und wir konnten ihr Wachstum deutlich beobachten. Die Blätter reichten längst nicht mehr. Wir holten körbeweise ganze Zweige und schließlich karrten wir mit dem Handwagen riesige Ladungen von der Straße nach Kössern heran. Am Ende halfen die Väter mit, und wir atmeten auf, als nach 12 Tagen Fresserei die Raupen sich einpuppten und wir die Kokons schließlich ablieferten. Der Lohn füllte unsere Reisekasse. Im folgenden Jahr haben wir aber nur noch ein Gramm bestellt.

Ich hatte übrigens noch einen ganz wichtigen, allseits anerkannten Zweitberuf: Weihnachtsmann. Von den vielen Kindern, die mich eigentlich gut kannten, hat mich niemand „entlarvt". Ich habe nie eine Maske getragen, sondern mir immer das Gesicht mit Kakao gefärbt. Zuletzt ging es mir bei einem Auftritt vor der 1. Klasse einer Kollegin ziemlich nahe. Und weil ein gerührter Weihnachtsmann nicht gut in seine Rolle paßt, trat ich dann auch mit diesem Beruf in den Ruhestand.

Ich kann die Anzahl der Schüler nicht nennen, denen ich das ABC und manches andere beigebracht habe. Wie freue ich mich heute, wenn sie sich meiner erinnern, auch die kleinen Räbchen, aus denen prächtige Kerle geworden sind! Ich habe mit meinen Kräften dazu beigetragen, daß wir eine schöne Dorfschule hatten, innen wie außen, wo das Lernen sogar Spaß machte. So entstand eine moderne Einrichtung, und ich bin ganz traurig, wenn ich heute hören muß, daß die Mittelschule 2004 wegen zu geringer Schülerzahlen geschlossen wird. Damit geht nicht nur ein Stück Dorfgeschichte zugrunde, sondern auch die kulturellen und sportlichen Gemeinsamkeiten der jungen Menschen werden zerstört. – *B.B.*

WEITERE NOTIZEN
aus Großbothen

Zur **Gemeinde** Großbothen gehören die Orte Kleinbothen, Schaddel, Kössern, Förstgen, Schönbach, Sermuth und Zschetzsch. Gemeindeverwaltung in Großbothen, Bürgermeister Dietmar Senf.

Die **Kirche** wurde vor mehr als 700 Jahren errichtet, später mehrere Umbauten, heutiges Aussehen mit spitzem Dachreiter entstand in der Mitte des 18. Jh., innen bäuerliches Barock. Umfangreiche Sanierungen von 1982 bis 1997. Pfarrerin seit 2002 *Anne Müller*.

Ein angenehmes Naherholungsgebiet ist die **Rausche** am Eichberg, schon in den 20er Jahren angelegt. Beliebter Ort für Chorsingen, Konzerte und Gottesdienste. Soll mit Hilfe der Gemeinde und des Heimatvereins wieder verschönert und als Rastpunkt ausgebaut werden.

Das **Schulgebäude** erhielt im Laufe der Jahrzehnte mehrere Anbauten mit modernen Einrichtungen, Sporthalle und Speiseraum. Die Mittelschule wird 2004 geschlossen, dann nur noch Grundschule und Umbau zu einer Ganztagsschule.

Personalien: Prof. Dr. *Fritz Mauer*, Jg. 32, Jurist i. R., zog 1990 aus Leipzig hierher, seitdem vielfältige Aktivitäten in der Gemeinde, gründete 1996 den Heimatverein. Heimatforscher aus Leidenschaft, organsiert Ausstellungen, Wanderungen, Vorträge, Feste, engagiert sich für das Andenken Wilhelm Ostwalds und für die „Straße der Keramik".
Rainer Naake, Jg. 40, verdienstvoller Leiter des Thümmlitzwaldchores, Träger des Heimatpreises 2001.
Prof. Dr. *Wilhelm Ostwald* (1853–1932), Physiko-Chemiker an der Leipziger Universität, 1909 Nobelpreis für Chemie, Universalgelehrter von internationalem Rang. Seit 1906 Wohnsitz in

Großbothen. Der Landsitz „Energie" ist heute Archiv- und Gedenkstätte, Tagungsort und Gästehaus. Im Park befindet sich die Urnenstätte der Familie Ostwald.

Haus Energie von Wilhelm Ostwald

Dr. *Alexander Pfeiffer* (1896–1993), Landarzt und Geburtshelfer, hat mit seinem Wirken mehr als sechs Jahrzehnte lang Menschengeschichte im Ort und der Umgebung geschrieben.
Wilhelm Wundt (1832–1920), international anerkannter Psychologe und Philosoph, Begründer der modernen Psychologie an der Leipziger Universität, nahm als Freund von W. Ostwald im Ort seinen Ruhesitz (Gedenktafel).

Vereine und Einrichtungen: SV Grün-Weiß, Vors. Christian Bodenbinder, Abt. Kegeln, Turnen, Gymnastik. Sportlerheim. Kegelbahn. - Anglerverein, Vors. Jürgen Gomille. - Kaninchenzüchterverein, gegr. 1910, Vors. Rolf Schützold. - Heimatverein, gegr. 1996, Vors. Prof. Fritz Mauer. Feier zur Sommersonnenwende. - Wilhelm-Ostwald-Gesellschaft, Vors. Konrad Quitzsch. - Verein Muldental-Keramik-Route, Vors. Prof. F. Mauer. - Freiwillige Feuerwehr, gegr. 1925, Wehrleiter Karl Melchert. Dorf- und Sportfest. - Arztpraxis Dipl-Med. Matthias Lange. - Zahnarzt Dr. René Ducke. - Physiotherapie Grit Prägert. - Kita Spatzennest. - Jugendclub Bunker. - Bibliothek. - Sparkasse Muldental.

Handel & Gewerbe: Fleischerei Döring. - Bäckerei Vetter. - Bäckerei Enzmann. - Quelle-Shop. - Friseursalon Ehrlich. - Friseur- und Kosmetiksalon Brix. - Baugenossenschaft Grimma, Tischlerei Großbothen. - Metallbau Förster. - Metallbauhandwerk Ebert. - Erd- und Tiefbau Fährmann. - Autoservice Imhoff. - Türen Steinau. - Arbeitschutz- und Dienstbekleidung Engelhardt. - Garten- und Landschaftsbau Fichtner. - Gummimüller. - Raumausstatter Kunadt. - Fahrschule Focking. - Brenn- und Baustoffe Döbeld. - Krankenpflegedienst Speidel. - Focking & Griesbach. - CNC Dreherei Gasteiger. - Maschinenapparatebau Kreisel. - Landmaschinen Hanschmann. - Med.-techn. Kundendienst Sachse. - Peine Bindemittel. - Stukkateur Pieske. - Holzhandel Spreer & Sohn. - Sanitär Schuricht & Kurth. - Maschinenbau. - Schlecker Markt. - Drogerie Döbold. - Rewe-Markt. - Gärtnerei Zeuner. - Großbothener Agrarproduktions & Co. KG, Viehzucht.

GASTRONOMIE: Gaststätte Rotkehlchen, Betr. Silona Vogel. - Sportlercasino.

Das Wohnhaus von Wilhelm Wundt

Kleinbothen, 1181 Batin, 'Ort eines Bata' (slaw.), seit 1950 OT von Großbothen, 226 Einw.

Kleinbothen ist zwar, wie der Name sagt, kleiner als Großbothen. Aber die erste urkundliche Erwähnung liegt früher. Im jahrhundertealten, manchmal immer noch aufklingenden Wettstreit zwischen den beiden Orten, hat das „Kleine" einiges in die Waagschale zu werfen. Zumindest seit einigen Jahren, da das neue Muldentalbad mit seiner Edelstahlwanne in den Sommermonaten tausende Gäste aus der Umgebung anzieht. Und dann ist noch der gemütliche Landgasthof mit dem gutem Speiseangebot.

Kleinbothen ist ein Dorf der „neuen" Bauern

Kleinbothen war schon immer ein Bauerndorf mit großen Gütern. Ziemlich willkürlich hatten sie an kleinen und kleinsten Gassen ihren Platz gefunden. Landarbeit bestimmte den Lebensrhythmus. Die Tiere in den Ställen geben Laut, wenn es Zeit zum Melken oder Füttern ist. Traktoren und Landmaschinen sind unermüdlich im Einsatz.

Der unregelmäßige Dorfplatz war das Kommunikationszentrum des Dorfes. Vor dem ehemaligen Spritzenhaus trafen sich früher die Leute an der Milchrampe. Hier stand in der Erde versenkt die große Waage, mit der die vollen Pferdewagen gewogen wurden. Das Spritzenhaus diente bis in die 70er Jahre als Unterkunft für den Leichenwagen. Den zogen die Pferde vom Sterbehaus bis zum Friedhof in Großbothen. Jetzt steht er als Rarität im Augustusburger Kutschenmuseum. Schade eigentlich, daß er aus dem Dorf „verschoben" wurde. Dann stellten die Kleinbothener die Wäscherolle in das Häuschen. Wenn der schwere Kasten knarrend und ächzend ausfuhr, reichte der Platz nicht aus. Die

Gedankenaustausch an der Schmiede, in der Mitte das kleine Spritzenhaus

Tür mußte beim Rollen offen bleiben. Das Hochwasser hat dieses technische Wunderwerk „davongespült".

Die Fluten des Hochwassers vom August 2002 spielten dem Dorf und seinen Bewohnern übel mit. Zuerst überschwemmten die aus Großbothen kommenden Bachläufe das Land. Dann drückte die Flutwelle von der Mulde herein. Als die Wasser wieder abgezogen waren, ließen sie auf den Feldern eine Wüste voller Steine zurück. Auch die Feldwege waren unpassierbar. Noch schlimmer sah es jedoch in den Wohnungen und Ställen aus. Doch die Kleinbothener ließen sich nicht unterkriegen.

So war es auch mit ihren Ländereien. Was ihnen gehörte und was sie in den 60er Jahren in die LPG einbringen mußten, das holten sie sich mit der Wende wieder zurück. Besonders erfreulich steht zu Buche, daß Söhne und Töchter von drei Altbauern den Betrieb der Eltern weiterführen. *Dirk Hanschmann* kam sogar aus Frankfurt am Main zurück und übernahm mit seiner Frau *Petra* den elterlichen Hof.

Große Polterabende, zu denen das ganze Dorf anrückte, waren in den letzten Jahren an der Tagesordnung. Nun sind die heiratswilligen Mädchen so gut wie alle unter der Haube. Ein gutes Omen läßt hoffnungsvoll in die Zukunft blicken: Das Storchenpaar, das seit 2001 bei Teicherts (wo früher die Bauersfrauen alles für den täglichen Bedarf kaufen konnten) sein Nest baut, ist wiedergekommen. *Lutz Menzel*, der die Dorfschmiede weiterführt, und seine Schwester *Heidi* feierten 2003 eine Doppelhochzeit.

Und man heiratet sogar international. Den Anfang machten *Andreas Höfer* und seine junge Frau *Inna*, die aus Rußland stammt. Sie leben und arbeiten auf dem Ökohof von *Inge und Karl Höfer*. Dort bekommt man seit Jahren frische Karpfen. Inna studiert noch, der Nachwuchs ist schon da.

Im Gut von *Gerald und Irmtraut Steuer* feierten am 3. April 2004 *Galina* aus Klaipeda in Litauen und der hiesige *Torsten Steuer* die nächste internationale Hochzeit. Das wäre beinah schief gegangen, erinnert sich Galina *Vasiljeva*, Jg. 76:

„Klaipeda klingt doch fast wie Kleinbothen!"

Vor der Hochzeit hatten wir großen Streß. Daß Torsten auch noch mit Hexenschuß bewegungsunfähig wurde, war ja noch das kleinere Übel. Das läßt sich mit einer Spritze beseitigen. Wir hatten den Hochzeitstermin festgelegt, die *Schiffmühle* für die Feier bestellt und rechneten fest damit, die nötigen Papiere vom Oberlandesgericht zu bekommen. Aber statt schneller Bearbeitungsdauer, wie man uns versichert hatte, vergingen einige Wochen. Ohne diese Papiere hätte uns das Standesamt nicht getraut. Die evangelische Kirche darf eine Trauung nur nach dem standesamtlichen Vollzug durchführen. Was nun? Verschieben wollten wir nicht. Da ich orthodox bin, geht es vielleicht auf diesem Wege. Wir sprachen in der Russischen Kirche in Leipzig vor. Dort beschied man uns, daß in der Zeit des Osterfastens nicht geheiratet werden darf. Acht Tage vor dem Hochzeitstermin wurden wir von unseren Qualen erlöst: Die Papiere trafen ein! Unserer Pfarrerin *Anne Müller* haben wir viel zu verdanken. Es wurde eine wunderbare Hochzeit.

Was mir im Dorf besonders gefällt? Erstens Torsten, zweitens Torsten und drittens die ganze Familie Steuer. Und überhaupt klingen ja Kleinbothen und Klaipeda, wo ich herkomme, ganz ähnlich. Dort leben meine Eltern und mein Bruder, und dort hatte ich auch gearbeitet als Assistentin des Marketingsleiters in der großen Reparaturwerft. Klaipeda ist Memelstadt, und dort wie im ganzen Baltikum muß man einfach die deutsche Sprache beherrschen. Die lernst du am besten in Deutschland, sagte ich mir. Also bewarb ich mich zu einem Studium für Wirtschaftsingenieurwesen in Leipzig. Unter den 80 Bewerbern gehörte ich zu den fünf, die ausgewählt wurden. Im Oktober 2002 reiste ich in die sächsische Stadt. Mit mir studierte auch die Inna aus Rußland, die für immer in Deutschland bleiben wird. Sie hat einen Kleinbothener Mann geheiratet. Eines

Tages nahm sie mich mit in den kleinen Ort zu einer Geburtstagsfeier, und dort lernte ich Torsten kennen. Das war am 16. Juni 2003. An diesem Tag hat er ganz freiwillig so viel Russisch wie nie zuvor gesprochen. Jetzt sprechen wir nur noch deutsch.

Torsten, Jg. 69: Ich habe mit der Ehe ein bißchen länger gewartet, und das hat sich gelohnt: Mir ist ein schickes Mädel „ins Netz“ gegangen. Galina hat goldene Hände und kann alles, was sie anpackt. Sie hilft den Eltern nicht nur mit Buchführung und Computer, sie näht Gardinen, tapeziert Wände und Decken und bedient sogar die Melkmaschine. Seit 1990 bewirtschaften meine Eltern wieder eigenständig ihren Bauernhof. Mit dem zugekauften und gepachteten Land besitzen wir jetzt 185 ha. Von dort holen wir das Futter für unsere 130 Milchkühe und 80 Jungrinder. Wir haben uns auf die Milchproduktion spezialisiert.

Nach dem ersten Facharbeiterbrief zum Werkzeugmacher habe ich 2001 noch eine Ausbildung zum staatlich geprüften Landwirt gemacht. Und da komme ich auf dem Hof meines Vaters gut zurecht. Jeden Tag um 5.30 Uhr fangen wir mit dem Melken an. In Kleinbothen sind wir gegen 10 Uhr fertig, dann kommt der Stall in Leisenau dran. Uns helfen vier bis fünf Mitarbeiter dabei. Wir liefern jeden Tag reichlich 2000 Liter Milch, die pünktlich um 19 Uhr vom Tanklastzug der *Müllermilch-AG* abgeholt und in die Molkerei Leppersdorf bei Dresden gebracht werden. Gegen 20 Uhr geht der Arbeitstag zu Ende. Wir gehen in den Garten oder fahren hin und wieder ins Riff nach Bad Lausick.

Unser Polterabend war deshalb eine große Sache mit den etwa 200 Leuten, weil viele dabei waren, die uns beim Hochwasser geholfen hatten. Wir feierten im Gasthof Pöhsig. Meine Eltern brachten zwei Schweine und ein junges Rind mit. Galinas Eltern hatten das Auto voll Fisch und selbstgemachte Salate gepackt. Von allem ist kaum was übrig geblieben! Die Jugend hatte nicht nur eine hübsche Girlande gewunden und unsere Betten in der Hochzeitsnacht auseinander genommen, sondern überall Bettlaken mit sinnigen Sprüchen aufgehängt, die uns ermuntern sollten, ja rechtzeitig an den Nachwuchs zu denken: „Der Stall muß warten, füllt lieber den Kindergarten“. Ich habe nichts dagegen, und ich bin mir sicher, Galina auch nicht. Bei uns im Dorf ist Platz für viele Kinder. – *B.B.*

Galina und Torsten bei einem alten Hochzeitsbrauch

WEITERE NOTIZEN aus Kleinbothen

Batyn heißt der Hügel, der den Kern der Ortsgründung bildete und Klein- wie Großbothen den Namen gab. Auf dem Turmhügel mit umlaufendem Graben stand bis vor einigen Jahren noch ein altes Backhaus.

Das **Muldentalbad** wurde von Bürgern in der ehemaligen „Lehmpfütze“ ausgebaut und war in der DDR-Zeit sehr beliebt. Nach der Wende Neubau mit einigen Millionen Mark, einer Edelstahlschüssel und Nebeneinrichtungen. Der Betrieb verursacht hohe Kosten. Erlittene Hochwasserschäden konnten beseitigt werden.

Handel & Gewerbe: Dorfschmiede von Lutz Menzel. - Zimmerei von Klaus Schneider. - Reiseagentur von Gunder Roßburger. -

GASTRONOMIE: *Dorfgasthof* von Dietmar und Christine Lange, Versammlungs- und Vereinslokal, Seniorendisco. - Treffpunkt der Jugend im *Wagenheber*, einer Garagenkneipe von Michael Müller.

Der Dorfgasthof in Kleinbothen

Schaddel, 1297 Schadolawe, wohl 'Ort eines Schadol' (slaw.), OT von Großbothen, 94 Einw.

Wo die B 107 aus der Nimbschener Aue herauskommt, steht ziemlich einsam ein Buswartehäuschen an der „Schaddeler Höhe“. An diesem ungemütlichen Ort pfeift der Wind um die Ohren. Der flüchtige Durchreisende ahnt nicht, welch malerischer Ausblick sich ihm böte, wenn er dem Wegweiser folgte und hinunter nach Schaddel abbiegen würde und was er dort entdecken könnte.

In Schaddel siedelten die Menschen schon vor der Zeitenwende

Am Muldenhang schmiegen sich die Häuser wie auf einer Terrasse mit mehreren Etagen hinunter bis in die Aue. Dort, am Rand, fließt die Weißbach von Kleinbothen heran, ein tiefer Graben, der bei Starkregen ziemlich anschwellen kann. Zwischen den kleinen Gehöften hat sogar ein Dorfteich Platz. Hier fühlen sich Menschen und Tiere wohl in Abgeschiedenheit von der hektischen Welt. Und wenn den Kindern ihr Dorf zu klein sein sollte, können sie oberhalb der alten Bahnlinie nach Nimbschen zu im Wald herumräubern und sich hinter Wällen verschanzen wie einst die Slawen in grauer Vorzeit.

Der große Schaddelwall ist bei den Historikern ziemlich bekannt. Der Volksmund hat für diese Wall- und Wehranlagen den Begriff „Sorbenschanze“ geprägt. Der aufmerksame Beobachter erkennt inmitten eines Hochwaldes mit dichtem Busch eine dreiteilige Aufschüttung von Erdwällen von stattlichen Ausmaßen. Bisher erfolgten keine Grabungen, aber aus Scherbenfunden und durch Vergleiche mit ähnlichen Anlagen läßt sich mit Sicherheit sagen, daß hier bereits in der auslaufenden Bronzezeit, also 1000 Jahre v. Chr.,

Dorfbild in Schaddel

die Menschen am Rande der Muldenterrasse einen günstigen Siedlungsplatz fanden, auf dem sich später slawische Siedler niederließen. Die Anlage steht als Bodendenkmal unter Schutz, und Laienforschern sollte man eindringlich ins Gewissen reden, daß deswegen jedwede Grabung verboten ist. Sie würde auch keine spektakulären Funde bringen, vielleicht ein paar Scherben und verkohlte Holzreste. Wenn überhaupt.

*

Im Januar 2004 feierte *Georg Schwips* seinen 100. Geburtstag. Es ist wohl die Sehnsucht aller Menschen, dieses biblische Alter möglichst gesund an Körper und Geist zu erreichen. Noch vor sechs Jahren fuhr er mit dem Fahrrad über die Lande: „Die Straße ist mein!“, war eines einer geflügelten Worte. Nun, hier „unten“ in der Aue war das noch möglich, und die Autofahrer, die ihn kannten, drosselten respektvoll die schnelle Fahrt, wenn sie seiner ansichtig wurden. Beim „Rentnertreff“ in Kleinbothen gab es zum Nachmittagskaffee für ihn kein Halten, wenn die Musik zum Tanz aufspielte. Dann schwenkte er seine Tänzerin mit Bravour übers Parkett – bis beiden die Puste ausging. Das ist nun Geschichte, Körper und Geist machen da nicht mehr mit. Tochter und Schwiegersohn pflegen ihn jetzt.

Bei den Schlittenhunden erhält auch der Letzte seinen Lohn

Vielleicht hat der Wanderer im Klosterholz auch eine andere Begegnung? Da kann er nämlich einem Hundegespann begegnen, das über die Waldwege hastet, im Schlepp ein offenes Gefährt auf luftbereiften Rädern mit einem Mann oder einer Frau am Lenker. Es sind die Huskies von *Michael und Elisabeth Manigk*. Die schmucken Tiere werden sich nicht einen Deut um den Menschen kümmern, der da am Wegesrand steht. Sie haben nur eins im Sinn: Laufen, laufen, laufen! Wenn sie nämlich losgelassen sind, dann hasten sie davon. Deshalb sollte man sie stets an der Leine halten, denn sonst rennen sie über alle Berge.

Elisabeth und Michael Manigk im Hundezwinger

Diesen Laufdrang der Huskies nutzte der Mensch in den nordischen Ländern seit alters her für den Transport der Güter, später auch beim Schlittenhunderennen. Nach und nach fand dieser Sport auch in Mitteleuropa begeisterte Anhänger. Allerdings ist hier der Wettkampf mit dem Schlitten ziemlich illusorisch, denn wann schneit es schon mal in unserer Region? Und so erhielten die Schlitten vier Räder, wurden zu leichtläufigen Wagen „umgebaut" und können das ganze Jahr über genutzt werden. Auf einer Plattform steht der Lenker und dirigiert die Tiere mit Befehlen dorthin, wohin er sie haben will, also nach links, nach rechts oder gerade-aus. Wenn sie seinem Ruf zum Innehalten nicht befolgen wollen, dann helfen nur noch die Scheibenbremsen.

Die Familie *Manigk* ist Anfang der 90er Jahre hierher nach Schaddel gezogen. Beide hatten sich während der Lehre zum Forstarbeiter kennen gelernt. *Elisabeth*, Jg. 66, übernahm später als Geschäftsführerin die Handschuhfabrik ihres Vaters in Grimma und sorgt sich täglich um die Belange des Betriebes und die 27 Mitarbeiter, ein bißchen mehr um den 28. Beschäftigten. Das ist nämlich ihr Ehemann *Michael*, Jg. 65. Und das funktioniert in Geschäfts- und Familienpartnerschaft ganz prima. Für Hunde interessierten sich beide schon immer. Die Leidenschaft für Huskies kam 1996 praktisch über Nacht, und seitdem gehören die Tiere zur Familie und zum Alltag der Bewohner. Sie eignen sich allerdings keinesfalls zum Bewachen des Wohnhauses. Einen Ankömmling beäugen sie interessiert und akzeptieren ihn sehr schnell als Spielpartner.

Wenn sie zum wöchentlichen Trainingslauf durch den Klosterwald angespannt werden, dann sind sie außer sich vor Freude, und es bereitet schon einige Mühe, sie an die Zugleine zu legen. Die Wettkämpfe werden nach Zahl der Tiere und der Länge der Laufstrecke in verschiedene Kategorien eingeteilt. Der Bogen spannt sich vom Einerzug bis zum Zwölfergespann oder auch noch mehr und geht über 8,5 km in der Kurzstrecke, wobei die Durchschnittsgeschwindigkeit 28 km/h beträgt, bis zu 100 km in der längsten Strecke. Das muß natürlich trainiert werden.

Nach dem Wettkampf und überhaupt nach jedem Lauf erhält auch der letzte seinen Lohn, denn jeder hat Leistung gezeigt. Sollte das nicht bei den Menschen Schule machen? Die Tiere verschlingen eine rohe Niere vom Rind oder ein Stück vom Pansen. Natürlich hören sie auch lobende Worte. So sind am Ende alle zufrieden.

*

An der tiefsten Stelle Schaddels, wo bis 1945 noch die Muldentalbahn entlangschnaufte, liegt wie ein verwunschenes Märchenschloß die *Schaddelmühle*. Dichtes Buschwerk und hohe Bäume beschatten den Fachwerkbau. Es ist lange her, seit das Mühlrad abgebaut wurde. Die Mühlengeschichte geht bis 1550 zurück. Damals ließ das Schulamt in Grimma die Wassermühle errichten. Das Wasser von Quellen und kleinen Bächen, das vom Hang herunter zur Aue in die Weißbach plätschert, sammelte der Müller in einem Teich, später in einer Zisterne. In einem Mühlgraben trieb es ein oberschlächtiges Wasserrad an.

Ob immer genügend Wasser vorhanden war, kann man bezweifeln. 1935 baute der Besitzer einen Dieselmotor ein und später einen Elektromotor. Dadurch war eine gleichmäßige Auslastung der Mühle gegeben. Bis in die 40er Jahre brachten die Bauern ihr Korn zum Mahlen. Dann wurde das Räderwerk gänzlich abgestellt. Nun öffnete eine Gastwirtschaft ihre Pforten, die bis in die 60er Jahre vom Ehepaar *Berta und Walter Pöge* betrieben wurde.

Eine Gruppe Künstler entdeckte das baufällige Anwesen und richtete hier 1974 das „Kollegium bildender Künstler Schaddelmühle" ein. Gründungsmitglieder waren *Astrid Dannegger, Horst Skorupa, Regine Junge und Sigrid Huß*. Drei Jahrzehnte künstlerische Tätigkeit machten die Schaddelmühle ziemlich bekannt. Im Laufe der Jahre kamen neue Künstler dazu, andere zogen wieder von dannen. Ende der 80er Jahre schien durch personelle Veränderungen das Ende zu kommen. Doch nicht für *Frank Brinkmann*, Jg. 60. Er baute in Erlln eine Wohnung aus und fand in der Schaddelmühle das, was ihn faszinierte: Gemeinsam zu leben und künstlerisch zu arbeiten und trotzdem selbständig zu bleiben. Er ist dem Muldental treu geblieben:

Ich will dem Ton „ungehörte Töne“ entlocken

Ich habe als Autodidakt begonnen, nachdem ich den Beruf des Keramikers erlernt und auch den Meisterabschluß gemacht hatte. Ich nutzte jedwede Weiterbildung und arbeitete in mehreren Werkstätten und Ateliers. Das Material, mit dem ich mich beschäftigte, waren Ton, Stahlguß, Bleiglas und Naturstein. Dann war die Zeit reif, mich beim Verband Bildender Künstler um eine Mitgliedschaft zu bewerben. Nach der Zeit der Anwartschaft wurde ich aufgenommen.

Inzwischen hatte ich von der Künstlerkolonie in Schaddel gehört. Sie nahmen mich zur Probe auf, die ich auch bestand, und ich wurde freischaffendes Mitglied des Kollegiums. Damit war natürlich nicht automatisch die Akzeptanz gegeben, meine Arbeiten zu verkaufen.

Nach der Wende verschärfte sich die Situation, und wir mußten uns die Frage nach der beruflichen Perspektive ganz neu stelllen. Mein Freund und Kollege *Dirk Fischer* und ich beschlossen, hier in der Schaddelmühle zu bleiben und in privater Selbständigkeit die Arbeit fortzusetzen. Da wir keine Neugründer waren, bekamen wir von den damals noch reichlich fließenden Fördermitteln nichts ab. Zwar unterstützte uns das Landratsamt mit einigen Vorhaben, aber die wirtschaftliche Situation wurde „knüppelhart“.

Wir zogen an den Wochenenden von Veranstaltung zu Veranstaltung, um unsere Produkte zu verkaufen. Doch das brachte wenig ein. Die Leute wollten nicht „die Eier aus dem eigenen Nest“. Also suchten wir ferne Ziele und fuhren bis in die Niederlande. Dort gingen Fayencen und Engobemalereien ganz gut. Auch in Bayern interessierte man sich für unsere Produkte. Wir überlebten! Inzwischen haben wir in Ausstellungen und Galerien Fuß gefaßt. Wir unterrichten Kinder und Jugendliche und Kollegen. Es ist ein Kommen und Gehen, und ich freue mich, mein Wissen weiter vermitteln zu können.

Frank Brinkmann im Garten der Schaddelmühle

Im Sommer 2002 atmeten *Dirk Fischer* und ich erst mal auf, weil wir unsere Verpflichtungen abgezahlt hatten. Doch die Erholpause währte nur kurze Zeit. Vier Wochen später stand nämlich das Wasser in der Schaddelmühle bis zur Decke, und die Mulde hatte unsere gesamte Werkstatt mit ihrer hochwertigen Ausstattung vernichtet. Die Fluten haben mir arg mitgespielt, denn ich bin an drei Orten „abgesoffen“: Im Wohnhaus in Erlln, hier in Schaddel und im Kloster Nimbschen, wo wir begonnen hatten, für das Schaupublikum eine Werkstatt mit Brennofen einzurichten.

Der Kampf gegen das Hochwasser wird in unauslöschlicher Erinnerung bleiben. Während die Erllner noch auf ihren Deich vertrauten, der später dann doch gebrochen ist, räumte ich schon in der Schaddelmühle aus. Ein warnender Anruf der Gemeindeverwaltung hatte mich dazu veranlaßt. Ich konzentrierte mich auf das Wohnhaus, denn die Maschinen und Öfen in der Werkstatt ließen sich mit Muskelkraft allein nicht bewegen. Einige Schaddeler Nachbarn kamen mit ihren Treckern angetuckert und haben die Möbel durch die Luke rausgetragen. Das war mir zwar rätselhaft, denn sie war so klein, daß kaum ein Mann durchpaßte. Sie verstauten die Gegenstände in den Scheunen. Instinktiv hatten wir das Unheil geahnt und die Fenster und Türen ausgebaut. So konnten wir sie retten und später wieder einbauen. In den beiden vergangenen Jahren konnten wir mit der Hilfe vieler Leute die Verwüstungen zum großen Teil beseitigen und die Räume wieder nutzen. Das Haus hat seine Atmosphäre bewahrt. Den Abriß der Brennöfen hatten Freunde übernommen, ich konnte da einfach nicht rangehen, weil zu viele Erinnerungen dran hingen. Jetzt brennen wieder zwei neue und hoffentlich noch lange. – *B.B.*

*

Frank Brinkmann konnte seine Arbeiten in Galerien und Ausstellungen zeigen. In einem der Kataloge finden sich folgende Sätze: „Frank Brinkmann schuf seit den 80er Jahren eine Fülle von baugebundenen Objekten, wie Wandbilder, Brunnen und Wasserspiele. Seine Plastiken und Installationen sprechen eine sehr phantasievolle Sprache. Seine vielseitigen und spannenden Arbeiten sind in öffentlichen Gebäuden und Parkanlagen in einigen Städten sowie in zahlreichen privaten Gärten zu finden.“

Ausstellung von Frank Brinkmann in der Rathausgalerie Grimma

Leisenau, 1373 Leyznaw, wohl 'Ort an der sanften Aue' (dt.), seit 1994 OT von Großbothen, 231 Einw.

Durch Leisenau führt die B 107 mit einem scharfen Knick. Der eilige Autofahrer sieht vom Dorf nicht viel, denn schnell ist er wieder draußen. Die kleine Siedlung wird ostwärts hauptsächlich von einer Straßenzeile gebildet.

„In Leisenau, da ist der Himmel blau, da tanzt der Ziegenbock mit seiner Frau"

Worauf sich der alte Volksreim gründet, läßt sich heute nicht mehr feststellen. Ziegen hat es früher immer und überall in den Dörfern gegeben, sie waren die Kuh des kleinen Mannes. Und daß der Himmel immer blau ist, dürfte auch nur ein fatales Versprechen sein, denn wenn hier die Sonne scheint, dann werden Schönbach und Großbothen ebenso von der Himmelsbläue träumen.

Leisenau hat einige schöne Ecken vorzuweisen. Draußen in der Flur an der Straße nach Kötteritzsch zu liegt an einem mageren und trockenen Hang der *Hutenhübel* (173 m NN). Dort standen einstmals sieben prächtige Linden, die des Alters wegen nach und nach gefällt werden mußten, die letzten 2001. Jetzt wachsen sechs junge heran, damit sich das einstige Landschaftsbild wiederherstellt. Von hier aus hat der Betrachter einen umfassenden Rundblick ins Hügelland an der Muldenvereinigung. Eine rote Porphyrsäule erinnert an die Poststraße, die hier einst vorbeispurte.

Natürlich ranken sich zahlreiche Legenden um den geheimnisvollen Ort: In einem Grab hatten die „Hunnen" Tote begraben, die Slawen erschlugen um 900 *Bischof Arno*, Räuberhauptmann *Tullian* ruhte sich von seinen Raubzügen hier aus, und schließlich hat ein napoleonischer Offizier eine Kriegskasse vergraben. Leider ist von alledem nichts

Auf dem Hutenhübel bei Leisenau

wahr. Aber die phantastischen Erzählungen schmücken auf ihre Art die Leisenauer Ortsgeschichte.

*

Der Ort ist bei Eingeweihten bekannt wegen seiner historischen Fahrzeuge. Dazu gehört auch der Technik- und Fahrzeugfan *Reinhard Riester*, Jg. 35. In seinem Transportgeschäft fahren sechs Lastzüge, doch die Attraktion bei Hausmessen und Heimatfesten ist der Lanz-Eil-Bulldog D 2538. Den hatte sein Vater zu Hause in Schlesien 1939 gekauft. 1944 fuhr er nicht mehr über die Felder, sondern auf der Flucht über viele hundert Kilometer westwärts nach Sachsen. Auf dem Hänger saß die Familie zwischen dem Hausrat. Hier in Leisenau fand die Odyssee in einer Neubauernstelle ihr Ende. Der Lanz wurde die Basis für das Fuhrgeschäft. Anfangs tuckerte er Holz für das *Sägewerk Spreer* in Großbothen und manche andere Lasten. Nach einer längeren Ruhepause erweckte ihn sein Besitzer zu neuem Leben. Mit seinen 55 PS erregte er 1989 als Hochzeitskutsche für Tochter *Kerstin* Aufsehen vorm Grimmaer Standesamt und dann an der Kirche in Schönbach. Und noch eine Rarität steht bei *Reinhard Riester* im Stall, nämlich eine 350er BK aus den 50er Jahren vom *Ifa-Werk* in Zschopau. Ein Ausflug in die muldenländische Umgebung ist dann immer wieder ein kleines Erlebnis.

*

Unübersehbar erhebt sich der Wasserturm über die Dächer des Dorfes. Von ferne erscheint er wie ein normales Haus mit Spitzdach. Beim Näherkommen scheint das Gebäude nach unten zu wachsen. Die älteren Einwohner sind ganz stolz auf dieses Bauwerk, das 1951, also ganze sechs Jahre nach dem Krieg, in freiwilliger Arbeit errichtet wurde. Damals hatten die Neubauern kein Wasser, weil die rittergutseigene Wasserleitung demoliert war. Auch die Hausbrunnen zeigten bedenklichen Tiefstand. Und so griffen die Einwohner zu Hacke und Schaufel, zur Mauerkelle und Wasserwaage, und schufen sich ihre Wasserversorung. Der Wassertum steht als ein dorfgeschichtliches Wahrzeichen heute unter Denkmalschutz.

Einer, der sich hier als junger Mensch mit einreihte, der sich aber auch in den späteren Jahrzehnten um das Geschehen im Dorfe kümmerte und Hand anlegte, wo er gebraucht wurde, so als Wehrleiter (1975–1999), im Kirchenvorstand, im Gemeinderat, im Kulturbund, im Kreistag und jetzt in der Jagdgenossenschaft, ist der Brunnenbauer i. R. Gottfried Haferkorn, Jg. 33:

Die AWO 424 putzte ich in der guten Stube

Wir „Haferkörner“ sind hier im Ort seit dem 30jährigen Krieg ansässig. Es gab zum Glück immer wieder männliche Nachkommen, so daß der Name erhalten blieb. Ich habe mich auch daran gehalten, und meine Frau vergrößerte unsere Familie mit zwei strammen Kerlen. Das Gut, in dem wir heute noch wohnen, ist sozusagen der „Urgrund“ der Leisenauer *Haferkorns*. Sie alle waren Bauern, und natürlich sollte ich die Wirtschaft fortführen. Also ging ich als Jungbauer in die Berufsschule nach Nimbschen. Eine schlimme Erinnerung ist für mich das Ausmisten der dreißig Schweinepilze und der viereckigen Schweinehütten, die nach russischem Vorbild errichtet worden waren. Das war vielleicht eine Schweinerei. Die armen Viecher konnten vor Dreck kaum aus den Augen gucken.

Dann erinnere ich mich noch an ein anderes „sinnvolles“ Ereignis. 1951 hatten sich die führenden Genossen des Dorfes, vom Kreis und Land in den Kopf gesetzt, daß unser Ort als erstes Dorf in Sachsen das Getreidesoll erfüllen sollte. Mir ist noch heute ein Rätsel, warum gerade wir hierzu ausgesucht worden waren. Jedenfalls marschierten jetzt Arbeitskräfte aus der Industrie heran, und das Stromkontingent für die Dreschmaschine stand in unbegrenzter Höhe zur Verfügung. Die „Ernteschlacht“ konnte beginnen und wurde auch mit vereinten Kräften erfolgreich geschlagen. Das Ablieferungsoll wurde 100%ig erfüllt, und ein Prämiensegen rieselte übers Dorf und auf andere Häupter. Zum großen Erntefest kam höchstpersönlich Sachsens Ministerpräsident *Max Seidewitz* angereist, und die DEFA filmte für den *Augenzeugen*. Leisenau war das erste und einzige Mal republikweit im Gespräch.

Dann legte ich die bäuerlichen Geräte aus der Hand. Die Ursache war ein lohnendes Angebot aus Großbothen. Die dortige Schamottefabrik suchte Leute für ihren Bohrtrupp. Zwei Kaolingruben waren bereits in Betrieb, eine dritte sollte erschlossen werden. Dafür mußten verläßliche Zahlen über die Stärke des Vorkommens her. Es war eine ausgesprochene Knochenarbeit, mit dem Handbohrgerät bis in siebzig Meter Tiefe vorzustoßen. Doch die Arbeit fand mein Interesse und gefiel mir. Ich war also jetzt ein „Tiefbohrer" und schaffte es später bis zum Bohrmeister. Und außerdem: Die Arbeitsstelle lag nicht weit von zu Hause entfernt. Doch das änderte sich bald. Später fuhr ich 40 Jahre lang durch die Lande. Ich bohrte nach Braunkohle im Geiseltal und bei Borna, nach Kaolin in Hohburg und an anderen Orten.

Dann floß das Erdöl nach Schwedt, der Braunkohleabbau ging zurück. Wir mußten uns andere Bohrgründe suchen. Welch' gewaltiger Irrtum, denn Jahre später lieferten die Russen immer weniger Brennstoff. Ich untersuchte nun mit meinen Leuten Baugründe in Grünau und Halle-Neustadt, für das Gewandhaus und den „Weisheitszahn" in Leipzig. Meine letzte Baustelle war der Bayerische Bahnhof. Die politische und wirtschaftliche Wende setzte einen Schlußpunkt. Mit 57 Jahren wurde ich in den deprimierenden Ruhestand geschickt. Wie gern hätte ich jetzt an der neuen Technik gearbeitet.

Leisenau ohne Feuerwehr ist eigentlich undenkbar. Sie wurde 1941 gegründet, ich bin seit 1950 dabei. Ein Kapitel für sich waren unsere Fahrzeuge. 1945 kamen wir in den Besitz des „roten Teufels", ein Opel Blitz mit dem Baujahr 37, den die Wehrmacht zum Kriegsende „vergessen" hatte. Seinen letzten Einsatz fand er 1983 beim Schuppenbrand in der Großbothener Schule. Wir schoben ihn mehr zum Einsatz, als wir fuhren, und das ohne Beleuchtung kurz nach Mitternacht.

Gottfried Haferkorn mit seiner AWO (unverkäuflich)

Dann erhielten wir unter der Hand einen „Phäno" aus Naundorf, der auf seine Verschrottung wartete. Da er keine Papiere mehr hatte, lief er als „schwarzer Husar". Es folgte ein LO 2000 von einer Leipziger Feuerwehr. Sehr bald wußten wir, warum die Kameraden ihn loshaben wollten: Er sprang nur unter großen Mühen an. Wenn er dann doch lief, durfte man ihn ja nicht ausgehen lassen. Endlich dann, 2003, schenkte uns die Partnerfeuerwehr aus Gellmersbach einen Mercedes, mit dem wir schnell und sicher vor Ort sind, wenn wir gebraucht werden.

Mein erstes eigenes Kraftfahrzeug war eine AWO 424. Die hatte ich mir sehnlichst gewünscht und holte sie im August 54 im Konsum-Auslieferungslager in *Vogels Ballhaus* in Hohnstädt ab. Natürlich durfte das gute Stück nicht naß oder dreckig werden. Deshalb diente als Garage die „gute Stube". Hier flimmerte ich manchmal noch nachts um eins die Maschine, damit sie wieder wie ladenneu glänzte. Dann mußte ich das Motorrad im Hausflur einstellen. Dort engte zwar noch ein Waschkessel den Platz ein, aber der Geruch von Öl und Benzin war hier besser zu ertragen. – *B.B.*

Dorfbild in Leisenau

WEITERE NOTIZEN
aus Leisenau

Mit dem **Gemeindeeisen**, einem silbernen Hufeisen mit Klemmvorrichtung, wurden bis 45 schriftliche Nachrichten übermittelt und von Haus zu Haus weitergegeben. In den Jahren danach verkündete Hugo Schilling mit einleitenden kräftigen Trompetenstößen Stromabschaltungen, Trinkwassernotstand und Versammlungstermine.

Eine **Postsäule** aus Rochlitzer Porphyr von 1722 in Form eines Viertelmeilensteines steht an einem mit Bruchsteinen gesicherten Hang des ehem. Gasthofes neben der Staatsstraße B 107 leider völlig zugewachsen und nicht mehr sichtbar. Der Stein wurde 1976 restauriert, vom eigentlichen Standort (130 m) hierher an die exponierte Stelle versetzt und erinnert als Denkmal der Verkehrsgeschichte an die Postkutschenzeit. - Die Poststelle wurde nach mehr als 100 Jahren 1991 geschlossen.

Die **Schule** bestand bis 1965. Ein erster Schulbau erfolgte 1845, ein nächster 1891. Nach der Schließung zog der Konsum ein, der 1996 seine Pforten schloß. Jetzt Jugendclub.

Aus drei **Tongruben** wurde bis Mitte der 50er Jahre der Rohstoff per Seilbahn in das Schamottewerk nach Großbothen gebracht. Die wassergefüllten Restlöcher mit ihrem Buschbewuchs werden von Anglern und Schwimmern bevölkert.

Personalien: *Gerhard Höhlein* (1922–2003), Lehrer, langjähriger Pilzberater, Botaniker aus Leidenschaft.
Max Marx (1910–1998), Graphiker und Maler. Einige seiner Heimatbilder hängen in den Wohnstuben der Leisenauer. Als Schriftsteller verfaßte er Wanderhefte, Erlebnisberichte, Theaterstücke und Kinderbücher. Mit selbstgefertigten Figuren führt er Puppenspiele auf. Er hinterließ einen reichen Fundus zur Dorfgeschichte
Friedrich Kaufmann (1898–1979), Lehrer und Leiter der Dorfschule bis zu ihrer Auflösung 1965. Als Heimatfreund und Chronist notierte er die Lebensläufe vieler Einwohner. Das Material ist leider verschollen. Als Maler schuf er unersetzliche Bilddokumente.

Vereine und Einrichtungen: Freiwillige Feuerwehr, gegr. 1941, Wehrleiter Jürgen Schüttler. Neues Gerätehaus von 1991. Historisches Löschfahrzeug Opel-Blitz. Florianstag.

Der ehemalige Gasthof in Leisenau

- Kleingartensparte, Vors. Dietmar Ciszak.

Landwirtschaft: Letzter Besitzer des Rittergutes war Reinhard Strohbusch, der aus dem Rittergut einen Musterbetrieb gemacht und vielen Einwohnern Arbeit gegeben hatte. Mit der Bodenreform enteignet, 22 Neubauern teilten sich in die Flächen, später LPG. Die Mehrzahl der Scheunen und Stallungen verfielen, das um 1770 gebaute und nach 1946 teilweise abgetragene Herrenhaus beherbergt seit 1951 Wohnungen und einen Kulturraum mit Landfilm, Tanzabenden, Gemeindevertretung und unzähligen Familienfeiern. Eine Schweinemastanlage der ehem. LPG wird von einem Forstwirtschaftsbetrieb genutzt.

Handel & Gewerbe: Transporte Riester. - Schmiede Junghans. - Bauelemente Knape. - URD Umwelt und Recycling GmbH. - Imbiß Berger. - Straßenmeisterei. - GASTRONOMIE: Der Gasthof *Sachsenhaus* an der scharfen Ecke war über Jahrhunderte hinweg beliebter Vergnügungs- und Versammlungsort, wurde 1980 geschlossen. Sein schmucker Fachwerkgiebel bereichert das Dorfbild und steht unter Denkmalschutz. - Gegenüber vom einstigen Gasthof haben Gabriele und Joachim Berger einen Imbiß und Quelleshop eröffnet.

LITERATUR: Mein Leben und andere Kleinigkeiten. Sieben Jahrzehnte im Herzen Sachsens, von Gottfried Haferkorn. 2004.

Um den Colditzer Forst

Mit 235 m erreicht der Muldentalkreis im Waldgebiet zwischen Buchheim und Colditz seine höchste Erhebung westlich der Mulde. Das Waldgebiet erstreckt sich über 7 km in westöstlicher Richtung. Sein östlicher Teil bis zum Kohlwegflügel ist der Colditzer Forst, eine Gitterwaldanlage nach den Vorstellungen des sächsischen Forstwissenschaftlers und Schöpfers des „Waldbaus“ *Heinrich Cotta*. Nach Norden schließen sich der Glastener Forst und das Untere Küchenholz an. Insgesamt kommt eine Waldfläche von über 2500 ha zusammen, die der gesamten Gegend ihren unverwechselbaren Charakter verleiht.

Der Porphyr ist hier fast vollständig mit den Sedimenten des Tertiärs (Sanden) oder der Eiszeit (Löß, Lößlehm, Kiesen) mit nordischem Material bedeckt. Ganz im Süden bei Thierbaum streichen auch Braunkohlebänder aus.

Die Sande und Kiese wurden einst an verschiedenen Stellen genutzt. Heute konzentriert sich ihr gewerbsmäßiger Abbau auf die Fluren um Schönbach, Hohnbach und Thierbaum. Auch Torf wurde lange Zeit abgebaut (Thierbaum, Ballendorf).

Das gegenüber der Hauptwetterrichtung exponiert liegende Waldgebiet ist natürlich ein Wasserspeicher ersten Ranges, was sich durch viele Feuchtbiotope in Niederungen innerhalb des Waldes sichtbar zeigt. Außer der Parthe entspringen hier zahlreiche Bäche, die entweder nach Westen (Heinersdorfer Bach, Waldbach) zur Elster abfließen oder den kürzeren, aber gefällereicheren Weg nach Osten zur Zwickauer Mulde suchen (Schwarzbach, Grimmerbach, Ettels- und Kohlbach, Leitenbach).

Die dominante Ansiedlung ist durch seine Höhenlage und seinen hoch aufragenden Kirchturm das Dorf Schönbach, das sich von der B 107 den Leitenbach hinauf fast bis an den Glastener Forst erstreckt. – *W.E.*

Die „Blaue Adria“ bei Thierbaum

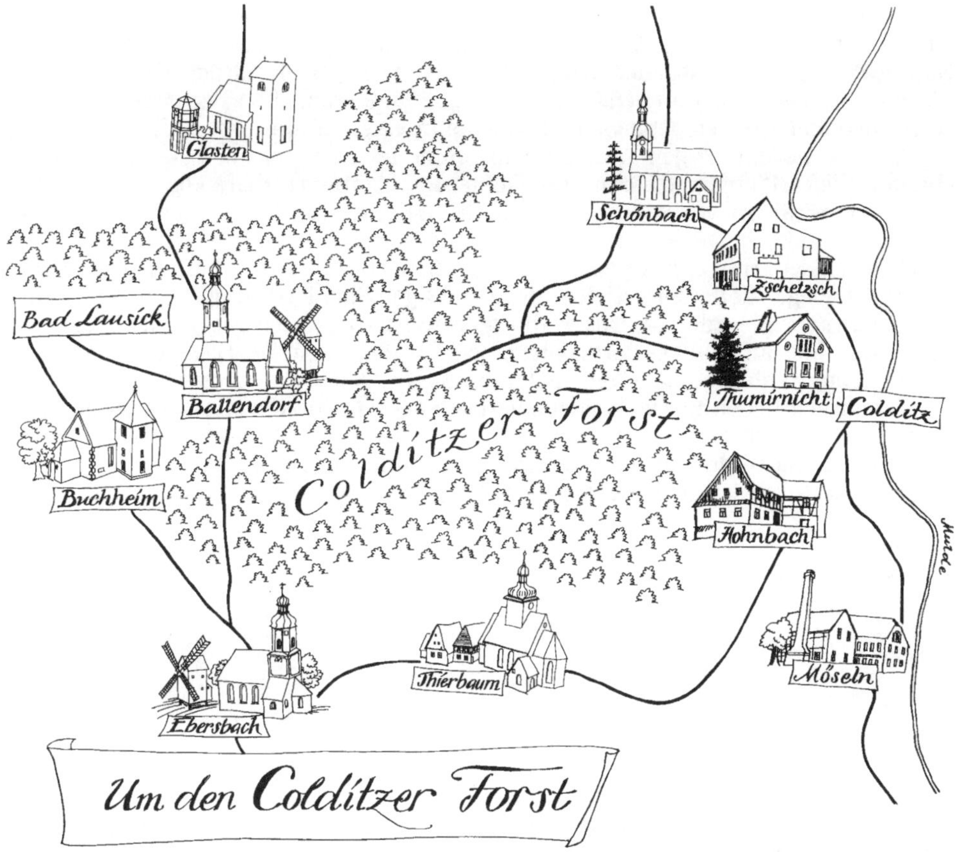

Vom Forst zum Laubmischwald

Das Antlitz unseres Kreises wird gegenwärtig geprägt von der Landwirtschaft mit ihren riesigen Feldern. In dieser Flur ist leider kaum noch Platz für die wildlebende Tier- und Pflanzenwelt. Deshalb ist jeder Wald und jede Baumgruppe besonders wertvoll und schützenswert.

Dazu gehört auch der Colditzer Forst. Sein gut ausgebautes und in der Art einer Parforce-Jagd eingerichtetes Wegenetz ist geradezu wie geschaffen für Radfahrer. Die wichtigsten Hauptwege verlaufen schnurgerade durch den Wald. Die von den Hauptwegen ebenfalls kerzengerade und fast rechtwinklig abzweigenden Schneisen sind meist vergrast. Das heutige Wegenetz hat allerdings den ehemals natürlichen Waldcharakter stark verändert. Es läßt die gestaltenden Hände des Menschen und seine Interessen gut erkennen. Auch die Art und Weise der Verteilung der wichtigsten Waldbaumarten auf den

Flächen zwischen den Schneisen und Wegen gehen sicher auf frühere Besitzverhältnisse zurück und weisen ihn, wie eigentlich nicht anders zu erwarten, als „Forst“ und nicht als Naturwald aus. Der Forst selbst macht einen sehr gepflegten Eindruck. Einige Schutzhütten, Hinweisschilder an den Wegen und an besonderen, alten Flurdenkmalen sind vorhanden und erhalten geblieben. Sogar eine Insektenniststätte ist errichtet worden.

Trotz des gegenwärtigen „Waldumbaus“ dominieren immer noch die Nadelholzflächen aus Kiefer, Fichte und Lärche. Die Fichte, die eigentlich in den südlicher gelegenen Mittelgebirgswäldern vorkommt, kann hier bei weitem keine Idealstandorte vorfinden. Außerdem rückt ihr gegenwärtig der Borkenkäfer mächtig zu Leibe. Der Anbau der Lärche nach dem II. Weltkrieg als rasch wachsende Holzart war sicher nur aus der Not geboren. Dagegen kommt die Kiefer mit den hiesigen Standortbedingungen schon eher zurecht, was vor allem die Kiefernstarkhölzer beweisen. Unter den Fichten fehlt jegliches Unterholz, und daher gibt es dort auch keinerlei Waldschichtung. Dagegen siedeln sich in den lichtdurchlässigen, älteren Kiefernbeständen sofort Faulbaum, Birken, Eichen und vereinzelt Buchen an. Der Wald tendiert von selbst in Zukunft zu einer Umwandlung in einen Laubmischwald. Nur ganz selten trifft man im Colditzer Forst vor allem an den Parkplätzen und Wegrändern auf vereinzelte Robinien, Aspen, Spitz- und Bergahorne und sogar auf ein paar Edelkastanien. – *H.K.*

Im Colditzer Forst

Schönbach, 1306 Schonenbach, 'der Ort am schönen Bach (dt.), OT von Großbothen, 556 Einw.

Einen „schöneren" Namen kann es eigentlich für eine Siedlung kaum geben. Dabei ist vom Bach kaum was zu sehen, der als winziges Gewässer in einer Senke durch die Gärten hinter den Häusern dahinmurmelt. Trotzdem war er für die ersten Siedler Anlaß, ihre Siedlung danach zu benennen.

Auswärtige kommen nicht deswegen ins Dorf. Sie haben vielleicht einen anderen Grund: Da lockt das Korbmuseum zu einem Besuch. Oder das Drachenfest am ersten Wochenende im Oktober? Oder der Straßenlauf? Eine große Schar wird es auf jeden Fall sein, wenn die Dorfgemeinschaft 2006 ihre 700-Jahr-Feier der Ersterwähnung begeht. Die Schönbacher sind dafür bekannt, daß sie immer etwas auf die Beine stellen, nicht nur zu hohen Festtagen, sondern überhaupt.

In Schönbach stehen keine Körbe mehr in den Ecken

Die versammeln sich nämlich alle in einer der alten Käsereien. Die einstigen Bewohner sind dort längst ausgezogen, und die Freunde des Heimatvereins haben das Gebäude für ihre musealen Zwecke hergerichtet. Zum Nutzen für das Dorf und für die Besucher von hier und dort. Die Scheunen und Ställe im Dorf sind bestimmt leergefegt von den Körben, „Bähnerten" und sonstigen geflochtenen Behältnissen. Sie alle hatten anno dazumal in der Hand der Bäuerin ihre ganz spezielle Funktion. Der Sammeleifer der Hobbymuseologen ließ kein Stück zurück.

Das neue Vereinshaus im alten Gasthof in Schönbach

Wie sie auf die pragmatische Idee gekommen sind, das doch eigentlich unschein-bare Gebrauchsgut zu sammeln und in einem Korbmuseum zur Schau zu stellen, verdanken sie drei Umständen: Der Leipziger Korbmachermeister *Otto Prischmann* hat viele seiner geflochtenen Stücke zurückgehalten. Am Ende seiner handwerklichen Tätigkeit schenkte er sie dem Grimmaer Museum. Dort war der Platz knapp, und die Museumsleute gaben die Sammlung dem Schönbacher Heimatverein. Schließlich lebte und arbeitete der Schönbacher *Arthur Kießling* als Korbmachermeister. Das Material dazu wuchs ihm im Ort auf einer eigenen Weidenanpflanzung heran.

Hier werden die Körbe gehegt und gepflegt. Eine Rarität ist ein hundertjähriger Korbkinderwagen. Selbst aus Asien und Afrika sind Einzelstücke dabei. Wenn es gewünscht wird und eine Anmeldung erfolgt, dann zeigen die ehrenamtlichen Betreiber in einer musealen Werkstatt ein Schauflechten.

Das Museum hat aber noch mehr zu bieten. In den unteren Räumen stehen und liegen all die Gegenstände, die für die Arbeit im Dorf gebraucht wurden. Bilder und andere Dokumente ergänzen die Objekte. Für Einheimische ist die Sammlung immer ein kleines Erlebnis, weil sich damit oft persönliche Geschichten verknüpfen. Die Jugend von heute stellt mit Erstaunen fest, was früher alles mal zum täglichen Leben so notwendig war. Das Museum ist sonntags vom Mai bis zum Oktober geöffnet. Da sind die Räume einigermaßen mild durchlüftet. Doch zur Weihnachtszeit ist es ein Pilgerziel für groß und klein. Dann steht nämlich der Weihnachtsmann hinter einem großen Fenster und hat das Buch der guten Taten aufgeschlagen. Jeder versucht einen Blick zu erhaschen, ob er denn auch drin verzeichnet ist.

*

Ein heiterer Höhepunkt im Jahreslauf ist das jährliche Drachenfest. Schönbach hat seit alters her seinen Drachenberg, aber nicht dort, sondern auf der gegenüberliegenden Seite auf dem Steinhübel am Rauschenbusch, 222 m über Normal Null, starten die

Miniaturen auf dem Windmühlenhügel in Schönbach

fliegenden Objekte. Die Winde wehen nämlich äußerst günstig über den sanften Hügel. An diesem Tag vereint sich ein großer Teil der Drachenelite aus der näheren und weiteren Umgebung, auch aus fernen Bundesländern. Die Objekte müssen selbst gebaut sein. Dann können sie einen Preis erfliegen. Ein Jahr später muß der Drachenfliegerbauer ein neues Unikum zum Start bringen. So bleibt er immer in Bewegung.

Es gibt einen Drachenverein im Ort, denn einer könnte all das, was da zur Organisation gehört, gar nicht schaffen. Vornan der Zschetzscher Fuhrunternehmer *Klaus Thalmann*, Jg. 49. Und das, was er hier organisiert, macht er nun schon seit 1984. Mit seinem unruhigen Geist und seinem Organisationstalent reißt er immer wieder zahlreiche Helfer mit. Eine zünftige Blasmusik mit einem Abschlußtanz im Festzelt und ein Lagerfeuer runden den Trubel ab.

*

Es ist ein Katzensprung vom Dorf bis ins nahe Colditz. Aus der welligen Landschaft ragen die Türme des Schlosses, wo gute Geister die Besucher durch die Hallen führen und mit Geschichten würzen. Dazu gehört auch eine Schönbacherin, die gelernte Kauffrau, Verkäuferin und Fremdenführerin SUSANNE JUHRICH, Jg. 48:

„Nu sach'n Se mal, wär sinn Sie denne ...?"

Die Möbelpacker waren verwundert: „Hier wollen Sie ausziehen? Das ist doch nicht Ihr Ernst!" Nein, die Ursache war Rudolf, mein Mann, und ich wäre ihm auch nach Grönland gefolgt, obwohl ich die Kälte verabscheue. Noch größere Verblüffung dann beim Auspacken am Zielort: Hier wollen Sie einziehen? Unter fragendem Staunen räumten sie das mit großem Einfallsreichtum und monatelangen Besorgungsfahrten zusammengetragene Mobiliar ein. Im September 1973 kam ich von Leipzig nach Schönbach.

Voller Optimismus und Tatendrang ließ ich keinen Zweifel entstehen, die kommenden Schwierigkeiten zu meistern. Bisher Inhaber zweier Zimmer und wohlbehütet von den Eltern, stand ich nun von einem Tag auf den anderen auf eigenen Füßen. Stand ist gut: Ich lief, und zwar zu Hochform auf, zwangsläufig. Mein „Reich" erstreckte sich nun auf fünf Wohnräume, Treppenhaus, Veranda, Waschhaus, Balkon, Boden, 13 Fenster, einen Mann, einen weiblichen Säugling, der weder ausreichend schlief noch emsig trank, eine 73jährige Schwiegermutter, topfit, nur jeden Winter pflegebedürftig (in diesen Krisenzeiten kamen noch Hühner und Kaninchen hinzu) und fünf Kohleöfen zu beheizen, die sich natürlich in zwei Etagen befanden. Das allein ist ziemlich starker Tobak, wurde jedoch noch überboten durch die Tatsache, daß ich weder Kochen noch Backen konnte.

Es sah wirklich nicht rosig aus, noch dazu, da der Kontostand jeden Monat mit Windeseile auf den Minusbereich zuraste. In der Stadt hatte ich meine vielen, vielen Freunde und Bekannten zurücklassen müssen, hatte hier keinen Fernseher, dafür einen Mann, der entweder auf Arbeit war, am Haus baute bis zum Einbruch der Dunkelheit oder gleich nach dem Abendbrot einschlief. Ich war importiert aus der Stadt, und in Schönbach kannte mich „kein Schwein". Das kann heiter werden, dachte ich. Fast richtig, denn es wurde sogar lustig.

Am nächsten Tag machte ich mich auf den Weg zum Konsum. Unser Einzug hatte sich zweifellos herum gesprochen. Es gab viele Leute, die Rudolfs Frau noch nicht kannten. Das merkte ich schon nach wenigen Schritten. Gardinen bewegten sich trotz Windstille, man mußte dringend etwas im Garten zurechtzupfen, Blickrichtung Straße. Andere waren dreister. Sie schienen nur auf mich gewartet zu haben, stellten sich vors Haus und musterten mich ungeniert von oben bis unten. Man behauptet, Scanner wurden erst später erfunden. Von wegen!

Meine immer gut gespielte Selbstsicherheit schlingerte beträchtlich. Nur nicht stolpern. Guckt was unterm Rock hervor? Ist alles zugeknöpft? Locker bleiben! Leicht gesagt. Zitterten mir auch die Knie bei diesem Spießrutenlaufen, mußte ich mir doch das Lachen verbeißen. Nach drei Tagen fühlte ich mich wie ein Sieb, gründlich durchlöchert von Blicken, jedoch froh, nun endlich registriert worden zu sein. Deshalb traf mich der Frontalangriff völlig unvorbereitet. Arglos aus dem Konsum kommend, rollt eine kleine Frau auf mich zu und eröffnet ohne Warnung das Feuer: „Nu sach'n Se mal, wär sinn Sie denne, sie habsch doch überhaubt noch nich gesähn?“

Als man eine Aushilfe im Dorfkonsum sucht, meldete ich mich und verursachte blankes Entsetzen: SIE!!?? Tatsächlich war diese Konsumzeit mein Durchbruch. Konnte ich doch die Leute überzeugen, daß ich fast so normal bin wie sie alle. Neben meinem ursprünglichen Beruf habe ich natürlich auch meinen Abschluß als Fachverkäuferin absolviert. Es war eigentlich nur ein Test, ob ich mich mit 30 noch mal auf die Schulbank setzen kann.

Zehn Jahre später begann ich mit Computerlehrgang und Englisch. Das war mir bis heute bei der Job-Findung sehr hilfreich. Einmal im Schwung, fiel es auch nicht so schwer, mit Mitte 50 noch mal den Beruf zu wechseln. Jetzt darf ich Gäste aus aller Welt durch das Schloß Colditz führen, lese mich in jeder freien Minute durch die Geschichte der Region. Aber eigentlich bin ich schon wieder Lehrling. Computersatz von Büchern ist die neueste Herausforderung, der ich mich stelle. Ob das mein alter Kopf noch meistert? Wer weiß.

Susanne Juhrich am Feuerwehrgebäude mit dem Ständebaum

WEITERE NOTIZEN
aus Schönbach

Die **Bergkirche** wurde 1813 in ihrer heutigen Form auf romanischen Turmresten erbaut. Historischen Wert haben die beiden Marienglocken von 1505/17. Ein romanischer Taufstein und die Orgel von 1872 ergänzen das Inventar. Die Kirchgemeinde wird von Pfarrerin Anne Müller betreut.

Eine **Flurneuordnung** und Dorfentwicklung zur Verbesserung des Wegenetzes, Gewässerplan, Korrektur von Flurgrenzen wird seit 2002 durchgeführt.

Ein elf Meter hoher **Heimatbaum**, auch Ständebaum, steht seit 1994 an der Dorfschmiede und trägt Bildzeichen aus dem Schönbacher Geschichts- und Handwerkerleben. Ein Orkantief stürzte ihn 2002 in den Dorfteich. Nach einer Restaurierung durch Mitglieder des Heimatvereins erfolgte 2004 eine Neuaufstellung, jetzt zusätzlich mit Wetterhahn und Windrose.

Das **Gemeindezentrum** im ehem. Gasthof *Sächsische Krone*, der von 1781 bis Anfang der 90er Jahre bestand, beherbergt nach einem Umbau seit 2002 im Zuge eines Dorfentwicklungskonzeptes die Kegelbahn, den Jugendclub, den Seniorentreff und den Heimatverein.

Ein **Johann-Stumpf-Weg** im Schönbacher Pfarrgarten erinnert als Teil des Schönbacher Geschichts- und Naturlehrpfades an den Pfarrer Johann Stumpf (1482–1548), mit dem das reformatorische Zeitalter in Schönbach beginnt. - Ein ca. 3 km langer Wanderweg entstand mit dem Ausbau der Straße nach Leisenau um den **Stausee.** Er wurde als zentrale Bewässerungsanlage von der LPG gebaut und gehört jetzt dem Anglerverein.

Die **Turmwindmühle** wurde nach 1880 als Radwindmühle errichtet, später zehn Flügel angebaut, die schließlich von einem Diesel- und Elektromotor abgelöst wurden. In der LPG-Zeit und bis heute nur noch Schrot für Futterzwecke, Besitzer Günther Rösler. Besichtigung nach Vereinbarung.

Vereine und Einrichtungen: Antennengemeinschaft, gegründet 1984, Vors. Herbert Tennhardt, mit dem lokalen Fernsehsender *tvschoenbach* für die verkabelten 254 Wohnungen im Ort, dem wohl kleinsten in Deutschland. Sendung freitags ab 19 Uhr und bei Bedarf. - Heimatverein Schönbach, gegr. 1991, Vors. Dr. Gunter Möbius. Vielfältige Aufgaben mit dem Ziel, alle heimatlichen Werte zu bewahren und zu pflegen mit Exkursionen, Vorträgen, Denkmalspflege, Backtagen im Altdeutschen Backofen. Träger des Dorfmuseums (geöffnet sonntags vom Mai bis Okt. bzw. nach telef. Voranmeldung) und des Fernsehsenders' tvschoenbach'. Errichtung eines Geschichts- und Naturlehrpfades. - Drachenclub Schönbach, Vors. Klaus Thalmann. Jährl. Drachenfest am 1. Wochenende im Oktober am Rauschenbusch seit 1984. - Sport: SV Eintracht Sermuth, Abt. Kegeln, gegr. 1897, Ltr. Werner Hanschmann. - Schönbacher Straßenlauf mit 25 Läufen am letzten Sonntag im April, seit 1967, Ltr. Gottfried Quaas. - Seniorentreffen jeden 3. Do. im Monat im Gemeindezentrum, Ltg. Britt Gappa. - Geflügelzuchtverein Schönbach, gegr. 1963, Vors. Harald Hecht. - Freiwillige Feuerwehr, gegr. 1942, Wehrleiter Eckhard Kießling. 1998 Erweiterung des Gerätehauses. Jugendfeuer-

Bauernhof in Schönbach

wehr. - Feuerwehrverein, gegr. 2001, Vors. Diethard Krebs. Förderung der Dorfgemeinschaft. Brandschutz. - Musikscheune der Fam. Ramona und Jens Thiele in einem ehem. Dreiseithof mit einigen Veranstaltungen. - Arztpraxis Dr. med. Dietrich Beier.

Landwirtschaft: Rittergut, erstmals 1548 genannt, letzter Besitzer Johannes Bellmann. - Bodenreform, Neubauern, LPG. Bau eines Rinderkombinates. Nach Auflösung der LPG entstanden 1991die Landwirtschaftsbetriebe von Eckhart Kießling, Ziegner & Otto GmbH, Gottfried Keller und Karl-Heinz Schmäh.

Handwerk & Gewerbe: Schmiede und Schlüsseldienst Jürgen Krebs. - Parkettleger Dietmar Kaiser. - Autohaus Volker Ackermann. - Technik Service & Verkaufs GmbH von Markus Walther. - Transportunternehmen von Klaus Thalmann, Zschetzsch. - Bayosan Wachter GmbH, Baustoffe. - Werkzeugschleifer Sven Reissig. - Forst und Landschaftsbau Wilfried Hoppe. - Elektroinstallation Peter Gebel. -

GASTRONOMIE: *Zum Roten Hirsch*, Imbiß und Partyservice von Frank Jahn.

Zschetzsch, 1373 Czecz, 'Holzschlag, Verhau' (slaw.), 1950 OT von Schönbach, jetzt von Großbothen, 61 Einw.

Das Dorf Zschetzsch (ausgesprochen *Zeetsch*) versammelt eine Handvoll Häuser und Bauerngüter. Es findet sich kaum auf einer Landkarte. Selbst Einheimische aus der Gegend zwischen Colditz und Grimma können meist nicht genau sagen, wo der Ort anfängt und wo er aufhört. Was aber fast jeder kennt, das ist das *Zeetscher Loch* zwischen Schönbach und Colditz. Die B 107 taucht hier so richtig in den Tiefen Grund am Zschunkenloch hinein und fädelt sich mit einer gefährlichen Kurve wieder hinaus.

In Zschetzsch klopft seit 100 Jahren ein „emsiger Schuster"

Der *emsige Schuster* ist eine volkstümliche Umschreibung für ein technisches Meisterstück, einen hydraulischen Widder, der seit 100 Jahren hier seinen Dienst verrichtet. Im Jahre 1904 schlossen sich acht bäuerliche Betriebe des Ortes zu einer Wassergenossenschaft zusammen und ließen zur bequemen Wassersorgung ihrer Höfe das kleine Wunderwerk einrichten. Es ist eine Wasserpumpe, die quasi als perpetuum mobile arbeitet, fast jedenfalls. Die sinnreiche Konstruktion ermöglicht eine alternative Energieumwandlung, bei der mit Hilfe zweier Ventile ein Teil der Wasserkraft dafür genutzt wird, das fließende Wasser aufgrund des Gefälles stoßweise – eben wie ein Widder seine Stöße vollzieht – nach oben drückt. Dabei entsteht ein klopfendes Geräusch, als würde ein Schuhmacher Nägel einschlagen.
Die Schönbacher Heimatfreunde haben die Maschine unter ihre Fittiche genommen, pflegen und hegen die Anlage. Vielleicht belebt die Maschine die touristische Neugier.

Die beiden Damen von der Hemmschuhschenke: Wirtin Christa Krell (l.) und Köchin (Schwester) Angela Schwarz

Der Weg vom Löschwasserteich am Dorfeingang zum kleinen Pumpwerk ist gut begehbar und ausgeschildert. Eine Tafel erläutert dessen Funktion. Das in einem Rohr herangedrückte Wasser läuft über einen Holztrog in den Teich.

*

Den Grundbach im *Zeetscher Loch* ein Stück aufwärts steht ein festes Gebäude. Hier befand sich über Jahrzehnte hinweg bis in die 40er Jahre eine Abdeckerei, in der Tierkadaver zu Knochen- und Fleischmehl sowie Fette für die Seifenherstellung gewonnen wurden. Beim Kochen zog ein penetranter Geruch durch das gesamte Tal bis hinunter ins Dorf. Die Abdeckerei stand eben immer noch nicht weit genug entfernt vom Dorf.

Der letzte Betreiber *Walter Voigt* ist für die Älteren noch gut in Erinnerung. Fuhr er über Land, um die toten Tiere bei den Bauern abzuholen, blieb sein Pferd vor bestimmten Gaststätten stehen, so daß er „gezwungen" war, einzukehren. Dann erzählte er stets seine Witze. Einer brachte ihn arg in Bedrängnis und sogar für einige Wochen ins Zuchthaus Waldheim. Vermutlich hatte ein Gast genau zugehört und ihn an ungeeigneter Stelle weiter erzählt: „Ein Bauer will seine Kuh verkaufen und preist deren Vorzüge: Sie ist braun wie Hitler, hat einen Kopf wie Goebbels, einen Bauch wie Göring, und melken läßt sie sich wie das deutsche Volk".

*

Anfang der 90er Jahre machte eine junge Journalistikstudentin aus der Mongolei ein Praktikum bei den *Nachrichten für Grimma*. Dabei wollte sie natürlich die Dörfer näher kennenlernen. Bei dem Namen des kleinen Dorfes Zschetzsch brach sie immer wieder in Lachen aus. In ihrer Heimatsprache bedeutet das Wort nämlich „Brustkorb". Wenn ein Mongole einen *Zeetsch* hat, so haut er als Macho mächtig auf den Putz. Das hat die Wirtin der Hemmschuhschänke nicht nötig, ist ja auch eine Frau, CHRISTA KRELL, Jg. 49:

„Sis Bier is alle, awor Buddermilch gänn dor hamm ..."

Ich bin hier im Haus geboren und aufgewachsen, ebenso meine Schwester Angela, die zwei Jahre jünger ist. Uns hat die Großmutter aufgezogen, die Schuster-Lene. Die Kneipe allein brachte nicht viel ein, so daß immer noch Landwirtschaft dran hing mit etwa sieben Hektar Fläche. Während sich die Oma um die Gäste kümmerte, hatte der Opa das Feld zu ackern und die Tiere zu versorgen. Ein einziges Pferd mußte den Pflug ziehen. Auch wir mußten mit raus in den Klee, ins Heu und in die Kartoffeln.

Das Haus mit der kleinen Scheune wurde 1711 gebaut. Der erste Gastwirt war Anton Prüfer. Auch er war eher ein Landwirt. Seine Nichte *Helene* und ihr Mann *Oskar Schuster*, unsere Großeltern, führten später die Wirtschaft. Damals hieß der Gasthof *Zur Linde*, weil neben dem Brunnen eine große Linde stand. In den 30er Jahren schlug der Blitz in den Baum, und er ging ein. Schockiert entfernte Schuster-Oskar das Namensschild und brachte wieder den ursprünglichen Namen an: *Hemmschuhschänke*. Zugleich pflanzte er eine Kastanie, die heute noch wächst und blüht. Die alte Leipziger Poststraße führte ursprünglich direkt am Gasthof vorbei nach Colditz. Das *Zeetscher Loch* war bei den Fuhrleuten gefürchtet wegen des starken Gefälles und des schlechten Straßenzustandes. Sie waren immer froh, wenn sie den Gasthof erreicht hatten und hier eine aufbauende Rast für Pferd und Mensch einlegen konnten. Damit der Wagen nicht etwa wegrollte, klemmten sie einen Hemmschuh unter ein Rad. Den liehen sie beim Wirt aus, und das Eisen hängt noch heute über der Theke.

Einige Leute hatten einen weiteren Namen parat: *Buttermilchschänke*. Der kam daher, weil die *Schuster-Lene* auch in „schlechten Zeiten" keinen Gast abwies: „Sis Bier is alle, awor Buddermilch gän dor hamm!“ Als junge Mädchen hörten wir das gar nicht gern, weil uns die Mitschüler in Schönbach damit hänselten.

Unsere Mutter *Anni* besorgte die Schänke seit 1952. Anni kannte jeden, und jeder kannte sie. Sie brauchte keinen Fernseher, alles erfuhr sie von den Gästen. Wenn ihr jemand nicht interessant genug war, sagte sie: „Zu dem gehe ich nicht, der weiß nichts Neues.“ In der alten Gaststube stand ein Ofen mit einer Bank davor. Eine Bockwurst und was zu trinken, das reichte damals noch. Auch das Plumpsklo hat keinen gestört. Dafür spielte sich die ganze Kommunikation vom Dorf und den Nachbargemeinden hier ab. Als die Poststelle von *Ella Helbig* 1982 geschlossen wurde, kamen die Sendungen hier im Gasthof an, und jeder holte sich seine Post hier ab. Damals sortierten wir Briefe und Zeitungen in der Gaststube. Mutter erfuhr so, wer viele Liebesbriefe bekam. Mit 83 Jahren hantierte sie immer noch in der Gaststube und erkannte sogar die ganz jungen Kerlchen im Diskoalter. Im Ort gab es nur zwei Richtungen: *Nach der Mulde oder zu Anni!*

Ich übernahm 1995 die Gaststätte, denn damals mußte ich meine Arbeit bei *Gummi-Müller* in Colditz aufgeben. Meine Schwester, die in der Gastronomie gelernt hat, kocht für die Gäste. Mein Mann arbeitete bei der Bahn und ist jetzt im Vorruhestand. Wir haben Heizung eingebaut und Gaststube und Küche modernisiert. Vielleicht wächst meine kleine Enkelin zur nächsten Wirtshausgeneration heran? Übrigens: Wer bei uns ein „Zeetscher Widdersteak“ bestellt und erwartet, daß es vom Widder stammt, der hat sich Hörner aufsetzen lassen. – *B.B.*

WEITERE NOTIZEN aus Zschetzsch

Ein **Autohaus**, das am Ortseingang in den 90er Jahren errichtet wurde, ging nach wenigen Jahren in den Konkurs. Nach längerem Leerstand will sich dort ein Metallbetrieb niederlassen.

Die kurze und hängige Straße **Am Born** trägt ihren Namen zu recht, denn am Ende einer Schlippe sprudelt aus dem Hang eine Quelle. Das Umfeld haben die Bewohner in Stein gefaßt.

Um 1870 wird die **Eisenbahnstrecke** Großbothen–Colditz gebaut. Dabei muß sie auf schmalem Terrain zwischen Zschetzsch und der Mulde in hartes Porphyrgestein gelegt werden. Der schwierig einzusehende Abschnitt über die Sermuther Straße wird mit einer Schranke, später einer Warnblinkanlage versehen. Danach wird das Bahnwärterhaus als Wohnung genutzt. Seit 2002 ist die Strecke stillgelegt.

Auch Zschetzsch hat seine **Loreley**, nämlich einen steil aufragenden Felsen an der Zwickauer Mulde. In den 60er Jahren wurde ein Teil davon weggesprengt.

Ein **Steinkreuz**, vermutlich im späten Mittelalter gesetzt, steht auf Zschetzscher Flur nahe der B 107 auf einer Böschungskante. In einer Legende wird erzählt, daß hier ein Fuhrmann verunglückt sei.

Eine **Wassermühle** hatte seit 1841 ihren Standort im Tiefen Grund, die als Glasurmühle die neugegründete Steingutfabrik mit Glasurmasse versorgte. Sie brannte 1900 ab, und der Besitzer erbaute jetzt eine Sägemühle, die 1927 erneut den Flammen zum Opfer fiel. Auf den Gebäuderesten entstand ein Wohnhaus. Das Sägewerk wurde auf die Höhe im Gelände von Erich Hanschmann verlagert, wo der gewerbliche Holzschnitt bis Mitte der 70er Jahre erfolgte. Die gesamte technische Einrichtung ist heute noch verhanden.

Thumirnicht, 1204 Dummernich, unklare Deutung, evtl. 'Eichenwald' (dt.), seit 1935 OT von Colditz, ca. 800 Einw.

Draußen vor den Toren von Colditz liegt am Rande des Colditzer Waldes der Stadtteil Thumirnicht. Obwohl die Straßen mit ihren Häuserzeilen eigentlich seit längerem nahtlos ineinander übergehen, lediglich der Muldefluß zieht da eine gewisse Grenzlinie, hat sich der eigenwillige Name für die Siedlung erhalten. Daß neuerdings auch die Ortsschilder darauf verweisen, ist eine gute Maßnahme der Behörden. Der Fremde weiß jetzt ziemlich genau, wo er den Ortsteil findet. Für die Einheimischen war er trotz der langen Zeit niemals aus dem Gedächtnis verloren.

In Thumirnicht hat sich ein Stück Dorf erhalten

„Tu mir nischt, dann tue ich dir ooch nischt ...“ Der Volksmund hat mit diesem Ortsnamen sehr schnell seine eigene Deutung gefunden. Doch damit hat er nichts zu tun. Andererseits können ihn die Sprachforscher bisher nicht recht deuten. Das mit dem *Eichenwald*, das klingt ganz plausibel.

Die Siedlung besaß weder Kirche noch Schule. Bis zur Eingemeindung gingen die Kinder nach Hohnbach in die Schule. Getauft wurden sie in Schönbach, wohin sie auch auf den letzten Weg zur ewigen Ruhe getragen wurden. Die Älteren kennen noch den Leichenweg.

Der Ort setzt sich heute aus einer Mischung unterschiedlicher Bauformen zusammen. Die Einfamilienhäuser an der Gottlebestraße haben einen anderen Zuschnitt als die Häuserzeile am Hohlweg. Oben auf dem Hügel wuchsen in den 70er Jahren die nüchternen Wohnkomplexe für die Colditzer Porzellanwerker in die Höhe. Einziger

Das alte (unten) und das neue (oben) Thumirnicht

großer Vorteil: Bis zum Werk brauchten die Leute nur wenige Schritte. Nach dessen Schließung in den 90er Jahren gar keine mehr. Wenn sie Glück hatten, fanden sie woanders einen Arbeitsplatz. Jetzt gehen sie weite Wege, mitunter gar bis Bayern und sonstwohin.

Von der *Kreuzung* aus geht es dann wenige Meter hinab in den Kern des Dorfes, und dort findet sich noch ein Stück der alten Dorfsiedlung, der Platz am Anger mit einigen Bauerngütern ringsherum. Hier spürt man noch einiges von der einstigen Dorfatmosphäre. Diese in einem umgewandelten Bauernhof zu erhalten, hat sich mit der Gaststätte *Zur Kutscherstube* ein zugezogener Neubürger zur Aufgabe gemacht, der Gastwirt ANDREAS HEIDELBEER, Jg. 57:

In der Traditionsstube hängt das halbe Politbüro an der Wand

Meine *Kutscherstube* hat keine lange Tradtion. Die junge Gaststätte öffnete erst 1993 im alten Gemäuer ihre gastlichen Türen. Ich war über 30 Jahre in der Branche bei HO und Konsum tätig. Nun wollte ich was Selbständiges machen. Das ist ein ganz anderes Gefühl, die eigene Verantwortung und das Risiko.

Ja, das war 1993 und die wirtschaftliche Wende im vollen Gange. Die Stadt Colditz hatte hier im alten Bauerngut einen Kremser-Betrieb eingerichtet. Nach den neuen Bestimmungen mußte das verändert werden. Die Stadt durfte keine Pferde füttern, weil die Amtsschimmel schon genügend Futter verbrauchten. Also kaufte ich den Rest ohne lebendes Inventar und stürzte mich in den Um- und Ausbau. Eine Gaststätte muß ja auch vom äußeren Bild was hermachen. Zwei Jahre später konnte ich den Laden öffnen.

Ob ich hier in Thumirnicht zu weit weg vom Schuß bin? Ich habe da den 7. Sinn, ob was klappt oder nicht. Und außerdem, wenn du schon mal Gastwirt warst, dann hast du einen gewissen Stamm an Leuten und der zieht mit und wenn's sein muß über Berg und Tal. Und so habe ich meine Gäste, die oft von weit her anreisen. Die aus dem Ort sind's weniger. Ich frage mich manchmal, wohin deren Wege gehen. Manche Besucher kommen ein paar Tage, denn die können hier übernachten. Und das Umfeld bietet doch einiges: Jeweils 5 Minuten in die Stadt oder in den Wald.

Und dann gilt für mich die Devise: Den Gast nicht nur mit Speise und Trank zu beköstigen, sondern ihm auch was Kulturelles anbieten. Und ein bißchen Abwechslung. Also stattete ich zwei Räume mit all den Utensilien aus, die irgendwie an die vergangene DDR-Zeit erinnern. Nicht deshalb, weil ich diese wieder herbeiwünsche. Nein, nur so zum Erinnern mit einer heiteren Miene, und vielleicht auch zum Nachdenken. Und wenn die Wessis meinen, wir sollten die 40 Jahre einfach wegstreichen, dann geht das nicht. Schließlich haben wir sie gelebt mit allen Vor- und Nachteilen. Wenn das halbe Politbüro hier an den Wänden hängt, mit den aufgefrischten und verjüngten Großfotos, dann muß man doch schmunzeln, denn die alten Betonköpfe wollten am liebsten ewig jung bleiben.

Doch dabei blieb es nicht. Hinten im Garten, da blökt und schnattert ein kleiner Streichelzoo, und da darf auch die *Weihnachtsgans Auguste* ihr langes Leben genießen. Und vorn im Garten, da dreht jetzt eine Gartenbahn ihre Runden. Ich habe mir damit einen Traum erfüllt, die vertrocknete Grasnarbe hat jetzt einen Nutzen und die Großeltern mit ihren kleinen Enkelkindern haben was zum Gucken. Damit sie es sich bequem machen können, habe ich extra dafür ein Brett auf die Zaunslatten genagelt.

Also, ich bin eigentlich zufrieden. Arbeit gibt's genug in meinem Familienbetrieb, aber von nischt wird nischt. Mal läuft der Laden, mal weniger gut. Und mit dem Herbsttanz, da kommen tatsächlich einige Thumirnichter ins Haus und ebenso zum Weihnachtsmarkt am 3. Advent. Da lockt der Duft selbstgebackener Gräbbelchen groß und klein herbei, und da wird's so recht gemütlich im stillen Dörfchen.

*

Diese stille Winterszeit, aber auch sonst, lebt ganz bewußt einer der ältesten Einwohner im Dorf, der Landwirt Johannes Thate, Jg. 33:

Der Bauernhof mit seinen Tieren ist meine kleine Welt

Ich wollte mal Tierarzt werden, doch das Leben geht seine eigenen Wege. Was bin ich heute? Auf jeden Fall zufrieden, wenn's auch ein Leben voller Arbeit und mancher Entbehrung war.

Der Großvater hatte seinerzeit das Gut mit den 9 ha Feldfläche gekauft. Was willst du mit der „dürren Henne“? Die Nachbarn wußten, daß der Boden nicht allzuviel hergab. Dem ältesten Sohn blieb nichts anderes übrig, als die Arbeit mehr recht als schlecht fortzuführen. Dann wäre ich dran gewesen. Ich hatte anderes im Sinn. Ich werde Tierarzt. Da komm ich raus aus dem Schlamassel. Doch es kam alles ganz anders. Nach dem Krieg hatten wir große Mühe, unser Soll zu erfüllen. Es blieb absolut nichts übrig, um mit freien Spitzen den Etat aufzubessern. Hilfskräfte konnte Vater einfach nicht bezahlen. Also bestimmte er: Du bleibst zu Hause! Wer soll sonst die Arbeit machen? Mutter läuft schon ganz krumm, und bald kann sie gar nichts mehr anpacken. Ich brachte es nicht fertig, Vater und Mutter im Stich zu lassen. Also blieb ich, ackerte auf dem Feld und mistete den Stall und all das, was noch zu tun war. Ich verzichtete auf jedes Weiterkommen, habe wohl damals mein eigenes Glück behindert.

Dann kamen die Agitatoren und überredeten uns zum Eintritt in die LPG. Da die Mutter nicht wollte, mußte ich Mitglied werden, auch gegen meinen Willen. Vater konnte es kaum überwinden, als die Kühe aus dem Stall getrieben wurden. Ich beruhigte ihn, so gut ich konnte: Dagegen kann man nichts machen, und anderen Bauern geht es genau so. Und es war eigentlich gar nicht so schlecht in der Genossenschaft. Ich konnte überall eingesetzt werden, im Pflanzenschutz, in der Melioration, bei der Beregnung. Bei Lehrgängen lernte ich immer wieder was dazu.

Johannes Thate auf seinem Hof

Vater wurde immer kränker und mußte in der Stube bleiben. Vom Krankenhaus oder dem Altersheim wollte er nichts wissen. Ich ließ mich für ein Jahr von der Arbeit beurlauben und pflegte ihn zu Hause, bis er Mutter in den Tod gefolgt war.

Natürlich wäre es gut gewesen, wenn eine Frau im Hause walten konnte. Es hat nicht geklappt. Einmal war ein prima Mädel aus der Lausitz hier. Doch auch sie wollte wie ich die Eltern nicht allein lassen. Wir konnten zueinander nicht kommen. Und da haben wir uns in aller Freundschaft wieder getrennt. Ich habe auch keine Frau wieder gefunden vor lauter Arbeiterei. Ich war abends froh, wenn Feierabend war, und da hatte ich keine Lust mehr, auf die Suche zu gehen. Und dann war es mal zu spät. Nun muß ich sehen, wie ich zurecht komme. Das ist eben so gelaufen.

Mit der Wende verlor ich 1991 meinen Arbeitsplatz. Die Vorruherente brachte keine Ruhe. Ich füttere meine Hasen und die Hühner, pflege den Garten, baue Gemüse an für das tägliche Essen, mache Heu, hacke das Holz, koche mir mein Essen, wasche die Wäsche und bügele das, was nötig ist und halte das Haus sauber und in Ordnung, wie es gerade so geht. Abends dann beim Fernsehen schlafe ich öfters ein. Ich kann meine Umwelt nicht verlumpern lassen, ich habe doch eine gewisse Verantwortung gegenüber der Natur. Und da gucke ich nicht auf die Uhr, dann renne ich eben so lange, solange es geht. Und dann freue ich mich, wenn wieder was fertig ist. Die Kraft dazu? Die gab mir wohl der liebe Gott. Ich nehme es jedenfalls an, und es hilft, wenn ich hin und wieder mal bete. Jeder muß das für sich selbst entscheiden. Und aus seiner Haut kann man sowieso nicht heraus. Ich hab's gar nicht erst versucht.

Alle vier Wochen versammelt sich mit dem Lastauer Pfarrer eine kleine Runde in meiner Wohnung. Im Winter, wenn der Kachelofen seine Wärme ausstrahlt, da ist's richtig gemütlich. Wir plaudern dann über die Alltagsprobleme, über dies und das. Und natürlich lesen wir auch mal in der Bibel. Das alles gibt uns Hoffnung und Kraft für das tägliche Leben. Früher waren wir doppelt so viel, doch das Alter reduziert mehr und mehr die kleine Runde. Junge Leute kommen da nicht hinzu, die haben andere Interessen. Sie haben keine religiösen Wurzeln mehr.

Manchmal freue ich mich auf den Winter. Da bleibt etwas Zeit zum Lesen. Ich lese gern, besonders Geschichten aus der Heimat. Dann natürlich Holz hacken und die Tiere pflegen. Holz ist genug da. Wozu soll ich mir da eine Ölheizung einbauen lassen? Und die Wärme vom Kachelofen, die ist durch nichts zu ersetzen. Manchmal, da denke ich schon dran, wie das mal wird, wenn auch ich nicht mehr kann. Wer holt dann das Holz rein und schafft die Asche raus?

Mein Bauernhof ist meine kleine Welt. Wände und Dächer nehmen bedrohliche Formen an. Das Wohnhaus stammt aus dem Jahre 1836. Ich müßte was tun lassen, aber dann frage ich mich: Für wen? Ich dachte auch schon mal darüber nach, das Gut zu verkaufen. Doch dann in einer Neubauwohnung den Lebensrest verbringen? Nein, das geht nicht! So bleiben Fragen über Fragen. Und inzwischen hebe ich alles auf, was Vater und Großvater beiseite gelegt haben. All die kleinen Handwerkzeuge, die ein Bauer früher so brauchte und die er immer wieder reparierte und flickte, weil er kaum Geld für Neues hatte.

Ich kann mir nichts Schlechtes vorwerfen, habe stets nur das Gute gesucht. Deshalb bin ich auch zufrieden. Jeder kann's machen, wie er will. Ich lebe hier.

Es geht immer bergauf, geographisch gesehen. Wer vom nahen Colditz her durch den Ort fährt, hat eine Höhendifferenz von reichlich 20 Metern bezwungen. Mit dem Auto kein Hindernis, mit dem Handwagen schon eher. Doch der hat längst ausgedient.

Das Dorfbild verschönern in der angenehmen Landschaft am Rand des Colditzer Waldes nicht nur die vier Teiche, sondern wohlgepflegte Häuser. Man sieht längst nicht mehr die Schäden, die vor 50 Jahren entstanden waren. Eine böse Geschichte erinnert an die letzten Kriegstage.

In Hohnbach brannten die Bauernhöfe

Es war Mitte April 1945, der Krieg ging zu Ende. Noch nicht für einen kleinen Trupp deutscher Soldaten mit ihrem fanatischen Offizier. Sie verschanzten sich gegenüber der Dorfstraße in einem Bauernhof. Die Bauern mußten im nahen Wald Bäume fällen und die Stämme mit ihren Pferdefuhrwerken in den Ort bringen. Eine Panzersperre sollte die Durchfahrt auf der Dorfstraße verhindern. Alle Bitten der Dorfbevölkerung, die Soldaten mögen doch abrücken, blieben erfolglos. Ein letztes Häuflein blindwütiger Krieger wollte den Amerikanern Paroli bieten.

Dann rasselten von Leupahn her die amerikanischen Panzer heran. Die meisten Leute von der Besatzung saßen gemütlich auf ihren Fahrzeugen und schauten neugierig in die Gegend. Der Bürgermeister ging mit zwei Nachbarn und einer weißen Fahne den einrückenden Truppen entgegen. Plötzlich peitschten Schüsse durch die Straßen. Ein amerikanischer Soldat fand den Tod. Die Panzer fuhren zurück und verteilten sich zu beiden Seiten des Ortes. Von dort feuerten sie wie wild Brand- und Sprenggranaten ins Dorf. Über zwanzig Gebäude gingen in Flammen auf. Alle Scheunen brannten nieder,

Gerhard Brachvogel an der Feuerwehr, im Hintergrund die ehemalige Schule

ebenso drei Wohnhäuser. Die anderen trugen kleine und größere Schäden davon. Hilfesuchend irrten Frauen und Kinder umher. Wie durch ein Wunder wurde im Chaos niemand getötet.

Nach kurzer Zeit rückte die Militärkolonne erneut ins Dorf. Jedes Haus wurde von unten bis oben durchkämmt, doch von den deutschen Soldaten war nichts mehr zu sehen. Die hatten längst Fersengeld gegeben und den Ort seinem Schicksal überlassen. Die Brände wurde nach und nach gelöscht, und die betroffene Bevölkerung suchte in den noch heilen Gebäuden eine Unterkunft.

Die Panzer positionierten sich danach auf den Höhen um den Ort und richteten ihre Rohre bedrohlich auf Colditz. Dort hatten die Reste der Wehrmacht die Sinnlosigkeit des Widerstandes rechtzeitig erkannt. Der Bürgermeister übergab die Stadt kampflos den Amerikanern, die Bevölkerung atmete auf.

In Hohnbach rückten neue Truppen ein und nahmen in mehreren Wohnhäusern und Bauernhöfen Quartier. Die Bewohner mußten ausziehen und kamen bei Nachbarn und Verwandten unter. Nach einigen Wochen war mit dem Abzug der Amerikaner der Krieg auch in diesem kleinen Ort endgültig zu Ende. Jetzt kamen die Truppen der Roten Armee. Sie quartierten sich in anderen Orten ein. Langsam normalisierte sich das Leben, wenn auch unter großen Beschwernissen. Die Kollegen vom Baugeschäft *Arthur Müller* begannen Monate danach mit dem Wiederaufbau der zerstörten Gebäude. Bei dem damaligen Baustoffmangel eine unerhörte Leistung.

*

Heute ist es ruhig geworden im Dorf. Es fehlt eine führende Hand. Aber auch der Gasthof. Die Leute zieht es ins nahe Colditz. Und die Stadt hat wohl auch keine Kraft, hier etwas zu bewirken. Sie hat genug mit sich selbst zu tun. Und da die Straßen in Ordnung sind, die Wasserversorgung klappt und die Abwässer geklärt werden, da gibt es auch wenig Anlaß, über die kommunalen Aufgaben hinaus etwas Kulturelles zu bewegen.

Nur beim „Eichfest", da werden die Hohnbacher munter, da zeigen sie, „was eine Harke ist". Einer, der nicht nur sein Scherflein, sondern viele Stunden dafür gibt, das ist der Klempner i. R. Gerhard Brachvogel, Jg. 36:

Mir genügte eine ordentliche Wurstbemme für's Kühehüten

Ich bin hier im Hause meines Großvaters geboren, der sich und seine Familie zu seiner Zeit als Dorfschuster mit wenig Einnahmen gerade so durchs Leben mogelte. Ein Zubrot verdiente er sich als Nachtwächter und Gemeindediener. Die Kinder besaßen damals nur ein Paar Schuhe. Des Sommers über rannten sie barfuß über die Dorfstraßen. Da gab's wenig zu verdienen.

Mein Vater begann als Knecht bei einem Kleinbauern und verdingte sich dann in der Steingutfabrik. Aus dem Krieg kehrte er unversehrt zurück und baute mit an der Umstellung der Steingutbude in ein modernes Porzellanwerk. Daran hing er mit ganzem Herzen. Ich kann mir vorstellen, wie er mit dem Schicksal hadern würde, wenn er den Niedergang des Werkes hätte erleben müssen.

Meine Schulzeit durfte ich noch in der heimischen 4-Klassenschule verbringen. Zwar saßen immer zwei Schuljahre in einer Klasse, aber unsere Lehrer brachten uns doch allerhand bei. Da war der Schulleiter *Max Oehler*, ein alter Herr, der viel für die Muse übrig hatte. Besonders den *Volkmar Dietzsch* habe ich noch in Erinnerung. Er begann hier als Neulehrer und weihte uns in die Geheimnisse der Naturwissenschaften ein. Er führte zwar mit strenger Hand das Schulregime, aber das wurde mit Respekt zur Kenntnis genommen. Auch wenn ich ab und zu vor die Tür mußte, weil ich glaubte, als kleiner Kerl herumkaspern zu müssen, um mir dadurch Geltung zu verschaffen, störte mich das nicht. Für alles, was er mir gegeben hat, bin ich ihm noch heute dankbar.

Wir Kinder hatten zu Hause genügend Pflichten zu erfüllen. Ich war zuständig für die Fütterung der Ziege, die bei uns im Stall stand. Das Futter holte ich von den Straßenrändern oder vom kleinen Feld. Vater hatte es am Colditzer Wald erst urbar machen müssen. Oder das Nagelrichten! Vater hatte die krummen Dinger aus den Kisten gezogen, und wir mußten sie nun ausrichten. Einen Nutzen brachte diese monotone Tätigkeit: Wir tauschten sie bei den Bauern für etwas Speck oder Mehl ein. Oder ich ging zum Bauern Kühe hüten unten an der Deutzmühle. Da durfte natürlich meine Ziege mit. Der Lohn war mager, der Bauer hatte nicht viel zu vergeben. Meist genügte eine ordentliche Wurstbemme, hin und wieder mal ein Mittagessen oder das Abendbrot. Die Bauernkinder hatten da noch weniger Freizeit und blickten neidisch auf uns, wenn wir in der Abenddämmerung Geländespiele machten, wenn die eine Gruppe hinter der anderen herjagte.

Mit 14 Jahren entließ mich die Schule aus der 8. Klasse ins Berufsleben. So recht wußte ich nicht, was ich mal machen wollte. Dann klappte es mit einer Stelle beim Dorfklempner. Der mußte auch Nähmaschinen reparieren oder einen Schlauch flicken. Er war für alles Kaputte im Dorf zuständig. Das nützte auch meinem Lerneifer.

Über den Leipziger Rohrleitungsbau und mit einem Abstecher zum Rostocker Hafenbau qualifizierte ich mich für die Installierung von Notstromanlagen. Da kam ich rum in der DDR, und das wollte ich schon immer so gerne. Ich lernte viele Städte und Landschaften kennen, und dabei auch meine Frau. Ich holte sie vom Roitzscher Fernsehturm bei Torgau in die Niederungen an die Mulde. Wir haben es bis heute nicht bereut.

Mitte der 70er Jahre merkten die Wirtschaftsstrategen der DDR, daß es ohne Privatinitiative wohl nicht weiter ging. Die Reparaturen in den Haushalten konnten kaum noch erledigt werden. Also lockerten die Planwirtschaftler mit einem Handwerker-Förderungsgesetz die Bestimmungen. Auch ich ergriff diesen Strohhalm und bekam als selbständiger Handwerker (Einzelbeschäftigter!) die Genehmigung. Und ich kam ganz gut zurecht, hatte Arbeit in Hülle und Fülle. Manchmal haderten wir mit der

Chaos auf dem Schulteich beim Badewannenrennen zum Eichfest

Bürokratie. Eigentlich unbegründet, denn zu welchen Papiermengen die ins Unermeßliche anwachsen kann, das lernte ich erst nach der Wende richtig kennen. Das war tatsächlich ein Unterschied wie Tag und Nacht. Zu Reichtum konnte ich bei dem Stundensatz von 7 Mark nicht kommen, wollte ich auch nicht. Es reichte auch so. Vorteile als Handwerker? Kaum! Sicher gab es mal beim Fleischer eine bessere Portion oder beim Bäcker ein gutes Stück Kuchen.

Heute ist schon mancher Betrieb pleite gegangen, weil die Rechnungen nicht bezahlt wurden. Bisher ist dieser bittere Kelch an meinem einstigen Betrieb vorübergegangen. Ich bin nun in den Ruhestand getreten. Mein Schwiegersohn übernahm die Werkstatt, und ich bin mir sicher, daß auch er gute Arbeit leistet, die von den Kunden akzeptiert wird.

WEITERE NOTIZEN
aus Hohnbach

Das **Eichfest** wird seit 1987 jedes Jahr im Juni gefeiert. Anlaß war die 100jährige Luthereiche. Sie gab auch den Namen für das dörfliche Vergnügen, organisiert vom Feuerwehrverein und vielen, vielen Helfern. Einige verlegen sogar ihren Urlaub auf die Zeit um dieses Wochenende. Das Volksfest mit dem Badewannenrennen auf dem Schulteich findet auf dem Spielplatz statt, wo das Riesenzelt die Gäste kaum faßt. Seit Jahren spielt die Blaskapelle von Zeubelried bei Ochsenfurt bis weit nach Mitternacht.

Die Freiwillige **Feuerwehr** wurde 1941 gegr., Wehrleiter Dieter Knabe. Ein Feuerwehrverein, Vors. Steffen Schmidt, organisiert mit seinen Leuten das Eichfest und den Florianstag am 1. Mai.

Die vier **Tabaktrockenhallen** erinnern an die Zeit, als die LPG, hervorgegangen aus den 15 Einzelbauern sowie einem kleinen Rittergut mit 30 ha Fläche, auf den umliegenden Feldern Tabak in größerem Umfang anbaute. Nach 1990 hatten die Gebäude zunächst keine wirtschaftliche Verwendung mehr. Damals fand in einer geschmückten Halle das Eichfest statt. Jetzt betreibt eine Firma eine intensive Putenzucht.

Die **Deutzmühle** im Fuchsgrund, an Schwarzbach und Grimmerbach gelegen, wurde erstmals 1506 genannt. Der letzte Besitzer Berthold mahlte Schrot bis in die 50er Jahre. Die alten Gebäude sind jetzt abgerissen bzw. zum Eigenheim umgebaut.

Tone fanden sich in der näheren Umgebung des Dorfes. Eine Tongrube wurde bis 1970 von Helmut Kahle betrieben, jetzt ein wassergefülltes Restloch in der Landschaft. Eine weitere entstand 1953, jetzt ebenfalls Restloch, als Rohstoffbasis für den VEB Schamottewerk Colditz.

Fachwerkhaus in Hohnbach

Das **Schulgebäude** bestand aus zwei Klassenzimmern, nach 1945 kam noch ein drittes in der alten Bäckerei dazu. Die Schule wurde auch von den Kindern aus Möseln besucht. Die Schulwege verliefen durch die Fluren auf Feldwegen. 1952 wurde sie geschlossen.

Handel & Gewerbe: Autohaus Hübner. - KFZ–Werkstatt Frank Mayer. - Reifenservice Steffen Seemann. - Taxi- und Busunternehmen Wilfried Jacob. - Fliesenleger Henry Otto. - Zimmerei Thomas Augustin. - Baugeschäft Thomas Müller, in 3. Generation - Tischlerei Heiko Bernstein. - Fußbodenleger Volker Liebenow. - Klempnerei und Heizungsbau Uwe Bretschneider.

Die Siedlung erstreckt sich hangabwärts beiderseits der viel befahrenen B 107 zwischen Colditz und Rochlitz. Die Höhendifferenz beträgt von der Talaue unten an der Zwickauer Mulde bis hinauf zum Hungerberg 60 Meter. Die Züge, die hier auf der Bahnstrecke vorbeirauschten, nahmen das Dorf kaum zur Kenntnis, schickten vielleicht mal einen Pfiff nach oben, ehe sie über die Muldenbrücke donnerten und dann am Waldrand verschwanden. Das ist Eisenbahngeschichte, die Bahngleise haben vorläufig (oder für immer?) keine Funktion mehr.

In Möseln wird seit 1830 Roggenmehl gemahlen – auch heute noch

Das Bauerndorf mit seinen ehemals zehn Wirtschaften und einigen Häuslern dazwischen hatte weder Kirche, Friedhof noch Schule. Da war die Siedlung wohl viel zu klein. Natürlich war ein Gasthof vorhanden, denn der gehörte einst in jedes Dorf, auch ins kleinste. Ein Stück außerhalb nach Colditz zu lag wie auf einem Tablett die einstmals beliebte Einkehrstätte. Einzigartig ergaben sich von dort reizvolle Aus- und Fernblicke in die hüglige Umgebung. Besonders die Landschaft über das tiefe Tal der Zwickauer Mulde hinüber nach Lastau beflügelte das Gemüt. Nicht umsonst nannte der Wirt seine Einkehrstätte *Zum heiteren Blick*.

Der ist heute ziemlich getrübt, schaut man auf die Gebäude selbst. Die Fenster sind vergittert, die Tür verbarrikadiert. Das Schmiedefeuer der angeschlossenen Werkstatt ist längst verloschen. Die Besitzerin, die zuletzt nur noch Flaschenbier verkaufte, ist verzogen. Nun beginnen Zeit und Wetter (und sicher auch die Vandalen) an den Gebäuden zu nagen.

Dorfteich in Möseln

Das andere Ende von Möseln liegt ebenso ein Stück entfernt vom Ort, nämlich an der Schwarzbach im Fuchsgrund. Dort mahlt seit 1830 eine Wassermühle, die 1896 in den Besitz der Familie Lange kam. *Walter Lange*, Jg. 27, hat sie 1968 übernommen und jetzt an den Sohn weitergegeben. Der Müller entging der Verstaatlichung in der DDR-Zeit und blieb sein eigener Herr, wenn auch mit entsprechenden Auflagen. *Mahle, Mühle, mahle ...*

Noch heute führt den Senior oder Junior ein abendlicher Gang zum Mahlwerk. Abends? Ja, da bringen sie die Mühle in Gang, da schalten sie den Elektromotor ein. Durch die niedrigen Nachtstromkosten müssen sie den Haushalt nicht über die Maßen belasten. Die Wasserräder sind längst verrottet und wurden später durch Turbinen ersetzt. In den 60er Jahren, als der Mühlgraben immer mehr verschlammte und die Wasserzufuhr nicht mehr genügte, trat an ihre Stelle ein Elektromotor. Heute mahlen die Maschinen ungefähr 2 Tonnen Roggen in 8 Stunden. Das Mehl wird in die umliegenden Bäckereien geliefert, der Schrot geht in die Landwirtschaft.

Einige hundert Meter weiter bachaufwärts errichtete 1971 die LPG einen Schüttdamm, der die Wasser der Schwarzbach bis zu einer Tiefe von 7 m speicherte. Damit sollten die Felder bewässert werden. Der Ernteertrag blieb allerdings hinter den Erwartungen zurück. Jetzt pachteten die Rochlitzer Sportfischer den Stausee. Zum Glück konnten die Einwohner verhindern, daß hier ein alter Steinbruch neu erschlossen wurde. Er hätte das Tal mit seinen Naturschätzen an Tieren und Pflanzen arg gebeutelt.

Das Wirtschaftsleben im Dorf ruht, bis auf das Gut von *Marianne und Gottfried Scheffler*. Die Familie hat den Wiedereinstieg in die Selbständigkeit gesucht und gefunden. Ackerflächen und Viehhaltung bestimmen den Tagesablauf. Die einstigen Großraumställe der LPG stehen fast leer. Die anderen Bauernhöfe sind z.T. modernisiert. Dabei sind historische Bausubstanzen verschwunden. Auch *Heinickes* Scheune aus dem Jahre 1608 konnte nicht erhalten werden. Die Wünsche der Denkmalpflege lassen sich oft wegen zu hoher Kosten einfach nicht realisieren.

In eines der schlichten Einfamilienhäuser ist vor Jahren die Familie *Lauterbach* gezogen. Manches wurde verändert, einiges wird noch folgen. Wie überall in den Häusern. Nicht über Langeweile klagen muß die Hausfrau und Vermessungstechnikerin ADELHEID (HEIDI) LAUTERBACH, Jg. 65:

Es sprachen Leute, denen hätte ich das niemals zugetraut

An die Colditzer Kindheit erinnere ich mich sehr gern zurück. Beim Schulanfang freute ich mich natürlich über die große Zuckertüte. Genauso begeistert war ich aber von der Kindertanzgruppe. Für mich stand fest: Da will ich mitmachen! Und über zehn Jahre hinweg habe ich durchgehalten. Das frohe Spiel beim Volkstanz begeisterte mich immer wieder. Tanzen war mein Leben. Das könnte ich zum Beruf machen. Also bewarb ich mich bei der Ballettschule in Leipzig. Doch eine Fußverletzung verhinderte dies. Ich fand meinen Weg in der Berufsausbildung mit Abitur im Porzellanwerk und der Fachschule für Keramtechnik in Hermsdorf. Dort lernte ich auch meinen Mann kennnen. Ich nahm ihn gleich mit, als ich im Werk als Ingenieur für Keramtechnik mein Berufsleben begann.

Im Juli 1989 beeinflußte ein fernes Ereignis meine weitere Laufbahn. Es waren die blutigen Auseinandersetzungen auf dem Pekinger *Platz des Himmlischen Friedens*. Die Studenten dort demonstrierten für mehr Demokratie, der Staat verhinderte auf brutale Weise diese Vorstellungen. Einige der jungen Menschnen büßten ihr Leben ein. Das erzürnte mich über alle Maßen, und noch mehr, daß unsere Parteiführung in Berlin diese Vorgänge für gut und richtig hielt. Ich protestierte aufs heftigste. Und das nicht nur mit Worten. Ich gab mein Parteibuch ab. Der Parteisekretär bemühte sich mehrmals, daß ich diesen Entschluß zurückziehe. Ich tat es nicht, machte mir aber auch keine

Gedanken darüber, welche Folgen das für die Zukunft haben könnte. Da ich ein Kind erwartete, ließ man mich vorerst in Ruhe.

Und dann kam alles ganz, ganz anders. In Leipzig keimte mehr und mehr die Hoffnung auf eine friedliche Revolution. Niemals werde ich die ersten Versammlungen im großen Speisesaal des Colditzer Werkes vergessen. Hunderte saßen dort, eng aneinander, viele standen auch. Erstmals wurden offene Worte über die politische und wirtschaftliche Situation in der Öffentlichkeit gesprochen. Und mit welcher Leidenschaft die Leute ihren Frust loswerden wollten. Sie waren alle gekommen, nicht aus Zwang, sondern völlig freiwillig. Und es sprachen Leute, denen hätte ich das niemals zugetraut. Obwohl niemand wußte, wohin das laufen wird. So schwang immer noch ein bißchen Angst mit.

Dann der Mauerfall und der neue Weg. Merkwürdig, so unbedingt wohlwollend habe ich das gar nicht aufgenommen. Der Ruf „Nur durch Kohl geht's uns wohl" machte mich nachdenklich. Haben die Leute richtig nachgedacht? Vermutlich nicht in der Euphorie der Veränderung. Daß der Wandel kommen mußte, darüber war ich mir im klaren, aber über das Wie fand ich so schnell keine Antworten. Und er kam auch anders als es sich viele vorgestellt hatten und denen es so erging wie mir: Anfang 1992 wurde ich entlassen. Ich wurde nicht mehr gebraucht. Meinem Mann erging es ebenso.

Kopf in den Sand stecken und warten? Das entsprach nicht meinem Wesen. Ich besuchte ein Jahr eine Schule für Vermessungstechnik und sattelte vollkommen um. Seitdem arbeite ich im Innendienst einer Vermessungsfirma und bearbeite die Pläne für den Straßenbau und das Gewerbe. Daß inzwischen der Betrieb seinen Standort nach Chemnitz verlegt hat, belastet mich täglich mit 1,5 Stunden Fahrzeit. Zeit, die ich von meinem Leben abschreiben kann. Aber was will ich machen? Ich muß der Arbeit hinterher laufen. Und da bin ich bei weitem nicht die einzigste.

Seit März 2004 bin ich wieder arbeitssuchend. Nebenbei helfe ich bei der Volksfürsorge, wo ich ab Oktober eine Ausbildung zur Versicherungsfachfrau beginnen kann. Hoffentlich geht nichts schief.

Adelheid Lauterbach mit ihren Töchtern

Seit dem Jahre 2000 gehört meine Familie zu den Möselnern. Das Wohnhaus hier stand leer und war mit dem Schild dekoriert: Zu verkaufen! Wir waren nicht die ersten, die da Interesse zeigten, aber alle haben abgesagt. Da muß ja zu viel verändert werden. Doch wir hatten keine Angst vor der Arbeit, und wir packten zu. Für uns war es wichtig, was Eigenes zu haben und aus der Stadt rauszukommen. Das Leben auf dem Lande haben wir schon immer gewollt.

Angst hatten wir eigentlich nur vor den Menschen. Wie werden sie uns aufnehmen? Wir sind nämlich gesellig, kapseln uns nicht ab. Und da gab es doch einige Probleme. Mit einigen Neuen, die ebenfalls hier gebaut hatten, knüpften wir sehr schnell gute Kontakte. Doch zu den Ureinwohnern zeigten sich Spannungen. Das Unterdorf und das Oberdorf begegnen sich ziemlich kühl. Es muß da alte Geschichten geben, über die aber auch niemand spricht.

Da bewundere ich die Familie *Hinkelmann*. Denn sie organisiert mit einigen anderen das jährliche „Lindenfest". Und merkwürdigerweise, besser noch erfreulicherweise, sitzen sie da alle beieinander, und da ist wohl auf Stunden der uralte Streit vergessen. Manches hält sich zählebig im Dorf. 2004 wurde das Lindenfest „verlagert". Es findet jetzt am Steinbruch „unten" an der Mühle statt und heißt jetzt „Rock im Bruch".

Ich bin glücklich, daß meine beiden Mädchen sehr schnell und intensiv einen guten Kontakt zu den Kindern im Dorf fanden. Sie stromern gern durch die weiträumigen Gutsgrundstücke, und immer gibt's da was Neues zu entdecken.

Unsere Arbeit am Haus wurde aufmerksam verfolgt, und ich denke doch, daß wir nach drei Jahren unseren Platz im Dorfleben eingenommen haben. Hier oben auf der Höhe ist's zwar manchmal ziemlich windig, aber dem werden wir auch noch ein Schnippchen schlagen. Wir pflanzten eine Menge Bäume. Hoffentlich wachsen sie sehr schnell, und dann kann uns der Westwind nicht mehr belästigen. Und das genießen wir auch: Jedes Jahr zu Silvester ein kostenloses Feuerwerk rundherum am Horizont. Irgendwie macht das Hoffnung!

Der ehemalige Gasthof „Zum heiteren Blick" in Möseln

Ebersbach, 1384 Eberspach, 'die am Bach gelegene Siedlung des Eber' (dt.), seit 1994 OT von Bad Lausick, 467 Einw.

Wer den Ebersbach finden will, der muß lange suchen im Gelände. Versiegt und verrohrt versteckt er sich im Boden. Trotzdem muß er das Dorfbild geprägt haben, denn warum sonst hätten die damaligen Anwohner ihrem Flecken diesen Namen gegeben? Das haben die Leute von sechzehn Ansiedlungen in Deutschland sicher auch gedacht, denn so viele Male tritt dieser Ortsname auf. Von den acht Teichen, die er einstmals speiste und die sich in der flachen Talaue aneinanderreihten, überlebten noch vier, winzig klein und nicht gerade zum Bade einladend. Trotzdem bereichern sie das idyllische Dorf, wo Gassen und Gäßchen zu den stillgelegten Dreiseithöfen führen.

Ebersbacher Achate liegen sogar im Grünen Gewölbe

Ebersbach hat in gewissen Kreisen einen guten Namen. Es sind die Mineralogen, die hier auf dem Gelände hinterm Mühlsteinbruch nach „Achaten“ suchen. Die Einheimischen wundern sich nicht mehr, wenn da hin und wieder mal einer leicht gebückt mit starrem Blick auf den Boden durch die Auen streicht. Mit den Schmucksteinen wird der Finder nicht reich, aber er hat seine Freude dran. Nach der Schneeschmelze und nach Regentagen auf den abgeernteten Feldern liegen die äußerlich schmutzig-braunen faustgroßen Steine in der Flur. Geübte Blicke werden da schnell fündig, während sich der Laie die Augen ausguckt.

Der bunte Schatz offenbart sich erst unter der verwitterten Deckkruste. In Formen und Farben zeigt dann die Natur ihre unvergleichlichen Spiele. Allerdings darf man nicht

Am ehemaligen Rittergut in Ebersbach mit heutigem Spielplatz

mit dem Hammer den Stein zerschlagen, sondern muß mit dem Schleifstein oder dem Seitenschneider das innere Bild sichtbar machen. Einige der Raritäten sind schon vor Jahrhunderten bis nach Dresden gekommen. Die Hofjuweliere des Kurfürsten verzierten im 17. Jh. damit die goldenen Prunkstücke des Herrscherhauses.

Die Achate finden sich hier eingebunden in Hohlräume einer besonderen Art des Porphyrgesteins, nämlich dem schwärzlichen Pechstein. In unmittelbarer Nähe zum Mühlenhof hat der Müller bis 1933 in einem Steinbruch dieses harte Gestein in reiner Handarbeit abgebaut. Er verschaffte sich damit eine zusätzliche Einnahmequelle. Viele Häuser und Stallungen in den umliegenden Dörfern stehen in ihren Grundmauern auf *Ebersbacher Pechstein*. Auch für den Straßenunterbau eignete sich das Material, das mit Pferdefuhrwerken dahin gebracht wurde. Erst als der Müller den Wettlauf mit dem einsickernden Wasser verlor, stellte er die elektrische Pumpe ab, der Bruch lief voll. Das freute die Kinder, die fortan den Tagebau im Sommer zum Baden und im Winter zum Schlittschuhlaufen nutzten, ehe das romantische Fleckchen durch eine Müllkippe verletzt wurde.

Noch heute schwärmt von diesen herrlichen Jugendspielereien die Müllerstochter Christa Graichen, Jg. 39:

Am Pfingstmontag kommen stets viele Besucher

Ich wurde in Otterwisch geboren und kam mit fünf Jahren in die Mühle. Ich liebte Tiere und fühlte mich schnell heimisch. Natürlich erkundete ich bald das hölzerne Innenleben der Mühle. Eine lustige Reise unternahm ich manchmal mit dem Sack-aufzug. Ich steckte den Besenstiel durch die Kette, schwang mich drauf, und ganz gemächlich ging's nach oben.

Zu meinem täglichen Leben gehörte es, im Dorf dahin und dorthin mit dem Rad zu fahren. Meist zu einem Handwerker, dem Schmied oder dem Sattler, die irgendwelche kleine Reparaturen ausführten. Und irgendwas ging immer kaputt in der Mühle. Auch im Winter. Denn da schärfte der Vater die Mühlsteine. Die Mühlenpicken stumpften schnell ab und mußten ständig geschärft werden.

Mutter schmierte mir täglich einen Packen Bemmen, wenn ich in die Schule ging. Ich selbst hatte nie richtig Hunger, aber meine Mitschüler dafür um so mehr. Also verteilte ich die Butterbrote. Mutter wußte das. Sie hatte wohl ein Herz für die Hungrigen. Der Hütejunge versorgte ebenfalls einige seiner Kameraden mit den herrlichen Bauernbemmen. Das erfuhr ich übrigens erst neulich bei unserem 50jährigen Klassentreffen.

Zur Mühle gehörte eine kleine Bauernwirtschaft, so an die 9 Hektar. Vater betrieb sie mit einem unbeschreiblichen Ordnungssinn. Die Kühe standen in einem Stall, der mit gelben Fliesen versehen war. Immer nach der großen Wäsche schrubbten wir mit dem Seifenwasser die Wände blank. Als der Tierarzt wieder mal eintraf, rief er freudig erstaunt: „So sieht's ja bei vielen Leuten nicht mal in der guten Stube aus!“

Für mich stand fest: Ich bleibe zu Hause bei meinen Tieren. Als 14jährige holte ich bei der Kreisverwaltung eine Bescheinigung, damit Vater die Ausbildung durchführen durfte. Und ich hatte meine Freude an der Arbeit. Bis uns mit der sozialistischen Umgestaltung der Landwirtschaft ein schlimmes Schicksal widerfuhr. Mein Vater wollte in unserer Scheune eine elektrische Mühle installieren. Nach und nach besorgte er sich die nötigen Maschinen, um damit seinen Wunschtraum zu erfüllen. Ende der 50er Jahre drangen dann die Forderungen auch in unseren Hof, die private Wirtschaft aufzugeben und in die LPG einzutreten. Der damalige LPG-Vorsitzende köderte meinen Vater mit der Versicherung: „Walter, gehe in die Typ III. Die neue Mühle wird dann gebaut, du machst noch einen Lehrgang für Mischfutter und leitest deine Mühle für uns alle.“ Vater ließ sich überzeugen, trat der LPG bei, besuchte den Lehrgang und wollte nach der Rückkehr mit dem Bau beginnen. Da flatterte ihm ein Brief ins Haus, daß das wegen der miserablen wirtschaftlichen Lage der LPG nicht ginge und er der Futterkolonne zugeteilt wird. Diesen Schicksalsschlag konnte Vater nicht überwinden. Die Maschinen rosteten dahin, und an Seele und Körper gebrochen starb er 1967 mit 59 Jahren.

Ich kümmerte mich um andere Arbeit, fand sie im Büro der Versicherung, und mein Mann verdiente als Kraftfahrer das Geld. Die Windmühle blieb unser Sorgenkind. Trotzdem hingen wir an ihr, und ein Abriß kam nicht in Frage. Kleine Reparaturen erledigten wir mit viel Aufwand.

Ende der 80er Jahre interessierte sich plötzlich der Geithainer Bürgermeister für die Mühle. Er wollte sie nach dort umsetzen. Eine Mitarbeiterin der staatlichen Denkmalpflege war da anderer Meinung. Sie vermittelte Gelder, Baukapazitäten und Material. So konnte das Bauwerk auf seinem Platz bleiben. Und welch ein Glück: Mitten in die Arbeiten platzte da die politische Wende. Weitere Anträge auf finanzielle Unterstützung wurden großzügig befürwortet. Für über 50 000 DM und einen Eigenanteil erfolgte nun eine komplexe Reparatur. Die Mühle glänzte wie nie zuvor. Ihr Nutzen? Gemahlen wird natürlich längst nicht mehr, aber Erwachsene und vor allem Kinder können hier anschaulich erkennen, wie eine solche Maschine technisch funktioniert. Und für unser Dorf ist sie doch ein guter Anziehungspunkt und ein Wahrzeichen allemal. Wer kommt, der ist gern gesehen. So wie jedes Jahr am Pfingstmontag, wenn deutschlandweit der Mühlentag begangen wird. Einige hundert Besucher verirren sich dann oft in unser kleines Dorf, um einen neugierigen Blick in die Mühle zu werfen. Mein Mann macht sie mit dem Innenleben bekannt. Ich backe schon Wochen zuvor jede Menge Kuchen, der eingefroren gut haltbar bleibt. Unsere Enkelin *Lydia* spielt gemeinsam mit ihrer Freundin zur Unterhaltung auf dem Akkordeon. Unsere Mühle hat eine neue Funktion bekommen, und wir sind ganz zufrieden.

Christa Graichen und Ehemann an der Mühle

WEITERE NOTIZEN
aus Ebersbach

Die **Bockwindmühle** wurde 1859 gebaut, 1904 kaufte sie Hermann Keil, der sie 1945 an seinen Sohn Walter Keil weitergab und bis 1960 betrieb. Seine Tochter Christa Graichen übernahm das Bauwerk und sanierte es gemeinsam mit ihrer Familie zwischen 1990 und 1996. Zum alljährlichen Mühlentag am Pfingstmontag sind die Gäste willkommen. Das Bauwerk am Dorfrand wird leider durch einige Wohnhäuser verdeckt.

Dorfkirche Ebersbach

Die **Dorfkirche** stammt aus der Zeit um 1200. Die romanische Anlage wurde in Bruchsteinen mit Eckverbänden aus Rochlitzer Porphyr ausgeführt. Aufwendige Sanierung nach 1990. Der Altarschrank stammt aus dem 15. Jh mit künstlerischen Holzfiguren geschmückt. Bemerkenswert zwei sandsteinere Grabplatten mit Relieffiguren zweier Kinder derer von Ponickau von 1580. - In der Friedhofsmauer eine vermutlich von einem preußischen Offizier gestiftete Porphyrtafel von 1842 mit der Inschrift *'Alle, die Ihr hier vorübergeht, seht, wie es jetzt um uns steht. Das was Ihr seid, das waren wir, und was wir sind, das werdet Ihr.'* - Alljährlich Erntefest-Gottesdienst reihum im Dorf in den ehem. Bauerngütern.

Als Flächennaturdenkmale (FND) sind das **Kirchholz** ausgewiesen sowie eine Herbstzeitlosenwiese.

Das **Schulgebäude** stammt aus dem Jahre 1890 und wurde mehrmals erweitert. In den letzten Jahren nur noch Grundschule, die 2002 für immer geschlossen wurde. Die Schüler werden mit dem Bus nach Bad Lausick gebracht.

Schwarzer Pechstein wurde bis 1933 in einem zur Mühle gehörenden Steinbruch 15 m tief abgebaut. Heute teilweise mit Wasser und Abraum verfüllt. Geologisches Naturdenkmal. Dort und in der nahen Feldflur finden sich die scharfkantigen Achate, ein Quarzmineral mit gebänderten Farben im Innern, das als Schmuckstein geschliffen wird.

Personalien: *Eberhard Fichtner*, Jg. 29, beobachtet und registriert mit einer kleinen Wetterstation für den Deutschen Wetterdienst in Leipzig täglich die Wetterdaten. Das ist eine alte Familientradition, denn seit 1935 kümmerten sich sein Großvater und später sein Vater um die ehrenamtliche Meßstelle. - *Roland Haas,* Jg. 39, Sportlehrer i. R., förderte von 1974 bis 1990 den Ebersbacher Sport. Unter seiner Leitung entstand u. a. eine moderne Sportanlage. Organisierte die gesellschaftlichen und kulturellen Aktivitäten im Dorf.

Vereine und Einrichtungen: Freiwillige Feuerwehr, Ltr. Klaus Schreiner. - Sportvereinigung „Blau-Weiß“, Vors. Günther Loth mit den Abt. Fußball und Frauensport. Sportplatz mit Sportlerheim. Jährlich Fußballturnier am 3. Oktober sowie ein Dorffest. - Kindertagesstätte „Buntspecht“, Leiterin Frau Richter, Träger Volkssolidarität. - Bücherei im ehem. Schulgebäude.

Landwirtschaft: Bis 1945 gab es 29 Bauernwirtschaften und ein kleines Rittergut mit 69 ha, das aber nicht enteignet wurde, doch ebenso wie die Bauern Mitglied der LPG werden mußte. - Seit 1990 Landwirt Jörg Thalmann mit Getreideanbau.

Handel & Gewerbe: Bäckerei Andreas Otto seit über 150 Jahren in Familienbesitz. - Tischlerei Klaus Schindler seit über 70 Jahren. - Heizung und Sanitär von Jens Sela. - Sparmarkt ('Tante-Emma-Laden') von Heidrun Thalmann. - Fuhrunternehmen von Jochen Huth. - Schuhkappen GmbH, hervorgegangen aus der ehem. „Fitbude“, fertigt Schuhkappen und Sohlen, Lieferung deutschlandweit. - Pension Stiller mit Übernachtung. - Am Rand des Colditzer Waldes förderte bis um 1985 eine Tongrube das Rohmaterial für Ofensetzer, Stahlwerke und Künstler zur Herstelllung von Keramiken.

Thierbaum, 1290 Tyrebome, 'die Siedlung am Thierbaum' (dt.), seit 1994 OT von Bad Lausick, 123 Einw., bis 1974 selbständig, danach OT von Nauenhain im Kreis Geithain.

Jahrhundertelang lag das Dorf in ländlicher Ruhe am südlichen Rand des Colditzer Waldes. Dafür mußten die Einwohner weite Wege gehen: Post in Tautenhain, Bahnstation und Amtsgericht in Colditz, Gendarmerie in Schönbach, Standesamt und Hebamme in Schwarzbach, Schule in Nauenhain, Leichenfrau in Hohnbach, Frie-densrichter in Leupahn. In den 60er Jahren entdeckten gestreßte Städter die Stille am Dorfrand, bauten an die 60 Bungalows, die heute noch belegt sind. In letzter Zeit rückte der Friedelhof mit seiner Musik am Anger mehr und mehr in den Blickpunkt der Besucher.

Der Ort ist schnell mit Thierbach verwechselt. Der liegt nämlich nicht allzuweit entfernt drüben im Leipziger Land. Es wäre müßig zu fragen, welcher von beiden bekannter ist. Thierbaum hat seine Konzerte, Thierbach sein gewaltiges Braunkohlenkraftwerk. Doch auch die Geschichte von Thierbaum verbindet sich ganz eng mit der Braunkohle, denn:

In Thierbaum wurde über 150 Jahre hinweg Braunkohle gefördert

Der Abbau der Braunkohle im hiesigen Gebiet begann schon vor über 200 Jahren. Das Braunkohleflöz strich nämlich bis an die Erdoberfläche aus, und die Bauern hatten sehr schnell erkannt, daß mit der schwarzen Erde die Öfen geheizt werden konnten. Mit dem Spaten gruben sie auf den Feldern die Kohle aus. Um 1820 begann dann der großflächige Abbau in mehreren Gruben, denn damit ließ sich Geld verdienen. Das Bauerndorf verwandelte sich mehr und mehr in ein Arbeiterdorf.

Dorfbild in Thierbaum

Der Bedarf an Kohle erhöhte sich, als auf der Flur nach Tautenhain zu Kalk gefunden wurde. Der mußte gebrannt werden, ehe er als Baukalk verwendet werden konnte. Die findigen Kohlewerksbesitzer errichteten mehrere Kalköfen. Die Kalkfuhren zu den Baustellen gingen bis um 1900 in die umliegenden Städte und Dörfer. Die Kalkbrennerei erlosch mit dem I. Weltkrieg.

Die Kohlegewinnung überdauerte die Zeiten. Mit dem Einsatz einer Dampfmaschine 1881 erhöhte sich die Fördermenge. Um die Jahrhundertwende stellten die Arbeiter Torfziegel im Handstrich her, die dann in mehreren Trockenscheunen auslagen. Auch Naßpreßsteine wurden verkauft, besonders nach dem Zweiten Weltkrieg. Damals bestand eine gewaltige Nachfrage. Deshalb wurde zwischen dem Dorf und dem Forst ein neuer Tagebau erschlossen. Der Abraumbagger legte ein 5 bis 6 m dickes Flöz frei, das ebenfalls mit einem Bagger abgetragen wurde. Mit Loren einer Feldbahnlok erfolgte der Transport über die Straßen zu den Werksanlagen, wo der Rohstoff zu Torfpreßsteinen geformt und z.T. getrocknet wurde. In Pferde- und Handwagen holten sich die Leute aus der nahen und weiteren Umgebung den begehrten Brennstoff. Die Förderung erfolgte bis 1958. Danach füllte sich das riesige Loch allmählich mit Wasser, und für junge und alte Leute entstand ein herrliches Badegewässer. Sinnigerweise tauften die Einheimischen die 3 ha große Wasserfläche *Blaue Adria*. Also warum in die Ferne reisen, wenn hier so nah das Badeparadies liegt? Ein Slogan, der in der DDR-Zeit zur Beruhigung der Leute gern verwendet wurde.

Die Gruben und Abraumhalden sind inzwischen längst verwachsen. Sie gliedern sich ganz gut in die Landschaft ein. In den Werksanlagen entstanden einige Wohnungen. Die Trockenscheunen nutzen die Landwirte jetzt als Lagerräume. Der Straßenname Am Werk hält die Erinnerung an den 150jährigen Kohleabbau wach.

*

Mit dem Ort verbindet sich seit wenigen Jahren ein ganz anderer Aspekt. Es ist die Musik, die ein Neu-Thierbaumer zum Klingen gebracht hat, der Musiker und Dozent an der Frankfurter Musikschule Joachim Friedel, Jg 55.

Ich bin wieder in meiner Heimat angekommen

Meine Ansiedlung im Flecken Thierbaum verdanke ich dem reinen Zufall. Mitte der 90er Jahre las ich in einem Immobilienteil einer fränkischen Zeitung, daß hier im sächsischen Muldentalkreis ein Dreiseithof zu verkaufen sei. Schon seit der Wende suchte ich ein neues Zuhause in dieser Gegend. Also machte ich mich auf den Weg, fand auch das Dorf bei Bad Lausick und sehr schnell das Anwesen am Anger. Ein Blick auf den Fachwerkbau genügte: Das ist das Richtige! Es war eine Entscheidung aus dem Bauch heraus.

Der zweite Blick fiel nüchterner aus: In der kalten Bauernküche ein einziger Wasserhahn. Kein Bad, keine Klärgrube. Durch die Scheunengiebel pfiff der Wind. Im Garten wucherten Brennesseln. Doch es flatterten auch Schmetterlinge. Sie versicherten so was wie Hoffnung. Ich sagte mir: Irgendwie kriegt's du das schon hin. Das wird meine Zukunft.

Die sah ursprünglich ganz anders aus. Ich bin Leipziger. Mit dem Fahrrad erkundete ich in der Jugendzeit die nähere und weitere Umgebung. Vor allem radelte ich in den Norden mit den Heidegebieten, den Hohburger Bergen, der Muldenaue. Damit ließ sich natürlich kein Geld verdienen. Für mich stand fest: Musik wird mein Leben. Nach dem Studium fand ich am Halberstädter Theater eine Anstellung. Die Klarinette wurde mein Handwerkszeug. Doch ich wurde der Theaterleitung bald unbequem: Ich war nicht Mitglied der Gewerkschaft (wozu auch?), ich engagierte mich im Kirchenleben (die Verfassung sicherte mir Religionsfreiheit zu!). Dann stellte ich noch den Antrag auf

Ausreise in die Bundesrepublik. Damit war ich den Oberen total suspekt und für ein „sozialistisches Theater“ nicht tragbar. Was sollte ich nun noch hier? Also setzte ich alles auf eine Karte, und 1982 gelang mir die Flucht über den Stacheldraht. In Bad Homburg faßte ich Fuß. War es Glück? Oder Können? Ich baute mir ganz schnell eine neue Existenz auf.

An der Frankfurter Musikschule erhielt ich als Dozent ein gutes Auskommen. Mit befreundeten Musikern gründete ich ein Holzbläserquintett, das spätere *Römerberg-Quintett*. Man nahm uns gern und oft in die Programme. Aber irgendwas fehlte mir. War es die Heimat?

Dann die Wende. Ich hatte nichts Eiligeres zu tun, als zurückzufahren. Ob ich hier Arbeit finde? Das gelang mir bis heute nicht. Doch ich suche weiter. Obwohl ich in Frankfurt eine gute Tätigkeit habe. Dann entdeckte ich 1998 den Bauernhof hier im Dorf. Ich hatte inzwischen fleißig gespart, und so konnten die Arbeiten beginnen. Das Ende läßt sich immer noch nicht absehen. Trotzdem habe ich den Schritt nicht bereut.

Meine Vorstellung war: Ich werde den über 300 Jahre alten Dreiseithof mit Musik erfüllen. Die Scheune bot sich als eine dörfliche Konzerthalle an. Eines Tages ging es los, meine Freunde waren gekommen, und wir gaben im Dorf ein 'Einstandskonzert'. Die erste Resonanz brachte positive Klänge. Also weiter so! Ich organisierte Gruppen und Ensembles. Künstler sind auch Idealisten. Ihre Gagenwünsche blieben erschwinglich, die Zuschauerzahlen stiegen an. Manchmal drängelten sich einige hundert in den Räumen. Meist hielten sich Einnahmen und Ausgaben die Waage, manchmal mußte ich zuzahlen. Doch warum sollte ich die Musikrevolution in dem kleinen Dorf anhalten? Und da ist noch etwas, was das möglich machte: Die kleine Dorfgemeinschaft hilft, organisiert, rostert, schleppt Stühle, leitet den Vorverkauf und bringt nach den Konzerten wieder Ordnung in's Dorf. Das ist im Grunde genommen das wertvollste Kapital für alle Vorhaben.

Noch muß ich in Frankfurt arbeiten. Ich tue es von Montag bis Donnerstag. Das läßt sich gut planen. Von Donnerstag abend bis Sonntag bin ich hier. Der Bauernhof hat noch

Joachim Friedel in seinem Hof in Thierbaum

manche wunde Ecken, es gibt noch viel zu tun. Wenn ich jetzt sonntags nach „drüben“ fahre, dann sage ich: Ich bin nur mal kurz weg, ich fahre auf Montage. Hier, das ist meine Heimat. Zwanzig Jahre lang habe ich sie vermißt. Nun ist „der getürmte Ossi“ wieder angekommen, fast jedenfalls. Morgen vielleicht schon ganz.

WEITERE NOTIZEN aus Thierbaum

Landwirtschaft: 1945 wirtschafteten 21 Einzelbauern im Ort, die sich Anfang der 60er Jahre in der LPG „Zur Linde“ organisieren mußten, später dann in die Typ III nach Nauenhain. Nach der Wende wirtschaften als selbständige Landwirte Roland Bernstein und Thomas Friedemann. Mit jeweils 100 ha Feld- und Wiesenfläche betreiben sie vorwiegend Jungviehhaltung.

Die **Kirche** wurde 1860 umgebaut und vergrößert, war zeitweilig Filiale von Schwarzbach und Nauenhain. 1989 Restaurierung des Kirchturms.

Der Diplomfotograf **Harald Lange**, Jg. 39, hat 1998 sein Wochenendhaus zu einem Wohnhaus umgebaut und ein Naturbild-Archiv eingerichtet. Fotoexkursionen führten ihn in alle Erdteile. Von ihm sind inzwischen 10 Natur- und Landschaftsbücher erschienen.

Handel & Gewerbe: Der Gasthof schloß mit der Einweihung eines Kulturhauses auf dem Grubengelände 1956 seine Pforten. - Gärtnerei Meißgeier seit 1954, jetzt im Besitz von Martin und Wieland Winkler. - Ing.-Büro von Gerhard Köpping. - Heizung und Sanitär von Horst Paul. - Baugeschäft von Gunter Brückner.

LITERATUR: Chronik von Thierbaum. Festausgabe zur 700-Jahr-Feier 1290–1990, zusammengestellt von Harald Lange.

Der Friedelhof in Thierbaum

Buchheim, 1308 Bucheym, 'Siedlung beim Buchenwald' (dt.), seit 1994 OT von Bad Lausick, bis dahin selbständig im Kreis Geithain, 520 Einw.

Das Dorf gehört zu den privilegierten Siedlungen, die einen Bäcker und eine Gaststätte haben. Aber wie lange noch? Und es profitiert vom nahen Bad Lausick, denn es geht nahtlos in die städtische Gemeinde über.

Aus Buchheim kommen rollende Eigenheime

Buchheims Name ist nicht unbekannt. Erzeugnisse aus dem Ort kutschieren nämlich deutschlandweit durch die Lande. Es sind die Wagen der Schausteller, die hier entstehen, repariert oder auf den neuesten Stand gebracht werden.

Synonym für das gute Produkt ist der Name *Pfaff*, der Umsiedler Franz Pfaff, der als Stellmacher 1968 hier im Dorf seine Zelte aufschlug. Und wie das so war bei den ungarischen Umsiedlern, sie rackerten und sparten solange, bis ihr eigenes Haus auf festem Grund und Boden stand. Die Werkstatt spezialisierte sich mehr und mehr auf den Bau von Wohnwagen für Schausteller und Zirkusleute. Und der Meister verstand es, den Wirtschaftsfunktionären in der DDR ein Schnippchen zu schlagen und den Zwangseintritt in die PGH zu umgehen. Er belieferte die Möbelproduzenten mit den sogenannten Massenbedarfsgütern. Das ließ er sich schwarz auf weiß geben. Damit besaß er ein Alibi gegen das Drängen der Verstaatlicher.

Die Nebenproduktion bestand in der Wagenherstellung. Die hat sich bis heute erhalten und entwickelt. Zwar nicht immer kontinuierlich, sondern im Auf und Ab der Konjunktur. Heute haben die rollenden Wohnwagen alles das, was ein Eigenheim auch hat. Und mit 50 bis 60 qm eine Wohnfläche, die nichts vermissen läßt. Wenn die Wagen durch die Lande rollen, sieht man es ihnen gar nicht an. Erst dann, wenn ein sinnreicher Mechanismus die für den Transport zusammengeschobenen Räume aufs richtige Maß bringt.

Die Familie Pfaff vergrößerte sich von Jahr zu Jahr. Zuletzt aßen fünf Söhne und eine Tochter am großen Tisch. Der Vater sorgte dafür, daß sie von Anfang an in den Betrieb hineinwuchsen. Daran erinnert sich ziemlich genau Marko Pfaff, Jg.61.

Nach dem Unterricht ging's in die Werkstatt

Ob wir wollten oder nicht, wir wurden mit Nachdruck auf die Arbeit im Betrieb hingewiesen. Während meine Freunde im Sommer im Dorfteich herumplanschten und wir neidisch hinausguckten, standen wir in der Werkstatt. Wehe, wenn wir mittags nach der Schule nicht auf dem schnellsten Wege zu Hause ankamen. Vater wußte genau, wann der Unterricht zu Ende war. Er stand in der Küche und verteilte die Arbeiten. Um die Schule selbst kümmerte er sich nicht. Für ihn galt nur die praktische Arbeit. Heute sage ich: Es war schon so in Ordnung. Wir sind so richtig in das Handwerk hineingewachsen. Alle meine Geschwister waren später in der Holzbranche tätig, nur ich fiel als Schmied etwas aus dem Rahmen. Doch am Wagen gab es genügend Metallarbeiten.

Heute sind wir ein eingespieltes Team von Fachleuten, das alle Kundenwünsche erfüllt. Ich bilde mir meine Leute selbst heran. Jedes Jahr nehme ich zwei bis vier Lehrlinge in unsere Gemeinschaft auf. Einige davon kann ich am Ende der Ausbildung auch fest integrieren. Es stimmt allerdings bedenklich, wenn ich diese beiden von Jahr zu Jahr nur mit aller Mühe finde. Seit 1990 ist das Niveau der Schüler immer mehr gesunken. Von wegen: Für's Handwerk reicht's immer noch! Das ist ein gewaltiger Irrtum. Das Handwerk verlangt Kreativität, Mitdenken, Geschick und Können.

Die Wagen lassen sich nicht wie an einem Fließband herstellen. Jeder Kunde hat da seine eigenen Wünsche. Wir müssen auch den neuen Trend berücksichtigen. Und von wegen Schludern! Bei diesem Preis erwartet jeder Kunde die beste Qualität. Und die bekommt er auch geliefert. Auch wenn ich manche schlaflose Nacht habe und in den Gedanken immer unterwegs bin. Welches Bauteil muß ich noch besorgen? Wie bezahle ich am Monatsende meine 24 Mitarbeiter? Da bleiben kaum Zeit und Raum, große und weite Sprünge zu machen.

Und so kurios das klingen mag: Ich bin tatsächlich noch nicht dazu gekommen, meine beste und treueste Mitarbeiterin zu heiraten. Ich kenne das prächtige Mädel seit meiner Schulzeit, wir wohnen seit langem zusammen und aus der Liebe zueinander erweiterten bald zwei Kinder unsere „wilde" Ehe. Für den Weg zum Standesamt fanden wir einfach noch nicht die Zeit. Vielleicht klappt deswegen unser Zusammenleben besser als manche feste Ehe? Lassen wir die Spekulationen. Ich bin zufrieden, Frau und Kinder ebenfalls, und ich hoffe doch, meine Mitarbeiter im Betrieb auch. Und solange unsere Wagen durch die Lande rollen, von Dorf zu Dorf, von Stadt zu Stadt, solange geht es uns gut.

*

Wer auf der fast schnurgeraden Hauptstraße von Bad Lausick nach Geithain entlangrollt, der spürt eigentlich wenig vom Dorf. Die Siedlung erstreckt sich nördlich davon und hat so eine gewisse Ruhe von der Hektik des Tagesverkehrs. Ab und an entsteht ein bißchen Unruhe in der Jugendherberge. Doch die nehmen die Einwohner gelassen hin, denn sie waren ja auch mal jung.

Die Jugendherberge ist wohl das echte Wahrzeichen des Dorfes. Sie entstand schon in der 20er Jahren. Leipziger Arbeiter hatten einen alten Bauernhof gekauft und zu einem Jugendhof eingerichtet, der ab 1929 als Herberge diente. Die Nazis verboten die Einrichtung und machten daraus eine nazistische Jugendschule. Nach dem Kriege erholten sich hier zunächst unterernährte Leipziger Kinder. Dann bekam die Bezirksjugendschule der Freien Deutschen Jugend das Areal, das nach der Wende wieder Jugendherberge wurde. Mit 9 Mill. DM erfolgte ein großzügiger Umbau, und 1995 öffnete eine moderne Herberge mit 146 Übernachtungsplätzen, darunter 12 Plätze für Rollstuhlfahrer, und notwendigen Nebeneinrichtungen. Mit vier Mitarbeitern bemühen sich um eine gute Betreuung der Herbergsvater Helmut Voigt sowie die Herbergsmutter INGRID VOIGT, Jg.49.

Die Stadtkinder und die Schweine auf dem Dorf

Es gab tatsächlich einige Herbergsgäste aus der Stadt, die zum ersten Male in ihrem Leben ein normales Hausschwein lebendig grunzend, fressend und schnüffelnd im Stall des Bauern sahen. Und so reagierten sie: „Ach, ist das ein niedliches Tier...", „Nein, das ist doch ein richtiges Dreckschwein!"

Wir haben da wohl einen guten Weg gefunden, wenn wir den Besuchern unserer Jugendherberge genügend Angebote unterbreiten, damit sie Land und Leute und Tiere und Pflanzen kennenlernen. Bloß schlafen und essen, das können sie auch zu Hause. Wir engagierten einen Heilkräutermann, der mit ihnen über Wiesen und durchs Waldgestrüpp wandert. Er zeigt ihnen die Vielfalt der Blumen, Gräser, Kräuter und wie sie dem Menschen als Arzneimittel helfen, mit der Natur gesund zu werden. Wenn dann am Ende einer solchen lehrreich-anstrengenden Wanderung der Picknickkorb auf der Lichtung wartet und man sich in die Gräser fallen läßt, da spürt die junge Menschenseele doch ein bißchen was von der Schönheit und dem Nutzen der Natur.

Klar ist unser Buchheim ein schönes Dorf. Das sagen wir! Ein Fremder sieht das schon mal anders. Unseren Gästen müssen wir deshalb ein bißchen mehr bieten. Also kaperten wir preisgünstig einen Bus und erkunden damit die nähere und weitere Umgebung. Von den Wandergruppen allein könnten wir nicht leben. Wir müssen uns nämlich wirtschaftlich selbst tragen. Das sagt sich so einfach dahin, verursachte aber schon manche schlaflose Nacht. Kurzfristige Absagen reißen da ein ziemliches Loch in das Einnahmesäckel. Wir vermieten deshalb unsere Räume auch an jedwede Gruppen, die Mitglied im Jugendherbergswerk sind, und die hierher kommen zu Übungs- und Probewochenenden: Musiker, Chöre, Schützenvereine, Theaterleute, Tanzgruppen. Oder Familien oder Teams (früher waren das die Brigaden, aber der Name mußte wohl geändert werden) aus Betrieben und Einrichtungen.

Und dann vergesse ich auch die Anstrengungen und die unendlich vielen Stunden, die ich mit meinem Mann und den Mitarbeitern Anfang der 90er Jahre hier im Haus verbracht habe. Aus einer heruntergekommenen Einrichtung mit schlechtem Leumund (Bezirksjugendschule der FDJ) haben wir durch Abriß und Neubau die modernste und besteingerichtete Herberge in Sachsen geschaffen. Klar flossen da Millionen Fördergelder, klar verlief nicht alles reibungslos. Nun sind wir stolz auf das Bauwerk und vor allem auch darauf, daß das Haus angenommen wird, daß wir viele Besucher haben und daß es den meisten hier gefallen hat.

Unsere Einrichtung bietet noch einen besonderen Service an: Wir haben ein Dutzend behindertengerechte Plätze geschaffen. Und wie dankbar sind diese Kinder und Jugendlichen. Sie brauchen alle mal ein kleines Glück. Wenn sie in der Meute der Gesunden am Feuer sitzen und gemeinsame Abende verbringen, da spürt man hautnah, mit welcher Freude sie in die andere, und eigentlich doch so normale Lebenswelt eintauchen. Da sieht man diese Menschen mit ganz anderen Augen.

Ingrid Voigt im Hof der Herberge

Die Bauernstraße hat ihren Namen in der Tat. Entlang der schmalen Gasse drängeln sich einstige Bauernhöfe, die jedoch längst ihre Wirtschaftlichkeit aufgegeben haben. In der Nr. 4 lebt die Bäuerin HELGA NAUMANN, Jg. 38:

Die Eier zum Brüten hole ich nicht in der Kaufhalle!

Ich habe mir eine schöne Aufgabe gestellt: Von Zeit zu Zeit besuchen mich Schulklassen oder kleinere Gruppen, die in der Jugendherberge fröhliche Tage verbringen. Vor allem sind es die Stadtkinder, die noch nie auf einem Bauernhof waren. Ich merke es an ihren merkwürdigen Fragen. Wollte doch da neulich ein kleines Mädchen wissen, ob ich die Eier für das Brüten aus der Kaufhalle hole. Ich erzähle gern kleine Geschichten von meinen Hühnern, Küken, Enten, Schafen und Ziegen. Die strahlenden Kinderaugen muß man erleben, wenn die Kinder dann ein kleines Kaninchen im Arm halten. Und dann bin ich mir eigentlich nicht ganz sicher, ob ich die Tiere auf meinem sonst verwaisten Bauernhof extra für die Kinder der Herberge halte. Ich zeige die alten Geräte, mit denen ich früher in Flur und Feld, im Stall und im Haushalt unseres Dreiseithofes gearbeitet habe.

Ich bin zufrieden, daß ich nun, nachdem mein Mann vor kurzem verstorben ist, eine neue Lebensaufgabe gefunden habe. Manchmal werfe ich auch einen Blick zurück auf meine Kindheit. Sie war anstrengend und mit vielen Pflichten verbunden. Trotzdem gab es herrliche Spiele auf dem Dorf, und jedes Jahr einen Höhepunkt: Die Fahrt mit der Eisenbahn in den Leipziger Zoo. Dann erzählen meine kleinen Gäste, wo sie schon überall waren, selbst in fernen Ländern. Doch an Einzelheiten und Land und Leute können sie sich nicht erinnern.

Ich bin mit Leib und Seele Bäuerin gewesen. 30 Jahre lang erledigte ich während der LPG-Zeit meine Pflichten im Stall. Das war ziemlich einseitig, aber man konnte es ja nicht ändern. Wie gern hätte ich das ganze abwechselungsreiche Programm einer Bauersfrau erfüllt. Nun, nach der Auflösung der Genossenschaften, hatten wir keine

Helga Naumann im Hühnerauslauf

Kraft mehr zu einem Neuanfang. Wir waren auch zu alt dafür. Aber meine kleinen Viecher möchte ich nicht missen. Mein Hof, meine Tiere, mein Dorf, das ist meine Heimat und hier werde ich bis zum Ende meines Lebens bleiben.

WEITERE NOTIZEN aus Buchheim

Die kleine **Dorfkirche** am Hang zum Waldbach inmitten des Dorfes entstand 1680 nach einem Brand neu. Bemerkenswert die eichene Tür mit einem Holzkastenschloß und eisernen Beschlägen. Eine vollständige Erneuerung erfolgte 1977 mit einem neuen Turmaufbau auf der Sakristei.

Am nebenstehenden **Pfarrhaus** befindet sich eine Gedenktafel, die an den Arzt *Friedrich Heinrich Küchenmeister* (1821–1890) erinnert. Der Sohn des Pfarrers praktizierte in Zittau und Dresden als Frauenarzt und erforschte besonders die Parasitologie (Bandwurmbefall) Seine Ergebnisse führten dazu, daß der Fleischbeschau bei frisch geschlachteten Tieren erfolgte (Gesetz seit 1900). Er vertrat die Feuerbestattung. Mit 48 Büchern und Druckschriften erreichte er viel beachtete Leistungen. In seiner Freizeit befaßte er sich mit Bienen-, Fisch- und Austernzucht und der Veredlung von Obstbäumen.

Abbau einer **Tonlagerstätte** von 1900 bis 1953 mit einem Tonröhrenwerk von Friedrich Hunger, später Oswald Weiske.

Die **Schule** bestand bis 1969, fast vier Jahrzehnte Lehrer, Schulleiter und Kulturorganisator *Rudolf Krannich*. Sein letztes Schuljahr unterrichtete er 1969, danch erfolgte das Ende der Schule und die Verlegung nach Bad Lausick. Das Gebäude wurde 1983 zum Mehrzweckgebäude umgebaut.

Vereine und Einrichtungen: Männerchor, gegr. 1898, Vors. Roland Vogel Frühjahrsvergnügen. - Gemischter Chor, gegr. 1969, Vors. Kerstin Marrek Herbstvergnügen. 50jährige aktives Mitglied Hans-Dieter Otschik. - Sportgruppe mit Frauen-Gymnastik. - Jugendklub in der alten Schmiede. - Freiwillige Feuerwehr, Wehrleiter Albrecht Köhler. Gerätehaus neben der Kirche, jährlich Maibaumsetzen, Kinderfest, Verbrennen der Weihnachtsbäume.

Landwirtschaft: Bis 1945 wirtschafteten 36 bäuerliche Betriebe, dann Bildung der LPG. - Eine nach 1992 errichtete Kompostieranalage beendete nach Bürgerprotesten und Insolvenz 2004 ihre Tätigkeit.

Handel & Gewerbe: Bäckerei Conrad Meißner im ehem. Chausseehaus (Zolleinnahme). - Tischlerei Wolfgang Naumann, gegr. 1948 vom Vater Willy, ursprünglich Holzpantoffeln, Möbel, Kinderwiegen, jetzt Kunststofftüren und -fenster. Die Abt. Holz, vorwiegend Innenausbau, leitet Sohn Steffen. - Fahrzeugbau Pfaff. -

GASTRONOMIE: Gaststätte *Zur Erholung*, Pächter Peter Neubauer.

Kirche in Buchheim

Das Straßendorf mit dem Anger im nördlichen Teil liegt zwischen Bad Lausick und Colditz an der alten Poststraße, die nahe am Ort vorbeiführt und wegen der Landesverteidigung der DDR strategische Bedeutung erlangte. Der Colditzer Wald war seinerzeit Aufmarschgebiet der sowjetischen Raketenstreitkräfte. Da die riesigen Transporter nur mit Mühe durch die engen Straßen von Ballendorf fahren konnten, wurde der historische Weg zu einer großzügigen Umgehungsstraße ausgebaut. Das war in der DDR-Zeit eine absolute Rarität.

Die Siedlung erstreckt sich am Hang einer sanften Erhebung. Die wellige Landschaft am Rande der weitläufigen Forsten des Colditzer Waldes bildet hier eine Wasserscheide zwischen der Weißen Elster/Pleiße und der Mulde. Die kleinen Naturschönheiten haben viele Städter sehr bald erkannt. Anfang des 20. Jh. machten immer mehr Wandergruppen in Ballendorf Station.

Nach der Wende erhielt auch die alte Dorfstraße ein völlig neues Gesicht. Das spornte zahlreiche Haus- und Hofbesitzer an, ihr Anwesen zu sanieren. Der Wirt vom alten Dorfgasthof verschloß sich nicht diesem positiven Trend. Wer seine Ohren spitzt, der kann von den Einheimischen am Stammtisch hin und wieder eine hübsche Geschichte hören:

Wie dem Ballendorfer Gastwirt das Glück hinterher lief

Der Maurermeister *Heinrich Müller* aus Sermuth hatte Mitte des 19. Jh. einen beträchtlichen Lotteriegewinn gemacht. Warum also noch schwer arbeiten, wenn es auch leichter geht. Kurzerhand warf er sein Werkzeug in die Mulde und kaufte den Ballendorfer Gasthof. Zwanzig Jahre ging das auch gut. Doch dann war er am Stammtisch selbst sein liebster Gast. Freigiebig schmiß er für seinen Trinkergesellen die Runden. Das forderte natürlich seinen Tribut, und 1881 mußte er das spendable Haus verkaufen. Er war pleite. Mit den letzten Pfennigen kaufte er sich ein Lotterielos und siehe da, das Glück hatte ihn nicht verlassen: Er gewann aufs neue! Flugs kaufte er schon im folgenden Jahr das Anwesen zurück und versammelte sich mit seinen Zechbrüdern erneut am Stammtisch. 1889 gab er sein Gewerbe ab, diesmal aus Altersgründen, und fortan verbrachte er seinen Lebensabend als richtiger Gast in der vertrauten Umgebung, bis ihm der Tod das Glas aus der Hand nahm.

Mit dem Glück auf ganz andere Art war eine hiesige Bauersfrau verbunden. Die Leute erzählen sich noch heute eine Begebenheit, die sich allerdings nicht genau datieren läßt. Der alte Kantor hatte sie vor Jahrzehnten aufgeschrieben, und der mußte es ja wissen: Eine Bäuerin hatte stets etwas mehr Butter im Butterfaß als ihre Nachbarinnen. Natürlich prahlte sie mit ihren Künsten. Und das wiederum wurmte eine andere Bauersfrau ganz gewaltig. Immer wieder bemühte sie sich, ihr das Geheimnis zu entlocken. Eines Tages, bei einer hellen Vollmondnacht, willigte die Nachbarin ein und bestellte die neugierige Bauersfrau zur späten Abendstunde auf ihren Hof. Vor dem Misthaufen zelebrierte sie eine merkwürdige Geisterbeschwörung. Das wurde der Nachbarsfrau zu unheimlich, und sie rannte davon. Gerade noch sah sie, wie der Teufel mit einer Flamme aus dem Misthaufen entwich. Erregt stürzte sie nach Hause, wälzte sich schlaflos im Bett und erzählte die furchtbare Beobachtung anderntags unter dem Siegel der Verschwiegenheit allen anderen Bauersfrauen im Dorf. Und seitdem ist es eben nicht mehr ganz geheuer in den Gassen der Bauerngemeinde.

Einer, der Ballendorfer Geschichten mit Schmunzeln erzählt und der sich nicht auf das Lotterieglück verlassen wollte, sondern die Geschicke seines Lebens mit Eifer und Sachverstand am Schopfe gepackt hat, ist der Ingenieur für Wasserwirtschaft i. R. WERNER TISCHER, Jg. 35:

Ein Leipziger geht für die Ortschronik von Haus zu Haus

Ich habe mich vom Wochenendler zum seßhaften Bewohner von Ballendorf gewandelt. In Merseburg geboren, erlebte ich als Kind die schlimme Zeit der Bombenangriffe im II. Weltkrieg auf die Industrieregion. Nach der Schulzeit und Facharbeiterlehre ging ich zum Studium nach Leipzig. Dort gründete ich eine Familie, in der drei Kinder wohlbehütet aufwuchsen.

Meine erste große Bewährung mußte ich schon ab meinem 21. Lebensjahr bestehen. In diesem Alter bekam ich nämlich den Auftrag, das Vorhaben „Überleitung aus der Zwickauer und Freiberger Mulde“ zu organisieren. Bekannt ist dieses Objekt durch das Pumpwerk Sermuth. Nach sechs Jahren schloß ich die Aufgabe erfolgreich ab. Das Werk verrichtet nach der Sanierung im Jahre 1999 noch heute seinen Dienst.

Ich hatte gemeinsam mit einem kleinen Kollektiv das Büro über dem Tal der Zwickauer Mulde. Der tägliche Blick über das reizvolle Tal der Muldenzusammenflüsse prägte sich in meine Gedankenwelt ein. Hier könntest du immer wohnen! Nach einigen Jahren konnte ich in Ballendorf ein Grundstück erwerben, und wir bauten darauf ein Wochenendhaus. Damit reihte sich meine Familie in die große Schar „Leipziger Stadtflüchter“ ein.

In den Folgejahren wirkte ich am Talsperren- und Flußbau, beim Rohrleitungsbau und bei verschiedenen Wasserwerksanlagen im Raum Leipzig mit. Mit der Wende wendete sich auch meine Tätigkeit. Eine mit zwei Geschäftsleuten aus Bayern gegründete Firma für Rohrleitungsbau habe ich nach zwei Jahren verlassen. Leider ging es den beiden Managern nur ums Geldverdienen.

Ballendorfer Dorfblick

Zum Ruhestand reichte es noch nicht ganz. Zwei Jahre lang unterstützte ich die Weiterbildung von Zimmerleuten im Denkmalschutz im Trebsener Schloß. Dieser ehemals erlernte Beruf war immer mein Hobby geblieben. Meine handwerklichen Kenntnisse wandte ich als Ruheständler und Rentner ab 1994 für den Umbau unseres Bungalows in Ballendorf zum Wohnhaus an. Meine Frau und ich waren nun Ballendorfer. Wir sind ganz stolz darauf, daß wir als „Leipziger" schnell in der Dorfgemeinschaft aufgenommen wurden. Gegen Auswärtige, die zudem noch aus einer Großstadt kommen, haben die Dörfler oft Vorbehalte. Als mich die Bauern (außer Dienst) zum Dorfchronisten beriefen, war das für mich eine besondere Ehre.

Glücklicherweise hat Ballendorf eine wunderbare und aussagekräftige Ortschronik. Der 1964 verstorbene Lehrer *Johannes Oliva* hat ein Werk hinterlassen, das in Text und Zeichnungen ein hervorragendes Spiegelbild des Bauerndorfes vermittelt. Nun schreibe ich an den einzelnen Grundstückschroniken. Ich gehe von Haus zu Haus und erfrage die Einzelheiten über die Grundstücke und über die Menschen, die darin wohnten. Mancher Hausbesitzer wird plötzlich neugierig, wie das in der Vergangenheit aussah. Als neulich einer aus dem Dorf das Protokollbuch des Gemeinderates von 1836 brachte, da freute ich mich riesig über den kostbaren Schatz.

Während der Arbeit mit den alten Unterlagen durchlebe ich manchmal in Gedanken alte Zeiten. Mein Wunsch wäre es, wenn in den Dörfern mehr für das historische Dorfbild getan würde. Die von *Johannes Oliva* 2003 in der heimischen Kirche ausgestellten Bilder haben eindrucksvoll gezeigt, wie schön ein Dorf aussieht, wenn Traditionen erhalten und gepflegt werden. Als ein „Tor zum Muldental" wäre dann das kleine Ballendorf bestimmt eine Attraktion.

Elisa Oliva und Werner Tischer während der Oliva-Ausstellung in der Kirche

WEITERE NOTIZEN
aus Ballendorf

Die **Bockwindmühle** am Ortseingang von Bad Lausick, das nicht zu übersehende Wahrzeichen des Ortes, lockt als voll funktionierendes technisches Denkmal die Besucher an. Der Besitzer Andreas Klose hat das Bauwerk (erste Nachrichten gehen bis 1834 zurück) nach Gewitterschäden 1969 mit umfangreichen Mitteln des Denkmalschutzes wieder instand gesetzt. Bis 1974 wurde hier Schrot gemahlen.

Die **Waldmühle** mitten im Colditzer Wald zwischen Ballendorf und Ebersbach erhielt ihren Namen, als hier eine Wassermühle sicherlich als Sägegatter genutzt wurde. Ein aufwendiges Graben- und Stausystem ermöglichte die Wasserzuführung. Reste davon sind noch vorhanden, die Mühle ist längst verschwunden, der Name hat sich erhalten. In den Gebäuden befindet sich jetzt ein Forstrevier. - In der Nähe liegt ein Hochmoor, wo sich der Sonnentau seine Nahrung von den gefangenen Insekten holt.

Die **Dorfkirche** auf einer kleinen Anhöhe mitten im Dorf stammt aus dem 15. Jh. Den jetzigen Turm erhielt sie 1688, indem eine barocke Haube auf die alte Wehrkirche aufgesetzt wurde. Weitere Renovierungen erfolgten 1977 und 1999. Ein Altar aus dem 17. Jh. schmückt seit 2002 den Innenraum. Die in Holz geschnitzten Figuren sind ein schönes sakrales Beispiel des Bauernbarocks. Filialkirche von Bad Lausick, Pfarrer *Arnold Liebers*.

Die **Schule** wurde 1968 aufgelöst. Fortan fuhren alle Kinder mit dem Bus nach Bad Lausick. Das Schulgebäude von 1840 steht leer.

Zwei **steinerne Denkmale** stehen im Ort: An der alten Poststraße die restaurierte Postmeilensäule von 1722 und auf der Höhe 229 m NN eine knapp 3 m hohe Porphyrsäule zur Erinnerung an die königlich-sächsische Landvermessung (Triangulation) von 1875.

Ein saniertes **Taubenhaus** von 1821 steht auf einer Porphyrsäule im Bauernhof der Familie Augustin. Dort befindet sich auch eine mit Porphyrsteinen gemauerte Toreinfahrt.

Das **Wenig-Glastener Tor**, längst zugemauert in der Friedhofsmauer, erinnert an die ehemalige Siedlung Wenig Glasten am Rande des Colditzer Forstes, die schon um 1300 als Wüstung genannt wird. Trotzdem hat sich der Name über sieben Jahrhunderte erhalten.

Personalien: *Johannes Oliva* (1906–1971), Lehrer und Kunsterzieher an der Schule, war der Kulturträger des Dorfes und weithin bekannt. Formte den Chor zur neuen Blüte, organisierte Dorffeste, schrieb die Dorfchronik und war aktiver Mitarbeiter des *Rundblicks*. In seiner Freizeit schuf er Ölbilder, Aquarelle und Holzschnitte von seiner Heimat. Seine Frau *Elisa*, Jg. 1911, unterstützte das kulturelle Geschehen des Dorfes bis ins hohe Alter, erhielt dafür eine Ehrenauszeichnung des Bad Lausikker Stadtrates und bewohnt das idyllische Fachwerkhaus mit einem blühenden Bauerngarten nahe der Kirche. Eine Enkelin, *Maria-Christina Göthner*, erbte das Talent ihres Großvaters und lebt als freischaffende Malerin in Leipzig.
Gerold Kurth, Jg. 41, Bauer und langj. LPG-Vors., seit 1990 Geschäftsführer der Agrargesellschaft, führte mit seinen guten Fachkenntnissen erfolgreich beide Einrichtungen.
Bernhard (1895–1928) und *William Wetzold* (1936–1945) wirkten jahrzehntelang als Gemeinderatsmitglieder, Bürgermeister und Standesbeamte zum Nutzen des Ortes. Ihre Vorfahren waren seit 1849 Vors. des Gemeinderates.
Der Altbauer *Erhard Röder*, Jg. 07, übernahm nach dem II. Weltkrieg eine gewisse Regie im Dorf und organisierte Dorffeste, Rentnerfahrten und andere Aktivitäten. Seiner Initiative

war zu verdanken, daß schon 1949 viele Einwohner im Dorf den Führerschein erwarben. *Ida Gläser geb. Heinrich* (1882–1956) verwaltete über 50 Jahre lang von 1898 bis 1952 mit fröhlicher Bereitschaft in der 3. Generation das Amt des Glöckners und Kirchendieners. Sie sorgte für eine würdige Gestaltung der Kirche, und stets schmückten Blumen den Altar.

Vereine und Einrichtungen: Carnevalsclub BCC, gegr. 1994, unter der Leitung der Ehepaare Landsmann und Fischer setzt die kulturellen Traditionen des Ortes fort. - Die Freiwillige Feuerwehr, gegr. 1931, bildet seit jeher das Rückgrat aller praktischen und gesellschaftlichen Aktivitäten im Ort: Gerätehaus mit vorbildlichen Natursteinmauerwerk von 1949, Wasser- und Abwasserleitungen, Sportplatz usw. Wehrleiter Erwin Schreiter von 1951 bis 1986, seitdem Mathias Reiter. - Sportverein „Rot Weiß", gegr. 1982, Vors. Wolfgang Rentzsch, mit Jugendfußball und Frauengymnastik. - Tierarztpraxis von Christel Fischer.

Landwirtschaft: Es gab kein Rittergut, die Felder bewirtschafteten 1945 31 Bauern, die 1958/60 eine LPG bildeten. Deren Schwerpunkte lagen im Kartoffelanbau, der Milcherzeugung und in der Tabakproduktion. Sie gab sich den Namen *Kühn voran*. Ob sie damit „Ballo, den Kühnen" [Kühn, geh du voran!] gemeint hat, der einstmals dem Ort seinen Namen gegeben hatte? Zweifel sind angebracht, denn das wäre von den Parteioberen bestimmt nicht genehmigt worden. - Mit der Auflösung der LPG bildete sich 1991 die Agargesellschaft für Rinderzucht und Werkstatt, die die ehem. Stall- und Wirtschaftsgebäude der LPG nutzt. Die Tabak-Trockenschuppen sind dem Verfall preisgegeben.

Handel & Gewerbe: Karosseriewerkstatt und Autolackiererei von Andreas Tappert mit 15 Besch. - Trockenbau Volkmar Landsmann. - Verleih von Campingwagen, Horst Klingberg (mit Ferienwohnung). - Gasthof Ballendorf, Bes. seit 1989 Fam. H. J. Kupfer, hat eine lange Tradition, bewirtet vor allem Gesellschaften und Ausflügler, die mit dem Bus anreisen.

Die Postsäule in Ballendorf

Glasten, 1350 Glasehutten, 'zur Glashütte' (dt.), seit 1994 OT von Bad Lausick, 315 Einw.

In Glasten hält man vielleicht nur an, wenn man einen Verwandten oder Bekannten besuchen will oder bei einem der verbliebenen Handwerker etwas zu bestellen hat. Der Ort liegt abseits großer Verkehrsadern mitten im Landschaftsschutzgebiet Colditz-Glastener Forst und ist von drei Seiten mit Wald umgeben. Die durch die Schäferei entstandenen Auen und Wiesen machen landschaftlich schon was her. Nur mit der Gastronomie hapert's, sie ist seit einigen Jahren gänzlich verschwunden.

Einmal im Jahr, da läßt sich allerdings ein Besucherstrom kaum bändigen. Zum *Parthenfest* im Juli oder August eines jeden Jahres rücken die Leute von überall her an mit Kind und Kegel. Dieses Dorffest vereint alte und junge Glastener in trauter Gemeinschaft. Nicht selten werden da im Festzelt und am Lagerfeuer alte Geschichten aufgewärmt und neue hinzugefügt.

Wer verwahrt den Glastener Goldschatz?

Eine dieser Historien erzählt von einem beachtlichen Goldschatz in der Kirche. Allerdings liegt dieses Ereignis auch über 200 Jahre zurück. Damals fanden beim Abbruch des Gebäudes die Maurer gut versteckt im dicken Mauerwerk einen Schatz mit arabischem Gold. Der Finder machte sich damit bis auf einen kläglichen Rest auf und davon und verschwand für immer in den Weiten Deutschlands, vielleicht auch Europas *(siehe Rundblick-Lesebuch)*.

Oder die Geschichte mit Freiherr *Graf Ludwig von Haynau*, der 1816 als ehemaliger Innenminister am Württembergischen Königshof hier im Dorf Zuflucht suchte und drei größere Pferdnergüter erwarb, um sich eine sichere Existenz aufzubauen. Der Mann

An der Kirchenpforte in Glasten

besaß einen ungestümen Gerechtigkeitssinn. Er stritt sich mit den Gerichten und wollte manch armen Bauern zu dessen Recht verhelfen. Er wetterte gegen den Kinderfrondienst und die Schafhaltung, die nur die Obrigkeit begünstigte. Für seine Frau, ein geborene Gräfin von Zeppelin, baute er ein großzügiges Herrenhaus mit luxuriöser Ausstattung. Sein Leben endete jedoch in einem Fiasko. Die Frau hatte ihn verlassen, das Geld war verschwunden. Damit bereicherte sich auch mancher Betrüger. Nicht zuletzt dezimierte eine Seuche die Schafherde. Ein „plötzlicher Tod" erlöste ihn von all seinen Qualen. Nichts erinnert mehr an diesen aufrechten Glastener, nicht mal eine klitzekleine Gedenktafel.

Oder von den beiden Räuberbrüdern *Andreas und Hans Hunger*, die vor über 300 Jahren mit ihren Raubzügen die Gegend unsicher machten *(siehe Rundblick-Lesebuch)*. Zum Glück verlief da der Heidelbeerkrieg zwischen Glasten und Leisenau ziemlich glimpflich. Jede Gruppe wollte die besten Heidelbeerplätze für sich beanspruchen, und da konnte es schon mal passieren, daß die mühselig vollgepflückten Körbe und Eimer umgestoßen wurden und die schwarzen Beeren über den Waldboden rollten. Heutzutage muß man lange suchen, bis ein Krug mit Heidelbeeren gefüllt ist. Das Kraut hielt den Umweltbedingungen nicht stand, es kümmert und bringt nur noch wenig und kleine Früchte. Pilze wachsen noch in reichlicher Zahl.

Damit die Suche nach den Waldfrüchten in einigermaßen geordneten Bahnen verläuft und auch die vielen anderen Aufgaben erfüllt werden, die den Wald als Wirtschafts- und Erholungsfaktor anziehend machen, darum bemüht sich mit Nachdruck der Revierförster Torsten Worm, Jg. 64:

Der Wald ist mein zweites Zuhause

Nach meiner Schulzeit in Dessau stand ich vor der Wahl: Entweder als Metaller in der Riesenhalle einer Fabrik zu verschwinden oder als Forst- oder Landarbeiter durch die Feld- und Waldauen zu laufen. Die Entscheidung fiel leicht: Hinaus in die Natur! Nach Lehre, Armeezeit und Studium fand ich 1989 einen Arbeitsplatz in der Revierförsterei Glasten. Die Unterkunft in Ebersbach auf beengtem Raum sollte nicht von Dauer sein. Ich wollte mit meiner Familie voll und ganz seßhaft werden. Also erwarben wir auf der Großen Seite in Glasten einen Bauplatz, und 1997 zogen wir in unser kleines Eigenheim. Ich war in meiner neuen Heimat angekommen.

Meine Tätigkeit macht mir Spaß, bereitet mir auch Sorgen. Das ist normal und geht anderen Leuten ebenso. Allerdings stehe ich damit in der Öffentlichkeit, und mit dieser muß ich mich auseinandersetzen. Eigentlich könnte man schon vom gesunden Menschenverstand her erwarten, daß sich die Waldbesucher so erhalten, wie es Anstand und Ordnung vorgeben. Eigentlich! Es ist erschreckend, wieviel Zeit ich damit regelrecht vergeuden muß, die Leute darauf aufmerksam zu machen.

Jeder kann den Wald betreten, so oft und so gern und wo er will. Dafür sind die Wege da und die Parkplätze. Auch das Pilze suchen und das Beeren pflücken verbietet ihm niemand. Selbst Blumen kann er pflücken, es sei denn, sie stehen unter Naturschutz. Nur ausgraben darf er nichts, und in Schonungen, die sind meist eingezäunt, hat er nichts zu suchen.

Aber muß er das Brotpapier, die Plastetüten und die Bier- und Coladosen im Tausch mit den Pilzen entsorgen? Dann gibt es noch die Vandalen, die ihre ausgedienten Elektrogeräte, ihren Hausmüll in blauen und gelben Säcken ablegen. Wie viele Steuergelder sind da notwendig, diesen Dreck wieder wegzuräumen.

In den letzten Jahren wird wieder verstärkt Brennholz geschlagen. Das kann jeder, der es will. Das ist eine preiswerte Alternative zu den teuren Brennstoffen, wenn er seinen Zeitaufwand nicht rechnet. Außerdem ist es gesund, sich in der frischen Waldluft zu bewegen. Neulich holte einer 50 Raummeter aus dem Wald, vor allem Eiche und Buche. Die bringen die meiste Hitze. Vermutlich versorgt er seine ganze Verwandtschaft. Einerseits freue ich mich darüber, lassen sich doch damit einige Gelder für die ständig klamme Forstbetrieb erwirtschaften. Andererseits sehe ich es auch mit einem weinenden Auge. Es wäre für Waldboden dienlich, wenn das Altholz liegen bleibt und verrottet. Das verbessert nämlich die Bodenqualität. Das wiederum bringt einige Ordnungsfanatiker auf die Palme: Der Förster könnte mal ein bißchen für Ordnung in seinem Wald sorgen! Es hat eben alles seine zwei Seiten, im Leben wie in der Natur!

Natürlich bin ich auch Jäger. Das romantische Bild aus Ganghofers Romanen, wo der Oberförster mit dem Hund, geschultertem Gewehr und der Pfeife im Mund durch den Wald stromert, das hat es nur in der Phantasie dieses Romantikers gegeben. Der Wildbestand spielt schon eine große Rolle und muß auf ein gesundes Maß gebracht werden. Während der Dienstzeit habe ich allerdings dazu kaum Gelegenheit. Nach Feierabend oder an den Wochenenden, wenn mein Schreibtisch mich nicht zurückhält, streife ich dann durch mein Revier, und manchmal komme ich auch zu einem Abschuß.

Oft werde ich zu Wildunfällen gerufen. Die Hauptstraße, die den Colditz-Glastener Forst durchschneidet, ist leider eine schreckliche Unfallzone, ganz besonders im Herbst. Viele Pilze locken viele Menschen an. Die Unruhe im Wald schreckt die Tiere auf. Das Asphaltband der Straße ist da keine Grenze. Irgendwann packt sie es, und wenn sie in Bewegung sind, gibt's kein Halten. Dann setzen sie ohne Warnung und ohne auf die heranjagenden Fahrzeuge zu achten, über die Straße. Da hilft auch kein Ausweichen. Das Hinweisschild auf den Wildwechsel wird häufig ignoriert und unterschätzt. Oft muß ich dann mit dem Hund auf Suche gehen, um die verwundeten und vielleicht irgendwo verendeten Tiere zu finden.

Ich renne natürlich nicht tagtäglich durch den Wald, zähle die Bäume und überlege, wie das Forstamt zu Geld kommt. Sicher, die Wirtschaftlichkeit steht vorn an, und mit meinen vier Waldarbeitern organisiere ich in erster Linie Neuanpflanzungen und deren Hege. Der Wald ist mein zweites Zuhause. In den Herbstmonaten nehme ich mir etwas

Förster Torsten Worm an der Parthequelle

mehr Zeit. Wenn sich die Bäume wie mit einem bunten Kleid schmücken, wenn nach den ersten zarten Frösten die Kristalle in der Sonne blitzen und wenn zwischen den Stämmen ein Rehbock mißtrauisch zu mir herüber äugt, dann sind das beglückende Minuten. Ich bin dankbar, daß ich diesen Beruf ausüben darf. Hier möchte ich bleiben, arbeiten und mit meiner Frau gemeinsam alt werden. Vielleicht werde ich auch irgendwann mit meinen Enkeln die Früchte der Bäume ernten, die ich selbst gepflanzt habe.

WEITERE NOTIZEN aus Glasten

Glasehutten trat um 1350 als Wüste Mark Wenig Glasten in Richtung Ballendorf auf. Von den Gebäuden aus Holz und Lehm ist längst nichts mehr vorhanden, auch Reste einer Glashütte wurden nie gefunden. Aus welchen Gründen auch immer siedelten die Nachfahren ein Stück weiter nördlich. Vermutlich fanden sie dort besseren Boden für den Ackerbau und nahmen den Namen mit.

Die **Dorfchronik** hat *Gisela Hanickel*, Jg. 43, in einem dicken Buch und in einer kleinen Festschrift (erschienen anläßlich 650 Jahre Glasten - 1999) Geschichte und Geschichten aufgeschrieben. Als aktive Mitarbeiterin im Heimatverein setzt sie diese Arbeit mit Sorgfalt und Akribie fort.

Der **Eckardtshof** war ehem. kurfürstliches Forstgut (vor 1700 gebaut) und mit berittenen Förstern besetzt. Der fast quadratische Bau mit mächtigem Mansarddach, Fenstergewände aus Rochlitzer Porphyrtuff, Kreuzgewölbe im Erdgeschoß steht unter Denkmalschutz. Jetzt Wohnhaus.

Als Querbahn wurde eine **Eisenbahnlinie** zwischen Großbothen-Bad Lausick und Borna (31 km) errichtet. Erster Spatenstich 1920 mit Haltepunkt in Glasten, 1937 der Personenverkehr aufgenommen, bis 1947 betrieben, dann abgebaut (Demontage) für Reparationszwecke in die SU geliefert. Der stark bewachsene Bahndamm mit einigen Brücken ist in den Fluren noch gut erkennbar. Jetzt teilweise als angenehmer Wanderweg ausgebaut mit einem Naturlehrpfad zwischen Glasten und Bad Lausick. Das ehem. Bahnhofsgebäude brannte 1995 ab.

Die **Kleine Seite** und die **Große Seite** erinnern als originelle Straßennamen an ein Stück Vergangenheit. Den Anger mit seinen fünf Teichen – jetzt nur noch einer – und die durchfließende Parthe umschlossen seit der Dorfgründung beide Wege. Dorthin trieben die Gemeindemitglieder ihre Gänse.

Die Dorfkirche von Glasten

Die **Mordschneise** erinnert an ein Ereignis kurz nach dem I. Weltkrieg. Der junge Gutserbe Beyer wollte mit einem Haufen Geld in Leipzig ein Pferd kaufen. Auf dem Wege nach Lausick erschlug ihn ein kriegsgefangener Russe, der bei ihm arbeitete. Er wollte mit dem Geld seine Fahrt nach Hause bezahlen, mußte nun die schreckliche Tat mit dem Tode büßen.

Die **Parthequelle** im Glastener Forst in einer Delle mit uralten Buchen ist eigentlich der Gossenborn und heißt im Volksmund auch so bis ins Dorf, wo er sich am Eckardtshof mit dem Lahnbach vereinigt (auch Ballendorfer Wasser genannt) und nun erst als Parthe weiter fließt und in Leipzig nach knapp 60 km in die Weiße Elster mündet. Die Parthequelle ist deutlich markiert, das Gebiet mit Bänken und Hinweistafeln gut erschlossen.

Eine **Schule** bestand bis 1969, dann gingen die Schüler nach Bad Lausick. Das alte Schulgebäude von 1876 ist jetzt Wohnraum und eine kulturelle und geschichtliche Begegnungsstätte.

Ein fünf Meter hoher **Taubenturm** mit massivem Unterbau und achteckigem Fachwerk steht in einem Gehöft am Dorfteich.

Wehrkirche aus dem 13. Jh., heidnischer Opferstein bei Renovierung gefunden. Um 1900 neue und hohe Turmspitze aufgesetzt, der unproportionierte Aufbau paßte nicht zum Kirchlein, deshalb1966 abgetragen und in ursprünglicher Form errichtet. Viermal jährlich geistliche Konzerte.

Vereine und Einrichtungen: Der Heimatverein Glasten, gegr. 2001, Vors. Andreas Dathe, Jg. 62. Begegnungstätte und Heimatstube in der Gaststube des ehem. Gasthofes (seit 1994 geschlossen). Organisiert die Glastener Dorfweihnacht und das Mutterbuchenfest. - Parthenverein, gegr. 2001, Vors. Karsten Sachse, organisiert das jährl. Parthenfest und die Pflege des Areals an der Parthequelle. - Bungalowverein *Am Steinberg*, Vors. Hasso Lindau. Besteht seit 1970 am alten Steinbruch mit über 40 Ansiedlungen. - Jugendclub im ehem. Konsum. - Freiwillige Feuerwehr, Wehrleiter Karsten Dathe.

Landwirtschaft: Nach LPG-Gründung der Altbauern betreiben heute Landwirtschaft: Schäferei Andreas Kober. - Rinderhaltung im Nebenerwerb von Helmar Gneupel. - Putenmastanlage Steffen Leuthold. - Wanderreitstation von Josef Zehetmaier.

Handel & Gewerbe: Tischlerei Christian Zwalina . - Schneiderei von Birgit Mandry. - Heizung und Sanitärhandwerk von Dieter Trutz. - Dachdeckermeister Ralf Müller. - Hausmeisterservice von Dietmar Mandry, ebenso Helmut Schmäh.

Blick über den Dorfteich zum Taubenturm

Im Vorland des Erzgebirges

Geologisch gesehen gehört der Teil des Muldentalkreises, der sich im Winkel zwischen der Freiberger und Zwickauer Mulde nach Süden bis zum Auenbach erstreckt, noch zum Porphyrhügelland. Der Porphyr ragt auch durchschnittlich 70 bis 80 m oft unvermittelt über die beiden Muldentäler auf. Nur an den Talrändern der beiden Mulden und der tief eingesenkten Nebenbäche, z. B. am Schanzenbach oder Tiergartenbach, ist der Porphyr sichtbar. Auf den Hochflächen ist er durchweg von aufliegenden Sedimenten des Tertiärs (Braunkohle wurde einst bei Skoplau und Commichau und Ton bei Zollwitz gefördert) und der Eiszeit (hauptsächlich Löß und Lößlehm) verdeckt. So wird diese Region doch zu einer anderen Großlandschaft gestellt: dem Mulde-Lößhügelland, zu dem auch das sich südlich anschließende Granulitgebirge gehört.

Die Hochflächen sind heute weitgehend waldfrei und gewähren von vielen Stellen, wie z. B. von Lastau aus, einen weiten Blick über den Muldentalkreis und in die Muldentäler. Die Dörfer hier oben im Lößgebiet erinnern in manchem an die im Lößhügelland: Sie besitzen nur wenige Hofstellen und liegen recht nah beieinander. Die Gegend liegt vor den Winden, und ihr Klima ist schon spürbar rauher als das der Niederungen.

Der höchste Berg im Muldentalkreis, der Wachhübel zwischen Erlbach und Raschütz, liegt mit 272,8 m bereits außerhalb des Porphyrgebietes und markiert die nördliche Grenze des sogenannten Granulitgebirges, nämlich seinen umhüllenden Schiefermantel. Im Erlbachtal und vor allem im tief eingesenkten Tal des Auenbaches, der heute über längere Strecken die südliche Kreisgrenze bildet, ist schon kambrischer Tonschiefer angeschnitten worden. Von der Rinnmühle den Auenbach aufwärts bis Geringswalde kann man wie in einem geologischen Bilderbuch die ältesten Gesteine Sachsens sich abwechseln sehen. Erlbach- und Auenbachtal haben mit ihren steilen

Der Hutenhübel zwischen Raschütz und Erlbach, die höchste Erhebung im Muldentalkreis

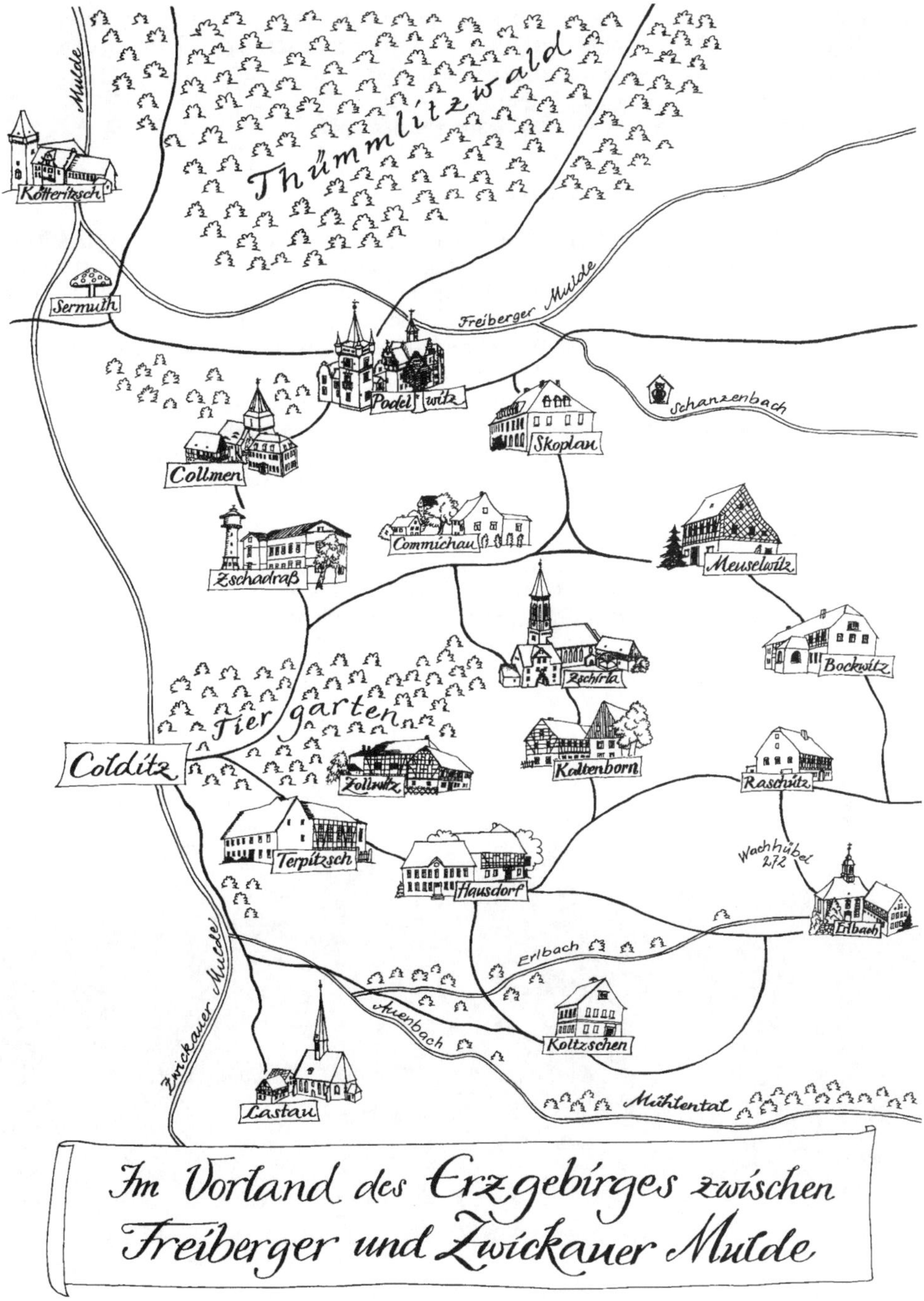
Mulde
Kötteritzsch
Thümmlitzwald
Sermuth
Freiberger Mulde
Podelwitz
Schanzenbach
Skoplau
Collmen
Commichau
Meuselwitz
Zschadraß
Zschirla
Bockwitz
Tiergarten
Kaltenborn
Colditz
Zollwitz
Raschütz
Terpitzsch
Wachhübel 272
Hausdorf
Erlbach
Erlbach
Zwickauer Mulde
Auenbach
Koltzschen
Mühlental
Castau
Im Vorland des Erzgebirges zwischen Freiberger und Zwickauer Mulde

Uferhängen der Landschaft schon ein recht gebirgiges Aussehen gegeben. Während das erstere sich noch westlich des Straßendorfes Erlbach immer tiefer in den Untergrund einsenkt und dem Auenbach zustrebt, besitzt der Auenbach an der Rinnmühle bereits ein tiefes Kerbtal mit steilen bewaldeten Hängen und einer ganz schmalen Sohle, in dem kein Ort mehr Platz findet. Nur eine Reihe von Mühlen haben bis in die jüngste Vergangenheit die Kraft des abströmenden Wassers genutzt. Tief unterhalb von Lastau und Koltzschen mündet der Auenbach dann in die Zwickauer Mulde. - *W.E.*

Unser Leben in der Kulturlandschaft

Uns alle umgibt die Kulturlandschaft. Nur hier und da existieren noch einzelne naturbelassene Biotope. Mal ist es ein unbegradigter Bach, mal ein Feldgehölz, mal ein Altwasser in der Muldenaue. Am ehesten ähneln die Wälder immer noch einer Naturlandschaft, auch wenn diese unsere Großväter zum Zwecke der Holznutzung in Forsten umgewandelt haben. Sie bilden meist aus Wildpflanzen eine naturnahe Boden-, Kraut- und Strauchschicht. Erst darüber entwickelt sich die Baumschicht. Die Artenzahl wildlebender Tiere ist daher im Walde viel höher als im Umland. Außerdem hat jeder Wald, ob groß oder klein, besonderen ökologischen Wert. Er speichert und sammelt das Niederschlagswasser, bildet ununterbrochen lebensnotwendigen Sauerstoff, assimiliert Kohlendioxyd, filtert den Staub aus der Luft, mildert die Lärmbelästigung und hat hohen Erholungswert.

Seit der Seßhaftwerdung der Menschheit vor 30 000 Jahren sind die Naturlandschaften zugunsten der Kulturlandschaften immer mehr zurückgedrängt worden. Man brauchte Ackerland. Unseren heutigen Lebensstandard, speziell in Europa, verdanken wir einzig und allein der Kulturlandschaft. Nicht auszudenken, wenn es sie nicht gäbe! Trotzdem haben wir und die uns folgenden Generationen nicht das Recht, immer mehr Flächen, oft sogar wertvollen Ackerboden, zu versiegeln. So wie bisher, daß binnen eines

Kulturlandschaft in Erlbach

Jahrzehnts große Eigenheimsiedlungen, die „Wohnparks" und Gewerbegebiete mit der entsprechenden Infrastruktur aus dem Boden gestampft werden, kann und darf es nicht weitergehen.

Unsere Mutter Erde ist nicht in allen Gebieten gleichermaßen fruchtbar. Aber dort, wo sie ertragreich ist, wird sie auch am dichtesten bevölkert. Zudem ist der Besitz dieses nützlichen Bodens oftmals ungerecht verteilt. Die Folge davon ist, daß die Reste der Naturlandschaft – denken wir nur an die tropischen Regenwälder – aus der Not vieler armer Menschen und der Geldgier der Reichen unaufhaltsam zurückgedrängt und vernichtet werden.

Wir in Deutschland erleben, wie heutzutage mit einer modernen Technik die in Jahrhunderten gewachsene Natur mehr und mehr verödet, wenn nicht gar zerstört wird. Wider jede Vernunft haben die letzten drei oder vier Generationen immensen Schaden verursacht. Anstelle einer einstmals vielgestaltigen Feld- und Wiesenflur mit Millionen von blühenden Gräsern und Kräutern, unzähligen Insekten, Vögeln und anderen wildlebenden Tieren besteht jetzt schon die offene Flur aus viel zu großen monotonen Riesenfeldern mit nur wenigen Kulturpflanzen ohne Feldraine. Wo sind die auflockernden Flurwege, die Solitärbäume, die offenen Gräben und die Gebüsche geblieben? Wichtige bodenverbessernde und ökologisch bedeutsame Kulturen wie Klee und Luzerne müßten schnell wieder angebaut werden, damit fast schon legendäre Tierarten wie Feldhasen, Rebhühner, Grillen und Hamster, die früher die Seiten der Kinderbücher füllten, wieder zurückkehren können. Neuerdings sieht es so aus, als ob auch Feldlerchen, Feldmäuse sowie die meisten körner- und samenfressenden Singvögel sich ebenfalls aus unserer Heimat verabschieden. Ist das der Preis unserer Wohlstandsgesellschaft? – *H.K.*

Feldgehölze bei Rohrbach

Sermuth, 1286 Sermut (Kleinsermuth), 1373 Grosen Sermuth (Großsermuth), 'Ort an der Flußmündung' (vorslaw.), seit 1993 OT von Großbothen, 610 Einw. (mit Kötteritzsch)

Das wußten schon die alten Germanen. Oder waren es die jungen Slawen? Oder beide? Und wir wissen es auch: Sermuth liegt an der Muldenvereinigung. Das gehört zum Grundwissen über den Heimatkreis. Hoffentlich! Viele haben hier schon gestanden. Noch mehr sind nach der großen Flut gekommen. Sie wollten sich mit eignen Augen überzeugen, was hier geschehen war. Obwohl sie nichts mehr sahen, aber in der Phantasie konnte man sich das schon vorstellen, wie es ausgesehen haben mag, wenn die Flutwellen zweier Flüssen aufeinander treffen. Der Ort übte seit jeher eine magische Anziehungskraft aus.

„Sermuth ist ein gesegneter Winkel unseres Landes“

Der Wurzener Rektor und Heimatforscher *Otto Eduard Schmidt* (1855–1945) hat vor hundert Jahren in seinen „Kursächsischen Streifzügen“ ein Loblied auf diesen Flecken gesungen. Und das hört sich so an: „Es gibt Stellen auf Erden, denen eine gewisse natürliche Helligkeit anhaftet... Auch die Orte, wo zwei Ströme zusammenfließen, um in gemeinsamem Laufe den allumfassenden Ozean zu suchen, haben etwas Weihevolles. Wer stünde nicht innerlich bewegt am *'Deutschen Eck'* bei Koblenz ... Weit bescheidener ist der Punkt, an den ich heute meine Wandergesellen in der sächsischen Heimat führen will, und doch ist er mir vor vielen anderen ehrwürdig, Groß-Sermuth, ein Dorf zwischen Colditz und Großbothen, bei dem die beiden Mulden, die Zwickauer und die Freiberger, zusammenfließen ... Groß-Sermuth ist ein gesegneter Winkel unseres Landes, voll höchster Gras- und Körnerfruchtbarkeit des Lößbodens an der Flußaue und voll sonnendurchglühten Obstsegens auf den sich zum Wasser absenkenden Hügellehen.“

Kaffeestunde an der Muldenvereinigung bei Sermuth mit Gerda Rudolph (r.)

Wer hier mal stand, kann es vielleicht nachempfinden, wenn auch nicht unbedingt in dieser Überschwenglichkeit. So ergeht es auf alle Fälle einer Sermuther Einwohnerin, die diesem bedeutsamen geographischen Punkt am nächsten wohnt, die Wirtschaftshelferin i. R. GERDA RUDOLPH, Jg. 31:

Ich glaube an das Gute im Menschen!

Das ist einer meiner beglückendsten Spaziergänge bis zum Pilz da vorn an der Vereinigung. Dort sitze ich dann und döse nur so vor mich hin, am liebsten ganz allein. Es ist beruhigend, wenn das Wasser so sacht dahingleitet. In den letzten zwei Jahren hat das Fleckchen Erde allerdings seine Ruhe etwas verloren. Da wimmelte es nur so von Menschen. Ganze Busladungen stürmten zum Pilz. Familien kamen mit Kind und Kegel und grillten, was das Zeug hielt, und die Wasserwanderer machten natürlich auch Halt. Vermutlich sind das die Nachwirkungen der Flut von 2002. Na ja, andererseits freue ich mich, wenn die Leute von ihrer Heimat Besitz ergreifen.

Übrigens, *der Pilz* an der Landspitze, der hat eine lange Geschichte. Der Vater meines Mannes hat ihn erstmalig gezimmert und beide haben ihn 1930 aufgestellt. Das war damals sogar Anlaß zu einer festlichen Einweihung. Die Kollegen von der Wasserwirtschaft haben immer wieder mal dafür gesorgt, daß er erneuert und mit seinem roten Deckel frisch gestrichen den Endpunkt zweier Flüsse markiert.

1848 sind die *Rudolphs* nach Sermuth gezogen in ein altes schwächliches Haus und betrieben darin eine Glaserei. Die Gebäude brannten1929 ab, und noch im selben Jahr entstand dieser Prachtbau, der noch heute steht. *Louis Rudolph* legte fest: Wir bauen das Erdgeschoß so hoch, daß uns das Muldenwasser niemals bedrängen wird. 70 Jahre später versank seine Feststellung in einem Jahrhunderthochwasser.

Mein Junge weckte mich in der Nacht: „Wie kannst du schlafen, wenn das Wasser bedrohlich an die Türschwelle schwappt?“. Also packten wir die wichtigsten Siebensachen mitsamt den Betten zusammen und trugen sie eine Etage höher in die Wohnung meines Sohnes. Eine Stunde später standen die Fluten in meinen Zimmern, dort wo die Gardinen aufhörten. Merkwürdig: Ich hatte keine Angst. Ich sagte mir, das Haus steht nicht in der Flut und auf sicherem Fundament. Da wird bestimmt nichts weiter passieren.

Ich erinnerte mich da an das letzte Kriegsjahr. Als 14jähriges Mädchen floh ich mit meinen Eltern und vielen Nachbarn vor den russischen Truppen. Unser Treck begann im Memelland, der Heimat meiner Kindheit, und endete hier in den Dörfern um Colditz. Damals hatte ich richtige große Angst, vor Granaten, vor Hunger und Elend. Und jetzt? Ich wußte, das Wasser, das fließt ja wieder weg. Und tatsächlich, zwei Tage später war es verschwunden, wie von Geisterhand davongetragen.

Der erste Eindruck von der Wohnung war verheerend. Vor Schreck setzte ich mich auf einen Stuhl und klebte an einer Schlammschicht fest. Tags drauf ging es an die Arbeit: Schlamm raus und gewischt. Immer und immer wieder. Möbel auf den Hof geschleppt, Türen rausgerissen. Es blieben die Wände, und die Bautrockner summten Tag und Nacht.

Dann erlebte ich etwas, was ich wohl nie vergessen werde: Es kamen Leute, bekannte und wildfremde, von nah und fern. Sie alle brachten Gegenstände, die ich im Haushalt nötig hatte: Möbel, Bekleidung, Geld. Ein Arzt aus Kiel drückte mir eine größere Summe in die Hand. Er nannte seinen Namen nicht, wollte keinen Dank haben. Ich freute mich, war richtig glücklich. Nach einem Vierteljahr zog ich wieder ein. Es gibt doch gute Menschen.

Dachte ich. Heute muß ich das relativieren. Leider. Das Mitgefühl ist gewichen, Neid frißt in den Herzen mancher Mitmenschen. Man hört's da und dort, sogar von guten Freunden: „Es war doch ein glückliches Jahr für dich, du hast nun lauter neue Möbel!“ Das tut weh. Doch dann sage ich mir: Sie haben die Flut nicht erlebt, sie saßen im Trocknen, sie können das gar nicht nachfühlen. Oder sind die Menschen doch schlecht? Nein, nur einige. Ich glaube an das Gute im Menschen, und die Mehrzahl ist gut!

Frühere Generationen müssen Ähnliches erlebt haben. Mein Schwiegervater, *Louis Rudolph* (1869–1956) ein Glasermeister von echtem Holz und Glas, muß ein spitzbübischer, grundehrlicher Philosoph-Poet gewesen sein. Er gab seine Meinung zu einer gewissen Sorte von Mitmenschen deutlich kund. Und das dauerhaft! Er ließ seine Verse auf Metall brennen und verankerte die Emailletafeln in den 30er Jahren unverrückbar fest an der Hauswand. Sie haben glücklicherweise alle Sanierungen am Haus und ebenso alle politischen Zeiten überstanden. Sie waren immer aktuell und sind es auch heute noch: *Es schwimmen Freud und Leid im Strom der Zeit. Auch auf den Mulden schwamm Mancherlei auf ewig fort, doch leider niemals – Schulden, nie Eigennutz und Neid, nichts von St. Bürokratus, der Parlamente Quatschmus, Parteizank, nie Dummheit. Vielleicht, weil dann bis hin zum Meer beständig Überschwemmung wär.*

Ich freue mich, wenn die Wanderer ihre Fotoapparate zücken und auf diese Weise die Worte mitnehmen. Hoffentlich lesen es aber auch diejenigen, die da angesprochen sind. –

Vier Straßen zeigen in Sermuth ein typisches Dorfbild

Eigentlich sind es fünf, aber den direkten Weg von Leisenau her über den Huten-hübel nach Sermuth sollte man wegen seiner Holprigkeit links liegen lassen. Als Wanderweg eignet er sich vorzüglich. Die gängigste Straße kommt von Schönbach her, vorbei an den riesigen Kiesgruben. Über den Terrassenhang führt sie stark neigend in die Flußaue. Immerhin 40 m beträgt die Höhendifferenz. Vorher kreuzt der Weg die Bahnlinie. Warnschilder dämpfen die Geschwindigkeit. Ein Zug könnte nahen! Doch zwischen den Gleisen wachsen Gras und Büsche. Weder Dampf- noch Diesellok schnaufen über die Bahnstrecke. Die sandbeladenen Schwerlastzüge rollen jetzt über die Landstraßen.

Dann kommt von Zschetzsch her unmittelbar neben der Zwickauer Mulde eine breite Asphaltstraße. Das ist wohl mehr ein Schleichweg für die Einheimischen. Linkerhand erhebt sich ein Geisterbau. In den mächtigen Werksanlagen mit den ausgedehnten Hallen und hochaufragenden Kränen herrscht seit 2001 absolute Stille. Das erst 1993 mit beträchtlichen Fördergeldern gebaute Betonwerk vom westlichen *Züblin-Konzern* ist in Konkurs gegangen, die Beschäftigten in die Arbeitslosigkeit. Die großen Dreiseithöfe von Kleinsermuth an der linken Straßenseite sind z.T. aufwendig saniert. Bei einigen ist im Erdgeschoß noch der Putz abgehackt. Kleine gelbe Schilder markieren die schlimme Flut: *Hier stand das Hochwasser 2002.*

Kleinsermuth? Es ist richtig, Sermuth entstand aus den beiden Orten Klein- und Großsermuth. Sie hatten ihre eigenen Bürgermeister, ehe sie sich 1937 zu Sermuth vereinten. Auf den Karten, auch den neuesten, werden immer wieder beide Ortsteile genannt, aus dem täglichen Sprachgebrauch sind die Namen völlig verschwunden. Das Platzdorf Kleinsermuth lag mit einigen Bauernhöfen auf der Landzunge zwischen Freiberger und Zwickauer Mulde und das Zeilendorf Großsermuth mit den großen Bauernhöfen und der Schule östlich der Zwickauer Mulde. Eine Kirche fehlte im Revier, und auch die Kötteritzscher Grundherren (das Dorf kam ebenfalls 1937 nach Sermuth) hatten für einen Sakralbau weder Interesse noch Geld. So marschierten die Gläubigen allsonntäglich über den Kirchweg hinauf nach Schönbach zum Gottesdienst.

Von Osten her, also von Podelwitz, erfolgt die Zufahrt über eine erst kürzlich großzügig ausgebaute Uferstraße ins Dorf. Jede Menge Fördergelder aus der Fluthilfe machten das möglich. Am Dorfeingang empfängt den Besucher allerdings das unschöne Bild einer bäuerlichen Wüstenei. Mit sogenannter naturhafter Tierhaltung, wo Mensch und Tier ziemlich großzügig mit den baulichen Resten einer ehemaligen LPG-Anlage und der Umwelt umgehen, fühlen sich die Partner trotzdem sauwohl.

Bleibt noch die nördliche Zufahrt von Erlln und Kössern her. Ehe die Fahrt über die neugebaute Brücke geht, liegen vor den Toren des Dorfes zur Rechten die Sportanlagen der SV Sermuth. Die Flutwelle hatte hier ganze Arbeit geleistet und von den baulichen Anlagen absolut nichts übrig gelassen. Inzwischen entstanden Sportplatz und ein Sportlerheim mit

Millionen von Spendengeldern und in Eigenhilfe der Sportfreunde wie Phönix aus der Asche. Rätselhaft bleibt allerdings, warum die Anlage auf dem alten Platz erneut im Überschwemmungsgebiet der Mulde errichtet wurde.

*

Die Mulde im ständigen Blick ob ihres launischen Wesens hat seit jeher der Tischlermeister und Mitglied des Ortschaftsrates Harald Kiesling, Jg. 45:

Wir saßen im Obergeschoß und hatten Angst, echte Angst

Ein Tischler hat mit Feuer und Wasser zu tun. Das gehört zu seinen Arbeitsmitteln. Daß es aber außer Kontrolle gerät und mir meinen Lebensrhythmus arg beutelt, das hatte ich nicht erwartet.1989 brannte meine Scheune ab. Dort lagerten das Holz und andere Materialien. Vermutlich führte eine achtlos weggeworfene Kippe eines Passanten zu dem Unheil. Wir erhielten den Brandkassenwert von 3000 Mark der DDR ersetzt. Damit konnten wir nach der Wende nicht viel anfangen, doch wir brauchten den Lagerraum. Also finanzierten wir den Neubau mit eigenen Mitteln.

Das zweite Unheil traf uns schwerer. Die Jahrhundertflut des Hochwassers von 2002 verschonte uns nicht. Ich habe die Mulde schon immer beobachtet, vor allem dann, wenn ein Tiefdruckgebiet über dem Erzgebirge hing und der Regen nicht aufhören wollte. Irgendwie hing meine Aufmerksamkeit wohl mit dem Hochwasser von 1954 zusammen. Ich war seinerzeit zwar noch ein kleiner Bub von 9 Jahren gewesen, aber die Angst der Leute von damals war mir immer gegenwärtig. Da stand das Wasser nur kniehoch auf den Wiesen und in unseren Räumen.

Als der Regen in den Augusttagen 2002 sich ununterbrochen ergoß, trieb es mich fast stündlich auf den Deich. Zudem informierte ich mich regelmäßig über die Pegelstände, die ich automatisch abrufen konnte. Und irgendwie hatte ich das Gefühl, daß was Schlimmes passieren könnte. Also begannen wir, die Maschinen mit dem Hubstapler auf die Werkbänke und auf Holzböcke zu heben. Höher als 1954 wird es bestimmt nicht kommen, und da

Die Tischlerfamilie Kiesling mit der erneut restaurierten Tür von St. Augustin

reichte das. Dachten wir. Die Türen verrammelten wir mit Bohlen. Es wurde Nacht. Dann gab der automatische Pegel keine Nachrichten mehr.

Wir räumten weiter, schraubten die neu gebaute Küche auseinander. Ins Bett gehen? Wir hätten kein Auge schließen können. Das Wasser stieg und stieg. Wir stiegen ins Obergeschoß, liefen hin und her. Dann hämmerte es gegen den Fußboden. Die Möbel von unten schob der Auftrieb in die Höhe. Sie donnerten an die Decke. Rauschen und Gurgeln, Lärm und Finsternis. Wir hatten Angst, echte Angst! Das ist das Ende!

Endlich dämmerte der Tag herauf. In Richtung Erlln sah ich die Hubschrauber am Horizont stehen. Leute hingen an den Seilen. Wir winkten, wir wollten raus. Niemand sah uns. Wir hatten zwar ein Schlauchboot, aber jetzt bei der Strömung? Wo landen wir? Und dann womöglich ein Baumstamm oder eine Brücke. Nein, wir verwarfen sehr schnell diesen Fluchtgedanken.

Wir liefen in den Zimmern hin und her, planlos, ziellos. Wir konnten nichts machen, rein gar nichts. Ohnmächtig und ängstlich blickten wir auf das Meer vor den Fenstern. Dann packten wir die Kleidungsstücke aus den Schränken und trugen sie auf den Spitzboden. Bloß um was zu tun. Ich beobachtete mit Genugtuung, wie ruhig meine Frau blieb. Sie kannte nur eins: Räumen, räumen, räumen ... Vielleicht steigt ja das Wasser noch weiter? Dann endlich, der Höchststand war wohl erreicht. Das ständige Messen mit dem Zollstock brachte die Gewißheit. Den Nachbar holten sie mit dem Hubschrauber heraus. Lärm und Sog donnerten übers Haus. Wir lehnten nun die Hilfe ab. Das Haus hat gehalten und hält noch. Die Mauern standen.

Nach Stunden: Der Wasserspiegel sank, zwar langsam aber stetig. Am nächsten Tag blieb er bei einem halben Meter Höhe stehen. Da wurde uns klar: Unser Haus stand am tiefsten Punkt von Sermuth wie in einer flachen Schüssel. Wohin soll da das Wasser fließen? Jetzt rückte das Technische Hilfswerk aus Baden-Württemberg an. Drei mächtige Pumpen saugten die bräunlich-gelbe Brühe an und spuckten sie in die vorbeifließende Mulde hinter den Deichen. Die Maschinen liefen drei Tage lang, Tag und Nacht. Dann war endlich das Wasser weg. Zurück blieb eine 10 bis 15 cm dicke Lehmschicht. Sie lag überall. In jede Ritze hatte sich das Wasser gezwängelt. Jetzt ging es ans Schaufeln und Kratzen. Immer und immer wieder, acht Tage lang. Die Frauen säuberten mit Wasser und Lappen die Reste weg. Und nun erst hatten wir Zeit, darüber nachzudenken, über den Schaden, die Verluste. Verzagen? Nein, es mußte weitergehen!

Jetzt kamen die Maschinen dran. Ein Glück, daß der eine Sohn Werkzeugmacher gelernt hatte. Mit zwei Freunden nahm er eine Maschinen nach der anderen auseinander, schraubte jedes Rädchen ab, baute jede Welle aus. Stahlwolle entfernte den Rost. 37 Motoren mußten ausgewechselt werden. Einige Wochen lang legten die Jungs die Werkzeuge nur in der Nacht aus der Hand. Und dann nach und nach der Probelauf. Er klappte, die Maschinen liefen wieder.

Hier bleiben? Immer Angst zu haben, daß eines Tages doch die Flut wieder kommen könnte? Wir suchten im Ort einen anderen, einen höheren Platz. Und wir fanden ihn. Doch wir hatten nicht mit der Bürokratie gerechnet. Da sagte ich mir: Ein Unglück geschieht nie wieder an der selben Stelle. Und dann vertraute ich den Wasserschutzorganen. Die werden das jetzt so hinkriegen, daß auch ein Schutz gegen eine solche Flut gegeben ist. Also: Wir bleiben!

Trotzdem dauerte es fünf Monate, bis wir wieder richtig arbeiten konnten. Meine beiden Söhne sind jetzt im Betrieb integriert. Wir sind ein reiner Familienbetrieb. Mehr geht nicht. Arbeit haben wir vorläufig genug. Mit der Grimmaer Stadtverwaltung haben wir schon früher gut zusammen gearbeitet. Einige Türen, Treppen u.a. Stücke waren gerade vor der Flut erneuert wurden. Welche Ironie! Nun müssen wir sie erneut reparieren, die guten Stücke in St. Augustin und anderswo.

Ich war vor Jahren ins Gemeindeparlament gewählt worden und übernahm später den Vorsitz im Ortschaftsrat. Ich mußte mich überreden lassen. Aber was wollte ich machen.

Der Bürgermeister sagte es einfach: Du bist anerkannt bei den Leuten im Dorf, und da kannst du dich nicht drücken. Und daß es im Dorf vorwärtsgeht, das habe ich mir schon immer gewünscht. Nur, von Wünschen allein änderst du nichts. Doch eine Bedingung stellte ich mir selbst: Das Private wird strikt vom Dörflichen getrennt! Also nahm ich keinerlei Aufträge von der Gemeindeverwaltung an. Andererseits habe ich mich vehement dafür eingesetzt, daß heimische Handwerker die Aufträge erhalten, auch wenn ihr Angebot finanziell an 2. oder 3. Stelle lag.

Allerdings ist diese Arbeit mit viel Schreiberei verbunden. Aber noch kann ich es mit meiner handwerklichen Berufsarbeit verkraften. Ich sitze dann eben abends im Büro. Ich liebe mein Sermuth ohne Abstriche. Wir sind ein grünes Dorf. Und dazu die beiden Mulden! Wenn die so ruhig dahinplätschern, kann es dann eine schönere Landschaft geben?

WEITERE NOTIZEN
aus Sermuth und Kötteritzsch

Die beiden Mulden werden mit **zwei Brücken** überwunden. Die Brücke über die Zwickauer Mulde wurde 1920 gebaut und 1995/96 neu errichtet. Die Brücke über die Freiberger Mulde folgte 1933, bereitete wegen Baumängel öfters Sorgen. Eine aufwendige Sanierung erfolgte nach dem Hochwasser 2003. Vorher geschah die Überfahrt mit Kähnen und Fähren, die schweren Pferdegespanne nutzten die Furten.

Das **Pumpwerk** unmittelbar an der Muldenvereinigung war eines der größten hiesigen Wasserbauwerke. Es wurde 1962 fertiggestellt und diente dazu, aus der Freiberger Mulde (sauberer als das Wasser der Zwickauer Mulde) größere Mengen Wasser von hier nach Witznitz zu leiten. Mächtige Pumpen drückten das Wasser bis Schönbach auf 65 m Höhenunterschied, von wo es dann in Rohren, offenen Gräben und natürlichen Bächen ins Bornaer Kohle- und Chemierevier floß. Zeitweilig wurde damit auch das Grundwasser bei Naunhof angereichert. Die Anlagen wurden Ende der 90er Jahre aufwendig saniert. Das Wasser dient jetzt der Versorgung des neuen Kraftwerkes in Lippendorf.

Die **Korbmacherei** war bis in die 80er Jahre ein blühender Handwerkszweig. Bekannt wurde die Korbmacherei Dietze, später die PGH. Kleinbauern und Häusler bauten dafür Korbweide an. Im Schönbacher Korbmuseum werden die Produkte ausgestellt.

Am ehemaligen Gasthof in Sermuth

Vereine und Einrichtungen: SV Eintracht Sermuth, Vors. Harald Müller, mit den Abteilungen Fußball (höhere Spielklassen), jährl. Vereinsfest. - Rock'n Roll Club Caddy, gegr. 1986, unter Leitung von Inge Möbius. Einige Dutzend Kinder und Jugendliche begeistern mit ihren frischen Auftritten im weiten Umkreis die Besucher bei den zahlreichen Auftritten. - Kleingartensparte „Schwanenteich“, Vors. Christian. Schatz. - Förderverein Sermuth, Vors. Steffen Bendix. - Freiwillige Feuerwehr, gegr. 1927, Wehrleiter Eckbert Berger. - Kindergarten „Muldenzwerge“, wurde ebenfalls überflutet und wird 2004 neu gebaut. - Um- und Ausbau des ehem. Schulgebäudes zu einem Bürgerhaus (geplant).

Landwirtschaft: Rittergut Kötteritzsch, ehem. Herrensitz, Schloß und Gutsanlagen von 1883, letzter Besitzer Fam. Becker. Nach der Bodenreform Wohnungen und Nutzung durch die LPG, allmählicher Zerfall. 1997 Kauf durch die Fa. *Oswald Richter*, seitdem aufwendige Sanierung mit neuen Wohnungen in den Seitengebäuden. - 6 Neubauern bildeten 1951 die LPG Ernst Thälmann in Kötteritzsch, 1953 kamen alle Altbauern dazu. Nach der Auflösung 1990 bewirtschaften die Felder jetzt die Agrargemeinschaft Ziegner & Otto GmbH und als selbständiger Landwirt betreibt Klaus Höltke vor allem Feldbau.

Handel & Gewerbe: Bäckerei Vetter mit 4 Filialen, gegr. 1934, seit 1961 in Sermuth. - Tischlerei Harald Kiesling und Tischlerei Hentzschel & Bauer. - Heizungsbau Gunter Vetter. - Baugeschäft Werner Meisel. - Fliesenleger Dietmar Müller. - Frischemarkt Antje Bahrmann. - Baugeschäft und Kiesgrube Oswald Richter, gegr. 1865. - Schädlingsbekämpfung Hartmut Wolf. - Bauelemente H. Falk. - Kalksandsteinwerke Schencking. - Transportbeton GmbH. - Plasticor-Korossionsschutz Kreiselmeier. - Sand & Kies Biesern GmbH. - Fuhrunternehmen Lutz Zeugner. - Kfz-Werkstatt Kay Laugner.

Kötteritzsch, 1287 Kothericz, mehrdeutig, wohl 'Leute des Choter' (slaw.), OT von Sermuth seit 1938

Den Ort, hoch über der Muldenvereinigung, markierte jahrzehntelang der Spitzturm vom Rittergut. Mit der Sanierung des Gebäudes verschwand er, steht jetzt reparaturbedürftig auf dem Schloßhof und soll eines Tages wieder aufgesetzt werden.

Die Kötteritzscher haben trockene Füße

Als Pendant dazu streckt sich ein schmaler Gittermast in die Höhe. Er entstand in den 80er Jahren und brachte die westlichen Fernsehbilder ins Haus. Nach und nach verliert er nun seine Funktion, weil immer mehr Anschlüsse mit Schüsseln betrieben werden.

Die Siedlung ist von jeher eng verknüpft mit Sermuth. Am Fuße des Hanges verschmelzen beide übergangslos. Lediglich die Wiesen um den Leitenbach bilden eine kaum sichtbare Grenze. Unten schmiegen sich einige Wohnhäuser eng an den üppig mit mächtigen Eichen bewachsenen Porphyrhang. Sie setzten sich fort an einen ziemlich steilen und schmalen Straßenzug hinauf in die Höhe. Dort oben hatten die Kötteritzscher niemals Probleme mit Muldenhochwasser. Trotzdem schauten sie stets mitfühlend auf ihre Sermuther Freunde in der Niederung.

Das Schloß und dessen Wirtschaftsgebäude beherrschen das Dorfbild. Dazu gesellen sich wenige Bauernhöfe. An zwei parallelen Straßen siedelten einmal Neubauern und zum anderen mehrere Häusler. Und ganz hinten am Dorfrand stehen leer und lustlos die einstigen Bergehallen und Schweineställe der ehemaligen LPG. Kein Mensch weiß, was damit werden soll.

In einem der ehemaligen und längst total umgebauten Neubauernhäuser wohnt der Traktorist i. R. Horst Ehrlich, Jg. 33:

Das Kriegerdenkmal am Kötteritzscher Berg

Wenn Mutter ein paar Plinsen buk . . .

Mit dem Ende der DDR war unsere Sermuther Feuerwehr auf Null geschrumpft. Zuletzt kamen noch ganze drei Mann zu den Schulungen. Mit dieser Stärke konnten wir keine Brandbekämpfung mehr durchführen. Wie weiter? Einer mußte sich den Hut aufsetzen. Ich tat es, obwohl ich anfangs verdammt viel Bammel hatte. Ich war doch nur einfacher Feuerwehrmann, und nun die Sitzungen, Schulungen, die Verantwortung. Kurzum: Ich sprach mit einigen Kameraden, überzeugte sie, und allmählich kamen wir aus dem Schlamassel heraus. Es kamen wieder mehr Leute zu den Schulungen und Übungen. Zehn Jahre lang stand ich der Truppe vor. Dann mußte ich aus Altersgründen das Amt abgeben. Das verlangen die Gesetze. Doch kein Tiefpunkt belastete mehr die Gemeinschaft. Ich hatte vorgesorgt und einen jungen Kameraden systematisch eingearbeitet. Die Übergabe und der Fortgang erfolgten reibungslos. Ich mache jetzt in der Altersgruppe mit. Und noch etwas: Wir bekommen in absehbarer Zeit ein funkelnagelneues Fahrzeug. Das wird ein Freudenfest für alle.

1948 lernte ich in der Colditzer Steingutfabrik, einer richtige Bruchbude, wo einen der Staub mörderisch belästigte. Bald stand fest: Ehe ich Staublunge kriege, haue ich ab. Die Polizei nahm mich mit offenen Armen. Als ich dort nach Jahren die Nase voll hatte, landete ich in der MTS als Fahrer eines Traktors. Das war meine Welt. Na ja, Feld rauf, Feld runter und so stundenlang über den Acker. Aber ganz so trostlos war das schließlich doch nicht. Zum einen: ich befand mich in der freien Natur und zum anderen, ich fahre ein Fahrzeug, um das ich mich kümmerte. Ich behandelte es wie mein Eigentum. Als dann der ZT 300 in den Betrieb kam, da wirkte das wie Sahne auf unsere Traktoristenseele. Die Karre lief und lief und lief, auch wenn's bei Nässe schwierig wurde. Na ja, ein paar PS wären sicher noch besser gewesen, denn bei unserem welligen Land gehts ja manchmal ziemlich bergauf und dann langsamer. Wir wollten schließlich auch was verdienen. Ich war dann Schlosser in der Werkstatt.

Horst Ehrlich auf seinem Rasentraktor

Das lief bis 1991. Da bekam die Landwirtschaft neue Strukturen. Ich wurde überflüssig und in den Altersübergang entlassen. Anfangs wußte ich nicht, was ich mit den freien Tagen anfangen sollte. Ich holte das Fahrrad heraus und gondelte durch die Gegend, ziel- und planlos, nur so, damit die Zeit verging. Ich kam mir ziemlich komisch vor. Doch bald merkte ich: So kann es nicht weitergehen. Ich kaufte zu meinem Neubauernhaus noch ein bißchen Wiese dazu, damit ich Heu machen konnte. Das Gebäude stülpte ich total um, und das beschäftigt mich auch heute noch.

Wenn ich meinen Rappel kriege, dann sage ich zu Muttern: Komm, steig ein! Heute fahren wir nach X-Dorf. Das ist ein abgelegenes Dorf, und dort müssen wir mal hin. Mal sehen, was dort los ist. Ohne Eile zuckeln wir dann übers Land. Im Kofferraum liegen paar Äpfel, die Brötchen und eine Kanne Kaffee. Wo wir dann einen gemütlichen Platz ausspähen, setzen wir uns hin. Die Gaststätten sind uns zu teuer. Auch ärgere ich mich über die meist häßlichen Stallanlagen der einstigen *„Knacken"*. Allzu oft verschandeln sie die Dörfer. So nannten wir nämlich seinerzeit die Genossenschaften. Warum, das weiß ich auch nicht.

Mein Haus und das Umfeld sind in Ordnung, und ich bin mit meiner Frau ganz zufrieden. Meine beiden Kinder sind außer Haus. Beide hatten gute Arbeitsplätze, beide sind jetzt arbeitslos. Alle Bemühungen brachten nichts, außer hin und wieder ein paar sinnlose ABM-Tätigkeiten. Die floristische Umschulung der Tochter brachte höchstens für den eigenen Geburtstagsstrauß aus dem Garten einen Nutzen.

Große Sprünge machen wir nicht, können das gar nicht. Wir sind so erzogen, daß uns das wenig Kummer bereitet. Da erschüttert mich immer wieder das Gebahren der heutigen Jugend. Was die alles wegschmeißen! Ich erinnere mich da an meine Kindheit in den Nachkriegsjahren. Wir schoben Kohldampf nach Strich und Faden, weil die Eltern sechs Kinder ernähren mußten. Ich werde nie vergessen, wie ich mit Vater übers Land hamstern gefahren bin. Er hatte Steingutteller mit, die wir gegen etwas Eßbares eintauschten, mal ein paar Kartoffeln, ein Rotkrautkopf, ein paar Futterrüben für eine Suppe, eine Tüte Mehl. Als die Mutter damit ein paar Plinsen buk, sind wir vor lauter Freude bis an die Decke gesprungen. Heute sind die Menschen satt, übersatt sogar. Der Überfluß von heute in den Kaufhallen macht mich sehr nachdenklich. Ob das auf die Dauer gut geht?

Was die Borussen-Fahne an meinem Giebel soll? Nun, ich bin absoluter Fan dieser Mannschaft, und das zeige ich nach außen. Und wenn Wind und Wetter das Tuch zerschlissen haben, dann besorge ich mir eine andere. So wie neulich erst, die ich aus Polen mitbrachte. Auch wenn sie einen kleinen Schönheitsfehler hat: Der Schriftzug verschlägt die Stadt und den Verein dorthin, wo er allerdings wirklich nicht hingehört, nach *„Dortmond"*!

Der Ort oben auf der Höhe war früher in aller Munde, obwohl die meisten nicht selbst dort gewesen sind. Mancher Junge schmiß einen anderen schon mal den blöden Satz an den Kopf: *„Zschadraß macht die Türen auf, der Karl, der kommt im Dauerlauf ...“* Damit wollte er etwas verklausuliert seinem Kameraden bescheinigen, daß der eben ein bißchen dumm ist. Kinder sind nun mal unbarmherzig in ihren Äußerungen.

Zschadraßer Klinikgeschichten

Ende der 90er Jahre kam der Ort wieder ins Gerede. Diesmal beschränkte sich der Ruf nicht auf die nähere Umgebung, sondern breitete sich deutschlandweit aus. Besonders die Boulevard-Presse beschäftigte sich da genüßlich mit dem Pseudo-Arzt und Hochstapler *Gert Postel*. Der hatte es doch tatsächlich verstanden, als gestandener Postbote hier ganz zufällig eine Arztstelle zu bekommen und über 18 Monate lang als Oberarzt in der Psychiatrie tätig zu sein. Wieder durch einen Zufall flog der Schwindel auf, und er sollte vier Jahre im Gefängnis absitzen, wurde aber, wie so üblich, wegen guter Führung vorzeitig entlassen. Im Knast schrieb er das Buch *„Doktorspiele: Geständnisse eines Hochstaplers“*. Es fand reißenden Absatz. Dem Ansehen der Einrichtung hat der clevere Bursche wohl ideellen Schaden zugefügt, den Akademikern aber auch eine herbe Ohrfeige versetzt. Der Vorgang läßt sich also so oder so betrachten, je nach dem Standpunkt des Betrachters.

Zschadraß und Heilstätte – das ist ein Begriff. Gibt es überhaupt das Dorf Zschadraß? Landschaftsarchitekten haben herausgefunden, daß der Ort zu 80 % aus Krankenhaus besteht, und der Rest sind mehr oder weniger sichtbar dörfliche Strukturen. Einer, der das genauer weiß, ist der Dipl. Ing., jetzige Wasserwerker und Ur-Zschadraßer *Wilfried Bürger*, Jg. 48:

Klinikgebäude und Wasserturm in Zschadraß

Der „unchristliche“ Tausch im Schaufenster

Als ich mein Mädel kennenlernte, das war in den 70er Jahren, da verheimlichte ich ihr zunächst meinen Wohnort. Ich hatte ein bißchen Angst, denn sie hätte womöglich gedacht, daß ich ein Insasse der Heilstätten gewesen sein könnte. Zschadraß hatte damals immer noch so einen merkwürdigen Beigeschmack. Heutzutage scheint dieser Makel verschwunden zu sein.

Im weitläufigen Gelände der Klinik ließ es sich herrlich Verstecke spielen oder über die vielen Wege radeln. Mit den Patienten hatten wir keine Probleme. Wir grüßten uns, oder sie gingen uns aus dem Weg. Auch das Personal machte uns keine Schwierigkeiten bei unseren harmlosen Spielerein. Wir ihnen natürlich auch nicht.

Die Kranken lernten wir bei den leichten Feld- und Gartenarbeiten kennen. Wir gewöhnten uns schnell aneinander. Oft hatten wir den Eindruck, daß es doch fast normale Menschen seien, und wenn mal einer ausflippte, dann nahmen wir es ohne besonderes Erstaunen zur Kenntnis. Er ist eben nervenkrank. Hin und wieder gab es was zu lachen. Einer der Heiminsassen wollte sich immer gut anziehen. Was machte er? Unbeobachtet tauschte er in den Auslagen eines Colditzer Herrenausstatters das gute Jackett einer Schaufensterpuppe mit seiner ärmlichen Joppe. Ein Kunde stutzte später über den Anblick im Schaufenster und fragte den Verkäufer nach dem Zweck. Da erst kam der „unchristliche“ Tausch ans Tageslicht.

Wilfried Bürger interessierte sich schon immer für die Dorf- und Familiengeschichte. In einer dicken Chronik hat er einiges Material zusammengetragen. Die Bauern hatten hier Braunkohle gefunden, und einige gruben tiefer und tiefer. Das Bergamt Freiberg schickte den Obersteiger *Anton Popp*, seinen Urgroßvater, 1867 ins Dorf, damit der Kohleabbau in geordneten Bahnen erfolge. In den Schächten unter Tage erfolgte das höchst primitiv und leichtsinnig. Von den unterirdischen Gängen aus drangen die Kumpel in die seitlichen Flöze und schufen ein Karree. Der Hohlraum wurde immer größer, der Kohlestempel in der Mitte immer kleiner. Zum Abstützen blieb keine Zeit. Zwangsläufig mußte mal die Decke herabbrechen. Und wenn dann das Deckgebirge anfing zu „reden“, also wenn es bedenklich knisterte und knarrte, dann rannten die Bergleute fluchtartig davon. Wer nicht schnell genug war, den begruben die herabstürzenden Gesteinsmassen. Schwerverletzt oder gar tot bargen ihn seine Kumpel, doch wenig später ging es nebenan weiter, bis um 1900 der Abbau gänzlich zum Erliegen kam. Die Kosten stiegen höher als der Ertrag.

*

Zwischenzeitlich veränderte sich das Dorfbild der bäuerlichen Siedlung. Die Ärzte der Irrenanstalt im Colditzer Schloß wollten neue Methoden in der Heilung der Kranken anwenden. Nicht mehr wegschließen, sondern sie mit leichten Arbeiten in der Landwirtschaft oder im Handwerk beschäftigen. In Zschadraß, nur wenige Kilometer vom Schloß entfernt hinterm Tiergarten, boten sich diese Möglichkeiten, und ab 1868 entstand die *Kolonie Zschadraß*. Unterkunft fanden die Zöglinge zunächst in einfachen Baracken. Und tatsächlich, die Experimente verliefen erfolgversprechend. Die zehn Bauerngüter der kleinen Siedlung verschwanden nach und nach. Daneben entstand ab 1894 eine Meierei und mit großzügigen Bauwerken in gelben Ziegelsteinen ein ausgedehnter Komplex der Heilstätten. In den folgenden Jahren und Jahrzehnten erweiterte sich die Parkanlage mit einer Beamtensiedlung, einem 28 m hohen Wassertum, einer eigenen Kirche, Wirtschaftsgebäuden und Wohnhäusern.

Nach dem II. Weltkrieg ging der Ausbau weiter. Schwerpunkt war jetzt vor allem die Klinik für Lungenkrankheiten. Viele der ausgezehrten Umsiedler und Rückkehrer aus den Gefangenenlagern fanden hier eine Heilung. Zschadraß hatte einen guten Namen.

Mit der Wende gab es nach 1990 eine nächste Zäsur. Nach jahrelangem Hin und Her übernahm 1999 das Diakoniewerk Zschadraß die Heilstätte, die Lungenklinik wurde nach Chemnitz verlegt. Die Kranken werden jetzt nach umfangreicher und mit hohem Aufwand betriebener Sanierung in einer Klinik für Neurologie betreut. 2004 soll das Klinikgebäude für Psychiatrie folgen. Einige Gebäude stehen leer, die Fenster der Kirche sind vernagelt. Erwartung und Tristesse spiegeln sich auf engem Raum. Am Horizont zeigen sich hoffnungsvolle Schimmer.

*

In den Kliniken arbeiten heute ca. 250 Ärzte, Schwestern und Wirtschaftspersonal. Oft vererbt sich die Arbeit über mehrere Generationen hinweg. Wie auch bei der Leitenden Krankenschwester und Wohnbereichsleiterin des Wohnheimes für Behinderte Gudrun Jacobs, Jg. 50:

Wie die Weltmeister bügelten wir Arzthemden

Einen Katzensprung von Zschadraß entfernt, in Collmen, wurde ich geboren. Meine Mutter war aus dem anderen Collmen gekommen, das ganz im Norden vom Muldentalkreis liegt. In den Schulferien sind wir Kinder mit dem Fahrrad gern dorthin gefahren. Das waren 40 km, und in vier bis fünf Stunden schafften wir diese Strecke. Mein großer Bruder vorneweg, ich fleißig strampelnd hinterher. An die erlebnisreichen Tage bei *Kropp Elsa*, meiner Großmutter, denke ich noch heute gern zurück. Mit der Dorfjugend stromerten wir neugierig durch das Dorf. Einen Heidenspaß gab es, wenn wir mit dem Hundegeschirr Futter aus dem Garten holten und dann oben drauf sitzen durften.

Mutter zog also von Collmen nach Collmen. Wie das Leben manchmal so spielt. In Zschadraß bekam sie im Materiallager einen Arbeitsplatz, den sie bis ins hohe Alter pflichtbewußt und leidenschaftlich ausfüllte. Auch der Vater hatte als Zimmermann in der Tischlerei einen Arbeitsplatz. Als logische Folge stand fest, daß ich dort ebenfalls Arbeit finden werde.

Ich begann eine Lehre als Krankenschwester. Die ersten acht Wochen der Ausbildung war ein Wirtschaftseinsatz mit Reinigungsarbeiten, Tätigkeiten in der Großküche, Wäscherei und Nähstube. Wir bekamen einen grauen Kittel, und dann ging's los mit Schruppen. Die ellenlangen Korridore nahmen kein Ende, ebenso die Fußböden mit den

Gudrun Jacobs vor dem Zschadraßer Wohnheim

30 cm breiten Holzbohlen. Jede Woche mit Seife und Ata gescheuert, gewischt, gebohnert. Wie die Weltmeister bügelten wir Arzthemden. Und der Nutzen? Ich bekam Achtung vor der Arbeit anderer Menschen.

Als ich dann zum ersten Male den weißen Kittel überstreifte und das Lehrlingshäubchen aufsetzte, da leuchteten meine Augen, da spürte ich einen gewissen Stolz. Nun ging es in die verschiedenen Abteilungen des Krankenhauses: Pflegeheim, Innere, Labor, Apotheke, Bäderabteilung, OP-Saal, Chirurgie. Dann kam ich in die Psychiatrie, geschlossene Frauenaufnahmestation mit 80 Betten. Der erste Tag bleibt unvergessen, er war schlimm. Ich kam nach Hause und habe geheult. Das Leid, das ich sehen mußte, schier unverständlich. Was Krankheit aus einem Menschen machen kann! Ich war erschüttert.

Doch dann die Erkenntnis: Hier kannst du helfen, mußt du helfen. Deshalb entschied ich mich nach der Ausbildung, hier zu bleiben. Ich sah erste Erfolge am Ende einer langen Therapie. Zwischen Einlieferung und Entlassung liegen Welten, steht ein kranker Mensch, der meine Hilfe braucht. Jeder kann das nicht. Das muß von „innen“ kommen mit Leidenschaft, Einfühlungsvermögen und mit Engagement.

Nach der Wende wurde die psychiatrische Abteilung in den Krankenhausbereich und den Heimbereich aufgeteilt. Ich entschied mich für den Heimbereich und bin Leiterin für die drei Häuser im Wohnheim für geistig behinderte Menschen. Das ist ein geschlossenes Haus für behinderte Menschen, die auf Beschluß des Amtsgerichtes hier untergebracht werden. Trotzdem sind alle ins Leben des Wohnheims integriert. Sie können an allen Aktivitäten und Veranstaltungen teilnehmen und fahren auch mit in den Urlaub. Sie sollen mal rauskommen aus der Umgebung, und sie erleben diese Tage freudig und aufgeschlossen in der Lüneburger Heide, in Bayern und anderen Landschaften. Sie sehen ja ihre Behinderung nicht und leben sorgenfrei in den Tag hinein. Jegliche Alltagsprobleme werden von ihnen ferngehalten. Und trotzdem: Sie bekommen alles bewußt mit, aber sie können ihr Dasein nicht selbständig führen.

Ich bin nun 36 Jahre hier. Die Bewohner sind mir ans Herz gewachsen. Wir sind alle eine große Familie. Und ich kann nicht verstehen, wenn in der Öffentlichkeit abfällige Bemerkungen oder dumme Witze gemacht werden. Jeder sollte bedenken: Morgen schon kann es dich betreffen, daß du hierher kommen mußt. Und wenn ich so rumschaue, dann kann ich nicht selten feststellen: Unsere Bewohner benehmen sich in der Öffentlichkeit besser als mancher „normale“ Mensch. Was also ist überhaupt normal?

WEITERE NOTIZEN
aus Zschadraß

Die **Gemeindeverwaltung** Zschadraß hat vorläufig noch ihren Sitz in Hausdorf, doch es ist geplant, eines der leerstehenden Klinikgebäude dafür auszubauen. Mit der Gemeindereform nach 1995 schlossen sich 18 Dörfer zur Großgemeinde zusammen. Bürgermeister seit dieser Zeit ist der Hausdorfer Matthias Schmiedel,

Die **Kirche**, ein gelber Backsteinbau von 1896, ist seit Jahren geschlossen. Mit dem 28 m hohen **Wasserturm**, er erhielt aus der Podelwitzer Aue das Trinkwasser, gehört sie zu den Wahrzeichen von Zschadraß.

Vereine und Einrichtungen: Freiwillige Feuerwehr, gegr. 1896, Wehrleiter Andreas Böhme. - Sportverein Medizin Zschadraß mit den Abt. Fußball und Frauengymnastik. - Neue Kindergartenräume im Haus A 36.

Handel & Gewerbe: Eine kleine Gaststätte betrieb Anton Popp, der 40 Jahre lang der Gemeindevorsteher war, ehe ihn die Besatzungsmacht 1945 aus dem Amt entfernte. Das letzte Kapitel schrieben neue Eigentümer nach der Wende. Mit viel Geld und Aufwand entstand ein modernes Restaurant mit Hotel, der *„Gildehof“*. Doch er überlebte die Sanierung nicht allzulange. 2000 mußten die Eigentümer Konkurs anmelden. Ob ein neuer Besitzer einen neuen Anfang wagt? - Dachdecker Klaus Fürstenberg. - Kfz-Service Andreas Lange. - Tischlerei Wolfgang Pflug. - Fußpflege von Karina Felber. - Lebensmittelhandel von Dirk Weigelt. - Catering Service von Peter Dussmann.

Collmen, 1215 Chulme, 'Berg' (slaw.), OT von Zschadraß, 264 Einw.

Die Wege hinauf nach Collmen, den Ort auf dem Berge, kann man nicht verfehlen. Sie führen südlich von Colditz her durch den Tiergarten und nördlich von Podelwitz aus steil bergan, 70 m aus der Talsohle heraus. Über die Häusergiebel und die Baumkronen schiebt sich die Spitze des Kirchturms noch ein Stück höher.

Und dort, am Ende eines Geländesporns zwischen Zwickauer und Freiberger Mulde, der mit der Heraushebung der Erzgebirgsscholle entstand, siedelten die Menschen vor vielen hundert Jahren. Von Osten schlängelt sich ein Höhenweg heran, von dem aus mit großartigen Fernblicken weite Flächen des Muldenlandes überblickt werden können.

Das Rätsel vom Collmener Ritterstein ist noch ungelöst

Nicht wenige Wissenschaftler und Heimatforscher standen grübelnd vor dem einzigartigen Relief, das an der Kirchenaußenseite angesetzt ist. Auch der Laie erkennt ohne Sachverstand, daß es mit diesem Stein etwas Besonderes auf sich haben muß. Er gibt manches Rätsel auf, weil weder Inschriften, Dokumente oder Urkunden einen Hinweis auf seine Herkunft vermitteln. Eins ist sicher: Er wurde im 11. oder 12. Jh. angefertigt und stand sicherlich auf dem damaligen Friedhof. Er könnte also ein Grabstein, aber auch ein Sühnestein gewesen sein.

Wir verdanken diesen Fund einem ganz profanen Vorgang. Als nämlich 1909 die Kirche völlig neu gebaut wurde, hoben die Bauleute die Türschwelle heraus. Und die entpuppte sich schon nach oberflächlicher Betrachtung als ein Grabstein. Zum Glück hatten seinerzeit die Leute den Stein verkehrtherum vor der Tür eingebaut. So blieb er erhalten. Bilderstürmer treten immer wieder mal auf und zerstören dann radikal die Symbole oder die Erinnerungen an frühere Zeiten.

Dorfbild in Collmen

Nun frohlockten der Pfarrer und die Kulturhistoriker, und das 190 cm hohe und 68 cm breite Denkmal fand seinen Platz an der Außenseite der Kirche. Inzwischen sorgt man sich um dessen weitere Erhaltung. Dem relativ weichen Porphyrtuff setzen Wind und Wetter arg zu.

Die Mehrheit der Fachleute deutet ihn als einen romanischen Grabstein. Die figürliche Darstellung zeigt in kindlicher Manier einen Ritter mit Kulleraugen, Dreiecksschild, einem langen Schwert und einem Jagd- oder Kriegshorn. Unter den Füßen und über dem Kopf befindet sich eine Glücksrune (Sechsstern), und schließlich erkennt man im oberen Teil ein christliches Kreuz. Auf jeden Fall stammt er aus der Zeit der Christianisierung unserer Heimat.

Ein Dresdener Archäologe vertritt die Meinung, daß es sich um die Darstellung eines Ritters, und zwar des *Werner de Podeluz* (von Podelwitz) handeln könnte. Er tritt 1217 in einer Urkunde auf. Andere sprechen von einem keltischen Druidenstein. Uns soll der Streit wenig kümmern. Wir betrachten das Steinrelief als ein wert-volles Kulturgut, das in seiner Einmaligkeit die Dorfgeschichte ungemein bereichert.

Auch die Innenausstattung der 1909 neugebauten Kirche mit Altar, Kanzel und Taufstein ist in dieser Zeit aus dem roten Rochlitzer Porphyrtuff gefertigt worden und zeigt den Stil der Wende vom 19. zum 20. Jh. in einer einheitlichen Gestaltung. Das ist bemerkenswert, denn etwas Ähnliches gibt es nicht wieder im Muldentalkreis. Und das sei noch vermerkt: Das Glockengeläut besteht noch aus den drei alten Bronzeglocken. Zwei davon lagen im II. Weltkrieg schon in Hamburg und sollten eingeschmolzen werden. Das erfolgte nicht. 1949 kehrten sie wohlbehalten zurück und verkünden seitdem wieder Freud und Leid ein ganzes Stück über den Dorfrand hinaus.

*

Die ursprüngliche Siedlung entstand als Rundling, und die kurzen Wege enden alle in einem der Bauernhöfe, die Mehrzahl gut saniert, einige mit malerischem Fachwerk. In der Mitte steht der Bornberg. Ob er aus dem Hang herausgegraben oder aufgeschüttet wurde,

Arno Schulz am Collmener Ritterstein

das läßt sich nicht genau feststellen. Jetzt trägt er einige Obstbäume, den Feuerlöschteich und einen modernen Kinderspielplatz (ohne Kinder!). Die Kirchgasse führt um die Kirche herum, weiter durch das ehemalige Rittergut und endet oben am ehemaligen Schulhaus. Seit 1979 wohnt dort die Familie des Kirchenmusikers und Posaunenwarts i. R. ARNO SCHULZ, Jg. 35:

Wir spielen alles live und ohne Verstärker

Das historische Schulgebäude hatte schon seine Tücken. Jahr für Jahr haben wir Teile davon saniert. Heute gibt es immer noch Schwachstellen. Die werden wir auch noch beseitigen. Trotzdem fühlten wir uns von Anfang an wohl in der alten Collmener Schule mit den beiden Klassenzimmern im Erdgeschoß und der Wohnung darüber. Die dicken Wände regulieren Wärme und Kälte, verursachen aber auch manchen Ärger mit dem Putz und der Nässe. In den 70er Jahren saßen zum letzten Male die Schulkinder in den Bänken, ehe sie nach Tanndorf zogen. Das war auch höchste Zeit, denn der alten Bausubstanz drohte der Zerfall.

Ich übernahm damals ein neu geschaffenes Amt, das eines Posaunenwarts für die Posaunenchöre im weiten Leipziger Raum. Diese Gruppen sollten durch mich eine fachliche Anleitung erhalten. Gut gesagt, aber doch mit etlichen Haken. Das eine Talent brauchte meine Hilfe nicht, der andere Teilnehmer hatte große Mühe, mit den Tönen zurecht zu kommen. Wichtig war, im Zusammenklang der Instrumente die nötige Harmonie zu erreichen. Und: Der eine Chorleiter begrüßte mich in froher Erwartung, der andere hätte sich lieber verkrochen. In den ersten fünf Jahren mußten wir uns annähern, eine gemeinsame Sprache finden und manche Hürde überwinden. Und dann ist ja in den Gruppen ein ständiges Kommen und Gehen. Der eine Musikant hört auf, aus welchen Gründen auch immer, ein neuer kommt dazu. Natürlich suchte ich auch Leute, mit denen ich eine neue Gruppe gründen konnte. Das ist mir in einigen Gemeinden gelungen. Wenn ich heute zurückblicke, dann kann ich mich über das Erreichte freuen. Die Mühe hat sich gelohnt.

In erster Linie machen die Chöre ihr Programm mit dem Pfarrer. Predigt, Orgel und Posaunenchor sollen gut zueinander passen und einen ausgewogenen Ablauf garantieren. Doch das nicht allein. Die Gruppen zeigen ihr Können auch zu anderen Anlässen. Volkslieder ertönen zu Kinderfesten, bei familiären Feiern und vor allem um die Weihnachtszeit. Die Leute in den Seniorenheimen, die Kranken und Gebrechlichen in Pflegestationen und Krankenhäusern, sind dankbare Zuhörer. Und wenn dann die Augen leuchten, die Herzen schwingen und der eine oder andere Gast gar mitsummt, dann hat sich der Auftritt gelohnt, dann sind die Mühen der Proben vergessen.

Das ist in der heutigen Zeit nicht immer einfach, weil Radio und Fernsehen mit ihrem Gedudel schier überquellen in einer Zeit, in der das Laute und Hektische den Menschen eine andere Welt vorgaukelt. Wir brauchen auch keine Verstärker oder sonstige Technik, wodurch die Töne in den Himmel donnern. Wir spielen live, und wir wollen das Gemüt erreichen.

Nun bin ich Rentner. Zur Ruhe werde ich mich nicht setzen. Da sind Haus und Garten. Da rufen die Pfarrer aus der Umgebung schon mal um einen Ersatz für den Kantor, der eben zu einer Reise angetreten ist oder krank darnieder liegt. Und da sind einige Kinder von hier und aus der Umgebung, die Interesse für Posaunen oder Trompeten hegen. Mit ihnen werde ich eine Jugendgruppe aufbauen.

Ich hatte Glück: Mein Hobby war mir zum Beruf geworden, und mir ist es gelungen, auch andere Menschen dafür zu begeistern. Und wenn ich nun die Früchte meines Lebens ernte, dann bin ich zufrieden.

WEITERE NOTIZEN
aus Collmen

Das **Rittergut** mit dem Herrenhaus, 1723 datiert, war bis 1945 verbunden mit dem Podelwitzer Rittergut derer von Reiswitz. Die Wohn- und Wirtschaftsbauten aus dem 19. Jh. werden z. T. noch bewohnt, bzw. verfallen mehr und mehr.

Bauernhof in Collmen

Der **Friedhof** am Dorfeingang von Zschadraß her wurde um 1750 angelegt. Die mit Bruchsteinen gefügte Friedhofsmauer sanierten ABM-Leute, ebenso die mit Deckenmalereien versehene Familiengruft derer *von Reiswitz*. Sie dient jetzt als Feierhalle.

Das **Steinkreuz** an der Hauptstraße läßt sich nicht datieren und auch nicht belegen, warum es mal im ausgehenden Mittelalter gesetzt wurde.

Personalien: *Otto Peterick* war der langjährige Vors. der Kleingärtner und wegen seiner alljährlichen reichen Zwiebelernte mit riesigen Knollen, die in den Betriebsküchen und Gaststätten sehr gefragt waren, als „Zwiebelkönig" weithin bekannt.
Elisabeth Müller-Heintze (1866–1940), Collmener Pfarrfrau bis 1931 und zugleich Gemeindeschwester, zog acht Kinder auf. Sie schuf unzählige Scherenschnitte mit Kinderszenen, Darstellungen aus der Natur und vertraute Weihnachtsmotive, die auf Postkarten und in Büchern veröffentlicht wurden.
Der ehem. Pfarrer *Karl-Heinz Schmidt* hat in Collmen über vier Jahrzehnte seinen kirchlichen Dienst verrichtet. Jetzt genießt er in Sermuth seinen Ruhestand. Von dort her hat er seine jahrelange Wirkungsstätte gut im Blick. Die Kirchgemeinde wird jetzt vom Pfarrer aus Colditz betreut. Das Pfarrhaus ging in Erbpacht an eine junge Leipziger Familie, die es innen total verändert hat und mit einer fast kompletten Haustiermischung ein echt dörfliches Leben führt.
Karl-Heinz Walther (1928–2003), war jahrzehntelang Lehrer in Tanndorf und besaß unter Lehrer und Schülern einen guten Ruf. Er führte einen ausgefüllten Lehrerberuf und besaß neben seinen theoretischen Kenntnisse auch praktische Fertigkeiten. Er betreute als Mentor junge Pädagogen und sorgte sich um die Heimat- und Kirchengeschichte seines Heimatortes.

Vereine und Einrichtungen: Posaunenchor, gegr. 1977, Leiter Arno Schulz. - Kleingartenverein.

Handel & Gewerbe: Längst Geschichte sind die Collmener Ziegelwerke (jetzt Aussiedlerheim), einige kleine Kohlegruben (vor 1900), die Dampfmühle im Gut von Bauer Oertel und Lehmanns Käserei, in der bis 1976 blauschimmliger Stangenkäse produziert wurde. - Heute: Kraftfahrerschule und Transport von Volker Hochmuth. - Werbeagentur Simon Schulz. - Transportunternehmen Gabriele Wuttke. - Reitunterricht, Kremser- und Kutschfahrten mit der Fam. Koch. - Viehzucht Erich Kunze.

Kirche und ehemaliges Herrenhaus in Collmen

Commichau, 1266 Kunchowe, 'Gut des Konjuch' (slaw.), OT von Zschadraß, 243 Einw.

Einen Ort mit diesem Namen gibt's nur einmal in Deutschland. Das läßt sich wohl verstehen, denn nicht einmal die Namenforscher können ihn deuten. Und trotzdem gibt es eine ganze Sippe von Leuten, die diesen Namen tragen.

In Commichau suchen Familien ihren Ursprung

Im Dorf funktioniert der Buschfunk. Da wird das Dorfgeschehen genau beobachtet. Die Rentner haben viel Zeit und damit eine schöne Aufgabe. Jeder Verstoß gegen die dörflichen Regeln, jede Abweichung vom geruhsamen Alltagstrott findet seine Adresse, entweder beim Vorsitzenden des Heimatvereins oder einem seiner Mitstreiter im Vorstand.

Und so geschah es auch an einem regnerischen Frühjahrstag des Jahres 2003. Da parkten doch auf dem ehemaligen Rittergutshof jede Menge Autos, Typen der höheren Klassen mit westlichen Nummern. Das war für den Vereinsvorsitzenden Anlaß, da nach dem Rechten zu sehen. Die sonderliche Versammlung brachte schnell Aufschluß: Ein Treffen der Familien, die den Namen *Commichau* tragen. Die Leute waren eben dabei, ihren mitgebrachten Kartoffelsalat zu vertilgen. Höchst unbequem unter Regenschirmen, denn inzwischen fing es an zu nieseln.

Der Vorsitzende reagierte sofort. Sicher witterte er eine geschichtsträchtige Angelegenheit für die Dorfchronik. Die Meute bekam Unterkunft in der ehemaligen Schule. Das Angebot fiel in dankbare Herzen, die Gespräche legten die Basis für beiderseitige Sympathie. Und sie fielen auf fruchtbaren Boden: 2004 werden die *Commichau-Familien* aus ganz Deutschland sich erneut vereinigen. Ein wenig später brachte die Post ein dickes und vornehmes Buch ins Haus, das „Deutsche Geschlechterbuch Bd. 215 der Familie Commichau“, in dem die ganze Vergangenheit dieser Familien bis ins kleinste aufgelistet ist.

Dorfbild in Commichau

Und das sind die wesentlichen Zusammenhänge: Stammvater der heutigen Familie Commichau war *Michael Commichau* (1465–1539), der damals noch den Namen *„Kowchaw"* trug, Commichau erstmals 1768. Die Commichaus sind ein altes Bauerngechlecht, das mit der ländlichen Scholle verwachsen war und in harter Arbeit mit Pflug, Sense und Axt seinen Lebensunterhalt erwarb. Ende des 15. Jh. wanderte der Urahn in das nahe Schönbach aus, und den Namen Commichau gab es im gleichnamigen Ort fortan nicht mehr. Die Familien verbreiteten sich nach und nach weltweit und sitzen heute in Köln, Hamburg, Bialystok, den USA und anderswo und wirken dort u. a. als Textilfabrikant, Kunstmaler, Kaufmann, Flugzeugbauer, Offizier, Arzt, Kürschner.

*

Die kleine Siedlung gliedert sich in ein Ober- und ein Unterdorf. Das ist geographisch deutlich sichtbar: Oben auf der Höhe stand das Rittergut. Davon stehen nur noch Restgebäude. Die einstige Neubauernsiedlung hat sich in eine schmucke Eigenheimsiedlung verwandelt. Der Straßenname erinnert an diese geschichtliche Episode. Das ist gut so. Hinab in die Tiefe führen schmale und schmalste Straßen, an denen die Häusler siedelten. Heutzutage quetschen sich immer wieder mal einige Neubauten dazwischen. Grund und Boden sind teuer. Mit dem elterlichen Garten als Bauplatz läßt sich da allerhand sparen.

Unten liegt auch die Teichdammstraße, und dort am Teichdamm auf der vorgelagerten Wiese, da arrangiert seit einigen Jahren der rührige Heimatverein mit der gesamten Einwohnerschaft ein Teichdammfest. Der Teich und das Umfeld zogen schon immer die Leute an, große und kleine und zu allen Jahreszeiten. Einer der aktiven Organisatoren ist der Lehrer und Schulleiter i. R. Manfred Werner, Jg. 25:

Die Wasserfluten zerstörten mein schulisches Lebenswerk

Ich lebe seit meiner Geburt im ersten Schulgebäude des Dorfes. Das sieht man ihm heute natürlich nicht mehr an. Ein Leineweber zog vor 200 Jahren in das winzige Haus und richtete hier seine Werkstatt ein. Es muß ein intelligenter Kopf gewesen sein, denn er erhielt vom damaligen Gemeinderat den Auftrag, den Dorfkindern das Lesen, Schreiben und Rechnen beizubringen. Da drängelten sie sich neben den Webstuhl und sangen vielleicht ein lustiges Lied, wenn der Herr Schulmeister die Fäden zog.

Manfred Werner vor der alten Schule, seiner jetzigen Wohnung

Jahrzehnte später kauften meine Großeltern die alte Schule. Da liefen die Dorfkinder längst in ein anderes Haus. Seitdem sanieren wir das historische Stück. Eine der alten Mauern aus Lehm, Holz und Stroh haben wir erhalten. Wegen der niedrigen Decken und Türen ermahnen wir ständig unsere Besucher.

Schlosserlehre, Militärzeit und Kriegsgefangenschaft prägten meine Zeit zwischen 1940 und 1946. Dann kehrte ich ins Heimatdorf zurück. Was nun machen? Ich bewarb mich für den Lehrerberuf und wurde angenommen. Der Schulrat schickte mich nach Altenhain. An einem Sonnabend radelte ich die 30 km dorthin, auf dem Fahrrad, das vorn einen Gummischlauch als Bereifung hatte. Ein Kollege empfing mich, dem ich offenbarte, daß ich von Tuten und Blasen keine Ahnung hätte. Er beruhigte mich, daß es ihm genau so erginge, schob mich in ein Klassenzimmer, das voller neugieriger und erwartungsvoller Schüler saß, gab bekannt, daß der Herr Werner der neue Lehrer sei und verließ schleunigst den Raum. Was nun? Ich erzählte ein bißchen was vom Krieg und davon, wie es nun weitergehen könnte. Ich habe Blut geschwitzt. Es wurde die längste Stunde meines Lebens. Danach entließ ich die Meute nach Hause und strampelte ebenfalls Richtung Heimat. Von Tag zu Tag verbesserte sich mein Unterricht, von Jahr zu Jahr mein Wissen.

1947 schickte mich der Schulrat nach Tanndorf. Für die ständig steigende Schülerzahl reichten die zwei Klassenzimmer bald nicht aus. Nach und nach bauten wir an. Am Ende gab es da acht Klassenzimmer, eine Schulküche und genügend Nebenräume. Dann störten uns die öligen Fußböden. Wenn wir Auslegeware darüber legen?! Der Bürgermeister gab das Geld. Neues Problem: Dreckempfindlich! Lösung? Die Schüler ziehen die Schuhe aus und bringen ihre Filzlatschen mit! Jedes Paar bekam seinen Platz. Die Kinder machten mit, sie fühlten sich fast wie zu Hause. Wir waren die erste Schule im Kreis, die dieses Experiment wagte und gewann. Die 'Filzlatschenschule' war geboren. Natürlich gehörte eine Portion Disziplin dazu. Jedes Jahr entließen wir prächtige Schüler, die ihren Weg gingen im Erwachsenenleben. Heute kann ich mich vor Einladungen zu Klassentreffen kaum retten.

1990 war meine Schul- und Arbeitszeit abgelaufen. 2003 verkündete der Bürgermeister eine schlimme Nachricht: Das Schulhaus muß vollständig abgerissen werden! Ins Mauerwerk waren mit der Hochwasserflut des vergangenen Jahres tausende Liter Öl eingedrungen. Naturgewalten hatten mein Lebenswerk zerstört. Ich wollte es einfach nicht fassen.

Und nun? Rente und Ruhe? Das geht nicht. Ich hatte mich schon immer fürs Dorf engagiert. Als die FFW ihren Dienst einstellte, sammelten wir die Rentner und andere Interessenten in einem Heimatverein. Veranstaltungen, Reisen, Vorträge beleben den Alltag. Und einmal im Jahr der absolute Höhepunkt: Unser Teichdammfest. Ich bin richtig zufrieden, weil da die Jugend mitmacht. Sie vereint sich mit uns alten Knaben. Herz, was willst du mehr!

WEITERE NOTIZEN aus Commichau

Landwirtschaft: Bis 45 bestand das Rittergut mit ca. 100 ha Feldfläche, letzter Besitzer *Hans-Karl Kießling*. Dann wirtschaftete noch ein Altbauer mit einer kleinen Hofanlage. Abriß des Herrenhauses und anderer Gebäude nach der Bodenreform. Elf Neubauern teilten sich in den Besitz und die Felder.

Rudi Birke (Jg. 39), allgemein *„Onkel Rudi“* genannt, längst Stellmacher i. R., hilft immer noch dort im Dorf, wo es nötig ist. Zimmert Bänke, Theke und Tanzdiele fürs Dorffest.

Im **Heimatverein**, gegr. 2002, haben sich über 50 Leute eingeschrieben. Vors. Rolf Müller. Organisiert nach Auflösung der FFW das *Teichdammfest*, jeden letzten Sonnabend im August.

Das **Schulgebäude** oben auf der Höhe wurde 1899 errichtet. Später entstanden wegen des unsicheren Bodens durch den Abbau von Kohle und Ton Risse in den Mauern. Lehrer und Schüler überstanden die Gefahr und gingen hier bis1966 zur Schule, danach in Tanndorf. Von 1960 bis 1990 Ferienlager und Schulungsheim des VEB Kraftverkehr Grimma, von 1990 bis 2001 Pflegeheim für Behinderte im Besitz der Diakonie, jetzt leerstehend und teilweise Nutzung vom Heimatverein.

Handel & Gewerbe: Computer-Haus von Johannes Richter in der Villa des ehem. Grubenbesitzers. - Fußbodenleger Gerhard Schatz. - Landschaftsgestaltung und Obstbau von Christian Seidel.

Podelwitz, 1217 Podeluz, 'Ort unterhalb des Sumpfes' (slaw.), seit 1952 OT von Tanndorf, seit 1996 von Zschadraß, 202 Einw.

Seiner Lage an der Mulde und dem Wasserschloß verdankt das Dorf eine gewisse Anziehungskraft. Der Fluß und die Uferwege bieten dem touristischen Wanderer günstige Bedingungen. Für die Radfahrer läuft der ellenlange Mulde-Radwanderweg, und für die Wasserwanderer wurde ein bequemer Ausstieg gebaut, wenn sie schadlos den Nixstein überstanden haben *(siehe Rundblick-Lesebuch)*. Und die Touristen haben allen Grund, hier Halt zu machen. Sie finden im Schloß eine saubere Übernachtungsstätte.

Es führen noch andere Wege ins Dorf. Da ist die Sermuther Straße von Westen her, nach der Flut höchst aufwendig ausgebaut. Von Süden kommt die Colditzer Straße durch die steile Hohle ins Dorf, und von Norden her spurt der Weg aus dem Thümmlitz über die Muldenbrücke. Von dort her, von Tanndorf aus über die Mulde hinweg, zeigt sich die ganze Pracht des einstigen Herrensitzes, zudem sich das Gemäuer im Muldenwasser spiegelt.

Das Podelwitzer Schloß widerstand den Fluten der Mulde

Was wäre Podelwitz ohne sein Schloß? Es ist das Zentrum, Wahrzeichen und Anziehungspunkt des kleinen Dorfes. Und es ist einigen Heimatfreunden und resoluten Bürgermeistern zu verdanken, daß es nicht zur Ruine verfiel, sondern in der Jetztzeit außen wie innen zu altem Glanz neu erstanden ist, wenn auch mit einer ganz anderen Nutzung.

Die Geschichte geht weit zurück. Das heute viergeschossige Renaissanceschloß aus dem 16. Jh. wurde vermutlich auf den Gründungen einer frühdeutschen Wasserburg errichtet. Es besteht aus einem rechteckigen Hauptgebäude mit feingliedrigen Giebeln, die mit Rittergestalten, Pferderümpfen und einem Wappen geschmückt sind. In der Westfassa-

Podelwitz mit dem Schloß und den Anlagen des ehemaligen Rittergutes aus der Luft gesehen

de befindet sich ein achteckiger Treppenturm. Drei kleine Brücken überspannen den einstigen Burggraben, in dem sich aber schon lange kein Wasser mehr befindet. Im Vorhof ruht auf einer Rundsäule aus Porphyrtuff ein Taubenhaus.

Das Schloß wechselte mehrmals den Besitzer. Zuletzt zog 1850 die Familie *von Reiswitz* von ihrem Stammsitz auf dem Collmener Rittergut hier ein. In den Jahren danach erfolgten einige Veränderungen, und für die Gäste und Bediensteten ent-stand das „Muldenschlößchen". Nach dem Krieg verjagte die Bodenreform die Eigentümer. Einiges Inventar aus den Räumen kam in Museen, manches ging kurzerhand als Tauschobjekt für Lebensmittel in andere Hände oder den Weg alles Irdischen. Flüchtlinge aus den Ostgebieten bezogen die Gebäude, die Folgen waren absehbar. Angesichts der prekären Lage überschrieb das Land Sachsen 1952 das Schloß in die Rechtsträgerschaft der Kommune. Doch die war mit der Erhaltung total überfordert. Die Gemeinde richtete notgedrungen Wohnungen und einen Kindergarten ein.

Schloß Podelwitz

Nach der Wende begannen innen wie außen mit Hilfe von Fördermitteln umfangreiche Sanierungsmaßnahmen. Bewohner und Kindergarten zogen aus, Touristen und Wanderer zogen ein. Das Muldehochwasser verzögerte zwar im Umfeld den Fortgang der Arbeiten, doch das Ziel blieb klar: Das marode Seitengebäude wird mit Flutgeldern erhalten und ausgebaut und soll zusätzlich zu den Übernachtungen im Schloß weitere Unterkünfte erhalten. Dann wird es dort eine Gaststätte (oder etwas Ähnliches) geben, deren Küche als Ausbildungsstätte und Praktikum vom Bildungs- und Sozialwerk Muldental in Tanndorf genutzt wird.

Der absolute Anziehungspunkt im Schloßgebäude ist unbesehen die Heimatstube mit ihrem Schatz an fast unübersehbaren Exponaten, gesammelt und geleitet vom Keramformer, Betriebshandwerker, Bautischler i. R. und Heimatpreisträger (zusammen mit seiner Frau Irmgard) Manfred Knochenmuss, Jg. 38:

Die 7000 Stücke ergeben ein liebenswertes Sammelsurium

Angefangen mit Sammeln habe ich nach dem Kriege in unserer Schuttgrube in der Colditzer „Saudelle". Meine Nachbarn spotteten über mein altes Gerümpel. Ich ließ mich nicht beirren, und dann kam sogar die Zeit, in der mich die gleichen Leute um meinen Besitz beneideten. Sie sahen natürlich den materiellen Wert bei einem Verkauf. Alte Möbel und Hausrat waren wieder begehrenswert.

Ich habe nicht nur gesammelt, sondern mich dabei mit der Heimatgeschichte befaßt. Dabei half mir der Colditzer Museumsleiter *Radestock*. Es blieb ein Problem, das Sammelgut unterzubringen. Ein Haus mußte her. In der Sophienstraße fand ich ein geeignetes Domizil. In zwei Läden, im Dachgeschoß und einer Werkstatt deponierte ich meine Schätze. Natürlich wußte jeder, daß ich auf diese Weise Wohnraum zweckentfremdete. Doch der damalige Bürgermeister Werner Hahmann drückte beide Augen zu.

1975 kauften wir ein Tagelöhnerhaus in Hausdorf. Zum Heimatfest des Dorfes zeigte ich in einer kleinen Ausstellung erstmals einige meiner Güter. Dann kam Bürgermeister

Matthias Schmiedel von der Großgemeinde und schlug vor, meine Sammlung im Podelwitzer Schloß aufzubauen. Er hatte dabei den Hintergedanken, damit die Leute in die Einrichtung zu locken. Und wir sollten gleich mit einziehen. Da sagten wir nicht nein! Also schmissen wir den Riemen auf die Orgel und los ging's. Zwei Jahre später waren die ersten drei Räume fertig, der Zuspruch der Besucher war überwältigend. Die letzten Bewohner packten ihre Sachen, wir erhielten mehr Platz. Jetzt sind in zehn Räumen über 7000 Einzelstücke untergebracht. Und trotzdem: Die Schau wird nie komplett werden. Das möchte ich jedoch betonen: Wir sind kein Museum, sondern eine Heimatstube! Man sollte sich Zeit nehmen beim Rundgang. Bei uns ist nichts großzügig gestaltet. Die Masse soll wirken. Manche Leute bezeichnen das als ein liebenswürdiges Sammelsurium. Mir soll's recht sein. Auch gibt es keine ellenlangen Texte, die liest sowieso keiner. Ich erzähle den Leuten Geschichten.

Der Rundgang beginnt oder endet in der gemütlichen Kaffeestube. Meine Frau bewirtet auf alten Stühlen und Sofas die Gäste mit frischem Kuchen und Kaffee. Man sitzt zwischen historischen Möbeln und Bildern, Dutzenden von Kaffeekannen, Vertikonippes und anderen Krimskrams. In den anderen Räumen folgen eine kleine Kneipe, ein Tante-Emma-Laden mit unzähligen Exponaten, eine Küche, ein Raum mit Spielzeug, ein fast komplettes Postamt, eine Ausstellung über das Colditzer Gefangenenlager und ein Raum mit Dokumenten und Sachzeugen zur DDR-Geschichte. Mit den Uniformen, Urkunden, Medaillen, den Pieck- und Honeckerbildern ist das sicher so eine Sache. Es gab auch schon Leute die meinten, daß sie in dieses „Gruselkabinett" nicht reingehen wollen. Doch viele haben inzwischen eine andere Sicht auf ihre eigene Vergangenheit. Egal wie man dazu steht, es ist ein Stück Geschichte, das aufbewahrt werden muß.

Mein zweites Hobby ist das Drechseln und Spielzeugbauen. Das kommt sicher durch meine Tätigkeit als Tischler. Besonders gefragt waren meine Nußknacker und Holzautos. Unten am Rondell habe ich eine Werkstatt. Da stehe ich dann stundenlang an der Drechselbank. Es macht mir Freude, wenn wieder was fertig ist. Besonders stolz bin ich auf meine Pyramide. Sie ist über vier Meter hoch und steht in der Adventszeit vor dem Schloß. Jetzt habe ich noch einen großen Schwibbogen gebastelt.

Manfred Knochenmuß zwischen seinen Sammlungsstücken nach der Flut

Nach einem Herzinfarkt mußte ich ein bißchen kürzer treten. Ab und zu mache ich einen kurzen Mittagsschlaf. Das war früher schon deshalb nicht möglich, weil auf dem Sofa die Puppensammlung meiner Frau ausgebreitet war. Für mich war da kein Platz. Außer Puppen sammelt sie noch Wetterhäuschen und Wandvasen. Sie schließt sich gern an, wenn ich auf einen Flohmarkt fahre.

Einen argen Dämpfer bekam meine Holzarbeit mit den Hochwasserfluten der Mulde. Zwar blieben Wohnung und Ausstellung verschont, doch meine Werkstatt, die Garage und alle Schuppen standen bis unter die Decke voller Schlammbrühe. Als ich das sah, stand für mich fest: Das war's! Doch dann rappelte ich mich wieder auf und fing an, den Dreck zu beseitigen und alles rauszuräumen in die trocknende Sonne. Eile war vor allem bei den Maschinen geboten. Ich nahm sie auseinander, damit sie nicht festrosten. Unwiederbringliches ging trotzdem verloren. Es schmerzt ein Sammlerherz, wenn die aufgequollenen Schränke, die Nähmaschinen und manches andere einfach weggeworfen werden mußten. Doch vieles haben wir auch mit Freunden und Helfern reinigen können. Nur gut, daß nach der Flutkatastrophe wochenlang schönes Wetter herrschte. So konnte mein ganzer Krempel gut trocknen.

Einige Leute nennen mich manchmal den Schloßhern. Diese Ehre hat freilich zwei Seiten: Wenn du dein Haus hast, schmeißt du die Türe hinter dir zu, dann hat sich's erledigt. Jetzt klingeln die Leute zu jeder Tages- und Nachtzeit bei dem verrückten *(Knochen)* Muß. Doch wenn es nicht so wäre, würde mir bestimmt was fehlen. – *Ms.M.*

WEITERE NOTIZEN aus Podelwitz

Die **Muldenbrücke** wurde 1894 erbaut, vorher bestand Fährverbindung zum anderen Ufer. 1945 wurde ein Brückenbogen gesprengt, danach wieder aufgebaut. 2001 umfangreich saniert, überstand sie unbeschädigt die Hochwasserfluten von 2002.

Das **Muldenschlößchen**, erbaut 1869, diente zur Unterkunft von Gästen und Bediensteten, zeitweilig auch der Schloßgärtner. Die Schloßgärtnerei war seit Generationen im Besitz der Fam. Lindner, und erst im Jahre 2000 erfolgte die Abgabe an die Gemeinde. Jetzt übernahm das Bildungs- und Sozialwerk Tanndorf die Anlage zur Ausbildung von Gärtnerlehrlingen. Gleichzeitig erfolgte nach historischem Vorbild eine Umgestaltung des Terrains. Hochwasserfluten zerstörten die Natursteinmauer an der Straße, sie wurde wieder instand gesetzt.

Eine Felsnase am Muldenufer trägt den Namen **Nixstein**, von dem eine Sage schauerliche Dinge erzählt *(siehe Rundblick-Lesebuch)*.

Auf dem ehem. Rittergutshof erhebt sich ein gut saniertes **Taubenhaus**. Es steht unter Denkmalschutz. Michael Zschoche hält dort eine ganze Anzahl Tauben.

Im **Schanzenbachtal** stehen Pflanzen und Tiere sowie ein ausgewiesenes Gebiet unter Naturschutz. In einigen ehem. Mühlen (Leithenmühle, Liebchens Mühle) finden sich noch Reste der Mahlwerke. Der Schanzenbach markiert die Grenze zwischen dem Muldentalkreis und dem Kreis Döbeln.

Vereine und Einrichtungen: Förderverein Schloß Podelwitz. - Schützenverein. - Angelverein. - Jagdverein. - Kleintierzucht. - Wiederkehrende Veranstaltungen: Kleintiermarkt, Eisfest, Osterfeuer, Himmelfahrt im Park, Schloß- und Kinderfest, Weihnachtsmarkt im Schloß. - Anlegestelle für Wasserwanderer mit Übernachtungsmöglichkeiten im Schloß.

Handel & Gewerbe: Getränkehandel von Anton Gapp. - Friseurgeschäft von Editz Merkel. - Elektrohandwerk von Andreas Baronius und Friedhelm Riehl. - Gasthof Podelwitz, Fam. Zschoche.

Skoplau, 1265 Zcopolowe, 'Ort eines Skop(o)l' (slaw.), seit 1950 OT von Commichau, seit 1969 OT von Zschadraß, 35 Einw.

Skoplau? Standen da nicht die Rinder vom volkseigenen Gut in den Wiesen? Und gab es da nicht mal Braunkohle und Ton? Wenn die Leute um Colditz den Ortsnamen hören, dann verbinden sich bei vielen vermutlich diese Begriffe mit der Ortslage. Irgendwelche Spuren vom ehemaligen Braunkohlenabbau sind in der Landschaft längst verwischt. Zum Glück hat sich ein Erlebnisbericht erhalten, der einen Einblick in die abenteuerliche Tätigkeit der Bergleute vor 80 Jahren vermittelt.

In Skoplau lockerten die Bergleute mit langen Stangen die Kohle in der Tiefe

„Es war nach dem Ersten Weltkrieg. Ich war froh, daß ich im Braunkohlenwerk unterkam, obwohl ich von Erlbach her jeden Tag einen weiten Weg zurücklegen mußte. Das Abbaufeld lag in der Senke zwischen Commichau und Skoplau. Der 8 m hohe Förderturm stand über dem 46 m tiefen Förderschacht, mit dem die vollen Hunte aus der Grube geholt wurden. Personenbeförderung war verboten. Die acht Kumpel stiegen auf Leitern durch den Luftschacht ein. Der befand sich weiter unten im Tal und war nur 15 m tief.

Der Hauptstollen wurde einfach mit der Hacke freigelegt. Er führte am Ende 200 m lang durch das 3 bis 4 m dicke Flöz. Stützen gab es nicht. Wegen eines möglichen Einsturzes machten wir uns keine Gedanken. Vom Hauptstollen aus schaufelten wir im Abstand von 4 bis 5 m zwei Gänge und förderten die dazwischenliegende Kohle. Mit langen Stangen brachen wir die Kohle von der Decke und zogen das lose Material mit der Hacke heraus. Das geschah so lange, bis dieser 25 qm große Raum zusammenstürzte. Es entstand ein „Bruch" und an der Erdoberfläche ein kleines Loch. Wir wühlten kreuz und quer, immer dort, wo es sich am besten und am leichtesten machen ließ. Es handelte sich hier um eine junge Lagerstätte. Das Holz war noch nicht restlos verkohlt. Die Bevölkerung der umliegenden Orte nannte es Torfholz, und wir stießen beim Abbau oft auf Baumstämme. Da mußten wir dann mit der Axt ran. Auch riesige Wurzelstöcke mußten häufig geschlagen werden.

Ich arbeitete bis 1925 in dieser Grube. Dann wurde kein Lohn mehr bezahlt. Nun hatte ich ja nichts dagegen, wenn unser Chef mehr als nötig hinter die Binde kippte, da er aber meinen Lohn mit versoff, hörte der Spaß auf. Ich suchte mir eine andere Arbeit. Die Kohleförderung dürfte Ende der 20er Jahre ganz eingestellt worden sein."

*

Neben dem Kohleabbau erfolgte auch eine Tonförderung in einer gesonderten Grube von *Paul Henschel*, die sein Sohn *Gotthard* bis 1978 betrieb. Zuerst mit Pferdefuhrwagen, später mit sechs hochstämmigen LKW transportierten sie den qualitativ hochwertigen Rohton nach Colditz, Meißen und Bayern. Von 1901 bis 1925 bestand sogar eine Drahtseilbahn zwischen dem hiesigen Vorkommen und dem Bahnhof Colditz. Einige Ladungen sollen auf dem Schiffswege gar bis Schweden gegangen sein.

Die Tonlöcher, einst herrliche Badegewässer der heimischen Jugend, wurden verfüllt und die Abraumhalden teilweise eingeebnet. Es entstand eine Wald- und Wiesenlandschaft. Hier weiden jetzt die Rinder der *Meuselwitzer Bauernhof GmbH*, die sonst in den ehem. Ställen der LPG gefüttert werden. Eine schmucke Anlage, die sich ein besonderes Sauberkeitssiegel verdient hat. In Nieschers Gut, das sich seit Mitte der neunziger Jahre im Besitz der Landwirtsfamilie *Schechinger* aus dem Schwabenland befindet, bemüht man sich, dieses Bild zu erreichen.

Ein weiteres Problem belastet Bewohner wie Besucher. Die Staatsstraße, die aus dem Ort hinauf noch Commichau führt, ist seit 25 Jahren gesperrt. Ab und an kam es in ihrem Bereich zu Rutschungen. Ausbesserungen und Verfüllungen blieben Stückwerk, Planungen zum Ausbau verschwanden immer wieder in der Schublade. Das mehrmals erneuerte Verbotsschild hat heute wohl nur noch symbolischen Wert. Damit schützt sich vermutlich die staatliche Straßenverwaltung vor Regreßansprüchen. Es könnte ja mal was passieren. Die Einheimischen ignorieren das Verbot, und die Polizei sieht kulant darüber hinweg. Oben, am Ende des unter Denkmalschutz stehenden Weges, in den ehemaligen Wohn- und Wirtschaftsgebäuden der Tongrube, hat sich das Fuhrgeschäft der Familie *Liebelt* eingerichtet sowie ein Getränke-Groß- und Einzelhandel von *Angela Kunze*.

Daß im Ort drei neue Einfamilienhäuser entstanden sind, gleicht fast einem Wunder. Die alte Schmiede und zwei Bauernhöfe siechen so langsam dahin. Lediglich in zwei Bauernhöfen findet sich noch ein gewisses Leben, jedoch kein geschäftiges bäuerliches Treiben. Es ist viel Mühe nötig, die Gebäude in Ordnung zu halten. Das versuchen auch die Bewohner des *Muschter-Hofes*, die Frau in einem stets blühenden Bauerngarten und deren Sohn, der sich außerdem leidenschaftlich mit der Geschichte seines Wohnortes befaßt, der gelernte Koch Hermann Muschter, Jg. 72:

Ich wollte als Schiffskoch um die weite Welt reisen

Natürlich hatte ich meine Vorstellungen vom Leben, wer hat die nicht. Als ich die Colditzer Schule verlassen konnte, war ich richtig froh. Mir fehlte die Lust zum intensiven Lernen. Ich hätte ja gern Archäologie oder Geschichte studiert, weil ich dafür großes Interesse hatte. Schon als Kind habe ich Scherben gesammelt. Damit ich die Unterschiede der Funde erkenne, holte ich mir Rat bei Herrn Unteidig, den Grimmaer Denkmalpfleger. Und der freute sich, daß ein junger Mensch sich mit solchen Dingen beschäftigt. Heute bedaure ich, daß ich nicht mehr Energie aufgebracht hatte. Doch vielleicht ist es noch nicht zu spät.

Hermann Muschter am sanierten Meilenstein in Skoplau

Also ergriff ich den Kochlöffel mit einem zwingenden Hintergedanken: Vielleicht kann ich dann eines Tages bei der Handelsmarine anheuern und zu fernen Ländern kreuzen. Denn irgendwie steckte mir das Fernweh in den Gliedern. Nein, nicht für immer und ewig wollte ich fort. Da hatte ich viel zu viel heimatliche Gefühle. Nur mal so, andere Länder und Menschen kennenlernen, und dann wieder zurück in die Heimat.

Dann kam die Wende, und über Nacht erfüllten sich meine Wünsche, ohne daß ich den steinigen Umweg über die Marine der NVA nehmen mußte. Jetzt öffneten sich die Tore in die Welt, und ich griff beherzt zu. Die Reisefreiheit bot mir ungeahnte Möglichkeiten. Und das Geld dazu hatte ich mir zügig zusammnen gespart. Ich rauche nicht, trinke nicht und lebe auch so ziemlich sparsam. Meine Wege führten mich nach Amerika, Asien und überallhin hin in Europa. Nun ist meine Neugierde zum großen Teil befriedigt. Ich weiß jetzt, wie es draußen aussieht.

Doch hier habe ich meine Heimat, das Elternhaus und meine Mutter, meine Arbeit und meine Forschungen. Ich möchte die Vergangenheit von Skoplau möglichst genau ergründen. Meine berufliche Tätigkeit erfordert oft mehr als acht Stunden. Ich bin in einem Cateringunternehmen Fahrer mit besonderer Verwendung. Da ist die Zeit für mein Hobby etwas knapp. Auch die Suche nach einem Mädchen mit häuslichen Ambitionen blieb bisher unerfüllt. Wegziehen, das will ich nicht. Das alte Fachwerkhaus braucht seinen Pfleger. Mein Vater verstarb vor wenigen Jahren.

Und die vor- und frühgeschichtlichen Funde liegen unter der Erde und interessieren sicher nur den Fachmann: Scherben aus der Bronzezeit, der Hohlweg der alten Poststraße zwischen Colditz und Leisnig mit den historischen Meilensteinen, die spärlichen Reste eines mittelalterlicher Brennofens und eine frühmittelalterliche Wallanlage. Von der zeigen sich vorläufig erst einige geringe Erhebungen. Ich konnte die Aufmerksamkeit eines Dresdener Ärchäologen dafür gewinnen, und wenn alles gut läuft, wollen wir in nächster Zeit einen Grabungsschnitt durchführen. Das wird ein spannender Moment sein, wenn sich der Spaten ins Erdreich gräbt.

Gutshaus in Skoplau

Oben auf der Höhe, zusammen mit Bockwitz, liegen die beiden Orte einträchtig wie zwei Schwestern nebeneinander, die kleinen Bauerndörfer, in denen seit jeher das Leben seinen geruhsamen Gang nahm. Anfangs leitete sogar ein eigener Bürgermeister so nebenbei die Geschicke, dann erledigte die der Bockwitzer mit, bis sie 1992 der Großgemeinde Zschadraß angegliedert wurden. Natürlich gab es einen Gasthof. Der gehörte zum Dorf, auch zum kleinsten, wie der Deckel auf den Topf. Er lockte nach 1900 mit regelmäßiger Ballmusik, Karpfenschmaus und Bockbierfesten auch Auswärtige an. 1990 schloß er für immer die Pforten.

In Meuselwitz wirtschafteten seit 1581 elf Generationen auf einem Bauernhof

Ein fetter Ackerboden brachte gute Erträge. Das spiegelt sich wider in den prächtigen Bauernhöfen. Dazu gehörte der *Gaudlitzsche* Vierseithof. Seine Geschichte geht Jahrhunderte zurück. Im Flur des Wohnhauses hängt das Bild eines Bauernmalers, der das Gut 1908 gemalt hat. Daneben gibt eine Ahnentafel Auskunft über die elf Bauern-Generationen, die hier gewirtschaftet haben. Sie beginnt 1581 mit *Michael Gaudlitz* und endet mit *Günter Gaudlitz* in der Gegenwart. Auf dem riesigen Hof, den wuchtige Gebäude fast hermetisch umschließen, herrscht eine gespenstische Ruhe. Nirgendwo regt sich einstiges bäuerliches Leben. Nur noch etwas Kleinvieh hegt und pflegt die junge Hausfrau hinten im Garten.

Am anderen Dorfrand füttert *Klaus Lange* einige Dutzend Damwild in einem weiten Gehege. Eine gute Nebenbeschäftigung als Rentner. Auf der Streuobstwiese verfaulen keine Früchte mehr. Sie verschwinden genüßlich im Magen der Tiere.

Das Bauerngut von Günther Gaudlitz in Meuselwitz

Auf dem freien Platz in der Dorfmitte stand die „Kaserne“, ein gebrechliches Wohnhaus, das vor einigen Jahren nach einem Brand völlig abgetragen wurde. Dort umrahmen Lebensbäume einen Gedenkstein, der an die Toten des I. Weltkrieges erinnert. Meist ist das Gelände hier mit landwirtschaftlichen Maschinen belegt. Sie gehören den Landwirt Wolfram Wehner, Jg. 35:

Es macht mir richtig Spaß, als selbständiger Landwirt die Felder zu bestellen

Ich habe absolut nicht bereut, was ich im letzten Jahrzehnt gemacht habe: Nämlich den Schritt in die Selbständigkeit. Seitdem bin ich wieder richtiger Landwirt, wie ich es schon immer sein wollte, kann schalten und walten, wie ich will. Das heißt, nicht ganz, denn wir bilden eine Gemeinschaft, mein Junge und ich und unsere Frauen dazu. Die Ratschläge meines Sohnes sind nützlich. Er hat studiert und deshalb doch ein bißchen mehr im Kopfe als ich. Und das gibt eine gute Paarung: Mein praktisches Wissen und seine theoretischen Kenntnisse. Die Erfolge bleiben nicht aus.

Ich habe ihn seinerzeit gefragt: Hast du Lust, einen eigenen Betrieb aufzubauen? Wenn ja, dann mache ich mit, dann packen's wir an. Und so geschah es. Ich bin von der Pike auf Bauer gewesen. Mein Schwiegervater wirtschaftete mit 38 ha Feld. Das zählte in der DDR schon zu den Großbauern, und die waren nicht gern gesehen. Aber sie waren nun mal da, und ihre Felder, Tiere, Gebäude und Technik waren ein willkommener Zuwachs bei der Bildung der LPG. Und auch unser Wissen. Das wurde immer wieder genutzt. Mit meinem Vorsitzenden kam ich gut zurecht. Ich habe mich nicht abseits gestellt, sondern mitgemacht, damit wir respektable Leistungen erzielen konnten. Und unsere LPG stand gut da.

Ich wagte also mit meinem Sohn den Schritt in die wirtschaftliche Selbständigkeit. Sicher, das Risiko war uns schon bewußt, aber irgendwie fehlte uns nicht der Mut wie bei vielen anderen. Und mit meinem Sohn hatte ich ja auch eine Garantie für die Zukunft. Sofort bauten wir einen neuen Rinderstall. Die Kredite dazu gab uns die Bank zinsgünstig,

Wolfram Wehner in seinem Bauernhof

und wir können sie angemessen zurückzahlen. Im Stall stehen 100 Milchkühe, die Kälber verkaufen wir oder füttern sie als eigene Nachzucht heran. Damit verjüngen wir jedes Jahr den Bestand der Milchkühe, den Rest verkaufen wir als tragende Färsen. Inzwischen haben wir noch eine riesige Bergescheune errichtet, und unseren alten Bauernhof ganz sauber hergerichtet. Sogar eine automatische Uhr am Taubenschlag zeigt uns an, wann wir in den Stall müssen. Tauben gehören zum Bauernhof. Man muß da auch nicht viel dazu tun, sie fliegen zu und fressen auf dem Hof, was da so noch herumliegt.

Die Arbeit im Stall und auf den Feldern hat sich ja total verändert. Moderne Maschinen machen jetzt das, wozu früher viele Bauernhände notwendig waren. Deshalb brauchen wir auch nur eine kleine Mannschaft. Wir bilden jedes Jahr ein oder zwei Lehrlinge aus. Ich hoffe, daß einer von den beiden im Betrieb bleibt, denn ich will mich nun langsam zur Ruhe setzen. Es geht alles ziemlich ruhig zu. Hektik stört nur die behäbige Ruhe der Kühe und mindert den Milchertrag. Den konnten wir im Durchschnitt pro Kuh auf 9500 Liter im Jahr steigern. Früher waren wir glücklich, wenn wir die Hälfte erreichten. Doch das qualitätsreiche Futter und die Züchtungen einer guten Rasse schafften dafür die Basis.

Klar muß man mitunter höllisch rechnen, besonders dann, wenn wie 2003 bei einer sommerlangen Hitze die Futterpflanzen verdorren. Aber das muß ein Bauer einkalkulieren. Er arbeitet nun mal unter freiem Himmel, und da kann er sich das Wetter nicht aussuchen. Allerdings kommt uns hier „oben" zugute, daß der Lößboden das Wasser doch etwas länger speichert und nicht so schnell ausbrennt.

Die Kühe sind in einer halben Stunde gefüttert, und im Fischgrätenmelkstand wird ihnen ganz automatisch die Milch abgezapft. Die holt jeden Tag das Milchauto der Firma *Müller-Milch* nach Leppersdorf. Es nimmt auch die mit vom Nachbarhof, der *Bauernhof GmbH*. Die haben im wesentlichen das gleiche Profil wie wir, nur bewirtschaften sie eine viel größere Feldfläche. Mit den Kollegen gibt es keine Zwistigkeiten. Im Gegenteil! Wir verstehen uns, und wenn mal Not am Mann ist, dann helfen wir uns gegenseitig. Das wäre ja auch ein Ding, wenn in einem so kleinen Dorf der große Zank ausbrechen würde.

Sperrmülltag in Meuselwitz

Bockwitz, um 1215 Bukewiz, 'Ort, wo Buchen wachsen' (slaw.), OT von Zschadraß, 73 Einw.

Einige Bockwitzer sind sauer. Da war für sie der nahe Windmühlenberg mit 272 m die höchste Erhebung im Muldentalkreis, und nun hat der *Wachhübel* zwischen Raschütz und Erlbach mit 80 cm dem hiesigen Berg den Rang abgelaufen. Der Buschfunk läßt verlauten, daß Heimatfreunde planen, mit einigen Kippern Muttererde die alte Reihenfolge wieder herzustellen. Na denn, Glück auf!

Die alte Schule in Bockwitz bleibt erhalten

Im Wettstreit mit Meuselwitz hatte Bockwitz wegen der Schule die Nase vorn. Das historische Gebäude von 1840, hundert Jahre später umgebaut und mit einem Schiefergiebel versehen, war bis 1966 das tägliche Ziel der Schuljugend. Im Haus gab es nur ein Klassenzimmer, und das war stets bis zum Eichstrich mit der Schul-jugend angefüllt. Meist drängelten sich mehrere Schuljahre in den Raum. Im Winter heizte ein Kanonenofen, später ein Kachelofen. Das Harmonium diente als Musikinstrument und Pult gleichermaßen. Der Lehrer und Schulleiter *Heinz Birke* wohnte mit im Haus und hatte so kurze Wege zu seinem Arbeitsplatz. Über vier Jahrzehnte hütete er das Gemäuer, ehe er nach Leisnig zog.

Bevor sich 1999 ein neuer Besitzer um das historische Stück bewarb, war es zeitweilig Bürgermeisteramt und Kindergarten. Der Leipziger Museologe *Benno Griesel* bekam den Zuschlag. Und das war gut so, denn ein leerstehendes Gebäude zerfällt ziemlich schnell. Er packte zu, erlernte bei der Sanierung wichtige Handwerke. Ein ganzes Jahr lang erneuerte er die 44 Fenster im Haus. Es blieben natürlich die alten, die er im Winter mit den einsetzbaren Doppelfenstern verstärkte. Zug um Zug verschönerte und erneuerte er Wände, Türen, Fußböden und all das, was zum Haus noch gehört. Im Garten werkelte zwischendurch die Frau, und auch das Kleinkind mühte sich mit bescheidenen Handgrif-

Die alte Schule in Bockwitz mit Familie Griesel

fen. Aller Ziel: Das Haus im Originalzustand zu erhalten und zu nutzen. Für Bockwitz ein Glücksfall. Eine kleine Sandsteintafel verkündet an der Hauswand die wichtigsten Etappen der ehemaligen Schule.

*

Am Ende des Dorfes, wo die Straße hinüber in den anderen Kreis nach Tautendorf führt, noch oben auf der Höhe mit wunderbarem Weitblick über das Schanzenbachtal und ferne Feld- und Waldfluren mit eingebetteten Siedlungen, da steht der Bauernhof von *Kellers*. Ein echter Fachwerkbau mit den alten mehrsprossigen Fenstern, weiß getüncht, wie aus dem Ei gepellt. Hier führen der Bauer i. R. *Gerhardt Keller* und sein Sohn *Thomas* eine Männerwirtschaft. Der Besucher muß mit allem Respekt sagen: Sauber und ordentlich! Dem Älteren ist vor Jahren die Frau gestorben, und der Jüngere hatte schon zwei zur Probe hier, aber die haben sich vermutlich wegen der Größe des alten Gutes wieder davon gemacht. Hier ist eine Hausherrin vonnöten, die ein bißchen mit zupacken kann, die sich heimisch fühlt in einem alten Bauerngut, wo die Errungenschaften der Neuzeit gleichwohl ihren Platz haben. Und diese Frau sucht nach wie vor der Zootechniker und Maurer mit Leidenschaft THOMAS KELLER, Jg. 56:

Immer diese Angst: Morgen kannst du arbeitslos sein

Ich bin gern in die Schule gegangen. Unser alter Lehrer hatte ein Gefühl für die Natur und ein Herz für uns Kinder. Wir saßen in den ersten drei Schuljahren zwar alle in einer Klasse, aber dumm sind wir deswegen nicht geblieben. Er verstand es, den Unterricht flexibel zu gestalten. Wenn die Turnstunde wegen schlechten Wetters ausfallen mußte, dann holten wir das wenig später mit einer Exkursion in die Natur nach. Und die Landschaft um das Heimatdorf mit ihren Hügeln und Tälern, ihren Wäldern und Wiesen bot immer wieder neue Entdeckungen.

Ich gehörte zum letzten Schuljahr, das hier in Bockwitz nicht nur Rechnen und Schreiben lernte. Dann ging's nach Erlbach und schließlich mit der 8. Klasse nach

Gerhardt und Thomas Keller auf ihrem Bauernhof

Hausdorf. Da schepperte uns der Ikarus über die Straßen. Bei einem Fahrer hatten wir tüchtigen Spundus, und wer beim Wettlauf um die besten Sitzplätze gar zu rabiat handelte, der mußte das letzte Stück laufen. Man stelle sich das heute mal vor!

Nun galt es, einen Beruf zu erlernen. Die Eltern waren Mitglied in der LPG, und darin sah ich auch meine Zukunft. Ich ging nach Würschwitz bei Nerchau in die Berufsschule und erlernte den Beruf eines Zootechnikers. Wegen des langen Weges schlief ich in der Woche über im dortigen Internat. Ich kam gut zurecht mit meinen Klassenkameraden. Doch nach dem Abschluß klappte es in der Tierproduktion nicht, eine Krankheit machte da einen Strich durch die Rechnung. Ich kam zur „Pflanze" im innerbetrieblichen Einsatz. Überal dort, wo jemand gebraucht wurde, packte ich zu. Mit Begeisterung schwitzte ich in der Baubrigade. Die Alten gaben wir manchen Ratschlag, und ich paßte höllisch auf, bauliche Handgriffe zu erlernen. Das habe ich dann später bei der Sanierung unseres Bauernhofes recht gut anwenden können.

1990 schlug das Schicksal zu: Die LPG lösten sich auf, die Mehrzahl der Arbeitskräfte mußte in die Arbeitslosigkeit. Diese Situation verursachte für mich einen Schock. Ich konnte das absolut nicht begreifen. Vom Westen hatten wir viel Gutes gehört und gesehen, aber nun lernten wir auch die andere Seite kennen.

Ich wollte arbeiten, rannte von einer Stelle zur anderen. Nur hin und wieder konnte ich für einige Monate befristet bleiben. Ich gab mir stets alle Mühe, ob bei einer ABM in der Gemeinde oder bei *Wehners* in Meuselwitz, ob beim Äpfel- oder Erdbeerpflücken. Ich fragte da nicht lange, was es zu tun gibt, ich packte an. Jetzt fand ich in der Meuselwitzer *Bauernhof-GmbH* einen Arbeitsplatz. Überall dort, wo Ordnung herrschen muß, wo Erntevorbereitungen getroffen werden müssen, wo es was zu mauern gibt, da bin ich. Wie lange? Das kann morgen schon anders sein. Auch so nebenbei muß ich aktiv sein. Im Stall züchte ich Kaninchen. Mir hat es die Rasse *Sachsen-Gold* angetan, die mittleren braunen Tiere, die man des öfteren auf Ausstellungen findet. Ich liebe mein Heimatdorf. Deshalb sammle ich alle Nachrichten von früher und heute. Vielleicht mausert sich das mal zu einer kleinen Chronik.

Bauernhof mit Backhaus in Bockwitz

Und da habe ich eine kleine Geschichte, die so recht den Wandel der Dinge zeigt. Es war in den Apriltagen des Jahres 1945. Der Krieg ging zu Ende. Auf dem Dorfplatz standen die Amerikaner und sammelten Radios, Fotoapparate und Ferngläser ein. Wie aus heiterem Himmel schlug in der Nähe eine Granate ein. Einige Soldaten wurden verletzt, und ungefähr acht Einheimische fanden den Tod. Wer das Geschoß abgefeuert hat, ließ sich niemals ergründen. Waren es die Amis selbst gewesen oder ein letzter Schuß der sich auflösenden Wehrmacht aus dem Thümmlitz? Auch unsere gewaltige Hoflinde bekam jede Menge Splitter ab. Sie mußte in den 50er Jahren gefällt werden, und wegen des weichen Holzes ließ der Vater vom Stellmacher Holzkanten zuschneiden. Wir erwendeten sie als Bremsklötze für die Kastenwagen. Der Meister schimpfte, weil Granatsplitter im Holz das Sägeblatt verdorben hatten. Nach Jahren fanden sich auf der Scheunentenne einige dieser Holzklötze. Für den Lastauer Holzschnitzer *Karl Fritzsche* bot sich hier eine gute Gelegenheit, daraus einen Bauern zu schnitzen. Auch er zog einige Eisensplitter aus dem Holz und wunderte sich, wie sie dort hinein gekommen waren. Die geschnitzte Figur auf dem Fernseher erinnert heute an den Hofbaum und sein Schicksal.

WEITERE NOTIZEN
aus Bockwitz und Meuselwitz

Drei 64 m hohe **Windkrafträder** am Hang des Windmühlenberges bemühen sich seit 2000 elektrischen Strom zu erzeugen. Das gelingt nicht immer.

Die alte **Dorflinde** neben Bayers Gut, ein Wahrzeichen von Bockwitz, ragt weit über die Dächer hinaus und ist von ferne gut zu erkennen.

Der Bockwitzer **Schausteller** Udo Stephan zog einst monatelang von Markt zu Markt und baute dort eine Kindereisenbahn, Karussell, Berg- und Talbahn und eine Losbude auf. Er hatte das Geschäft 1970 von seinem Vater übernommen, mußte es wegen zu hoher Kosten und zu geringer Einnahmen 2001 für immer schließen. Die typischen Transportwagen warten im Garten auf Käufer.

Die Freiwillige **Feuerwehr** schützte beide Orte in solidarischer Gemeinschaft. Mit der Eingemeindung in die Großgemeinde Zschadraß löste die Verwaltung die Gruppe 1996 auf, nicht aber den Zusammenhalt der Kameraden. Gemeinsam feiern sie noch heute einige Feste im Jahreslauf.

Landwirtschaft: In Bockwitz gab es 1945 12 Altbauern, in Meuselwitz 8. Nach der Auflösung der LPG wirtschaften heute in Meuselwitz die Bauernhof GmbH mit 580 ha Feld und Milchvieh sowie der Landwirt Wolfram Wehner mit 200 ha Feld und 100 Milchkühen. - In Bockwitz züchtet Christine Gumbert einige Dutzend Mastziegen und in Meuselwitz füttert Klaus Lange eine Herde Damwild.

Handel & Gewerbe: Der Gasthof in Bockwitz schloß Ende der 50er Jahre seine Pforten. Das gut gegliederte und wegen seiner Größe auffällige Gebäude beherbergte dann den Konsum (mit kunstvoll vergitterten Fenstern) und wartet nun nach langem Leerstand auf einen Investor oder den Zusammenbruch. - *Heute*: Bauklempnerei Andres Wolf. - Obst- und Gemüsehandel von Carlo Schmidt. - Windstrom GmbH.

Zschirla, 1215 Scherlin, 'nach roter Bodenfarbe', (slaw.), OT von Zschadraß, 213 Einw.
Kaltenborn, 1215 Caldinburne, ' am kalten Quell' (dt.) OT von Zschadraß, 107 Einw.

Beide Orte haben viel Gemeinsames, heute jedenfalls. Doch früher gab es da schon Unterschiede: Die eine Siedlung ist slawischen, die andere deutschen Ursprungs, die eine, nämlich Kaltenborn, ist ein reines Bauerndorf, die andere eine Rittergutssiedlung mit einigen Häuslern.

Dann liegen sie ganz nah beieinander. Die Ortsschilder stehen lediglich 20 m auseinander, und im Niemandsland befindet sich die Bushaltestelle. Da haben weder die einen noch die anderen weite Wege. Dabei können sie gleich ihren Müll entsorgen in den dortigen Sammelcontainern. Die *Schnauter*, ein Bächlein mit volkstümlichen Namen, fließt leider verrohrt durch die Wiesen. In den Karten sucht man das Gewässer ebenso vergeblich.

In Zschirla läuten Kaltenborner Glocken

So wörtlich sollte man es nicht nehmen, und doch hat der Satz seine Berechtigung. Die Glocken für Zschirla hat nämlich ein Kaltenborner Bürger gestiftet. Und das ist eine schöne Geschichte.

Eng verflochten mit der Kirche ist seit vier Jahrzehnten das Leben des Altbauern *Armin Hänsel*, Jg. 26. Er kaufte in Kaltenborn ein altes Bauerngut, als er 1956 sein Heimatdorf Cospuden vor den anrückenden Kohlebaggern verlassen mußte. Zum Bauernhof gehörten ganze 7,5 ha Feld, aber die reichten aus, die Familie gerade so zu ernähren. Der gute Boden warf genügend Erträge ab. Im Ort wurde er schnell heimisch. Er engagierte sich in der kirchlichen Arbeit, saß im Kirchenvorstand und läutete mit der Hand über ein Jahrzehnt die Glocke. Von dem ursprünglichen Dreigeläut hatte nur eine die Ablieferungspflicht während des Krieges überstanden. Und das ärgerte ihn.

Armin Hänsel in seinem Hof

Dann kam die Wende, und mit ihr ein Ereignis, von dem Armin Hänsel niemals zu träumen gewagt hätte. An einem Stück seines Feldes in Markkleeberg hatten Investoren ein begehrliches Interesse und boten eine Menge Geld. „Da sagte ich mir: Wenn es nicht so gekommen wäre, dann hättest du das Geld auch nicht. Also kann ich es für einen guten Zweck verwenden. Ich stifte meiner Kirche zwei neue Bronzeglocken, natürlich mit elektrischem Geläut, denn wenn ich eines Tages nicht mehr laufen kann, dann will ich sie auch noch hören."

In dem im 17. Jh. erbauten Bauernhof, vermutlich war es ein Lehngut aus dem 16. Jh., füttert *Armin Hänsel* heute noch ein bißchen Kleinvieh und freut sich an den Schwalben, die unter der Dachrinne ihre Nester angeklebt haben. Da ist ein Kommen und Gehen. Und dann ist da noch die Heimatgeschichte. Es gibt immer noch was zu erforschen, nachzulesen, aufzuschreiben und zu sammeln. Oben in der Stube stehen alte Möbel, und im Treppenhaus hängt bäuerliches Gerät vergangener Zeiten. Darunter das Prachtstück eines Holzspatens mit Eisenrändern, der vermutlich vor 200 Jahren benutzt wurde.

Dem ehemaligen Bauerngut nebenan hat eine Verjüngungskur ein völlig anderes Aussehen gegeben. Dort wohnt und arbeitet die aufgeschlossene Friseurmeisterin CHRISTINE BITTERMANN, Jg. 53:

Man erfährt manches, aber das ganz Private wird nicht weitererzählt

Nein, auch als Bauerntochter floß absolut kein bäuerliches Blut in meinen Adern. Nie im Leben wäre ich in die Landwirtschaft gegangen. Schon als 6jährige wußte ich, daß ich mal Friseuse werde. Und das habe ich auch geschafft. Die Lehrzeit in Colditz machte mir Spaß, und bis heute habe ich nicht ein einziges Mal bereut, daß ich diesen herrlichen Beruf erlernt habe und noch ausführen kann. Mich fasziniert der Umgang mit den Menschen, sie schön zu machen, daß sie sich wohlfühlen.

In der Friseurstube von Christine Bittermann

Und von wegen etwas Alltägliches. In meinem Beruf gibt es immer wieder mal was Neues: Andere Frisuren, neue Methoden, Farben, Essenzen und sonstige Wässerchen.

Natürlich reden meine Damen, wenn sie unter der Haube – das ist oft nur symbolisch zu verstehen – sitzen. Da kreisen die Gespräche nicht nur um die Neuigkeiten im Dorf. Nein, da merke ich deutlich, daß auch die kleine und die große Politik eine Rolle spielen. Und wenn jemand mal seine ganz persönlichen Probleme loswerden will, dann bin ich geduldiger Zuhörer. Reden befreit ja manchmal die Seele. Der Inhalt bleibt ein Beichtgeheimnis.

Meine Kunden kommen nicht nur aus den beiden Orten. Davon könnte ich nicht leben. Sie reisen auch aus umliegenden Dörfern und Städten an, weil sie dort ihren neuen Wohnsitz haben, weil durch Empfehlungen die Wege hierher geleitet werden. Dabei nehme ich nicht mal Bestellungen an. Wer kommt, ist da und kommt dran in der Reihenfolge. Ein bißchen Wartezeit vertreibt sich jeder auf seine Art und Weise. Vielleicht baut sich da der Alltagsstreß ein bißchen ab? Oder auf? Ich weiß es nicht. Wer nicht warten kann, der ruft vorher an, ob frei ist. Das geht auch. Und es hat sich noch niemand beschwert. Warum soll ich da was ändern?

Die Haarmode unterliegt beträchtlichen Schwankungen. Deshalb besuche ich Veranstaltungen, auf denen das Neueste kreiert wird. Regelmäßig alle halben Jahre erfolgt eine intensive Weiterbildung. Meine Kundinnen erfahren sehr schnell, was „In" ist. Den Männern ist es egal, sie haben ihren Schnitt wie seit Jahrzehnten. Hauptsache, das Haar ist kürzer, weil Mutti wieder mal gedrängelt hat. Die Jungen sind da schon modebewußter, die wollen den Anschluß an die Mode natürlich nicht verpassen. Ich mache das, was die Leute wollen, und gebe mir Mühe, daß es gelingt.

Natürlich ist es ein Ärgernis, daß die Preise so angestiegen sind. Wer aber da denkt, daß ich ein dickes Konto in der Schweiz habe, der irrt ganz gewaltig. Natürlich verdienen auch wir etwas mehr als seinerzeit in der DDR, da ich gerade mal 300 Mark in der Tasche hatte. Das Trinkgeld machte das Kraut nicht fett.

Jetzt sind es die teuren Produkte, die wir vom Händler beziehen. Und dann die Steuern, über die ja alle Handwerker klagen. Da wollen die Steuerberater, die Kontrolleure, die Berufsgenossenschaft und andere Bürokraten ihr Geld. An einem Geschäft hängen mindestens noch fünf andere dran, die mit verdienen wollen. Und dagegen ist man so machtlos. Eigentlich hat das auch gar keinen Zweck, den Kunden das zu erzählen. Die wollen es gar nicht hören, die stöhnen nur über den Preis. Ich ja auch.

Daß unser Haus mal ein altes und zerbrechliches Bauerngut war, sieht man ihm heute nicht mehr an. Das Fachwerk ließ sich seinerzeit nicht mehr retten, es gab kein Holz. Wir fühlen uns hier jedenfalls sehr wohl, und ich freue mich immer wieder über meine schöne Heimat. Leider kann ich das nicht so genießen, wie ich es gern wollte. Wenn ich mich den ganzen Tag über um die Kunden bemühe, dann merke ich das am Abend ziemlich deutlich in den Knochen. Und dann muß ich mich einfach mal lang machen. Dann bleibt immer noch die Hausarbeit und eben wenig Zeit, mal so ganz gemütlich einige Wanderungen in die Natur zu machen. Hin und wieder genieße ich so recht einen Waldspaziergang oder eine Radfahrt in die Aue. Es müßte nur öfter sein!

Doch wenn der Hausdorfer Sportverein zum Tanzabend ruft, dann sind wir natürlich dabei, und mit unseren Freunden hier im Dorf wurde schon mancher Abend beim Rostern verbracht. Das gehört doch zum Leben dazu, und einigeln wollen wir uns ja schließlich nicht in unseren vier Wänden. Dazu sind wir noch zu jung.

*

Oben in Zschirla, unmittelbar neben der Kirche, hat die Familie *Trabert* vor einigen Jahren ein altes Haus gekauft und daraus ein Schmuckstück gezaubert. Vieles mit eigenen Kräften, wie das auf den Dörfen allgemein so üblich ist. Einen Platz hat hier auch der Vater gefunden, der Schlosser Hans Trabert, Jg. 28:

Meine Seitenwagenmaschine rollt und rollt und rollt ...

Warum soll ich mir ein Auto kaufen? Ich habe nur noch kurze Wege bis zum Einkaufsmarkt nach Colditz oder zum Bäcker in Hausdorf. Und da genügt mein ETS-Gespann. Das, was ich kaufe, läßt sich gut verstauen. Ich hatte schon immer eine Begeisterung für das Motorrad. Zum Auto fehlte mir einfach die Lust. Auch die langen Wartezeiten damals in der DDR haben mich genervt.

Meinen Beruf erlernte ich in Colditz. Die Lehrzeit wurde unterbrochen, als ich in den Krieg mußte, als ganz junger Kerl. Zum Glück entließen mich die Amerikaner ziemlich schnell aus der Gefangenschaft, und im Dezember 1945 kehrte ich in mein Heimatdorf zurück. Der Betrieb in Colditz stellte mich wieder ein. In den ersten Monaten bin ich dorthin zu Fuß gegangen, dann hatte ich mir ein Fahrrad organisiert. Doch da gab's Probleme mit der Bereifung. Allzuoft kam eine Erbse heraus, also der Schlauch drückte durch den kaputten Mantel, und der wurde mit Bindfaden bandagiert. Deshalb trug ich ständig eine Rolle in der Tasche.

Bis 78 blieb ich als Schlosser bei *Hentschels*. Noch heute bin ich ganz stolz auf die Worte, womit mein Chef die Arbeit lobte: „Koll. Trabert meisterte jede schwierige Situation. Unlösbares gibt es für ihn nicht".

Im Betriebsteil Skoplau vom *VEG Kloster Buch* fand ich eine neue Tätigkeit. Da machte ich alle Schlosserarbeiten, die so anfielen. Mit dem Moped, dann einer 150er ES, fuhr ich täglich auf Arbeit. Damit die Frau einen bequemen Sitz hatte, kaufte ich noch einen Seitenwagen. Beim Tanz im Gasthof *„Zur wilden Sau"* zwischen Colditz und Harthaer Kreuz hatte ich sie kennen gelernt. Vor zehn Jahren ist sie verstorben. Das ist jetzt das Schwerste in meinen Tagen, so ganz allein durchs Leben zu gehen. Ich habe nun Kochen gelernt, und wenn's mal nicht schmeckt, dann eben beim nächsten Mal. Vom Leben erwarte ich nun nichts mehr. In die Ferne gucke ich tagsüber nie, da verblödet man doch. Nur abends schalte ich die Kiste an, aber dann ärgere ich mich über den Mist. Die Krimis, die Totschläge und die Politik und all der Firlefanz, das ist doch immer wieder

Hans Trabert mit seinem MZ-Gespann

dasselbe. Nur bei der Volksmusik, da lasse ich die Sendung laufen. Ich habe zwar jetzt im Wohnhaus meines Sohnes einen schönen Platz, aber ich sitze da so ganz allein herum. Das sind schwere Stunden. Ich kann mir andererseits absolut nicht vorstellen, in eine Alterspension zu ziehen. Ich will bis zu meinem Ende hier bleiben.

Neulich hatte ich meine Maschine mal wieder auseinander genommen. Eine gute Pflege tat not. Ich bepinselte einige Teile frisch, und nun glänzt das alte Gefährt wieder wie neu. Manchmal frage ich mich, warum die Leute hinter mir hergucken, wenn ich gemächlich auf den Parkplatz am Penny-Markt rolle.

WEITERE NOTIZEN
aus Kaltenborn und Zschirla

Eine stattliche **Dorflinde** wächst auf dem Dreieck, der Teich daneben wird vom Kalten Born, einem ehemaligen Gemeindebrunnen, gepeist. In ihm wimmelt es nur so von Goldfischen.

Die **Kirche** in Zschirla, ein stattlicher Bau aus dem Jahre 1864, ragt mit einer Höhe von 42 m weit über die Häuser und gibt schon von Ferne eine gute Orientierung. Im Inneren ist sie mit zwei Emporen im klassizistischen Stil ausgestattet, der geschnitzte Barockaltar wurde 1705 angefertigt. - Das Pfarrhaus wurde 1802 erbaut. Von 1966 bis 1999 war Pfarrer *Wolfgang Engewald* im Amt. Das Kirchspiel wird jetzt vom Pfarrer aus Schwarzbach mit verwaltet. - Der Friedhof liegt seit 1839 an der Ostseite des Dofes. Ein monumentales Erbbegräbnis erinnert an die einstmalige Ritterguts-herrschaft. - Ein Kirchenchor umrahmt an größeren kirchlichen Festtagen die Gottesdienste, Leiter und Organist Mark Zocher.

Einige 100 Meter östlich vom Ort liegt inmitten der Feldflur der **Röhrteich**. Mächtige Weiden und Pappeln spiegeln sich im Wasser. Die Senke ist seit eh und je ein Quellgebiet, aus dem in früheren Jahrhunderten in ausgehöhl-

Mauer und Tiergartentor bei Zschirla

ten Baumstämmen das Wasser bis zum Colditzer Schloß geleitet wurde. Die beiden Dörfer erhielten von hier bis 1994 ihr Trinkwasser.

Das Zschirlaer **Tiergartentorhaus** erhebt sich als stattlicher Bau unmittelbar an der Flurgrenze zwischen Zschirla und Colditz und gehört, wenn man so will, zur Stadt. Es soll dennoch hier erwähnt werden, weil es den Namen des Dorfes trägt und von dort aus einen günstigen Zugang hat. Seit wenigen Jahren belegt sogar Betonpflaster den Fürstenweg. Das Torhaus wurde 1625 errichtet zusammen mit der 7 km langen und 2 bis 3 m hohen Tiergartenmauer. Das gibt eine geschmückte Sandsteintafel kund, die zugleich die Schnelligkeit des damaligen Baus preist und dem *„Hochgebohrn Churfürst Georg"* so viele Lebensjahre wünscht wie sich Steine in der Mauer befinden. Ein frommer Wunsch! Das Torhaus gehört heute der Familie *Klockow*, die den Dachstuhl nach einem Blitzeinschlag mit nachfolgendem Brand neu gebaut und das historische Gebäude damit erhalten hat. Von der Tiergartenmauer, die immer mehr zerfällt, stehen noch einige 100 Meter.

Landwirtschaft: In Zschirla gab es ein Rittergut von knapp 100 ha Größe. Der letzte Besitzer war Georg Winkler, der es 1894 käuflich erworben hatte. Nach der Bodenreform zerfielen die Gebäude, heute steht nur das einfache Gutshaus. - In Kaltenborn gab es 1945 elf kleinere und mittlere Bauernwirtschaften, die in den 60er Jahren die *LPG Grüne Aue* bildeten und später in die LPG Typ III *Erich Gasch Erlbach* überführt wurden. Im Nebenerwerb betreibt heute nur noch Frank Weinert Feldbau und Schweinezucht.

Handel & Gewerbe: Der alte Gasthof erfuhr 1995 nach der Schließung einen totalen Umbau zu einer Seniorenresidenz durch die Fam. Bittner. 2002 übernahm Frau Speidel die Einrichtung.- Vertrieb von Brandschutzeinrichtungen durch Detlev Lehner. - Friseurgeschäft von Christine Bittermann. - Fischhandel von Armin Hänsel. - Elektrogewerbe von Egbert Rönitz. - Fahr- und Dienstleistungservice von Fam. Bittner. - Pension von Monika Buchmann. - Getränkehandel mit Ausschank von Hilmar Linke, in der warmen Jahreszeit unter einem riesigen Nußbaum („Nußbaumschenke").

Blick über Kaltenborn nach Zschirla mit der Kirche

Erlbach, 1350 Erlebach, 'Dorf am Erlbach' (dt.), seit 1995 OT von Zschadraß, bis dahin selbständig dem Kreis Rochlitz angehörig, 399 Einw.

Der Besucher von Erlbach wird mit Erstaunen registrieren, daß die hiesige Landschaft mit ihren Hochflächen und Tälern reizende Ein- und Ausblicke gewährt. Und das zu allen Jahreszeiten. Das Dorf liegt ja auch in den sanften Ausläufern des Erzgebirgsvorlandes.

Brücken und Pferde bereichern das Erlbacher Dorfbild

In der Nacheiszeit stürzten gewaltige Wassermassen vom Himmel, die in die Hochfläche im Süden des heutigen Muldentalkreises tiefe Sohlen- und Kerbtäler schürften. Dort plätschern jetzt kleine Bäche, und dort siedelten die Menschen. Den einen nannten sie Erlbach. Vermutlich häufte sich dort der Erlenbewuchs. Den Namen übertrugen sie auf ihre Siedlung: Erlbach. Das Rinnsal, das sich kurvenreich und dünn durch die schmalen Wiesen schlängelt, kann sich aber auch wie eine Bestie gebärden.

Das geschah wieder mal in den Augusttagen des Jahres 2002, als auch die Mulde mit ihrem Jahrhunderthochwasser schlimme Schäden anrichtete. Nicht minder hatten hier die Bewohner zu leiden, vor allem die, die umittelbar am Bache wohnten. Nach dem Hochwasser schützen jetzt an mehreren Abschnitten gewaltige Steinpackungen vor weiteren Ausspülungen. Einige der Brücken entstanden neu. Stein- und Betonbrücken und Holzstege reihen sich aneinander wie die Perlen in einer Schnur. Von der zentralen Dorfstraße aus führen mehrere Stichstraßen über die Bach zu den Bauernhöfen, die am Hang kleben. Viele haben ihre eigene und beschwerliche Zufahrt. Die Steillage verursacht vor allem im Winter einige Probleme. Die Höfe, die ganz oben auf der Höhe ihren Platz fanden, haben es mit dem Zugang bequemer.

Pferde auf der Koppel in Erlbach

Das ist noch bemerkenswert. Obwohl in den Bauernhöfen die landwirtschaftliche Produktion fast völlig zum Erliegen gekommen ist, weiden in den Koppeln am Hang und in der Aue zahlreiche Pferde. Sie müssen nicht mehr die schweren Wagen ziehen, sondern nur den leichten Kutschwagen. Oder den Reiter tragen, der sie durch die Landschaft lenkt.

Der Talboden hat kaum Platz für die Hauptstraße. Schmal und kurvenreich windet sie sich neben der Wiesenaue eingeschnürt durch das langgestreckte Dorf. Die Bebauung engt den Verlauf weiter ein. Jeder vernünftige Autofahrer respektiert die Geschwindigkeitsbegrenzung. Am Ende einer der schmalen Bergstraßen steht versteckt in einer Streuobstwiese das Haus vom Landmaschinen- und Traktorenschlosser i. R. WERNER HENSCHEL, Jg. 41:

Die Dorfziegen fanden ganz allein den richtigen Schleichweg zu unserem Bock

Die Ziege war in den Nachkriegsjahren die Kuh des kleinen Mannes. Bei den Bauern liefen die Tiere in der Kuhherde mit. Ziegenmilch mußte nicht abgeliefert werden und blieb als gutes Zubrot im Haus. Ihr spezifischer Geschmack behagte nicht allen Leuten. Wir Kinder mäkelten zwar ein bißchen rum, aber was half es. Wir hatten Hunger und Durst. Die Ziegenbutter schmeckte ganz gut.

Die weiblichen Tiere wurden einmal im Jahr gedeckt, mußten also zum Bock geführt werden. In den Dörfern stand meist jeweils ein einziges männliches Tier. Und das war über viele Jahre hinweg bei uns der Fall und verursachte seine Probleme: Während der Brunftzeit nämlich, so vom September bis zum Februar, da verströmte der Bock eine herbe Duftnote, die kilometerweit durchs Erlbachtal zog. Damit lockte er die weiblichen Tiere herbei. Sie meckerten dann schon ungeduldig im Stall, wenn's gar nicht los ging. Dann passierte es hin und wieder, daß die Ziegen auf der Weide irgendwo ein Schlupfloch suchten und den Weg zum Bock ganz alleine suchten und auch fanden. Und der Gestank? Ach was, wenn man ihn jeden Tag hatte, dann merkte man ihn gar nicht mehr. In der Schule mußte ich mich allerdings nicht wundern, wenn meine Klassenkameraden die Nase rümpften. Und erst recht die Mädels.

Die Erlbach mit befestigtem Ufer nach der Überschwemmung

Eine meiner Aufgaben war es, das Futter für die Tiere herbeizuschaffen. Oder das Obst nach Raschütz zu bringen oder in der Rinnmühle einen Zentner Getreide in Mehl zu tauschen. Oder Holz aus dem Walde holen. Dafür stand im Schuppen ein Handwagen. Das war seinerzeit ein lebenswichtiges Transportmittel. Bergab machte das wenig Mühe, aber bergauf mußte man sich schon ganz schön schinden. In unserer Landschaft geht es nun mal ständig ins Tal hinab oder die Höhe hinauf. Das Mehl brachten wir gleich zum Bäcker, und zusätzlich zu den Brotmarken erhielten wir Brot. Die Bäckersfrau vermerkte den Bezug in einem Brotbuch, das wir beim Kauf vorlegten. Diejenigen, die ein bißchen Feld hatten und ein Schwein fütterten und schlachteten, erhielten je nach der Personenzahl im Haushalt zwei Jahre lang keine Fleischmarken. Damit Wurst und Fleisch über diese lange Zeit haltbar blieben, wurden sie gepökelt oder geräuchert.

Natürlich hatte ich Wünsche. Ich erinnere mich genau, wie ich einmal geheult habe, als der HO-Wagen die Schokoladentafel für 5 Mark das Stück anbot. Ich konnte da nur begehrlich aufschauen. Die Oma kriegte 69 Mark Rente, und meine Mutter verdiente 60 Pfennige in der Stunde beim Bauern. Oma tröstete mich mit ihrer Lebenserfahrung: Du mußt lernen zu entbehren, du kannst nicht alles haben, was du siehst. Das habe ich dann auch mein Leben lang beherzigt. Omas haben immer recht, fast immer jedenfalls.

Meine Schulzeit erlebte ich ereignisreich mit jungen Neulehrern und zwei Altlehrern. Denen hatte man mit Kriegsende den Stuhl vor die Tür gesetzt, aber dann durften sie zurückkommen. Und das war gut so, denn das gab eine vorteilhafte Mischung. Von ihrem heimatverbundenen Unterricht profitiere ich noch heute. Dazu gehörten vor allem unsere Wandertage und Exkursionen in die nähere und weitere Heimat. Da ging's zu Fuß zur Muldenvereinigung und von da nach Leisnig. Oder mit dem Rad zum Oschatzer Collm.

Vom damaligen Theaterspielen schwärmen wir heute noch. Spielstätte war in der Weihnachtszeit der Gasthof *„Zur Wilden Sau“* bei Schönerstädt, einen Kilometer von hier. Unser Dorf besaß auch einen Saal, doch in dem kleinen und niedrigen *„Tiegel“*, so nannte ihn der Volksmund, war wenig Platz. Zur Aufführung brachten wir alle einen Korb Holzscheite mit. Der runde Eisenofen sollte wenigstens ein bißchen Wärme abgeben.

Werner Henschel an seiner Bank über dem Dorf

Nach der Schule kam ich in die Lehre als Landmaschinen- und Traktorenschlosser und erhielt dann Arbeit in der LPG-Werkstatt und zeitweise in einer ZBO. Vorzeitig mußte ich wie andere auch den Schraubenschlüssel aus der Hand legen und nahm 1996 den Vorruhestand in Anspruch. Zur Ruhe habe ich mich nicht gesetzt und werde es auch nicht tun. Mein großes Grundstück am Hang braucht die pflegenden Hände. Der Hund sorgt dafür, daß ich das Wandern in die Umgebung nicht versäume. Schließlich sammle ich noch Postkarten, besonders historische Ansichten meiner Heimat. In jedem Winter knacke ich weit über einen Zentner Nüsse und füttere damit meine gefiederten Freunde in der Streuobstwiese am Haus. Für die Spechte klemme ich die Brocken in die Baumritzen. Und wenn es dann flattert und schwirrt, dann fühle ich: Herz, was willst du mehr! Und dann warte ich wieder sehnsüchtig auf den Frühling.

*

Jenseits des Höhenzuges im Auenbachtal siedelten lediglich vier Wassermüller. Deshalb auch nennen es die Einheimischen das Mühlental. Der Auenbach ist Grenzfluß zwischen zwei Landkreisen und zwei Regierungsbezirken. Die Mühlengebäude lagen diesseits auf Erlbacher Flur.

Der „Reichenmüller" muß in einen anderen Regierungsbezirk laufen, wenn er die Eier aus seinem Hühnerstall holt

Die urkundlichen Belege der vier Mühlen gehen bis ins 15./16. Jh. zurück. Ihre Namen richten sich nach den einstigen Betreibern. Wer den meisten Zuspruch der Bauern hatte, läßt sich heute nicht mehr verfolgen. Bestimmt haben sie sich mit Argusaugen beobachtet und manche Fehde ausgetragen. Der Nachbarschaftsstreit war früher hemmungsloser. Der Bachabwärtsliegende war immer vom Zufluß des anderen abhängig. Damit eine einigermaßen gleichmäßige Energie gegeben war, staute jede Mühle das Wasser des Nachts in einem Teich, um dann tagsüber genügend Wasserkraft zu haben.

Von den Mühlen stehen z. T. noch einige Gebäude, und da und dort liegt noch ein Mühlstein. Die Einrichtungen sind längst verschrottet oder zersägt. Das sieht heutzutage flußabwärts so aus:

Die *Nitzschenmühle* wurde von Langenau annektiert. Der Ort liegt im Kreis Döbeln. Einige der Gebäude hat der heutige Besitzer saniert, doch nichts erinnert mehr an das frühere Gewerke.

Die *Rinnmühle* hatte über Jahrzehnte hinweg einen guten Namen. Der Besitzer betrieb hier an einem wichtigen Verkehrsweg eine Gaststätte. Er erweiterte sie sogar mit einem Sommerhaus. Übernachtungen waren möglich, Tanzabende lockten die Gäste an. So entstand in den 20er und 30er Jahren eine gutgehende Ausflugsgaststätte, die 1965 an den VEB Elektromotoren Hartha verkauft worden war. Der Gaststättenbetrieb wurde Ende der 90er Jahre eingestellt. Seitdem dümpelt das Gebäude vor sich hin. Vandalen verrichteten ihr übliches Zerstörungswerk. Im Jahre 2003 fand sich ein neuer Käufer, der mit den Aufräumungsarbeiten begann. Die Sanierung ist jedoch stecken geblieben. Alle anderen Gebäude blieben von jeher im Besitz der Familie Göpfert und werden noch heute von ihr mit drei Generationen bewohnt.

Dann folgte die *Herfurtsmühle*. Seit den 60er Jahren sind die Gebäude abgetragen. Verblichene Fotos zeigen einen wunderbaren Fachwerkbau. Eine heitere Episode erhitzte die Gemüter: Ein geschäftstüchtiger Erlbacher Bauer hatte hier Besitzrechte und baute den Wasserspeicher Anfang der 20er Jahre zu einem schmucken Bad aus. Mit Prospekten warb er in der weiten Umgebung für den Besuch des Auenseebades. Die Leute strömten herbei, und in der Kasse klimperten gute Einnahmen. Das wurmte den Müller, und er ließ das Wasser von seinem Teil des Badeteiches ab. Wie die Gerichtsverhandlung ausgegangen ist, fand sich nicht in den Akten. Das Interesse des Erlbacher Badekönigs erlosch sowieso ziemlich schnell, denn 1928 bauten die Geringswalder ein modernes Stadtbad. Das Wasser dort war wärmer, und der Besucherstrom hier verebbte. Das Bad verwandelte sich bald wieder in seinen Urzustand, die Geldquellle erlosch und damit auch die Wasserposse zwischen Müller und Bauer.

Als letzte Mühle, von der Mulde her die erste, erreicht der Wanderer die *Reichenmühle*. Sie befand sich seit 1848 im Besitz der Familie *Max Gey*, dessen Tochter *Kurt Arnold* 1902 heiratete. Die Familie Arnold nutzte das Wasser des Auenbaches mit einem oberschlächtigen Wasserrad bis 1955. *Wilmar Arnold* übernahm nach dem Tod des Großvaters die Gebäude. Da er für einen Fortgang der Mühle keine Möglichkeit sah, wurden Maschinen und Technik nach und nach verschrottet oder verkauft.

Die alten Mühlengebäude wollte Wilmar Arnold jedoch nicht verlassen, und auch seiner Frau und den vier Kindern gefiel es in dieser Einsamkeit. Er paßte auf, daß kleine und größere Schäden sofort repariert wurden. Einen neuen Anlauf nahm er nach der Wende. Jetzt waren alle Baustoffe in Hülle und Fülle zu haben, und auch das Amt für Ländliche Neuordnung griff großzügig in die Schatulle. Eine gründliche Sanierung ließ ein Schmuckstück entstehen. Der Putz wurde abgehackt und das Fachwerk freigelegt. Die neue Pflasterung auf dem Hof markiert den einstigen Pferdegöpel, der die Dreschmaschine antrieb. Jeder Müller besaß ein bißchen Landwirtschaft. Heute grasen nur noch ein paar Schafe, und jenseits des Baches im Regierungsbezirk Chemnitz, gackern die Hühner. Der Stall steht nämlich auf Zedlitzer Flur. Eine alte Bogenbrücke überspannt das Rinnsal, das jedoch bei dem Sommerregen im August 2002 bedrohlich anstieg und Schäden an Ufer und Wegen verursachte. Die wurden im folgenden Jahr eifrig behoben. Eine Asphaltstraße regelt jetzt problemlos die Zufahrt. Die Ufer schützen mächtige Steinpackungen. In den Zimmern stand das Wasser zwar nur wenige Zentimeter, aber die genügten, den Fußboden einzuwässern. Auch er mußte erneuert werden.

Arnolds besitzen nach wie vor das Fischereirecht im Bach. Nutzen davon haben sie bisher kaum gezogen. Bemühungen, wieder Forellen anzusiedeln, brachten bisher wenig Erfolg, weil die größeren Döbel die jungen Forellen vernaschten. Einige überleben vielleicht, wenn sie nicht vorher von wilden Anglern gesichtet werden.

Wilmar Arnold auf der Brücke über den Auenbach

WEITERE NOTIZEN
aus Erlbach

Die **Kirche** wurde 1802 neu erbaut mit einer riesigen Halle. Äußerlich bietet der wuchtige Bau nach mehrfacher Sanierung einen löblichen Anblick, im Inneren sieht es ziemlich reparaturbedürftig aus. Au f dem Friedhof stehen alte Grabsteine.

Einrichtungen und Vereine: Feuerwehrverein, Vors. Lutz Kunath, organisiert das Dorf- und Kinderfest, Fasching und Silvester. - Freiwillige Feuerwehr gegr. 1896, Wehrleiter Matthias Dornfeld. - Kindergarten, Leitung Ute Baumgärtel. - Gymnastikgruppe, Leitung Elfi Wenzel. - Seniorenclub, Leitung Gisela Naumann. - Ein Gemeindezentrum ist im ehemaligen Schulgebäude eingerichtet und bietet Senioren und Jugendlichen eine Unterkunft.

Landwirtschaft: 1945 wirtschaften im Dorf 47 Altbauern.2 Gebäude der ehem. LPG werden jetzt von der Agro-AG Methau genutzt. - Saatgutzucht von Dr. Gilbert Melz.

Handel & Gewerbe: Ein Kneipe wurde in der Vorkriegszeit vom Schmied eingerichtet und entstand in einem Raum neben der Werkstatt. Nach der Übernahme 1956 von Klaus Maidorn erhielt sie dessen Namen und wird seit 1992 von der Familie Erler bewirtschaftet. Als gemütliche Dorfkneipe bietet sie im engen Raum trotzdem genügend Platz. Bemerkenswert die gute Küche und die niedrigen Preise. Überm Stammtisch hängt eine überdimensionale Glocke, womit die Wirtin auf Trab gebracht werden kann, und die Wände schmücken Bilderrahmen mit Skatkarten derjenigen Spieler, die durch die Fügung des Schicksals ein bombensicheres Grand Ouvert bekommen haben. - Bäckerei von Mario Dietrich, gegr. 1911, jetzt ein Großbetrieb mit ca. 80 Beschäftigten. Über ein Dutzend Bäckerwagen fahren in viele Städte (auch Leipzig) und Dörfer und tragen so den Ortsnamen weit über die Dorfgrenzen hinaus. Am 1. Advent Stollenfest.

Die Kirche in Erlbach

In Erlbach: Trabi als Müllbehälter – samt Grundstück und Haus zu verkaufen

Ob nun tatsächlich Napoleon 1809 hier vorbei geritten ist, um die Schlacht von Dresden zu schlagen, das überlassen wir lieber der Legende. Es macht sich immer gut, die Vergangenheit eines Dorfes mit irgend einer Persönlichkeit aus der Geschichte in Verbindung zu bringen. Und wenn dann gar noch die hübsche Tochter vom Gasthof einen Schoppen Wein gereicht hat ... Lassen wir alle Spekulationen. Napoleon ist längst verblichen, und auch der Gasthof hat schon lange seine Pforten dicht gemacht.

In Raschütz steht das höchstgelegene Wohnhaus im Muldentalkreis

Der Ort hat eine naturgegebene Besonderheit, die ihn bekannt gemacht hat. Der kurze Weg hinüber ins Nachbardorf Erlbach führt nämlich über die höchste Erhebung im Muldentalkreis. Es ist mit 273 m NN der *Wachhübel*. Und das will schon was heißen. Genau sind es 20 cm weniger, aber da neulich ein Maulwurf seinen Hügel aufgesetzt hatte, können wir die Höhenangabe zur vollen Summe runden. Das lernen bestimmt die Kinder in der Grundschule, wenn sie im Heimatkunde-Unterricht aufpassen.

Hier am sanft ansteigenden Nordosthang steht in 265 m Höhe über Normalnull auch das höchstgelegene Wohnhaus im Kreis. *Robert Kühn* hat es 1960 gebaut, als er die Familie gegründet hatte und als LPG-Bauer für seine individuelle Viehhaltung einen Stall brauchte. Die Höhenlage ist allerdings so bescheiden, daß die Bewohner nicht unter Luftknappheit zu leiden haben. Im Gegenteil! Die Winde zerren mitunter ziemlich gehörig am Gebälk.

Die meisten Leute fahren am Wachhübel und am Ort vorbei, seit Ende der 70er Jahre die Verkehrsader als Umgehungsstraße neu gebaut wurde. Warum sollten sie auch

Das höchstgelegene Haus (r.) im Muldentalkreis am Hang des Wachhübels in Raschütz

anhalten. Der Gasthof *„Zum goldenen Pflug“* hatte schon vor Beginn des II. Weltkrieges seine Pforten geschlossen. Von den Raschützern allein hätte er nicht existieren können.

Zu einer Pause lädt jedoch der Dorfplatz auf dem Gelände des ehemaligen Vorwerkes ein. Das letzte Gebäude brach dort vor wenigen Jahren in sich zusammen. Inzwischen konnten die letzten Schuttreste beseitigt und nach einer modernen Konzeption in einen grünen Dorfplatz mit Spiel- und Sportmöglichkeiten für die Kinder und Jugendlichen gebaut werden.

Ein Stück Geschichte läßt sich an der Wetterfahne der Dorfschmiede mit der Jahreszahl 1688 erkennen. Das Original mag der Rost längst zerfressen haben, doch für den Schmied war es ein leichtes, das symbolträchtige Markenzeichen nach jedem Verfall zu erneuern. Diese Traditionen fortzuführen, darum bemühte sich seit Jahrzehnten der heutige Schmiedemeister Bernd Müller, Jg. 44:

In der vierten Schmiede-Generation geht eine Ära zu Ende

Tradition hin, Tradition her – das ist ganz gut und schön, aber damit allein läßt es sich nun mal nicht leben. Klar stehen in meiner Schmiede noch alle die Maschinen und Geräte, die ein ordentlicher Schmiedemeister benötigt. Der altertümliche Blasebalg über dem Schmiedefeuer funktioniert noch wie eh und je. Aber wann habe ich ihn in letzter Zeit schon mal in Bewegung gesetzt? Das Schmiedehandwerk hat einen gravierenden Wandel erfahren. Ich bin jetzt ein Metallbauer und fertige hauptsächlich Tore, Türen und Zäune mit von der Industrie vorgefertigten Teilen. Die schweiße ich auf das benötigte Maß zum Ganzen zusammen. Dann holt die Zinkerei in Chemnitz den Gegenstand und bringt ihn silbern glänzend zurück. Er trägt nun einen für Jahrzehnte garantierten Rostschutz.

Von Jahr zu Jahr geht die Nachfrage zurück. Die Tore sind eben bereits erneuert oder die Leute geben kein Geld mehr dafür aus. Die wirtschaftliche Situation hat sich auf den Kopf gestellt: Vorher war das Geld da, aber kein Material, jetzt ist es umgekehrt. Reparatu-

Bernd Müller in seiner Werkstatt

ren machen die Leute selbst oder engagieren einen „Schwarzarbeiter“. Ich habe einfach zu wenig Arbeit, ich kann Däumchen drehen.

Ein Hemmnis bilden die Preise. Es ist alles im Überfluß zu haben, doch vieles ist nicht billig. Im Gegenteil. Die Nebenkosten stiegen ins Unermeßliche, und die muß ich auf das Produkt umlegen. Ein bißchen Gewinn möchte ja auch sein. Ich muß schließlich meine Familie ernähren. Manche Leute sind so dreist, daß sie den gefertigten Gegenstand am liebsten geschenkt haben möchten. Zur echten Freude gibt es in der Werkstatt selten Anlaß. Zum Glück hat mich die Gemeinde nicht vergessen und bestellt hin und wieder Reparaturen. Ich muß eben auf Arbeit warten.

Eigentlich warte ich jetzt auf meine Rente. Aber das dauert auch noch ein Weilchen. Und dann entferne ich das Zunftzeichen von der Hauswand und schließe die Werkstatt ab. Damit geht die familäre Schmiedegeschichte, die mein Urgroßvater 1875 begonnen hatte, definitiv zu Ende. Mein Junge hat zwar dieses Handwerk noch gelernt, aber was soll er mit den düsteren Aussichten anfangen? Er steuert jetzt einen LKW und verdient sich sein Brot mit Brotfahren.

Da hilft auch kein Gedankenaustausch mehr mit meinen Schmiedekollegen. Es kommt überhaupt nicht dazu. Keiner will vom anderen was wissen. Es könnte ja sein, daß er ihm einen Auftrag wegschnappt. Mensch, war das eine feine Sache, als wir in den 70er und 80er Jahren jeden Monat einmal beieinander saßen in der Handwerkergenossenschaft und die persönlichen und geschäftlichen Probleme diskutierten.

Also hocke ich abends vor dem Fernseher, um wenigstens ab und zu auf andere Gedanken zu kommen. Es befriedigt mich nicht, aber was soll ich machen. Die Frau kann auch nicht helfen, und das, was zu sagen ist, das haben wir schon zehnmal besprochen. Es macht sich eine schlimme Lustlosigkeit breit, und das Fünkchen Hoffnung verglimmt mehr und mehr. Obwohl ich genügend Glücksbringer in der Werkstatt habe, die Hufeisen nämlich. Vielleicht baumeln sie verkehrt rum an der Wand, denn ihre Öffnung müßte nach oben zeigen.

Ein bißchen Schwung bekomme ich an Sonnabenden, wenn ich meine Bäckerrunde drehe und früh am Morgen die frischen Brötchen in Erlbach hole. Da stoppe ich auf dem Rückweg oben am Wachhübel die Tour, richte das Fernglas auf die fernen Ziele, bei bestem Wetter schon mal bis zum Fichtelberg, und erfreue mich an dem unvergleichlich schönen Landschaftsbild meiner Heimat.

WEITERE NOTIZEN
aus Raschütz

So völlig gestorben sind **Handel und Gewerbe** in dem kleinen Ort doch noch nicht. Da betreibt Falk Erler eine Spedition mit Lagerhaltung. Tilo Günzel hat 1991 eine Kfz-Werkstatt eröffnet und erfüllt noch heute die Kundenwünsche. Und schließlich lockt ein Edeka-Einkaufsmarkt die Einwohner und Vorbeifahrenden zum Einkauf an. - In der ehemaligen Reparaturwerkstatt der LPG betreibt die Methauer Agro-AG einen Agro- und Landhandel-Service. Sie bewirtschaftet auch die Felder der ehemaligen sechs Altbauern. Nur der zugezogene Eberhard Golinskie füttert im Nebenerwerb drei Kühe und ein bißchen Kleinvieh. - Ein Feuerwehrverein mit dem Vors. Lutz Kunath betreut ein nagelneues Löschfahrzeug. - Im Gelände des verfallenen Rittergutes, 2001 war über Nacht das Hauptgebäude in sich zusammengebrochen, soll ein grüner Dorfplatz mit viel Raum für Sport und Spiel entstehen.

Hausdorf, 1368 Hugildistorf, 'Dorf eines Hug(old)', (dt.), OT von Zschadraß, 185 Einw.

Die Grenzen zwischen den drei Orten Hausdorf, Zollwitz und Terpitzsch an der von Colditz nach Hartha führenden stark befahrenen B 176 verlaufen fließend. Wenn da die Ortsschilder nicht wären, der Besucher würde die Übergänge nicht erkennen. Die jeweiligen Ortskerne liegen abseits der Hauptstraße, so daß man von ihrer Funktion kaum etwas mitbekommt. Die heute noch lebenden Ureinwohner legen Wert auf ihre unterschiedliche Dorfabstammung. Ihre politische Eigenständigkeit hatten sie schon 1938 verloren. Damals wurden sie Hausdorf zugeschlagen. Der heutigen Jugend ist das egal. Sie hat sich zum großen Teil im Hausdorfer Sportverein organisiert, und der kennt sowieso keine Grenzen.

In Hausdorf wird nicht nur Fußball gespielt

Und trotzdem dreht sich alles, fast alles jedenfalls, um die geliebte Lederkugel. Sie steht im Mittelpunkt, und drum herum ranken sich manigfache Aktivitäten, die dem Dorfleben ziemliche Impulse geben. Damit das funktioniert, haben eine ganze Menge Leute die Geschicke in die Hand genommen. Einer, der sich seit Jahrzehnten für den Sport die Hacken abrennt, ist der Geschäftsführer Gottfried Schröpfer, Jg. 54:

Die Knüppel mußt du eben zu Kleinholz zerhacken!

Es ist schon ein tolles Ding, daß unsere 1. Fußballmannschaft in der Bezirksliga Leipzig spielt. In der illustren Runde mit Mannschaften aus großen und kleinen Städten zu bestehen, und das zeitweise auf einem der vorderen Plätze, da gehört schon was dazu. Die können nämlich alle ganz gut Fußball spielen. Wie wir dorthin gelangten? Heute müssen da drei Dinge übereinstimmen: Spieler, Geld und Management. Und wer das nicht wahrhaben will, kann seinen sportlichen Aufstieg abschreiben. Es wäre ziemlich bequem, das auf Pump zu machen. Nach kurzer Zeit würde eine solche Seifenblase zerplatzen.

Gottfried Schröpfer vor der Sportgaststätte „Zum Anpfiff", im Hintergrund die neue Sporthalle

Wir haben gut gewirtschaftet und nur das ausgegeben, was wir hatten. Dank der Sponsoren reichte es immer gerade so. Und das mit den Spielern ist auch so eine Sache. Die wenigsten unserer 1. Mannschaft kommen direkt aus dem Ort. Leider! Das Einzugsgebiet liegt zwischen Döbeln und Böhlen. Selbst zwei tschechische Sportfreunde reisen jede Woche zweimal an: Einmal zum Training, einmal zum Spiel. Und dann müssen wir in den Sommermonaten immer bangen, wenn sich das Spielerkarussell in Bewegung setzt. Da wird hoch gepokert, mit Geld gelockt, und der, der eben am meisten bieten kann, der hat dann die guten Leute. Im Grunde genommen ist das ein unsolides Spiel. Aber dagegen ist kein Kraut gewachsen. Mit moralischen Ansprüchen kannst du keine gute Mannschaft mehr aufbauen. Die Ideale von früher, als es noch eine Ehre war, für das Dorf die Pokale oder die Meisterschaft zu holen, die sind längst den Bach runter. Das war damals, als wir mit dem Rad oder auf dem LKW in die Spielorte fuhren und uns in einer Zinkbadewanne gewaschen haben. Das wollen wir natürlich nicht wieder zurückholen, aber ein bißchen Bescheidenheit wäre schon vonnöten.

In dieser Ellbogengesellschaft ist sich jeder selbst der Nächste. Und wenn es uns sportlich mal gut geht, sind sofort welche da, die mit Neid und Mißgunst dagegen anrennen. Das Sprichwort hat schon seine Berechtigung: Neid mußt du dir erarbeiten, das andere kriegst du geschenkt.

Seit 1975 bin ich bis heute Chef der Fußball-Abteilung unseres Sportvereins und viele Jahre Präsident gewesen. Von Kind an rannte ich hinter den Fußball her, und heute noch bei den „Alten Herren“. Das Alter fordert natürlich seinen Tribut. Und auch mal Stunden, in denen ich alles hinschmeißen wollte. Wenn man dann eine Nacht darüber geschlafen hat, denkt man wieder anders. So einfach alles im Stich lassen? Was sagen dann die echten Sportfreunde?

Mein Hobby habe ich inzwischen zum Beruf gemacht. Glücklich ist der, dem das gelingt. Ich bin jetzt Geschäftsführer des Sportvereins. Wie das möglich wurde? Es war einfach notwendig! Die gesamten sportlichen Anlagen übernahm der Verein von der Gemeinde in Erbpacht. Wir bauten eine Gaststätte und die beliebte 6er Bowlingbahn. Und da muß so gewirtschaftet werden, daß die Einnahmen die Ausgaben decken. Ich muß mich

Das ehemalige Rittergut in Hausdorf weicht modernen Neubauten

und meine Mitarbeiter also selbst finanzieren, und der Verein soll möglichst auch seinen Nutzen haben. Das ist nicht immer einfach. Da gab's schon manche schlaflose Nacht. Und die Knüppel, die einem da zwischen die Beine geworfen werden, die muß man eben zu Kleinholz zerhacken.

Ich habe gute Leute um mich herum. Als Einzelkämpfer wäre ich bestimmt schon untergegangen. Wir haben seit Jahren keinen Ruhetag in der Gaststätte. Und die Gäste müssen wohl zufrieden sein. Familien, Vereine, Klassentreffen, eigentlich ist immer was los hier. Und dann natürlich unsere regelmäßigen Jahresfeste im Großzelt. Wir haben nämlich im Ort keinen Saal. Das Zelt haben wir vor sieben Jahren aufgebaut und so eingerichtet, daß es für einige hundert Gäste ausreicht. Im Jahreslauf laden wir dann die Bevölkerung der Region zum Mitmachen ein. Und die kommen und erleben einige fröhliche Stunden. Die Gemeinde baut jetzt nebenan eine großartige Mehrzweckhalle, ein Ersatzbau für die Überschwemmungen in Tanndorf. Das wird natürlich eine tolle Sache, und sie komplettiert unsere sportlichen Ambitionen aufs trefflichste.

*

Hausdorf gliedert sich in ein Unter- und Oberdorf. Und unten, schon etwas ansteigend am gegenüberliegendem Hang, da siedelten einige Bewohner, in neu oder in gut sanierten Häusern. In einem dieser idyllisch gelegenen Grundstücke wohnt die Porzellanmalerin CHRISTINE MUNDRZIK, Jg. 53:

Eine alte Scheune ist jetzt unser glückliches Heim

Es war ein langer Weg zum Eigenheim. Bis auf die Balken im Innern ist vom alten Speicher kaum etwas übrig geblieben. Was mein Mann da hingezaubert hat, das schien vormals unfaßbar. Doch er muß goldene Hände haben, denn was der anpackt, das wird was. Wohl deswegen auch bitten ihn die Leute immer wieder mal um Nachbarschaftshilfe.

Mein Lebensweg begann hier am Anfang (oder am Ende?) von Hausdorf mit einer glücklichen Jugend. In unserer Gasse lebten seinerzeit nur Mädchen, doch wir benahmen uns wie Jungs. Unser liebster Spielplatz war unten am Teich, auf der Milchrampe, am Bach, in den schmalen Waldrändern. Da trieb uns die Hasche durch die Gassen und in die Verstecke. Wir konnten davon nie genug kriegen. Es war ein unbändiges und freies Kinderleben in der herrlichen Natur unseres Dorfes. Wenn allerdings ein durchdringender Pfiff übers Land hallte, dann mußte ich mich sputen, ganz schnell nach Hause zu kommen. Vaters Signal verkündete: Da sind irgendwelche kleinen Arbeiten zu erledigen.

Die Schule prägte mein Leben. Mit viel Eifer studierten wir schon in der Unterstufe kleine Theaterstücke ein, die wir dann für alle im Gasthof Zollwitz aufführten. Auch der UTP, der Unterrichtstag in der Produktion, begeisterte mich. Besonders die Stunden in der Landwirtschaft fand ich toll. Ich half im Schweinestall und putzte die Kühe.

Ebenso aufregend waren die Wintermonate. Damals gab es noch Kälte und Schnee. Wir sausten mit dem Rodelschlitten die Hänge hinab und versuchten auf dem Eis, die Pirouetten der Eisprinzessinnen zu drehen. Sie endeten meist auf dem Hintern, und wir alle hatten was zum Amüsieren. Die „Absatzabreißer" mit ihren Schraubgewinden hingen manchmal wie Blei an den Füßen. Und trotzdem: Es war herrlich! Vielleicht erinnert man sich auch nur an das Schöne im Leben?

Natürlich hatten wir unsere Pflichten. Ich mußte jeden Sonntag eine lange Reihe Schuhe putzen. Da standen sie dann, eng aneinander gereiht von der ganzen Familie. Das machte ich stets mit Widerwillen. Auch die Fahrräder mußten tipp-topp glänzen. Dann im Sommer Heu wenden oder im Garten helfen. Heute sage ich: Das war gut so! Auch Pflichten muß man lernen. Dann fällt einem manches im Erwachsenendasein doch leichter.

Ich erhielt im Colditzer Porzellanwerk eine Lehrstelle als Porzellanmalerin. Wir malten nicht solche phantasievollen Motive wie die Meißener Maler. Aber auch die Kanten, Ränder und Bänder und das Aufkleben der Abziehbilder war immer wieder neu, abwechslungsreich und nie langweilig. Ich habe kaum auf die Uhr geguckt, ob denn bald Feierabend sei. Und da die Leistung sich lohnte, blieb ich immer mal was länger sitzen. Es machte mir einfach Spaß. Und ich brauchte auch das Geld. Ich hatte es dann wohl ziemlich eilig mit der Familie. Mit 17 lernte ich meinen Mann kennen, und ein Jahr später schon waren wir eine Familie zu dritt. Die Heirat war auch wegen der Wohnung wichtig, denn sonst hätten wir bis zum St. Nimmerleinstag darauf warten müssen.

Ich hätte bis zur Rente diese Arbeit machen können. Doch nach 1990 vollzogen sich im Betrieb gravierende Veränderungen. Ich blieb immer noch optimistisch, denn ich konnte mir nicht vorstellen, daß aus der Riesenbude ein Rübenacker entstehen könnte. Doch 1995 war endgültig Schluß im Werk. Ich kann das heute noch nicht verstehen, und das alles kann nicht mit rechten Dingen zugegangen sein. Man hat uns bewußt in die Knie gezwungen. Wir haben doch gute Produkte gemacht, waren in der Welt anerkannt. Doch wer kennt da schon die globalen Zusammenhänge? Ich war nur ein winziges Rädchen im wirtschaftlichen Gefüge.

Mal fand ich hier, mal dort Arbeit. Immer nur für wenige Monate. Doch ich versuchte es immer wieder. Mit diesem Beruf findest du ja auch nirgendwo einen Platz. Wir mußten sparen. Das kannst du am besten, wenn du ein eigenes Zuhause hast. Da ist doch die Scheune in Hausdorf! Also bemühten wir uns, dafür eine Baugenehmigung zu erhalten. Nach langem hin und her ging's dann im Sommer 2001 los, und ein dreiviertel Jahr später sind wir eingezogen. Überglücklich! Mein Mann hat das meiste selbst gemacht. Wir brauchten keinen Palast. Die kleine, aber feine Hütte genügt uns vollkommen. Und das Leben hier in der freien Natur mit dem welligen Gelände, wo die Wolken fast den Horizont berühren, und dem weiten Himmel über uns, da kann es nirgends schöner sein.

Ich bin jetzt richtig arbeitslos. Trotzdem jammere ich nicht wie manche andere, denen die Decke auf den Kopf fällt. Ich kann mich immer beschäftigen. Im Umfeld unseres Hauses gibt's noch viel zu tun. Dann interessiert mich die Ortsgeschichte. Die muß man aufschreiben, sie wird sonst vergessen. Also gehe ich zu den Leuten, befrage sie und notiere die Geschichten von den Familien und den Häusern. Ob's was wird? Ich weiß es selbst noch nicht, doch ich versuche es. Das bringt zwar kein Geld, aber mir genügt ein ideeller Lohn. Und ich suche weiter nach Arbeit.

Christine Mundrzik am ausgebauten Wohnhaus

Als Wahrzeichen des Ortes gilt uneingeschränkt der Heimatturm auf dem Töpelsberg, einige hundert Meter vom Dorfkern entfernt. Dabei läßt sich das nur mit Einschränkung sagen: Der 20 m hohe Turm gehört nämlich der Stadt Colditz, doch er wurde auf Terpitzscher Flur 1901 gebaut. Zum bösartigen Streit ist es deswegen nicht gekommen. Die Terpitzscher haben vorsichtshalber die Straße dorthin „Am Heimatturm" genannt und nutzen sie gern zu einem Sonntagsausflug. Der lohnt sich freilich erst dann richtig, wenn oben auf dem Turm die Fahne weht. Das ist dann das untrügliche Zeichen, daß die Gastwirtschaft geöffnet hat. Es ist allerdings nicht einfach, für dort einen Pächter zu finden. Schon mancher hat nach kurzer Zeit das Handtuch geworfen. Bei Sauwetter nämlich bleibt er auf seinen Waren sitzen. Also, Terpitzscher, Zollwitzer und Hausdorfer: Von euch hängt es ab, ob es dort künftig Kaffee und Kuchen gibt. Nehmt eure Verwandten und Bekannten in Schlepp und zieht hinaus vors Dorf zum Rundblick auf den Terpitzsch-Colditzer Heimatturm! Das Gleiche gilt natürlich für die Colditzer.

Mit von der Partie ist hin und wieder die Mitarbeiterin der Gemeindeverwaltung MONIKA KLUGE, Jg. 53:

Das Radfahren vermisse ich am meisten

„Herrlich!" Dieser Ruf hallt jeden Fühlingsmorgen über meinen Garten, wenn ich aus dem Hause trete. Dann strahlen meine Sinne, dann erlebe ich ganz bewußt das Erwachen der Natur. Das hält mitunter den ganzen Tag an. In den anderen Jahreszeiten ist die Freude nicht minder, denn jede hat ihre eigenen Reize und Schönheiten. Mit der Natur zu leben ist für mich eine Lebensart geworden. Dazu gehört auch mein täglicher Spaziergang mit wachem Sinn für die Umgebung. Hier kommen mir die meisten Ideen und Gedanken, wie ich die „Bücherei-Kinder" erfreuen kann, die heute oder morgen zu mir in die Bibliothek kommen und mit mir einen lockeren Schwatz führen. Ich fühle dann mit ihnen, wenn sie

Monika Kluge im Vorgarten ihres Hauses

mir ihre kleinen und großen Alltagsprobleme anvertrauen und um Rat fragen. Auf meine „Bücherei-Kinder“ bin ich richtig stolz. Ist das nicht eine großartige Vokabel?

Die meisten Kinder kommen aus der Grundschule in die Bücherei. Im Schulalltag ist die Zeit bei ihnen eng bemessen. Der Schulbus wartet nicht, die Pausen sind kurz. Besser haben es die Hortkinder, die nachmittags vorbei schauen können. Ich bemühe mich, das Interesse am Buch zu wecken. Das ist nicht einfach. Die Jugendlichen sind teils überversorgt, überfüttert. Fernseher und Computer erledigen den Rest.

Da gab's vor einiger Zeit eine Gruppe ausländischer Kinder. Es war eine Freude zu sehen, mit welcher Sorgfalt und Liebe sie mit den Büchern umgingen. Begegnen wir uns in Grimma oder Colditz, dann mit einem herzlichen „Hallo!“.

Bücher schaffen persönliche Kontakte, die ich auch in meinem großen Bekanntenkreis pflege. Mit einer Kollegin organisiere ich hin und wieder Vorträge zu Themen oder Wanderungen, oder wir treffen uns zu Bastelnachmittagen. Es kommen immer mehr. Das ist ein kleiner Erfolg. Mit meiner Lebenseinstellung habe ich schon manche Trübsal weggeblasen.

Meine Heimat? Ganz so fest verwurzelt fühle ich mich eigentlich nicht. Es ist die Region, in der ich lebe. Zuerst kommt Terpitzsch. Hier steht auch das Haus, daß meine Eltern Ende der 50er Jahre gebaut haben. Damals mußte noch viel mit der Hand bewältigt werden. Für die Fundamente und den Keller gruben sie und einige Freunde mit Spaten und Hacke in den zähen Ton. Eine Feierabendbrigade der LPG mauerte die Wände hoch und setzte den Dachstuhl. Die größte Errungenschaft dabei war das Bad. Schon vor unserem Einzug probierten wir es aus. Zu meinem Schulanfang 1959 zogen wir ein.

Ich lernte in Rochlitz Verkäuferin, arbeitete einige Zeit im Konsum und fuhr im Sommer täglich mit dem Rad dorthin, bergauf und bergab, wie im richtigen Leben. Das hat mir viel Spaß gemacht und war immer wieder herrlich. Das Wetter störte mich nicht. Nebenbei absolvierte ich ein Fernstudium als Binnenhandelsökonom, das reichlich Abwechslung in meinen Alltag brachte.

Ein herber Schicksalschlag veränderte mein Leben. Ich war 24 Jahre alt. Durch eine Krankheit verlor ich ein Bein. Was nun? Eigenartig, damals machte ich mir keine Gedanken

Ruth Stark in Terpitzsch: Sonnabends wird die Straße gekehrt

über die Zukunft. Irgendwie kommst du schon durch. Ich habe und hatte so viele aufrichtige Menschen um mich herum. Auch ich selbst besitze genug eigene Kraft und Disziplin. Mit meiner optimistischen Einstelllung, mit meiner Zuversicht und mit meinem Umfeld geht es mir doch fantastisch.

Und dann bin ich mitunter recht spontan. Wenn ich lese oder höre, daß in Chemnitz oder Leipzig eine gute Veranstaltung ist, dann fahre ich hin. Oder nach Dresden. Am liebsten nach Meißen. Dort hatte ich mir mal meinen Alterssitz gewünscht. Aber das wird wohl nun nichts. Doch eins vermisse ich wahrlich: das Radfahren, so wie in der Jugendzeit.

Zollwitz, 1368 Solubicz, 'Boden nach einem ausgebrannten Walde' (slaw.), OT von Zschadraß, 397 Einw.

Die Zollwitzer haben nicht minder ihren Stolz. Ihr historischer Gasthof bietet noch heute den Gästen ein gutes Angebot, wie schon seit Jahrzehnten. Und auch äußerlich macht er in seinem ländlichen Fachwerkstil was her. Also deklarieren sie ihn zu ihrem Wahrzeichen. Die Straßen ins Dorf hinein sind eng und winklig, die Einheimischen fahren da ziemlich rücksichtsvoll.

Die offene Stelle nach Hausdorf zu wurde Ende der 90er Jahre mit einem kleinen Gewerbegebiet und einer Wohnsiedlung fast geschlossen. Und so wächst immer mehr zusammen, was nun mal zusammen gehört. Daß dabei auch die Naturbelange nicht außer acht gelassen werden, darauf achtet seit Jahrzehnten das Ratsmitglied, der Eisenbahner i. R., Jäger und Naturfreund Manfred Heide, Jg. 36:

Auch die Sperlinge sollen ihren Teil bekommen

Meine Kindheitserinnerungen sind immer wieder gegenwärtig. Damals gab es noch keinen Sportplatz. Wir bolzten auf einer Rittergutswiese, meist barfuß und mit lädierten Zehen. Dann probierten wir uns als Feuerwerker aus. Wir wußten, wo die Amis Munition hinterlassen hatten. Das war ein Heidenspaß, wenn die Granaten in einem Holzfeuer explodierten. Aus heutiger Sicht sehe ich diesen Leichtsinn natürlich anders. Im Stall tummelten sich alle Haustiere, die uns Essen gaben, die aber auch ständig Hunger hatten. Die Futterzufuhr gehörte zu meinen wichtigen Aufgaben. Am anstrengendsten war es, mit dem Handwagen bis hinunter an die Rinnmühle zu traben und an den Bachrändern die Pflanzen abzuhauen. Rückzu ging es erneut die 4 km bergauf und bergab, nur jetzt mit vollem Wagen.

In der Colditzer Steingutfabrik begann mein Arbeitsleben. Da suchte der Bahnhof in Colditz Leute, und für 1,16 Mark pro Stunde fing ich dort an. Ich holte die 10. Klasse nach und die Prüfung zum Fahrdienstleiter. Fortan verrichtete ich meinen Dienst als UK (Urlaubs- und Krankenvertreter) auf dem Bahnhof in Lastau. Merkwürdigerweise blieben ständig Leute wegen Krankheit zu Hause.

Wir hatten immer zu tun. In die Papierfabrik rollten täglich 3 bis 4 Waggons und aus den Tagebauen vier bis fünf Kies- und Sandzüge über die Gleise. Nachts schlichen die Militärtransporte durch das Land. Dem „Feinde“ sollten die militärischen Übungen verborgen bleiben. Im Personenverkehr drängelten sich frühmorgens auf dem Bahnsteig die Leute. Ende der 70er Jahre ging die Zahl rapide zurück. Mopeds und mehr und mehr Trabis bewegten sich jetzt über die Straßen. Der Rückgang der Reisenden machte mich richtig krank.

Die Wende brachte einen weiteren Einschnitt. Die großen Brummer übernahmen die Güter. Das ist der helle Wahnsinn, aber vermutlich so gewollt. Auch wenn die Politiker was anderes sagen. Die Wirtschaftsbosse machen doch, was sie wollen. Was sollte ich im Lastauer Bahnhof noch bewirken? Keine Güter, keine Reisenden, keine Pendler zur Arbeit. Also ergriff ich das Angebot und ging mit 59 Jahren in die Rente. Man brauchte uns nicht mehr. Inzwischen ist der Bahnhof geschlossen und die Bahnstrecke stillgelegt.

Nun konnte ich mich voll und ganz meinem Hobby widmen: Naturfreund und Jäger. Vor 40 Jahren durfte ich die Jagdprüfung machen. In der ersten Zeit habe ich kaum geschossen. Auch heute habe ich wohl den geringsten Verbrauch an Munition. Mal ein Wildschwein und jährlich einen Bock. Die Rehe muß ich nicht töten, die kommen bei Verkehrsunfällen ums Leben.

Im hergebrachten Sinne bin ich eigentlich gar kein Jäger mehr. Ich gehe auch eher als Treiber auf die Gesellschaftsjagd. Vielmehr renne ich mir die Hacken ab, wenn es um den Schutz der Natur geht. Ich freue mich jedes Mal, wenn ich die strahlend-weißen Birken an den Straßenrändern wachsen sehe. Über einige Jahre hinweg haben diese Jugendweihe-Teilnehmer gepflanzt. Ich besorgte die jungen Bäumchen. Viele der Väter und Mütter sind noch heute stolz auf ihren Baum.

Oder mein Bächlein unten im Auenbachtal. Meliorationsarbeiter hatten den Graben schnöde verrohrt und den alten Bachlauf trocken gelegt. Nun denn, ich habe den alten Zulauf geöffnet, und nun plätschert das Wasser wieder an der Oberfläche durch die Aue, ein wunderbares Bild.

Oder meine Wiese. Alles, was dort blüht, lasse ich stehen und wird erst später abgehauen, wenn der Samen ausgefallen und so die natürliche Vermehrung nicht gehemmt ist.

Oder die Waldameisen. Ich habe da einige Ameisenburgen entdeckt, die vom Specht auf der Suche nach Larven zerwühlt waren. Na warte, dachte ich mir, das werde ich verhindern. Ich tischlerte ein Holzgestell mit Maschendraht und stülpte es über die Ameisenburg. Fortan hatten die fleißigen Gesellen ihre Ruhe.

Oder die baumlosen Feldwege. Da gibt es tatsächlich einige, die der Großraumwirtschaft noch nicht zum Opfer gefallen sind. Soll ich erst groß herumfragen, ob dort Bäume

Manfred Heide vor „seinen" Birken zwischen Hausdorf und Zollwitz

angepflanzt werden dürfen? Ich finde immer wieder kleine Schößlinge, die ich ausgrabe und an einen günstigen Platz setze. Jedes Jahr mindestens fünf Stück. Und was da heute für herrliche Waldwege entstanden sind!

Oder unsere Fasanenaufzucht. Die Tiere bereichern die Landschaft, und jeder Wanderer erfreut sich an ihnen, wenn er überhaupt welche zu Gesicht bekommt. Also füttern wir 200 junge Kücken, die wir dann auswildern. Einige verkaufen wir nach Mecklenburg, damit wir die Futterkosten decken können. Daß wir damit auch nebenbei einige hundert Sperlinge durchfüttern, das ist ein guter Nebeneffekt, denn auch dieses Tier gehört zu unserer Landschaft und findet immer schlechtere Lebensbedingungen.

Oder die dreißig Nistkästen, die ich gebaut habe und die von den Vögeln im Wald fleißig angenommen werden. Im Frühjahr säubere ich die Kleinwohnungen, damit sie wieder kommen und mit ihrem Singsang die Natur bereichern.

Oder den Schutz der Mauersegler, der *Vogel des Jahres 2003*. Er verdient wahrlich unseren Schutz, weil ihm mit den Sanierungen an den Hausfronten der Nestbau verwehrt wird. Alles wird zugeputzt! Da habe ich wegen des Colditzer Schlosses Schreiben über Schreiben verschickt und doch keine Erfolge erzielt. Daraus lernte ich. Beim Ausbau der Podelwitzer Schloßscheune habe ich mit dem Bauleiter gesprochen und sein Interesse geweckt. Und siehe da, wir fanden mit Plasteröhren eine Lösung für unsere gefiederten Freunde.

Nein, auch wenn mein Kampf für die Schönheit und Erhaltung der Natur aussichtslos erscheint, ich gebe ihn nicht verloren. Es gibt dafür viele gute Gründe. Ich schaffe Tatsachen, und das ist oft der bessere Weg. Wenn allerdings Hausbesitzer kommen und den Antrag stellen, den Laubbaum im Garten fällen zu wollen, weil er zu viel Laub abwirft, dann bin ich richtig traurig.

Der Gasthof Zollwitz

WEITERE NOTIZEN
aus Hausdorf, Terpitzsch und Zollwitz

Die Verwaltung der **Gemeinde** Zschadraß mit ihren 18 Ortsteilen hat ihren Sitz in Hausdorf. Bürgermeister seit 1990 Matthias Schmiedel, Jg. 57.

Auf dem **Galgenberg** wird 1746 Gottfried Jäger aus Böhlen wegen Diebstahl durch den Strang hingerichtet. Es ist die letzte Exekution dieser Art auf dem Berg.

Das FND **„die Buche"** wird als Buchenwald zwischen Erlbach und Auenbach auf Wanderungen gern aufgesucht.

Der **Kehrabend** war noch im 19. Jh. am dritten Weihnachtsfeiertag ein fideler Abend mit Tanzmusik und einem großen Faß Freibier, das der Wirt spendieren mußte. Dazu hatte der Ortsvorsteher die Erwachsenen seiner Gemeinde zum Bezahlen der rückständigen Steuern, also zum Auskehren der Schulden, geladen.

Die **Schule** in Hausdorf wurde 1879 errichtet. Ihr Alter sieht man ihr heute nicht an. Seit 1954 Zentralschule. Seit 1993 nur noch Grundschule mit ca. 100 Schülern in vier Klassen. Schulleiterin Christina Naumann. - Hort und Kindertagesstätte werden vom Verein Ländliches Leben betreut.

Vereine und Einrichtungen: Hausdorfer Sportverein, Vors. Albert Staskewitsch, mit den Abt. Fußball, Tischtennis, Volleyball, Kraftsport, allgemeine Sportgruppe. Ein umfangreicher Sportkalender hat sich im Jahreslauf fest etabliert mit Volkswandertag, Drachenfest, Fackelrodeln, Fasching, Wettkämpfe aller Art usw. - Sportgaststätte „Zum Anpfiff" mit Bowlingbahn. Leiter und zugleich Geschäftsführer des Sportvereins Gottfried Schröpfer. - Kleingartenverein „Auenblick", Vors. Lutz Köhler, gegr. 1953, Chronistin und Schatzmeister Anemone Voigt. - Der Gleitschirmclub Colditz veranstaltet Flugtage am Hang des Töpelsberges. - Seniorenklub, Vors. Ingeborg Lokke. - Kindertagesstätte. - Jugendklub und Bibliothek im Gemeindezentrum. - Freiwillige Feuerwehr, gegr. 1926, Gerätehaus von 1979, Wehrleiter Wolfgang Posern seit 1992, und Hausdorfer Feuerwehrverein, gegr. 1997, Vors. Lothar Schulze, sorgen für kulturelle Höhepunkte: Fischerfest, FFW-Wettkampf, Weihnachtsbaum-Verbrennung. - Fasanengehege, betreut von Hort Fuchs mit Jagdkollegen.

Personalien: *Eduard Ulricht*, Jg. 38, baut jeweils im Sommer den Weg des Getreides und im Winter eine Märchenwelt in seinem Vorgarten auf. Auch mit anderen Holzarbeiten überrascht er immer wieder seine Kaninchen- und Sportfreude. *Ede* war nach dem Krieg maßgeblich am Aufbau des Fußballsportes beteiligt.

Kurt Karich (1908–1945), Schäfer auf dem Rittergut Zollwitz, war mehrfacher Deutscher Meister in der Leichtathletik. Er kehrte aus dem II. Weltkrieg nicht zurück. Nach ihm wurde eine Straße benannt.

Martina Abicht-Lehmann, Jg. 58, und *Peter Lehmann*, Jg. 45, Künstlerfamilie, wohnt und arbeitet seit 1981 im Ort. Die Holzgestalterin fertigt holzbemalte Engel in unikater Form, er Kinderspielplätze mit Holzgegenständen.

Günter Gottlebe wohnte von 1948 bis 1976 in Terpitzsch. Als Direktor des Porzellanwerkes war er maßgeblich an der Entwicklung der Region um Colditz beteiligt.

Landwirtschaft: Es gab zwei Rittergüter, das eine in Zollwitz, letzter Bes. Ewald Lehmann. Hier befinden sich jetzt der Bauhof der Gemeinde und Wohnungen. Im Hausdorfer Rittergut, letzter Bes. Arthur Müller, entstanden Wohnungen, die Restgebäude befinden sich im sanierungsbedürftigen Zustand. Das Hausdorfer Rittergut war 1813 durch einen Brand bis auf die Grundmauern zerstört und danach wieder aufgebaut worden. Nach Bodenreform und Enteignung bemühten sich die Neubauern um die Nutzung der Gebäude, die nach der LPG-Gründung nach und nach verfielen. Die Felder sind nach Auflösung der LPG an die AGRO-AG Methau verpachtet, die außerdem Schweinezucht und Rindermast betreibt.

Handel & Gewerbe: Zweigstelle der Bäckerei Dietrich aus Erlbach. - Friseurgeschäft Undine Müller. - Metallbau Bert Staskewitsch. - Schornsteinbau Rolf Thiele. - Fuhrbetriebe von Annett Ulbricht und Dieter Wittkowski. - Malermeister Lutz Kluge. - Installation von Christian Wolf. - Bild und Medien Dennis Spiegel. - Türen und Fenster von Eckhard Sieber. - Treppen Frank Backofen. - Wildhandel von Ulrich Zillmann. - Kfz-Werkstatt von Karsten Gruhl. - Autohandel und Kfz-Werkstatt von Jörg Polster. - Blumen Giesela Petzold. - Kosmetikstudio Maria Kießling. - Hundezucht Gisela Wittrin. - Gebäudereinigung Fred Kläffling. - Wäschemangel (ehem. Scheune Käseberg).

GASTRONOMIE : Gasthof *Zur Sonne* in Terpitzsch mit Fleischerei, Betreiber Paul Lehmann. Im II. Weltkrieg auf dem Saal Gefangene, die in der Schamotte in Colditz arbeiteten, nach 1945 Bälle, Ausstellungen, Landfilm, 1953 geschlossen. Bis 1990 Jugendzimmer, Klassenraum, Gemeindeschwesternstation, Veteranentreff, jetzt Wohnungen. - Der Wirt Fritz Göbel vom Hausdorfer Gasthof (geschlossen) betrieb einen Pferdehandel. Jetzt Sitz der Gemeindeverwaltung. - *Heute*: *Gasthof Zollwitz*, erbaut um 1875, hübsches Gebäude im ländlichen Fachwerkstil mit Gartenbetrieb und ehem. mit Schmiedehandwerk. Betreiber Michael Setzefand. - Sportgaststätte *Zum Anpfiff* mit Bowlingbahn, Betr. Sportverein. - Den Heimatturm bewirtschaftet seit Mai 2004 Marion Scheibe.

Koltzschen, (1286) 1368 Kulczein, 'Ort, wo Waldbienenstöcke sind' (slaw.), seit 1971 OT von Hausdorf, seit 1995 von Zschadraß, 93 Einw.

Vom schmalen Höhenzug zwischen Erlbach- und Auenbachtal aus bietet sich einer der reizvollsten Blicke in den südlichen Muldentalkreis, bei klarer Sicht noch viel weiter. Da sind sogar am Horizont die Hohburger Berge zu erspähen, Oschatzer Collm und Rochlitzer Berg sowieso. Das Dorf liegt in aller Abgeschiedenheit der unruhigen Welt. Für die Älteren kein Nachteil, für die Jüngeren auch kaum, denn sie erreichen mit ihren Fahrzeugen innerhalb kurzer Wege Anschluß an den übrigen Erdkreis.

Auf welchen Wegen kam des Kaisers Astronom Peter Apian nach Koltzschen?

Der Flecken wird wohl kaum das Ziel von Wanderungen sein. Es sei denn, der eine oder andere verirrt sich zufällig in diese Höhe. Zielgerichtet mag vor 500 Jahren ein Leisniger Knabe hier wohl des öfteren zu Besuch geweilt haben. Es war kein Geringerer als der spätere Mathematiker, Astronom, Geograph, Buchdrucker und Instrumentenbauer *Peter Apian*, 1495–1552, von Geburt *Peter Bennewitz*. Der in der Muldestadt geborene und später bekannte Wissenschaftler besuchte als Junge seinen Großvater hier in Koltzschen, den Bauern *Peter Bennewitz*. Es bleibt reizvolle Spekulation sich auszumalen, welche Wege der Knabe eingeschlagen haben mag, um vom Vaterhaus am Leisniger Markt zum Großvater im 9 km entfernten Koltzschen zu kommen. Lief er über den Wachhübel, das Erlbachtal querend, hinauf zum Bauernhof des Großvaters? Wie oft unternahm er diese Wanderungen, und was vermittelten sie ihm? Leider geben die Urkunden darüber keine Auskunft. Die Nachfahren von Peter Bennewitz haben das Dorf längst verlassen, verstreuten sich in die Umgebung.

Rekonstruierter Bauernhof in Koltzschen

Und wo mag er jenen Mönch getroffen haben, der ihm eine große Zukunft voraussagte? Diese Leute waren seinerzeit wohl des öfteren unterwegs, denn noch heute erinnern der Mönchsweg, Klosterweg und der Mönchberg in unmittelbarer Nähe von Koltzschen an die Zeit, als der Flecken mit seinen Bauern dem Kloster Buch bis um 1500 zins- und fronpflichtig war. In den Annalen finden sich Hinweise auf ein Klostergut im Ort. Eine Hofmauer soll noch aus dieser Zeit stammen. Heute wohnen *Glöckners* auf dem 1923 völlig neu erbauten Hof. Im Haus findet sich ein sinniger Spruch: „Erfülle deine Pflicht und ist sie noch zu schwer, erfüllst du deines Hauses Ehr".

Die Koltzscher klopften überhaupt gern Sprüche. Im Gedächtnis überliefert sind da die zwei, die im ehemaligen *„Goldenen Löwen"* über der Theke hingen und die Stammtischbrüder auf eine gute Moral stimmen sollten: „Als mir's wohl ging auf Erden, wollten alle meine Freunde werden. Als ich aber kam in Not, waren auch meine Freunde tot". Die Radaubrüder bekamen auch eine Mahnung: „Ob Bürger, Bauer, Arbeitsmann, hier ist ein jeder wert, der friedlich in meinem Haus verkehrt".

Heute noch prangt am Giebel vom Bauernhof *Glöckner* eine Hoffnung und Warnung zugleich mit ziemlich drastischen Worten: „Gott schütze mich vor Sturm und Wind und Menschen, die Ausbürschter (sächsische Umschreibung für Ausbeuter) sind". Auf keinen-Fall gehört dazu der Altbauer Rudolf Münch, Jg. 24:

Beim Lehrer in der „Guten Stube" drängelten sich die Leute vor dem Fernseher

Ich bin in der 3. Generation auf den Hof gekommen, den mein Großvater 1877 gekauft hatte und war mit Leidenschaft Bauer. Obwohl wir nur 12 ha Feld zu beackern hatten, langte es für die vielköpfige Familie. Reich konnten wir damit nicht werden. Die Arbeit in Stall und Feld ging mir einesteils leicht von der Hand, doch hemmte eine Verwundung mitunter meinen Tatendrang. Ich kehrte ziemlich lädiert aus dem Krieg zurück, und noch heute sitzt mir ein Splitter unter der Schulter. Der hindert mich an der freien Bewegung meines Armes. Eine Operation war seinerzeit zu beschwerlich, und heute will ich mich auf meine

Rudolf Münch (l.) und Gerhard Hahn an der Informationstafel in Koltzschen

alten Tage auch nicht mehr dieser Prozedur unterziehen. Damit ich nun die Sense eingermaßen ordentlich schwingen konnte, fertigte ich mir ein spezielles Riemengehänge an. Und siehe da, es ging.

Leichter wurde meine Arbeit, als wir unsere LPG gründeten. Die Mitglieder wählten mich zum Vorsitzenden. Diese Funktion war gar nicht so einfach. Die jetzigen Genossenschaftsbauern wirtschafteten lange Zeit als selbständige Bauern mit ihrer ganz persönlichen Freiheit. Nun mußten sie sich gewissermaßen meiner Leitung unterordnen. Dabei bin ich gar nicht der Typ, der andere anstellt. Doch es klappte, wir standen gut da. Meinungsverschiedenheiten ließen sich relativ schnell ausgleichen. Ich habe gute Nerven, die mich nicht so schnell aus der Ruhe bringen. Ich mußte nicht Theater machen.

Richtiges Theater haben wir trotzdem gespielt, und mein Freund Gerhard Hahn kann sich da gut erinnern: Das liegt heute weit zurück. Damals in den Nachkriegsjahren mußten wir hart arbeiten. Aber wir wollten auch leben und unseren Spaß haben. Und das erkannte wohl unser alter Lehrer *Johannes Montag*. Den hatten die neuen Machtorgane aus dem Schuldienst entlassen. Er fand am Döbelner Stadttheater ein Unterkommen, und das Treiben dort auf der Bühne mag ihn inspiriert haben, mit uns jungen Leuten hier im Dorf eine Theatergruppe aufzubauen. In den Herbstmonaten probierten wir die Stücke, die wir dann in den Wintermonaten aufführten. Im Ort gab's keinen Saal, aber in Hausdorf bei *Göbel Fritz* bot sich genügend Platz. Die Kulissen fuhr ein Traktor mit Hänger hinüber. Dann zogen wir weiter in andere Dörfer. Wir hatten immer ein volles Haus. Unser Repertoire beschränkte sich auf lustige Stücke. Es sollte gelacht werden, um den Alltag ein bißchen zu vergessen. Und das ist uns gelungen.

Dann dämmerte die Begeisterung langsam dahin. Hauptursache war der erste Fernseher, der 1956 ins Dorf kam und ausgerechnet bei *Montags* in der Stube stand. Die Bude war abends rappelvoll von jungen und alten Koltzschern, die das Wunder bestaunten. Damit begann der Niedergang der eigenen kulturellen Tätigkeit. Heute lassen sich die Leute kaum noch aus der Stube bringen. Mit den vielen Programmen sitzen sie wie angekettet vor der Kiste und wissen am anderen Tage nicht mehr, was sie gesehen haben.

Die alte Schule in Koltzschen

Ich bin dann mit 65 in die Rente gegangenen, nicht jedoch zur Ruhe. Nichts machen ist eine Strafe. So füttere und pflege ich Enten, Hühner und ein Schwein. Und zum Spaß wiehert ein Pferd im Stall. Das gehört einfach auf meinen Mini-Bauernhof. Wenn die Kücken hinter der Henne herrennnen, dann vergesse ich allen Zank und Streit in der großen Welt, dann lebe ich auf in meiner kleinen Welt, in meinem Heimatort Koltzschen.

Meine drei Jungs beschäftigen sich so ganz nebenbei mit den größeren Tieren. Neben ihrer Berufsarbeit betreuen sie 31 weiße französische Rinder, die ein gutes Fleisch geben. Meist holen die sich ihr Futter von der Weide, und im Winter werden sie dann verkauft. Die Jungs haben also zu tun und stehen ganz gut da, und die Mutter verwöhnt sie mit einem guten Essen. Die Tochter hat eine Familie gegründet und wohnt nebenan. Sie alle sitzen jeden Tag in einer harmonischen Eßgemeinschaft am familiären Tisch. Es schmeckt eben zu gut bei Muttern. Bloß, was soll werden, wenn sie die Schöpfkelle nicht mehr schwingen kann?

WEITERE NOTIZEN aus Koltzschen

Unter **Denkmalschutz** stehen einige der alten Bauernhöfe, die sich entlang der einzigen Straße, richtig Bergstraße genannt, ziehen. Spitzbübische Touristikstrategen vermerkten das mit einem Schriftzug auf der Orientierungstafel, wo der Ort liegt, nämlich „auf der Alm". - Die Häuser sind durchweg mit Schiefer gedeckt, der aus der nahen Schiefergrube am Klosterberg gewonnen wurde. Sie war nach 1945 noch einige Jahre im Betrieb.

Auf den **Streuobstwiesen** hinter den Gehöften wachsen vor allem Kirschbäume, die die reizvolle Landschaft im Frühjahr in ein blühendes Meer eintauchen.

Personalien: *Silke Bley*, Jg. 61, eine geborene Hiesige, knüpft die Fäden zu einem alljährlichen Dorffest. Da geht es nicht um große Besucherzahlen. Hauptsache ist, daß sich die Nachbarn in einer harmonischen Dorfgemeinschaft wohlfühlen. Dabei setzen die jungen Leute die früheren Theaterspiele fort, und mit Schabernack und Freude werden in kurzen Stücken die kleinen Schwächen der Dorfleute aufs Korn genommen. Der Musiklehrer Vetter hat eine gute Aktie dran.
Gerhard Hahn, Jg. 29, führte penibel die Buchhaltung der LPG, zweitweilig auch als Bürgermeister die Dorfgeschicke, wie schon sein Vater Erich, der nach 1945 einiges im Dorf bewegte.

Eine **700-Jahr-Feier** mit Festumzug fand 1986 statt, obwohl die Jahreszahl der Erstnennung von den Namensforschern angezweifelt wird.

Die **Freiwillige Feuerwehr** erhielt schon 1900 eine eigene Druckspritze, ein neues Gerätehaus entstand 1972. 1998 beendeten die Kameraden für immer ihren Dienst.

Eine **Mäuseplage** gefährdete im Sommer 1936 die Ernte. Die Straßenränder waren regelrecht durchlöchert. Die Bauern versuchten mit „Mäuseflinten" dagegen vorzugehen. Das war ein Eisenrohr, in dem eine angebrannte Giftpatrone steckte, und das in die Löcher gesteckt wurde.

Als **„Sirupinsel"** bezeichnete der Volksmund in der Nachkriegszeit das Dorf. Die Bauern und Häusler kochten Zuckerrübenschnitzel solange, bis schließlich ein feiner Sirup übrig blieb. Die ausgepreßten Schnitzel füllten den Schweinetrog und förderten den Speckansatz. Beim Kirmesball flatterte eine Fahne mit einer Zuckerrübe, die beim Ball herumgetragen wurde. Heimlich gebrannter Schnaps brachte im *„Goldenen Löwen"* die Stimmung zum Sieden.

Die **Schule** existierte bis 1959. Das Schulgebäude mit dem Namenszug von 1896 steht noch heute in seinem ursprünglichen Zustand und wird als Wohnung genutzt.

Die **Wasserversorgung** war ein ständiges Problem im Ort. Es gab wohl fünf kleine Teiche, „Pfützen" genannt, der Wasserstand richtete sich nach dem Niederschlag. Aus drei Brunnen in der Bornwiese floß seit 1882 durch eine Holzleitung das Trinkwasser ins Dorf. Eine Erweiterung erfolgte 1912 mit einem Brunnen in der Ochsenwiese und einem Hochbehälter am östlichen Dorfrand. 1992 Erneuerung mitsamt der Dorfstraße.

Landwirtschaft: Die zwölf Altbauern gründeten 1958 die LPG „Frohe Zukunft" und die LPG „Bergeshöh", ehe sie in die Typ III aufgingen. - Seit 1991 züchten im Nebenerwerb einige Bauern Vieh, das sie schlachten und selbst vermarkten: Regina und Rolf Glöckner, Steffen Kretzschmar, Dieter Münch, Erhart Roßburger und Alfred Brühl.

Lastau, 1012/18 (981) Lostatawa, mehrdeutig (slaw.), ehem. Kreis Rochlitz, seit 1994 OT von Colditz, 256 Einw.

Das Dorf liegt am Hang einer Höhe zwischen Auenbach und Mulde. Sein schlanker, spitzer Kirchturm gibt eine nicht zu übersehende Orientierung. Und irgendwie geht es im Ort immer bergauf. An den Straßen und Gassen liegen die 19 Bauerngüter, in die oft separate Zufahrten führen. Die Drei- und Vierseithöfe werden heute nicht mehr landwirtschaftlich genutzt. Mit Feldsteinen errichtete Mauern geben den Vorgärten notwendigen Halt. Die Straße von der Mulde her windet sich in leichten Serpentinen nach oben. Im Frühjahr schmücken sich die Kirschbäume mit einem prächtigen Blütenflor.

Das Dorf hat einen Ableger. Der liegt tief unten an der Mulde zwischen den Bahnschienen und der Mulde und erstreckt sich von der ehem. Papierfabrik bis zur einstigen Sägemühle am Bahnübergang nach Kralapp zu. Nur noch ein frischer Namenszug verkündet am Giebel: *Sägemühle 1792*. Die Straße hat stellenweise gerade noch Platz, bei der Papierfabrik verläuft sie mitten durch die Werksanlagen. Eine Uhr an einem überdachten Übergang verkündet, was die Zeit geschlagen hat.

Unerhört steil schiebt sich der Burgberg von der Mulde aus 80 m in die Höhe. Zu Fuß wollen sie erstiegen sein. Von Lastau her macht's sich bequemer. Natürlich ranken sich einige Legenden um den Berg, auf dem wohl eine Burg gestanden haben muß. Warum sonst der Name Burgberg?

Welche Bergveste stand nun wirklich auf dem Burgberg bei Lastau?

Eine weitverbreitete These lautete, daß hier die Stammburg der *Wettiner* gestanden hätte. Doch sie hielt wissenschaftlichen Ermittlungen nicht stand. Andere Legenden fabulieren von einem Kloster. Natürlich gehören auch unterirdische Gänge dazu, die von hier aus zu

Blick von Terpitzsch auf Lastau

verschiedenen Rittersitzen in der Umgebung geführt haben sollen. Nichts von alldem läßt sich belegen. Eins ist sicher: Vermutlich im 9. Jh. gab es hier eine ringförmige Wallanlage aus slawischer Zeit, die dann vermutlich auch in frühdeutscher Zeit genutzt wurde. Noch heute sind ganz schwach die Erdwälle und Gräben (mit Außenmaßen von 100 x 200 m) erkennbar.

Initiativen Colditzer Honoratioren führten dazu, hier anläßlich des 800jährigen Bestehens des Hauses Wettin einen Aussichtsturm zu bauen, der am 14. Juli 1889 mit einem prächtigen Volksfest eingeweiht wurde. Dem Zeitgeschmack entsprechend entstand eine Burgruine. Der *Wettinturm* war fortan ein beliebtes Wanderziel.

Nun hätte man ja 100 Jahre später wieder ein Volksfest feiern können, aber 1989 hatten die Menschen etwas anderes im Sinn. Und außerdem: Die Ruine gab es nicht mehr, sondern nur noch einen mittleren Steinhaufen. In den letzten Kriegstagen nämlich, im April 1945, hatten fanatische Wehrmachtsoffiziziere mit Jünglingen und Rentnern vom „Volkssturmbataillon Colditz" den Burgberg samt Eisenbahnbrücke zur letzten Bastion Hitlerdeutschlands erklärt. Der verlorene Haufe leistete drei Tage sinnlosen Widerstand, ehe mit Toten, Verwundeten und Gefangenen hier an der Mulde der Krieg zu Ende war. Vorher noch riß das Geschoß eines amerikanischen Panzers ein breites Loch in das Mauerwerk des Turmes. Aus der künstlichen Ruine wurde eine wirkliche. Der Aufstieg wurde gesperrt, und nach und nach verrichteten die Wetterunbilden ihr Zerstörungswerk. Noch in den 70er Jahren ragten einige Ruinenreste über die Baumwipfel. In den nachfolgenden Jahren kümmerten sich lediglich einige Bubenhände um das restliche Mauerwerk, bis es vollkommen zerkleinert einen trostlosen Haufen bildete.

Es ist verständlich, wenn der eine oder andere einen Neuaufbau wünscht. Doch das ist illusorisch. Selbst der Lastauer, der als unruhiger Geist immer und überall seine Hände und Gedanken im Spiele hatte, verschwendet darauf keine Gedanken. Gemeint ist der Tischler, Landarbeiter, Zimmermann, Feuerwehrhauptmann i.R., Verdienter Eisenbahner des Volkes a. D. und Seniorenbetreuer Karl Fritsch, Jg. 23:

Gemüseanbau in Lastau. Ob's hilft gegen die Braunfäule?

Auf der Milchrampe lernte ich meine Frau kennen

Total unterernährt kehrte ich aus dem Krieg zurück. In meiner Heimat, dem Erzgebirge, sollte ich zwangsweise in der Wismut arbeiten. Dazu hatte ich keine Lust und verschwand nach kurzer Zeit aus dem Betrieb. Die „Flucht“ trieb mich bis hierher ins Muldenland. Bei einem Bauer in Lastau gab's Kartoffeln und Quark, auch mal eine Butterbemme mit Wurst. Und jede Menge Arbeit. Es schreckte mich nicht, von früh um 5 bis abends um 7 auf dem Feld oder im Stall zu hantieren. Ich hatte Kost und Logis und sehr bald gute Freunde in Dorf. Öfters trafen wir uns auf der Milchrampe im Dorf. Einer brachte das Akkordeon mit, und wir sangen Volks-lieder. Nebenan saß ein nettes junges Mädchen. Beim Dorftanz im Gasthof kamen wir uns näher. Sie wurde wenige Jahre später meine Frau. Im Kreise meiner Familie und vieler Freunde feierten wir neulich goldene Hochzeit.

Inzwischen konnte ich in meinen Beruf zurückkehren und arbeitete fortan fünf Jahre in der Tischlerei Kunze, für 97 Pfennige in der Stunde. Der Meister durfte nicht mehr zahlen, er wäre sonst bestraft worden. Da gab's beim *VEB Bau* schon beträchtlich mehr. Sicher war das Absicht. Das private Handwerk paßte der herrschenden Macht nicht in ihren Kram. Ich wechselte also den Arbeitsplatz, denn meine Familie, wir waren inzwischen zu viert, mußte versorgt werden.

Dann hörte ich, daß die Bahn Zimmerleute suchte. Und sie versprach allerhand Vorteile. So reise ich noch heute mit meinen jährlichen Freifahrtscheinen durch Deutschland und spähe in allen Ecken rum. Die Schaffner „drüben“ sehen das ziemlich neidisch, denn die kennen diese Vergünstigung nicht. Im Einheitsvertrag wird uns jedenfalls dieser Vorteil gewährleistet. Vorerst jedenfalls. Die Arbeit in der Rochlitzer Bahnmeisterei war abwechslungsreich. Ich wurde bei Reparaturarbeiten eingesetzt, vor allem an den Brücken. Dort verfaulte immer mal was, und da gab's für mich zu tun.

Nun könnte es fast den Anschein haben, daß ich mich nur so durchs Leben gemogelt habe. Ganz so ist es nicht. Denn ich habe da eine vielleicht merkwürdige Eigenschaft: Wenn ich was sehe, was nicht stimmt, und ich bin in der Lage, das zu ändern, da muß ich zupacken. Und da gab's einige Begebenheiten im Dorf.

Karl Fritsch beim Schnitzen

Unsere Pflichtfeuerwehr hatte keinen „Kopf", und niemand wollte so richtig die Verantwortung übernehmen. Und erst die Ausrüstung! Sie bestand aus einem Schlauchwagen und einem Hydrantenschlüssel. Den wir eigentlich gar nicht brauchten, denn die Mehrzahl der Hydranten ließ sich sowieso nicht öffnen. Der Rost klemmte im Gewinde. Und wenn wir ausrückten, reichte oft die Kraft nicht, den Wagen bergauf zu schieben. Zehn Mann mußten dann wenigstens vor Ort sein, doch oft kam die Zahl nicht zusammen. Bergab gings zwar mit Karacho, doch wenn die Bremsen nicht funktionierten, war der nächste Zaun nicht sicher. Also stellte ich die Bedingung: Ich mache das Amt und führe eine freiwillige Truppe, aber eine Motor-spritze muß her. Und tatsächlich, die Drohung hatte Erfolg. Die Spritze kam und dazu der nötige Einachs-Anhänger.

Es ist schwierig im Dorf, das Wasser wegen der Steillage zu speichern und zu halten. Trotzdem fanden wir den Platz für eine Löchwasserstelle. Für einen mitt-leren Brand hätte das gereicht. Zum Glück mußten wir den künstlichen Teich niemals anzapfen. Manchmal war er von selbst ausgelaufen. Irgendwo gab's eine undichte Stelle. Jetzt wurde er saniert und verschönt das Dorfbild.

Unsere Feuerwehr besteht nicht mehr. 1988 trieben mich Herzrhythmusstörungen ins Krankenhaus. Die Ärzte verboten mir fortan jegliche gesellschaftliche Arbeiten. Also legte ich das Amt in jüngere Hände. Doch die Truppe löste sich allmählich auf. Das hat mich schwer getroffen. Die Kameraden aus Hohnbach und Colditz sollen nun bei einem Brand anrücken. Na denn!

Ähnlich erging es unserem Männerchor. Vor einigen Jahren verstarb unser Dirigent, ein neuer fand sich nirgends. Nun, versuchen wir es allein. Einer kümmerte sich um den richtigen Ton, ein anderer legte das Lied fest. Doch schon dabei gab's Streit. Auch in kleinen Dingen zeigte sich, wie schwer Demokratie zu handhaben ist. Wir traten nicht mehr öffentlich auf, sangen für uns und bei kleinen privaten Feiern. Zuletzt formierte sich die Gruppe nur noch zu einem Fähnlein der sieben Aufrechten. Und dann gar nicht mehr.

In den Herbst- und Wintermonaten ziehe ich mich auf den Oberboden zurück in meine kleine Schnitzkammer. Dann spanne ich das Lindenholz ein und fasse das scharfe Schnitzmesser. Schon lange vorher habe ich mir die Figur im Kopf zurechtgelegt. Ich muß

Am stillgelegten Bahnhof in Lastau

stets gut aufpassen, nicht zuviel vom Holz wegzuschneiden. Ich schnitze nicht zum Verkaufen, nur zum Verschenken. Es sei denn, jemand bestellt was Bestimmtes. Schnitzen ist mein Hobby. Ich komme ja auch aus dem Erzgebirge. Eigentlich habe ich immer Sehnsucht dorthin nach den Wäldern, Dörfern und Menschen. Und wenn ich dort bin, dann möchte ich schon bald wieder zurück nach Lastau. Die menschlichen Gefühle gehen ihre eigenen Wege.

WEITERE NOTIZEN aus Lastau

Die Lastauer begingen die **1000-Jahrfeier** ihrer Erstnennung mit einem unvergeßlichen Volksfest. Ein tausend Jahre altes Dorf, das ist doch was. Bahnhof Lastau an der Bahnstrecke Grimma-Rochlitz ist seit Mai 2000 stillgelegt.

Ein erhaltener Brauch ist das **Girlandewinden**. Die aus Fichtenreisig gewundene Girlande wird um die Haustür herum angebracht, wo Hochzeiten, Ehejubiläen oder Einzug in ein neues Haus stattfinden. Die Männer besorgen das Material, die Frauen wickeln die Girlande. Die Nachbarn treffen sich dabei zu einer gemütlichen Runde in einer ausgeräumten Garage, bei der mit Speise und Trank die Dorfneuigkeiten ausgetauscht werden.

Kirche in Laustau

Die **Kirche** St. Marien,1807 in ihrer jetzigen Form neuerbaut, wurde im 20. Jh. mehrmals restauriert. Der Schlußstein der alten Kirchentür enthält die Jahreszahl 1519, die auf die Vorgängerkirche schließen läßt. Die Pfarrgemeinde wird seit 1982 vom Pfarrer *Johannes Herberholz* geführt.

Die **Schule** wurde 1968 aufgelöst, im Gebäude die Poststelle (jetzt geschlossen) und eine Schwesternstation (jetzt nur noch für Arztsprechstunde genutzt) eingerichtet, im oberen Bereich Wohnung.

Personalien: *Christian Führer*, Jg. 43, war von 1968 bis 1980 Pfarrer in Lastau und übernahm dann den Pfarrsitz der St.-Nikolai-Kirche in Leipzig, in der Ende der 80er Jahre mit den Friedensgebeten ein Ausgangspunkt für die politische Wende in der DDR geschaffen wurde. *Sieglinde Nauman*, Jg. 49, Lehrerin in Rochlitz, betreut die Frauen-Sportgruppe und befaßt sich mit der Aufarbeitung der Fakten für die Dorfchronik

Vereine und Einrichtungen: Heimatverein, gegr. 1999, Vors. René Landmann, organisiert das jährliche Dorffest und andere Veranstaltungen. - Frauen-Sportgruppe, Leitung Sieglinde Naumann.- Seniorenclub, Leitung Karl Fritzsch. - Der Kindergarten „Löwenzahn" wird vom Diakonischen Werk betreut. Leitung Sonja Lägel. Am Giebel trägt er noch seinen alten Namen Kurt Böhme, ein Lastauer, den die Faschisten 1933 ermordeten.

Handel & Gewerbe: Die Lastauer Wassermühle an der Mulde gründete 1265 der Grundherr vom Kloster Buch. Hochwasser zerstörten immer wieder die Anlage, die, 1860 zu einer Papierfabrik umgebaut, später vor allem Tapetenpapier produzierte. Produktion 1991 eingestellt. Dann übernahm die Karl Bachl GmbH aus Bayern die Gebäude, in denen jetzt Fenster und Türen hergestellt werden. 1994 Einrichtung einer Wasserkraftanlage (Turbinen). - Tischlermeister Kunze gründete 1906 eine Bau- und Möbeltischlerei, die nach drei Generationen 2003 verpachtet wurde, jetzt Küchen- und Fensterbau. - Elektrowerkstatt Axel Schatz, gegr. 1883, in 4. Generation. - Fuhrgeschäft Herbert Klemt seit 1964. - Tischlerei Rainer Lange (Treppen und Tore). - Stahlbau Andreas Kirbach. - Motorrad-Service Udo Feist. - Friseursalon Marion Meißner. - Gardinenservice Petra John. - Raumausstattung Mandy Lange.

GASTRONOMIE: Der Dorfgasthof ist längst geschlossen. - Gaststätte *Zur Grünen Aue* unmittelbar neben dem Bahnhof an der Muldenaue. - Seit 1996 gibt es den *Rüsterhof* im ehem. Bauernhof von Herbert Leupold oben auf der Höhe am Ende des Dorfes. Der Vierseithof besteht seit 1855 mit zwei Rüsterbäumen, einer Kastanie und zwei Nußbäumen im Hof. Die Kumthalle ist noch vorhanden, der Kuhstall mit seinen roten Porphyrsäulen wurde zur Gaststätte ausgebaut. Vom Freisitz im Obstgarten bietet sich ein unvergleichlicher Rundumblick. - *Park-Hotel* mit 20 Betten, Räumen für Familienfeiern und Seminaren in der ehem. Villa der Fam. Beda, jetzt im Besitz von Karl Bachl.

LITERATUR: 1000 Jahre Lastau 981-1981.

Dörfer entstehen und vergehen

Die ländlichen Siedlungen unserer Heimat entstanden vor rund eintausend Jahren und entwickelten sich über Jahrhunderte hinweg. Im Laufe der Zeit veränderten sie ihr Antlitz. Trotzdem sind da und dort in den Dorfbildern immer noch mittelalterliche Relikte erkennbar.

Im 7. und 8. Jh. drangen die Slawen von Osten her in den Raum zwischen Elbe und Saale vor. Dabei benutzten sie vorwiegend die Flußläufe. Diese boten zudem mit ihrem reichen Fischbesatz eine gute Nahrungsquelle. In Ufernähe begannen sie, ihre Hütten zu bauen. Einige Siedler fanden in der offenen Lößbodenlandschaft gute Voraussetzungen für eine einfache Landwirtschaft. Dort errichteten sie ihre schlichten Häuser, meist mehrere an einem Platz. Das gab ihnen einen gewissen Schutz. Außerdem sorgte die „Nachbarschaftshilfe“ für eine gute Überlebenschance. Die drei bis fünf primitiven Wohnstätten bildeten einen Weiler, der sich verschiedentlich zu einem Rundweiler ausweitete.

Im Zuge einer erneuten Siedlungsbewegung drangen Ende des 12. und im 13. Jh. von Westen her deutsche Siedler aus Flandern, Thüringen und Franken in unseren Raum vor. Die entstehenden Siedlungen verschmolzen entweder mit den slawischen Volksgruppen, es entstanden aber auch zahlreiche neue Dörfer. Diesen Prozeß charakterisieren die Historiker auch als „Verdorfung“. Zu keiner Zeit existierten im mitteldeutschen Raum so viele Dörfer wie nach dem Abschluß des Landesausbaues gegen Ende des 13. Jh.

Die Siedler paßten sich nicht selten den topographischen und klimatischen Gegebenheiten an. Jede Falte im Gelände wurde ausgenutzt, denn wer sich duckt, der hat es wärmer. So stehen die alten Höfe und Stallungen wie eine Herde Vieh im Ungewitter eng beieinander – Schutz vor Wetter und ungebetenen Gästen suchend. Hinter den Scheunen lagen die Obstgärten. Die Bäume trugen nicht nur Früchte, sondern brachen gleichfalls die Frühjahrs- und Herbststürme.

Die Anzahl der Hofstellen veränderte sich kaum über die Jahrhunderte hinweg. Bis in das 19. Jh. blieben somit die Grundstrukturen der Dörfer weitestgehend erhalten. Diese Dorfformen sind allerdings in der heutigen Zeit nur noch teilweise sichtbar, und nicht immer ist eindeutig der Ursprung der Siedlung zu erkennen. Es gibt zahlreiche Mischformen, und mitunter sind auch zwei unterschiedliche Siedlungen zu einem Dorf zusammengewachsen.

Die Dorfformen und ihre auffälligsten Merkmale

Weiler: Wenige Gehöfte gruppieren sich locker zu einer winzigen Siedlung, z. B. Serka, Wasewitz, Kleinsermuth.

Rundweiler: Die Gehöfte gruppieren sich rund um den Dorfplatz, oft führt nur eine Straße ins Dorf, z. B. Zeititz, Pyrna, Dögnitz.

Gassendorf: Die Gehöfte liegen zu beiden Seiten einer meist schmalen Gasse, z. B. Albrechtshain, Burkartshain, Zschorna, Zweenfurth.

Sackgassendorf: Die ins Dorf führende Straße endet auf dem Anger, auf dem die Kirche steht, z. B. Bennewitz, Grubnitz, Höfgen.

Straßendorf: Die Gehöfte stehen dicht an der breiten Dorfstraße und bilden eine große Siedlung, z. B. Ammelshain, Fuchshain, Kühnitzsch, Ballendorf.

Straßenangerdorf: Die Gehöfte liegen zu beiden Seiten des langgestreckten Angers. Das ist ein zentraler Dorfplatz, der im Besitz der Gemeinde war. Er diente als Viehweide, und meist befand sich dort auch ein Teich und die Kirche. Der Anger wurde später oft mit öffentlichen Gebäuden, den Dorfbrunnen oder der Schule überbaut, z. B. Deuben, Glasten, Großsteinberg.

Zeilendorf: Die Gehöfte liegen nur an einer Seite der Dorfstraße, z. B. Tanndorf, Großsermuth, Dehnitz.
Waldhufendorf: Die Gehöfte liegen lose aneinandergereiht (deshalb auch Reihendorf genannt) längs der Dorfstraße(n). Die dazu gehörenden Feldfluren (Hufen) liegen „hinter" dem Gehöft, sie sind in den ehemaligen Wald hineingerodet worden, z. B. Fremdiswalde, Thammenhain.
Haufendorf: Eine größere Siedlung mit vielen kurzen Gassen, z. B. Thallwitz, Hohburg.

Mit dem großen Sterben gingen auch viele Dörfer zugrunde

Gegen Ende des Mittelalters läßt sich ein folgenschwerer Vorgang erkennen: Zahlreiche Siedlungen wurden wieder aufgegeben, es entstanden die Wüstungen, auch wüste Marken genannt. Sie symbolisieren einen tiefgreifenden Strukturwandel zwischen Landesausbau einerseits und der beginnenden Agrarkonjunktur des 16. Jh. andererseits.

Ein Grund für das zeitweise oder dauerhafte Verlassen der Äcker und Höfe war die Fehlsiedlung. Erst nach Jahren oder Jahrzehnten wurde es den Bauern bewußt, daß ihr erschlossenes Ackerland doch nicht die gewünschten Erträge abwarf, so daß sie es wieder der Verödung preisgaben. Oftmals verließen die Bauern dann ihren angestammten Wohnsitz. Der Dörfer verfielen und wurden erneut vom Wald überwachsen. Daneben begann ein Prozeß der Siedlungskonzentration. Die Bauern gaben ihren Ort mit den Gehöften auf und siedelten in einen benachbarten Ort über. Ihre Felder bewirtschafteten sie weiter.

Ein weiterer wichtiger Grund für die vielen Wüstungen des 14. Jh. war jedoch das große Sterben, welches von der Pestepidemie, die Sachsen in den Jahren 1348/49 heimsuchte, ausgelöst worden war. Infolgedessen wurde die Bevölkerungszahl schätzungsweise um ein Drittel reduziert. In Sachsen gaben die Bauern von 3600 Orten, die um 1250 bestanden, 369 Siedlungen auf.

Der gravierende Siedlungsschwund ist keinesfalls – obgleich es vielerorts die Heimatsagen berichten – die Folge kriegerischer Auseinandersetzungen (Hussitenkriege, wettinischer Bruderkrieg, Dreißigjähriger Krieg). – *PD Dr. Uwe Schirmer*

Blick auf Schönbach

Wie die Dörfer zu ihren Namen kamen

Die schriftlichen Aufzeichnungen in unserem Gebiet beginnen um 900 nach Christi. Die in einer Urkunde erstmalig genannten Dörfer sind Püchau (924 – damit der zuerst erwähnte Ort in Sachsen überhaupt), Pausitz (974), Lübschütz (1004), Lastau (1012), Nauberg (1028) und Göttwitz (1028). Damit ist jedoch nicht gesagt, daß sie die ältesten Orte unseres Siedlungsgebietes zwischen Collm und Mulde sind. Bis auf Kühren (1154) gibt es nämlich keine Siedlungsurkunden. Alle Jahreszahlen dokumentieren vielmehr die erste urkundliche Erwähnung. Sie werden auch zugrunde gelegt, wenn die Einwohner heute ein „rundes“ Dorfjubiläum feiern. Die Dörfer haben alle schon Jahrzehnte oder Jahrhunderte vorher bestanden. Die Mehrzahl der schriftlichen Aufzeichnungen von Dorfnamen beginnt im 12. bis 14. Jh. Mehrfach haben Feudalherren oder deren Vertreter in noch vorhandenen alten Akten mit ihren Namen und/oder mit dem Vermerk des Wohnortes als Zeugen einen gerichtlichen Vorgang bestätigt.

Von den etwas über 200 Namen bestehender Siedlungen haben 130 ihren Ursprung in der slawischen (sorbischen) und 70 in der deutschen Sprache. Sie gehen im wesentlichen auf Personen- und Gattungsnamen (natürliche Gegebenheiten, Rodung und wirtschaftliche Verhältnisse) zurück. Alle Ortsnamen, die auf -itz enden, sind slawischer Herkunft. In der Volkssprache wurden manche dieser Namen so umgestaltet, daß ihre slawische Abstammung oft nicht mehr erkennbar ist.

Die deutschen Ortsnamen sind überwiegend zweigliedrig. Ihre urkundliche Überlieferung beginnt am Ende des 12. Jh. Die oftmals im ersten Bestandteil enthaltenen Personennamen weisen auf den Ortsgründer hin (z. B. *Ammelung, Albrecht, Burkart, Thammo, Wolf*). Als Zweitbestandteil können folgende Merkmale auftreten, z. B. Rodungssiedlungen mit *-hain*, Lage am Wasser mit *-bach*, Waldsiedlungen enden mit *-buch* und *-hardt*. Eingliedrige Siedlungsnamen sind selten, z.B. *Bach, Eicha, Heyda, Klinga, Roda*. Dicht beieinander liegende, gleichnamige Siedlungen wurden durch Groß-/Klein- unterschieden: *Bothen, Sermuth, Zschepa*. Eine kleine Siedlung wird auch mit Wenig gekennzeichnet.

Die Ortsnamen sind namenkundliche Zeugnisse vergangener Zeiten, die auch im Zuge staatlicher Regulierungen und Gemeindereformen unbedingt erhalten bleiben sollten.

Als die hier ansässig werdenden Menschen mit der Besitzaufteilung und der Nutzung des ihnen zugewiesenen Anteils der Gemarkung begannen, benannten sie die einzelnen Flurstücke mit Hilfe des ihnen vertrauten Wortgutes. Auffällige Merkmale der Bodengestalt, der Bodenqualität und -beschaffenheit, der Pflanzen- und Tierwelt, der Wasserverhältnisse, Kennzeichnung des Besitzes, der Nutzung, der Abgaben und der Lage bildeten wichtige Anlässe für die jeweilige Benennung eines Flurstückes mit einem Flurnamen. Diese Flurnamen wurden nicht nur für die Orientierung innerhalb einer Gemarkung, sondern auch für die Besitzkennzeichnung genutzt. Deshalb wurden sie auch in den schriftlichen Quellen aufgezeichnet und sind uns als Relikte vergangener Zeit erhalten geblieben.

Besitzrechtliche und wirtschaftliche Veränderungen bewirkten im Laufe der Jahrhunderte Wandlungen in dem Flurnamenschatz. Das große Wüstwerden vieler Siedlungen im 14./15. Jh., der durch Bevölkerungsverluste während des 30jährigen Krieges stark eingeschränkte, im 18. Jh. dann mühselig wieder belebte Feldbau, die durch landwirtschaftliche Reformen in Sachsen bedingten Flurbereinigungen um 1840, die zahlreichen industriellen Anlagen (Braunkohlengruben, Ziegeleien, Steinbrüche usw.) und in besonders starkem Maße der als „Sozialistischer Frühling“ bezeichnete Übergang von der einzelbäuerlichen zur genossenschaftlichen Nutzung des Bodens bewirkten in zunehmendem Umfang eine Verdrängung der überwiegend für bäuerlichen Einzelbesitz und Einzelnutzung geprägten Namen. So leben heute oftmals nur noch wenige Flurnamen im Gedächtnis der Altbauern. Erhalten geblieben im täglichen Sprachgebrauch sind die Namen der für die Orientierung unveränderlichen Objekte wie Berge, Bäche, Teiche, Wege, Straßen und Waldungen. - *Prof. Dr. Horst Naumann*

Weiterführende Literatur: Horst Naumann. Die Orts- und Flurnamen der Kreise Grimma und Wurzen. Akademie-Verlag Berlin. 1962.

Von der Amtshauptmannschaft zum Muldentalkreis

Gesetz und Recht bestimmen die Lebensweise der Menschen. Der Staat regelt das mit seiner Verwaltung (Administration). Sie unterlag dem Wechsel der herrschenden Mächte. Im Mittelalter und bis ins 19. Jh. wechselten die Machtansprüche von Staat, Kirche und Adel. Die Landgemeindeordnung führte 1839 in Sachsen zur dörflichen Selbstverwaltung. Es wurde ein Gemeindevorstand (später war das der Bürgermeister) gewählt.

Im Zusammenhang mit den sächsischen Staatsreformen nach 1850 erfolgte eine rationale Raumgliederung, wobei teilweise historische Gegebenheiten berücksichtigt wurden. 1875 wird ganz Sachsens in Amtshauptmannschaften aufgeteilt. Für unser Heimatgebiet entsteht die Amtshauptmannschaft Grimma, die sich beiderseits der Mulde von Röcknitz im Norden bis nach Schwarzbach im Süden erstreckte. Der heutige Muldentalkreis hat im wesentlichen die Strukturen der einstigen Amtshauptmannschaft inne. Grimma wird Dienstsitz des Amtshauptmanns. 1939 wird die Bezeichnung Amtshauptmannschaft durch „Landkreis" ersetzt. An dessen Spitze steht der Landrat.

Im Zusammenhang mit der Neugliederung der DDR in Bezirke wird das Land Sachsen in drei Bezirke aufgeteilt. Zugleich erfolgt eine Verkleinerung der alten Landkreise, und in Grimma und in Wurzen werden jeweils Räte der Kreise installiert.

Der Kreis Wurzen verliert bei diesem administrativen Vorgang im Osten die Dörfer Börln und Bortewitz an den Kreis Oschatz, im Westen Borsdorf und Zweenfurth (beide Orte einschließlich Panitzsch und Cunnersdorf kommen 1994 zum Muldentalkreis) an den Kreis Leipzig und erhält die Gemeinde Kollau aus dem Preußischen.

Der Kreis Grimma verliert an den Kreis Rochlitz die Dörfer Erlbach, Raschütz, Hausdorf, Kaltenborn, Zschirla, Koltzschen, Lastau, Terpitzsch und Zollwitz. Diese Dörfer kehren 1994 nach einer erneuten Kreisreform in den Muldentalkreis zurück. Der Kreis Grimma erhält aus dem Kreis Döbeln Bockwitz, Meuselwitz, Böhlen, Dürrweitzschen, Frauendorf, Kuckeland, Papsdorf, Ostrau, Motterwitz, Muschau, Nauberg, Poischwitz, Draschwitz, Zschoppach, Leipnitz, Keiselwitz und später noch Seidewitz.

Am 1.8.1994 wird aus den Kreisen Grimma und Wurzen der Muldentalkreis gebildet. Das Landratsamt hat seinen Sitz in Grimma in mehreren Dienstgebäuden. Dem neuen Kreis zugeschlagen werden aus den Kreisen Geithain und Borna die Stadt Bad Lausick und die Dörfer Buchheim, Beucha, Kleinbeucha, Steinbach und Stockheim sowie die weiter oben genannten Dörfer. Der Muldentalkreis hat am 1.1.2004 rund 136 000 Einwohner. Im Zuge der Gebietsreform verlieren mehrere Ortschaften ihre Eigenständigkeit und werden zu größeren Gemeinden zusammengeschlossen. Am 1.1.2004 existieren folgende Gemeindeverwaltungen: Belgershain, Bennewitz, Borsdorf, Falkenhain, Großbardau, Großbothen, Hohburg, Kühren-Burkartshain, Machern, Otterwisch, Parthenstein, Thallwitz, Thümmlitzwalde, Zschadraß, die Große Kreisstadt Wurzen mit einem Oberbürgermeister und die Stadtverwaltungen von Grimma, Colditz, Bad Lausick, Mutzschen, Nerchau, Trebsen, Naunhof, Brandis mit jeweils mehreren eingemeindeten Ortschaften in ihrer Umgebung.

Zur Landwirtschaft –

Daten und Fakten der letzten 50 Jahre

Der Bauer und die Landwirtschaft gehörten zum Dorf. Über Jahrhunderte hinweg sind sie der eigentliche Inhalt des Dorfgeschehens gewesen. Die wechselnden Gesellschaftsformen bestimmten das Leben auf dem Lande. Stets mußte sich der Bauer unterordnen. Und so prägte sich sein Bild: Fronknecht, „freier“ Bauer, Erbhofbauer, Klein- und Mittelbauer, Altbauer, Neubauer, Genossenschaftsbauer, Traktorist, Melker, Mitarbeiter in einer Agrargesellschaft, Wiedereinrichter, Ökobauer.

Die ländliche Region veränderte ihr Antlitz – mehrmals und nachdrücklich. Nun, am Beginn des 21. Jahrhunderts, hat die Landwirtschaft Formen angenommen, die die bisherige Bewirtschaftung total verändert hat. Und damit auch das historische Dorfbild.

1945 – 1. Halbjahr: Der Krieg ist zu Ende, der Faschismus hinterläßt ein schreckliches Erbe. Die Dörfer sind mit Flüchtlingen und Vertriebenen überfüllt, alle nur denkbaren Räume werden als Wohnraum genutzt. Die Menschen haben Hunger, es geht ums nackte Überleben.

Ein wertvolles Gut ist das Vorhandensein einer intakten bäuerlichen Familie auf den Bauernhöfen. Zwei oder gar drei Generationen wohnen unter einem Dach, sind auf dem Feld und am Tisch zusammen. Wenn einer fehlt, helfen die anderen. Die Landwirtschaft duldet keinen Aufschub.

1945 – 2. Halbjahr: Die sowjetische Besatzungsmacht hat sich eingerichtet. Ihr geht es darum, eine sozialistische Gesellschaft aufzubauen. Dazu gehören strukturelle Veränderungen in der Landwirtschaft, obenan die Zerschlagung des Großgrundbesitzes. Der Befehl Nr. 9 der SMAD (Sowjetische Militäradministration in Deutschland) führt im

Am Dorfrand von Bernbruch

September zur Gründung der Komitees zur Durchführung der Bodenreform, um den Grundbesitz über 100 Hektar und den von aktiven Nazis und Kriegsverbrechern entschädigungslos zu enteignen. Das geschieht in fast allen Dörfern des Landkreises Grimma, verbunden mit der Vertreibung der Guts- und Schloßherren und Zerstörung der Adelskultur hierzulande. Die Aufteilung des enteigneten Landes, des lebenden und toten Inventars erfolgt an landarme Bauern, Landarbeiter und Umsiedler. Diese Neubauern erhalten im Durchschnitt 6 ha Feldfläche. Das Land darf nach dem Gesetz weder verkauft noch verpachtet, sondern nur vererbt werden. – Es wird die Vereinigung der gegenseitigen Bauernhilfe (VdgB) gebildet, die bis 1960 praktische, danach vorwiegend nur politische Arbeit leistet.

ab 1948: Die Neubauern brauchen Wohnungen und Wirtschaftsräume. Durch ein Bauprogramm entstehen mit langfristigen und zinsgünstigen Krediten des Staates Neubauernsiedlungen. Baustoffe werden durch örtliche Reserven, u. a. Abriß von Rittergutsgebäuden, gewonnen. Bei einem Neubauernhaus sind Wohnung, Stall und Scheune unter einem Dach vereint.

Durch die staatliche und politsche Bevormundung erfolgt eine Differenzierung in Kleinbauern bis 10 ha, Mittelbauern bis 20 ha und Großbauern mit mehr als 20 ha. Von Jahr zu Jahr verstärkt sich die Benachteiligung der Großbauern (Sollerhöhungen, höhere Steuern, Sippenhaftung: Kein höherer Schulbesuch für deren Kinder).

ab 1949: Einrichtung von Maschinenausleihstationen (MAS), Traktoren erleichtern die Feldarbeit, Bereitstellung von Dreschmaschinen auf dem Druschplatz. Ab 1953 Umbennung in Maschinen- und Traktorenstationen (MTS). 1963 erfolgte die Übergabe der gesamten Technik an die LPG.

ab 1952: Gründung der ersten Landwirtschaftlichen Produktionsgenossenschaften (LPG), meist von wirtschaftlich schwachen Neubauern. 1960 Beendigung dieses Vorgangs, alle Bauern sind freiwillig oder mit Zwang Mitglied einer LPG Typ I (gemeinsame Feldwirtschaft) oder LPG Typ III (gemeinsame Feld- und Viehwirtschaft). Damit ist die Grundlage für den Aufbau des Sozialismus auf dem Lande gelegt („Sozialistischer Frühling"). Die Strukturen eines alten Bauerndorfes haben keine Gültigkeit mehr. Das neue sozialistische Dorf ist durch die LPG geprägt. Sie bestimmt in allen Bereichen das gesellschaftliche Leben der Gemeinde. Neue Methoden nach sowjetischen Vorbild sollen die Erträge steigern: Rinderoffenställe, Schweinehütten, Anbau von Mais („Wurst am Stengel").

ab 1965: Gründung von Zwischenbetrieblichen Bauorganisationen (ZBO) und Landbaukombinaten zum Bau größerer Stall- und Bergeraumanlagen. Bau von Siloanlagen, Bildung von Meliorationsbetrieben. Zugleich entstehen in vielen Dörfern mehrstöckige Wohnblocks nach einheitlichem Schema.

ab 1966: Entwicklung von industriemäßigen Produktionsmethoden durch die Bildung von Kooperationsbeziehungen (Kartoffeln, Getreide, Saatgut, Gemüse).

ab 1970: Es entstehen Agrochemische Zentren (ACZ) zur Schädlingsbekämpfung und Düngung. Milchvieh, Schweine und Geflügel sowie Tockenwerke und Kartoffellagerhallen werden in Zwischengenossenschaftliche Einrichtungen (ZGE) zusammengefaßt.

ab 1973: Trennung von Pflanzen- und Tierproduktion mit Errichtung von riesigen Anlagen für 2000 Stück Milchvieh und mit bis zu 6000 Mastplätzen für Schweine, Geflügelhallen. Bildung der Kooperative Abteilung Pflanzenproduktion (KAP) mit über

4000 ha Fläche, u. a. Mähdrescherkomplex E 512. LPG-Bau- und Reparaturbrigaden und finanzielle Mittel fördern das Dorfleben: Betriebssportgemeinschaften (BSG) Traktor, UTP (Unterrichtstag in der Produktion für die Schüler mit Fahrerlaubnis für Traktoren). Bau, Einrichtung und Bewirtschaftung von Kindergärten, Kulturhäusern, Gasthöfen.

ab 1990: Die sozialistische Planwirtschaft mit ihren dauernden Mangelerscheinungen wird durch die „Wende" von der sozialen Marktwirtschaft mit ihrem Überfluß abgelöst. Die Trennung in Tier- und Pflanzenproduktion wird rückgängig gemacht. Die Mehrzahl der LPG verwandelt sich in Agrargenossenschaften (e.G.) Gesellschaften mit beschränkter Haftung (GmbH) oder Aktienengesellschaften (AG), die das Land von den Eigentümern (ehem. LPG-Mitglieder) kaufen oder pachten. Einige LPG lösen sich auf oder gehen in den Konkurs. Wenige Landwirte beginnen wieder als selbständige Bauern (Wiedereinrichter). Die Mehrzahl der Genossenschaftsbauern wird entlassen, geht in den Vorruhestand, findet eine andere Beschäftigung oder wird arbeitslos. Im Betriebssystem der bäuerlichen Wirtschaften bestimmen jetzt Angebot und Nachfrage die Produktion. Die Agrarpreise gehen in den Keller. Quoten regeln, was angebaut und wieviel erzeugt werden darf. Davon sind die Subventionen abhängig oder bei Nichteinhaltung die Strafen.

2003: In der statistischen Übersicht ergibt sich folgendes Bild:
Struktur der Landwirtschaft: 6 eingetragene Genossenschaften (e.G.), 19 GmbH, 10 sonstige juristische Betriebe (AG, GmbH & Co. KG, Verbände, Kirchen), 18 Personengesellschaften, 82 Landwirte im Haupterwerb, 150 Landwirte im Nebenerwerb.
(*Dazu im Vergleich 1989*: 10 LPG Pflanze, 32 LPG Tier, 2 Volkseigene Güter 5 zwischenbetriebliche Einrichtungen, 4 zwischengenossenschaftliche Baubetriebe, 4 Agrochemische Zentren, 2 Trockenwerke).
Durchschnittliche Flächennutzung: Juristische Personen 870 ha, Personengesellschaften 290 ha, Haupterwerbsbetrieb 132 ha, Nebenerwerbsbetriebe 12 ha.
Tierbestände (in Klammer die von 1989): Rinder 21 500 (55 700), davon Milchkühe 7500 (21 300), Schweine 33 000 (125 000), Schafe 10 000 (27 000).
Anbauflächen *(in Klammer die von 1989)*: Getreide 30 700 ha (21 800), Ölfrüchte 4300 ha (320), Hülsenfrüchte 2000 ha (800), Zuckerrüben 1500 ha, (2900), Kartoffeln 175 ha (4800), Ackerfutter und Silomais 1300 ha (11 000), sonstige Flächen 1500 ha (4500), Grünland 5450 ha (5500). Stillgelegt wurden 5000 ha.

LITERATUR: Die Bauern in Oberwiera. Manfred Kipping. Sax-Verlag Beucha. 1999. - Freibier am 27. Kalenderblätter von Martin Heller, Femdiswalde. Mitteldeutscher Verlag. 1982.

Unsere Wege übers Land

Einige Anmerkungen zum Schluß

In den vergangenen vier Jahren sind wir von Dorf zu Dorf gezogen, haben uns in 196 Orten umgeschaut, einige hundert Leute befragt, Texte notiert und fotografiert. Es waren keine Sensationen zu erwarten. Das wußten wir von vornherein, und die suchten wir auch nicht. Doch wo immer wir stehen blieben, hatten wir ein Gefühl von Heimat, auch wenn uns die Hunde anbellten oder uns die Leute zunächst argwöhnisch hinter den Gardinen beschauten. Sie hatten in den zurückliegenden Jahren mitunter schlechte Erfahrungen machen müssen. Doch spätestens dann, wenn wir unsere „Rundblick"-Herkunft mitteilten, öffneten sich Türen und Herzen.

Nun ein Resumee. Da beobachteten wir Vorgänge und Erscheinungen, die sich oft wiederholten. Es wäre zu langatmig geworden, sie bei jedem Dorf aufzulisten. Deshalb diese Anmerkungen zum Schluß. Der Leser wird sie bestätigen oder auch nicht. Jeder hat seine eigene Sichtweise, seinen persönlichen Blick. Und wenn sie zum Widerspruch reizen, dann wäre das kein Nachteil. Genug der Vorrede.

*

Eine Erkenntnis steht vorne an: Der Charakter der Dörfer hat sich in den letzten Jahrzehnten total verändert. Das können natürlich nur wir „Alten" beurteilen. Den Jungen fehlt dazu der Vergleich. Der ursächliche Grund liegt im Verschwinden der Landwirtschaft. Das begann schon in der DDR mit der Bildung und der Entwicklung der Landwirtschaftlichen Produktionsgenossenschaften (LPG). Die meisten Bauernhöfe verloren ihre ursprüngliche Funktion, sie wurden leer gewirtschaftet. Nach der Wende setzte sich das ganz massiv fort. Neue Strukturen und moderne Technik schoben die überwiegende Mehrzahl der Leute ins Abseits, in den vorzeitigen Ruhestand oder in die Arbeitslosigkeit.

*

Blick auf Leulitz

Viele Dörfer haben noch mehr verloren. Handwerker mußten ihr Werkzeug aus den Händen legen. Zuerst waren es der Schmied und der Müller. Es folgten Bäcker und Fleischer, dann der Kaufmannsladen. Auch der Gasthof mußte dran glauben. Zuletzt wurde die Schule geschlossen, auch wenn sie gerade mit aufwendigen Mitteln und großen Summen grundlegend saniert worden war. Es gilt nicht mehr das Sprichwort: Handwerk hat goldenen Boden. Mancher Handwerker arbeitet heute nur noch als Familienbetrieb. Zusätzliche Arbeitskräfte sind zu teuer. Und so rackern sie sich ab, rennen bis zum Umfallen. Was bringt's ein? Mitunter reicht es gerade so zum wirtschaftlichen Überleben.

Die Bäcker und Fleischer, die im Konkurrenzkampf mit den Kaufhallen und Großmärkten noch nicht auf der Strecke blieben, kutschieren mit Verkaufsfahrzeugen von Ort zu Ort. Das freut besonders die Alten, die nicht mobil sind. Sie versammeln sich zur festgesetzten Zeit auf den Stellplätzen. Die Zeit bis zur Ankunft der rollenden Verkaufsfahrzeuge nutzen sie für den Austausch wichtiger Dorfnachrichten.

*

Viele Wege führten uns von Dorf zu Dorf durch das Muldenland. Meist waren sie glatt und sauber. Seit 1990 haben die Gemeinden Millionen für eine bessere Infrastruktur verbaut. Jahr für Jahr folgten weitere Straßensanierungen. Sie stießen dort auf berechtigtes Ärgernis, wo die Anlieger zur Kasse gebeten wurden. Eigenwillige Kommunalsatzungen zwangen sie dazu, wie auch beim Bau von Abwasseranlagen. Sogar Ortsumgehungen befinden sich im Plan. Allerdings hemmen dort meist Proteste den Verlauf. Eine neue Straße ums Dorf, ja, aber nicht in meiner Nähe! Leider reichte das Geld nur selten zum Bau von Radwegen. Radfahrer leben gefährlich. Autofahrer nehmen wenig Rücksicht. Der künftige Radweg zwischen Wurzen und Grimma auf dem ehemaligen Schotterbett der Muldental-Eisenbahn ist da ein Lichtblick.

Ein reger Autoverkehr pulsiert durch die Regionen. Die Straßenverkehrsordnung gibt die Regeln vor. Doch immer weniger „Herren der Landstraßen“ halten sich daran. Niemand hat mehr Zeit. Leichtsinnige riskieren den schnellen Weg. Manche schaffen es und kommen einige Minuten früher ans Ziel. Andere erreichen es nie mehr. Dafür steht dann ein kleines Holzkreuz am Wegesrand.

An der Straße zwischen Fuchshain und Albrechtshain

Das Eisenbahn-Zeitalter ist Geschichte. Ein ausgeklügeltes Busnetz überzieht jetzt das Land. Ist das immer notwendig? Oft sitzt nur eine Person in dem riesigen Gefährt, wenn überhaupt. Die Gesetze verlangen, daß der Nahverkehr gesichert sein muß. Volle Busse garantiert lediglich der Schülerverkehr kreuz und quer durch das Kreisgebiet. Die Zahl der Schulen schrumpft. Die Wege der Mädchen und Jungen werden länger, ihre freie Zeit kürzer.

*

Schauen wir uns die Dörfer genauer an. Jahrzehntelang dämmerten die Gehöfte grau und trist dahin. In der DDR fehlte es an „Bilanzen", am Material, am Geld, an Handwerkern. Mit viel Kraftaufwand und Organisationstalent bemühten sich einzelne um eine Schönheitskur ihres Hauses. Der Besitz wurde zu einer Last. Niemand wollte die „alten Buden" haben. Mit dem Jahr 1990 erfolgte regelrecht über Nacht ein wundersamer Wandel. Baustoffe, Fördergelder, Handwerker gab's jetzt in Hülle und Fülle. Es setzte ein ungeahnter Bauboom ein. Die zerschlissenen Bauernhöfe und Wohnhäuser mauserten sich wie häßliche Entlein zu strahlend weißen Schwänen. Das Dorfbild wandelte sein Gesicht. Die wenigen grauen Mäuse, die sich da und dort noch zwischen dem neuen Dorfglanz ducken, werden eines Tages ebenfalls verschwinden.

Es gibt einzelne, die verschließen sich noch diesem Trend. Dort umrahmen Brennesseln einen längst stillgelegten Traktor, frißt der Rost eine Drillmaschine, sind die Ecken mit allem möglichen Unrat ausgefüllt. Alle Appelle der Gemeindeverteter ändern nichts. Eigentum ist heilig! Der Besitzer kann sein naturbelassenes Anwesen sogar als Kunstwerk deklarieren und dafür Fördergelder anfordern. Wir leben ja in einer offenen Demokratie.

Auf manche Gebäude hat die Denkmalpflege ihr Auge geworfen. Die geschichtlich gewachsene Bausubstanz soll möglichst erhalten bleiben. Das ist auch richtig. Dort lassen sich Sanierungen nicht so ohne weiteres vornehmen. Das ist auch gut so. Die Amtsleute drohen mit den Gesetzen, doch wenn's am Geld und guten Willen mangelt, können sie nichts machen. Wind, Wetter und Vandalen lassen dann ziemlich schnell die Bauwerke dahinbröckeln und im Staub versinken. Wieder geht ein Stück Kulturgeschichte verloren. Wen kümmert's letztlich?

In Polenz: Der Bäcker ist da!

Man muß sich wohl damit abfinden, wenn die Erhaltungs- und Schönheitskuren an den Objekten nach den gerade vorherrschenden modischen Gegebenheiten erfolgen. Da wird das Granitpflaster oder das nordische Geschiebe, einstmals von den Feldern abgelesen und sinnvoll verwendet, herausgerissen und der Hof mit Betonstücken versiegelt. Natürlich verschwindet der Misthaufen, der mitten auf dem Hof lag. Dort wachsen dafür Koniferen. Sie sind zwar „dorffremd“, dafür pflegeleicht, weil sie kein Laub abwerfen. Der Hofbaum, eine mächtige Linde oder Kastanie, ist längst der Kettensäge zum Opfer gefallen.

Die Gemeinden haben sich diesem Trend angeschlossen. Dorfstraßen sind mit Betonsteinen ausgelegt und mit Haltebuchten versehen. Die werden zwar nicht gebraucht, weil auf den riesigen Bauernhöfen genügend Parkraum zur Verfügung steht, aber sie bringen ein bißchen städtisches Flair ins Dorf. Natürlich freuen sich die Bürger, wenn sie bei Matschwetter trockenen Fußes nach Hause kommen. Wenige beklagen die Versiegelung der Landschaft.

Der „Leipziger Speckgürtel“, ein ständig wachsendes Industrie- und Wohngebiet um die Messestadt, hat sich auch bis in die westlichen Randgebiete des Muldentalkreises vorgeschoben. Die Dörfer verdoppelten ihre Einwohnerzahl. Anstatt im Ortskern die Lücken zu schließen, entstanden am Rande des Dorfes eigenständige Siedlungsgebiete. Ob das immer notwendig war? Bewohnt werden die Häuser meist von Stadtflüchtigen, die am Morgen zur Arbeit auspendeln und abends hier ihre Ruhe haben wollen. Sie beklagen sich, wenn es nach Landluft riecht, wenn der Hahn kräht, wenn die Bauern zur Erntezeit bis weit in die Nacht hinein unterwegs sind. So wohnen sie denn auf dem Lande, wünschen aber die Landwirtschaft zum Teufel. Es gibt natürlich auch die anderen, die hier finden, was sie suchten und neugierig sind auf die dörfliche Gemeinschaft und ihre Geschichte. Einige kamen im Buch zu Wort.

*

Vor ungelösten Problemen stehen viele Jugendliche. Die Suche nach einem Ausbildungs- oder Arbeitsplatz endet oft ergebnislos. Es gibt einfach zu wenig. Mitunter verbauen sich die Burschen und Mädchen aber auch selbst den Weg in die Zukunft. Mit einem miserablen Zeugnis hat man nun mal keine gute Karten. Ermahungen perlen ab wie Regentropfen an der Glasscheibe. „Ich habe dazu keinen Bock!“ Eltern und Großeltern haben diese Worte nicht nur einmal gehört. Eine Handvoll äußert sich da noch schlimmer. Sie stehen mit ihrer Clique an der Ecke, in der einen Hand das Handy, in der anderen die Flasche Bier und im Mund den Glimmstengel. Sie provozieren ihre Umwelt mit lauter Musik, einige wenige mit unverständlichem Vandalismus an Bänken, Buswartehallen, Wegweisern. Mit 100 preschen sie über die Dorfstraßen. Die Polizei ist oft machtlos. Sie darf nur bitten und erst handeln, wenn das Kind im Brunnen liegt.

Diese „coolen Burschen“ trüben den Eindruck von der Jugend. Die Mehrheit widmet sich anderen Tätigkeiten. Sie treibt Sport, erlernt in der Musikschule ein Instrument, übernimmt im Verein und in der Feuerwehr nützliche Aufgaben. Sie freuen sich bei der Erfüllung ihrer Interessen, nehmen die Berufsausbildung ernst und wollen sie mit einer Prüfung beenden. Sie fallen nur weniger auf.

*

Das Leben der Erwachsenen vollzieht sich nicht ohne Probleme. Die ideale Dorfgemeinschaft hat es nie gegeben. Es gab immer Spannungen zwischen Besitzenden und Besitzlosen, Mächtigen und Machtlosen, Alten und Jungen. Es herrschte Streit in den Familien und zwischen den Nachbarn, machmal auch Kampf bis aufs Messer um eine Handbreit Gartenfläche.

Doch es macht Zuversicht: Reste des originalen und unversehrten Dorflebens sind immer noch vorhanden. Man findet sie dort, wo die Bewohner ihre Dorffeste mit Leib und Seele als gemeinschaftliche Ereignisse feiern. Und es werden wieder mehr. Es muß nur einer da sein, der die Sache in die Hand nimmt. Es gibt solche Idealisten, in großer Zahl sogar. Die wenigen, von denen wir in unserem Buch erzählen, sind da nur eine kleine Auswahl. In der Sportgemeinschaft, im Heimatverein, im Chor ist die Dorfgemeinschaft noch spürbar. Was wäre sie ohne die Kameraden der freiwilligen Feuerwehr? Nicht nur, daß die uniformierten Männer und Frauen das Hab und Gut ihrer Mitbürger schützen. In vielen Dörfern ist die FFW die einzige Gruppe, die noch vorhanden ist und etwas bewegt. Dort setzen sie sich in ihrer Freizeit für das Gemeinwohl des Dorfes, organisieren die kleinen Feste und Feiern, die das Leben im Dorf bereichern.

Wir leben gegenwärtig in einer schwierigen Zeit. Die soziale Marktwirtschaft ist wohl an ihre Grenzen gestoßen und verlangt Reformen. Man streitet sich, welche Wege beschritten werden müssen, doch wer räumt die Steine weg, die dort liegen?

*

Im Jahre 1954 begann „Der Rundblick“ als Kulturspiegel und Chronist der Heimat zwischen Collm und Mulde. Die Redaktion veröffentlichte eine Vielzahl anerkannter Publikationen. Nun endet die 50jährige heimatkundliche Tätigkeit mit dem vorliegenden 2. Band des Dorfbuches. Dankbar vermerke ich, daß sie im letzten Jahrzehnt unter der Betreuung des Sax-Verlages Beucha erfolgen konnte.

Zur Erinnerung an die verdienstvolle Arbeit vieler Mitstreiter wird ab Oktober 2004 im Museumsgarten des Hohburger Steinarbeiterhaus ein mächtiger Steinblock aus Dornreichenbacher Porphyr stehen. Ihn schmücken zwei Bronzetafeln, gestaltet von der Macherner Bildhauerin *Maria-Petra Ondrej.* Die eine erinnert an die Eröffnung des Museums im Jahre 1985, die andere an die 50jährige Geschichte des „Rundblicks“. Sie verdeutlicht, daß es den Mitarbeitern nicht nur um bloße Berichterstattung ging, sondern um tätige Hilfe bei der Erhaltung der Werte der Heimat. Dazu gehörte auch der kleine Rundblick-Turm auf Johannas Höh' bei Pyrna. Der Tafeltext erinnert daran, daß die „Rundblick“-Wandermannschaft auf ihren Wegen durch die reizvollen Landschaften, Dörfer und Städte des Muldenlandes manche Neuigkeit aufgespürt hat, getreu nach dem Grundsatz: *Heimat ist* erst *dann richtig schön, wenn du sie erwanderst.* Man sollte es hin und wieder versuchen, und man wird überrascht sein, welche Schönheiten sich zwischen Lastau und Röcknitz und zwischen Fuchshain und Göttwitz verstecken.

Manfred Müller

Manfred Müller am „Rundblick“-Erinnerungsstein im Museum Steinarbeiterhaus Hohburg

RUNDBLICK-PUBLIKATIONEN AUS DEM SAX-VERLAG BEUCHA

herausgegeben von Manfred Müller:

Wieder zu haben:

(ab Mitte November 2004 als unveränderter Nachdruck)

Von Dorf zu Dorf im Muldentalkreis

Band 1: Die Dörfer **östlich** der Mulde

2. Auflage 2004, 432 Seiten, 9,50 Euro. ISBN 3-934544-36-3

Noch zu haben:

Rundblick-Lesebuch

Heimatgeschichte, Brauchtum und Sagen aus dem Muldentalkreis. Eine Sammlung von Erzählungen, Geschichten, Berichten und Anekdoten aus der Zeit zwischen 1500 und 1990.

2. Auflage 2000, 400 Seiten, 7 Euro. ISBN 3-930076-86-1

Mein Muldentalkreis

Eine Heimatkunde für Kinder, aber auch für Erwachsene.

Aus dem Inhalt: Die Städte im Muldentalkreis - Wanderungen im Heimatgebiet - Die Oberflächenformen - Naturschutz und Wald - Die Gewässer - Die Dörfer - Landwirtschaft und Industrie.

2. Auflage 1998. Mit farbigen Karten und Abbildungen. A-4Format, 48 Seiten, 9,50 Euro. ISBN 3-930076-36-5

Alle Bücher erhältlich im Buchhandel oder nach Bestelllung durch Postversand über den Sax-Verlag, An der Halde 12, 04824 Beucha, Tel. 034292/75210, Fax 75220 oder beim Herausgeber Manfred Müller, Am Lossatal 30, 04808 Hohburg, Tel. und Fax. 034263/41261.

Sonderausstellung im Museum Steinarbeiterhaus Hohburg

„Der Rundblick“ 1954–2004

50 Jahre Chronist der Heimat zwischen Collm und Mulde

Mitte Oktober bis 19. Dezember 2004. Öffnungszeiten: Sonntag bis Donnerstag 13–16 Uhr oder nach Vereinbarung Tel. 034263 41344.

Am Bußtag und an den Adventssonntagen in Anwesenheit des Herausgebers.

Bußtag 17. November von 13–17 Uhr *Rundblick-Basar*

(Tausch älterer Hefte, Verkauf, Geschenke u.a.)

mit Kaffeestunde und frisch Gebackenem aus dem Museumsofen.